重庆市出版专项资金资助项目

黄希庭心理学文集⑧

探寻健全人格结构

黄希庭 著

西南大学出版社
国家一级出版社 全国百佳图书出版单位

图书在版编目(CIP)数据

黄希庭心理学文集：全十卷 / 黄希庭著. -- 重庆：西南大学出版社，2021.10
ISBN 978-7-5697-0994-0

Ⅰ. ①黄… Ⅱ. ①黄… Ⅲ. ①心理学—文集 Ⅳ. ①B84-53

中国版本图书馆CIP数据核字(2021)第146884号

黄希庭心理学文集(全十卷)第八卷

探寻健全人格结构

TANXUN JIANQUAN RENGE JIEGOU

黄希庭 著

出 版 人：张发钧
总 策 划：周 松 郑持军
责任编辑：杜珍辉
特邀编辑：岳 童
责任校对：赖晓玥
装帧设计：观止堂_未 氓
排 版：瞿 勤
出版发行：西南大学出版社(原西南师范大学出版社)
地址：重庆市北碚区天生路2号
邮编：400715 市场营销部电话：023-68868624
网址：http://www.xdcbs.com
印 刷：重庆新金雅迪艺术印刷有限公司
幅面尺寸：185mm×260mm
印 张：30.75
插 页：4
字 数：640千字
版 次：2021年10月 第1版
印 次：2021年10月 第1次印刷
书 号：ISBN 978-7-5697-0994-0

定 价(全十卷)：2680.00元

黄希庭（摄于 2017 年）

西南大学资深教授，1937 年生于浙江台州温岭。曾任中国心理学会第七、八届副理事长兼心理学教学工作委员会主任，国务院学位委员会第五届心理学学科评议组召集人，全国博士后管理委员会第六届专家组成员及教育学组召集人，教育部高等学校心理学教学指导委员会副主任，教育部长江学者评审专家组成员及教育学科组召集人。在中国开创了时间心理学、健全人格养成教育、中国特色社区心理学研究，出版了一系列高等学校心理学的优秀教材和教学参考书。曾荣获“国家级有突出贡献的中青年专家”（1992）、“首届国家级教学名师奖”（2003）、“全国先进工作者”（2005）、“重庆直辖 10 年建设功臣”（2007）、“新中国成立 60 周年重庆杰出贡献英模”（2009）、“全国优秀科技工作者”（2010）、“中国心理学会终身成就奖”（2011）、“全国教书育人楷模”（2012）、“当代教育名家”（2017）等荣誉及荣誉称号。

·2006 年，夫人孙承惠与女儿合影。

·2009 年，黄希庭夫妇在潼南参观杨闇公故居。

·2010 年，黄希庭与夫人孙承惠垂钓乡间。

·2011 年 4 月，黄希庭与夫人孙承惠于家中。

·2010年，黄希庭夫妇与儿子黄巍一家参观北京大学。

·2011年1月31日春节，夫人孙承惠与儿子合影。

·2011年4月6日，夫人孙承惠于家中弹琴。

·2011年7月，黄希庭夫妇与孙女。

·2011年7月，黄希庭夫妇与儿子黄巍一家于北碚家中。

·2016年10月23日，黄希庭教授在治学与教书育人理念研讨会上发言。

·2016年10月23日，黄希庭教授在治学与教书育人理念研讨会合影。

·2003 年，黄希庭教授在北京参加国务院学位委员会学科评议组第十次会议时的合影。

·2014 年，黄希庭教授与学生在散步时教学。

总　序

我生于浙江台州温岭。我的启蒙小学是村里的鲸山小学，小学毕业后因家境困难失学一年在家干农活。初一我在离家较近的大溪中学读书。从初二开始我一直就读于温岭中学；考大学填升学志愿时，我的班主任李子英老师鼓励我向巴甫洛夫学习，报考北大心理专业。1956年9月开学那天上午，北京大学哲学系心理专业主任孙国华教授在迎新会上以“不卑不亢”为主题，教导我们做人做事都应遵循这一原则，他的教导深深地印刻在我的心里。1964年我被北京大学录取为研究生，师从沈迺璋教授；我的最大收获是学会了无师自通，并养成了终身学习和终身锻炼身体的习惯。在1961年至1964年的三年里，我在西南师范学院担任张增杰先生的助教，耳濡目染其教学的态度和技能，这为我当教师打好了基础。1977年，十年浩劫的“文化大革命”已经结束，但心理学教学并未解禁。我被校方聘为自然辩证法授课教师。

自1978年我开始讲授普通心理学，此后讲授过公共课心理学、现代心理学流派、青年心理学、心理学教学法等本科课程，还讲授过人格心理学、认知心理学、教育心理学、心理学研究方法等专题课，主持完成了40多项国家级和省部级研究课题。下面扼要地谈谈我在心理学四个领域里的教学和研究的点滴心得。

一、我与普通心理学的结缘

1978年，我开始一边撰写讲义，一边为教育系一年级学生讲授普通心理学，后经两次修改的这本讲义以《普通心理学》之名由甘肃人民出版社于1982年出版，当时读者对该书的反映较好。1984年，人民教育出版社资深编辑戚长福先生主动向我约稿。于是我重新撰写了一本《心理学导论》。这本《心理学导论》1991年5月由人民教育出版社出版。它是根据国家教委1985年武汉文科教材会议推荐的高校心理学专业、教育系有关专业的要求而撰写的普通心理学教材；后经修订，于2007年人民教育出版社出版了它的第二版。

我在普通心理学教学中特别注重以下四个环节：一是培养学生的辩证唯物主义的心理观，即用事实来论证心理是脑的机能，是客观现实的主观反映。既反对以化约的方式来解释复杂心理现象的还原论，也反对把心理现象视为与大脑活动毫不相干的副现象论；既反对把复杂的心理和行为视为对客观现实的机械反映的理论，也反对把心理和行为看作与客观现实毫不相干的唯心论；力求从当代心理学的多种取向整合的角度以事实来论证辩证唯物主义的心理观。二是在教学中既注重基础知识的传授，也重视系统分析观的传授；既重视学生记忆能力的培养，也注意他们思维能力的培养；同时注重帮助学生养成勤奋、严谨、创新、求实的品质。三是在教学中尽量引导学生学以致用，把学到的知识应用到自己的生活实际中去，使学生感受到学习心理学确实会促进自己健康成长。四是编译教学参考书以扩大学生的学习视野。我组织翻译出版了戴维·迈尔斯著《心理学（第七版）》（人民邮电出版社2006年版），《心理学与我们》（人民邮电出版社2008年版），主编了《简明心理学辞典》（安徽人民出版社2004年版），等等。

值得提及的是我在讲授普通心理学时十分注重联系实际。例如，在讲解“注意”时我提出以下一些问题，引导学生学以致用。

·课前预习时，勾出教材中的重点难点，为什么记笔记和听课的效率会明显提高？（注意指向重点难点，对教材的理解深刻了）

·为什么有些人能做到认认真真学习，痛痛快快玩耍？（全神贯注，目标管理，学习效率提高了）

·为什么专心学习时觉得时间过得快，无所事事或注意力涣散时觉得时间过得慢？（注意指向的对象不同所导致）

·为什么注重体育锻炼、睡眠充足的人比不进行体育锻炼、经常失眠的人学习效率要高？（学习需要注意资源的付出，前者有足够的注意资源，后者可能缺少足够的注意资源）

·在寝室里读书与在教室和图书馆里读书，效果为什么大不相同？（环境氛围不同，注意力受干扰的程度也不同）

·为什么读书时眼到、嘴到、手到、耳到、心到，效率会显著提高？（多种感官协同活动更有助于注意力集中）

我认为，普通心理学的其他章节也可以提出类似的问题，这样做既能引导学生学以致用又能活跃课堂学习氛围。在普通心理学的教学中，我除了对学生为人为学进行引导之外，还要求学生树立终身学习的理念。在教学之余，我常叮嘱他们要努力学好马克思主义哲学、中国哲学概论、高等数学和英语。

二、我与时间心理学的结缘

算起来，我与时间心理学的结缘迄今已经有65个年头了。记得1957年，程乃颐先生给我们班讲授普通心理学，他讲到人们对时间往往容易产生错觉。当时我觉得很新奇，很想设计一个实验进行研究。到了工作岗位上，我还一直在思考有关时间心理的研究：

·什么是时间？我们能从心理学的角度进行研究吗？

·为什么有的时间过得很快？有的时间过得很慢？

·所有心理活动都有时间参与，时间无始无终，我们该怎样加以研究呢？

·我们没有专门的时间感受器，但我们为什么能觉知到时间呢？

·为什么人们对待时间的态度是如此的不同？……

通过阅读文献，设计研究，我和我的学生们曾做过许多时间心理学的研究，例如：时间的无意识加工(unconscious processing of time)或时间的内隐加工(implicit processing of time)。我们的研究表明，内隐时间表征具有方向性、顺序性、连续性和认知不可渗透性；时间修饰词和汉字字组顺序蕴含着内隐时间信息，在对时间修饰词的概念加工时会自动激活其内隐时间属性表征，内隐时间顺序表征受知觉表征系统的支配也具有自动加工和提取的特点。我们还探讨过时序知觉中意识和无意识的贡献，以及不同动态条件下的内隐时间特征及时间信息自动加工与控制加工的电生理学指标。

时间知觉(time perception)是指个体对时间的“直接”反映。但时间瞬息即逝，时间知觉依赖于同质刺激的自发组织，即在大约3秒的限度内把一些相继事件知觉为相对同时的一个单元，即知觉到的现在(perceived present)，包括对时间持续性和顺序性的知觉。我们研究过刺激的感觉通道性质(包括拓扑性质的变化)、复杂度、强度、呈现时间的长短以及人格因素、刺激的空间特征等对时间知觉的影响，得到了不少有趣的结果；探讨过时序知觉的重复启动效应，时序知觉的中枢计时与分布计时，以及多感觉整合的时间再校准；还用事件相关电位初步探讨了时间知觉的神经加工及其相关脑区的激活状况。

时间估计(time estimation)也称时间判断(time judgment)，是指个体依据主观经验对客观时间的持续性和顺序性的认知，可以用多种方法(例如比较法、产生法、估计法、再现法、等级评定法、ERP方法等)进行时间估计(包括时距或时序估计)实验。所有这些时间估计方法都会产生误差，即使是短时距估计也是如此。我们研究过时距估计中的锚定效应、重复刺激效应、标量效应、注意效应、视听通道效应以及回溯式时距估计的一些特点；发现了不同年龄段儿童时间估计准确性与利用时间标尺有关，儿童越幼小，越倾向利用空间关系来估计时间，Kappa效应越明显。

对长于5秒的刺激序列的时间认知称为时间记忆(time memory)。时间记忆包括对时距、时点和时序这三种时间信息的记忆。时间记忆可以以钟点、日期等确切的线索为参照，但大多数时间记忆实验是以某个事件的时间线索而实现的，没有任何明确的言语编码形式，仅依靠有关事件对时间信息进行编码、保持和提取。个体对时间的记忆与计时工具测量出来的时间通常是不一致的。我们曾探究过回溯式时间记忆、预期式时间记忆以及时间性前瞻记忆的某些特点：用新闻片段和公众性新闻事件为实验材料，考查了回溯式时间记忆表征的特点，发现老年人回溯式时间记忆能力下降可能是与大脑中的海马功能衰退导致信息加工速度减慢和情节记忆加工能力衰减相关。还对预期式的时点、时距和时序信息在长时记忆中的表征特点做过研究，结果发现时间记忆既有层次网络的特征也有线性结构的特征；还探讨过时间性前瞻记忆与事件性前瞻记忆具有不同的认知机制问题。此外，我们还对时间记忆的层次网络模型和变化分割模型做过实验。

我们在整合国内外一系列研究成果的基础上，于1999年的一篇论文中提出了一个理论构想——时间认知的分段综合模型(range-synthetic model of temporal cognition)。时间无始无终而又瞬息即逝，时间与人类的生活形影不离且时间就是生命，我们是怎样来把握时间的呢？一个合理的答案是人类采用分段式来把握时间。最有力的证据是人发明了各种时间标尺(如毫秒、秒、分、小时、日、周、月、年、期、纪等)并用它们来标记时间。个体心理世界的各种成分是普遍联系、相互作用的，虽然时间与人生形影不离但人却没有专门的时间感受器，人类总是凭借经验综合各种因素来认知时间。人类对不同时距具有不同的表征，我们的许多研究都表明，无论对于哪一种时距的认知均受多种因素(例如事件的数量与结构，通道性质和特点，时距、时序和时点的性质，注意资源，编码方式，提取策略，实验指标，以及个体的时间信念、情绪、人格特征、疾病等)的影响；不仅如此，还受心理的其他成分如动机、兴趣、爱好、价值观等影响。人类时间认知的分段综合模型能很好地解释爱因斯坦的时间相对性问题，他说："把你的手放在很热的炉子上一分钟，感觉起来好像一小时；而坐在一位漂亮姑娘身边整整一个小时，感觉起来却像一分钟。"用心理学家的话来说，这就是给感受打上了不同的时间标尺之故。我和我的团队做了许多实验来论证时间认知的分段综合模型，结果表明人类的时间认知确实具有分段性和综合性的特点。这是我们研究时间认知的一个主要收获。

我们既关注人们时间认知上的共同性，也关注人们时间人格上的差异性。时间给每个人以相同的机会，但每个人对于时间的感受、把握、管理、使用和爱惜却是不同的，人们在时间上的这些稳定的个体差异，我们称之为时间人格上的差异。时间人格(time personality)就是个人对待时间的方式。人们对待时间的方式有许多差异。时间最公平，它给勤奋的人留下智慧和力量，而给懒惰的人留下空虚和懊恼；时间瞬息即逝，有的人总是在检查自己对时间抓得紧不紧，而有的人总是白白消耗时光还埋怨时间过得太慢；平庸者坐失良机，智慧者能抓住良机并且能创造良机。凡此种种实例，到处可见。

从1997年开始我们对时间人格的研究主要集中在下列三个方面：(1)时间管理倾向研究。在深入实际调查的基础上我们编制了由时间价值感、时间监控观及时间效能感三个指标构成的"青少年时间管理倾向量表"，该量表的信效度均符合心理测量学的要求，还探讨过青少年的时间管理倾向与学业成绩、个人能力、自我观念、工作成就的关系。(2)时间洞察力研究。时间洞察力是指个体对于时间的认知、体验和行动的一种人格特质，它既具有能力的性质(由认知加工、时间管理和决策等构成)，也具有动力的性质(由价值观、责任感、义务感、荣誉感、事业心等构成)。人生从过去、经现在、向着未来，时间洞察力还包含过去时间洞察力、现在时间洞察力与未来时间洞察力，其中所含的认知、情感和行动倾向成分也不相同；其中有些属于状态时间洞察力(state time perspective)，有些则属于特质时间洞察力(trait time perspective)，后者才是时间维度上的人格特质。我们从我国的实际出发探讨过时间洞察力的结构成分，编制过两个(过去、未来)时间洞察力量表。(3)不同自我同一性状态下的时间洞察力研究。我们考查了不同自我同一性状态下的被试在其过去、现在和未来的时间体验上的差异；还探讨过时间自我评价的理论意义和实践意义。

我们在时间人格领域还有许多问题需要进一步深入探讨：

(1)时间管理倾向、时间洞察力、时间自我同一性的实质是什么？其核心指标是什么？怎样区分状态时间洞察力与特质时间洞察力？

(2)时间洞察力是先天的还是后天的？

(3)时间自我同一性的稳定性与变异性有怎样的关系？

(4)时间管理就是自我管理，那么我们怎样来塑造自己的时间人格呢？

三、我与人格心理学的结缘

我曾给大学生做过几次人格心理学的专题讲座。张春兴先生邀我参加他主持的"世纪心理学丛书"撰写，我很乐意接受《人格心理学》的撰写工作。接受此任务后用什么框架来建构全书使我很是纠结。当时教科书的结构大多是理论范型取向，由于交书稿时间的限制，我便采用了人格理论范型取向加人格研究专题的方式来撰写《人格心理学》(1998年由台北东华书局出版，2002年由杭州浙江教育出版社出版)。

我的《人格心理学》虽然已经完成，但内心并不满意。怎样撰写一本中国特色的人格心理学著作呢？这成了我久久难以释怀的难题。在学习《论语》的过程中我终于找到了答案：孔子推崇的君子人生便是我要寻找的人格样板。君子人生格调也就是君子人格。孔子所推崇的君子人格都是从知、情、意、行的整体角度提出来的。例如，"子谓子产：'有君子之道四焉：其行己也恭，其事上也敬，其养民也惠，其使民也义。'"(《公冶长》)子曰："君子成人之美，不成人之恶；小人反是。"(《颜渊》)子曰："君子矜而不争，群而不党。"(《卫灵公》)司马牛问君子，子曰："君子不忧不惧。"曰："不忧不惧，斯谓之君子已乎？"曰："内省不疚，夫何忧何惧？"(《颜渊》)《论语》中孔子推崇的君子人格就包含了人生追求、人生态度、人生智慧和人生修养。我做了初步的归纳，今后如果要撰写中国特色的人格心理学著作，我将按这四个部分加以构建。

(一)君子的人生追求

人生追求(life purpose)也称人生目标、人生抱负，是个人内心的动力坐标，指个人以积极的行动来争取某个目标的达成，因而具有方向性和持久性。君子的人生追求是仁、义、忠、恕。

1.仁、义

子曰："君子道者三……仁者不忧，知者不惑，勇者不惧。"(《宪问》)又说："君子去仁，恶乎成名？君子无终食之间违仁，造次必于是，颠沛必于是。"(《里仁》)"樊迟问仁。子曰：'爱人。'"(《颜渊》)爱人有各种表现：爱护、同情、怜悯、体谅、厚道、忍让、慈爱、友善、善良、报恩等。仁是爱人的态度。

子曰："君子喻于义，小人喻于利。"(《里仁》)子曰："君子义以为上，君子有勇而无义为乱，小人有勇而无义为盗。"(《阳货》)子曰："君子之于天下也，无适也，无莫也，义之与比。"(《里仁》)子曰："君子义以为质，礼以行之，孙以出之，信以成之。君子哉!"(《卫灵公》)孔子认为义的本质是实行仁，是对原则的态度。

2.忠、恕

《论语·颜渊》篇记载："仲弓问仁。子曰：'……己所不欲，勿施于人。'"又说："己欲立而立人，己欲达而达人。"(《雍也》)推己及人的肯定方面是"尽己为人"，孔子称之为"忠"；而推己及人的否定方面是"己所不欲，勿施于人"，孔子称之为"恕"。"子曰：'参乎!吾道一以贯之。'曾子曰：'唯。'子出。门人问曰：'何谓也？'曾子曰：'夫子之道，忠恕而已矣。'"(《里仁》)忠恕之道就是行仁道。

"忠"的对象有多种，除了忠于君，如"君使臣以礼，臣事君以忠"(《八佾》)，还有忠于人，如“居处恭，执事敬，与人忠”（《子路》）；忠于长上，如“孝慈则忠”（《为政》）；忠于朋友，如“子贡问友，子曰：‘忠告而善道之……’”（《颜渊》）；忠于职守，如“子张问曰：‘令尹子文三仕为令尹，无喜色；三已之，无愠色，旧令尹之政，必以告新令尹。何如？’子曰：‘忠矣！’”（《公冶长》）。

（二）君子的人生态度

人生态度（life attitude）是指对人生所持的举止心情，它是一种具有持久性和一致性的倾向，这种倾向是与对人生目的的理解相联系的。通常人生态度包含认知、情感和行为倾向三种成分。君子的人生态度如下：

1.知命而行

子曰：“不知命，无以为君子也。”（《尧曰》）孔子说的“命”就是内心的使命感。子曰：“君子有三畏，畏天命，畏大人，畏圣人之言。小人不知天命而不畏也，狎大人，侮圣人之言。”（《季氏》）孔子的人生态度坚定不移，具有“知其不可而为之”的献身精神。

2.践行仁道

子曰：“唯仁者能好人，能恶人。”（《里仁》）又曰：“我未见好仁者，恶不仁者，好仁者无以尚之，恶不仁者，其为仁矣。”（《里仁》）

子贡问：“乡人皆好之，何如？”子曰：“未可也。”“乡人皆恶之，何如？”子曰：“未可也，不如乡人之善者好之，其不善者恶之。”（《子路》）

君子好善恶恶而践行仁道。

3.言行一致

子曰：“君子耻其言而过其行。”（《宪问》）又曰：“……故君子名之必可言也，言之必可行也。君子于其言，无所苟而已矣！”（《子路》）

4.心怀宽广

子曰：“君子坦荡荡，小人长戚戚。”（《述而》）子曰：“富与贵，是人之所欲也；不以其道得之，不处也。贫与贱，是人之所恶也；不以其道得之，不去也。君子去仁，恶乎成名？君子无终食之间违仁，造次必于是，颠沛必于是。”（《里仁》）讲求安贫乐道，心安神泰。

（三）君子的人生智慧

人生智慧（life wisdom）是对人生的独特的理性思考，也是对人生的持久的创造性的智力活动。君子的人生智慧有哪些特点呢？

1.行中庸

子曰：“中庸之为德也，其至矣乎！民鲜久矣。”（《雍也》）在《中庸》中，仲尼曰：“君子中庸，小人反中庸。君子之中庸也，君子而时中；小人之中庸也，小人而无忌惮也。”

2.尊理性

“樊迟问知(智)。子曰:‘务民之义,敬鬼神而远之,可谓知(智)矣。’”(《雍也》)。《论语》中谈仁很多,谈智较少。但“知”与“智”的含义有相似之处。子曰:“知者不惑”(《宪问》),“择不处仁,焉得知”(《里仁》)。这里的知都有明智、智慧、理性的意思。《中庸》列出的三达德,智甚至排在首位,居仁之首,说明孔学是十分重视智慧、理性的,但孔学的智慧既不是技术思维,也不是聪明计算,更谈不上是探求科学的手段,而是一种修德从善的理性思考。

(四)君子的人生修养

人生修养(moral upbringing of life)指养成正确对待自己人生的行为方式,人生修养即修身。在《论语》中孔子关于君子修身的论述很多,下面择其要者而述之。

1.好学

子曰:“君子食无求饱,居无求安,敏于事而慎于言,就有道而正焉,可谓好学也已。”(《学而》)子曰:“有颜回者好学,不迁怒,不贰过。不幸短命死矣,今也则亡,未闻好学者也。”(《雍也》)

子曰:“由也!女闻六言六蔽矣乎?”对曰:“未也。”“居!吾语女。好仁不好学,其弊也愚;好知不好学,其蔽也荡;好信不好学,其蔽也贼;好直不好学,其蔽也绞;好勇不好学,其蔽也乱;好刚不好学,其蔽也狂。”(《阳货》)好学是君子必须具备的人格特征,在仁、知、信、直、勇、刚的形成中起着重要作用。同时,孔子还指出好学才能增长才干。子曰:“小子何莫学夫诗?诗,可以兴,可以观,可以群,可以怨。迩之事父,远之事君;多识于鸟兽草木之名。”(《阳货》)孔子还强调:“君子病无能焉,不病人之不己知也。”(《卫灵公》)

2.自省

子曰:“见贤思齐焉,见不贤而内自省也。”(《里仁》)

子曰:“君子有九思:视思明,听思聪,色思温,貌思恭,言思忠,事思敬,疑思问,忿思难,见得思义。”(《季氏》)又说:“君子有三戒:少之时,血气未定,戒之在色;及其壮也,血气方刚,戒之在斗;及其老也,血气既衰,戒之在得。”(《季氏》)曾子曰:“吾日三省吾身——为人谋而不忠乎?与朋友交而不信乎?传不习乎?”(《学而》)因此,“躬自厚而薄责于人”(《卫灵公》)便成了修身之方。

3.谨言敏行

子曰:“巧言令色,鲜矣仁。”(《学而》)“巧言、令色、足恭,左丘明耻之,丘亦耻之。”(《公冶长》)子曰:“君子耻其言而过其行。”(《宪问》)子曰:“先行其言,而后从之。”(《为政》)又曰:“古者言之不出,耻躬之不逮也。”(《里仁》)君子“敏于事而慎于言”(《学而》),“君子欲讷于言而敏于行”(《里仁》)。“子曰:‘能行五者于天下为仁矣。’……‘恭、宽、信、敏、惠。恭则不侮,宽则得众,信则人任焉,敏则有功,惠则足以使人。’”(《阳货》)

孔子虽然没有在《论语》中提出“修身”的概念,但却提过与之相类似的,如“克己”“修己”“正身”“求诸己”“自省”“自讼”等概念,十分重视人生修养。

2000年底,我在大学生中做过一个开放式问卷调查:“你认为什么样的行为是心理健康者的特征性行为?依据你的看法,请写出5至10条。”收回问卷49份,提出的特征性行为共计393条,经内容分析可以看出当代大学生对心理健康的追求大多已超出了心理是否有疾病的标准。他们所追求的心理健康标准更高,可以将大学生的心理健康期盼概括为:

对世界抱开放态度,乐于学习和工作,不断吸取新经验;

以正面的眼光看待他人,有良好的人际关系和团队精神;

以正面的态度看待自己,能自知、自尊、自我悦纳;

以正面的态度看待现在和未来,追求现实且高尚的生活目标;

以正面的态度对待挫折,能调控情绪,心境良好。

综合孔子推崇的君子人格以及西方心理学家关于健康人格的理论和当代大学生对最佳的心理健康者的期盼,我提出了健全人格理论(perfect personality theory)。我认为,当代大多数大学生所追求的理想人格或优秀人格就是源自孔子推崇的君子人格。心理健康是一个连续体,连续体的一端是最差的心理健康状态,即心理疾病或心理障碍,而它的另一端是最佳的心理和行为状态,即健全人格。健全人格是个人最佳的心理和行为的有机结合,是当代大学生所期盼的人格,也是当代的君子人格。

健全人格是一个动态系统,它是由许多心理成分组成的复杂组织,其中最主要的是三个具有独立功能的成分。这三个成分可以用三个同心圆来表示,其中最核心的是正确的价值观。价值观是每个人区分好坏、美丑、对错的信念系统,它通常是充满情感的,不仅引导人们追求自己的理想,而且还决定着人生中的种种选择。健全人格的第二层次是积极的自我观,即个人积极主动地面对自己的人生,包含自爱、自立、自信、自省和自强等。健全人格的第三层次是追求未来梦想的优良品格,属于相对表层的要素,如好学、有责任心、肯实干、宽恕、同理心、互助合作、心境平和以及勇气、节俭等品格。上述这三类心理成分也就是健全人格的三个子系统,它们又是相互关联、相互影响的。我们还对健全人格系统的稳定性和可变性做过一些研究。

四、我与应用心理学的结缘

虽然我主要从事基础心理学的教学和研究,但对心理学的应用也一直十分重视。

因为我认为一门学科是否有生命力，它的影响力大小，在很大程度上取决于该学科对社会的贡献。中国心理学研究，不仅应当对学科的理论建设有更大的贡献，还应该更多地参与解决社会中的各种实际问题。无论是基础理论抑或是社会实用问题，我们都应努力进行探究。

2005年，由我担任首席专家的教育部哲学社会科学重大研究课题攻关项目“中国心理健康服务体系现状及对策研究”获得批准(批准号：05JZD00031)。我们用了五年时间完成该项目，在全国取样五万余份，其最终成果《中国心理健康服务体系建构》约50万字，内容包括第一编心理健康服务的理论基础(含三章)，第二编需求方分析(含四章)，第三编服务方分析(含三章)，第四编心理健康服务的影响因素(含三章)，第五编心理健康服务的效果与对策(含四章)，总计五编十七章构成。

20世纪初期，西方心理健康服务的理论和方法传入中国，但在我国古代典籍中早已有心理健康服务的理论和方法。例如在理论方面，孔子(前551—前479年)的仁学，倡导忠以克己，恕以待人，“知其不可而为之”的处世态度；《老子》是战国时期道家的一部经典著作，除了有其论述的修身养性之道外，还包含有丰富的辩证法思想，如以柔克刚、以弱胜强、祸福相倚、物极必反、要从反面入手才能取得正面结果等等。浩如烟海的我国儒释道经典著作无疑可以成为中国特色心理健康服务的理论根基。

关于维护心理健康的方法，我最近学习了早在春秋战国时期成书的《黄帝内经》，感慨很多。《黄帝内经》不仅是中医学的理论基础，而且在心理治疗方面也有许多独到的见解，很值得我们研究。

例如，《黄帝内经·素问》中阴阳应象大论篇和五运行大论篇都指出：“怒伤肝，悲胜怒”，“喜伤心，怒胜喜”，“思伤脾，怒胜思”，“忧伤肺，喜胜忧”，“恐伤肾，思胜恐”，这说明“情志相胜”的基本原理，即有意识地采用一种情志活动，去控制、调节因另外一种情志而引起的疾病，从而达到治疗心身疾病的目的。脏象五行学说把人的情志分为怒、喜、思、悲、恐五类，并用五行学说来表示它们的联系，但我们也不能机械地照搬五行相克之说，因为某种疾病可能是由某种情志之偏而导致的，也可能是多种原因造成的。例如情绪表达要适度，不可过度，“悲哀动中者，竭绝而失生。喜乐者，神惮散而不藏。愁忧者，气闭塞而不行。盛怒者，迷惑而不治。恐惧者，神荡惮而不收”(《灵枢·本神》)。对于过度的情绪，医家则设法加以制止。例如，一般而言，喜对身体有益，但喜乐过度，就会导致喜极气散不能收藏。《素问·举痛论》提出“恐则精却”“恐则气下”，以治疗喜乐过度而导致的精神疾患。

又例如，《素问·移情变气论篇》说：“闭户塞牖，系之病者，数问其情，以从其意。得神者昌，失神者亡。”即是说，关好门窗，向病人详细询问病情，使他愿意如实地说出病情。经过问诊并参考色脉之后，便可作出判断：如果病人面色光华，脉息和平，这叫“得神”，预后良好；如果病人面色无华，脉不应时，这叫“失神”，预后不佳。也就是说，在进行言语开导时，医生必须取得患者的信任，在安静无干扰的环境下以严肃、亲切的态度对待患者。这既有利于让患者诉说病痛，具有心理疏导之功效，同时也能使患者提升战胜疾病的信心。《灵枢·师传》中还说：“岐伯曰：人之情，莫不恶死而乐生。告之以其败，语之以其善，导之以其所便，开之以其所苦。虽有无道之人，恶有不听者乎？”岐伯说，人之常情，没有不怕死的，人们都喜爱活着。告诉他哪些对人有害处，哪些对人有好处，用适宜的方法指导他，解开他心中的苦痛。即使是不懂道理的人，难道会不听劝告吗？这正是心理疏导的精髓。医生通过阐述、解释、鼓励、安慰、保证、暗示等方法晓之以理、动之以情、喻之以例，这种开导式心理治疗对患者是很有帮助的。

从2013年起，我和陈红教授开始筹划和推进社区心理学专业委员会的建立。2014年10月10日，中国心理学会常务理事会批准筹建社区心理学专业委员会。2015年9月，中国心理学会社区心理学专业委员会(筹)首届学术会议在苏州大学召开。同年10月，在中国心理学会十一届八次常务理事会上，与会的常委们以全票通过社区心理学专业委员会(筹)的转正申请。社区心理学专业委员会挂靠西南大学心理学部，第一届主任是陈红，副主任包括马建青、王振宏、赵俊峰、刘电芝、夏凌翔(兼任秘书长，2016年底改由吕厚超担任)，标志着我国制度化的社区心理学正式建立。至今，中国心理学会社区心理学专业委员会已成功举办六届学术年会。社区心理学正在我国蓬勃兴起，重庆、江苏、北京、上海、天津、湖南等地先后建立了研究机构，并开展了大量关于社区心理学的研究和实践工作。2017年11月2日，中国社区心理学服务与研究中心(China Community Psychology Service and Research Center)在西南大学举行揭牌仪式，首个中国社区心理学服务与研究中心正式成立。

为了扩大学术影响力，促进社区心理学的研究和交流，2014年12月社区心理学专业委员会(筹)决定主办《社区心理学研究》集刊，并成立了以我为主编，陈红、韩世辉(后由苏彦捷担任)、马建青、毕重增(常务)为副主编的首届编委会，至今已出版了10卷；2021年4月被南京大学中国社会科学评价中心认定该刊为CSSCI(2021—2022)收录集刊。在中国心理学会社区心理学专委会成立初期，以我为顾问，陈红教授为主任，联合二十余位心理学家翻译出版了《社区心理学译丛》(共10本)。由我任主编，毕重增、苏彦捷、陈红任副主编的《社区心理学导论》教材即将在人民教育出版社付梓出版，全书涵盖了中国特色社区心理学的观点和方法、社区氛围与社区价值观、社区亚群体心理、社区应用心理以及社区心理学的未来方向等部分。我们决心把心理学的成果写在社区千家万户的心坎里，努力构建中国特色社区心理学的话语体系。

实事求是是中国特色社区心理学生存和发展的命脉。我们要到社区中去研究，把仁爱、正义、文明、和谐、诚信作为中国特色社区心理学的理论基础。这五项价值原则不仅符合新时代的社区建设的要求，而且它源自中华传统文化的核心价值观(仁、义、礼、智、信)，已经根植在中国人的内心，潜移默化地影响着我们的思维模式、情感倾向和行事风格，有助于中华优秀文化传统在我国社区的传承和弘扬。社区五价值理论(five-values theory of community psychology)弘扬了人性的真善美，鞭挞了假恶丑，为居民健全人格的养成及和谐幸福社区的建设提供理论支撑。心怀着服务国家富强、民族复兴、人民幸福安康的愿望，我相信中国特色社区心理学必定有大的发展，在理论建设和践行服务等方面取得辉煌的成绩。

心理学是一门探寻心迹、理解人生、点燃心灵真善美的学问。我热爱心理学，心理学成了我生命的一部分；它给了我欢乐和满足，也使我迷茫和焦虑。我从事心理学教学和研究61年的心得体会对于后来者少走些弯路可能是有益的。

是为序。

黄希庭 谨识

2021年5月于西南大学心理学部

序 言

健全人格(perfect personality)也称为理想人格、完美人格或优势人格。西方人格心理学家早有这方面的研究。例如Adler(1870—1937)把优良人格视为追求卓越、有创造性自我、有社会兴趣的个人。Erikson(1902—1994)认为,对人格成长八个阶段的危机都能积极加以解决,其就会以希望、意志、目的、能力、忠诚、爱、关心和智慧这些美德来顺应生活,发挥个人潜能,实现人格价值,成为幸福、和谐、"健康的人"。Allport(1897—1967)认为,健全成熟的人格具有客观的认识和能自我接纳,能客观地认识和处理外界环境,有统一的人生哲学。Rogers(1902—1987)把优秀人格称为"机能完善者",是一个纯洁的自己,具备真正的善,能处理好与自我、他人、经验的关系。Maslow(1908—1970)认为"自我实现者"就是健全人格的人;健全人格者,能自我接纳,开放且主动,富有爱心,关爱他人,不受他人意见左右;他们能清楚认识自己,其兴趣是以问题为中心而非以自我为中心,能集中精力于自己的人生使命。

近年来,积极心理学的倡导者Peterson、Selegman(2004)则把智慧(wisdom)、勇气(courage)、仁爱(humanity)、正义(justice)、节制(temperance)和超越(transcendence)6种美德及其包含的24种品格加以整合,并认为具备这种优势人格的人能获得真正的幸福。

我们提出的健全人格结构理论是我们学术团队深入中国实际,特别是深入中国大学生心理健康教育实际,继承我国优秀的传统文化,特别是儒家关于君子的理论等,吸收国外人格心理学理论的合理因素而逐渐形成的。

我们学术团队对大中小学生的心理健康一直比较重视。1989年6月15日，由西南师范大学心理学研究所牵头，成立了重庆市厂矿子弟学校教育研究会，有80多个团体会员单位研究师生的心理健康教育问题；出版了《企业基础教育综合改革研究》（四川民族出版社，1996）。之后我们还出版了《中学生心理健康教育（学生读本）》、《中学生心理健康教育（教师读本）》、《中学生心理健康教育（家长读本）》（新华出版社，1999）、《大学生心理学》（上海人民出版社，1988）、《小学生心理健康教育（高年级读本）》（新华出版社，2000）、《人生心理咨询手册》（河北教育出版社，1991）、《当代中国青年价值观与教育》（四川教育出版社，1994）、《当代中国大学生心理特点与教育》（上海教育出版社，1999）、《大学生心理健康与咨询》（高等教育出版社，2000）、《中等职业学校心理健康教育（学生读本）》（高等教育出版社，2001）、《中等职业学校心理健康教育（教师读本）》（高等教育出版社，2001）等。我们学术团队对大中小学学生的心理健康问题倾注了许多精力。

2003年我在心理学公共课的教学班上做过一个开放式问卷调查："你认为什么样的行为是心理健康者的特征性行为？依据你的看法请写出5—10条。"调查收回问卷49份，提出的特征性行为共计393条，经内容分析可分为12类，按百分比多少依次排列如下：

爱学习，乐于工作，积极上进，对生活充满希望（20.5%）；

尊重他人，帮助他人，人际关系好（15.7%）；

能正确认识自己，有自信心，不自卑（11.8%）

能客观地看待事物，能适应新环境（11.5%）；

能调整自己的心态，情绪较稳定（11.4%）；

意志坚定，遇困难不退缩（10.2%）；

行为举止合乎情理（9.7%）；

有忠心、良心，爱憎分明（2.8%）；

无人格障碍，无精神病（2.6%）；

有理想，有抱负和责任心（1.4%）；

尊敬师长，团结同学，帮助弱小（1.4%）；

身体健康，无疾病（1.0%）。

可以看出，大学生们的看法相当一致但也有不少差异。那么如何看待心理健康呢？与心理健康相对应的概念是心理疾病或障碍（mental disorder）。让我们先看看什么是心理疾病或障碍？心理疾病或障碍与心理健康的区分，通常是指在同一社会文化环境下，个体行为是否符合大家所期待的行为常规，大致符合大众视为常规的行为被视为心理健康,过分偏离常规者被视为心理疾病或障碍。据此,心理疾病或心理障碍大致可定义为个人的思想和行为长期不同于正常人,同时生活适应困难,并伴有心理痛苦的复杂现象。所谓行为与思想不同于正常人,是指长期的多方面的行为和思想不同于正常人。因为不少有创造性的天才的行为与思想也往往不同于正常人,因此不能仅以此衡量心理健康与否。心理疾病或障碍者的行为与思想不同于正常人,主要是指行为表现怪异,如语无伦次、情绪反复无常;思想不同于正常人的主要特征是思维不合乎逻辑。心理疾病或障碍者的生活适应困难主要表现在人际关系及学习、工作态度方面。这种人不但不喜欢别人、不相信别人,也不喜欢自己,从而使自己陷入抑郁、恐惧、羞愧的孤独生活之中。他们对学习、工作不感兴趣,不能从学习和工作中获得乐趣和成就感。他们常伴有精神痛苦,主要表现为或无病呻吟的痛苦或不满现状的痛苦。

很明显,大学生们所说的心理健康的特征性行为已超出了上述区分心理是否有疾病的标准。他们所追求的心理健康标准更高,其中有相当多的大学生所追求的心理健康标准是个人潜能的充分发挥。我把大学生们对心理健康的高标准追求称为追求健全人格。在我看来,心理健康大致可分为心理疾病或障碍、心理机能正常和人格健全三个层次。那么什么是健全人格呢?健全人格的标准是什么呢?我认为下列几条是十分重要的:

对世界抱开放态度,乐于学习和工作,不断吸取新经验;

以正面的眼光看待他人,有良好的人际关系和团队精神;

以正面的态度看待自己,能自知、自尊、自我悦纳;

以正面的态度看待现在和未来,追求现实而高尚的生活目标;

以正面的态度对待挫折,能调控情绪,心境良好。

总之,以正面的态度对待世界、他人、自己、过去、现在和未来、顺境与逆境,做一个自立、自信、自尊、自强、幸福的进取者。(引自《自信心及其培养》序)

健全人格理论吸收了中华优秀文化传统,特别是吸收了孔子儒家关于君子人格的理论。孔子认为君子必须“知命”,因为“不知命,无以为君子也。”(《论语·尧曰》)什么叫“知命”?许多学者认为《韩诗外传》的解释比较符合孔子的原意。《韩诗外传》说:“天之所生,皆有仁义礼智顺善之心;不知天之所以命生,则无仁义礼智顺善之心;无仁义礼智顺善之心,谓之小人,故曰不知命,无以为君子。”也就是说,“君子”有仁义礼智顺善之人格,“知命”就是理解并把仁义礼智顺善人格见诸行动,把这种行为视为天命并遵守的美德。判断一个人是在做“君子”还是在做“小人”,除了看其是否“知命”外,还要看其在下列十种品格上的具体表现。这十种品格是仁、义、礼、智、信、忠、孝、廉、耻、勇。

仁,即仁爱心,孔子强调对自己要克己、修身、内省,养成仁爱心;对他人要知人、爱人,“己所不欲,勿施于人”(《论语·卫灵公》)。“己欲立而立人,己欲达而达人”(《论语·雍也》),不仅要爱他人,还要爱国家、爱世界、爱自然界。“君子成人之美,不成人之恶,小人反是。”(《论语·颜渊》)“君子和而不同,小人同而不和。”(《论语·子路》)“君子泰而不骄,小人骄而不泰。”(《论语·子路》)“君子求诸己,小人求诸人。”(《论语·卫灵公》)由于具有仁爱的品格,君子在为人处世上与小人处处都不相同。

义,即正义感。孔子说:“君子义以为上,君子有勇而无义为乱,小人有勇而无义为盗。”(《论语·阳货》)正义是最崇高的。假如君子只有勇而无正义感,就会犯上作乱;小人假如只有勇而无正义感,就会成为强盗。在义利的观点上,孔子说:“君子喻于义,小人喻于利”,“君子忧道不忧贫”,“见利思义”,“不义而富且贵,于我如浮云”。儒家重义,但并不绝对排斥个人利益的追求,但求利一定要合乎义。孔子说:“义然后取,人不厌其取。”孟子要求“先义而后利”,培养“配义与道”的浩然正气。荀子明确提出“先义而后利者荣,先利而后义者辱“(《荀子·荣辱》)。君子光明磊落,一身正气。

礼,即文明守法,礼貌是它的外在表现。礼,对于社会而言,它是社会既往文明的直观表征;对于个人而言,它是个人素质和教养程度的外在标志。讲礼貌就是尊敬人,尊敬别人就是尊敬自己。敬人者,人恒敬之;爱人者,人恒爱之。反过来,你不尊敬别人,别人也不会尊敬你。彬彬有礼,温润如玉,乃是“君子之风”

智,即才智。孔子认为,“仁”与“知”(智)是互为前提的,都是君子应该具有的美德。他说:“择不处仁,焉得知(智)”(《论语·里仁》)。如果一个人行为的选择不是以“仁”为标准,那么就不能称他有“知(智)”;又说“未知,焉得仁?”如果一个人连伦理规则都不懂,怎么会有“仁”的美德呢?孔子所说的知(智),主要是指对善恶的认识,而不是指对客观世界发展规律的认识。后来的中国思想家还发展出治政之智、理财之智、处世之智、办事之智等。崇尚知识、追求人才、追求真理,一直都是中国人的优秀品格。

信,即诚实守信。《论语》中孔子曾三次强调“主忠信”,认为讲信守信是成就君子的必要条件。他说:“人而无信,不知其可也。”(《论语·为政》)“君子义以为质,礼以行之,孙以出之,信以成之,君子哉!”(《论语·卫灵公》)孔子还认为取信于民是为政最重要、最根本的前提和条件。但儒家推崇“义”这种品格,不把“信”视为绝对的无条件,而是认为“信”要服从于“义”。孟子说:“大人者,言不必信,行不必果,惟义所在。”(《孟子·离娄下》)如果一个人不问情况的变化、诺言是否正确,只是信守承诺,那不仅可能会背离“义”,也会背离“智”,而成为“小人”了。

忠,即尽忠爱国,忠厚老实。孔子说:“君使臣以礼,臣事君以忠。”(《论语·八佾》)“为人谋而不忠乎?”(《论语·学而》)说的是为人处世要忠诚。一个人无论对国家、对家庭还是对朋友,都应该秉承忠诚老实、尽心尽力的态度。对国家不忠,就可能背叛国家;

对家庭不忠，就可能背叛妻儿；对朋友不忠，就可能出卖朋友。做人不忠诚老实，也就是不可靠、欺诈、瞒骗，为人所不齿。任何时代，忠诚老实都为人的高贵品质。其中，最大的忠诚是对我们祖国的忠诚。又说："孝慈则忠"(《论语·为政》)。尽忠爱国是中华民族的巨大凝聚力，也是中华民族自信心的源泉。

孝，即事亲敬老。孔子说："君子务本，本立而道生。孝悌也者，其为仁之本欤。"(《论语·学而》)孝，是中华民族的一种传统美德，是一种沿袭已久的做人准则。"万恶贪为首，百善孝为先。"孝不仅表现在赡养父母，关爱父母，还包括尊老爱幼，实现长辈的愿望，实现人生价值，报效祖国，为家庭和家乡争光。这些都是君子所追求的美德。

廉，即廉洁奉公。廉，首先要节俭，过勤俭的生活，不取不义之财，不贪不义之利。孔子说："不义而富且贵，于我如浮云。"(《论语·述而》)中国的读书人向来有"学而优则仕"的观念。当官有权有势，容易腐败，更需要时时告诫自己，节制自己，做人要简朴。以廉洁奉公为荣，以骄奢淫逸为耻。

耻，即羞耻心。羞耻心是一种根据正确价值观而产生的自觉求荣免辱的心理，是个人珍惜维护自身尊严的情感体验。做人要知耻。孔子要人们"行己有耻"(《论语·子路》)。孟子说"羞耻之心，义之端也"，"无羞恶之心，非人也"(《孟子·公孙丑》)知耻是人之为人的底线，个人只有知羞耻，才能品行高洁，养成高尚的人格。要想成为君子，首先必须要养成正确的荣辱观。

勇，即勇毅力行。勇，包含勇毅和力行的意志品质。人们面临艰难困苦、胁迫、压力时不胆怯、不退缩、不回避的勇敢品格，一向被儒家视为"三达德"(智、仁、勇)之一。孔子曰："知者不惑、仁者不忧、勇者不惧。"(《论语·子罕》)勇，首先是人的志向，敢挑大义。孔子曰："三军可夺帅也，匹夫不可夺志也。"(《论语·子罕》)又曰："见义不为，无勇也。"(《论语·为政》)强调"力行"，"力行近乎仁""君子欲讷于言，而敏于行"(《论语·里仁》)"君子耻其言而过其行"。(《论语·宪问》)在人生的旅途中，勇就是积极进取，自强不息。

心理健康是有层次性的，大致可分为心理疾病或障碍、心理机能正常和人格健全三个层次。如果我们把心理健康看作一个连续体，那么连续体的一端是最差的心理健康状态，即心理障碍或心理疾病；而它的另一端是最佳的心理和行为状态，即健全人格；连续体的中间属于心理机能正常或亚健康状态。健全人格是个人最佳心理和行为的有机整合，即优秀人格。

那么健全人格的结构是怎样的呢？它由哪些心理成分构成？我领导的学术团队经过30多年的研究发现，健全人格应当具备正确的价值观、积极的自我观以及追寻未来梦想的优秀品格。正确价值观是健全人格最核心的成分。因为价值观是人们用来区分善恶、好坏、美丑的标准并指导行为的信念系统，它通常是充满情感的，并为自认为的正当行为提供充分的理由。我们评价一个人是否成功,不能只看他的能力与成绩,也不能只看他是否进取。一个人如果具有正确的价值观,他的能力越强、成绩越大、越进取,那么他对社会的贡献越大;相反,如果他的价值观是邪恶的、很坏的,他的能力越强、越进取,那么他对社会的危害就越大。价值观是灵魂,它规定着人们的心理和行为,决定着人们选择怎样的生活方式来度过自己的一生。积极自我观是健全人格较核心的成分。具有积极自我观的个人能正确处理自我与他人、自我与群体、自我与社会、自我与国家、自我与自然环境的关系,并且以积极的态度来看待自己。积极的自我观是个人不断进取的动力。其中自爱、自立、自信、自省、自强等主要成分在健全人格养成中扮演着重要的角色。追求未来梦想的优秀品格,如希望、责任心、宽恕、勇气、共情、谨慎、感恩、慷慨等优秀品格则属于健全人格的表层结构,是人们比较容易看得见的,与前两种品格相比较是低一个层次的心理结构。这些心理构成或优秀品格使得健全人格者不断去追寻和实现幸福的梦想。因此健全人格模型也称为幸福进取者模型。图1是健全人格结构的示意图。

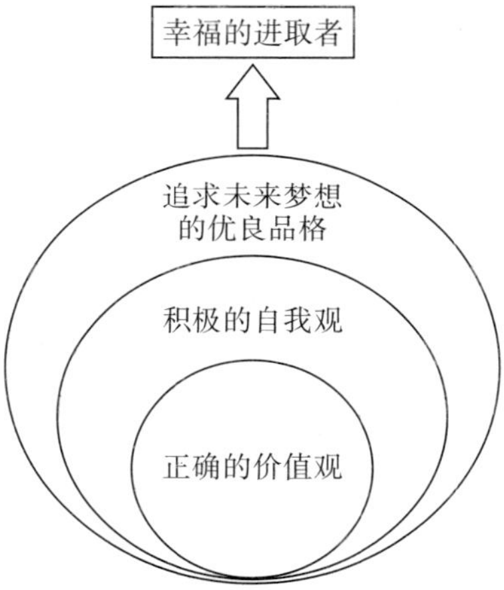

图1. 幸福进取者模型示意图

健全人格是个人先天和后天交互作用的结果,其中后天养成的成分作用较大。健全人格者在生命的不同阶段所表现出来的积极进取特点是不同的。金无足赤,人无完人,健全人格者也会有缺点和不足,他们会客观地加以评价:对于自己可以改正的缺点,他们会努力加以改正;对于自己无法改正的缺点(如生理缺陷),他们会乐于接纳。

本书记录了我们学术团队探寻健全人格结构的历程,共由四个专题构成:包括专题一"人格中的价值观";专题二"积极的自我观";专题三"追求梦想的优秀品格";专题四"健全人格养成"。

目 录

专题一 人格中的价值观

引 言

大千世界，人生百态，林林总总，都是人们赖以选择和评判的客观现实。有些事、有些人会唤起人们由衷的敬佩和追念；有些事、有些人会让人们唾弃、鄙夷和痛恨。决定这种截然不同反应的内心标准就是人的价值观。价值观是人评判是非善恶的信念系统，它不仅指引着人们追寻自己的理想，还决定着人们在生活中的各种选择。

作为信念系统的价值观，它与其他一些心理现象具有密切的联系，但又不同于这些心理现象。例如，价值观与需要、动机的关系。价值观与需要、动机都是行为的动力机制，是密切联系的；但价值观却不同于需要和动机，价值观虽然以需要和动机为基础，但它处于行为动力机制的高端，是人的一种信念，具有明显的认知特征。它为个人的行为提供种种正当的理由。又如价值观与人生态度的关系。价值观与人生态度都体现了情感与评价相结合的功能，也是密切联系的。态度的英文词attitude，源自拉丁语aptitudo，意为适合。在当代心理学中态度一般被认为包含四种成分：认知的（自觉持有的信念或观点），情绪的（感情色彩），评价的（肯定的或否定的），意动的（对行为的倾向）。人生态度即是对人的生命所持的态度。价值观是要研究人生价值的，莫里斯生活方式问卷（Morris’s Ways to Live Questionnaire）（Morris，1956）包含13种生活方式。其中实选价值是对各种生活方式所表现的不同喜好倾向。除了人生价值观之外，还研究政治价值观、理论价值观、职业价值观、社会价值观、审美价值观、宗教价值观等。

可以从不同的维度对信念系统的价值观进行分析。罗克奇（Rokeach，1973）将人的基本价值观按“目的类型”区分为终极性价值观（共18项）和工具性价值观（共18项），每个项目后面以括号中的词语或短语进行解释；要求被调查者根据这些项目对自己生活的重要程度，分别对两类价值观进行排序。我们曾用翻译的罗克奇价值观调查表（Rokeach Value Survey），对全国五个城市（武汉、广州、深圳、成都、重庆）14所高校和4所中学2125名大、中学生做过调查（黄希庭，张进辅，张蜀林，1989）。虽然调查结果发表了，但是我发觉罗克奇价值观调查表有两个缺陷：一是它测不到中国特有文化影响下青少年的价值观；二是在操作上被调查者一次很难记住18个项目并在内心进行比较，因为18个项目已经超出短时记忆的容量了。

1985年我申请国家教委博士点专项基金项目“体制改革与当代中国青年的价值观”，获得批准。在完成这项课题研究时，我们力求以马克思主义、毛泽东思想为指导，紧密联系中国改革开放实际，努力反映时代脉搏，用实证材料来阐述当代我国青年价值观的特点，并提出教育对策建议。花了6年工夫，我们根据上述原则，对我国青年的人生价值观、政治价值观、道德价值观、人际价值观、职业价值观、审美价值观、宗教价值观以及自我观、婚恋观和幸福观做了较全面、系统的研究。此项研究成果(黄希庭,张进辅,李红等,1994),1998年12月获得教育部普通高等学校第二届人文社会科学研究成果一等奖。

施瓦茨等人根据个人和社会群体的基本动机,包括满足个体生物需要的动机,协调社会互动的动机以及使群体生存并维护群体利益的动机,通过对20个国家40个样本的测量,发展出“施瓦茨价值观调查表”(Schwartz Value Survey)(Schwartz,1992),最终确定10种具有跨文化一致性的个体基本价值观,包括自主、刺激、享乐、成就、权力、安全、传统、遵从、友善、博爱(参见李玲,金盛华,2016)。

金盛华、郑建君、辛志勇(2009)认为价值观是个体深层心理与行为动力系统,具有高度敏感性。他们从中国人衣食住行等实际生活结构与内容入手,在全国7个省市进行深度访谈形成一个初测问卷。经过对全国12个省市2419人的测试,探索性因素分析的结果表明,当代中国人价值观问卷由32个项目,8个因素构成;再对1196位被试进行验证性因素分析,结果表明当代中国人价值观是一个8因素整体结构,即包括品格自律、才能务实、公共利益、人伦情感、名望成就、家庭本位、守法从众、金钱权力,其中“好人定位”模型则包含品格自律、才能务实、公共利益、人伦情感的优先取向,是一种亲社会模型。

在个人的价值观系统中,有的价值观处于核心地位,有些是非核心的。核心价值观(core value)是根植于个人灵魂深处的,是与核心自我、核心人生目标紧密联系在一起的。比如说仁爱是一个人的核心价值观,有仁爱之心的人既克己又爱人,德慈兼备。他严于律己,加强自身修养,达到仁德境界,同时他推己及人,爱人助人,博爱大众,努力践行,一刻也不违反;仁爱已成为他生命的一部分。因此核心价值观是与一个人的核心自我紧密联系的,也是与其核心人生目标紧密联系的。正确的核心价值观是健全人格结构中的核心成分。对于这个问题的深入研究将是我们今后的一项重要的工作。

本专题除收录了关于价值观的理论和研究方法(包括价值观的离散选择模型和价值观的神经科学研究取向)外,还收录了我们对诚信价值观、节俭价值观、人生价值观及自我价值感方面的研究成果。

价值观的理论与研究方法

1 价值观的概念

1.1 哲学上的价值概念

通俗地讲,"价值"一词在肯定意义上的含义,就相当于"坏""中""好"的意思。好是正价值,坏是负价值。至于什么是好？什么是坏？人们是根据什么来判断好坏的？好的东西是不是真的？坏的东西是不是假的？这却是一个很复杂的哲学问题。

什么是价值?"价值"作为哲学上的一个范畴,在哲学史上有三种答案:客体说、主体说和关系说。

德国哲学家谢勒(Max Scheler,1874—1928)和英国哲学家罗素(Bertrand Russell,1872—1970)对于价值是什么的回答持客体说。谢勒认为价值是独立于价值携带者之外的一种先验的性质。他说:"纵然仅在内心策划谋杀从未'被判有罪',它仍旧是件罪恶。虽然善行从未受人们的注意,它却不失其为善。"(Scheler,1954)"一个自我是否'具有'价值或'经验到'价值,一般说来,对于价值的本质都是完全无关的。正如事物(如数字)或自然的存在并不假设一个'自我',价值本质所包含的存在也是如此。"(Scheler,1954)在谢勒看来,作为独立性质的价值是不随事物而变化的。即使体现价值的事物发生了变化,价值也是不变的。罗素对价值本质的看法是前后矛盾的——动摇于主体说和客体说之间。他在"伦理学的要素"(The Elements of Ethics,1901)一文中曾这样说过:"好和坏都是属于对象的一些性质,与我们的意见无关,就如同圆与方是客观的性质一样,当两个人对某个东西好不好有不同意见时,其中只能有一个人的看法是对的,当然,要知道谁是谁非,可能相当困难。"(Russell,1966)这种观点把价值作为客体具有的性质,而与主体无关,因而也被称为价值的客体说。

持价值主体说的哲学家则把价值看成主体的欲求、兴趣和情绪倾向。荷兰哲学家斯宾诺莎(Baruch Spinoza,1632—1677)写道:"对于任何事物并不是我们追求它,愿望它,寻求它或欲求它,因为我们以为它是好的,而是正与此相反,我们判定某种东西是好的,因为我们追求它,愿望它,寻求它,欲求它。"(Spinoza,1983)美国新实在论者佩里(Ralph Baton Perry,1876—1957)则把价值归结为是人们的兴趣,认为"凡是兴趣所在的对象便自然具有价值。无论哪一个对象,一旦有人对它发生兴趣,无论哪一种兴趣,它就有了价值。"因此,可以用下列等式来表现价值的公式:"X是有价值的=有人对X发生了兴趣。"(Perry,1950)逻辑经验论者理查兹(I.A.Richards)把价值看成人的一种欲求,是一种情绪的标记。他写道:“如果某个东西能满足某人的胃口(欲求),而同时并不会引起对另一同样或更重要事情的挫折感,它就是有价值的。”(Richards,1924)密歇根大学的史蒂文森(Charles L.Stevenson)还用量化的方式对理查兹的说法作了阐释。他写到,“X是有价值的”和“X所满足的欲求比所引起的挫折要多”具有相同的意义。由于欲求、兴趣、情结因主体而异,因而对象的价值本质也因主体的不同而异。

另一些哲学家既不认为价值是客体的,也不认为价值是纯主体的,而把价值看作一种主体和客体间的关系。奥地利哲学家格式塔心理学的先驱、形质学派的创始者埃伦费斯(Christian von Ehrenfels,1859—1932)就是持这种观点。阿根廷哲学家方迪启(Risieri Frondizi)则认为:价值是一种完形性质,是综合主观与客观的优点,并且只有在具体的人类情境中才存在并具有意义。它与实在界具有双重关联,因为价值结构从经验性质而来,而体现价值的对象是我们生活于其中的实在界的一部分(方迪启,1986)。因而价值既不能归于支持它的经验的性质,也不能归于体现它的价值携带者(value carrier)。价值既受价值对象性质的影响,也受主体所有其他的生理和心理状况的影响,还受主体生活于其中的社会历史和文化等因素的影响。这样,价值就被理解为对存在于我们周围的对象的性质与我们每个人所具备的条件的相互关系所作出的价值评价。这种基于在客体和主体的关系中寻求价值的观点被称为关系说(transactionalism)(Handy,1970)。

自20世纪70年代末80年代初以来,我国哲学界对价值问题进行了热烈的讨论,除了发表大量的论文外,还有不少专著相继问世(李连科,1985;李德顺,1987;王玉梁a,1988;王玉梁b,1988;王克千,1989;袁贵仁,1991)。对于什么是价值,我国哲学界的观点也不一致。大致有下列几种主要观点;

(1)价值是客体与主体需要之间的一种特定关系,是外界物对主体的需要的肯定或否定关系,主要表现为利害关系或功利关系。

(2)价值表现为客体对于主体所具有的积极或消极意义,具有积极意义的为正价值,它能满足人、阶级和社会的某种需要,而把具有消极意义的称为负价值。

(3)价值这个概念,其肯定的内容,是指客体的存在、作用和它们的变化对于一定主体需要及其发展的某种适合、接近或一致。

(4)价值是主体和客体之间的一种特殊关系,是客体对于主体的作用或效用。

(5)价值是客观世界普遍存在的利益、损害关系的哲学范畴。所谓利益、损害关系实际上就是一物的存在和发展对另一物的存在和发展的促进和阻碍作用。

(6)价值是事物在与一定的自控制系统的关系中产生的。一切事物,凡是符合于一定的自控制系统的目的,对于达到这种目的有所助益的,都具有正价值,反之则具有负价值。

看来,国内多数学者倾向于这样的观点。价值不是一种实体,而是主体和客体之间的一种特殊的关系,即客体以其自身的属性满足主体的需要以及主体的需要被客体满足的效益关系。价值总是涉及两个方面,一方面是主体的需要、欲求和兴趣,另一方面是客体的某种结构、属性,二者缺一不可,相辅相成。

1.2 价值观的定义

价值观是观念性的,这是学者们均赞同的。但对于价值观的定义,在心理学和社会学中意见仍不一致。下面举出的是几个有代表性的定义:

克拉克洪(Kluckhohn,1951)把价值理解为:“态度、动机、目的、可测的量、行为的本质方面、流行的习惯或传统。”

贝尔和雷斯奇(Baier和Rescher,1969)把价值观定义为:“从一个人的希望、欲求、需要、喜爱、选择以及他认为值得要的,较合人意的、有用的、必须做的,直至社区禁止的、认可的或强制的一切。”

加布里埃尔(Gabriel,1963)说:“价值观是我们行为的向导。”

罗克奇(Rokeach,1968)认为:“价值观……与行为模式和存在的最终状态有关。说某人具有某种价值观,即是说,他具有持久的信仰。特殊的行为模式或存在的最终状态是指个人和社会偏爱选择的行为模式或存在的最终状态。一旦价值观有意识地和无意识地被内化,它就成为指引行为,对客体和情境所抱态度、对自己和他人的行为和态度进行判断、对自己与他人(以及比较自己与他人)进行道德判断的标准和尺度。”他还认为,价值观具有适应环境、自我防卫、自我认识和自我实现的功能,是个人组织自我,在世界上采取行动并与他人建立关系的标准,并把价值观分为“终极性价值观”和“工具性价值观”。

格林(Green,1964)说:“个性是个人的价值观(努力追求各种目标诸如理想、名望、权力、异性),及其社会化而来的种种特性(行为和各种反应的个人独特的惯常方式)的总和。”

雷斯、哈明和西蒙(Raths,Harmin,Simon,1966)说,价值观是“决定个人如何度过他自己一生的那些因素”。

罗杰斯(Rogers,1964)说:“价值观的确立并不是不变的,而是不断变化的。去年看似有意义的油画现在却兴味索然;过去觉得个人的工作方式舒适,现在却不舒适了,过去觉得是真的信仰,现在发觉是半真半假,或全然是假的。”

费瑟(Feather,1980)把价值观设想成某种“抽象结构”。所谓“抽象结构是过去经验的沉积或总结,也是个体从社会环境和物理环境信息输入的复制品”。价值观是有组织的，是信息加工相对稳定的产物，在变化的环境中具有连续性和意义性。当遇到新的、矛盾的信息，现存的图式不能迅速予以解释时，价值观会发生变化。不同人们的价值观的抽象结构的图式的联结网络是不同的。

Schwartz 和 Bilsky（1987）总结了有关价值观的定义后认为，所谓价值观要满足五条标准：①是属于信念的概念；②值得要的目标状态或行为；③是超越具体情境的；④指导行为和事件的选择和评价；⑤根据相对重要性排序。后来 Schwartz（1994）还进一步认为，价值观不仅是跨情境性的，而且还可能具有跨文化图式，这个结构在特定文化背景中建构人们的经验，并驱动和指导他们的行为。

从上面列举的定义，可以看出，价值观是一种非常复杂的心理现象。它与欲求、需要、兴趣、态度、信仰有着密切的联系，往往很难对它们作严格的区分。或许可以把欲求、需要、兴趣、态度、信仰看作价值观的不同表现形式。但是，价值观比兴趣、态度的概括化程度更高，价值观通常是指高度概括化的、相当稳定的态度。从人们对某事、某物、某人的赞成和反对态度，直到对知识价值、政治价值、经济价值、道德价值、宗教价值、审美价值等高度概括化的价值观念，其间具有密切联系。由于价值观比兴趣、态度等的概括性更广、更稳定，因而它在人格中扮演的角色更具关键性。它不仅是态度的决定因素，也是自我观念和行为的决定因素。价值观对行为具有导向作用，这就有助于我们了解行为的意义，也使人们彼此间的行为可以了解。从形成和发展的角度来看，价值观是社会文化的产物，是人在社会化过程中逐渐形成的，已经形成的价值观具有持久性，但也可能在特定条件下改变。因此，我们可以把价值观看作一个开放的动态系统。

2 价值观的若干维度分析

价值观是一个开放的动态系统，它是具有各种机能的有机整体。可以从各种不同的维度对其进行分析，从而加深我们对价值观性质的认识。

2.1 认知性与意动性

价值观具有认知功能（cognitive function），它具有稳定的认知结构，同时它又具有意动的功能（conative function）。意动是指需要、欲求、愿望、意志等一类的心理活动。价值观整合各项功能中的认知体系的部分，这个认知体系的基本分析单元是信念。价值观是一套持久的信念结构，它具有选择和评价的功能，同时它也具有动机、意志的功能，是规范性和禁止性的，是行动和态度的指导。例如，使用 Rokeach（1967）编制的“价值观调查”表来测量被试的价值观时，就是要求被试根据自己生活的指导原则依次对18项终极性价值(存在的终极状态)和18项工具性价值(行为方式)做出重要性排序,认为最重要的价值在其旁边写上1,第二重要的价值旁边写上2,依次类推。又如,用Allport,Vernon和Lindzey(1960)编制的“价值观研究”来测量价值观时,就是让被试根据其基本兴趣和爱好对六种基本价值观(理论的、经济的、审美的、社会的、政治的和宗教的)进行评定。该量表包括两部分:第一部分有30个问题,每个问题向被试提出两个可供选择的答案,要求被试把3分分别分给这两个选择项以表示自己的偏好强度(例如,可以给其中一个打2分,另一个打1分,或者给一个打3分,另一个打0分);第二部分有15个问题,要求被试给每个问题的4个可供选择的答案打分,分数从最喜欢(4分)到最不喜欢(1分)。下面是这两个部分的样题:

第一部分(30个问题——选择一个答案并注明喜好的强度)

1.科学研究的主要目的应该是发现真理而不是实际应用。

(1)是

(2)否

4.假如您有足够的能力,您愿意做一个:

(1)银行家?

(2)政治家?

15.在一个博览会上,您主要会想到哪一类的展览厅里去看:

(1)新制造产品的?

(2)科学(如化学)仪器的?

第二部分(15个题——将最喜欢的排在4,其次喜欢的排在3,再次喜欢的排在2,最不喜欢的排在1)。

3.如果您能影响某城市公立学校的教育课程安排,您会:

(1)促进音乐和艺术的学习和参与?

(2)刺激对社会问题的研究?

(3)追加实验室设备?

(4)增加具有使用价值的课程?

12.一个人在决定要怎么做时应根据,或一个人应培养自己去忠于

(1)自己的宗教信仰?

(2)美的理想?

(3)个人的职业组织和工会?

(4)慈善的理想?

可见,价值观是一种稳定的认知结构,代表了整个信念系统中最深层的内核,而所

有其余的信念、态度和动机在功能上可以说是围绕着这一最深层的内核而组织的。价值观不只是认知的,它能唤起与信念对象有关的情感,是行动的预先准备。价值观具有稳定的意动功能,它有助于维系和提高自我概念,如果被违反就会产生内疚、羞愧、自我贬低、内向惩罚等反应,在尽力维护自己在他人面前的“面子”和内部自尊时,我们都能熟练地运用价值观以证明自己是正确的。价值观中的稳定的认知结构与稳定的意向活动是相统一的。正因为如此,我们曾把价值观界定为:价值观是人区分好坏、美丑、益损、正确与错误、符合或违背自己意愿等的观念系统,它通常是充满情感的,并为人自认的正当行为提供充分的理由。

2.2 外显性与内隐性

价值具有两极性,有正价值和负价值之分。如有好与坏、善与恶、美与丑、公正与不公正等等。由于价值的两极性,人们对有价值的事物便不可能采取无所谓的中立态度,或是喜欢,或是不喜欢,或是接受,或是拒绝,或是追求,或是逃避,总要选择其一。当然,从好到坏,从美到丑……其间有层次性。人总是根据自己的价值观对其作出选择的。例如,有人对某一事物给予极高评价,热切追求,往往会抑制对其他事物的追求。价值观决定人在生活中对各种事物追求的先后次序。有的人看重真理,有的人追求财富,有的人热衷于权力,有的人为长远利益着想,有的人图当前的享乐,等等。人们的言行是价值观的表现,用自陈量表来测量价值观正是透过人们的外显行为——选择,而让我们窥见其价值观的特点。

内化了的价值观我们有时会意识不到,特别是与社会期望相违背的个人价值观往往容易被压抑成为内隐的价值观。可以用投射法,即利用模糊的刺激来探测深层次的内隐价值观,引发出能够反映被压抑为潜意识的经验、欲望、情绪行为。这种方法有时相当有效,能够让被试在自陈量表测试状况下无法表现的经验、欲望、态度(内隐价值观)较清楚地表现出来。投射法所测到的结果,无论是形式上或是内容上有时都能较充分地反映被试的内隐价值观。因此个人的价值观包括外显价值观和内隐价值观,或外显地表现出来或内隐地表现出来。

2.3 个体性与社会性

个人价值观(personal value)是个体通过社会化而形成的。社会化(socialization)是指儿童或其他社会新成员学习他们那个社会生活方式的过程。儿童,即使是刚刚出生的婴儿的社会化都不是被动地吸收接受各种影响,他们都会有这样或那样的需求,而这些需求及生来具有的气质特征都会影响其父母或照料者的行为,所以儿童从一开始就是一个主动的个体。社会化将不同世代连接在一起。一个婴孩的出生改变了那些负责养育他的人的生活,而这些人自己也开始新的社会化,学习为人父母;而老年人这时当上了祖父母但同时又为人父母,由此造成了把不同世代相互联系在一起的另一套关系。因此,社会化是一个人的终生过程,在这一过程中,个人的行为不断地被与社会的各个成分如家庭、学校、同伴、同事、企事业单位等的互动所形塑,使个人习得周围人群的价值观、信念和行为规范,从而成为其中的一员,以适应该社会的生活要求。不同个体之间由于其生理基础、生活环境及生活实践的不同,其价值观会有差异;但是他们之间又会有许多相同之处。这是由文化在社会化过程中的重要作用所致。在同一群体或社会中,个体社会化的外部文化环境是相同的,群体或社会用相同的价值观和行为标准来要求、塑造同一类个体,其结果是同一类个体便有相似的价值观。社会上的不同性别、不同年龄、不同民族、不同发展阶段和阶层的人们,他们都会有独特的价值观,即形成不同的社会价值观。如果我们把群体视为一个民族或一个国家时,这种社会价值观就是一个民族的或一个国家的价值观。因此,社会价值观(social values)是建立在个人价值观基础上的,是群体中大多数人共有的价值观。需要注意的是,跨文化心理学家对数据的处理是不同的。例如荷兰社会心理学家Hofstede对IBM公司在全球70多个国家的雇员(116000名被试)的调查发现能进行国家间比较的国家有40个,被试为72215名。他认为必须在国家层面(nation-level)而不是个体层面(individual-level)进行数据处理。按每个特定国家的所有被试对每个题的答案计算平均分,然后除以该题项平均分的标准差,即得出该题项的国家均值,再用这些国家均值进行因素分析,结果发现国家间的差异有四个维度,他将其分别命名为:权力距离、不确定性规避、个人主义对集体主义、男性气质对女性气质。Hofstede(1980)发现,在权力距离维度上得分最高的国家是马来西亚、斯洛伐克、危地马拉、巴拿马、菲律宾、俄罗斯,得分最低的国家是奥地利、以色列、丹麦、新西兰和爱尔兰;最具个人主义特点(最偏爱个人时间、自由和挑战)的国家有美国、澳大利亚、英国、荷兰和加拿大,最具集体主义特点(强烈认同技能的发挥、良好的物质条件和培训机会)的国家有危地马拉、厄瓜多尔、巴拿马、委内瑞拉和哥伦比亚;最具男性气质(重视自信价值)的国家有斯洛伐克、匈牙利、日本、奥地利和委内瑞拉,最具女性气质(重视抚育价值)的国家有瑞典、挪威、荷兰、丹麦和哥斯达黎加。后来Schwartz,Melech和Lehmann等人用他们的价值观类型问卷(Portrait Value Questionnaire)对60多个国家和地区的调查发现,大多数的个人价值观项目在大多数国家具有同等的含义,但国家层面的价值观结构与个人层面分析所得到的结果并不完全一致。Schwartz等人鉴别出7种国家层面的价值类型,可归纳为三个两极化的维度。这三个维度分别被命名为主动性-依附性、等级性-平等性、掌控-和谐(Schwartz, Melech, Lehmann, Burgess, Harris, Owens, 2001)。为了强调区分不同层面的重要性,Schwartz对他的国家层面维度和个体层面维度使用了的命名。

2.4 普世性与文化特殊性

价值观的普世性与文化特殊性的关系如何?一种观点认为由于人类的基本需要和生存环境的相似性,因而各地区及文化之间有跨文化的普世价值观存在。持此种观点的学者力图发展出普世性价值观理论和测量工具,用来描述和比较不同文化中个人价值观的特点。例如Rokeach(1973)把价值观划分为终极性价值观和工具性价值观时提出五个假设:①个人所持的价值观数量不多;②所有的人都持有相同的价值观,只是程度上不同;③价值观是按价值系统建构的;④影响价值观的因素包括文化、社会和机构;⑤价值观的影响会反映在所有社会科学家感兴趣的研究与了解的现象上。Rokeach的主张表明他确信具有普世性价值观,各种文化的人会有类似且数量有限的价值观,只是由于文化及社会经济条件的不同使不同文化的人们在重视优先程度上有所不同。因此他设计出36个价值项目的价值观调查表,认为该量表具有"合理的广度",是"普世适用的"(转引自王丛桂,2008)。大多西方学者(如Feather, 1986; Schwartz, Bilsky, 1990; Stander, Jensen, 1993)早期发展出的价值观量表与Rokeach的观念相类似,目的是用于跨文化比较。

另一种观点认为价值观是主客观交互作用的产物。每一种文化都有其特定的历史和社会背景,每一种文化下的个体都有具有文化特殊性(culture-specific)的价值观念。因此,各个文化区域的研究人员应当先从自身的社会与文化情境中了解其本土价值观,而后透过各种文化价值观的比较研究,寻求各种文化价值观的独特性与共同性,所建立起的理论模型应能说明这个时代这个社会中人们的价值观的内容是什么,其层次结构如何,这种价值观是如何形成的,以及这种价值观是怎样影响人们在人生中的各重要层面的行为。

Bond及其同事组成的华夏文化协会,1987年根据华人社会科学家列举出的价值观名词及传统的文化价值观汇整编制的"华人价值观量表",以22个文化的被试为对象的因素分析结果得到重视社会稳定的"统整"(integration)、反映儒家学说的"儒家工作动力"(Confucian work dynamism)、关怀热情的"仁心"(human heartedness)与重视自我控制的"道德教化"(moral discipline)四个因素。他们将该量表与Hofstede(1980)依据IBM公司在40个国家员工的工作价值观所发展出的四个维度进行比较;结果发现他们四个因素中有三个与Hofstede的量表中的四个维度高度相关,只有儒家工作动力因素与Hofstede的工作价值观量表各因素完全无关。同时跨文化的研究还显示,日本、韩国与新加坡三个国家以及中国台湾、香港地区,深受儒家文化影响,在儒家工作动力维度上有很高的得分(Chinese Culture Connection,1987;转引自王丛桂,2008)。

这两个大型的跨文化研究得出的结果既有相同又有不同之处,除了可能是由于两个研究目的和所采用的方法不同所致之外,我们还可以用人格所包含的三个层面:普世性、群体性和个体性来加以理解。普世性价值观可能源自人类的本性,体现了人类共同的生理心理机制。群体价值观则是同一文化群体共有的,是经由群体社会化和社会实践而产生的。个人价值观除了包含个体本身的遗传基因与其周围环境交互作用而产生的个体价值观外,还可能包含来自人类共有的生理心理机制与环境要求的普世性价值观以及来自所属文化群体的价值观。

我们研究文化特殊性的价值观要把重点放在以下三个方面:①在价值观的内容上探究不同文化有哪些特殊文化内容的价值观;②在价值观的结构上探究有哪些不同文化特殊层次结构的价值观;③在价值的吸引力方面探究不同文化人们的特殊价值吸引力表现在哪些方面,为什么会有这些表现。

综上所述,价值观处于人格的核心地位,是人区分好坏、美丑、益损、正确与错误、符合或违背自己意愿的信念系统,它既可以是个体的也可以是群体的,既可以是外显的也可以是内隐的,既可以是普世的也可以是文化特异的,通常是充满情感的,并为自认为正当的行为提供充分的理由。

3价值观的分类和结构

3.1价值观的分类

根据研究的需要,有多种价值观的分类方法。例如Perry(1926)最先把价值观分为六类,即认知的、道德的、经济的、政治的、审美的和宗教的。受这种分类法的影响后来不少学者加以修改后采用。例如,Sprange(1928)去掉其中的认知的和道德的,增加了理论的和社会的,即分为经济的、理论的、审美的、社会的、政治的和宗教的六类价值观。Firth(1963)则分为经济的、道德的、审美的、工艺的、仪式的和社团的六类价值观。Rescher(1969)将价值观分为十类,即经济的、道德的、社会的、政治的、审美的、宗教的、物质的、知识的、专业的和情操的(sentimental)。文崇一在《中国传统价值的稳定与变迁》一文中也采用Perry的分类法,将价值观分为七种,即认知的、经济的、政治的、社会的、宗教的、道德的、成就的(文崇一,1989)。我们参照前人的分类方法并结合我们研究的需要,把价值观分为人生价值观、政治价值观、道德价值观、职业价值观、人际关系价值观、审美价值观、婚恋价值观、宗教价值观、自我价值观和幸福价值观十类，着重对青年现实的价值观进行了调查（黄希庭，张进辅，李红，1994）。晏辉把人世间的价值观分为真、善、利、美。真的价值表现为事实上的真、价值上的真和宗教上的真；善的价值表现为德性之好、行为之好和制度之好；利的价值表现为物的有用性和人的有用性；美的价值表现为与功利无涉的客观的审美和审美需要的满足，以及人与自然、人与人、人自身（身心）相和谐状态（晏辉，2009）。

又如，Rokeach（1968，1973）将价值观分为终极性价值观和工具性价值观两类。Heidenreich（1965）将价值观分为自我价值观和社会价值观两类。Parsons 和 Shilts（1951）把价值观分为个人取向价值观、集体取向价值观和社会取向价值观三类。Kluckhohn 和 Strodtbeck（1961）则认为人们的价值取向有五种：（1）对人类本性天赋特征的概念（恶的、中性的或善恶混合的，可变的或不变的）；（2）对人和自然及超自然关系的概念（人类服从自然、人与自然和谐相处，或人统治自然）；（3）人类生命的时间取向（重点在过去、现在或未来）；（4）对自我性质的看法（强调现存、变化，或行动）；（5）对他人关系的观点（直线式的、合作的或个人主义的）。

Moris（1956）认为价值观是一种对理想生活方式目标的憧憬。人们价值观不同，其生活方式也不同。他把人们的价值观归纳为13种生活方式：欣赏和保存人已取得的最优秀的成就；培养独立和自我了解；关心和同情他人；体验乐趣和感官享受；在社会群体中享受合作和伙伴的快乐；把事情做得更好而不贪图舒适；人生包含着同样多的享受、行动和沉思；享受简朴且容易得到的快乐；在安静的接纳中等待感受和谐；自我控制并坚持崇高的理想；内心生活的沉思；在勇敢和冒险活动中运用自己的体能；献身于宇宙中的客观目标。日本的田宗介（1966）在其《价值意识理论》中将上述13种生活方式简化命名为中庸型、达观型、慈爱型、享乐型、协作型、努力型、多彩型、安乐型、接受型、克己型、冥想型、行动型、服务型。Schwartz 把价值观划分为10个普遍的价值观动机类型：权力（社会地位和特权，控制或统治他人和资源）；成就（根据社会标准参与能证明个人成功的竞争）；享乐主义（追求生理上的满足及愉悦）；刺激（兴奋、新奇和生活中的挑战）；自我导向（独立的思想和行为——选择、创造、探索）；大同主义（理解、欣赏、容忍和保护所有人和未来的福利）；仁慈（保护和提高人们的福利）；传统（尊敬、接受传统文化和宗教要求的习惯和思想）；遵从（抑制引起他人不安或伤害他人及违背社会期望与规范的行为、倾向）；安全（社会交往和个人的稳定、安全、和谐）（金盛华，2005）。

3.2价值观的结构

价值观由诸多因素组成,这些因素是如何组织起来的呢?哪些是核心价值,而哪些又是边缘价值?它们是线性组织的还是非线性组织的?是不是具有多维度多层次的结构?对于这些问题,不同的学者有不同的解答。

有的学者构建的价值观模型是多维度线性的,例如奥尔波特等人设计的"价值观研究"量表就是要求被试根据自己的基本兴趣和爱好程度对六种价值观(理论的、经济的、审美的、社会的、政治的和宗教的)进行评定。Morris设计的"生活方式量表"也是要求被试对自己所喜欢过的十三种生活方式进行评定。

有的学者构建的价值观模型是多维度多层次线性的。例如辛志勇(2002)通过半结构化访谈、语句完成、自由联想测验等多种方法,建立了大学生价值取向的基本结构框架,如图1所示。在图1中,大学生的价值观由目标价值观、手段价值观以及协调目标与手段关系的规则价值观三个维度构成。其中,目标价值观又可分为个人性目标(金钱物质取向、工作成就取向、荣誉地位取向、自身修为取向)、社会性目标(婚姻家庭取向、友谊爱情取向和合格公民取向)和超然性目标(回归自然取向、贡献国家取向和人类福祉取向);手段价值观分为知识努力取向、智慧机遇取向和人格品质取向;规则价值观分为法律规范取向、舆论从众取向和道德良心取向。

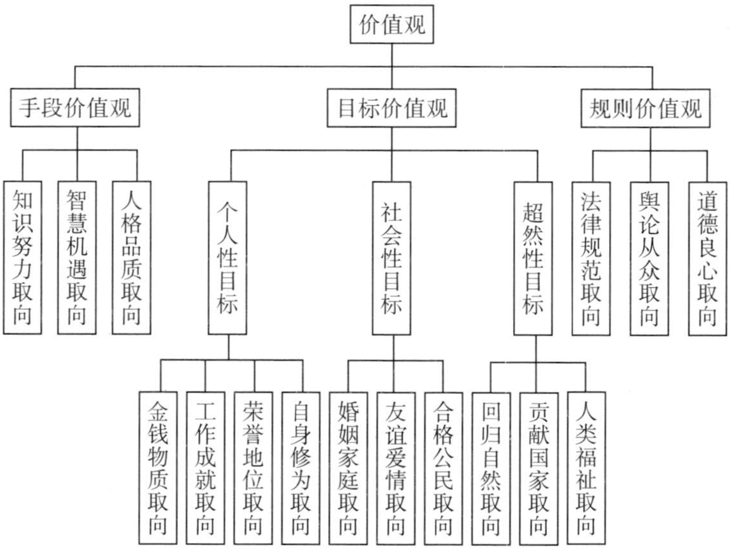

图1　大学生价值取向框架(转引自金盛华,2005)

金盛华等严格按心理测量学的研究程序,通过对303名被试关于"生活中快乐和幸福的根源"、"生活中近期和长远目标"、"生活准则和行为判断标准"及"生活中意义的来源"问题的深度访谈,编制出原始问卷,然后在北京市、河北省557名工人、农民、专业技术人员及在校大学生、高中生中进行预测,经第一次的探索性因素分析得到47个项目,构成中国人价值观初始问卷，然后在全国11个省市发放问卷3000份，收回有效问卷2296份，经第二次探索性因素分析和验证性因素分析，得到的结果表明，中国人价值观的结构是金钱权力、家庭本位、品格自律、守法从众、才能务实、公共利益、名望成就和人伦感情八个维度构成的。金盛华认为这八个因素可以按照图2中个人取向-社会取向和发展取向-维持取向构成的两个维度进行重构。个人取向-社会取向和发展取向-维持取向两个维度相交构成四个分区，分别为个人发展区、社会发展区、个人维持区和社会维持区。研究结果中得分最高的两项结果分别为工作学习和品格境界。这主要体现了个人发展，故放入个人发展区，并按照强度高低，品格追求被放置在外层；相应地，公共利益、家庭人伦，具有社会发展意义，故放入社会发展区；法律规范与从众认同按照其意义被放入社会维持区，名望追求和金钱权力则被放入个人维持区。由此，构成了图3的完整结构。这是一个多维度多层次非线性结构，表明中国民众价值取向的"好人定位"特点。

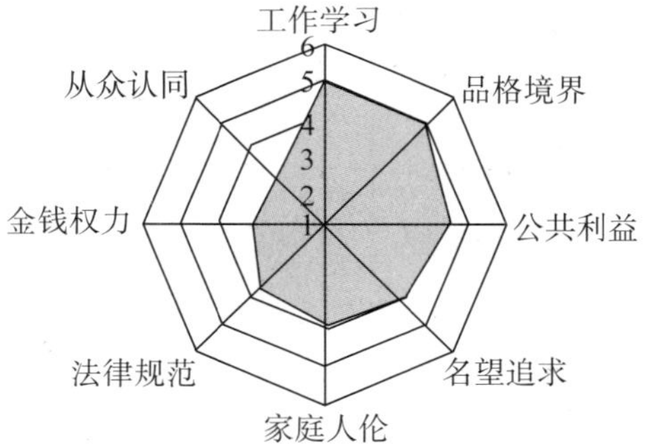

图2 中国人价值取向的"好人定位"模型

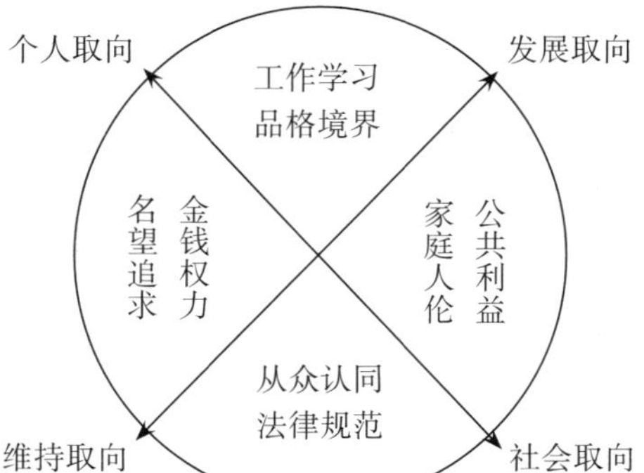

图3 中国民众价值取向的"好人定位"结构

如果将图3的结果与Schwartz提出的10因素基础价值观结构相对照，可以看出，中国人价值取向的"好人定位"结构既与Schwartz提出的基础价值观结构有高度一致的地方，也有其独特性。表1是对两者共同性的对比分析。

从表1可以看到，中国民众价值取向的结构与Schwartz提出的基于广泛文化背景研究的价值观结构有相同之处,表明价值观的某些侧面有广泛的共通性。同时,中国民众价值观的结构也有其显著的与中国文化传统相适应的独特性,如家庭人伦特点的发现。这说明人类社会不仅有共同的价值观,同时也具有自身来自独特文化传统和价值背景的不同价值观。Schwartz主要从价值观的共同性角度研究了不同文化的共同价值,而忽视了各种文化背景的独特价值观及其比较(金盛华等,2009)。

表1 Schwartz的价值观结构与中国民众价值取向的可比因素

Schwartz的价值观结构	中国民众价值观
大同主义(社会公正、平等)	品格境界
仁慈(助人)	公共利益
遵从(服从)(这里的遵从与从众部分意义重合)	从众认同
成就(成功、雄心)	名望追求
安全(社会秩序)	法律规范
权力(权威、财富)	金钱权力

4问题与思考

从1977年算起,我对价值观问题的思考和研究断断续续约有35个年头,迄今仍有许多问题尚未解决,但我愿意继续进一步思考和探究。

4.1理论探索,任重道远

价值观是个人人格动力的核心成分,是个人信念体系中最深层次的内核。它与人的需要、动机、兴趣和态度等动力机制相比较,需要、动机、兴趣和态度是比较具体的、易变化的,而价值观则是概括性的、相当稳定的。在价值观形成的过程中需要、动机、兴趣和态度扮演着基础性的角色,而已经形成的价值观则对需要、动机、兴趣和态度起着监控、调节作用,从而指导着人的活动。正因为如此,我把价值观列入《心理学导论》一书人类行为动力机制中加以阐释。上述观点尚需进一步加以论证。例如用抽象性、稳定性能把态度与价值观加以区分吗?很难的,像对自然环境的态度、对审美对象的态度都是相当抽象和稳定的,况且态度还具有价值表达功能(value-expressive function),即表达心中最珍视的价值观。又如,有学者认为价值观是一种持久的信念,是个人生活的指导原则,那么价值观又怎样与世界观、人生观相区别呢?对于这些理论问题要靠事实资料,特别是实证资料才能解决。

个人价值观的形成机制,是一个很重要又是很难破解的科研问题。我们认为青年期是价值观形成并逐步定型的时期，但它的形成并非一蹴而就。价值观是在人们日常生活中逐渐形成，并不断变化或得到增强的。这种说法并没有回答个人价值观的形成机制是什么，而只是说价值观在青年期形成。要破解个人价值观的形成机制这个难题，关键是个体的社会化。社会化使个体获得所属文化或亚文化认为值得拥有的或恰当的价值观和行为方式。社会化不仅仅发生在儿童身上，而且存在于所有年龄的个体中。社会化不是个体被动地接受社会文化影响，而是个体积极主动地与社会文化交互作用，即使是很幼小的婴儿也是社会化的积极主动参与者。就儿童青少年的价值观形成而言，家庭、同伴、学校、电视、互联网等都在儿童青少年的社会化中扮演着重要的角色。我们可以把儿童青少年价值观的形成看作一项动态的系统工程。这项动态系统工程是由上述许多部分组成，其中每个部分都有其独立的功能，但又与其他部分相互影响。各个部分之间的关系应成为研究个体价值观形成机制的焦点。我们在探讨个人价值观形成机制时要密切关注以下四个方面：一是与年龄有关的因素，即在特定的年龄阶段（如婴幼儿期、小学阶段、青春期……）一般都会遇到哪些事件；二是与历史有关的因素，即在特定时期（如“文化大革命”时期、改革开放时期、互联网时代）会遇到哪些事件；三是有关的偶发因素，即那些只对某些个体产生影响（如车祸、疾病），并且在任何年龄阶段都有可能发生的事件；四是各种因素是如何交互作用的。任何一个部分（发展阶段）都由许多不同的亚单元组成，这些亚单元又有着不同的发展速度；这些因素如何交互作用在个人价值观形成中起作用？哪些是自变量？哪些是中介变量或调节变量？各个部分的问题都非常复杂，都需要仔细地推敲。

4.2 应用研究，前景宽广

1985年我申请到了国家教委博士点基金项目“体制改革与当代中国青年价值观”，在完成该项目时我们曾用Rokeach（1967）编制的“价值观调查”表来测量我国大中学生被试，并把这个结果与美国、澳大利亚的研究结果做了比较。显然，我国被试在Rokeach编制的“价值观调查”表上的反应并不反映中国大中学生的价值观特点和现况。要了解我国青年价值观的特点和现况还需要编制能反映我国特点和现况的价值观量表。基于此，我们在访谈和开放式问卷调查的基础上，编制了青年人生价值观问卷、青年政治价值观问卷、青年道德价值观问卷、青年传统人际价值观问卷，以及青年审美标准调查表等对我国青年大学生被试进行了调查。当时我们曾设想每隔四或五年对我国大学生的价值观进行新一轮的调查，以考察随着我国经济和社会的发展变化青年价值观会有哪些特点，有怎样的变化趋势。这项工作难度大，需要有较多的经费。要编制一个具有较高信效度的中国青年价值观量表，还要对青年人生价值观问卷、青年政治价值观问卷、青年道德价值观问卷、青年传统人际价值观问卷及青年审美标准调查表加以修订，并在全国范围内取样调查，就被试费一项经费开支就相当可观。由于经费严重不足，我们没有办法把这项工作坚持做下去。但是，我们这个团队还是利用国内学者们在报刊上发表的有关调查数据，总结和描绘了自1994年至2004年这十年来我国青年价值观变化的特点，并于2005年出版了《当代中国青年价值观研究》。用适合我国国情的价值观量表，定期对我国青年价值观进行调查并发表研究报告，这不仅具有重要的应用价值，同时也具有重要的理论意义。

价值观指导人的行为。由于信奉“人定胜天”的环境价值观，今天的人类对自然环境的干预在不断扩大，城市化、工业生产，重污染、大规模的农业项目，大坝和水电厂建设，原子能工程等等都是人类干预大自然的某些方式，其后果造成了广泛的环境破坏，自然灾害频发。如果我们都信奉“天人合一”的环境价值观，那么就有可能抑制对环境的破坏，使人类与其环境和谐相处。

处于生育适龄期的已婚女性的生育价值观与其生育行为密切相关。以中科院心理所为首的国际合作交叉研究团队使用目前收藏在日本RISS经济心理学数据库中的一份2006年度调查数据进行分析，结果发现，日本已婚女性的生育价值观与生育行为密切相关：只生育一个孩子的日本已婚妇女有明显的晚婚晚育倾向；在家庭收入来源上夫妇俩共同支撑家庭开支，表现出独立自主新女性形象。而生育有三个及以上孩子的日本已婚妇女通常是早婚早育；经济上多依附于自己的丈夫，呈现出男主外女主内的传统家庭模式（引自中科院心理研究所通讯，2012）。这项研究成果对于我国未来人口战略的制订是有参考价值的。

了解员工的价值观对于企业管理人员来说，具有十分重要的意义。例如具有个人主义价值观的员工更关注自己的职业发展而不是企业的利益；而具有集体主义价值观的员工会更多地关注组织或团队而不是自己。崇尚权力和权威价值观的员工乐意服从老板的决策，不管这种决策是否正确；相反不接受权力与权威价值观的员工只有当他们认识到老板是正确的或自己感到有威胁时才会接受老板的指导。持物质主义价值观的员工对金钱、物质奖励十分看重，而持利他主义价值观的员工则热心慈善活动。信奉宗教价值观的员工渴望企业能充分照顾其个人的宗教习惯。我们最近的研究发现企业中研发人员的工作价值观与企业氛围对企业的创新绩效有密切的关系（窦运来，2010）。

总之，价值观的应用研究前景十分宽广。我希望我国心理学界有更多的学者参与这方面的研究。这项工作不仅对全面建成小康社会、构建社会主义和谐社会有重要的意义，而且对心理学科的发展更有重要的意义。

原文载于：黄希庭著《探究人格奥秘》，商务印书馆2014年，第3–20页。

当代大学生价值观的离散选择模型分析

价值观(values)是人区分好坏、美丑、益损、正确与错误,及符合或违背自己意愿等的观念系统,它通常是充满情感的,并为人的正当行为提供充分的理由(黄希庭,张进辅,李红,1994;黄希庭,郑涌,2005)。价值观的心理学研究较早可追溯到Gordon Allport于20世纪30年代依据Eduard Spranger价值取向人格分类编制的“Study of Value”(价值观研究)问卷。20世纪70年代,罗克奇开展了富有成效的工作,使其价值观概念在西方心理学界具有广泛的影响,他认为价值观是一种持久的信念,具有动机性功能,不仅是评价性的,还是规范性的,是行为和态度的指导,使个体或社会偏好于某一特定的行为模式或存在的目的状态(Rokeach,1968,1973)。他编制的“Value Survey”表(价值观调查表)在一段时间内成为最流行的研究工具,产生了大量的研究成果和热烈的讨论,直至近年来这一工具仍被广泛使用和讨论(Britt,Stetz,Bliese,2004;Gibbins,Walker,1993;Greenbank,Paul,2013;Johnston,S.,1995)。在整个世界社会发展多元化,关于价值观的研究范畴、方法和手段也越来越丰富的背景下,虽然受到后续研究中的批评和挑战,但罗克奇的观点和方法对价值观研究仍然存在着巨大的影响(Schwartz,2001)。我国心理学界的价值观研究始于20世纪80年代中后期,黄希庭等在1989年使用罗克奇价值观调查表进行较大规模调查的研究报告是国内较早具有影响的一篇文献(黄希庭,张进辅,张蜀林,1989),被以后价值观研究广泛引用。1991年价值观概念也首次进入我国出版的普通心理学教材(黄希庭,1991)。20多年来,随着中国社会及价值观的多元化,国内对价值观的研究也愈加多样化,大量国外的概念、研究方式和研究工具被介绍到国内,国内学者也在尝试就这些方面进行创新,研究者们分别从不同角度和具体领域对价值观进行了大量的研究(郑钢,1996;金盛华,辛志勇,2003)。

价值观具有决定个体对观念和行为进行偏好选择的特性。基于这一特点,在价值观的研究中,排序数据比起由Likert评定所产生的近似连续变量更接近其自然形态,更容易被研究对象所把握和估计,也更适合用来表现偏好性选择。已有研究结果表明,就价值观研究而言,等级排序式问卷的信效度水平要优于评定式问卷(Alwin,Krosnick,1985;Klein,Dülmer,Ohr,Quandt,Rosar,2004;Krosnick,Alwin,1988;Rankin,Grube,1980;Russell,Gray,1994)。对于这类离散型数据来说,原本适用连续变量的线性分析手段显得力不从心,社会及经济发展的需要客观上促进了各种非线性分析方法的发展,离散选择模型(discrete choice methods)即为这些方法中获得巨大成就的一种。离散选择模型,早期称为定性反应模型(qualitative response model),主要用来解决被解释变量是定性选择结果且其数据是不连续的之类的问题。离散选择模型可以帮助研究者建立具有某些特征的个体与其所做的选择的概率之间的关系(Train,2003),这与评定式数据分析的结果强调对研究对象的反应或研究对象属性的计量存在着明显的不同。美国经济学家Daniel McFadden即因在此领域的贡献而成为2000年诺贝尔经济学奖获奖者之一。

在心理学研究领域,对于研究对象的定性反应或定性属性数据,可以选择的分析手段包括有列联表、对数线性模型等非线性的方式,从性质上讲,这些方式均属广义的离散选择模型范畴(Train,2003)。综合已报告的研究结果,国内心理学界的价值观研究多采用两种类型的问卷作为数据收集方式,一种即为使用Likert评分的自陈式问卷(王垒,马洪波,姚翔,2003;许燕,王砾瑟,2001;金盛华等,2003),而另一种则是以罗克奇价值观调查表为代表的等级排序式问卷(文萍,李红,马宽斌,2005;阴国恩,戴斌荣,金东贤,1999;黄希庭等,1989;黄曼娜,1999a)。前者在统计上可较为方便地进行各种常用的统计分析,而后者多数只能进行有限的中位数等描述统计,也有研究者将后者所获数据转换为计数数据或正态化Z分数使用(Train,2003),这些做法或所获信息有限,或改变了数据性质,显然不利于揭示价值观本身的特点和意义。本研究选择其中在国内价值观研究中鲜见运用的Rank-Order Logit Model,对大学生的价值偏好进行探究。

本研究的目的是在中国社会日益多元化的今天,延续20世纪80年代以来国内对青少年学生价值观的研究,在全国主要的中心城市的部分高校中对当代大学生的价值观进行调查研究,考虑社会变迁背景下我国在校大学生价值观的主要特点,并尝试使用更为适合的分析手段获取有价值的研究信息。

1方法

1.1研究对象

本研究的调查对象为全国25所本科院校的约4000名大学生,去除了少量信息不全、回答不完整、明显胡乱作答的问卷,共得3796名有效数据集,其中男生1603名,女生2193名;文科类专业2050名,理工类专业1746名;2001级389名,2002级833名,2003级1361名,2004级1053名,2005级73名,研究生87名。

1.2研究工具

本研究仍然沿用由黄希庭修订的罗克奇价值观调查表(黄希庭等,1989)进行调查,以便于与过去的研究结果进行比较。调查方式采用了以教学班级为单位的整群取样的方式。调查时间在2005年4月到2005年8月间。

1.3 统计模型

有效数据集的分析过程使用统计软件Stata第8版进行了属于离散选择模型方法的Rank-Order Logit Model（或称为Exploded Logit Model）估计和分析（Allison，Christakis，1994；Train，2003；"Stata help for rologit"，2005）。这种模型的基本含义是：基于标准Logit假设的条件下，对各种可选项的好恶所做排序（ranking）的概率可以表示为Logit算式的结果，即：若有A、B、C、D个可选项的情况下，令$U_{nj}=\beta' x_{nj}+\varepsilon_{nj}$，其中$U_{nj}$为效应，$\beta'$为模型估计的系数值，$x_{nj}$为各个选项，$\varepsilon_{nj}$而则称为iid（independent and identically distributed）值。其中C选项的概率为

$$\text{Prob(rankingC, B, D, A)}$$
$$=\frac{e^{\beta' x_{nC}}}{\sum_{j=A,B,C,D} e^{\beta' x_{nj}}}\frac{e^{\beta' x_{nB}}}{\sum_{j=A,B,C,D} e^{\beta' x_{nj}}}\frac{e^{\beta' x_{nD}}}{\sum_{j=A,B,C,D} e^{\beta' x_{nj}}}$$

在本研究中模型估计的主要任务是估计自变量的系数值（代表其效应大小）和对模型有效性的检验，所获得结果可让研究者在不同选项的选择概率之间进行比较。

2 结果

2.1 对整体效应的估计

表1中包含了两组价值观的模型估计结果，左栏为终极性价值观的模型估计结果，模型效应的检验结果为$chi^2(17)=16805.38(p<0.000)$；右栏则为工具性价值观的估计结果，模型效应检验结果为$chi^2(17)=17191.17(p<0.000)$。这表明各选项之间存在显著差异，模型效应显著。表中β_j列为对各选项相对于参照选项的或然性，数值越低显示越重要。两组价值观的模型估计均以第一个选项作为参照，即分别为舒适的物质生活和雄心壮志的。1/EXP列结果则为$1/e^{\beta_j}$的值，代表各选项被选择为最重要的概率与参考选项概率的之间比例，由此可在各个选项间进行方便的比较（Allison，Christakis，1994）。

表1 大学生价值观整体效应的Rank-Order Logit Model估计结果

终极性价值观			工具性价值观		
选 项	β_j	1/ EXP	选 项	β_j	1/ EXP
舒适的物质生活	0.00	1.00	雄心壮志的	0.00	1.00
兴奋的生活	0.99**	0.37	胸怀宽广的	−0.16**	1.17
有所作为	−0.35**	1.42	有能力的	−0.18**	1.20
世界和平	−0.17**	1.19	令人愉快的	0.15**	0.86
美的世界	0.36**	0.70	清洁的	1.17**	0.31
平等	0.03	0.97	勇敢的	0.33**	0.72
合家安宁	−1.34**	3.82	宽恕的	0.33**	0.72
自由	−0.60**	1.82	助人的	0.70**	0.50
幸福	−0.86**	2.36	诚实的	−0.28**	1.32
内心和谐	−0.22**	1.25	富有想象力的	0.61**	0.54
成熟的爱	−0.13**	1.14	独立的	0.02	0.98
国家安全	−0.44**	1.55	智力的	0.19**	0.83
快乐	−0.69**	1.99	逻辑的	0.99**	0.37
拯救灵魂	1.43**	0.24	爱的	−0.02	1.02
自尊	−0.51**	1.67	服从的	2.69**	0.07
社会承认	−0.22**	1.25	有礼貌的	0.65**	0.52
真正的友谊	−0.46**	1.58	负责任的	−0.18**	1.20
真知灼见	0.20**	0.82	自我控制的	0.37**	0.69

注：*$p<0.05$，**$p<0.005$；下同

在终极性价值观中，“合家安宁”最重要，“拯救灵魂”最不重要；若以参照选项舒适的物质生活为最重要的可能性为1，则选择“合家安宁”为最重要的可能性为其3.82倍，而“拯救灵魂”仅为其0.24倍。参照选项与除“平等”之外的所有16个选项之间均存在显著差异；工具性价值观中“诚实的”最重要，“服从的”最不重要。选择“诚实的”的可能性是参照选项“雄心壮志的”1.32倍，选择“服从的”的可能性仅为其0.07倍。除“独立的”和“爱的”外，其他选项与参照选项之间均存在显著差异。

2.2 对性别效应的估计

终极性价值观模型有效性检验结果为：$chi^2(34)=17558.97$（$p<0.000$），工具性价值观检验结果则为：$chi^2(34)=17963.34$（$p<0.000$）。性别因素对两组价值观选项重要性选择具有显著的效应。表2中结果显示，女性终极性价值观以“合家安宁”最重要，“拯救灵魂”最不重要。选择“合家安宁”的可能性为参照选项的4.89倍，而选择“拯救灵魂”的可能性仅为0.19倍。除“平等”外所有选项与参照选项之间均存在显著差异；男性则仍为“合家安宁”最重要，“拯救灵魂”最不重要。选择“合家安宁”可能性为参照选项有2.74倍，选择“拯救灵魂”可能性为0.30倍。除“平等”外所有选项与参照选项之间均存在显著差异；β_j女$-\beta_j$男列表示女性与男性之间在相同选项上的可能性差异，1/EXP即表示女性与男性之间在该选项上选择最重要的概率上的差异。譬如，相对于参考选项“舒适的物质生活”女性选择“合家安宁”最重要可能性是男性的1.79倍，而选择“拯救灵魂”的可能性则为男性的0.64倍。女性更倾向选择的价值观有“合家安宁”“幸福”“自尊”“快乐”“内心和谐”“真正的友谊”“世界和平”，而男性更倾向于选择“真知灼见”“有所作为”“兴奋的生活”“拯救灵魂”。

以“雄心壮志的”为参照，女性对工具性价值观最重要的选择为“诚实的”，最不重要的选择为“服从的”。选择“诚实的”的可能性为参照选项的1.54倍，选择“服从的”的仅为0.05倍。所有的选项与参考选项之间均存在显著差异；男性的选择也是“诚实的”最重要，“服从的”最不重要。选择“诚实的”的可能性为参照选项的1.09倍，选择“服从的”为0.09倍。除“胸怀宽广的”“有能力的”“负责任的”外，其他选项与参考选项之间均存在显著差异；不同性别在除“富有想象力的”“逻辑的”“自我控制的”外其他选项上均存在差异。除男性相对更可能选择“服从的”外，女性在其余存在差异的各选项上选择的可能性大于男性。

表2 大学生价值观性别效应的 Rank-Ordered Logit Model 估计结果

终极性价值观	女性		男性	女-男			工具性价值观	女性		男性		女-男	
	β_j	1/EXP	β_j	1/EXP	$\beta_{j女}-\beta_{j男}$	1/EXP		β_j	1/ EXP	β_j	1/EXP	$\beta_{j女}-\beta_{j男}$	1/EXP
舒适的物质生活	0.00	1.00	0.00	1.00	0.00	1.00	雄心壮志的	0.00	1.00	0.00	1.00	0.00	1.00
兴奋的生活	1.15^{**}	0.32	0.81^{**}	0.44	0.34^{**}	0.71	胸怀宽广的	-0.29^{**}	1.34	0.00	1.00	-0.29^{**}	1.34
有所作为	-0.22^{**}	1.24	-0.51^{**}	1.66	0.29^{**}	0.75	有能力的	-0.30^{**}	1.35	−0.03	1.03	-0.27^{**}	1.31
世界和平	-0.24^{**}	1.27	-0.08^{*}	1.09	-0.15^{*}	1.17	令人愉快的	-0.08^{*}	1.08	0.46^{**}	0.63	-0.54^{**}	1.72
美的世界	0.39^{**}	0.68	0.33^{**}	0.72	0.06	0.95	清洁的	1.00^{**}	0.37	1.42^{**}	0.24	-0.42^{**}	1.52
平等	0.04	0.96	0.03	0.97	0.01	0.99	勇敢的	0.25^{**}	0.78	0.43^{**}	0.65	-0.19^{**}	1.20
合家安宁	-1.59^{**}	4.89	-1.01^{**}	2.74	-0.58^{**}	1.79	宽恕的	0.18^{**}	0.84	0.53^{**}	0.59	-0.36^{**}	1.43
自由	-0.63^{**}	1.87	-0.57^{**}	1.77	−0.06	1.06	助人的	0.62^{**}	0.54	0.80^{**}	0.45	-0.18^{**}	1.19
幸福	-1.03^{**}	2.80	-0.63^{**}	1.88	-0.40^{**}	1.49	诚实的	-0.43^{**}	1.54	-0.09^{*}	1.09	-0.34^{**}	1.41
内心和谐	-0.31^{**}	1.36	-0.11^{*}	1.11	-0.20^{**}	1.22							
富有想象力的	0.60^{**}	0.55	0.62^{**}	0.54	−0.02	1.02							
成熟的爱	-0.13^{**}	1.14	-0.12^{**}	1.13	−0.01	1.01	独立的	-0.22^{**}	1.24	0.35^{**}	0.70	-0.57^{**}	1.76
国家安全	-0.44^{**}	1.56	-0.44^{**}	1.55	0.00	1.00	智力的	0.07^{*}	0.93	0.35^{**}	0.70	-0.28^{**}	1.33
快乐	-0.82^{**}	2.26	-0.52^{**}	1.69	-0.29^{**}	1.34	逻辑的	1.01^{**}	0.36	0.97^{**}	0.38	0.04	0.96
拯救灵魂	1.66^{**}	0.19	1.20^{**}	0.30	0.45^{**}	0.64	爱的	-0.22^{**}	1.24	0.25^{**}	0.78	-0.47^{**}	1.59
自尊	-0.65^{**}	1.92	-0.32^{**}	1.38	-0.33^{**}	1.39	服从的	3.03^{**}	0.05	2.42^{**}	0.09	0.61^{**}	0.54
社会承认	-0.24^{**}	1.27	-0.18^{**}	1.20	−0.06	1.07	有礼貌的	0.53^{**}	0.59	0.82^{**}	0.44	-0.29^{**}	1.33
真正的友谊	-0.53^{**}	1.70	-0.36^{**}	1.43	-0.17^{**}	1.19	负责任的	-0.29^{**}	1.33	−0.06	1.06	-0.23^{**}	1.26
真知灼见	0.27^{**}	0.76	0.12^{*}	0.89	0.15^{*}	0.86	自我控制的	0.32^{**}	0.72	0.41^{**}	0.66	−0.09	1.09

2.3对年龄效应的估计

终极性价值观模型有效性检验结果为$chi^2(17)=16720.99(p<0.000)$，工具性价值观检验结果为$chi^2(17)=17090.80(p<0.000)$，年龄因素对两组价值观选项重要性选择具有显著的效应。表3中β_j列为各选项相对于参照选项的年龄效应系数，相对于参照选项年龄因素在“平等”选项上的效应不显著，其余终极性价值观选项均具有显著的年龄效应。100(EXP-1)列为$100(e^{\beta j}-1)$的值，代表的是在各选项相对于参照选项年龄每增加一岁选择概率的变化。譬如，年龄每增加一岁，“合家安宁”最重要的可能性即增加6.19%，而“拯救灵魂”的可能性则减少7.08%。在终极性价值观重要性选择上年龄因素的效应顺序两端分别为“合家安宁”和“拯救灵魂”，即从增强选择可能性一端到减弱选择可能性的另一端，以参照选项为临界点。在工具性价值观当中除独立的和爱的之外的其他选项对于参照选项均具有显著的年龄效应。在终极性价值观重要性选择上年龄因素的效应顺序两端分别为“诚实的”和“服从的”，意义同上。

表3 大学生价值观年龄效应的 Rank-Ordered Logistic Model 估计结果

终极性价值观			工具性价值观		
选 项	β_j	100(EXP-1)	选 项	β_j	100(EXP-1)
舒适的物质生活	0.00	0.00	雄心壮志的	0.00	0.00
兴奋的生活	0.05**	-4.85	胸怀宽广的	-0.01**	0.75
有所作为	-0.02**	1.64	有能力的	-0.01**	0.85
世界和平	-0.01**	0.78	令人愉快的	0.01**	-0.72
美的世界	0.02**	-1.78	清洁的	0.06**	-5.79
平等	0.00	-0.18	勇敢的	0.02**	-1.61
合家安宁	-0.06**	6.19	宽恕的	0.02**	-1.60
自由	-0.03**	2.81	助人的	0.03**	-3.37
幸福	-0.04**	4.01	诚实的	-0.01**	1.33
内心和谐	-0.01**	1.06	富有想象力的	0.03**	-2.96
成熟的爱	-0.01**	0.63	独立的	0.00	-0.10
国家安全	-0.02**	2.07	智力的	0.01**	-0.94
快乐	-0.03**	3.22	逻辑的	0.05**	-4.85
拯救灵魂	0.07**	-7.08	爱的	0.00	0.09
自尊	-0.02**	2.40	服从的	0.13**	-13.66
社会承认	-0.01**	1.02	有礼貌的	0.03**	-3.18
真正的友谊	-0.02**	2.12	负责任的	-0.01**	0.88
真知灼见	0.01**	-0.99	自我控制的	0.02**	-1.79

3分析与讨论

3.1各价值观选项之间的差别

本研究考察当前在校大学生在两组价值观重要性偏好上的主要特点,综合不同角度的结果,我国当代大学生最为偏好的终极性价值观选项主要包括了“合家安宁”、“幸福”、“快乐”、“自由”、“自尊”、“真正的友谊”和“国家安全”等,最不偏好的则包括“拯救灵魂”、“兴奋的生活”、“美的世界”、“真知灼见”和“平等”等;最为偏好的工具性价值观选项主要包括“诚实的”、“有能力的”、“负责任的”和“胸怀宽广的”等,最不偏好的则包括“服从的”、“清洁的”、“逻辑的”、“助人的”、“有礼貌的”和“富有想象力的”等方面。上述特点反映了重视家庭价值的传统文化特点,同时也表现了关注个人品质的社会生存意义而又不拘泥于细节的特点。除此之外注重“快乐”、“自由”和“自尊”的终极性价值观及“有能力的”这样的工具性价值观,忽略“拯救灵魂”、“兴奋的生活”、“美的世界”、“真知灼见”、“平等”、“清洁的”、“逻辑的”、“助人的”、“有礼貌的”和“富有想象力的”这些看似无用的方面,折射出当前社会经济文化的高速发展背景下的社会适应压力。这些偏好特点具有明显的社会适应意义。

在进行大学生价值观调查时,每一组价值观选项后均附有一个问题,要求调查对象说明其选择特定选项为最为重要或最不重要的理由。我们对两组价值观中最为重要及最不重要选项的文字回答进行了归纳总结:在终极性价值观中选择“合家安宁”最为重要的人在所有人中所占比例为27.70%,而其中有77.50%的人对选择理由进行了说明。其选择的主要理由包括以下几个方面:家庭是生活的基础支持条件;与亲人间的亲情甚于一切;家庭或家族的利益是主要的目标和动机指向;家庭是可依附的对象。选择“拯救灵魂”最不重要的人在所有人所占比例为43.30%,对选择理由进行了说明的占其中的74.80%。其选择的主要理由包括以下几个方面:灵魂是不可知或不可信的;拯救灵魂是不可为的;拯救灵魂是不必要的;不需要拯救灵魂或拯救灵魂是无意义的;无神论或无宗教信仰;谈论灵魂属于反科学或伪科学。而在工具性价值观中选择“诚实的”最为重要的人在所有人中所占比例为14.30%,而其中有76.20%的人对选择理由进行了说明。其选择的主要理由包括以下几个方面:诚实是基本积极品质;诚实是人际交往基本准则;不应该进行欺骗或不应该被欺骗。选择“服从的”最不重要的人在所有人中所占比例为66.20%,对选择理由进行了说明的为其中的77.30%,其主要理由包括以下几个方面:服从导致丧失自我;服从应该有条件的;服从意味着无能和软弱;服从意味着受到限制或者压制,以及能力或可能性被扼杀;应该主张自由和民主;应该具有反叛精神;服从是被动的(应该主动)。这些信息进一步说明了,当代大学生重视家庭价值、关注个人品质的社会生存意义等价值取向特点。而对最不重要价值观的选择,则反映的是对不符合时代特征的一种否定式价值观。

除了重要性偏好顺序的信息,本研究使用的分析方法还可得到各个选项之间在概率上的差异信息,这是另外一种重要性的比较。综合来看,终极性价值观各选项之间,这种差异显得较为明显,从最偏好一端到最不偏好的另一端,选择可能性存在着较大的差异。而在工具性价值观当中,这种差异相对来说不太明显。除了"服从的"一项较为特殊外,处于两端的其他选项之间的差异就不如终极性价值观那么明显。这说明,当代青年大学生在终极性价值观方面的分化是鲜明的,而在工具性价值观方面则因人而异。

3.2 性别与年龄效应

3.2.1 性别效应

终极性价值观的偏好排序在性别之间走向大致相同,仅"自尊"和"有所作为"在顺序上存在一定的不同。女性比男性更强调自尊,而男性比女性更强调有所作为,这显然是适应现代社会中性别角色和性别适应的要求的。同时也存在上面提到的第二种重要性的区别,虽然在重要性的顺序无太多的不同,但女性显著比男性更加偏好"合家安宁"、"幸福"、"自尊"、"快乐"、"内心和谐"和"真正的友谊",同时相对更加忽略"真知灼见"、"有所作为"、"兴奋的生活"和"拯救灵魂"。这存在着喜欢的更喜欢,不喜欢的更不喜欢的现象。如果说价值观通常是充满情感的,那似乎女性在此相对男性有更多的情感卷入。工具性价值观各选项的等级排序在性别之间走向也大致相同,但女性比男性更强调独立的而更排斥服从的,同时在其他多个选项上表现出相对男性更强的偏好,这种特征显然体现了女性比男性更关注细节的特点。综合而言,女性与男性在价值观偏好顺序上差别不大,但在对待各种具体价值观选项上男性较多地体现了传统的男性性别角色,而女性相对更体现时代发展特点。

3.2.2 年龄效应

年龄因素对于终极性价值观和工具性价值观都具有较强的效应。年龄效应较强的选项也基本上属于处于最为偏好及最不偏好两端的选项,这些选项更有可能随年龄的增长而发生改变。随着年龄的增长,比较偏好的那些选项被选择的概率会变得更高,而最不偏好的那些选项则被选择的概率会变得更低。对比两组价值观选项还可以发现,终极性价值观各选项之间的差异更大一些,而工具性价值观各选项除了较为特殊的"服从的"之外,相互之间的差异相对较小。换言之,可以认为年龄因素对终极性价值观的效应相对于工具性价值观要明显一些。

3.3 青少年价值观的变迁

将本研究的主要结果与黄希庭、黄曼娜和文萍等分别在1987、1998和2004年进行的研究结果进行对比(黄希庭等,1989;黄曼娜,1999b;文萍等,2005),可以发现在时间上越接近的研究结果与本研究的结果越相似,不同时代的青少年价值观存在着渐变的发展过程。

如表4所示,终极性价值观较为明显的发展特点是:1987年最为重要的几种价值观除"自尊"外均在后续研究中发现重要性的逐渐降低。"合家安宁"自1998年以来即为最为重要的价值取向,而"内心和谐"及"舒适的物质生活"的重要性逐渐上升。此外"幸福""快乐""自由"的重要性也存在逐渐上升的情况;变化不大或没有变化的则是偏好程度最低的"兴奋的生活"和"拯救灵魂",这一点应该属于我国的一项文化特征。工具性价值观中变化比较明显是"诚实的"和"负责任的"(变得越来越重要),而"雄心壮志"则不再被视为最重要的价值取向了,"有才能的"在二十年的社会变迁中仍然被认为是最重要的价值取向之一;而被认为最不重要的工具性价值观基本上保持稳定,主要包括了"清洁的""自我控制的""服从的"三项。

表4 不同时期研究价值观重要性比较

年份	终极性价值观		工具性价值观	
	最重要	最不重要	最重要	最不重要
1987	有所作为、真正的友谊、自尊、国家安全	内心和谐、舒适的物质生活、兴奋的生活、拯救灵魂	雄心壮志的、有能力的、胸怀宽广	清洁的、自我控制的、服从的
1998	合家安宁、自由、自尊、国家安全	舒适的物质生活、真知灼见、兴奋的生活、拯救灵魂	雄心壮志的、胸怀宽广、有能力的、诚实的、宽恕的、逻辑的、清洁的、服从的	
2004	合家安宁、自由、幸福、快乐	成熟的爱、真知灼见、兴奋的生活、拯救灵魂	诚实的、胸怀宽广的、有能力的、雄心壮志	自我控制的、逻辑的、清洁的、服从的
2005	合家安宁、幸福、快乐、自由、自尊	真知灼见、美的世界、兴奋的生活、拯救灵魂	诚实的、有能力的、负责任的、胸怀宽广的	有礼貌的、助人的、逻辑的、清洁的、服从的

过去三项研究结果中均显示性别之间在各价值取向重要性偏好走向上差别不大,本研究结果也支持这一点,这与西方国家的研究结果也类似(Prince-Gibson ,Schwartz,1998),看来这属于价值观研究中一项较为稳定的规律。

文萍等人依据其研究结果认为,我国青少年的价值观具有强调个人中心终极价值观和更强调手段的道德价值的特点。而从本研究的角度来看，如此现状正好也反映了在时代发展、社会变迁的背景下，由于经济活动和生活节奏不断加速，青少年价值观取向朝着更加具有社会适应意义的方向发展。这同时也代表了重视家庭价值、关注个人品质的社会生活意义等传统文化特点的一种回归。

从研究本身来看，本研究与以往同类研究相比所具有的优势在于，本研究不仅获得了各价值观选项重要性偏好的顺序信息，同时获得了各选项的概率比较信息等更为细致的结果，较好地揭示了当代大学生价值观取向的特点及其意义。譬如前面提及的性别差异，虽然不同性别在价值观重要性基本走向上无太大差别，但在具体的各价值观取向之间的关系上性别之间是存在着不同的，形象地讲即各价值观之间的距离，在性别之间是不同的，女性比男性更具有情感卷入的特点。这表明，新的数据分析方法是适用于价值观研究的。

4结论

(1)当代大学生的价值观取向特点是在终极价值观方面认为最重要的是“合家安宁”、“幸福”、“快乐”、“自由”和“自尊”，认为最不重要的是“真知灼见”、“美的世界”、“兴奋的生活”和“拯救灵魂”；在工具性价值方面认为最重要的是“诚实的”、“有能力的”、“负责任的”和“胸怀宽广的”，认为最不重要的是“服从的”、“清洁的”、“逻辑的”、“助人的”和“有礼貌的”；这反映了重视家庭价值、强调个人品质的社会生活意义等传统文化特点的回归，同时在当前社会经济文化快速发展背景下，具有明显的社会适应意义。

(2)女性与男性价值观偏好的基本走向差别不大，女性相对更具时代特点，而男性的价值观则更为传统。

(3)年龄因素对终极性价值观的效应相对于工具性价值观更明显一些。

(4)与以往研究相比，本研究具有获取更为详细的研究信息的优势。

合作者：窦刚、郑涌。原文载于《心理科学》，2008，31(3)：675-680。

中国青年人生价值观初探

1问题提出

人生价值观是人们对自身的社会地位、人生目的、意义、态度、生活准则等与人生终极目标、理想相关的现象做出的价值判断与选择，是对个人与社会、与集体、与他人之间的关系等进行认识和评价时所持的基本观念（Allport，Vernon，1960；Baier，Rescher，1969；Rokeach，1968；黄希庭、郑涌，2005）。一个个体的人生价值观决定了其自身的生活方式、奋斗目标以及整个生命意义之所在，而人生价值观的总体趋势则可以反映当前社会的现实环境和思想环境，同时也影响着未来社会的发展方向。正因为如此，人生价值观成为心理学家和社会学家永恒的研究热点。

其中，青年人群体成为研究者普遍关注的群体。青年人心怀特有的敏感与好奇体验着时代的变化，更在不断的迷茫与感慨中思索着“一生何求”，其价值观体系由开始形成，到游移波动，再到完全稳定，充分反映出个体价值观的形成过程，更记录下一个时代的印记。改革开放以来，国内已经有大量有关青年人生价值观的调查与研究，对象多为大学生，其次是中学生，也有极少量研究调查了在职青年人（刘平，1995；宋兴川，金盛华，2006；张进辅，1998；张进辅，张昭苑，2001；彭凯平，陈仲庚，1989；文萍，李红，马宽斌，2005；金盛华，孙娜，史清敏，田丽丽，2003；金盛华，辛志勇，2003；黄希庭，张进辅，张蜀林，1989；黄曼娜，1999）。这些研究在不同年限，使用不同的问卷，针对不同年龄段青年群体分别调查了他们人生价值观的特点，却也缺少必要的整合与比较。本研究则结合以往研究，在开放式调查的基础上，自编了“青年人生价值观问卷”，并对当前包含了“70后”、“80后”甚至“90后”的新兴青年人群体，分高中生、大学生和在职青年三个维度展开调查和研究，以期及时全面地了解青年人生价值观的当前现状与差异。

2方法

2.1被试

从重庆、山东两地抽取各阶段青年被试1000名进行调查，回收991份，剔除107份无效问卷，最后得到884份有效问卷参与研究。有效问卷中，男性392名，女性492名；高中生236名，大学生504名（其中大一392名，大二45名，大三3名，大四64名），在职青年（年龄在35岁以下）144名。

2.2 自编测量工具

在开放式问卷调查和个别访谈的基础上，结合已有文献编制了具有84个题项（包含3对测谎题）的青年人生价值观初测问卷。在此基础上进行项目分析。首先删除差异不显著（标准差低于0.90）的条目，再对剩余的条目进行主成分分析，Varimax旋转，考察Varimax旋转因素负荷矩阵，并删减不适宜的题项。删减的题项包括：（1）因素负荷值低于0.40的题项；（2）共同度低于0.20的题项；（3）在多个因子上负荷值均较高的题项。在题项设置和修改过程中多次请心理学专家进行审查和修订，保证了问卷的维度和题项能够涵盖人生价值观各方面的特征，并具有代表性。最终形成包含7个因素、41个题项（包含2对测谎题）的正式问卷，问卷题项采用5级评定法计分。问卷包含的7个因素，即青年人生价值观的7个取向，分别被命名为：（1）名誉地位取向：包含对名誉、地位以及权力的追求；（2）社会公益取向：包含乐于奉献、重视集体利益、遵守规范等；（3）自我实现取向：包含对个性保存、个人能力提升以及实现自我价值的追求；（4）经济物质取向：包含对金钱以及高质量的物质生活的追求；（5）人际家庭取向：包含对亲情、友情和爱情的追求；（6）信仰依从取向：包含对特殊信仰的虔诚和追求；（7）轻松安逸取向：包含安于现状，崇尚简单自由，拒绝目标和压力等。7个因素共解释总方差的47.84%，各因素载荷在5.56%—8.37%，青年人生价值观问卷的探索性因素分析的结果见表1。

表1 青年人生价值观问卷的探索性因素分析结果

题项	共同度	因素负荷
因素1:经济物质取向(特征值为2.60，贡献率为7.03%)		
50.我喜欢时尚，总是希望得到最新最美的物品。	0.544	0.698
63.我非常关心杂志或商店里的高级商品以及它们所带来的便利。	0.557	0.690
75.我希望有一个很富有的伴侣。	0.547	0.638
12.我现在的努力是为了让自己能消费得起更高档次的生活。	0.526	0.464
25.我更愿意结交一些经济实力很强的人，不论他(她)是做什么的。	0.450	0.456
58.清贫的一生无论如何不能算是成功的一生。	0.295	0.423
因素2:名誉地位取向(特征值为3.10，贡献率为8.37%)		
10.我希望自己能够成名。	0.591	0.704
35.我非常羡慕秦始皇雄霸天下的气势。	0.436	0.625
03.我希望得到众人的羡慕。	0.563	0.617
54.我希望自己能被世世代代的人所怀念和敬仰。	0.571	0.598
72.在各项社会活动中，我都希望充当组织者和领导者的角色。	0.455	0.579
65.我努力发挥自己的社会影响力。	0.500	0.472

续表

题项	共同度	因素负荷
因素 3 :自我实现取向(特征值为 2.81, 贡献率为 7 .60 %)		
47. 我愿意面临各种各样的问题和挑战, 不断提高能力。	0.602	0.718
20. 我经常锻炼身体, 调整情绪, 让自己保持最佳的精神状态。	0.486	0.585
41. 我主动而广泛地学习, 希望不断培养各方面的才能。	0.487	0.549
55. 人什么时候都不应该安于现状, 而要不断追求更高一层的境界。	0.419	0.539
32. 选择工作, 我更看重其是否能够充分发挥自己才能, 体现自我价值。	0.352	0.472
因素 4 :轻松安逸取向(特征值为 2 .06, 贡献率为 5 .56 %)		
74. 万事皆空, 人生如梦, 我都看透了。	0.501	0.663
04. 我不喜欢谈也不喜欢听有关目标和追求的话题。	0.434	0.633
21. 只要有衣有食, 我就不想再从事任何工作和学习。	0.564	0.556
82. 今朝有酒今朝醉, 要趁年轻多享受。	0.474	0.511
因素 5 :人际家庭取向(特征值为 2 .19, 贡献率为 5 .91 %)		
40. 我最大的愿望就是拥有理想的伴侣和知心的朋友。	0.416	0.613
33. 亲情、友情和爱情是我一切动力的来源。	0.518	0.600
60. 我常常为了帮助亲人和朋友而不惜花费自己的时间和精力 。	0.405	0.586
13. 朋友遍天下将是我最大的成功。	0.440	0.491
17. 不管多忙, 我总是常常安排时间和自己的家人朋友在一起。	0.377	0.491
因素 6 :社会公益取向(特征值为 2 .82, 贡献率为 7 .61 %)		
44. 能最大程度地贡献社会是我的目标。	0.607	0.710
34. 我想做焦裕禄、孔繁森那样的人。	0.561	0.673
73. 全球每一次战争、饥荒和瘟疫都牵动着我的心。	0.447	0.635
22. 我热心宣传和参加社会公益活动。	0.475	0.614
09. 我总是依照对人类与自然有利的原则来规范自己的行为。	0.373	0.419
因素 7 :信仰依从取向(特征值为 2 .13, 贡献率为 5 .75 %)		
56. 我遭遇挫折, 是因为没有完全遵照信仰, 又或者是在接受它的考验。	0.475	0.616
62. 能够拯救和超度灵魂是我的愿望。	0.489	0.555
83. 我要终其一生维护和坚守我的信仰。	0.532	0.546
08. 世界上存在超越人类与自然而征服一 切的玄妙力量, 我们必须遵从它。	0.382	0.542
66. 我总是怀着崇敬的心情诵读我信仰的经典书目, 以期得到更多的启示。	0.473	0.514
76. 有了孩子以后, 我会首先用自己的崇高信仰来教育他。	0.373	0.420

采用内部一致性信度（Cronbach's α 系数）和分半信度两个信度指标。正式问卷各因素的内部一致性系数均在0.613—0.780，说明各因素的内部一致性较好；分半信度在0.611—0.777，说明问卷的分半信度较好。而总问卷的上述两项指标分别为0.831、0.760，均表现良好。

在构想效度方面，相关分析表明，7个因素之间均呈中等或中等偏低的相关，说明各因素之间具有一定的独立性；而各因素与问卷总体之间均存在着中等偏高的相关，说明各因素较好地反映了问卷所要测查的内容。验证性因素分析结果也表明，模型整体拟合指标CFI、GFI、AGFI、NFI均在0.84以上，RMSEA为0.067，整体上说问卷具有较好的构想效度，模型拟合指标见表2。

表2　模型拟合指标

指标	χ^2/df	GFI	AGFI	CFI	NFI	RMSEA
人生价值观问卷	3.245	0.872	0 .866	0 .846	0 .843	0 .067

2.3程序问卷的施测

采用团体测试的方式。主试由心理学专业研究生担任。测试具有统一的指导语。测试前表达知情同意，测试后致谢并提供部分反馈。采用SPSS12.0建立数据库，并进行统计分析。

3结果与分析

3.1青年人生价值观的总体特征

当代中国青年总体对各人生价值取向的重视程度呈现为：对于自我实现的重视程度依次高于人际家庭、社会公益、名誉地位、信仰依从、经济物质、轻松安逸。

3.2青年人生价值观的差异性分析

为考察性别（2：男、女）、所处阶段（3：高中生、大学生、在职青年）在青年人生价值观各个维度上的差异性，将7个维度作为因变量，将性别、所处阶段作为自变量，进行2×3的多因素方差分析，结果表明青年人生价值观总体上存在性别差异和阶段差异，但交互作用不显著。进一步的分析结果见表3。从中可见，当代青年人生价值观的性别差异主要表现在名誉地位、轻松安逸、信仰依从和社会公益四种取向上；所处阶段差异主要表现在经济物质取向上。

表3　不同性别、所处阶段的青年在人生价值观及各维度上的差异检验（F值）

差异项	性别	阶段	性别×阶段
经济物质	1.276	24.633***	1.405
名誉地位	34.893***	1.601	0.866
自我实现	1.262	0.182	2.188
轻松安逸	10.762***	0.224	2.603
人际家庭	0.127	0.436	0.263
社会公益	7.352***	2.826	2.738
信仰依从	10.666***	2.014	0.196

注：*表示 $p<0.05$，**表示 $p<0.01$，***表示 $p<0.001$，下同

3.3 性别主效应分析

对性别主效应做进一步的分析，结果见表4。由分值上来看，男青年对名誉地位、轻松安逸、信仰依从的重视程度都显著高于女青年；而女青年对人际家庭的重视程度略高于男青年，但未达到显著水平。从排序上看，男青年对各取向的重视程度由大到小依次是：自我实现>人际家庭>名誉地位>社会公益>信仰依从>经济物质>轻松安逸；而女青年对各取向的重视由大到小依次是：人际家庭>自我实现>社会公益>信仰依从>名誉地位>经济物质>轻松安逸。可见，青年人生价值观在名誉地位取向上表现出最大的性别差异。

表4　青年人生价值观的性别差异

差异项	男(n=492)		女(n=492)	
	M	SD	M	SD
经济物质	2.84	0.76	2.90	0.75
名誉地位	2.52	0.77	2.87	0.77
自我实现	2.05	0.65	2.11	0.65
轻松安逸	3.47	0.83	3.67	0.72
人际家庭	2.18	0.62	2.10	0.61
社会公益	2.59	0.74	2.73	0.68
信仰依从	2.70	0.63	2.87	0.69

对所处阶段主效应做进一步的分析，结果见表5、表6。从中可见，三个阶段青年对各取向的重视程度分别是，高中生：人际家庭>自我实现>名誉地位>社会公益>信仰依从>经济物质>轻松安逸；大学生：自我实现>人际家庭>社会公益>名誉地位>信仰依从>经济物质>轻松安逸；在职青年：自我实现>人际家庭>经济物质>社会公益>名誉地位>信仰依从>轻松安逸。但只是经济物质取向上，各阶段青年之间差异显著，其重视程度从大到小依次是：在职青年>高中生>大学生。其中，在职青年对经济物质的重视程度显著高于高中生，也显著高于大学生；而高中生和大学生之间差异并不显著。

表5 青年人生价值观的所处阶段差异

差异项	高中生(n=236)		大学生(n=798)		在职青年(n=144)	
	M	SD	M	SD	M	SD
经济物质	3.01	0.79	3.04	0.72	2.56	0.68
名誉地位	2.75	0.80	2.64	0.75	2.71	0.86
自我实现	2.09	0.64	2.06	0.64	2.09	0.70
轻松安逸	3.56	0.77	3.63	0.77	3.53	0.84
人际家庭	2.06	0.66	2.09	0.59	2.11	0.60
社会公益	2.75	0.76	2.62	0.67	2.62	0.73
信仰依从	2.83	0.66	2.73	0.67	2.79	0.67

表6 所处各阶段的多重比较表

因变量	所处阶段				所处阶段		MD	SE	Sig.
经济物质		高中生	大学生	在职青年	高中生	大学生	-0.037	0.058	1.000
	(M)	3 .01	3 .04	2 .56		在职青年	0.447	0.077	0.000
	(SD)	0.05	0.03	0.06	大学生	在职青年	0.483	0.069	0.000

4讨论

4.1当代中国青年人生价值观的总体特点

首先，与改革开放后的绝大多数研究结果相一致，本研究反映出当代青年人的个人取向明显。他们普遍将自我的完善、个人能力的发展以及自我价值的实现视为最重要的。这显然是与我国的改革开放，以及我国当前大力推行的“以人为本”的治国方针有关。而社会公益取向则在青年人总体心目中居于中间地位，并不被完全忽略。

其次，本研究反映出人际家庭取向也受到当代青年，特别是女青年的高度重视。这与近年来的研究结论一致(文萍等,2005)。事实上,伴随着社会快速发展后个人物质生活水平的提升,人与人之间的距离却变得越来越远,亲情难以顾及,友情难以寻觅,爱情难以持久的状况引起大众反思,“成功不等于幸福”的观念逐渐被认同。与改革开放之初相比,如今的青年人不但要通过追求个人成功来体现自己的能力和价值,同时也越来越兼顾人际情感,力图获得更加完整的个人幸福感受。

再有,从本研究结果看,青年的信仰依从取向较之以往有所强化(张进辅,1998;文萍等,2005;黄希庭等,1989)。分析其原因,一方面,我国政府日益加大力度保障公民宗教自由权利,宽松的政治环境使得各种宗教思想在中国有了前所未有的发展。另一方面,面对社会日益严峻的竞争形势,不论在读还是在职的青年人都体验着巨大的心理压力和对未来的迷茫与恐惧,其中的一些就有可能通过依从信仰的方式寻求自身的解脱和内心的平静。

最后,从本研究中的轻松安逸取向始终居于末位来看,以“80后”为主体的当代青年人并不像从前外界担心的那样只会贪图享乐、没有责任感与长远目标,是完全“垮下来的一代”。他们虽然强调自我的主观感受,但并不放弃努力或安于现状,也并不是将现在的工作和学习视为将来享受安逸的工具。“我平庸,我快乐”并不符合当代青年人的主流意识,绝大多数青年人的心态仍然是积极进取的。

4.2 青年人生价值观的性别差异

青年人生价值观的性别差异主要表现在,不论从排序还是分值上来看,男青年对名誉地位的重视程度都远远高于女青年。可以认为,传统上对男性“张扬”“权力”“竞争”“支配”以及对女性“本分”“顺从”“容忍”的角色期望依旧对当代青年产生着明显作用。另外,女青年对人际家庭的重视程度略高于男青年,这也符合传统女性温柔、细腻、慈爱与感性的特点。

4.3 青年人生价值观的阶段差异

本研究中,青年的三个阶段(高中生、大学生和在职青年)主要在人生价值观的经济物质取向上表现出显著的差异。在我国现行的教育体制下,学校一般倡导以勤奋学习、生活节俭为荣,以物质享受、浪费奢侈为耻,同学之间关系较为真挚和单纯,学生一般也都依靠父母的经济支持,较少独立面对和体验经济问题。因此高中生和大学生对经济物质因素均不太重视,二者态度没有多大差异。而青年一旦走出校园,进入社会,就要独立面对各种经济问题,接触各种社会人群和多元化的思想,很快便体会到金钱和物质的现实重要性；另一方面，在他们获得经济独立、消费和体验更多物质享受后，其对经济物质的欲望和渴求程度也可能进一步提升。而在其他方面，三个阶段的青年并没有明显差异，可能说明人生价值观除此之外的许多内容在高中阶段已经开始形成和稳定。

5 小结

通过自编问卷对当代青年人生价值观进行调查分析，结果表明：

（1）自编的青年人生价值观问卷具有良好的信度和效度。通过探索性因素分析得到青年人生价值观可以分为7个维度：物质享受取向、名誉地位取向、自我实现取向、轻松安逸取向、人际和谐取向、社会公益取向、信仰依从取向。实证模型与理论构想模型基本拟合。

（2）当代中国青年人生价值观总体看来是积极向上的。他们最重视自我实现和人际和谐，但并不完全忽视社会公益，更倾向于以积极进取的心态追求个人幸福。

（3）男青年对名誉地位的重视程度显著高于女青年；在职青年对经济物质的重视程度显著高于大学生和高中生。

合作者：徐华春、郑涌。原文载于：《西南大学学报》（社会科学版），2008，34（5），35-39。

诚信结构初探

1前言

古今中外人们对于诚信的重视从未间断过，但关于诚信是什么，则是仁者见仁智者见智。在有着几千年文化传统的中国，“诚信”一词，孕育于商朝晚期至春秋时期，形成于战国时期（詹贤武，2004）。“诚”“信”二字最初并非在一起使用，明确提出“诚信”这一命题的是管仲。他说：“诚信者，天下之结也。”（《管子·枢言》）其意是，讲诚信是天下行为准则的关键，这句话可谓代表了先秦诸子的共识。根据通常的解释，诚信的词源学含义就是诚实守信。随着时代的演进，诚信的词义逐渐丰富，传统诚信思想的现代价值被挖掘并得到新的阐释。

1.1现代诚信的含义及其结构

《现代汉语词典》对“诚信”的解释是：诚信——诚实，守信用。这里，诚信有两个含义：诚实，要求人与人交往时说真话，不掩盖或歪曲事实真相；讲信用，遵守诺言。这两层含义都说明诚信是为人处世的道德准则，是一个道德范畴。吴继霞（2009）从人格心理学角度界定诚信，认为诚信是指个体在一定关系中所表现出的以诚实、信用、信任为核心的比较稳定的心理品质和行为倾向。诚信，即诚实、信用、信任。此定义有三层含义：第一，诚实待人赢得信用；第二，以信用取信于人；第三，信任他人。

目前，国内学者对诚信心理结构的研究并未引起太多注意。吴继霞从理论探索开始进行研究，编制的大学生诚信水平问卷分为“诚信观”和“诚信行为”两方面，编制的大学生就业诚信问卷的结构为“诚实不欺”、“信守诺言”和“诚信心理”二阶三因素模型，此等研究代表了这个时期的人们研究揭示诚信心理结构的水准。赵子真、吴继霞、吕倩倩和李世娟（2009）依据词汇学假设，通过人格词评定的研究手段对诚信人格结构进行了探索性和验证性研究，得出诚信人格结构由实干重义、诚实信用、公正无欺和忠实可靠4个正性取向和自私欺人、钻营世故、多谋寡信、虚伪不实4个负性取向的维度构成，为以后的相关研究提供了建设性的实证依据。

进入20世纪后，西方学者不断扩展诚信的内涵。比如早期，他们认定诚信等同于“诚实性”；20世纪六七十年代诚信概念延伸到人格的其他相关成分，主要集中于“可信赖性”；90年代后延伸到“责任意识”等（陈丽君，王重鸣，2002）。他们对诚信概念及其结构的理解也有多种视角，例如：把诚信作为个体的一种人格特质，编制出评鉴个体是否诚信的测量工具（Camara, Schneider, 1994）；把诚信视为一种道德行为（Becker, 1998）；把诚信看作一种社会资本（Fukuyama, 1995）；以多学科的观点如结合心理学、经济学和管理学等学科对它进行研究（Kaptein, 1999）。

1.2 诚信是人格特质、人际互动和社会文化现象

将诚信理解为个体人格特质的观点认为，诚信是一种经过社会学习而形成的相对稳定的人格特点（Rotter, 1980; Wrightsman, 1992）。Wrightsman还认为，一个人的生活经历和对人性的看法，会使他形成对一般性的他人的可信赖程度的概括化期望（generalized expectancy）或信念。以Costa和McCrae（1992）为代表的特质心理学家，其五因素人格模型中的宜人性（A）和责任感（C）因素分别包含了信任、坦率和责任心、上进心的层面，也体现了与诚信的关联性。

Ashton, Lee, Perugini等人（2004）, Ashton和Lee（2005）在五因素人格模型的基础上发现了一个新的人格维度——诚实（honesty）。随后，诚实被作为一种人格特质，与其他五因素共同命名为六因素人格模型（或HEXACO模型）。之后的许多研究证实了诚实作为独立人格因素的重要性（Lee, Ashton, 2006; Bourdage, Lee, Ashton, Perry, 2007）。

西方学者还将信任（trust）视为人格特征、人际现象和社会文化现象。早期文献将其视为一种个体现象（Deutsch, 1958）。Rotter还认为，信任是个体认同另一个人的言辞、承诺以及口头或书面的陈述，为可靠的一种概括化的期望，即信任是对他人言行方面可靠性的信任。Clark和Payne（1997）将与信任相关的因素归纳为能力、真诚、公平、连贯、忠诚、开放性等6个方面。随着研究的深入，有研究者把信任作为一种人际互动和社会文化现象（Luhmann, 1979; Fukuyama, 1995; Marková, Gillespie, 2008）。McAllister（1995）将人际信任划分为认知信任（cognition-based trust）和情感信任（affect-based trust）两类。在许多方面，信任都属于文化范畴。杨中芳和彭泗清（1999）认为，在西方被信任方的能力和责任感更被看重；而在中国，更强调人际关系因素，包括先天的及后天的连带关系及人情，人际关系因素都优先于个人因素。

张建新和周明洁（2006）《中国人个性测量表CPAI》的实证结果，提出了一个人格特质"六因素"假说，其中因素一可靠性包括老实、严谨性、责任性等小因素，与中国人关于诚信的理解非常接近。王登峰和崔红（2005）认为中国人的"大七"人格中的因素二善良维度包括了利他、诚信和重感情三个小因素，并认为诚信是个体在与他人交往过程中表现出的言行一致、表里如一，反映的是信用特点。

Peng（1998）关于中国人信任的研究结果表明，一般人将人际信任区分为对他人能

力的信任和对他人人品的信任两个方面，能力信任与人品信任两者不可互换。何友晖、彭泗清和赵志裕(2007)认为，中国人的信任特质的形成靠的是道德楷模的示范，如“君子”“圣贤”“模范”的带头作用等。谭小宏和秦启文(2005)认为，责任心是一种自觉地把分内的事做好的重要人格特质。朱智贤(1989)认为，责任心包含责任认知、责任情感、责任行为三种成分。如前所述，不同文化背景下诚信的内涵是有所不同的，因此对中国人诚信结构的探索应以中国文化为背景。

1.3 诚信的价值及其信念

人格是态度、价值观、信念、情感和行为的综合体(Winter，1996)。中国人把诚信作为立身处世之本。如宋代程颢所言：“修学不以诚，则学杂；为事不以诚，则事败；自谋不以诚，则是欺其心而自弃其志；与人不以诚，则是丧其德而增人之怨。”(《二程集》，1981)楚人谚曰：“得黄金百斤，不如得季布一诺。”意为诚信不是金钱，但千金难买季布一诺。西方经典中也有相应表述，比如《圣经》里说：诚信比财富更有价值(引自李开复，2009)。中西文化差异明显，但都强调诚信作为价值观的重要性。目前国际上较有影响的跨文化价值观理论，如Rokeach(1973)的工具性-终极性价值观理论等，只是将诚信价值观归纳在一般价值观内容中。

Leung等(2002)提出了社会通则(Social Axiom)概念，使得对文化差异的研究有了新载体。社会通则区别于价值观、社会态度、人格特质等概念，它是个体对于他人、社会、物质和精神世界的一般化信念，特指个体对两个概念或者两个实体关系的一般性认识(马溧莉，张建新，2009)。Leung等人编制的社会通则量表包含了60个条目，其5个因素中的第1个“愤世嫉俗”(Social Cynicism)因素体现了人类对欺骗行为的反应能力(Bond et al.，2004)。此因素有3条有关对富有人群态度的条目，我国被试在这3个条目上的得分较高。虽然较高的得分体现了对富有人群的负面外显态度，但是对富有人群的内隐态度却出现了和外显态度的分离，即人们在行为上是向往成为富有阶层的(Zhou，Wang，2007)。

1.4 问题的提出及研究思路

尽管以上关于诚信及其结构的研究有了一些成果，但还是零散的、不深入的。尤其是没有深刻反映当代中国人内心深处的诚信本质，这就很难得出有说服力的关于中国人诚信的科学结论。系统客观地明确某一个概念是深入研究的前提，研究中国文化背景下的诚信结构尤其如此。当代中国人内心深处的诚信究竟是怎样的？我们还没有找到合适的研究途径真正深入地去探讨。近年来国(境)外在人格心理学、心理咨询、卫生保健等领域中应用质性研究方法较多,国内心理学领域的质性研究也已初露端倪,比如对一位奥运银牌运动员的个案研究(姒刚彦、李庆珠、刘靖东,2008)。

"扎根理论"(grounded theory)是一种研究的方法,或者说是一种作质性研究的"风格"(Strauss,1987),其宗旨是从经验资料的基础上建立理论。它在研究设计与资料收集方式方面采用质性手段,在资料分解、分析过程中则积极吸纳量化分析手段。扎根理论的主要特点不在其经验性,而在于它从经验事实中抽象出了新的概念和思想(陈向明,2000)。因此针对当前学术界关于中国人的诚信研究现状,本研究试图运用扎根理论的方法,以深度访谈的方式收集资料,配以Nvivo8.0质性分析软件作为其辅助工具,不带预设地对当代中国人心中的诚信结构进行本土化的探索。本研究试图寻找蕴藏在当代中国人内心深处的诚信结构和理论模型,同时,本研究也是"扎实推进人格研究中国化"(黄希庭,2006)的具体行动。

2方法

2.1访谈对象

预访谈的对象主要是以西部、东部高校的心理学研究生和教师为主,共10人。

正式访谈对象为社会各界人士,共15人。其中女性6名,男性9名;他们中有20世纪40至80年代出生的人;其学历从初中至博士研究生不等;其职业身份有企事业单位普通员工、业务骨干,退休人员,中小企业主和学校教师等。

质性研究中的抽样遵循的是"非概率抽样"原则,不完全遵守量的研究中抽样规则和程序,其使用最多的是"目的性抽样"。本研究遵循的是质性研究的"目的性抽样"原则,即抽取那些能够为本研究提供最大信息量的研究对象(Patton,1990)。取样方法采取的是强度抽样,它是"目的性抽样"多种具体策略之一种,即为寻找那些能够为本研究提供非常密集、丰富信息的个案(陈向明,2000)。根据Lincoln和Guba(1985)的观点,用于访谈目的的样本数量应该大于12个。本研究正式访谈时共选择了15个样本,符合质性研究的样本要求。

2.2研究工具

数字录音笔。QSRNvivo8.0(简称N8)质性分析软件,直接导入中文文本,主要能有效地降低质性研究工作中的繁琐度,国内已有运用此软件对定性资料进行分析的文献报道。N8软件(郭玉霞,2009)适用于对非数值性、无结构资料进行索引、搜寻、理论化处理，帮助研究者完成编码与搜寻、产生规则、建立理论、建立索引、建立逻辑关系、建立概念网络等工作。

2.3 研究程序

扎根理论是一个不断迭代的研究过程，其中，研究者在资料收集、整理和编码、分类、命名和理论建模之间不断穿梭（见图 1）。

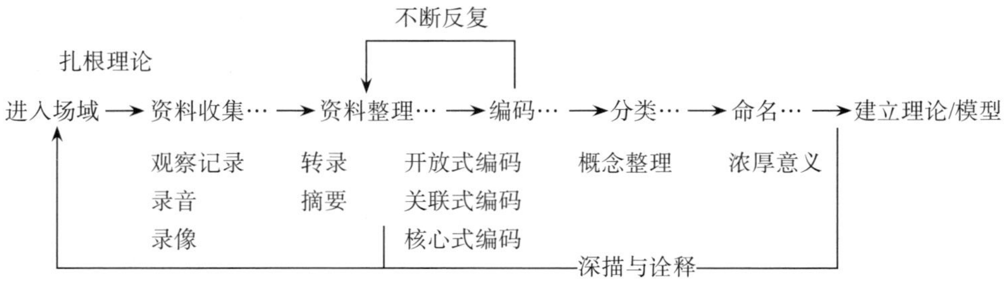

图 1　扎根理论研究的一般流程图

扎根理论方法所提出的一套清晰具体的研究步骤，为研究者提供了明确的研究指南（Stauss, Corbin, 1990）。若将 N8 质性分析流程与扎根理论研究的一般流程相结合，可以发现将原始资料编码成自由节点的步骤属于开放式编码阶段，目的在于形成初步的资料范畴；将自由节点归类到树状节点中属于关联式编码阶段，目的在于划分出适当的范畴，并建立范畴间的联结；而查询与编码的不断反复，则是处于核心式编码阶段，透过搜寻与比较，以发展出更成熟的概念，进而建立完整的概念框架（郭玉霞，2009）。

2.3.1 预访谈

预访谈的目的是研究者试图通过对被试的预访谈，清理出有价值的信息，为进一步完善访谈内容形成正式访谈提纲而做好准备。

设计访谈提纲，列出访谈者认为在访谈中应该了解的主要问题和应该覆盖的内容范围（Glesne, 2006）。根据本课题的研究目的查阅文献，初步确定了预访谈的内容：(1) 在你的生活当中，谁是你认为最诚信的人呢？(2) 你为什么认为他（她）是最诚信的人呢？他（她）有什么地方令你特别欣赏？请举事例说明等等。

研究者经过对 10 人的预访谈，就深度访谈中的沟通技巧和注意事项与研究小组成员（为在读研究生 5 人，他们每人另外访谈了 2—3 名被试）开专题讨论会并归纳成文字，供正式访谈时参考。

2.3.2 正式研究

Kaufman（1994）认为，访谈提纲中列出的问题应尽量开放，使受访者有足够的余地选择谈话的方向和内容。对此，研究者及其研究小组成员在预访谈中也深有体会。本研究在预访谈的基础上，注意正式访谈提纲的开放性，主要设计了诚信的含义、特征等方面的问题。如：你认为诚信是什么？讲诚信的人的特点是什么？请尽可能多地列出这些特点等等。

研究者通过预约等安排，以正式访谈提纲为依据，对各行业的社会人士共15名进行深度访谈。此处访谈者即为研究者本人，根据访谈对象的特点访谈的时间控制在30分钟至90分钟不等，征询访谈对象的意见访谈时做了录音。本研究访谈的时期，主要集中安排在中国的传统佳节春节期间，为2009年1月至2009年2月共2个月的时间跨度。此期间的访谈对象均处在探亲访友的度假时期，时间宽裕、心情放松，非常配合此次的访谈。

采用基于扎根理论的内容分析（content analysis）方法，将录音等资料以电子文本的形式导入N8软件中。根据逐渐抽象的程度对文本进行三个不同层次的编码（Stauss，Corbin，1990）：

一级编码——开放式编码阶段。对与诚信含义、讲诚信的人的特点等有关的部分进行逐句编码，寻找本土化的概念，尽量以原始资料中的关键词为基础编码，初步产生292个编码。在这一轮分析中，采取的是一种完全开放式的态度，不带任何理论框架全身心地投入到原始资料之中。比如，诚实守信、实在、承诺、相互的、公正、关心、责任心、生存、能力、强调过程、时间上的长短、诚意、直率、亲力亲为、责任感、长远利益、人品、内心法则、客观条件、不辜负别人、信誉……

二级编码——关联式编码阶段。从原始资料的292个编码中析出7个范畴，包括：诚实、信用、信任、责任心、层次性、关联性和相互性。如，实在、诚意和直率等编码即归为诚实的范畴；承诺、亲为和信誉等编码即归属于信用的范畴……

三级编码——核心式编码阶段。研究者使用了选择型分析法来确定原始资料的核心类别，又反复查询了原始资料，探讨了已有类别之间的联系，寻找有可能导向核心类别的线索。通过核心类别来串起各种概念间的关系，即诚信及其结构。最后，根据类属性，初步建构起诚信结构模型。

3结果

3.1 诚信的因素构成

从表1的关联式编码情况看，诚信由诚实、信用、信任和责任心四因素构成。

表 1　诚信的关联式编码

诚信因素构成	名称	编码/资料来源*/个		开放式编码/参考点λ/个	
关联式编码 1	诚实		3		4
	关联式编码 1.1	实在	3		4
	关联式编码 1.2	诚意	1		1
	关联式编码 1.3	直率	1		1
关联式编码 2	信用		4		4
	关联式编码 2.1	承诺	7		9
	关联式编码 2.2	亲为	3		3
	关联式编码 2.3	信誉	3		4
关联式编码 3	信任		5		7
	关联式编码 3.1	别人信任	4		4
		关联式编码 3.1.1	1	诚实人	1
		关联式编码 3.1.2	1	不辜负	1
		关联式编码 3.1.3	6	正直公正	6
	关联式编码 3.2	信任别人	2		2
		关联式编码 3.2.1	1	人品能力	1
		关联式编码 3.2.2	1	长远利益	1
	关联式编码 3.3	公共意识	2		3
		关联式编码 3.3.1	1	内心法则	1
		关联式编码 3.3.2	1	客观条件	1
关联式编码 4	责任心		5		5
	关联式编码 4.1	责任认知	5		9
	关联式编码 4.2	责任感	5		7
	关联式编码 4.3	责任行为	5		5
诚信	诚实守信		4		5

*:15 个被访谈者就有 15 个文本资料，此处指的是某编码来源于某个或者几个被访谈者的文本。表 2 同（略）。λ 此处是指编码的出处，若同一文本或不同文本有几处出现相同的编码就会记几个参考点。表 2 同（略）

3.1.1 诚实

从表1访谈的资料看，诚实由“诚意”“直率”“实在”等本土的概念构成。“诚意”就是“以心换心，以诚换诚，诚意诚恳”(Sw)；“直率”就是“做人方面诚信”落实在这诚，即“诚实、直率”(Cq)。

而“实在”是访谈中出现频率较高的词。从表1“实在”的资料来源和参考点看，3位访谈对象共4次提到它，比如：“很真实的，简单地讲喝酒也实在”(Cq)。“与朋友之间是真诚相待、实在。”(Wr)“他待人方面，还是比较实在的”；“你这个人很实在，不讲那些虚的东西。”(Yx)

诚实主要是指笃实、诚意、直率，言论行为跟内心思想一致。也就是诚实的人在与他人交往中说真话，向别人传递真实信息，不掩盖或歪曲事实真相。可以看出诚实强调的是不欺骗，言行一致，不文过饰非。通常当我们说自己很诚实的时候，意思就是我们没有说谎。我对你很诚实，因此我告诉你的都是实话。此外，你也可以对自己诚实，不对自己说谎(吴继霞，2009)。Peng(1998)的深度访谈也曾概括为：诚实，即心口合一，不说假话，不欺骗别人；有诚意，即能够替别人着想，考虑并照顾别人的需要和利益。

3.1.2 信用

从表1的资料来源和参考点看4位访谈对象都分别提到，比如：“诚信的人是比较讲信用的”(Ht)。

首先，信用就是讲“承诺”。从其资料来源和参考点看，7位访谈对象共9次提到，比如：“答应的事情要做到，不能做到的事情他不能答应。”(Hy)“诚信事实上是一种承诺，就是信守承诺。”(Sw)“不管我有多大的困难，这个事情，既然答应客人了，那我就会把它办到。”(Yx)

其次，信誉是要靠自己“亲力亲为”的。从其资料来源和参考点看，3位访谈对象分别提到它。“花精力，要把你的信誉维护好，始终让客户不丢。”(Cx)“我还是靠我自己的信誉做出去的”(Yx)；“那也是靠你自己做出来的”(Zy)。

再者，有“信誉”就会有信用。有3位访谈对象4次提到，如：“有信誉，就放心他去做”(Sw)；“我不要担心这个钱拿不到，他会很讲信誉，给我的”(Yx)。

讲信用、守信用、有信用就是诚实、真实无欺的表现。信用是对行为的一种规范要求，是指人与人在合作、交往中对他人诚实守信。信用作为一种心理现象，是一个社会认可的“自我”，也是个人社会影响力的代称。王登峰和崔红(2005)的中国人的“大七”人格中的因素二“善良”维度包括诚信小因素，并指出其反映的是信用的特点。

3.1.3 信任

信任由“别人信任”、“信任别人”和“公共意识”组成。它反映了信任的人际互动和社会文化现象,也反映了社会规范等方面的中国文化的特征。

别人信任:第一,做诚实的人。“你首先要‘诚’才会赢得别人的‘信’,所以我觉得诚信的根本就是,你自己要做一个诚实的人,然后才能得到别人的信任。”(Cq)第二,不辜负别人。“比如,前一段时间我有一个在防疫站工作的朋友拜托我帮他的亲戚的忙,两个人给我打电话过来,我一听到他们对我是如此的信任,那我肯定是要尽力办的,至少在他们的心里承认我是一个诚信的人。”(Hm)第三,正直公正。“比如人家兄弟姐妹闹分家,他们一家都不放心,感觉只有叫他去,大家才都放心,(这说明)他比较公正。”(Sw)

信任别人:首先,是为了长远利益。“说实话,我跟你不是说要做一笔生意,即使这次赚10万块钱,你以后不跟我合作那我只能赚10万。我的眼光也不会这么差,我还指望在你身上赚100万、1000万呢!”(Yx)其次,一个人有人品和能力就信任他。“一要看个体的诚信,二是要看有没有能力。”(Ws)

公共意识:首先,是需要当事人遵守其“内心法则”。“人与人相互信任要靠自觉,就是要有一个底线。在这个底线内我们都会相互信任,否则就会有危机。”(Cq)

其次,是需要“客观条件”做保证。“要看整个社会的大环境。大环境中,有人爱撒谎,环境不好,诚信不了。诚信不是哪一个人能够解决的,是要培育的。”(Ws)“把诚信变成一种公共意识。”(Ly)

郑也夫(2001)认为信任是以过去推论未来,以熟悉推论不熟悉。因此,信任可以通过历史简化未来:过去不包括任何其他可能性,复杂性一开始就简化了。历史是简化复杂的最重要的方法;信任靠着超越可以得到的信息,概括出一种行为期待,以内心保证的安全感代替信息匮乏。

本研究的“信任”因素,从深度访谈资料中归纳的“别人信任”、“信任别人”和“公共意识”三个方面内容,与Peng(1998)研究的结论,尤其在“信任别人”维度方面的观点比较一致。中国人存在两种性质不同的信任:人际信任和社会信任(何友晖等,2007)。在中国传统社会中,信任主要是熟人关系间的信任,以人际信任为核心。道德性的社会信任也往往建立在人际信任的基础上,信任的形成靠的是道德楷模的示范。这些传统思想仍然折射在现代人身上,同时,现代人身上也多了一些规则和法律的意识,即信任的保持需要“公共意识”作保证。

3.1.4 责任心

责任心由“责任认知”、“责任感”和“责任行为”等本土概念构成。在中国文化的“关系取向”(Yang,1995)影响下,我们每一个人对工作、家庭、亲人、朋友都有一定的责任,正因为存在这样或那样的责任,才能对自己的行为有所约束。

诚信要有“责任认知”。从其资料来源和参考点看5位访谈对象9次提到。如:“他

这个人就是这样的,他希望人家变好。"(Cq)"在平常的时候不做损人利己的事情,做事情对得起良心。"(Wx)

诚信就是一种"责任感"。从其资料来源和参考点看,5位访谈对象共7次提到。如:"在我的这个岗位上不论是谁有困难找到了我,经济上的也好其他的也好,我都会尽我最大的努力去帮助他们,帮不到的就给他们指条路也算是尽心";"在商、在官要有各自的要求。在商言商,在官为官。"(Hm)"给我的感觉就是基本要按时、按质"(Ht)。"就是一种责任感"(Ws)。

诚信还要有"责任行为"。从其资料来源和参考点看5位访谈对象共5次提到。如:"后来他就把那采购员举报了,采购员属于职务犯罪,到监狱去坐了五年牢";"像我妈妈,她就觉得我奶奶对她很不好。但她知道孝顺公婆是应该的,她依然给我奶奶洗衣服啊什么的。"(Cq)。

责任是指分内应做的事。责任心是一种重要的人格特质,是个体在其认知水平基础上,对自己所承担责任的自觉意识和积极履行的行为倾向。责任感则是个体对待任务的态度,责任感落实到日常工作中就是责任心。张建新和周明洁(2006)认为中国人的人格特质"六因素"假说的因素一"可靠性",就包括"责任心"的小因素。本研究的"责任心"因素,从深度访谈资料中归纳的"责任认知"、"责任感"和"责任行为"三方面的内容,与朱智贤(1989)的观点比较一致。

3.1.5 诚信就是诚实守信

总体归纳,诚信就是诚实守信。从其资料来源和参考点看,4位访谈对象共5次提到诚实守信。比如:

"诚信是你怎么说了就要怎么做。就比如两个人结为夫妻,有一张婚约,那大家就要受框架的约束,要在这个约束范围内行事。这就是叫诚信,这不叫老实。大家承诺了的事情,就要按照承诺的来做。诚实守信,诚在前,信在后。"(Sw)

"诚实守信"也是人和人之间正常交往、社会生活能够稳定、经济秩序得以保持和发展的重要力量。比如:

"送货要保证及时。基本上在客户打电话之后,当天肯定要做完的,很少拖到第二天,实在来不及了,要打电话跟他讲清楚。说实在对不起呀,明天过来。一定要讲的!"(Cx)

诚信受价值观的影响。从其资料来源和参考点看,7位访谈对象分别提到。如:"价值观的问题……自己不拿当事人的钱,夜里睡觉踏实,心安理得。"(Cq)"我们现在的价值观可能把利益看得更重要一点。"(Wx)"人正常的时候都是诚实的,只有什么时候不诚实呢?就是和个人利益发生冲突的时候。"(Cq)

随着时代的不断发展和变化，“诚实守信”也不断赋予体现时代精神的新内涵。对一个人来说，“诚实守信”既是一种人格特质，也是每个公民的道德责任，反映着人们的价值观。王登峰和崔红（2005）提出的中国人的“大七”人格中的因素二“善良”维度、因素三“行事风格”维度、因素四“才干”维度、因素五“情绪性”维度，张建新和周明洁（2006）中国人的人格特质“六因素”假说的因素一“可靠性”等都反映了对诚实守信的相关理解。

根据以上分析，可以总结出：诚信是由诚实、信用、信任和责任心四个因素构成的，诚信就是诚实守信。使用N8软件作诚信因素构成图（见图2）。

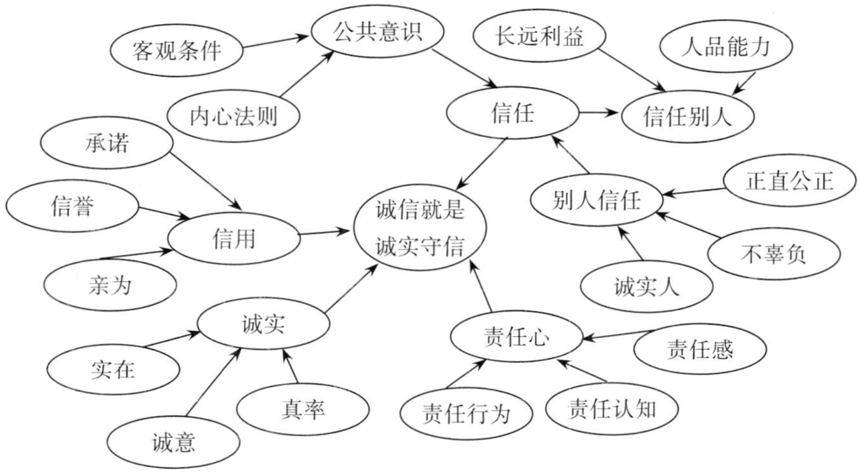

图2　诚信因素构成图

3.2 诚信四因素关系特点及其结构

在以上诚信因素构成的基础上，采用选择型分析法进一步探寻四因素关系特点及其结构。从表2编码中可以归纳出四因素关系特点及其结构体现在：责任心因素的层次性、四因素间的关联性、四因素结构与外部环境的相互性等方面。

表2　诚信结构的核心式编码

诚信四因素关系特点及其结构	名称	开放式编码/资料来源/个		参考点/个
关联式编码1	责任心因素的层次性		2	3
	关联式编码1.1	生存	3	3
	关联式编码1.2	原则	6	10
	关联式编码1.3	慎独	4	4

续表

诚信四因素关系特点及其结构	名称	开放式编码/资料来源/个		参考点/个
关联式编码2	**四因素间的关联性**		6	12
	关联式编码2.1	**责任心必要性**	**5**	7
	关联式编码2.2	**诚实的基础性**	**4**	4
	关联式编码2.3	**四因素整体性**	4	8
关联式编码3	**四因素结构与外部环境的相互性**		7	13

3.2.1 责任心因素的层次性

由表2看出，责任心因素因个体责任认知、责任感和责任行为的不同，可以由三个层次构成：第一，生存问题。从其资料来源和参考点看，有3位访谈对象分别提到。如："他个人或者企业的生存出现了问题，比如资金没有及时回笼或者是别的情况。他可能一开始也不想用这种欺诈的手段，谁一开始也不想犯罪，但是到他走不下去的时候，他就想铤而走险了。"（Xy）第二，坚持诚信的原则。从其资料来源和参考点看，有6位访谈对象10次提到。如："在平常的时候不做损人利己的事情，对得起良心做事情。"（Wx）"有人被迫无奈，曾经不诚信，他意识到了开始感恩回报，这个过程很痛苦，他还是坚持诚信的。"（Ws）第三，诚信的坚持还是要靠慎独。从其资料来源和参考点看，有4位访谈对象分别提到。如："你承诺的事情要去办，得有个底线。那是一种社会公德的承诺，没有人监督你的时候你也要诚信。诚信还有个问题是慎独，就是没有监督你的时候，你能不能慎独。"（Sw）"帮助别人从来都不求回报，不牵扯任何个人利益。"（Hm）

人格的独特性（黄希庭，2002）告诉我们，人与人之间的心理和行为是不相同的，人心不同各如其面。人格的社会性（黄希庭，2002）还告诉我们，通过社会化，个人获得了从装饰习惯到价值观和自我观念等人格特征。一个人的责任感的获得和提高同样如此。表2责任心因素层次性的编码也很好地反映了不同的个体的处境和责任。

3.2.2 诚信四因素间的关联性

（1）责任心是诚实、信用和信任因素的必要条件，但不是充分条件

责任心是诚信的必要条件，但不是充分条件。从其资料来源和参考点看，4位访谈对象6次提到。如："有所追求的人都知道诚信才是最根本的。如果他没有什么追求，过一天是一天，赚一笔是一笔，这种人让他有诚信是很难的呀。"（Wx）这段话说的就是责任心的必要性。责任心因素层次性的研究结果告诉我们：一个人的责任心有时会在现实面前让步，甚至表现出不诚信，说明责任心还不是诚信的充分条件。责任心与诚实、

信用和信任三个因素的具体关系分述如下：

第一，没有责任心就做不到诚实，保持责任心未必一定诚实。“责任感”是责任心的核心内容并进而影响人的责任心，它是一个人对待任务的态度。一方面，没有责任心的人就不能做到诚实。“比如，当拖延、敷衍成为一种习惯时，人们做起事来往往就会不诚实。”（Wx）另一方面，有责任心的人不一定都能做到诚实。“一般人不可能到临终的病人面前诚实地告诉他：‘您看来是死定了，医生说您最多只能活七天。’”（Ws）还有，就是表2“责任心因素的层次性”中的“生存”层次所提到的问题，也可能会导致不诚实的发生。

第二，没有责任心就没有信用，保持责任心未必就达到信用。没有责任心就没有信用。比如，“他也很希望，别人对他有个好的看法，但是到需要他去努力的时候他就不去努力，就失去信用。”（Cq）保持责任心未必就达到信用。因为各种因素，信用有时会受到破坏。“90年代的企业，有个债务链。我当时的企业，运营蛮好的。但是我的兄弟企业……运营得不好，我给他们担保贷款，后来他们不还……那最后逼着我替他们还。我的信用受到威胁，我就像祥林嫂到处去诉说。”（Ws）还有，就是表2“责任心因素的层次性”中提到“生存”的问题，也可能会导致失信。

第三，没有责任心就不能获得信任，保持责任心未必一定获得信任。没有责任心就不能获得信任。“我觉得现在的孩子很自私，没有责任感，他（指孩子）也不知道该对谁负责。”（Cq）仅有责任心，人有时也未必得到别人的信任，或者对方仅有责任心，也很难使你信任他。信任是人际互动和社会文化的现象，也反映了我国社会规范等方面的文化的特征。“我知道他是有责任感、有能力的。因为加拿大的债务链，对方拿不出钱还给他，他也就得不到别人（典当行）的信任。”（Ws）

因此，责任心是诚实、信用、信任和诚信的必要条件，但不是充分条件。

（2）诚实是信用和信任因素的基础

表1中，诚实是指实在、诚意、直率，言论行为跟内心思想一致。表2进一步说明，诚实是最基础的因素，信用就是对他人诚实守信，同时赢得信任等。从其资料来源和参考点看，4位访谈对象分别提到。如：“首先是做诚实的人，然后才能产生信誉、信用，信守承诺，最后能得到别人的信任。”（Cq）

诚实是信用的基础。“首先得诚实，你不能说假话，然后讲信用，按照原先的承诺去履行你的信用。”（Sr）。“他最老实，别人就放心他去做，有信誉。”（Wr）诚实也是信任的基础。“因为你的诚实和坚持，你处世的风格就是那样的。你的底牌已经亮了，不是真真假假的。如果大家都按照这个底牌出牌，大部分人应该不担心自己吃亏。”（Sw）同样，本文前述“3.1.3信任”中，“别人信任”因素的第一要素就是做诚实的人。

(3)诚信四因素关系的整体性

诚信的四因素关系的整体性是指人的诚信将以诚实、信用、信任和责任心四因素的综合结果整体呈现。从表2资料来源和参考点看,4位访谈对象8次提到,比如:“诚信是一个结果,是一个开始,也是一个过程。”(Ws)“诚信是一个过程,我认为人还是要诚实对别人,多尊重一些。我对你尊重一些,会比较好,虚伪只能是一时的事情。”(Zy)“人无这个社会关系,你就没有办法立足,因此你要用诚信来维系你在别人心目当中的一个形象。所以,你就要有这样一个社会规则去约束自己,就会比较自觉。”(Cq)此社会规则就是要做到诚实、有责任心、讲信用、信任别人和赢得信任。

人格的整体性(黄希庭,2002)是指人格虽然有多种成分和特质,但在真实的人身上它们并不是孤立存在的,而是密切联系的,综合成一个有机组织。诚实、信用、信任和责任心四个因素整合在诚信的人身上,即具有人格的基本特性。由于人的自我的协调和监控,四因素是一个有机的结构即具有了整体性的特点。

总之,诚信四因素间的关联性用系统论的观点可以说明。黄希庭(2006)在论及科学心理学的基本方法论的五大原则之一的“系统论原则”时认为,系统分析的首要原则是整体性,即把研究对象作为一个有机整体来看待。一个人是否诚信不是只看他处理某个事情的结果,更重要的是要看他在处理事情的过程中是否有责任心、坚持诚实和信用以及能否赢得信任等。从第一部分诚信的结构看,诚信可以分为诚实、信用、信任和责任心,其也可以看作诚信的四个子系统。这些具有独立功能的子系统以及子系统之间的关联性,都是统一协调在人的诚信整体之中。离开了人的诚信的整体的协调,这些子系统及其相互作用便失去意义。

根据以上分析,使用N8软件作诚信四因素关系特点及其结构图(见图3)。

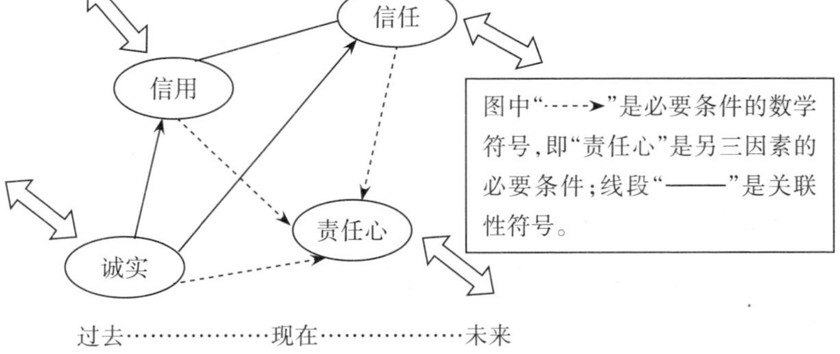

图3 诚信四因素关系特点及其结构图

3.2.3诚信四因素关系结构与外部环境相互性

诚信的外部环境主要是指人际层面和社会文化层面,包含社会的价值观和规范。

人的社会性体现个体的诚信不是封闭的系统,而是开放的系统,它与外部环境是互动的关系。环境影响人的诚信,诚信的人也会改变环境。具体说,环境影响人的诚实、信用、信任和责任心,而具备这些诚实、信用、信任和责任心的人也会改变环境。从表2资料来源和参考点看,3位访谈对象5次提到。

"诚信是相互的。""讲诚信的人,往往存在信用。不讲诚信的人,他在人们心目中不讲信用。"(Ws)

"你诚信之后是会尝到甜头的,你会得到更多人的信任、帮助。因为你在外做事,都希望获取别人的信任,别人认可你,然后你也会主动关心别人,这样子会有一个互动过程,不管他是以求回报的还是不求回报的。"(Wx)

"总体来讲,我觉得诚信还是一种相互的东西。不是要自己说自己怎么好,而是讲诚信,通过别人来说你自己好。""对于员工工作该怎么做就怎么做;家庭的事,个人的事,家里的父母啊,孩子的事情,作为老板我都会尽力关心和帮忙。所以,他们对我是非常信任的。"(Zy)

在中国文化背景下,信用因社会的互动而产生,又因拥有种种社会资源进而影响人际互动的关系。比如"亲戚。就是说有亲情的人,对你来说是比较诚信的人,那没有亲情的人,你要我相信他,我也不信他。"(Sr)

诚信四因素关系结构与外部环境的相互性,其实说的就是一个环境的适应性问题。系统分析的第四条原则是环境的适应性(黄希庭,2006),即适应外部环境变化以及获取生存和发展的能力。环境适应性是开放系统的属性,开放系统是不断与环境(其他系统)发生交换关系的系统。人的诚信与外部环境之间经常存在着物质的、能量的和信息的交换,特别是信息的交换。一个人的诚信正是在与外部环境相互作用、信息交换的过程中,形成行为动机并在获取有关环境信息的基础上发挥其功能的。

此"相互性"决定了诚信四因素关系结构是开放的(图3,以双箭头示之)、发展的,为个体日后提高诚信程度或丰富其诚信性提供了可能。

3.3 模型和研究结果的检验

在质性研究中,比较一致的倾向是用"效度"来评估质性研究的质量,即能否反映人们真实的经历、态度、行为与动机等。常用原始资料检验法、专家评价法等来检验模型和研究结果的有效性(陈向明,2000)。同时,质性研究的质量也可用于评估其信度,即通过比较不同人员独立分析同一资料的结果是否一致来验证(徐建平,张厚粲,2005)。

原始资料检验法。对模型中的概念和关系返回加以审查:"概念"必须是来源于原始资料。如"诚意""实在""直率""承诺""亲为""责任感""做诚实的人""不辜负别人"

"人品能力""长远利益"……均来自访谈对象的原话。"关系"必须来源于研究对象的阐述或研究者基于原始资料的层层归纳。如"诚实"的归纳来自"实在"、"诚意"和"直率";"信用"的归纳来自"承诺"、"亲为"和"信誉"等;"信任"的归纳来自"做诚实的人""不辜负别人"等;"责任心"的归纳来自"责任感"……目的是试图让诚信四因素关系特点及结构和研究结果有足够的资料支持。由此,也确定了研究者的编码手册。

专家评价法。本研究在先后接受五位专家的反馈意见后,又多次回到原始资料,检验、修改自己的编码和进一步的研究结论,确实产生了很好的效果。比如,当初作者对诚信特征编码的结果不能很好地区分与人格特征的差异,不能把四因素的关系统整在一个框架下。经作者多次回到原始资料再编码,修改成"诚信四因素关系特点及其结构"体现在:责任心因素的层次性、四因素间的关联性和四因素结构的相互性。

本研究还尝试进行了信度评估。主要运用归类一致性指数,即评分者之间对相同访谈材料的内容分析编码归类相同的个数占编码总个数的百分比:$CA=2\times T1\cap T2/T1\cup T2$。其中,T1=编码者1的编码个数;T2=编码者2的编码个数。研究者(曾在香港某大学受过训练)首先对诚信进行了编码,与预访谈中的研究小组成员5人反复回到15个原始资料文本进行讨论、修改并达成一致意见后形成了研究者编码手册。除了研究者本人,我们还邀请曾经做过质性研究的研究生2名(非研究小组成员,已有编码的经验)分别对15个访谈文本中100%、25%的文本(Guiller, Durndell, Ross, 2008),即15、4个文本,在研究者的编码手册的基础上进行编码。本研究中T11、T21分别为研究者本人、研究生1对15个文本各自的编码总数;T12、T22分别为研究者本人、研究生2对4个文本各自编码的总数。即:T11=292,T21=233,CA1=0.83;T12=135,T22=77,CA2=0.71。说明本研究对文本内容的归类一致性可接受。

以上检验的结果,显示采用原始资料检验法、专家评价法等来检验模型和研究结果的有效性。对模型和研究结果进行检验,一致性程度较好,说明有较好的效度;采用信度评估,也有比较好的一致性。以此可以证明,本研究是有效、可信和可靠的。

4 综合讨论

本研究的目的是从当代中国人内心深处探究诚信的意蕴和价值,也即诚信结构。诚信根植于中国的传统文化之中,涉及人与我、人与人以及人与社会等方面的关系,也彰显了中国人的社会参与和文化实践的特色。但是,以往相关研究除了哲学、伦理学等学界对其有一些思辨性探讨之外,并未对诚信做精确的概念分析。本研究以质性研究的范式,运用扎根理论的一般流程对当代中国人的诚信进行研究,结果形成了一个核心式编码:诚信及其结构。最后形成了两个研究成果:1)诚信由诚实、信用、信任和责任心四因素构成;2)诚信四因素关系特点及其结构。

4.1 中西方诚信因素的比较

当代西方视诚信为一种人格特质,其内涵不断拓展,其结构维度也在不断增加。西方关于诚信的研究从早期等同于诚实性,20世纪六七十年代延伸到“可信赖性”(reliability)(Sackett, Burris, Callahan, 1989),90年代延伸到“责任意识”,直至目前在人事选拔领域大量进行诚信测验,认定个体的诚信包括责任心(responsibility)、长期的工作承诺等(Camara , Schneider, 1994)。与当代中国人诚信的诚实、信用、信任和责任心四因素(图2)有相似之处,但还是存在差别的。

在西方的一些研究文献中,卡特尔16PF中的N因素——世故性(其低分者的朴实性即为坦白、直率、天真),FFM中的宜人性(A)包含的坦率层面,Ashton等人(2004)、Ashton和Lee(2005)、Lee和Ashton(2006)关于“诚实”作为独立人格因素的研究结论等都证实了“诚实”因素的存在。中国文化中的诚实主要是指:心有诚意,口则必有信语;对他人不存诈伪之心,不说假话,不办假事;开诚布公,取信于人等。

因为中西方关于“信用”因素的理解上有差异,但其“坚韧性”(Hardiness)信念对我们理解“信用”有启发。坚韧性包括的三个维度(Maddi, 2002):承诺(Commitment)、控制(Control)和挑战(Challenge)与本研究的“信用”因素所包含的含义有相通之处。因此,“信用”必须要有“坚韧性”,或者说有“坚韧性”的人才能讲“信用”。

国外关于“信任”的研究,也不外乎是从“别人信任”和“信任别人”两个角度切入(杨中芳、彭泗清,1999)进行研究。有些学者通过研究信任与其他心理品质之间的相关性来理解信任的内涵。FFM中的宜人性(A)包含了信任的层面;Clark和Payne(1997)信任相关的因素归纳为6个方面。但是,西方的信任毕竟建立在理性的基础上,信任者是相当独立的,可以理性选择的,区别于中国的“关系取向”。因此在中国会产生熟人社会,而西方更多地偏向陌生人社会。熟人社会的一个典型特征,就是熟人圈内信息显性化,陌生人圈外信息隐性化。在圈内,其实是有信任的,而在圈外就谈不上信任了。

在西方文化中,责任的概念来源于义务(accountability或answerable)。accountability至今仍被看作责任的同义词。在当代哲学和心理学中责任一词仍保持有两层主要含义:对过失的归因和承担义务。在西方心理学中,责任心并没有统一的概念、理论和评价测量工具。不同领域研究对象存在差异,理论解释难以沟通,测量工具推陈出新,众多研究各执一词呈现一种多元化局面。国外通过编制不同类型的责任心问卷,用来测量责任心(谭小宏、秦启文,2005)。也可以用一些人格问卷中包含有责任心的分问卷加以测量,如卡特尔16种人格因素量表(16PF)的因素G有恒性:高分者有恒负责、重良心;低分者权宜敷衍、原则性差。尽管如此,西方心理学中的个体的责任心是以自我为中心的,不提倡承担社会的责任和义务。它与中国的文化有比较大的差异。因此,我们在责任心的研究中要重视中国传统文化的影响,应当编制符合国情的责任心问卷。

4.2 当代中国人诚信的特色

特质概念的首创者Allport将其定义为人格的基本单元后,特质心理学家一直试图从特质水平寻求一种科学的人格分类系统,来描述复杂多样的人格结构。古今中外关于诚信的理解存在差异并有所侧重,本研究揭示的是处于古今中外交汇点的当代中国人诚信。也就是说,本研究的结果既有中国传统文化中诚信在当代的转换,也有西方诚信思想对当代中国人的影响。因此,本研究当代中国人的诚信是由诚实、信用、信任和责任心四因素构成的关系结构(图2,3)。

当代中国人的诚信四因素是联系的、发展的和整体的。前述诚信四因素的"责任心因素的层次性"特点,反映的是个体诚信的差异性及发展性;诚信四因素间的"关联性"以及四因素结构与外部环境的"相互性"特点则说明了个体诚信四因素是联系的、发展的和整体的特色。Peng和Nisbett(1999)还从文化的角度进一步指出:东方文化中的人(包括日本、中国和韩国)在看待问题时所采取的认知取向是整体性的(holistic),强调的是事物之间的关系和联系。因此,一个人是否诚信不是只看他处理某个事情的结果,更重要的是要看他在处理事情的过程中是否有责任感,是否坚持诚实和信用,以及能否赢得信任等。

当代中国人诚信四因素之一的"信任因素",强调个人实践诚信赢得信任,却并不鼓励信任他人。长期以来,中国坚持的是一种道德诚信,区别于西方所奉行的制度诚信。尤其是儒家的诚信观更强调内省,即强调自己的守信,强调修身养性以达到"内圣"。比如,曾子曰:"吾日三省吾身,为人谋而不忠乎?与朋友交而不信乎?传不习乎?"(《论语·学而篇》)。因此,守信用、讲信义是中国人公认的价值标准和基本的美德。吴继霞(2009)在对大学生就业诚信结构的探讨中分析"信任他人"维度的缺失时认为,在中国传统文化中"赢得信任"和"信任他人"并不是同等受重视,强调个人实践诚信赢得信任,却并不鼓励信任他人等的观念对今天的大学生仍然有影响。因此中国人对熟悉的人有诚信,对陌生人不信任。同样,就会对熟悉的人过分信任,常常出现过度放纵的现象;对陌生人保持高度的警惕,要获取信任就得付出极高的成本。

5结论

本研究的结论如下：

（1）诚信的质性研究路径。本研究运用扎根理论，以深度访谈的方法收集资料。运用N8软件，对访谈转录的文本进行编码并寻找本土的概念。初步产生292个开放式码和7个关联式码；形成1个核心式编码——“诚信及其结构”。最后构建了两个理论：1）诚信由四因素构成；2）诚信四因素关系特点及其结构。

（2）诚信因素构成的理论。诚信由诚实、信用、信任和责任心四因素构成。归纳起来，诚信就是诚实守信。

（3）诚信四因素关系特点及其结构的理论。诚信四因素因其责任心因素的层次性、四因素间的关联性和四因素结构与外部环境的相互性等方面的特点，从而形成其结构。

（4）本研究的局限。尽管本研究也尝试进行了信效度评估且效果较好，但质性研究的最大不足就是它的外部效度，本研究也不例外。由于缺乏验证，关于诚信的四因素及关系等结论是否具有普遍性问题尚需进一步研究。尽管如此，从本研究初步探讨得到的诚信四因素构成、关系特点及其结构的理论，还是具有很好的理论和现实意义的。今后，将进一步以编制当代中国人诚信量表等方式对诚信的结构进行探索，并拟将所得结果来验证此次扎根理论初步探索结论的一致性情况，以期考察、验证本研究结论的“普遍性”问题。

合作者：吴继霞。原文载于：《心理学报》，2012，44(3)，354-368。

中国人节俭价值观的结构研究

1引言

在中国社会中,节俭有着深厚的历史与文化基础。儒释道墨各家经典及国人的历代传世家训里,节俭于个人,“行己以恭俭为先”是内修的德目、处世准则;于为政者,“禁奢崇俭,美政也”,是促进社会和谐的政治方略。在“资源有限”的大背景下,节俭也是当代广泛且重要的社会议题;经济学、社会学、伦理学及心理学等学科领域都就其进行了各自的探讨。虽然都在使用“节俭”一词,不同学科领域、不同学者对其界定不尽相同,大致可归为三类:一将节俭视为美德,是审慎、谦逊、自制等人格特质的集合(Todd , Lawson,2003);二将节俭视作单维的消费者生活方式特征,描述消费者为实现长期目标,有所克制地获取、机智地使用经济物品及服务的程度(Lastovicka,1982);三将节俭视为价值观,是有关物质财富、欲望和生活方式的信念,为个体选择有限制地使用资源的行为和生活方式提供理由(Bove,Nagpal, Dorsett,2009)。

基于不同的概念界定,研究者们开发了各自的量化研究工具。目前使用最为广泛的是Lastovicka等编制的节俭生活方式量表,简称节俭量表(Frugality Scale,F-scale)(Lastovicka,Bettencourt,Hughner, Kuntze,1999)。该量表着眼“有所克制地获取、机智地使用经济物品及服务”的具体行为,对“长远目标”未有太多关注;然而由不同目标驱使的节俭可能有本质差异(Opdebeeck , Bouckaert,2008)。将节俭作为人格特质进行测量也是常见的方式。Paunonen编制的增补人格量表(Supernumerary Personality Inventory)中,节俭就是十项增补人格之一(Paunonen,2002);杨国枢和陆洛则将节俭作为东方人中社会取向自我实现者的五大心理特征之一,其量表主要涉及个体对物质欲望的态度及生活方式的选择,更近于节俭价值观念(杨国枢、陆洛,2003)。Minkov等进行的71个国家的居民的普遍价值观调查中,节俭就为10种普遍价值观之一(Minkov,2014)。武瑞娟等认为节俭是中国社会独特的文化价值观,并编制了节俭消费观量表(武瑞娟、王承璐、杜立婷,2012);尽管该量表试图着眼节俭的“文化价值观”属性,但仍以描述消费者外在的节俭行为特征为主,未能充分反映价值目标等内在成分,能否有效测量节俭价值观有待商榷。

综上可知,在节俭测量上问题尚存。一是测量概念,如何选择合适的理论概念,据此开发充分反映节俭本质属性的测量工具,是需要面对的重要问题。二是节俭的目的和动机。现有节俭研究工具以行为特征评定为主,较少着眼其后动机、目的及个体的情感体验;缺少对前述内容的关注,难以把握节俭丰富的内涵。三是节俭的文化特征。中国社会文化中,节俭除了作为增加物质福利的手段外,还被赋予正心养性的伦理价值和齐家、平天下的社会意义(任怀国、陈新岗、李秀英,2006);回避节俭文化特征,仅考虑物质与消费,就节俭行为进行测量显然不够完备。

在倡导“宁俭勿奢”的当代中国社会,节俭是个体的行为指导和判断准则,更多的以价值观形式存在(武瑞娟等,2012);旨在探讨中国人节俭结构的本研究,将节俭定位于价值观范畴,认为它是一种有关资源使用与需求满足的价值观,促使个体为实现长远的物质、心理及社会收益,而主动约束自己的行为和欲望,选择适度限制地获取和有策略地使用资源的生活方式(李林、黄希庭,2014)。不同节俭目的个体可能有不同的体验感受,节俭行为后果可能也有所差异,故本研究也将予以中国人节俭的目标动机、情感体验更多关注;而对“俭以养德”等道德动机和社会目标的关注则可能较好地发掘节俭的文化特征。研究将从文献分析和开放式调查开始,获得充分描述节俭内涵的题项;以此为基础进行初测,探索中国人的节俭结构;再对节俭的结构和量表的信效度进行检验。

2量表题项收集

文献分析发现,关于节俭行为有不少研究,涉及资源获取、使用,欲望满足与控制等具体行为,可归纳为精打细算、物尽其用等不同类别(Schreurs, Martens, Kok, 2013)。关于节俭目标,主要提及个体以节俭应对经济压力,积累和增殖财富等目标(Goldsmith, Flynn, Clark, 2014; Kasser, 2011);中国传统文化典籍中还论述了个体以节俭生活方式磨炼意志品质等内容(大正藏,2013;孔丘著,吴兆基译,2008;李聃著,乙力译,2008)。对节俭态度倾向和情感体验,则只有“节俭的生活方式让我感觉良好”这类笼统描述(Lastovicka et al., 1999)。文献分析确定了包括节俭目的、节俭行为与情感倾向的节俭价值观系统,为开放式调查确定对象和范围,并作为开放式调查结果的补充,构成量表最初的题项库。

设计开放式问卷,就当代中国人对节俭的基本认知、目的动机等进行调查。采用方便抽样的方法,个别调查和小规模团体调查相结合。141名被试参与调查,男63人,女78人。用QSR Nvivo 8进行质性分析,逐级自由编码、关联式编码和核心编码,结果显示,节俭价值观是包含了节俭目标、节俭手段两个成分的系统结构,前者涉及被迫节俭、福利增续、价值超越等三类节俭目标,后者包括精打细算、限制延迟、物尽其用、安于节俭和乐于节俭等五种节俭行为策略。编码和归类工作由两名不参与研究的心理学专业研究生完成，编码一致性良好，kappa=0.86。

在前述结果基础上，整合题项并将其补充成完善的句子，形成节俭价值观量表题项库，含题项102个。由两名相关领域专家就各题项表述、题项与各类属的匹配性等进行评定和修正；由3名与研究无关的社会成人阅读和评价量表题项，据此完善题项的可读性等。经多次增加、修改、合并和删除，得题项54个；节俭目标、节俭手段各含题项20、34个。加上5个社会赞许效应控制题及1个效度题后，形成共含60题的节俭价值观初测量表；量表为5点评分，1为完全不符合，5为完全符合。

3 节俭价值观量表的初测

3.1 方法

3.1.1 被试

在全国范围内发放节俭价值观初测量表500份，回收有效量表438份；其中男190人，女239人，9人此信息缺失；年龄在20到68岁间（M=31.55，SD=11.27）。

3.1.2 程序

调查采用方便抽样，个别调查和小规模团体调查相结合的方法。用SPSS 21.0和Mplus 7.0进行数据统计分析。计算题目的峰度和偏度、临界比值、题目与总分相关度、题目共同性等指标，检验各题目的适切性和可靠程度；进行探索性因素分析，检验节俭价值观量表的建构效度。

3.2 结果

3.2.1 节俭目标分量表

据项目分析相关标准（吴明隆，2003），逐步剔除8个表现欠佳题项。用主成分分析法与Promax斜交法对余下12题进行探索性因素分析，KMO=0.84；得特征值大于1的因素3个，累计解释总体方差80.82%。各题目的主要载荷均大于0.45，未出现双负载，详见表1。根据意义对各因素命名。因素1含题目5个，涉及个体生存需求之外的节俭目的，是对物质享受或自我的超越，命名为“价值超越”（α=0.93）。因素2含题目4个，描述个体通过保持节俭以换取自己、家人未来的物质福利，命名为“福利增续”（α=0.89）。因素3含3个题目，是个体迫于外在压力不得不节俭生活，命名为“被迫节俭”（α=0.97），该维度反向表明个体节俭的主动程度。三个维度共同反映个体节俭行为背后不同的价值目标;各因素分别计分,得分越高表示个体该方面的节俭越突出;量表总的内部一致性系数α等于0.59。

表1　节俭目标量表题项的因素负荷

题项	节俭目标		
	价值超越	福利增续	被迫节俭
我相信"俭能养德",所以特意节俭地生活	0.89		
我节俭地生活,以便有更多精力去实现人生价值	0.89		
我为保护有限的自然资源而节俭生活	0.78		
我为避免物质束缚,活得自主自由而节俭生活	0.77		
为能将更多财物用于帮助他人,我节俭地生活	0.66		
我节俭地生活以便储蓄资本,赚取更多财富		0.81	
为将来能过更好的生活,我现在保持节俭		0.77	
我节俭地生活是为有所节余,以备未来不时之需		0.64	
为保证家庭长久的富足兴盛,我节俭地生活		0.56	
我的经济条件有限,不得不省吃俭用			0.80
如果不省吃俭用,我的生活就没法维持			0.77
社会环境的压力让我不得不节俭地生活			0.54
特征值	4.39	3.36	1.95
解释变异量	36.57	28.02	16.21

3.2.2 节俭手段分量表

按相关标准剔除12个表现欠佳题项,余题的项目-总分相关在0.40到0.65之间。对剩余22题用主成分分析法和Promax斜交法进行因素萃取和转轴,KMO=0.86;得特征值大于1的因素5个,累计解释总体方差67.21%;逐步剔除双负载题目4个,剩余18题;再次因素分析,得到特征值大于1的因素5个,累计解释总体方差73.33%。各题目主要载荷均大于0.45,未出现双负载,详见表2。

表2　节俭手段量表题项的因素负荷

题项	节俭手段				
	乐于节俭	限制—延迟	精打细算	安于节俭	物尽其用
节俭的生活方式让我感觉良好	0.87				
我对简单朴素的生活状况感到满意	0.81				
如果别人知道我生活节俭,会让我觉得尴尬	0.70				

续表

题项	节俭手段				
	乐于节俭	限制一延迟	精打细算	安于节俭	物尽其用
节俭的生活状况让我感到苦恼	0.69				
我常因一时冲动而购买计划之外的东西		0.87			
我会等到打折的时候再去买想要的东西		0.77			
我会尽量将一部分钱存起来，不会都花完		0.65			
只要是我喜欢的东西，无论是否实用，我都会买		0.50			
买东西的时候，我都会货比三家			0.79		
在花钱之前我都会谨慎地精打细算			0.76		
我要求自己尽量花一分钱办出两分钱的事儿			0.76		
节俭的生活方式对人更有利				0.70	
无论有钱没钱，我都会节俭地生活				0.76	
过生活就应该勤俭节约				0.74	
如果东西还能使用，我就不会买新的					0.70
我会对废旧物品进行重新利用					0.68
我要求自己尽可能地节约食物、水电气等资源					0.67
我会小心细致地使用和保养各种物品					0.56
特征值	5.10	3.53	1.84	1.49	1.25
解释变异量	28.34	19.59	10.20	8.30	6.92

根据意义对各因素命名。因素1含题目4个，有关个体对于节俭生活方式的情感体验，命名为“乐于节俭”（α=0.84）；是节俭价值观的动力成分。因素2含题目4个，主要是个体延迟满足即时需求，控制过度消费的冲动，命名为“限制-延迟”（α=0.87）。因素3含3题，是个体提前规划，以求将每一单位金钱或资源效用最大化，命名为“精打细算”（α=0.85）。因素4含3题，涉及个体对节俭的认知及坚持节俭的倾向，命名为“安于节俭”（α=0.93）。因素5含4题，涉及个体避免挥霍浪费，充分利用现有资源或物品的行为与策略，命名为“物尽其用”（α=0.75）。上述五个因素是节俭价值观在情感与行为策略方面的具体展现；量表加总计分，总分越高即个体节俭行为策略越丰富，“看起来”也越节俭；量表内部一致性系数α等于0.85。

3.2.3 总量表

为探索分量表及各因素间的关系，以前述八个因素各自均值为指标，用探索性双因子分析法进行因素结构探索。以极大似然法和双因子旋转法进行因素萃取和转轴，得到中国人节俭价值观的3因素双因子模型;模型包含1个全局因子和2个局部因子,见表3。全局因子G为影响节俭目标、手段的共同因素,命名为节俭价值观;是个体节俭目的及行为策略的内在原因。节俭手段各维度在局部因子F1有较高负荷,该局部因子反映具情境特征的节俭行为、情感体验等,命名为情境性手段。节俭手段中的“精打细算”在F1上载荷不显著,可能是因为它为节俭的典型特征,较少受情境因素影响。局部因子F2体现的是在节俭价值目标之外,节俭行为所服务的目标,命名为情景性目标。“福利增续”的目标除了反映节俭价值观,还体现了个体提升未来生活的普遍愿望,其影响不同于节俭价值观,故形成独特的因素载荷。

表3　节俭价值观量表探索性双因子分析的因素负荷

维度	全局因子G	局部因子F	
	节俭价值观	情境性手段F1	情境性目标F2
被迫节俭	0.90*	0.01	−0.10
价值超越	0.84*	0.04	−0.02
福利增续	0.83*	0.00	0.34*
精打细算	0.62*	0.50*	0.03
限制延迟	0.19*	0.78*	−0.01
物尽其用	0.24*	0.78*	−0.06
安于节俭	0.24*	0.80*	0.04
乐于节俭	0.23*	0.79*	0.01

注:* $p<0.05$

初定的节俭价值观量表包括节俭目标、手段两个分量表。节俭价值观量表的构成与开放式调查及文献分析结果一致;双因子结构有效地说明了两个分量表的内在联系及中国人节俭价值观的内在结构。虽然初定量表各测量学指标良好,内容也涵盖了开放式调查和文献分析所获信息,但其有效性与稳定性还需在其他样本中做进一步验证。

4 节俭价值观量表的信效度检验

4.1 方法

4.1.1 被试

样本1,在全国范围内发放问卷1300份,有效问卷1038份;其中男423人,女572人,性别不详者43人;年龄在18到69岁间(M=27.08,SD=9.13)。样本2,在全国范围内发放问卷400份,有效问卷378份;其中男147人,女212人,性别不详者19人;年龄在18到53

岁间(M=26.15,SD=8.02)。样本3,以重庆某高校本科学生为被试,第一次测量发放问卷80份,有效问卷74份;第二次测量,男30人,女43人,1个被试(女)流失;年龄在19到24岁间(M=21.01,SD=1.23)。

4.1.2 工具

节俭价值观量表。初测确定的节俭价值观量表,共30题,5点评分。

节俭生活方式量表。该量表由Lastovicka等开发,共8题,测量个体节俭生活的程度,得分越高即越节俭。本研究中改为5点评分,量表内部一致系数α等于0.88;经验证性因素分析,其$\chi^2(20)=96.82$, CFI=0.98, TLI=0.97, SRMR=0.01, RMSEA=0.10(0.08, 0.12)。

吝啬量表(theTightwad Scale)。由Mowen编制,共5题,5点评分,测量个体的吝啬程度,得分越高即越吝啬(Mowen,2000)。本研究中,量表内部一致系数α等于0.66;经验证性因素分析,其$\chi^2(5)=23.16$, CFI=0.93, TLI=0.86, SRMR=0.04, RMSEA=0.10(0.06, 0.14)。

冲动购买情景模拟故事。改编自Rook和Fisher的研究材料,用以测量个体的冲动购买行为水平。测验中要求被试阅读故事,假设自己是故事中的主人公,然后做出不同的购买选择,得分越高即冲动性购买行为水平越高(Rook, Fisher,1995)。

4.1.3 程序

调查均采用方便抽样的方法。样本1、2以个别调查和小规模团体调查相结合的方式进行。样本3通过小规模团体调查获得,前后两次测量间隔约3个月。使用SPSS 21.0和Mplus 7进行统计分析。进行验证性分析以检验节俭价值观量表的结构效度,对量表与节俭生活方式量表、吝啬量表得分进行相关分析以检验量表的相容、区分效度;再计算节俭价值观量表相对于节俭生活方式量表的增量效度;最后则是检验量表的组合信度与重测信度。

4.2 结果

结构效度。基于样本1数据,对节俭目标、节俭手段结构模型进行验证性分析。结果发现,节俭目标结构模型各指数均符合相关标准(侯杰泰,温忠麟,成子娟,2004),$\chi^2(51)=174.44$, CFI=0.98, TLI=0.98, SRMR=0.04, RMSEA=0.05(0.04, 0.06)。五因素的节俭手段结构模型也得到很好拟合,$\chi^2(125)=292.82$, CFI=0.99, TLI=0.98, SRMR=0.03, RMSEA=0.04(0.03, 0.04)。为简化模型,节俭价值观量表的整体结构检验时使用独立打包法,对节俭目标和节俭手段分量表的指标进行了项目打包处理;两个分量表共八个维度,得到八个项目包(吴艳,温忠麟,2011)。共设计三个备选模型:(1)单因素模型,两个分量表的八个因素聚合为单一的节俭价值观维度；(2)两因素模型，节俭目标分量表的三个因素，节俭手段分量表的五个维度各自聚合为一个因素；(3)双因子模型，节俭结构包括一个全局因子(G)节俭价值观及两个局部因子(F1、F2)：情景性目标和情景性手段。对三个备选模型进行检验和比较发现，模型(3)双因子模型拟合最优，χ^2 (12)=31.09，CFI=0.99，TLI=0.99，SRMR=0.01，RMSEA=0.04(0.02，0.06)，选择之。节俭目标和节俭手段两个分量表构成完整的节俭价值观量表，测量中国人节俭价值观的目标和手段策略两个方面。

相容效度和区分效度。计算节俭价值观量表与节俭生活方式量表、吝啬量表的相关，以检验其相容效度与区分效度。首先对各变量同时进行验证性因素分析，检验共同方法偏差。结果发现，多因素模型各拟合指数明显优于其他模型，$z2$(1406)=1944.83，CFI=0.97，TU=0.96，SRMR=0.04，RMSEA=0.03(0.03，0.04)，各变量间并无显著共同方法偏差。然后分别计算节俭与其他变量的相关。结果发现，节俭价值观各因素得分与节俭生活方式相关均显著，r=0.15—0.81，节俭生活方式量表是目前节俭行为研究中使用最为广泛的测量工具，其信效度均良好；这表明节俭价值观量表有良好的相容效度。量表各因素与吝啬量表得分相关均不显著，这说明虽然节俭和吝啬都涉及有限制地使用物质产品或资源，但它们确实是两个不同的构念，也说明节俭价值观量表有良好的区分效度。

增量效度。限制即时满足和延迟消费是节俭的重要特征，有研究发现高节俭者较少出现冲动消费行为，节俭可反向预测冲动消费行为(Goldsmith et al.，2014)。为比较节俭生活方式量表和节俭价值观量表在预测结果变量上的成效，本研究以冲动消费行为水平为因变量，控制各人口统计学变量(第1层)，以节俭生活方式量表得分(第2层)及节俭价值观量表各因素得分(第3层加入)为自变量，进行层级回归；并预期节俭价值观量表各因素加入回归模型可显著增加对冲动消费行为变异量的解释。结果显示，节俭确实可反向预测冲动消费行为，回归模型第3层，节俭价值观量表各因素的加入又额外解释了冲动消费行为23.8%的变异量，$F(8，312)=42.51$，$p<0.001$；见表4。在冲动消费这一变量上，节俭价值观量表基于节俭生活方式量表有显著的效度增益，说明量表的增量效度良好。

表4　节俭生活方式量表和节俭价值观量表的分层回归结果(n=327)

变量	第1层	第2层	第3层
性别	0.09	0.06	0.04
年龄	0.13	0.06	0.02
文化程度	0.01	0.02	−0.02

续表

变量	第1层	第2层	第3层
家庭年收入	0.15*	−0.12*	0.08
个人月收入	−0.21**	−0.05	−0.03
节俭生活方式		−0.74***	−0.11
被迫节俭			−0.01
价值超越			−0.36***
福利增续			−0.17***
精打细算			−0.16**
限制延迟			−0.20***
物尽其用			−0.13**
安于节俭			−0.10**
乐于节俭			−0.20***
F	2.56*	63.47***	79.73**
ΔR^2	0.04	0.51**	0.24***

注:因变量为冲动消费水平;回归系数为标准化回归系数β;$^{*}p<0.05$,$^{**}p<0.01$,$^{***}p<0.001$

组合信度与重测信度。以验证性因素分析相关指标为基础,计算量表组合信度,结果显示节俭目标手段分量表各因素都有较高组合信度ρ=0.82—0.93。为检验节俭价值观量表结构的稳定性,研究使用节俭价值观量表对样本3进行了前后两次测量。对被试在前后两次测量中的得分(维度总分)进行配对样本t检验和相关分析,结果显示,节俭价值观量表各因素在前后两次测量中得分并未见显著差异,各自均有较高的相关,γ=0.73—0.97;这说明节俭价值观量表的重测效度良好,量表结构稳定。

5讨论

以中国的社会历史和文化为背景,在价值观的概念框架下,设计和检验了节俭的多维度测量工具——节俭价值观量表。经在全国多省市成人样本中反复施测和修正,得到正式节俭价值观量表;量表共30题,含节俭目标和节俭手段两个分量表。节俭目标、节俭手段由双维度-多因素结构的节俭价值观内在统和;个体在量表各因素上得分趋势构成其节俭价值观的结构廓型图。信效度检验结果表明,节俭价值观量表的结构效度、相容效度、区分效度、增量效度、组合信度及重测信度良好;适合于中国人节俭价值观的测量。

节俭价值观量表通过对节俭目标、行为策略及情感体验的测量，较全面地涵盖了中国人作为价值观的节俭的特征。尤其是“价值超越”的节俭目标，既涉及节制物欲以清明心性等传统文化中倡导的“修身私德”，也有通过节俭以实现可持续发展的环保诉求——节俭作为“济世公德”与时代需求结合的反映；对节俭正心养性的教育伦理价值与治国平天下的社会意义的关注，集中体现了中国人节俭的文化属性。再者，中国人“福利增续”的节俭目标是未雨绸缪式的，指向“未来的不时之需”这个“未来”是不确定且无止境的，这或许是中国社会高居民储蓄率的重要原因。可能也由于不同节俭目标间相去甚远，故目标分量表的内部一致性较低（α=0.59）。节俭手段是节俭价值观的直观表现，“精打细算”等维度是先前研究的主要对象，也是节俭价值观量表与其他节俭测量工具主要交叠之处；不同的是，中国人节俭价值观结构中还有“安于节俭”与“乐于节俭”的成分，从认知和情感两方面调节外在节俭行为及策略，是节俭价值观得以践行的内在动力因素。中国人的节俭并非一味地省吃俭用，而是强调“节用以礼”，在特定场合、对特定对象“不节俭”也被认为是合宜的（任怀国等，2006）；这可能是外在节俭行为与内在节俭价值观并不必然联系的重要原因。由于须兼顾测量内容的全面性和工具的简洁性，量表因素较多，但各因素所含题项较少；为保证量表信度，将来须进一步提高题项质量。

合作者：李林；原文载于：《西南大学学报》（社会科学版），2016，42（1）：107-113。

青少年学生自我价值感量表的编制

自我价值感(self-worth或self-esteem)是自我的一个重要方面,它对个人的认知、情绪和行为具有一种弥漫性的影响(Baumeister,1993;Brown,1993;Campbell,1990;Weiner,1985),也影响着个体的心身健康。青少年期是自我观念逐渐形成并趋向成熟的阶段,探讨青少年学生的自我价值感特点,将有助于进一步了解青少年学生的心理特点,从而为培养全面发展的人才提供心理学依据。但有关测量自我价值感并适合中国人特点的工具未见到。本研究的目的,是编制出一个"中国化"的自我价值感量表,以测量青少年学生自我价值感的特点。

1自我价值感的建构

自我价值感的内涵相当丰富,包含有"情感"(吉恩·尤德)(吉恩·尤德著,于海梅等译,1990)、"态度"(Rosenberg,1965)、"自我评价"(Coopersmith,1967)、"人格倾向"(Brown ,Dutton,1995)、"自我感受"(张春兴,1992)、"自我意向"(车文博,1987)等成分。但其核心成分为"自我价值判断与体验",它具有认知的、情绪的和行为倾向的特征,是一个多维度、多层次的心理结构。例如,Fleming与Watts的因素分析发现有3个因素(Fleming ,Watts,1980),即社会信任、学术能力和自重;Stonstroem的研究表明,身体能力也是自我价值感的一个重要因素(Stonstroem,Harlow,Gemma, Osborne,1991)。人们在自我价值感发展水平上具有个体差异性(Campbell,Chew, Scratchley,1991)。国外常用的研究问卷有Rosenberg(1967,1979)的Self-esteem Inventory(SES)、Janis和Field(1959)的The Feeling of Inadequacy Scale(FIS)、Coopersmith(1967)的The Self-esteem Inventory(CSE)、Shrauger(1990)的Personal Evaluation Inventory(PEI),以及Franzoi和Shieds(1984)的The Body-Esteem Scale(BES)(Robinson,Shaver, Wrightsman,1990)等。然而,已有的研究表明,中国人的自我观念与西方人的自我观念是有相当大的差别的(杨中芳,1991;雷霆,1991)。

因此,首先有必要从我国的实际出发来编制测量工具。我们对西南师大(1至4年级)60名本科生作开放式问卷调查,让被试回答"个人怎样才会有自我价值感"、"自我价值感的基础有哪些"以及"什么是自我价值感"3个开放式问题。然后将被试的回答进行内容分析,得出的结果显示:多数被试兼从社会取向和个人取向的角度来理解自我价值感,既重视个人对社会的贡献及社会对个人的认可,又重视个人内心的充实和自身潜能的发挥;生理、心理(主要指能力)、人际、道德和家庭是影响个人自我价值感的几个最重要的方面。基于此并参照前人的研究,本研究将自我价值感界定为:个人在社会生活中,认知和评价客体自我(me)和社会主体(包括群体和个人)时对主体自我(Ⅰ)的重要性所产生的正面自我情感体验。持久的自我价值感是一种较稳定的人格倾向。它是一个多维度(社会取向和个人取向)、多层次(总体、一般和特殊)的系统,包括总体自我价值感、一般自我价值感和特殊自我价值感。总体自我价值感抽象程度最高,它比较泛化、概括化;一般自我价值感的抽象程度次之,它比较稳定,反映了个人长期维持的基准水平;特殊自我价值感的抽象程度最低,它体现在生理、心理、人际、道德和家庭等具体方面,比较容易随社会角色、身份的改变或重大事件的发生而波动。总体自我价值感来源于对一般自我价值感的整合,而一般自我价值感则来源于对特殊自我价值感的整合。3个层次的自我价值感是一个有机整体,其中一般和特殊自我价值感又可区分为社会取向和个人取向两种类型。

2 量表的编制

2.1 预试

根据自我价值感的概念性架构,并参照有关量表和一些杰出人物(如雷锋)对自我价值的看法共编写Likert5点自评式量表的题目100条,其中,总体自我价值感8条,一般自我价值感22条,特殊自我价值感65条,测谎题5条。对重庆几所大学和中学的598名学生(尽可能照顾到性别、年级、学科等的平衡)于1996年11月至1997年1月进行团体测试后作因素分析,从而筛选出条目,形成正式量表。

2.1.1 总体自我价值感量表的因素分析

将356名被试对量表中8个题项的自我评定作因素分析,结果只能得到一个主要因素(特征值大于1.0;解释总变异量的45.50%)。根据每个题项的得分与量表总分的相关系数和题项的标准差作项目分析,最后保留6题,分别是:"我是个有价值的人"、"我相信天生我才必有用"、"我是一个没有出息的人"、"我讨厌自己"、"我常常觉得自己一无是处"、"总的来说,我对自己感到满意"。由这6个题项构成正式的总体自我价值感量表。

2.1.2 一般自我价值感量表的因素分析

一般自我价值感预试量表由"社会取向的自我价值感"和"个人取向的自我价值感"两个分量表的共22个题项组成,探索性因素分析的结果表明:特征值大于1的因素共有2个,利用坡度检验得到两个主要因素,它们能解释总变异量的38%。因素1能解释总变异量的22.40%,有6个负荷量大于0.40的项目,分别为:"周围的人都看得起我"(0.50)、

"在众人的眼里，我是成不了大器的"(0.53)、"我觉得自己在社会上难以出人头地"(0.48)、"我经常得到他人的夸奖"(0.63)、"别人都不大喜欢我"(0.60)、"在所处的团体中，我是一个无足轻重的人物"(0.69)。这些项目体现了社会或他人的认可对个人自我价值感的影响，因此，因素1可命名为"社会取向的自我价值感"。因素2能解释总变异量的15.6%，有5个负荷量大于或等于0.4的项目，分别为"我感到自己的长处得到了发挥"(0.40)、"不论成功或失败，我相信自己选择的道路"(0.54)、"我觉得自己过得充实而愉快"(0.63)、"我看得起自己"(0.54)、"我觉得自己没有什么发展前途"(0.46)。这些项目体现了自身潜能的发挥和完善对个人自我价值感的影响，因此，因素2可命名为"个人取向的自我价值感"。两因素各取5个(按负荷大小顺序)题项组成一般自我价值感正式量表。由于一般自我价值感比较稳定，能显示个人自我价值感的基准水平，因此，本研究采用Lisrel 8对242份未作过探索性分析的问卷进行验证性因素分析，实施交叉证实来对此量表的构念效度作进一步的考察。结果见表1。

表1 模式的拟合度量数

解释方差的量数	解释相关的量数				拟合度总		
R^2	RMR	SFR	MFR	LFR	χ^2	GFI	AGFI
3.51	0.070	−0.12	0.000	0.28	13.95	0.90	0.84

从量表的各项拟合度指标来看，除χ^2较大外(该指标易受样本容量的干扰)，其他各量数均在可接受的范围内。由于自我价值感本身所具有的模糊性和主观性，此量表的AGFI能达到0.84水平，说明此量表具有较高的构念效度，可以用于今后的研究测评工作。

2.1.3特殊自我价值感量表的因素分析

特殊自我价值感量表由"社会取向的自我价值感"和"个人取向的自我价值感"两个量表的题项组成，共有65个题目。将356名被试对两个分量表的评定结果作因素分析。结果表明：两个量表分别抽取5个因素是适宜的(特征值大于1)。从社会取向自我价值感量表的分析结果来看，因素1解释了总变异量的15.80%，共有6个负荷量大于0.4的项目，这些项目反映了个人因在团体中具有一定的重要性和影响力而产生的一种价值感，与前述的理论构想相吻合，可命名为"社会取向的自我人际价值感"；因素2解释了总变异量的9.40%，共有5个负荷量大于0.4的项目，这些项目表现了个人因遵循社会道德标准、帮助他人或在品行方面受到他人好评而产生的一种价值感，可命名"社会取向的自我道德价值感"；因素3解释了总变异量的6.30%，共有3个负荷量大于0.4的项目，这些项目反映了个人因自己的容貌、体态等生理特点受到他人的赞赏，自己的身体状况能服务社会的愿望而产生的一种价值感,可命名为“社会取向的自我生理价值感”;因素4解释了总变异量的5.50%,共有4个负荷量大于0.4项目,这些项目反映了个人因能力、性格受到社会或他人的肯定而产生的一种价值感,可命名为“社会取向的自我心理价值感”;因素5解释了总变异量的4.80%,共有4个负荷量大于0.4的项目,这些项目反映了个人因父母的关爱和器重而产生的一种价值感,可命名为“社会取向的自我家庭价值感”。从个人取向自我价值感量表的分析结果来看,因素1解释了总变异量的14.70%,共有7个负荷量大于0.4项目,这些项目反映了个人在自身潜能得到了发挥、个性得到了充分发展而体验到的一种价值感,与上述的理论构想相吻合,故可命名为“个人取向的自我心理价值感”;因素2解释总变异量的7%,共有5个负荷量大子0.4的项目,这些项目反映了父母对个人自由发展的支持而使个人体验到的一种价值感,可命名为“个人取向的自我家庭价值感”;因素3解释了总变异量的6.10%,共有5个负荷量大于0.4的项目,这些项目表现了个人在人际关系方面能以个人意愿为原动力而体验到的一种价值感,可命名为“个人取向的自我人际价值感”;因素4解释了总变异量的5.2%,共有5个负荷量大于0.4项目,这些项目反映了个人因自己的生理状况、身体技能能满足个人发展和个人的兴趣、爱好而体验到的一种价值感,可命名为“个人取向的自我生理价值感”;因素5解释了总变量的4.20%,共有4个负荷量大于0.4的项目,这些项目表现了个人因在道德评价上的自由、独立而体验到的一种价值感,可命名为“个人取向的自我道德价值感”。

2.2 量表的信度和构念效度

用3个正式量表对西南师大物理系92名大学生施测,根据测试结果分别计算出各分量表的Cronbach Alpha系数;另对其中43名被试进行间隔1个月的重测并计算各量表的稳定性系数。结果见表2。

表2 三量表的信度系数

信度指标	样本数	TOTAL-S	GS-S	GI-S	TS-S	TI-S
Cronbach Alpha	92	0.77	0.86	0.82	0.63-0.80	0.61-0.78
再测信度	43	0.64	0.73	0.71	0.69-0.84	0.58-0.77

注:TOTAL-S总体自我价值感量表;GS-S社会取向的自我价值感量表;GI-S个人取向的自我价值感量表;TS-S社会取向的特殊自我价值感量各分量表;TI-S个人取向的特殊自我价值感各分量表。下同

3个量表的内部一致性系数和再测信度皆令人满意,可以说3个量表具有较高的信度。

从3个量表所做的因素分析来看,基本上与本研究的理论建构的自我价值感结构相吻合,因此,可以说3个量表都具有良好的构念效度。

将92名物理系被试对3个量表的评定分数分别统计,再进行相关分析,结果见表3。

表3　三个量表测试结果的相关分析表

	TOTAL	GI	GS	TI	TS
TOTAL	1.0000				
GI	0.6449**	1.0000			
GS	0.7096**		1.0000		
TI	0.4245**	0.6330**		1.0000	
TS	0.5461**		0.6715**		1.0000

注:* $p<0.05$, ** $p<0.01$, *** $p<0.001$

从表3的结果可见,3个量表有相对应的较高的相关,说明3个量表测量的是不同层次、不同抽象程度的自我价值感,表明自我价值感系统的理论建构是合理的。

2.3 常模的建立

将具有较好信度和构念效度的3个正式量表,于1996年11月至1997年1月抽样对重庆市的7所中学和4所大学的2187名被试进行测试,结果表明:各年级之间存在显著差异,性别差异不显著。根据测试结果建立常模(包括总体、一般和各种特殊自我价值感的平均数、标准差等),并制订分级原则,即平均值上或下各一个标准差为“中等水平自我价值感”,平均值上或下两个标准差为“较高或较低水平的自我价值感”,平均值上或下三个标准差为“高或低自我价值感”。关于这方面的研究结果将另文报告。

3 结论

本量表能够较全面、准确地评价青少年学生自我价值感的特点和水平。

合作者:杨雄;原文载于《心理科学》,1998,21(4):289-292。

青少年自我价值感量表构念效度的验证性因素分析

当今心理学家对自我概念结构的理论探讨大多倾向于建构多维度多层次模型(Marsh,Hattie,1996)。一个人有学业自我、工作自我、家庭自我和社会自我,也可能有童年自我、同胞自我和伙伴自我等等。自我的这种多样性,Pervin甚至将它称之为自我家族(familyofselves)(Pervin,1996)。自我价值感(self-worth)是自我的一个重要方面,具有认知的、情绪的和行为倾向的特征。许多研究表明(Harter,Whitesell,2001;Franzoi,Shields,1984;Harter,1999),自我价值感也是一个多层次、多维度的心理结构。我们在前期的探索性研究中曾提出一个自我价值感的多层次多维度模型(黄希庭,杨雄,1998)。该模型包括总体自我价值感、一般自我价值感和特殊自我价值感三个层次。就抽象程度而言,总体自我价值感抽象程度最高;其次是一般自我价值感,包括社会取向和个人取向两种;抽象程度最低的是特殊自我价值感,具体表现为人际的、心理的、道德的、生理的和家庭的自我价值感5个具体方面,同样反映出社会取向和个人取向两种(见图1)。基于此假设编制出一个我国青少年的自我价值感量表,测量结果表明,量表结构清晰,信效度良好。但探索性分析结果尚需进一步检验。

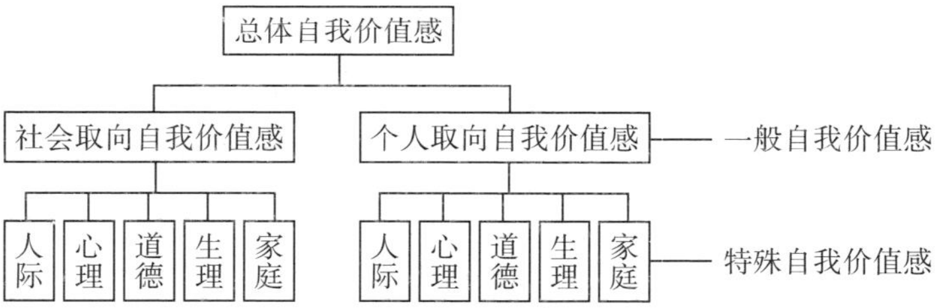

图1 青少年自我价值感维度构想

在编制量表的最初几个阶段,通常都要涉及构念效度。量表的构念效度是量表分数合成和结果解释的理论依据,它直接影响量表的效用。Anderson建议,在发展理论的过程中,通过探索性因素分析建立模型,再用验证性因素分析去检验模型,这样可以保证量表所测特质的确定性、稳定性和可靠性(Anderson,Gerbing,1988)。本研究的目的是用验证性因素分析进一步检验自编的青少年自我价值感量表的构念效度。

1方法

1.1材料

根据探索性因素分析结果(黄希庭,杨雄,1998),修改后的青少年自我价值感量表包含56个题项:总体自我价值感6个题项,一般自我价值感每个取向5个题项,特殊自我价值感每一取向的每个具体方面4个题项。要求被试采用从“完全不符合”到“完全符合”的5点量表进行自我评定。

1.2被试

从上海、北京、哈尔滨、乌鲁木齐、兰州、西安、福州、南宁、成都、重庆、贵阳、昆明、长沙、济南、太原、潮州等城市的大中学校抽取4931名学生。性别、年级的分布见表1。将所有数据随机分成两组,一组2420人,用于一阶因素模型的比较分析,另一组2511人用于二阶因素模型的验证性分析。

表1 被试构成分布表

	初一	初二	初三	高一	高二	高三	大一	大二	大三	大四	小计
男	251	218	185	368	228	156	326	312	234	214	2492
女	274	248	168	329	224	168	313	298	209	188	2439
小计	525	466	353	697	452	324	639	610	443	422	4931

1.3设置可资比较的一阶因子模型

由于该量表涉及多个层次多个维度及其相互间的复杂关系,本研究首先采用一阶验证性因素分析进行模型比较,从几个角度来检验这些复杂的关系,并以此构造出理论模型。这几个角度是:总体、一般和特殊价值感三个层次间的相关性;特殊价值感中不同取向的五个具体方面的相关性;特殊及一般价值感层次里每一维度的两种取向之间的相关性;特殊价值感里不同取向不同具体方面因素之间的相关性。为此拟定了10种可资比较的模型:

模型0(M0,虚无模型):假定观测变量间不存在任何相关,一般以它作为比较基础。

模型1(M1):设置13个因素,表示13个量表维度(以后的模型均如此),各因素相互独立。

模型2(M2):特殊价值感层次中两种取向各自的5个具体方面之间相关,一共有20对相关。

模型3(M3):特殊价值感层次中5个具体方面各自的两种取向之间相关,一共有5对相关。

模型4(M4):在M3的基础上增设一般价值感层次的两种取向之间相关,一共有6对相关。

模型5(M5):M2与M3的综合,一共有25对相关。

模型6(M6):M2与M4的综合,一共有26对相关。

模型7(M7):同一层次内的所有因素间均设置成相关,一共有46对相关。

模型8(M8):M6的基础上增设各层次的因素之间相关,一共有58对相关。

模型9(M9,基准模型):所有因素间均相关,一共有78对相关。

1.4 二阶因子模型

根据自我价值感层级模型的构想和一阶因素分析结果提出二阶因子结构模型(见图2),并从整体上对该理论模型进行验证。图2中,T表示总体自我价值感;GS、GI分别表示社会取向和个人取向的一般自我价值感;SS1—SS5和SI1—SI5依次表示社会取向和个人取向的特殊自我价值感的5个具体方面。特殊价值感层次设置了二阶因子,其中S1—S5表示5种具体的自我价值感方面,即人际、心理、道德、生理、家庭,并设定它们之间相关(图2中没有将代表这些相关的双箭头画出来);SS与SI表示社会与个人两种取向,并设置两者独立。模型中还设定各层次的价值感因素间存在相关,同一取向的一般价值感与特殊价值感之间置为相关。

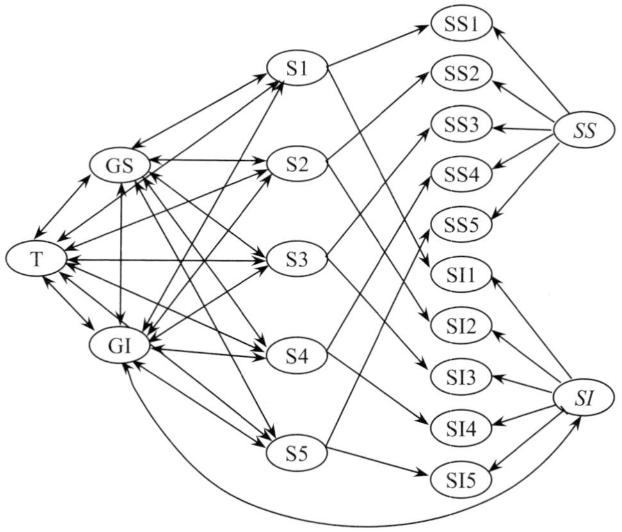

图2　青少年自我价值感量表的二阶因素结构模型

注:双箭头线表示两个潜变量相关,单箭头线表示指向关系

1.5 统计方法

用SPSS8.0和Lisrel 8.30软件包,在配有256M内存、主频为PIII733的微机上进行数据整理及验证性因素分析。由于本研究的观察变量是顺序变量,按验证性因素分析的要求(Jöreskog, Sörbom, 1996),首先用SPSS对数据资料进行整理和随机分组,然后用

PRELIS计算各观察指标间的多系列相关(polychoric correlation)矩阵和渐进协方差(asymptotic covariance)矩阵,最后用Lisrel以加权最小平方法(WLS)进行参数估计。

2结果与讨论

2.1一阶验证性因素分析

10种模型的拟合指标及各个模型的比较结果分别列入表2和表3。表中BBI是一个整体拟合指数,其数值越接近1则说明模型与数据拟合越好。总体说来,虚无模型(M0)与实际数据拟合最差,基准模型(M9)拟合最好。表2所列出的χ^2值均达显著,且χ^2/df也超过普遍所认可的范围(<5)。

然而χ^2值会随着样本的增加而增大的缺点在许多文献中已获得证实(Bagozzi,Yi,1988;Marsh,Balla,McDonald,1988),进行模型拟合度检验时,究竟要多少样本尚无一致的定论,Jöreskog和Sörbom指出采用多系列相关矩阵和渐进协方差矩阵作为输入矩阵并以一般加权最小平方法进行参数估计时(Jöreskog,Sörbom,1996),样本容量必须大于$K(K-1)/2$,其中K为观察指标的数目,以此标准计算本研究所需的样本是1540人,而实际采用的样本分别是2420人和2511人,远远大于这一标准。因此本研究所得卡方值之所以达到显著水平或许是因为样本数目过大。另外,这里也不太在乎拟合指标的绝对大小,更重视的是各种成分间的相对重要性。

表2　十种模型的拟合指标

模型	M0	M1	M2	M3	M4	M5	M6	M7	M8	M9
χ^2	339299	44659	30909	23179	20109	19568	16218	14860	11553	9695
df	1540	1484	1464	1479	1478	1459	1458	1438	1426	1406
χ^2/df	220.32	30.09	21.11	15.67	13.61	13.41	11.12	10.33	8.10	6.90
BBI	-	0.87	0.91	0.93	0.94	0.94	0.95	0.96	0.97	0.97

M0-M1的比较反映了引入13个潜变量所产生的作用,其指标$\Delta\chi^2$和$\Delta\chi^2/df$都是所有指标中最大的,说明维度因子所产生的作用是各种成分中最大的。

M1-M2、M3-M5和M4-M6的比较反映在特殊价值感层次里,同一取向的不同具体方面因素间的联系。这三对比较分别从不同的角度来反映这一作用,M1与M2的比较是从所有因素均独立的基础上来考察这一作用的,M3与M5是从特殊价值感层次中5个具体方面的两种取向间相关的基础上来考察的,而M4与M6是从特殊价值感层次中5个具体方面的两种取向以及一般价值感的两种取向间均相关的基础上来考察的。后面的比较也类似地从不同角度来反映同一作用，将不再细述它们。这三对比较的指标在所有指标中是第三大，说明特殊价值感里每一取向内的5个具体方面应该是相关的。

M1-M3、M2-M5、M3-M4、M5-M6、M1-M4和M2-M6的比较反映同一具体方面或同一层次的两种取向间的相关性。其中，M1-M3和M2-M5反映的是在特殊价值感层次每一具体方面的两种取向间的相关性，M3-M4和M5-M6反映的是在一般价值感层次两种取向间的相关性，M1-M4和M2-M6反映的是在特殊价值感与一般价值感层次中两种取向间的相关性。这些比较的指标在所有比较的指标中居第二大，这表明，同一具体方面的两种取向间相关较高，10个特殊价值感维度实际上可能只反映5个具体的自我价值感方面，只不过是从不同角度来评价而已；另外一般价值感的两种取向间也是相关的。

M6-M7和M8-M9的比较反映的是特殊自我价值感层次里不同取向不同具体方面的因素之间的相关性。这些比较的指标虽然卡方之差达到显著，但$\Delta\chi^2/df$是所有比较中最小的。这一结果说明，在10个特殊自感维度中，同一取向内的5个具体方面之间以及同一具体方面的两个取向之间存在相关，而不同具体方面的不同取向之间相关是较低的。

M6-M8和M7-M9的比较反映的是不同层次的因素间的联系。这些比较的指标也比较大，表明不同层次的因素间存在一定程度的相关，这正好反映构想中各层次的自我价值感是一个有机整体，只是各自的抽象程度不同而已。

表3　十个模型间的比较

模型	M0-M1	M1-M2	M3-M5	M4-M6	M1-M3	M2-M5	M3-M4	M5-M6	M1-M4	M2-M6	M6-M7	M8-M9	M6-M8	M7-M9
$\Delta\chi^2$	294640	13751	3611	3891	21480	11341	3070	3350	24551	14690	1359	1858	4665	5164
Δdf	56	20	20	20	5	5	1	1	6	6	20	20	32	32
$\Delta\chi^2/df$	5261	688	181	195	4296	2268	3070	3349	4092	2448	68	93	146	161
ΔBBI	–	0.04	0.01	0.01	0.06	0.03	0.01	0.01	0.07	0.04	0.01	0	0.02	0.01

一阶因素分析的结果显示，在特殊价值感的10个因素中，社会取向与个人取向各自的5个具体方面存在相关，5个具体方面的两种取向间存在相关，而不同取向不同具体方面的因素之间可能不存在相关。这表明特殊价值感层次里可能存在高阶的潜在因素，可以从中抽取出5个二阶因子以表示不同的具体自我价值感方面，还可以抽取另2个二阶因子来表示不同的评价取向。在此结果的基础上，本研究提出了如图2所示的二阶因素结构模型作为自我价值感量表的理论模型。实际上，一阶因素分析从几个角度对理论模型的一些局部进行了检验，该模型是否恰当还需从整体进行验证。

2.2 二阶验证性因素分析

2.2.1 模型基本拟合度考验

基本拟合度考验主要是评估理论模型是否有识别(identification)的问题,本研究采用Bagozzi与Yi所建议的五项标准来考验量表结构的基本拟合度:估计值的合理性(Bagozzi,Yi,1988),如方差非负,相关系数介于-1与1之间;误差变异必须达到显著水平;估计参数之间相关系数的绝对值不能大于0.95;因素负荷量应介于0.50—0.95之间;估计参数的标准误不能太大。

完全标准化结果显示,所有的误差量($\varepsilon1$—$\varepsilon40$、$\delta1$—$\delta16$、$\zeta1$—$\zeta10$)的方差介于0.12—0.56之间,中数为0.30,都达到显著水平;各ξ潜变量之间的相关介于0.27—0.67,中数为0.35,符合第一、二项检验标准。估计参数之间的相关介于−0.90—0.77之间,符合第三项标准。一阶因素负荷(56个)介于0.66—0.94之间,中数为0.83;二阶因素负荷(20个)介于0.30—0.84之间,中数为0.58,小于0.5的有9个。二阶因素负荷偏低,主要是因为在特殊价值感的10个一阶因素的基础上,从具体方面和评价取向两个角度来抽取二阶因子,从而每个一阶因子都要对两个二阶因素有所贡献,而完全标准化结果中这两个负荷的平方和及相应的误差方差之和规定为1,因此一个一阶因素的两个负荷是不可能同时都很大的。这一结果基本上符合第四项检验标准。参数的标准误介于0.01—0.02之间,并无过大的标准误,符合第五项评鉴标准。上述结果显示本研究的二阶因素结构模型不存在识别问题。

2.2.2 模型整体拟合度考验

表4是整体拟合度检验的结果。显示理论模型与观察资料拟合度的卡方检验得$\chi^2_{(1434)}$=10625,$p<0.05$,这说明理论模型与观察资料相拟合的零假设必须拒绝,即本研究所提出的理论模型与观察资料并不拟合。然而χ^2值会随着样本容量的增加而增大,一旦样本容量很大时几乎所有的模型都可能被拒绝,因此判断模型的拟合度须参照比较不受样本容量影响的拟合度指标。

表4 青少年自我价值感量表结构的整体拟合度检验结果

χ^2	d*f*	χ^2/d*f*	FGI	AGFI	NFI	NNFI	CFI	IFI	RFI
10625	1434	7.41	0.979	0.977	0.970	0.973	0.974	0.974	0.969

拟合度指数(GFI)与调整后的拟合度指数(AG-FI)同理论模型与饱和模型相比,以显示模型的拟合情况,NFI、NNFI、CFI、IFI、RFI五项是将理论模型与虚无模型比较而得到的增值拟合度指数。它们受样本容量的影响较小,0.90以上是理想的数值。本研究中这些指数都大于0.90,非常接近于1,这显示本研究所提出的理论模型与实际资料可

以拟合。因此,卡方统计量之所以达到显著水平,或许是因为样本容量比较大。

2.2.3 模型内在结构拟合度考验

模型内在结构的拟合度检验显示一个模型的内在品质(Bagozzi, Yi, 1988),主要通过各待估参数的显著性、个别项目信度、潜变量的组成信度和潜变量的平均抽取量来表示,其中后3个指标表示测量指标选择的恰当程度。

待估计的162个参数均达显著或极显著水平。个别项目信度(individual item reliability)反映测量误差的大小,数值越高表示观察变量的误差越小,数值若低于0.50即表示观察指标的测量误差过大。本研究中,一阶项目信度(56个)介于0.44—0.88,其中有5个低于0.50。二阶项目信度(10个)介于0.55—0.84。潜变量的组成信度(composite reliability)表示某一潜变量所属的测量指标全体的测量误差,0.6以上是理想的标准。潜变量的平均变异抽取量(average variance extracted)是某一潜变量对所属的测量指标所能解释的变异百分比,0.50以上是理想的标准。组成信度与平均变异抽取量列于表5,这些指标基本上达到理想标准,只有特殊价值感两取向因子的平均抽取量较低,其原因和上述的二阶因素负荷较低的原因是相同的。以上资料显示自我价值感量表的内在结构拟合度尚符合理想标准。

表5 潜变量的组成信度与平均变异抽取量

指标	SSI	SS2	SS3	SS4	SS5	SI1	SI2	SI3	SI4	SI5	GS	GI	T	SS	SI	S1	S2	S3	S4	S5
组成信度	0.91	0.85	0.93	0.92	0.91	0.91	0.63	0.97	0.90	0.93	0.91	0.93	0.95	0.66	0.67	0.73	0.69	0.73	0.72	0.65
平均抽取量	0.67	0.58	0.72	0.74	0.70	0.67	0.57	0.70	0.64	0.75	0.62	0.67	0.76	0.30	0.20	0.58	0.66	0.55	0.56	0.48

2.2.4 各潜变量间的关系

从表6可以看出,各维度间的相关在0.27—0.67之间,总体自我价值感与一般自我价值感间的相关高于它与特殊自我价值感之间的相关,一般自我价值感的两个取向间的相关较高,而一般自我价值感的两个取向分别与特殊自我价值感层次中两个取向、一般自我价值感与特殊自我价值感以及特殊自我价值感内部各个具体方面之间是中低度的相关。根据测量理论,各维度间的这些相关会为测验提供满意的信度和效度。

表6 各潜变量间的相关

	T	GS	GI	S1	S2	S3	S4	S5	SS
GS	0.479								
GI	0.481	0.667							

续表

	T	GS	GI	S1	S2	S3	S4	S5	SS
S1	0.266	0.400	0.420						
S2	0.280	0.340	0.313	0.326					
S3	0.348	0.420	0.403	0.580	0.386				
S4	0.356	0.351	0.331	0.452	0.303	0.282			
S5	0.327	0.350	0.375	0.358	0.355	0.310	0.357		
SS	–	0.300	–	–	–	–	–	–	
SI	–	–	0.350	–	–	–	–	–	–

3结论

青少年自我价值感量表从不同的抽象层次、不同的取向和不同的具体方面测量了自我价值感这一有机的整体,其理论构建是合理的,经得起检验的。

合作者:余华;原文载于《心理学报》,2002,34(5):511-516。

青少年学生自我价值感全国常模的制定

自我价值感(self-worth或self-esteem)是个人在社会生活中,认知和评价作为客体的自我(me)对社会主体(包括群体和他人)以及对作为主体的自我(Ⅰ)的正向的自我情感体验(黄希庭,杨雄,1998)。它包含多种心理成分,如认知、情感、态度、评价等多种因素,其核心是自我价值判断与体验(Rosenberg,1965;Coopersmith,1967;Campbell,1990;Brown,Dutton,1995;Fleming,Watts,1980)。我们曾提出一个自我价值感的多维度多层次模型。该模型包括总体自我价值感、一般自我价值感和特殊自我价值感三个层次。就抽象程度而言,总体自我价值感抽象程度最高;其次是一般自我价值感,包括社会取向和个人取向两种;抽象程度最低的是特殊自我价值感,具体表现为人际的、心理的、道德的、生理的和家庭的自我价值感5个具体方面,同样反映出社会取向和个人取向两种。基于此假设编制出一个我国青少年的自我价值感量表,测量结果表明,该量表结构清晰,信效度良好(黄希庭,杨雄,1998;黄希庭,余华,2002)。

我们所编制的青少年学生自我价值感量表由量表正文与答案纸两部分构成。量表正文由总体自我价值感、一般自我价值感和特殊自我价值感三个分量表共56个题项构成(特殊自我价值感又有社会和个人取向两个分量表,每个分量表均含有5个方面的量表,分别涉及人际、心理、道德、生理和家庭方面的自我价值感)。各分量表包含的题项数目为6个,10个和40个(其中,特殊自我价值感包含的10个内容量表各有题项4个)。答案纸除印有要求被试填写的基本资料项外,对应于量表正文的每个题项有"完全不符合""大部分不符合""部分符合部分不符合""大部分符合""完全符合"五个选项,要求被试在最符合自己情况的选项上打钩。本研究的目的是利用青少年学生自我价值感量表探讨中学生和大学生自我价值感的特点,在此基础上建立我国青少年学生自我价值感常模。

1 常模制定过程

1.1 被试取样

被试采用分层随机抽样获得,从全国六大区(东北、华北、华东、华南、西南、西北)各取三个城市(特大城市、大城市和一般城市)。在每个城市中选取中学和大学若干所,在各个年级取样,一般以整个班级为测试单元,在中学中注意各类中学的代表性,在大学中注意各类学校和系科的代表性。对男女被试数目应做到尽量相等,两者之比不能大于1.2∶1.0。

1.2 测试过程

实际抽样城市包括6大地区。东北地区：黑龙江哈尔滨；华北地区：北京、石家庄、济南；华东地区：苏州、上海、南京；华南地区：广东肇庆、宁德，湖南长沙；西南地区：成都、广元、重庆、昆明、贵阳；西北地区：甘肃酒泉，新疆塔城、喀什，陕西西安。常模样本分布情况见表1。

表1　被试样本分布情况（N=345715）

年级	学校								总计
	重点中学		一般中学		职业中学		其他学校		
	女	男	女	男	女	男	女	男	
初一	597	676	1168	1185	163	189	19	34	4031
初二	584	659	875	980	163	233	19	31	3544
初三	530	503	666	783	121	127	31	22	2783
高一	898	831	935	851	466	525	271	337	5114
高二	891	739	747	672	244	470	21	36	3820
高三	1398	1642	779	691	183	222	24	31	4970
总计	4898	5050	5170	5162	1340	1766	385	491	24262

大学	系科										总人数 34715
	文科		理科		工科		艺术		师范		
	男	女	男	女	男	女	男	女	男	女	
大一	654	853	714	661	344	149	131	210	183	207	4102
大二	509	866	855	748	242	108	92	95	129	184	3828
大三	201	388	213	277	125	19	25	56	81	105	1482
大四	125	195	134	161	119	31	75	119	42	40	1041
总计	1486	2302	1916	1847	830	307	323	480	434	536	10453

各地的测试均按自然班进行，并在2000年5月完成。测试前，主试根据统一的指导语讲解测试的要领，并要求被试在读懂题项后如实回答，测验不限时。测验完毕，主试汇总数据，对五种选择按1—5记分输入电脑，并通过E-mail或专函统一汇集。测验共发放问卷36500份，回收问卷35751份，问卷回收率98%。在对原始数据进行统一筛选后得到有效问卷34715份，问卷有效率97.1%。用SPSS10.0对数据进行分析。

2结果

2.1量表项目分析

各个项目与总分之间的相关分析表明，绝大部分相关系数在0.400—0.680之间($p<0.01$)，表明这些题项具有较好的区分度。

2.2量表信度检验

本量表信度检验采用同质性信度、分半信度和重测信度。检验结果，总量表的Cronbach′s α系数为0.83，分半信度为0.79，重测信度为0.89(间隔一个月重测)。各分量表的同质性信度在0.62—0.82之间，分半信度在0.63—0.79之间，重测信度在0.70—0.85之间，见表2。

表2　各分量表的同质性信度、分半信度和重测信度[a,b]

信度指标	T	GS	GI	SSI	SS2	SS3	SS4	SS5	SI1	SI2	SI3	SI4	SI5
Cronbach α系数	0.7976	0.7332	0.6680	0.6609	0.7559	0.8773	0.7587	0.8210	0.6225	0.7375	0.6180	0.7086	0.6410
Split -half	0.7559	0.7126	0.7059	0.7133	0.6495	0.7532	0.6419	0.7402	0.6532	0.6272	0.6759	0.7940	0.7010
重测信度	0.8488	0.8425	0.8405	0.7910	0.8038	0.7012	0.7973	0.8230	0.8100	0.7429	0.7904	0.8435	0.8272

a:以上相关系数均在0.01水平显著(双尾)。b:各分量表分依次是:总体自我价值感(T)，社会取向一般自我价值感(GS)，个人取向一般自我价值感(GI)，社会取向特殊人际自我价值感(SS1)，社会取向特殊心理自我价值感(SS2)，社会取向特殊道德自我价值感(SS3)，社会取向特殊生理自我价值感(SS4)，社会取向特殊家庭自我价值感(SS5)，个人取向特殊人际自我价值感(SI1)，个人取向特殊心理自我价值感(SI2)，个人取向特殊道德自我价值感(SI3)，个人取向特殊生理自我价值感(SI4)，个人取向特殊家庭自我价值感(SI5)。

2.3量表效度检验

2.3.1 内容效度

本量表的维度构建是基于文献综述和开放式调查的分析结果，经过多次实测和修改而得的，因而具有较好的内容效度。此外，从各分量表分与总量表分之间的相关也可考察量表的内容效度。表3的结果显示，除少数低于0.54外，绝大多数在0.62—0.88之间($p<0.01$)，也表明量表的内容效度较好。

表3 各分量表总分与量表总分的相关系数

	T	GS	GI	SS1	SS2	SS3	SS4	SS5	SI1	SI2	SI3	SI4	SI5	总分
T	—													
GS	0.486	—												
GI	0.762	0.372	—											
SS1	0.350	0.285	0.310	—										
SS2	0.678	0.458	0.619	0.342	—									
SS3	0.703	0.210	0.729	0.275	0.579	—								
SS4	0.287	0.056	0.300	0.325	0.243	0.304	—							
SS5	0.708	0.461	0.660	0.287	0.573	0.627	0.229	—						
SI1	0.388	0.288	0.350	0.181	0.327	0.341	0.131	0.512	—					
SI2	0.708	0.193	0.760	0.293	0.566	0.776	0.336	0.610	0.350	—				
SI3	0.563	0.182	0.578	0.155	0.439	0.617	0.182	0.483	0.268	0.623	—			
SI4	0.658	0.349	0.657	0.290	0.531	0.599	0.467	0.582	0.335	0.623	0.467	—		
SI5	0.588	0.410	0.500	0.225	0.497	0.599	0.163	0.587	0.301	0.497	0.417	0.493	—	
总分	0.888	0.529	0.859	0.449	0.755	0.815	0.423	0.816	0.522	0.821	0.666	0.780	0.690	—

2.3.2 结构效度

探索性因素分析(黄希庭,杨雄,1998)的结果可用来说明青少年学生自我价值感量表的良好构念效度。另外,根据测量理论(魏忠恒,1987),各分量表与总量表分的相关超过各分量表之间的相关可以提供良好构念效度的证据。而在本次大规模测试中,表3的相关分析结果表明,除极个别相关系数在0.60以上外,绝大部分在0.13—0.60之间,均低于分量表与总量表的相关系数。

说明量表构念效度的最有力证据是验证性因素分析的结果。我们前一项的研究表明(黄希庭,余华,2002),本量表具有较好的构念效度,量表各维度的设置及它们之间多维度、多层次的相互关系是合理的。鉴于此,我们利用本次测试的结果着手建立常模。

2.4 常模建立

首先以性别和年级为自变量,各分量表分为因变量进行多元方差分析(MANOVA)(见表4)。结果表明,在GS、GI、SS3、SS4、SI1、SI3、SI4、SI5分量表上性别差异显著,年级差异在所有分量表上显著,除SS1外,年级和性别的交互作用均显著。进一步的多重比较和简单效应检验表明：大多数维度上均表现出图1所示的变化趋势：中学阶段在高三以前，自我价值感水平稳步微弱上升，性别差异也不显著，但到了高三，自我价值感急剧下降，也出现了性别差异，女生的自我价值感水平较低；到大学阶段，自我价值感水平回升，从大二到大三快速上升至顶点，在毕业年级又有所回落，此时又出现了男女之间的差异。女生自我价值感水平到大学时普遍超过男生。

表4 性别、年级在自我价值感上的多元方差分析表(MANOVA)

因变量＼变异源	性别				年级				性别×年级			
	平方和	自由度	*F*	Sig.	平方和	自由度	*F*	Sig.	平方和	自由度	*F*	Sig.
T	35.96	1	1.46	0.226	77271.89	9	349.66	0.00	1638.51	9	7.41	0.000
GS	100.82	1	6.44	0.011	11237.86	9	79.75	0.00	1062.02	9	7.54	0.000
GI	63.24	1	4.02	0.045	60261.04	9	425.90	0.00	784.42	9	5.54	0.000
SS1	2.30	1	0.34	0.562	3694.70	9	60.15	0.00	35.48	9	0.58	0.817
SS2	19.77	1	2.28	0.131	20376.75	9	260.80	0.00	376.42	9	4.82	0.000
SS3	1563.51	1	97.10	0.000	58163.04	9	401.34	0.00	1636.20	9	11.29	0.000
SS4	126.65	1	13.77	0.000	1591.55	9	19.23	0.00	208.31	9	2.52	0.007
SS5	4.79	1	0.37	0.541	37888.07	9	327.92	0.00	880.94	9	7.62	0.000
SI1	167.51	1	16.51	0.000	43466.54	9	476.04	0.00	622.17	9	6.81	0.000
SI2	37.77	1	2.60	0.107	50726.64	9	387.51	0.00	568.16	9	4.34	0.000
SI3	64.70	1	6.12	0.013	25798.47	9	271.23	0.00	462.10	9	4.86	0.000
SI4	111.16	1	9.28	0.002	24170.58	9	224.30	0.00	377.09	9	3.50	0.000
SI5	49.87	1	4.96	0.026	22457.52	9	248.34	0.00	696.24	9	7.70	0.000

考虑到性别和年级的交互作用显著以及在各年级中被试的数量分布不均，表5和表6分别给出了男女青少年学生自我价值感各分量表的年级常模。

表5 男性青少年学生自我价值感年级常模(*N*=16782)

年级	统计量	T	GS	GI	SS1	SS2	SS3	SS4	SS5	SI1	SI2	SI3	SI4	SI5
初一	M	18.3	13.6	16.7	11.3	12.7	13.5	11.7	11.5	10.5	14.0	13.2	12.5	12.3
	SD	4.4	3.8	3.8	2.9	2.9	3.5	3.1	3.1	3.1	3.6	3.0	3.4	2.9
初二	M	19.2	14.0	16.7	11.5	12.5	13.6	12.0	11.5	10.5	14.0	13.5	12.6	12.3
	SD	4.4	4.1	3.8	2.7	2.9	3.5	3.3	3.2	3.0	3.5	3.0	3.4	3.1

续表

年级	统计量	T	GS	GI	SS1	SS2	SS3	SS4	SS5	SI1	SI2	SI3	SI4	SI5
初三	M	19.6	13.6	16.9	11.5	12.7	14.0	12.2	11.5	10.6	14.4	14.0	13.0	12.3
	SD	4.7	4.1	3.8	2.7	2.9	3.5	3.2	3.2	3.1	3.4	3.0	3.5	3.1
高一	M	19.9	14.0	16.9	11.7	12.7	14.2	12.2	11.6	10.5	1.4	14.1	12.9	12.2
	SD	4.4	4.0	3.5	2.5	2.7	3.3	3.2	3.0	2.8	3.3	3.0	3.3	2.9
高二	M	19.8	13.8	16.7	11.6	12.7	14.3	12.2	11.4	10.3	14.3	14.0	12.8	12.2
	SD	4.5	4.0	3.5	2.5	2.8	3.3	3.2	2.9	2.7	3.4	2.9	3.3	2.9
高三	M	16.3	12.5	13.8	10.9	10.9	11.4	11.6	9.6	9.5	11.5	12.0	10.7	10.6
	SD	6.0	3.9	4.6	2.8	3.5	4.4	3.1	3.6	2.9	4.5	3.5	3.8	3.3
大一	M	16.7	13.2	14.2	11.7	11.1	12.0	11.9	11.2	11.9	12.0	12.2	11.2	10.8
	SD	5.2	3.4	4.0	2.5	3.0	4.3	3.0	4.4	3.9	4.3	3.5	3.5	3.1
大二	M	16.9	13.4	14.5	11.8	11.2	12.1	11.7	11.4	11.8	12.0	12.3	11.4	10.9
	SD	5.5	3.6	4.3	2.5	3.0	4.4	3.1	4.5	3.8	4.4	3.7	3.7	3.3
大三	M	19.8	14.3	16.4	12.3	12.6	14.6	12.7	14.0	13.6	14.3	14.0	13.0	12.3
	SD	4.7	3.7	3.6	2.5	2.8	3.6	3.2	3.6	3.4	3.6	3.2	3.4	2.9
大四	M	19.2	14.1	16.2	11.9	12.4	14.2	12.4	13.3	13.2	13.9	13.5	12.4	12.0
	SD	5.1	3.6	4.2	2.7	2.9	4.2	3.1	3.7	3.8	4.2	3.5	3.6	3.1
总计	M	18.3	13.5	15.8	11.6	12.0	13.2	12.0	11.3	10.9	13.3	13.2	12.1	11.7
	SD	5.2	3.9	4.1	2.7	3.1	4.0	3.2	3.7	3.4	4.0	3.3	3.6	3.2

表6　女性青少年学生自我价值感年级常模（N=17933）

年级	统计量	T	GS	GI	SS1	SS2	SS3	SS4	SS5	SI1	SI2	SI3	SI4	SI5
初一	M	18.1	12.9	16.6	11.3	12.2	14.2	11.8	11.2	10.0	14.1	12.2	12.2	12.2
	SD	4.6	4.1	3.9	2.7	2.9	3.9	3.0	3.1	3.1	3.7	3.1	3.3	3.0
初二	M	18.9	13.6	16.8	11.5	12.5	14.4	12.0	11.4	10.3	14.0	13.5	12.5	12.3
	SD	4.8	4.3	3.9	2.8	2.9	3.8	3.0	3.3	3.0	3.6	3.0	3.4	3.1
初三	M	19.6	14.0	17.0	11.7	12.8	14.8	11.9	11.5	10.5	14.2	14.0	12.8	12.5
	SD	4.7	4.5	3.9	2.7	2.8	3.7	2.9	3.3	3.3	3.6	3.0	3.5	3.2
高一	M	19.9	13.5	17.0	11.7	12.7	15.1	11.9	11.2	10.0	14.2	14.2	12.5	12.5
	SD	4.4	4.1	3.6	2.5	2.7	3.6	3.0	3.0	2.7	3.3	3.0	3.0	3.0
高二	M	19.6	13.6	16.7	11.6	12.8	14.9	11.9	11.2	9.9	14.0	14.0	12.5	12.3
	SD	4.4	4.1	3.5	2.4	2.7	3.6	3.0	3.1	2.8	3.3	3.0	3.2	3.0

续表

年级	统计量	T	GS	GI	SS1	SS2	SS3	SS4	SS5	SI1	SI2	SI3	SI4	SI5
高三	M	15.2	12.0	13.3	10.9	10.6	11.0	11.5	8.9	9.0	10.9	11.6	10.3	10.1
	SD	5.8	3.9	4.6	2.7	3.4	4.9	2.9	3.6	2.8	4.3	3.6	3.7	3.6
大一	M	16.7	13.0	14.3	11.6	11.3	12.0	11.8	11.2	11.9	11.9	12.3	11.1	10.7
	SD	5.2	3.6	4.2	2.5	3.0	4.8	2.8	4.5	4.0	4.2	3.6	3.5	3.4
大二	M	17.4	13.6	14.9	11.8	11.6	12.6	11.8	11.7	12.1	12.4	12.7	11.5	11.2
	SD	5.4	4.0	4.3	2.5	3.0	4.7	2.8	4.7	3.7	4.0	3.7	3.6	3.6
大三	M	20.1	14.6	17.0	12.3	12.6	15.2	12.3	14.5	13.6	14.4	14.4	13.0	12.6
	SD	4.4	3.9	3.5	2.3	2.8	3.6	2.8	3.6	3.0	3.5	3.0	3.2	3.1
大四	M	19.8	14.7	16.6	11.9	12.8	14.6	12.3	13.6	13.4	13.8	13.8	12.8	12.6
	SD	5.3	3.8	4.1	2.6	3.1	4.1	3.0	4.0	3.5	3.8	3.5	3.8	3.4
总计	M	18.1	13.3	15.8	11.5	12.0	13.6	11.9	11.2	10.6	13.2	13.2	11.9	11.7
	SD	5.2	4.1	4.2	2.6	3.0	4.4	2.9	3.8	3.4	4.0	3.4	3.5	3.4

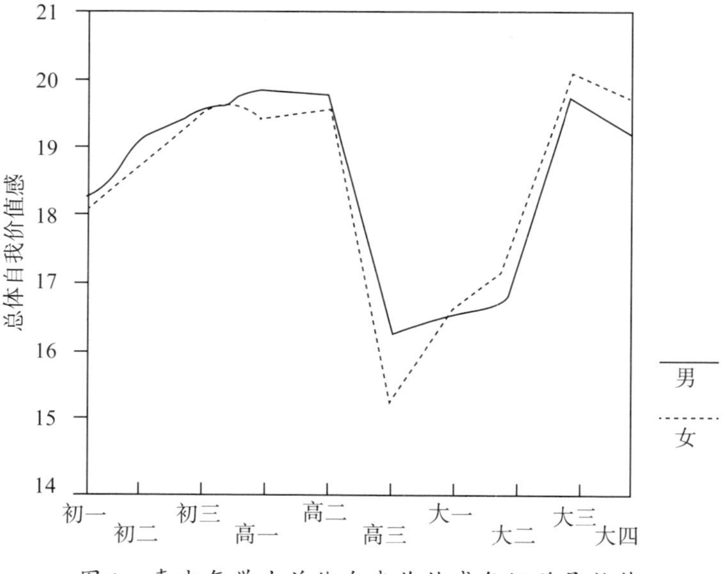

图1　青少年学生总体自我价值感年级差异趋势

3量表的标准化

首先对量表得分正态化，将个体在3个分量表及10个内容量表上的原始得分制成次数分布表，根据得分的全距适当分组（3个分量表组距3，10个内容量表组距2），求各分组中点以下累加频率作为概率值查出对应的Z分数。然后将此标准分数转换成常模等级分，及按"小于-2σ"、"-2σ—$-\sigma$"、"$-\sigma$—σ"、"σ—2σ"、"大于2σ"（即Z分数"小于-2"、"-2—-1"、"-1—1"、"1—2"、"大于2"）的分组规则将各分量表原始得分的标准分转换为1—5的等级分。

4结论及讨论

4.1关于常模

本研究基于从全国6个大区进行团体取样而得到34715人的青少年学生样本，经过对所用的青少年学生自我价值感量表的信效度检验，并依据多元方差分析的结果，制定出我国青少年学生自我价值感量表的年级和性别常模。进一步，将3个分量表及10个内容量表的原始分数转换成常模等级分（见手册）。

4.2青少年学生自我价值感的年级和性别差异

在GS、GI、SS3、SS4、SI1、SI3、SI4、SI5分量表上，男女学生的自我价值感水平存在显著差异，年级差异在所有分量表上显著，除SS1外，年级和性别的交互作用均显著。进一步分析表明：从中学到大学，青少年的自我价值感水平虽然有一定发展，但在两个阶段出现剧烈的波动，即在高三急剧下降而在大三快速回升，其中，人际自我价值感（社会、个人取向）和生理自我价值感（社会取向）和家庭自我价值感（社会取向）在大三时达到最高水平，而其他维度早在高二时就已经达到最高水平，因而年级的整体变化趋势呈现"V"字形。这种情况可能反映了中学生特别是毕业班中学生心理压力之巨大，而自我价值感水平在大三急剧上升的原因则可能是大学生已经摆脱了升学压力，在大学经过前两年的适应和调整，各方面趋向成熟，同时还没有面临就业、升学等新的压力，对自我价值的认同也自然较高。

男女学生的自我价值感在不同年级的差异情况又不尽相同。在中学阶段，男生在GS、SS4、SI1和SI4上的得分显著高于女生，在SS3上则相反，这个结论与我们前一项研究结果是一致的（黄希庭，杨雄，1999）；而在大学阶段，男生在GS、GI、SS3、SI3和SI5上水平均低于女生，只有在SS4上得分高于女生。因此男生的自我价值感水平在中学阶段要好于女生，而到了大学则刚好相反，这和以前的研究存在差异（黄希庭，杨雄，1999；Feingold，1994）。这种变化可能在很大程度上也反映了升学对青少年学生自我价值感的影响，在中学阶段由于各种原因（比如男生比较注重彼此的交流，反映在个体人际价值感上的优势）男生往往表现出学习上的优势，而女生则背负着更大的社会压力；在大学阶段女生的优势则典型地反映了近来比较普遍的"阴盛阳衰"现象。有研究表明（黄希庭,杨雄,1999),社会取向的自我价值感从初一到大四呈不断下降的趋势,这个结论似有进一步调查研究的必要。虽然随着社会化的进程和个体自我意识的发展,个体意识到的理想我与现实我的差距可能越趋明显,但是随着学生经历高考升入大学,并有更多的机会参与社会实践活动,也为自我价值感的回归与进一步发展提供了契机,因此自我价值感表现为"V"字形的波动发展可能较合理。但是,本研究采用的仍然是横断法,故年级差异是不同年级的青少年学生之间的差异,还是青少年学生随年级升高发生的变化尚需进一步研究。

各个年级上的性别差异也不一样,以总体自我价值感来说,在许多年级的性别差异并不显著,而恰恰是在变化剧烈的高三和大三,才表现出显著的性别差异(见图1):在高三女生自我价值感下降较多,而到了大三其自我价值感"反弹"的也较多。这也可能表明女生受升学压力等外界因素的影响较大。

合作者:凤四海、王卫红;原文载于《心理科学》,2003,26(2):194-198。

价值观的神经机制:另一种研究视角

1引言

价值观是哲学、伦理学、社会学、人类学、政治学、经济学、教育学及心理学等学科共同感兴趣的课题。这些学科立足各自的领域,以不同视角对价值观理论和价值观实践问题进行了探索。通常被认为是关于最一般对象的最普遍智慧的哲学着重探究价值范畴和价值判断观念体系的实质;以人类社会道德规范为研究对象的伦理学着重探究价值观的评价、规范和导向作用;试图系统、全面、深刻地把握纷繁社会现象和揭示社会发展规律的社会学探究社会结构、社会变迁与价值观的交互作用;人类学,尤其是文化人类学,关注人类价值观所蕴含的文化特征;旨在探究社会生活中政治发展动因的政治学对价值观的政治功能和社会影响给予了高度重视;作为研究社会经济联系的科学,经济学将价值观视作决定人类经济行为的深层原因;以培养社会人为目标的教育学着眼价值观形成与改变的个体社会化过程实施价值观的教育干预;心理学则主要关注价值观的心理结构、过程、功能以及测量(谭咏梅,王山,2008;杨宜音,1998)。在心理学领域,研究者们基本认同“价值观是一种有关何为‘值得的’,外显或内隐的看法,是个体或群体的特征,影响人们对行为方式、手段和目标的选择”(Kluckhohn,1951)。20世纪30年代Allport和Vernon编制“价值观研究”量表进行开创性研究,1950年代Kluckhohn从操作层面对价值观纷繁的定义进行整合,1970年代Rokeach区分了终极价值观和工具性价值观,从维度而非内容上对价值观进行分析、测量,1980年代以来Schwartz从需要和动机出发,试图构建具有文化普适性的价值观心理结构模型(金盛华,辛志勇,2003)。迄今,研究者已用问卷法、投射法、文献分析等对多类被试进行了大量行为研究(黄希庭,郑涌,2005)。近年,社会认知神经科学兴起,成功解决了众多心理和行为问题,有研究者开始尝试以认知和神经生物视角对价值观这一社会化过程的核心构念进行审视,对诸如“价值观从何而来”“价值观如何存在”“价值观怎样加工”此类在日常生活和学术探究中困扰人们的问题进行一定解答。目前这类研究虽仅是零星散见,但它们确为理解价值观提供了又一种途径。

2价值观的神经生物起源

价值观的建构通常被认为是一个因人类智力的特别发展而造就的历史过程,社会互动和文化历史在其间起着至关重要的作用,但有学者认为价值观还有其生物性前提,并受其限制、由其指引(Damasio,2005)。从神经生物视角看来,这些生物前提是价值观形成的基石,它们的存在为价值观的神经机制探讨提供基础,在对相关研究进行梳理之前,有必要先对其进行简要回顾。

蕴含价值观原型的内稳态机制。所有生命形式都有维持自身内在平衡的生命调节系统——内稳态,它有明显的偏好:避免导致疾病、死亡的状态,寻求维持生存的最优状态(Damasio,2005),价值观就在这种偏好的表达过程中得到体现。人类对行为好坏、客体美丑的定义通常与内稳态调节的范围及有效性相一致。在价值观形成之初,"好的行为"造就个体、群体或种族的健康幸福,"坏的行为"则导致不适、疾病或死亡;"美的事物"促成内稳态有效调节,或与之相关,"丑的事物"则造成内稳态调节的高能耗、不及时和不协调,或与之相关(Changeux,2005;Damasio,2005)。当然,内稳态这种偏好仅是最基础水平上的自发选择,基于价值观的审美和道德等体验远不只是阈下知觉,但它在一定程度上表明了价值观的起源和支撑。

体现价值观的生物反应固有模式——社会情绪。情绪,尤其是稳定的社会情绪类型反映了丰富的以道德或审美观念等形式表现的价值观:同情与宽恕、仁慈及服从紧密联系;厌恶、愤怒及蔑视则与对他人违规的觉察及处罚违规者的倾向密不可分;害羞和内疚反映了对失信于己的觉知和惩罚自我的倾向;感激和崇敬则体现了对高尚或美好行为的认同以及奖赏行为者的愿望(Haidt,2003;Zahn,de Oliveira-Souza,Bramati,Garrido,Moll,2009)。个体看到某人遭遇苦难或遵从/违背社会规范而得到适宜的情绪刺激;随后评估该刺激并触动社会情绪,产生相应情感;然后在社会情感的基础上道德或审美直觉产生;随时间推移这种直觉因被文化微调(culturally fine-tuned)而得到强化、削弱或抑制;最后再以社会传统、道德原则、审美标准等形式编码和传承(Damasio,2005),如此,社会情绪与价值观得以衔接。

当前研究发现了部分稳定的情绪反应的神经实体证据,如触发社会情绪的腹内侧前额叶(ventromedial prefrontal cortex,VMPFC)、杏仁核(amygdala)及前脑岛(anterior insula),体验情感所需的臂旁核(parabrachial necleus)等皮层下核和躯体感觉皮层(somatosensory cortices)以及指导社会情绪脚本激活的前额叶(prefrontal cortex)的背外侧与端点部分(Adolphs et al.,2005;Rudrauf,2005)。价值观本质上可看作认知和情绪成分的组合(Zahn et al.,2009),就此意义而言,上述发现可视为价值观神经机制分析的逻辑前提。

3价值观的神经机制研究

从社会情绪过程的多步骤和多部件性预见，价值观的调度可能是众多大脑结构协同活动的结果；而作为一种心理倾向系统，价值观本身也具有多维度和多层次性（黄希庭，1990）；下文拟从构成内容、目标取向、结构维度、加工过程等方面对价值观神经机制的研究结果进行多角度的归纳分析，并对相关跨文化研究进行简述。

3.1子价值观的神经机制研究

就内容而言，价值观可分为道德价值观、审美价值观、社会价值观等多个子型。从具体的价值观出发探寻其神经机制，是当前价值观神经机制研究途径之一。

Lewis，Kanai，Bates和Rees（2012）认为，既然道德情感体现的是对社会生活的逐步适应，那么个体道德价值观的差异就可能体现于大脑结构的区域差异上；他们检验了道德价值观的两个主要维度——个体化（individualized）（关于伤害/关心及公平的价值观）和约束性（bounding）（对权威、内群体忠诚、纯洁性和神圣性的维护）与大脑局部灰质体积的关系，发现“个体化”与背内侧前额叶（dorsal medial prefrontal cortex，DMPFC）左侧的体积呈正相关，与双侧楔前叶（precuneus）体积呈负相关；“约束性”与双边胼回（subcallosal gyrus）呈显著正相关，与左前脑岛（left anterior insula）的体积也有正相关趋势。这些发现意味着道德价值观与个体大脑结构间联系的存在，也暗示了道德价值观分布于各脑区的生物学基础。

Kirk，Skov，Hulme，Christensen和Zeki（2009）则用fMRI为审美价值观作用过程中的审美价值判断与语义情景的关系寻找证据。他们将同一图片库的图片随机标示为“来自画廊”或“由电脑生成”，然后要求被试评价各图。结果显示，被试对“来自画廊”的图画的评价显著高于“由电脑生成”的；在操纵这种语义环境的作用下，赋予图画的享乐属性与眶额叶皮层（orbitofrontal cortex，OFC）内侧及前额叶皮层腹内侧的活动相联系，而对相关艺术和文化信息的回忆则与颞极（temporal pole）和双侧内嗅皮层（entorhinal cortex）的激活有关。Kirk等的研究显示，有关图画来源所能提供审美价值的经验可显著影响被试审美判断时前额叶和眶额叶皮层的活动。

Zahn等（2009）对社会价值观的神经基础进行了研究。他们让被试想象自己对他人做的（自我主体）以及他人对自己做的（他人主体），符合和违背某种社会价值观的行为；前者与自豪和内疚相关，后者与感激和愤怒相关。研究发现，各实验条件中前颞叶（anterior temporal lobe，aTL）上部都随概念的细化而激活；腹内侧前额叶前部（anterior VMPFC）的活动与自豪和内疚相联系，亚属扣带（subgenual cingulate）单独和内疚相联系；愤怒激活的则是眶额叶外侧岛(lateral orbitofrontal insular cortices),自豪和感激还额外诱发了中脑缘(mesolimbic)和基底前脑(basal forebrain)的活动。稳定而抽象的社会观念通常就是定位于前颞叶上部,赖于情景的道德情感则在前脑 - 中脑边缘区域编码。Zahn等的发现为社会价值观由系列社会观念和基于情景的道德情感组成这一观点提供了神经水平的证据,为不同文化间的社会价值观意义的交流奠定了理论基础,并避免了情绪解释的多样性的限制。

3.2 价值取向的神经机制研究

以目标取向为基础,价值观常分为社会取向和自我(个人)取向的价值观;比较不同取向价值观个体在各任务中神经活动的差异是价值观神经机制研究的又一种方式。

在Haruno和Frith(2010)的实验中,他们首先让随机配对的被试分别在三类(总和最大、自我收益最大和差异最大)金钱分配方案中选择(共8次),再据其选择(选同类方案至少6次)将其分类(社会、自我和竞争性);社会和自我取向的两组被试进入随后实验,向其呈现奖赏方案并评价对各方案的满意程度,同时记录fMRI数据;回归分析结果显示,仅社会价值取向被试对分配方案的满意程度可以由方案中分配差值(自己与他人)显著预测,fMRI数据分析则发现社会价值取向者对不公平的厌恶程度可以从杏仁核的激活情况上得到预测,且不受认知的影响。这一结果提示个体价值取向上的差异可以体现于对资源分配不公的态度上,杏仁核的自动情绪处理功能可能在社会价值取向作用过程中处于核心地位。

Caspers等(2011)以词对迫选范式呈现抽象价值观的方式,分析了不同价值观取向的个体在冲突情景中决策的神经活动。他们发现社会取向的个体运用“权衡”策略,其间活跃脑区包括喙下(rostral inferior)、顶区(intraparietal)、扣带中部(midcingulate)和额部(frontal)皮层;个人价值取向的个体则运用“对抗”策略,主要涉及左侧杏仁核。让被试拒绝与其优势价值偏好一致的选择而产生价值观冲突时,会产生与面临现实道德困境类似的脑区活动模式——扣带中部和背外侧前额叶(dorsolateral prefrontal cortex, DLPFC)激活。这显示价值观这种上位概念可独立于现实情景而影响决策过程中的策略选择和神经机制,也提示了基于普遍神经规律而进行的一般决策方式。

Emonds, Declerck, Boone, Vandervliet和Parizel(2011)则通过比较不同价值取向的个体在社会困境中决策的神经活动,研究了合作的内部和外部动机间的神经联系。他们让被试躺在扫描仪中,与匿名搭档玩囚徒困境游戏(弱合作刺激)或协作游戏(强合作刺激)。存在外在诱因时,自我价值取向的个体将行为调整得更具合作性,社会价值取向的个体的决策则不受游戏情境的影响。外因诱发的亲自我决策是一种久经思考、依情境而定的策略，其间背外侧前额叶，颞上沟（superior temporal sulcus，STS）后部以及楔前叶（precuneus）逐步激活；内因诱发的亲社会决策体现的则是对规范、常规道德判断以及社会意识的遵从，眶额叶侧面（lateral OFC）、颞上沟前部（anterior STS）以及顶叶下部（inferior parietal lobule）逐步被激活。上述研究显示，面对不确定情境，不同社会价值取向的个体在社会交易时的神经活动存在差异，这或可为基于价值观的社会关系与决策方式分析提供理论支持。

3.3价值观结构维度的神经机制研究

Rokeach（1973）将价值观按维度区分为终极性和工具性两类，分别涉及自由、幸福等18种生活目标和勇敢、自我控制等18种行为方式。当前一些研究正致力于为这些行为方式寻找神经生理上的根源和证据：如Nili，Goldberg，Weizman和Dudai（2010）研究了在需要即刻反应的真实恐怖情境中大脑对勇敢的编码方式，发现被试打算克服恐惧（勇敢反应）时，亚属前扣带皮层（subgenual anterior cingulate cortex，sgACC）的活动与恐惧水平呈正相关，随着恐惧水平的上升，杏仁核等颞叶相关结构的活动则减弱；Seitz，Franzb和Azari（2009）的文献回顾发现前额叶内侧脑区对于自我控制的重要作用：该区域包含负责自我相关的内隐归因的皮质中继节点（cortical relay nodes），有助于自我中心的价值判断；Telzer，Masten，Berkman，Lieberman和Fuligni（2011）则从神经活动的角度分析了自我控制与责任偏好的联系以及对亲人间亲社会行为的影响。

Schwartz在其价值观结构环状模型中提出，人类价值观结构是普遍的，但价值的相对优先级却存在个人和文化差异（Schwartz，2009）；Brosch，Coppin，Scherer，Schwartz和Sande（2011）使用捐赠任务和GO/NOGO任务检验了价值观基本维度（自我兴趣/对变化的开放性）上的个体差异在神经活动中的反映情况。结果发现高自我兴趣的个体慈善捐款更少，获得金钱奖赏时腹侧纹状体（ventral striatum）激活程度更高；在试图抑制习惯性优势反应时，对变化更开放的被试其背侧纹状体（dorsal striatum）灵敏性更强；个体对情景性奖赏神经敏感性的差异提示了价值观的层级及处于决策和行为之下的价值效应上的差异。该研究对"为何有些事情对一些人比另一些人重要"这一问题从神经生理和心理学视角进行了联合解答。

此外还有对神圣（保护）价值观的研究。神圣价值观包括基本宗教信念、道德规范以及有关国家与种族认同的核心观念等（Berns，Prietula，Lemieux，2012）。个体通常拒绝以其他价值对象（尤其是经济或物质激励）与之替换，这涉及价值优先级问题，故将其纳入价值观结构框架下阐述。Berns等（2012）以正直（integrity）作为神圣价值观的代表，付给被试现金以诱使其出卖自己的价值观的方式，对有关神圣价值观心理表征和加工方式的两种理论——道义论和功利论进行了检验(前者认为神圣价值观不考虑结果直接处理是非问题,后者认为神圣价值观基于潜在结果的成本和收益而加工)。结果显示,被试拒绝出卖的价值观与左颞顶联合区(left temporo-parietal junction)及腹外侧前额叶皮层的活跃相关,该区域主要参与语义规则检索,这意味着神圣价值观可能是通过检索和加工道义规则而非对成本-收益进行功利性评估来影响行为。神圣价值观的存在及其表征方式的脑神经活动研究结果,对于旨在维护社会和谐及世界和平,避免文化和种族冲突的政策制定者是一个重要启示。

3.4 价值观加工的神经机制研究

作为一种影响选择的建构,价值观还表现为一种动态的加工过程(Rokeach,1973);价值评价作为该过程的中心环节,其神经机制得到了相对较多的研究。

一般和特殊相结合的编码方式。为了兼顾决策的准确性和有效性,大脑对对象的价值编码似乎需以普遍和特定价值评价网络相结合为基础,Peters和Büchel(2009)的研究验证了这一假设,他们先检测了被试对即时奖赏和延迟或概率奖赏的行为反应,然后让被试完成fMRI任务:扫描时让被试在即刻获得20马克和更多的(20.5—80马克)延迟奖赏或概率奖赏间选择;结果显示眶额叶皮层和腹侧纹状体对各类奖赏都进行了价值编码,额极(fronto-polar)、后顶叶皮层(lateral parietal cortex)及后扣带回(posterior cingulate cortex)只与延迟奖赏相联系,而顶叶皮层上部(superior parietal cortex)以及枕叶中部(middle occipital areas)只表征概率性奖赏的价值。

不同类型的奖赏,交叠的神经活动区域。在Izuma,Saito和Sadato(2008)对金钱奖赏和社会性奖赏的神经表征的研究中,被试在第一天扫描时进行赌博游戏获得金钱奖励,第二天扫描时则得到社会声誉相关的反馈(观察者对被试的积极人格评价);两次扫描都发现被试左侧纹状体的同一区域激活,这表明金钱和社会性奖励在纹状体以同样的方式表征;内侧前额叶在社会性奖赏时表现出更高的活跃水平。Lin,Adolphs和Rangel(2012)对决策中奖赏的价值分配、效用计算和价值更新过程的神经活动研究得到类似但更细化的结论。他们采用被试内区组设计,让被试完成提示-学习任务,被试需根据提示(与获奖概率相关的图标)做出选择并分别获得金钱(区组1)和社会性(区组2)奖赏;结果发现,上述过程中两类奖赏诱发的神经区域活动类似:价值分配和效用计算时均激活腹内侧前额叶的不同亚区,预测错误并更新价值时则均与腹侧纹状体相关。

这些研究表明内侧前额叶和纹状体可能在对象的价值评价中起重要作用,Levy和Glimcher(2012)对新近发表的13项fMRI研究元分析的结果也与之相符:眶额叶皮层存在一小群以共同的神经尺度编码不同奖赏主观价值的特殊大脑节点。价值评价涉及日常决策的核心过程，相关神经机制研究为标准经济理论提供了神经生物证据支持，为深刻理解病态选择行为（成瘾、肥胖和赌博）的增加了可能，也为系统分析价值观的神经机制奠定了基础。

3.5 价值观的文化神经科学研究

文化神经科学则从社会文化层面研究了价值观与大脑活动模式及基因表达方式间的联系。

不同的价值观可能使具不同文化背景被试在特定任务中产生相反的神经活动模式。美国价值观所看重支配行为，日本价值观则认同服从行为（Hanetal.，2013）。Freeman，Rule，Adams和Ambady（2009）让美国和日本被试观察与支配和顺从相关姿势并对其进行fMRI扫描。结果显示，两组被试其双侧尾状核（caudate nucleus）和内侧前额叶的神经活动呈现出完全相反的调节模式：美国被试知觉支配性刺激时比顺从性刺激时更活跃，日本被试则相反。为了保持与支配或服从的价值观一致，大脑可能以不同甚至相反的方式调节中脑缘奖赏系统的活动。其他价值观与奖赏系统活动模式是否也有类似的关联值得思考。

价值观可能在群体文化和大脑活动模式间起中介作用。Lewis等（2012）用Oddball范式的亚型记录了欧裔和东亚裔美国人的ERPs并测量其自我构念（集体/个人主义）。他们发现欧裔美国人对靶刺激反应的P3成分振幅更大，东亚裔美国人对非靶偏差刺激反应的P3成分振幅更大（新异P3）；文化变量可以预测自我构念和新异P3的振幅，但将共生自我构念（集体主义价值观）作为中介变量之后文化在新异P3上的效应会显著降低（Liew，Ma，Han，Aziz-Zadeh，2011）。

此外，价值观也能调节个体对自我或亲近他人的神经表征，如Chiao（2009）对亚裔美国人进行个人主义或集体主义价值观启动研究发现，相对于情景性自我判断，在一般自我判断时启动个人主义价值观增加了腹内侧前额叶和后扣带皮层的激活，启动集体主义价值观则导致相反的模式。价值观上的文化差异还与人群中某些神经递质相关基因型的等位基因频率相关。μ-阿片受体基因（μ-opioid receptor gene）A118G多态性基因型被认为具有社会敏感性，集体主义更可能存在和发展于具有高比例该类基因型的人群（Way，Lieberman，2010）。Chiao和Blizinsky（2010）通过比较29个国家被试发现，高集体主义的文化群体往往包含了更高比例的5-羟色胺转运体基因启动子区功能多态性（5-HTTLPR）的短等位基因携带者。

4 小结与展望

整合现有研究结果可以看出,价值观的神经机制并不是以一个中心或系统相对应于某种或整体价值观,由于研究的侧重点各有不同,在细化的脑区定位方面也存在差异,神经的可塑性则可能对价值观的形成和文化特征方面有所启示。大体而言,价值观活动相关脑区可能是额叶 - 顶叶 - 颞叶神经网络带,既包含大脑皮层的前额叶、顶叶下部、颞叶侧部,也涉及边缘系统的杏仁核、扣带回、脑岛,基底核中的纹状体等也有参与。其中前额叶,颞叶侧部、杏仁核及纹状体活动较为集中,这与其已知功能基本一致:前额叶组织和协调认知、思维乃至大脑整体信息;其腹内侧是触发支撑价值观的社会情绪的必要区域,眶额叶主要负责情绪状态的解释和控制,其背外侧在工作记忆、注意和执行功能等高级认知功能中起重要作用,对于价值观的认知成分必不可少。颞极与记忆提取相关,它可能参与了价值标准的提取以及价值判断脚本的激活;颞上沟后部对行为、意图的识别至关重要,为价值观的信息加工提供基础。杏仁核负责与外界信息相适应的情绪的产生、传送、学习和记忆,可能是价值观情感成分作用的神经实体支撑。纹状体在情境解释中扮演重要角色,对价值观基本维度上的个体差异反应灵敏。

虽然前述研究为探析价值观的神经机制做出了各自的努力,对价值观的神经机制似乎也有所窥见,但整体而言这些研究仍是零散而不充分的。现有研究或针对某种子价值观的神经机制分析,或笼统比较不同价值取向的个体或群体神经活动的差异,或就某一环节(价值评价)从认知神经过程单独审视;尚未见有研究较全面解析价值观结构的神经表征方式,也未见研究较系统的分析价值观的神经作用机理,更没有一个理论来统合现有研究。将来这一领域的研究可能会沿着静态的价值观结构和动态的价值观过程两个方向进行探索。

静态研究可能以价值观结构心理表征的神经基础为焦点。作为"选择和判断的标准"的价值观以类图式的静态认知结构的形式存在,如Schwartz构建的人类价值观结构心理表征图式。可以设想价值观的神经表征或许也存在一个类似的结构,当然这种相似并不一定是拓扑学上的一致,也可以是神经活动强弱上的对应关系,如在结构模型中相邻的价值观其神经活动模式相似,而相对的价值观其活动模式则相反。金盛华、郑建君和辛志勇(2009)结合我国文化传统价值建立了中国人价值观结构模型,该模型在基本维度上与Schwartz的模型相似,而具体价值领域上则出现了"家庭本位"这类颇具中国特色的元素。两种价值观模型的异同在神经表征方式上如何体现?中国人具有在富贵-道德是相容还是冲突间徘徊的目标价值观(文崇一,1993),这种特有的道德-富贵二分模式在个体的神经活动中怎样反映?这些都值得思考。当前价值观神经机制研究多是关注任务态的神经活动，若采用静息态研究，如默认网络等与价值观相关的功能网络分析可能会提供考察以特征方式存在的价值观的新方式，中国人“好人定位”的价值观结构或许能找到特质性的神经生理学证据。

动态研究则可以注价值观加工过程的神经活动。价值观指导态度和行为的过程是一个包含以价值标准为依据的价值评价、价值选择和以价值目标为导向的价值追求的动态序列。这个序列是如何运作的？可以设想类似于道德决策的双过程模型（Deco，Rolls，Albantakis，Romo，2012），价值观的加工可能也有两种不同的机制：一种可能是价值观加工按客体（物体、事件、行为等）识别、价值标准提取、价值评价、价值目标引导以及价值追求系列认知过程逐步进行；另一种则可能是客体（物体、事件、行为等）直接触发价值目标及相关情绪，并据此做出价值选择，必要时再做价值评价作为认知支持。西方人生活于工具性关系主导的社会，中国人生活于情感性或混合关系主导的社会（黄光国，2010），在价值观加工上是否分别采用了上述两种不同机制，从神经生理学角度进行检验将是一个有意思的议题。还可以设想，价值加工各环节具体神经机制是怎样进行的，如价值评价时道德价值评价与经济价值评价是否有类似的评价尺度，其神经活动过程和模式是否相同？个体价值观在内化社会价值标准的过程建构和完善（黄希庭，张进辅，张蜀林，1989），如大学生的职业价值观随着社会变迁和市场经济发展而变化（凌文辁，方俐洛，白利刚，1999），这些研究似乎可以基于神经可塑性进行探讨。

当然，价值观是社会化过程的核心构念。社会、文化和历史因素对个体价值观的形成起着极其重要的作用。我们探讨价值的生物学基础并不是要将价值观问题还原为细胞水平的纯生物学现象，而是希望找寻价值观存在的物质支撑，落实其社会文化属性的生理学基础，从而更全面地理解价值观的性质。旨在探究不同社会文化背景中的个体的大脑结构和功能的文化神经科学可能是未来价值观研究的一个重要方向，这确实值得我们注意，尽管当前它在研究方法上还存在多种缺陷难以令人满意。

合作者：李林；原文载于：《心理科学进展》，2013，21（8）：1400-1407。

专题二　积极的自我观

从自我系统的整体来看，自爱、自立、自信、自省、自强的显著特点是其积极能动性。

引言

英文“self”，即我，自我。《辞源》说，我即自己，自己的；《诗·邶风·柏舟》曰：“我心匪鉴，不可以茹”，又曰：“我心匪石，不可转也。我心匪席，不可卷也”，“昔我往矣，杨柳依依；今我来思，雨雪霏霏”（《小雅·采薇》）。古文中“我”与“吾”是通用的。孔子在《论语·子罕》中说：“大巷党人曰：‘大哉孔子！博学而无所成名。’子闻之，谓门弟子曰：‘吾何执？执御乎？执射乎？吾执御矣。’”“子曰：‘麻冕，礼也；今也纯，俭，吾从众。拜下，礼也；今拜乎上，泰也。虽违众，吾从下。’”“子曰：‘吾有知乎哉？无知也。有鄙夫问于我，空空如也，我叩其两端而竭焉。’”总之，自我或我都是泛指意识到自己方存在的实体。

每个人都有“自我”，大家都熟悉，但又很难捉摸很难描述，很难下定义，因为它对于不同的人来说，具有不同的含义。正如莱文（Levin，1992）所说，自我可以看作一种灵魂、一种潜在的基质、一种活动、一种解释性的假设、一种认知结构、一种言语活动、一种经历、一种过程和一种规范的获得。自我确实很复杂，它绝不是一个简单的、单一的概念，而是一个具有多种结构和功能的复杂系统，我们最好把它称为自我系统（self system）。从系统分析的观点看，自我这个复杂系统是一个整体。昨天的“我”，是今天的“我”，也是明天的“我”；我思、我感、我行都已成为一个整体，不会像我们的身体某一部位痒、某一部位痛那样只是我的某一部位在起作用。虽然我们常常会有感慨万千、矛盾重重的心态，但这也是整体自我的一种表现。自我的整体性还表现在它与环境的交互作用，它适应环境，活跃于环境中，并迎接环境或未来的挑战。自我的整体性，在自我丧失的精神分裂症患者身上会表现出另一番景象。

精神分裂症（schizophrenia）的症状描述和分型可追溯至19世纪末，德国精神病学家安米里·克雷倍林（E. Kraepelin，1899）与其同时代的瑞士精神病学家尤津·布鲁勒（E. Bleuler，1908）引入了精神分裂症这个术语。该术语源于希腊文分裂（skhizein）和思维（phren）的结合。布鲁勒认为，患者思维分裂，难以保持一致从而导致多种多样的症状。可以将精神分裂症比作失去指挥的管弦乐队，患此病者，其感知、记忆、习惯之类心理机能虽不致于丧失，但是已是乱七八糟的了。

精神分裂症行为异常，主要表现为阳性症状、阴性症状、互解性症状三类。阳性症状主要是妄想和幻觉。妄想（荒谬的想法）是精神分裂症的基本特征，如符身妄想（认为自己是上帝派来拯救生灵的）、被害妄想等。幻觉是外界没有任何刺激的情况下而产生感知觉的体验，单光子放射计算机断层显像术的研究（Mcquire，Shah，Murrary，1993）发现，幻听时大脑最活跃的区域是布洛卡区（Broca’s area）而不是韦尔尼克区（Wernicke’s area)，表明幻听的精神分裂症患者实际上并不是听到别人的声音，而是听到来自自己思维和自己言语的声音，但他们不能对这些声音加以区分。阴性症状通常指正常行为的缺失，不能启动和持续表现意愿、选择、决定和行为动作，甚至对日常生活中最基本的活动包括个人卫生都毫无兴趣，情感淡漠，言语贫乏。互解性症状包括互解性言语(从一个话题跳到另一个话题，讲话毫无逻辑)，情感失切和互解性行为(如丧失走向目的意欲，蜡样屈曲于房间一角中生活)。从精神分裂症的症状看，由于患者丧失了自我，缺乏自知力，不能意识到自己在患病之故。由此也可以看出，个体自我对于自己的所思、所感、所行具有整合性，对周围环境具有认同性。以及向着目标前进的行为一致性是何等的重要！由于个体自我丧失了这些功能，从而导致患者做出令人无法理解的胡乱行为。

自我是一个很复杂的系统，可以从不同的视角对其进行分析。最早对自我进行科学分析的是美国哲学家、心理学家威廉·詹姆斯(W. James，1890)。他把自我分为两个方面：主体我(I)和客体我(me)。客体我是一种可以被观察和被描述的客体，通常用性别、年龄、民族及个人品质等来描述自己。这种自我也称为认识论的自我(epislemological self)。主体我是一个主体的我，作为执行知觉、思考和行动的主体，以一种纯主观的方式来组织和解释经验，并意识到自己与他人的不同并在时间上保持一致性。这种自我也称为本体论的自我(ontological self)。迄今，用来表述这两方面的自我有多种术语，例如，有人用自我意识来代替主体自我，用自我概念来代替客体自我。但也有不少人对这种观点表示了质疑。詹姆斯曾说过，研究主体自我难度大，很少有人涉及。他把客体自我分为三个成分：精神自我、社会自我和物质自我。詹姆斯是最早对自我进行多维度分析的一位学者。

自詹姆斯之后，对自我系统做过大量研究，但大多数研究所针对的都是有关自我系统的某个具体方面，而不是整个系统。例如奈瑟(Neisser，1988)指出可以区分出五种自我，即生态自我(ecological self)、人际自我(interpersonal self)、回忆自我(remembered self)、隐秘自我(private self)及概念自我(conceptual self)。虽然许多研究者做过不少尝试，希望能够揭示自我的结构，但是迄今，自我的本质仍然是一个没有完全解开的谜。

把自我分析为各种维度如身体自我、心理自我、关系自我、学业自我等进行研究有助于了解自我某一方面的特征；但把自我作为一个整体进行研究可能更有助于了解自我的实质。积极自我观就是把个人自我的属性如自爱、自立、自信、自省、自强等当作个人自我系统的整体来进行研究的观点。自爱、自立、自信、自省、自强都具有积极、主动、能动的特征，并且也包含认知、情绪的特征。在这种自我能动性中，我们只有将自我意向、自我认知、自我情绪加以整合才能理解这些心理现象。

自爱是指个人悦纳自己、珍重自己、监控自己，对自己所具有的特征持积极态度，包括对自己的身体、品德、能力、信誉、地位和前途的爱护；自爱的人会监控自己，珍重自己，不肯陷自己于不仁不义中，也不会无端地把自己暴露于危险中，而是会设定目标、喜欢学习、乐于工作、积极上进、努力发展其真实自我，以取得别人的尊敬和喜悦。本专题中我们收录了“青少年理想身体自我量表编制”一文。

自立是指个体从自己过去依赖的事物那里独立出来，自己行动、自己判断、对自己的承诺和行为负起责任。在我们的人生当中，大致可以分为身体自立、行动自立、心理自立、经济自立和社会自立。本专题我们收录了“青少年学生自立人格量表的建构”一文。

自信是指个人信任自己，对自己的品德、知识、能力、体能、前途等有信心，对自己所做的事或所下的判断不怀疑。本专题我们收录了“青年大学生自信的理论建构研究”和“青年学生自信问卷的编制”两篇论文。而自我不确定感则是不自信的表现。

自省就是自我反省，自我提升，不断进取。“子曰：‘见贤思齐焉，见不贤而内自省也’。”（《论语·里仁》）“见利思义”（《论语·宪问》），还有“反省”（《论语·学而》），“内省”（《论语·颜渊》），都是孔子说的自省的修养之道。本专题我们也有文章涉及。

自强是指在人生征途上为了理想无论遇到何种困难、挫折都勇往直前；即《周易·乾》提倡“天行健，君子以自强不息”。本专题有一篇论文探讨了当代大学生自强意识的特点及影响因素。

此外本专题我们还探讨了自我控制、自我不确定感、自我相关信息的加工优势以及“自我”的神经基础等问题。

人格中的自我问题

从词源上看，我国古代汉语中没有“人格”一词。人格是英文personality的意译。Personality一词源于拉丁文“persona”，意指戏剧演员所戴的面具。这就暗示了一个人有两面——公开可见的一面和隐藏其后不为人知的一面。对人格的定义就是从外内两个方面来界定的。外在的人格是一个人被他人知觉和描述的方式；内在的人格是用来解释为什么一个人被他人知觉为是这样的。人格心理学中的最大争议就在于研究者们对这些内在因素的理解上。因此不同的研究者对人格的定义常常很不相同。早在1937年Allport对人格的定义的综述中，就考察了50个定义（Allport，1937）。至今学者们对人格的定义尚不一致。其实，人格就是一个现实的人，是一个开放的系统，只有对这个系统进行全方位的研究才能得出一个较全面的定义。综合各家的观点，可以将人格界定为：个体在行为上的内部倾向，它表现为个体适应环境时在能力、情绪、需要、动机、兴趣、态度、价值观、气质、性格和体质等方面的整合，是具有动力一致性和连续性的自我，是个体在社会化过程中形成的给人以特色的心身组织（黄希庭，2002）。

人格是一个系统。所谓系统是指由相互作用和相互依赖的若干组成部分结合而成的、具有特定功能的有机整体；而系统本身又是它所从属的一个更大系统的组成部分。任何系统都可以作多种描述。可以从不同的维度对人格进行描述，例如从特质维度、动机维度、发展维度等进行描述。无论从哪一个维度进行描述，自我在人格中都处于核心地位，同时也是个体维持心理健康、形成健全人格的核心问题。

正因为自我在人格中的重要地位。从100多年前的James时代起，所有的心理学家就没有放松过对自我的关注（L. A. 珀文，周榕等译，2001），当前自我更成为人格研究中的热点，如有统计表明：1998年用关键词“自我”检索Psychinfo数据库，结果找到相关的文献153000篇（Robins，Norem，Cheek，1999）。近30年在《人格与社会心理学杂志》中与关键词“自我”相关的文献有2000篇；1969—1998年期间《人格与社会心理学杂志》上有关自我的文献的变化趋势是：1970年起自我研究呈直线上升，1980年和1990年达到高峰，占1969—1998这一时期该杂志总文献量的35%—40%。

以下就自我的结构、稳定性、生理基础及其与心理健康的关系等基本问题做进一步的论述。

1对自我的系统分析

心理学中的“自我”译自ego和self。ego是拉丁文词，原意为一切精神活动都围绕其转的核心，在精神分析论中是人格结构三个成分之一（其余是id即本我和super ego即超我）。self是一个纯英语词，原意为“同样的”或“同等的”；当用于人类时，意指一个独特的、持久的同一性身份。James把自我视为心理学中“最难解的谜题”（James，1890），并将自我分为经验客体的我（me）和在环境中主动行动者的我（Ⅰ）以及将前者划分为物质自我（material self）、社会自我（social self）、精神自我（spiritual self）和纯自我（pure ego）。其实，自我也是一个开放系统，也可以作多种描述。至少可以从以下八个维度对自我进行描述：①从主—客关系维度可将自我作为主体自我（self-as-perceiver）和客体自我（self-as-object of perception）来进行分析。主体自我是主动的我，如自我指导（self-direction）、自我监控（self-monitoring）、自我批评（self-criticism）、自我实现（self-actualization）、自我图式（self-schema）和自我决定（self-determination）等；客体自我是被认知的我、被体验的我，如自我知觉（self-perception）、自我概念（self-concept）等。②从与人的关系维度可将自我作为个体自我（individual self）、关系自我（relational self）和集体自我（collective self）来进行分析。个体自我是一个人对自己属性的认知和评价；关系自我是个体对人际关系中自己的角色、地位等属性的认知和评价；集体自我是个体对自己在集体中具有的属性如合作、社会认同等的认知和评价。③从与时间关系维度可将自我作为过去自我（past self）、现在自我（present self）和将来自我（future self）来进行分析。过去自我是个体对自己过去的特性的认知和评价，现在自我是个体对自己当前属性的认知和评价，将来自我是个体对未来的自己的认知和评价；现在自我即是现实自我（real self）、将来自我即是可能自我（possible self）或理想自我（ideal self）。④从发展的维度可将自我作为身体自我（body self）、物质自我（material self）、心理自我（mental self）和社会自我（social self）来进行分析。个体最先获得的自我是身体自我（即个体对自己身体的认知），尔后发展起来的是对“我的”各种东西的认知和我的各种心理属性及我的各种社会属性的认知。⑤从个人活动领域维度可将自我作为家庭自我（family self）、工作自我（working self）、学校自我（school self）、学业自我（academic self）、数理自我（logico-mathematical self）等来进行分析。⑥从评价维度可将自我作为好我（good self）和坏我（bad self）来进行分析。好我是个体把自己评价为好的，因而形成如自尊、自信、自大等；坏我是个体把自己评价为坏的，因而形成如自卑、自责、自贬等。⑦从个体意识关注方向的维度可将自我作为私我意识（private self-consciousness）和公我意识（public self-consciousness）来进行分析。前者是指个体关注自己的感受、自己的评价标准，后者是指个体关注别人如何看自己以及他人的评价标准。⑧从中国传统文化特别重视的自我维度可突出地分析自立(self-supporting)、自信(self-confident)、自尊(self-esteem)和自强(self-stronging)等等。

总之,自我是一个复杂的系统。只有对自我作全面的系统分析才能深入地认识自我,认识这个被称为多样性的自我家族(family of self)。自我家族的不同成分也就是自我的结构,无论我们以怎样的维度对自我进行分析,这种分析在一定程度上都是有条件的,都是只从某个维度进行的。在现实生活中的个人是丰富多彩的统一整体。我们只有将每一维度的分析置于这样的整体中才能理解具体人的自我的特点。

从系统论观点来看,自我还是一个有序的有层次结构的系统,多种自我可以排列为不同的层次。我们在探讨自我价值感时曾建立过一个多维度多层次的模型。在这个模型中包括总体自我价值感、一般自我价值感和特殊自我价值感三个层次,一般自我价值感层次又分为社会取向和个人取向两个维度,而特殊自我价值感层次又分为人际价值感、心理价值感、道德价值感、生理价值感和家庭价值感五个维度(黄希庭 ,杨雄,1998)。

2自我的稳定性问题

自我是否具有稳定性,是自我研究中的一个基本问题。对于这个问题,有的学者认为自我是一个稳定的心理结构,具有跨时间和跨情境的一致性;但也有学者认为自我是在社会交往过程中“在线”的构造,是一个不断变化和高度顺应的系统。对于这两种观点该怎么看呢?让我们看看自我中的一个重要成分——自尊,或许可以给我们一些启示。儿童青少年时期的自尊水平:儿童早期较高而上小学时有所降低,在向青少年过渡时出现第二次下降。至于从青少年向成人过渡时的变化没有一致的结论:有些研究认为自尊逐渐升高,另一些则报告没有变化,还有一些报告出现了降低。研究结果的这种复杂性可能与性别差异有关,例如,有研究发现从14岁至23岁,男性自尊有增强趋势,而女性倾向于降低。对成年期自尊的研究较少,但有一致的发现:从成年早期到成年中期的20年里,自尊逐渐提高且都是正面的,而到了成年晚期(60岁后)则有所下降(黄希庭,2002)。

从日常经验来看,每个正常人对于自我的认识都是比较持久的。每天早晨醒来时,我们都知道自己与昨天是同样的一个人。我们都知道现在的我、过去的我和将来的我是连续的,即使发生过严重的不幸,如断肢,也会认识自我;虽然自尊、自信可能会受影响。因此,每个正常人的自我是相对稳定的。当然自我也不是一成不变的,会随着个体的发展和生活经历的改变而有所改变。

关于自我的稳定性涉及两个问题:一是自我及其构成成分有一个形成、稳定和衰退

(下降)问题,二是生活中经历哪些重大事件会引起自我或自我的哪些成分发生明显的改变。比如由于遭到一次失败个体的自信可能会有所下降,但这种下降并没有让个体从自信的人变成自卑的人,因此自信是具有跨时间和情境的稳定性的,但连续多次的失败就可能使自信下降的量变积累最终导致自卑这样的质变,这时自我的变化性就突显出来了。因此,对于自我究竟在何种程度上是稳定的,自我的哪些方面是稳定的,这种稳定性能持续多久等问题则需要我们用扎实的研究才能得出较明晰的结论。

3自我的生理基础问题

自我是一个假设的概念还是有其生理基础?许多学者都关心这个问题。随着脑科学研究手段的进步,对该问题的解答已经有了一些令人鼓舞的结果。例如,神经学家Sacks的研究表明(Sacks,1995),自我感的完全丧失是极罕见的,他的一个个案研究生动地描述了神经生理上的障碍如何从根本上瓦解自我和同一性。精神病学家Kramer讨论过由精神激活药物如Prozac造成的神经生理上的变化如何从根本上改变一个人的自我感觉(Kramer,1993)。精神病学家Baron-Cohen对孤独症的研究表明心理调节的机能可能位于大脑(Baron-Cohen,1995;Stone,Baron-Cohen, Knight,1998);自闭症儿童的特征是自我感混乱,解剖发现他们的小脑较小,小脑神经细胞也较少,因而推论自我可能与小脑机能有关。不少研究发现,自我既是个体过去记忆的产物同时也是个体回忆过去自我的活动,这其实就是自我感(Klein,2001)。Tulving讨论过不同的记忆(如情景记忆、语义记忆)如何与自我意识相联系(Tulving,1993),从而开创了对遗忘症中自我知识的研究。根据对健忘症病人的自我觉察与自我表征的损害情况的考察,Klein与Kihlstrom发现丧失回忆个体经验能力的人,并没有明显丧失对自己人格特征进行准确判断的能力(Klein,Kihlstrom,1998)。Craik等人发现当被试用特质形容词对自我进行描述时(Craik et al.,1999),其左额叶被激活。而人格障碍者(如边缘型人格、分离型人格)神经信号微弱,这类患者的自我混乱可能有潜在的神经机能损伤或缺陷(Gardner,Lucas,Cowdry,1987)。额叶损伤患者的调节和反映自我心理状态的能力有障碍(Damasio,2010),可以推论主动的自我(或主体I)可能位于额叶。

神经科学的方法可以用于探索自我的生理基础。单细胞记录法用高灵敏度的微电极插入脑,记录单个细胞的电活动,可用于检查具体刺激模式或行为反应如何影响到单个神经元的活动,因而也可用于探测灵长类动物(如黑猩猩)在自我关注或镜像自我再认时与哪一特定皮层区的神经元活动相联系。已有的研究表明人类的大脑有完整自我的能力、黑猩猩的大脑有镜像自我再认能力、猴子的大脑没有镜像自我再认能力、人类幼儿开始有镜像自我再认的证据大约在18个月至24个月。比较神经解剖学的研究发现,大脑前额叶的结构和机能在镜像自我再认上起着重要的作用。比较神经解剖学的研究还发现,只有人类的小脑有一个特殊区域——新齿状结构,据推测这可能与人类的独特自我有关。还可以通过对其他灵长类动物的大脑损伤来探究脑的某部分损伤是否会破坏镜像自我再认能力和其他自我感的标记。虽然我们不能对人进行直接的大脑损伤研究,但由机能性外科手术带来的人脑损伤研究是可以进行的,如对裂脑病人的研究。随着脑成像技术的发展,特别是功能磁共振成像(functional magnetic resonance imaging,fMRI)技术的发展,使得研究者可以探测到当人在自我认知和自我体验时脑的哪一部分正在进行活动。

可以看出,尽管对自我的生理机制的探索尚处于起步阶段,但已经有了一些发现,并明确地提示自我有其生理机制。可以相信随着方法的进步对自我生理机制的研究会有更多的成果且更具科学性和说服力。

4 自我与心理健康的关系问题

近年来人们对心理健康投入了更大的关注。这表明随着社会的进步人们对生活质量的要求越来越高。心理健康有不同的水平,大致可以分为三个层次:一是心理疾病与障碍。其判断标准主要是:心理与行为异于常人,如语无伦次、喜怒无常、行为不合逻辑;生活适应困难,如不喜欢他人、自我孤立、退缩、工作无兴趣、无人生价值感;精神感到痛苦,如无病呻吟,不满现状的痛苦。二是心理适应,即顺应周围环境,消除过度的紧张不安而达到的内部平衡状态,无持久的内心冲突。三是健全人格,是高水平的心理健康表现。健全人格者能以积极的态度对待世界、他人、现在和未来、困难与挫折,是一个自立、自信、自尊、自强、幸福的进取者。

无论在哪个层次上,自我对心理健康都起着核心作用。Bandura曾对自我效能感做过许多研究,一项自我效能感与健康关系的研究表明:过强的压力会损害免疫系统,而提高减轻压力的自我效能感可以增强免疫系统的机能(Wiedenfeld et al.,1990)。Snyder对自我监控(self-monitoring)的研究发现高自我监控者与低自我监控者之间有很大的差异:高自我监控者比低自我监控者能更好地表达和交流感情、表达行为意向,更会察言观色、欺骗他人,更能正确地推测他人的情绪状态,更会识别情境、在不同的情境中行为变化较多,对他人更友好、更开朗和更外向,且较少担忧、焦虑或紧张不安,较少受心境状态改变的影响,能记住较多有关他人的信息并对他人的特质做更多的推测。这表明高自我监控者的心理适应水平高,更能顺应周围环境(Snyder,1974,1987)。我们对初中生的自我价值感与心理健康的相关研究表明（钟慧，黄希庭，2003），自我价值感水平与心理疾病的自评分呈负相关，即初中生自我价值感水平越高，其心理健康状况就越好。还有研究发现自我概念结构的协调统一与心理适应有相当的相关（Campbell，Assanand，Paula，2003）。

看来，正面的自我在维护个体心理健康方面至少起着保持心理系统各部分的协调、保持个体内外的一致性和行为的稳定性、促进个体对自然和社会的适应、提供行为的心理动力等功能。自我在个体心理健康中的作用很值得我们深入探究。

合作者：夏凌翔；原文载于《陕西师范大学学报》（哲学社会科学版），2004，33（2）：108-111。

真实自我:观点、实证与反思

1引言

“真实自我”是西方古老的哲学问题,也是目前人格心理学的研究热点。古希腊人将“认识你自己”刻在阿波罗神庙里,认为这是最重要的事情;亚里士多德推崇的实现论幸福(eudaimonia)强调与自己的“守护神(daimon)”(本质上指一个人的精神)共同存在的生活,认为一个人最卓越的存在方式就是作为真实自我而活着。在经典的人格心理学理论中,无论是精神分析还是人本主义都关注了真实自我的价值,认为发现(或者再发现)真实自我,对真实自我的表达以及依据真实自我行事,对于心理健康而言是至关重要的(Schlegel, Hicks, Arndt, King, 2009)。中国传统上也有类似的思想,比如《中庸·首章》曰:“天命之谓性,率性之谓道”,认为人性是上天所赋予的,每个人就应就其本性来发挥(孙蒨如,2014)。

现代社会的发展则加大了对该问题研究的紧迫性。传统社会下,人们普遍拥有共同的价值基础,外部传统或宗教信仰为人们阐明了生活的方向,同时也受到大众的广泛接纳;而在价值观多元的现代社会,人们必须独立判断,并在一些根本性的问题上作出自己的选择。不论在东西方,现代人都日益面临所谓的“存在感真空”的问题,思考着“我该如何存在”。于是,更多的人尝试从自己身上获得答案,寻找“真实的自我”。一时间,做“真实的自己”成为许多人——尤其是青年人——的口号。但与此同时,台湾学者陆洛也指出:很多国人完全误解个人主义所谓“真我”之深意,跳过了本应触及灵魂深处的自我探索,而追求从众式的个人主义展演,是一种盲目认同、随波逐流、相互取暖的心态(陆洛,2011)。

这里,我们有必要理清西方真实自我的概念以及近年来的实证研究结果,作为现代国人反思和明确自我核心的参考。事实上,西方心理学界在关于真实自我的概念界定、实践途径等诸方面意见并不统一,在该领域的理论与实证研究也越来越细致,相关概念还涉及真实性(authenticity)、自我知识(self-knowledge)和内在自我(intrinsic self)等等。最后,我们也将对比讨论中国人真实自我的特点及未来研究方向。

2真实自我的内涵与实现

真实自我的内涵究竟是什么?怎样才能做“真实的自己”?McAdams将人格解构为

特质、自我描述和个人意向三个层面(McAdams,2008),目前的心理学家在真实自我的内涵界定上也有各自的侧重。另一方面,西方传统上存在真实自我源于理性还是情绪性的争论:哲学文献多认为个体的真我应当通过理性反思获得;而在作家和诗人的表述中,那些丢掉所有思考与顾虑之后的冲动与情绪才是真实自我。直到现在,这种在真实自我发现与达成方面的观点分歧也依然存在。

除此之外,还有一些研究者强烈质疑真实自我的存在,认为所谓真实自我只是基于一个积极视角对自我的幻想,是由一些并不真实的、夸大的自我观念组成的;尽管这些观念在心理功能上是有益的(Taylor,Brown,Colvin,Block, Funder,2007)。

2.1 真实自我的特质论

该观点强调人格的稳定性。众所周知,特质论认为人们有着跨时间、跨情境、跨角色的稳定人格倾向(主要源于先天倾向)。尤其是在大五人格模型获得了跨文化、跨方法以及纵向追踪的研究证据支持后,相关研究者认为,这些人格特质就是个体的真实自我。做自己,就应尽量依据自己固有的这些人格特质,稳定一致地行事。最理想的状况是,个体在所有情境、所有角色的行为与表现中都呈现一致性。进一步,McCrae等人将人格区分为基本倾向(主要包括人格特质)和适应性特征(包括习惯、态度、角色、关系和自我概念);后者受到环境、文化的影响,可塑性较大;但前者起到最核心、最具决定性的影响(McCrae,2011;McCrae ,Costa Jr,1997)。对于个体幸福而言,重要的不是他"有什么"或"做什么",而是他究竟"是什么"。比如,相对于环境掌控的目标,尽责性比较低的人才更适合追求个人成长的目标。西方的大量研究证据表明,行为一致性高的个体在心理健康诸方面表现更好;而高程度的自我差异则带来心理障碍,影响适应和幸福感(Clifton ,Kuper,2011;Diehl ,Hay,2010)。在该观点下,跨情境、跨角色的行为一致性是评估个体达成真实自我的重要指标。

但有很多研究者质疑:不同情境和不同角色对个体的要求不同,因此人们在不同情境和角色下的行为变化是系统且有意义的。分化与整合是人格有机体的不同维度,不应该非此即彼(Sheldon,2014)。Sheldon等人曾对特质论的"特质自我"和人本主义主观的真实自我在跨角色(学生、雇员、子女、朋友、伴侣)条件下的作用进行了实证对比,结果发现两种观点所强调的真实自我都对幸福感有促进作用;而特质自我在各角色中的分化,以及个体主观感受到的不自主的自我,都带来消极的结果,且两种作用相互独立(Sheldon,Ryan,Rawsthorne, Ilardi,1997)。也有研究发现,功能灵活性(个体应对不同情境时调用不同方面甚至相反方面自我的能力)与主观感受到的真实性和积极的适应结果呈现正相关(Kernis ,Goldman,2006)。而且,Sheldon从个人目标角度综述了相关实证研究，发现个人目标与人格特质之间的匹配在总体上是有益的；但同时也提醒，简单的内容匹配并不总是有利的，比如较高程度的神经质特质可能使得个体不能很好地接受与成长相关的挑战（Sheldon，2014）。

另一方面，有研究者认为特质论忽略了个体在保持跨时间、跨情境行为一致性上也可能存在固有的个体差异（Funder，2009）。新的观点认为，需要对行为一致性的定义进行进一步的细化和区分：绝对的行为一致性只有在病态状况（如僵直性精神分裂症、昏迷）下才会出现，而行为的相对一致性（不同情境下，个体在特定行为上的表现程度与其他人相比水平保持一致）和自比一致性（不同情境下，个体的某种典型行为与自己其他典型行为相比表达的程度保持一致）（Sherman，Nave，Funder，2010，2012）。哪一种更符合个体自然和健康的表现，需要更多验证。

2.2 准确的自我知识观点

随着内隐研究与技术的发展，研究者提出内隐自我的概念并对其有别于外显自我的特征与意义进行了证实（廖翌凯，黄希庭，张子霁，岳彩镇，2008）。因此，有观点强调自我系统的多维复杂性，认为"做真实的自己"的重点在于对完整自我知识的理性、准确的认识以及在此基础上的自我整合。Wilson就认为自我由意识和潜意识两方面内容构成，它们都属于"真实的自我"，都需要去了解。他并不过分强调自我的稳定性，其自我知识概念又区分为现在我、过去我和未来我三方面。他强调，要获得完整、正确的自我知识并不容易；但与弗洛伊德不同，他认为完整的真实自我需要客观理性的探究和反复的实证检验来获得（Wilson，2009；Wilson，Gilbert，2005）。他以双重信息加工理论及其相关研究为支撑，认为意识内与意识外的信息加工模式是大脑固有的工作模式。意识外自我知识是无法由内省获知的，而必须依赖于意识层面上的推断，但是这种推断很可能出错。因此，自己对自己的客观观察和借助一切客观指标提高个体对自己无意识倾向、喜好的推断的准确性，就成为了解和达成真实自我的关键。内省的方法则不被Wilson认可。其研究发现，人们过分关注于自己内在的思想和体验，会忽略了对自己行为的客观观察，最终可能会削弱自我知识的准确性（Wilson，Dunn，2004）。

Wilson认为，可以更多使用内隐测量、非言语行为指标以及他评的方法来提高自我知识的准确性，也可以利用这些工具检验自我的一致性。比如，内隐自尊和外显自尊相关不大，不同的内隐测量工具测得的结果相关也不显著（Krizan，Suls，2008；Sakellaropoulo，Baldwin，2007），这些不同的测量工具可能反映了自我的很多不同方面。实证研究也发现，关于自我概念以及动机的内隐、外显测量结果的差异越大，个体的情绪幸福感就越差，尤其是表现在生理反应、焦虑、自我怀疑、防御性反应以及自恋等指标上（Wilson，

2009)。而在借助他人评价方面,Vazire的研究指出(2010),自评与他评在自我知识准确性方面是不对称的:对于内在的人格特质,自评比他评更准确;而在外显行为方面,周围人的他评更有优势。另外,在可评估性高的人格特质方面(如智力、吸引力和创造力等),个体可能很难理性地看待自己,他人评价反而会显得更加客观(陈少华,曾毅,2014)。除此之外,Wilson也期待认知神经科学可以在这方面给予更加客观的指标。值得注意的是,新的研究发现,通过对网络大数据(Facebook上的点赞记录、言语分析)的计算机建模,可以描绘个体的人格、药物滥用情况、政治态度以及身体健康状况,其预测效度高于他人评价,甚至在某些方面高于个体的自我评价(Park et al.,2015;Youyou,Kosinski,Stillwell,2015)。从这个角度来看,或许大数据技术也可能成为个体获得准确自我知识的工具。

总之,该观点并不过多强调自我的稳定性或某一方面自我的核心作用,也不赞成主观内省的方法,而强调通过尽可能客观的方法获得准确、完整的自我知识,以及在此基础上的自我协调与匹配。

2.3 主观内省的真实自我

另有研究者对个体主观内省获得的真实自我更加认同,并强调真实自我或"真实性"只需要反映当下或者当时的体验(Vess,Schlegel,Hicks,Arndt,2014)。在素人理论中,人们也普遍认为自我有表现于外的部分和很多时候不表现于外的部分,而这些不常常表现于外的部分被认为是自我的内在、核心或本质,才是"真实的自我"(Johnson,Robinson,Mitchell,2004)。在这里,真实自我被定义为人们主观上认定属于自己的真实特征,而不论这些特征是否准确,或者是否公开表达(Schlegel,Hicks,King,Arndt,2011)。同时,他们也认为这种"真实自我"是相对稳定的,至少比"现实我"更加稳定(Schlegel et al.,2009;Vess et al.,2014)。基于这样的观点,在研究的实验操作或者问卷调查中,研究者对被试"真实的自我"的提取来源于对个体的直接询问——那些描述"你真正的样子"或者"当你在最亲近的人面前的表现"的人格词汇;相对的,现实的自我被界定为描述"你在大多数活动中的表现"、"你在大多数人面前的表现"、"自己源于别人的期望所常常作出的表现"的人格词汇。从概念上而言,这种区分类似于私我和公我的区分。

研究证明,人们可以很容易地回忆和区分那些反映或者没有反映主观真实自我的时间段,说明人们有能力区分主观真实的自我和人前的自我(Lenton,Bruder,Slabu,Sedikides,2013)。Schelegal等人的研究证明,尽管这种真实自我比现实自我更受个体自己的喜欢,但其实并不比现实自我更积极。并且,启动个人真实自我概念中那些不是自己喜欢的部分时,也能带来生命意义的提升。真实自我的通达性(accessibility of the true self-concept)能够稳定预测生命意义的体验，而现实自我的通达性（accessibility of the actual self-concept）对于生命意义的功能，却只有在涉及积极方面时才会发生。这说明主观内省的真实自我包含了人格中积极和消极两方面，并不仅仅是积极的人格，也不是对自我的积极幻想；其在意义生成方面的心理功能也不受积极或消极的属性的影响。真实自我通达性对生命意义的预测作用也大于情绪和自尊的作用。并且，在实验操作条件下，短时提高个体真我概念的认知通达性或者描述真我概念时的元认知容易度，都可以提高其生命意义感（Schlegel et al.，2009，2011）。

另有一系列研究表明，激活"内在自我（intrinsic self）"和"你真正是谁"的信念会带来更少的自我防御和自我设限（Arndt，Schimel，Greenberg，Pyszczynski，2002；Schimel，Arndt，Banko，Cook，2004）。主观真实自我与公开自我之间的和谐，也被证明能够预测幸福（Harter，Marold，Whitesell，Cobbs，1996）。除此之外，Schlegel等人的研究还发现，对自我认识的主观确定性（即对主观真实自我的通达性）和自我认识的准确性各自具有积极功能，两者彼此独立；但Schlegel更强调主观确定性的重要性，认为一个主观上对真实自我非常确定但事实上不那么准确的人，比主观上对真实自我不确定但描述较为准确的人会表现得更好（Schlegel et al.，2011）。甚至，Schlegel对于真实自我是否客观存在也不设立场，但认为个体主观上认为的反映其真实自我的特质和角色在现实中发挥着非常重要的作用；尤其是在缺少统一价值观和意义体系的现代社会，这种作用尤为突出。

总之，在该观点下，个体防御性的降低，在更多场合下对主观内省的真实自我——主要是私我的确定和表达，是达成真实自我的指标。

2.4 有机体成长观点的真实自我

更多的人本主义的人格心理学家以有机体成长的观点看待真实自我（Deci，Ryan，2000；Rogers，1959；Sheldon，2014），认为人类有着共同的追求成长、成熟的天性。因此，真实自我指的是个体内部积极成长的倾向；重点不在于对静态的真实自我的描述与固着，而是在不断接受新经验的过程中进行不断地自我整合，追求"内在发展倾向"的实现。所谓做真实自我，不是简单的内外人格匹配和自我知识的了解，也不仅仅是降低在人前的防御性，而是一种追求内部积极倾向实现的动态的、发展的过程。因此，该观点关注个人目标的内容及其选择过程，强调目标要与个体潜在的积极人格或人性相一致。但是，个体常常无法看清自己的内在积极倾向；各种环境因素和个体因素都可能不支持甚至阻碍其发现与实现。

Deci与Ryan的自我决定理论认为，三种基本心理需要（自主、关系、能力）的满足，是个体发展内在潜力，达成自我实现的必要条件。与之前有观点强调从个体差异角度看待不同类型的需要不同，自我决定理论认为：三种基本心理需要对于所有人都有着同等、必要的作用，其重要性贯穿人格的毕生发展过程，并具有跨文化的普适性。研究证实，在基本心理需要得以满足的条件下，个体会有更多真实性的体验，会设定更加具有自我一致性的目标（Kernis，Goldman，2006；Sheldon，2014）。Milyavskaya等人的研究则发现，在基本心理需要得以满足的情境下，个体既能主动选择自我一致性的目标，也能够更好地将情境中的既定目标进行内化。研究还发现，Kernis关于真实性的四个维度中，只有“真实性行为”在基本心理需要满足与自我一致性目标间起中介作用，准确的自我知识并不起中介作用；说明准确的自我理解其实无助于个体设定自我一致性的目标，而环境允许“真实性的行为”发生才是更重要的（Milyavskaya，Nadolny，Koestner，2014）。

自我决定理论不太关注个体差异，而更重视人类共有的积极本性；这种本性与后天环境、文化无关（Deci，Ryan，2008）。他们对目标内容的跨文化研究表明，不论个体来自哪种文化或出于什么原因，相对于财富、声誉和个人吸引力等外部目标，对友好关系、个人成长等内部目标的追求，都会带来更多的真实性体验以及心理健康和幸福感相关指标的提升（Deci，Ryan，2000；胡小勇，郭永玉，2008）。在与恐惧管理理论有关人性的争论中，Ryan与Deci指出，与死亡突显相关的证据只是反映了个体在基本需要受到威胁时表现出的防御性动机和行为，却无法解释更加广泛存在的个体主动进行的意义生成以及追求成长和关系的倾向；后者才是人性的本质，才带来更加稳定和更加真实的自我感受（Ryan，Deci，2004）。

相比而言，Shledon则较为关注个体差异，也一定程度上融合了上述各方的观点，认为“做自己”的重点在于提高每个人选择那些反映自己的（而非他人的）内部积极倾向的目标的能力（Sheldon，2014）。他借鉴并发展了自我决定理论中因果关系知觉定向（perceived locus of causality，PLOC）的方法来考察个体自生目标（self-generated personal goals）的内化程度。该方法要求被试写下他们目前或将来要追求的，对个人而言非常有意义的目标，然后评估在每个目标的追求中，多大程度上是出于外部的、内摄的、认同的或内在的（前两者为控制性原因，后两者为自主性原因；内化程度由低到高）原因而进行这种努力，内化程度得分即为目标的自我一致性程度。该评估方法的优势在于，不需要个体洞察这些目标与深层积极人格的关系，而只是要求被试判断在追求目标时是否感受到压力或者束缚感，是否真正享受这些目标。这种对自己目标和努力原因的反思被认为是较为容易实现的，一般人都可以基于自己的情绪体验来反省。基于这种方法测量的自生目标的自我一致性，被证实也与先天基本倾向（特质）更契合，与个体内隐、外显动机的匹配正相关，并带来更稳定、持久的努力，促进幸福感的提升（Sheldon，2014）。除此之外，在个体因素方面，直觉能力可以促进个体生成自我一致性的目标（Burton，2008）。

怀旧可以增强个体的真实性感受，并提升成长取向的自我知觉和行为倾向；尤其是在缺乏环境支持的时候(Baldwin，Biernat，Landau，2015)。

总之，有机体观点强调从成长的角度看待人的本性，做“真实的自己”是一个不断追求实现的过程。

3其他相关问题

3.1真实自我与自由意志

尽管对于真实自我的内涵及其达成方式有不同理解，但这些观点大都强调自我意识的功能和自由意志的体现。而近年来的一些研究结果则恰恰对此提出了挑战，带来诸多争议(董蕊，彭凯平，喻丰，郑若乔，2012)。Wilson与Gilbert的情绪预测研究表明，人们在预测当前事件对于未来情绪状态的影响时常常发生错误，特别是在预测未来情绪的强度和持续时间上。人们对情绪的信念常常代替了个体实际的情绪体验；对情绪体验进行记忆时，更是会变得模糊和不可及(Clore，Robinson，2012)。从认知过程上而言，研究证实，目标可以是阈下启动的(谢继红，刘华山，2012)。许多行为是自动的，不需要意识；意识倾向于在被刺激作用下的大脑进程的最后才出现，甚至是在大脑进程启动行为之后才出现。Custers等人认为个体大部分的目标驱动行为都是发生在无意识情况下的(Custers，Eitam，Bargh，2012)。Dijksterhuis与Aarts甚至认为意识对于目标功能不仅无用(Dijksterhuis，Aarts，2012)，而且还有害。意识究竟多大程度上参与了目标选择？

对此，Sheldon以Carver的行为的影响性控制模型理论(Influential Control Theory Model of Behavior)解释意识在目标选择和达成进程中的重要角色。基于该理论(Carver，Scheier，2012)，个体的目标系统从具体的行为元素到深远、抽象的生活目标，是呈现等级组织的。高层次(长远的、复杂的)的目标比低层次的目标更容易被意识到，它们更加可能是自我定义的；而低层次的目标更多是自动的、制式的，执行时不需要意识。但有意注意在各层次间巡视，以减少各层次内的差距。正是在意识所提供的“工作空间”内，整个目标体系中的不论是抽象的高层次(选择大学专业)目标还是低层次(穿针眼)行为元素才能得以整合。他们的研究(Carver，Scheier，2012)也证实了实验操纵的或者被测量的自我意识在促进各层次目标整合中的重要作用，即自我意识促进了个体对当前情形下目标和标准的对比，使得预期的标准和当期情形间的差距缩小。表面上，个体在日常生活中会呈现各种不明缘由的愿望和行为，但其实这些小目标、小计划都是获得了意识赞许或者自我授权。正如，对于个体一天行为的最佳预测其实是我们自己安排的日程表。这与其他关于自我调节的当代理论是一致的(Baumeister，Vohs，2003；Kuhl，

Kazén，Koole，2006；Ryan，Deci，2006），即认为自我是积极的，具有执行功能的，有能力评估正在发生什么，进而介入并控制。

3.2 人际中的真实自我

新近的一些研究开始从人际的角度来看待真实自我，除了真实自我能够促进亲密关系外，重要他人也会启动个体以对主观真实自我自证的方式展现自我（Kraus，Chen，2014；Wickham，2013）。

另一方面，Newman等人的研究则发现，对他人真实自我的判断会受到个体自身内化了的文化和道德观的深刻影响。当对目标个体的一种欲望或者心理状态作判断时，被试更倾向于将符合自身道德信念的欲望或状态视为源自目标个体的真实自我。具体而言，不论目标个体自述存在源于情绪冲动还是理性反思的同性恋念头，一个自由主义的被试，都倾向于将这种念头视为源自其真实自我，保守主义被试则相反（Newman，Bloom，Knobe，2014）。进一步的研究还发现（Newman，De Freitas，Knobe，2015），这种源于自身道德观而产生的对于他人真实自我判断的不一致性，还导致了个体在对他人进行其他方面判断时也会出现这样的不一致性现象。这些判断情境具体包括了：（1）当他人的欲望和信念出现冲突时，究竟哪一种表现是真正符合其价值观的；（2）一种带给个体积极情绪和需要满足的行为，是否真正带给他幸福；（3）如果个体遵从自己欲望而放弃自己的信念，是否是意志薄弱的表现；（4）当目标个体是因为无法控制自己的情绪而表现出不道德的行为时，判断者对其的责备会少一点；但如果其冲动之下的行为是道德的，判断者对其的赞扬却不会减少。

Kokkoris与Kühnen则发现个体对他人自我表达方式在理解上存在文化差异（Kokkoris，Kühnen，2014）。具体而言，西方文化下，一个既表达自己喜欢什么也表达自己不喜欢什么的个体，被认为具有更高的“真实性”；并且对于不喜欢的表达显得更重要，因为表达不喜欢设置了我与非我之间的界限。而在东方文化下，仅仅表达喜欢什么的个体才被认为“真实性”更高；对不喜欢的表达则被认为“真实性”较低。

由此可见，当“做自己”成为新的社会共识时，个体对他人真实自我的判断会带来深远的人际影响。只是目前的研究表明，这种对他人真实自我的判断更多仍基于自身得出。

3.3 真实自我可能带来的消极影响

在强调真实自我积极功能的同时，西方研究者也反思其真实自我概念可能会带来的一些问题。Schlegel等人认为,对于自己真实自我的认知通达性一贯较差的个体而言,反思真实自我可能反而导致存在感或意义感的降低。真实自我可能更有利于提高一个人的自尊程度或降低其防御能力,但在存在感方面的影响会有个体差异。另一方面,对真实自我的表达也不一定总是带来益处,尤其是当这种表达通常伴随着个体对别人如何反应的期待。研究证实,如果个体表达出自己的内心后没有得到他人积极的回应,他可能会变得更加具有防御性。

Kernis则总结认为,客观准确的,而非“积极乐观”的自我知识可能会暴露个体的缺陷与不足,加剧现实我和理想我的差距感;行为上的“做自己”则可能带来他人特别是权威人物的不满;向亲密他人完全开放自己也可能使自己更容易受到伤害或背叛。但他又认为,这些消极结果更多是影响到“快乐主义的幸福”(hedonic well-being),或者可以说是通往“自我实现的幸福”(eudaimonic well-being)暂时需要付出的代价;前者仅仅是快乐的体验,而后者才代表着个体机能实现的最大化(Kernis,Goldman,2006)。

此外,Lister等人对赌博行为的研究发现(Lister,Wohl,Davis,2015),相对出于社交理由而从事赌博的个体,在赌博行为中感受到主观“真实性”的个体更容易维持这种高风险的问题行为或成瘾行为,哪怕该行为给他带来很大的负面影响。对于支持真实自我观点的研究者而言,这确实是个问题:如何使用更好的方法将反映人性积极层面的倾向和各种消极成瘾的动机进行区分。

4研究展望

目前为止,对真实自我的研究主要来源于西方,相关的理论和结论也被认为是基于个体主义文化而得出的。因此,参考国外相关理论与实证的同时,立足于本国文化和当前时代背景来审视中国人的自我应当是我们未来研究的重点。

首先,普遍的观点认为(English,Chen,2007;汪凤炎,郑红,2007;高良,郑雪,严标宾,2010),西方强调个体主义的自我:个体作为一个独立的实体进行思考和行为,个体的内部属性(包括思想、喜好、动机、目标、态度、信念和能力等)的集合指导和规范着个体的行为,每个人都显现出独特性;东方(东亚)文化则将个体视为关系性实体:使用关系来定义一个人,个体的自我更多受到其社会关系、角色、规则的指导和限制,而非他自己的想法。由此,东西方个体在自我稳定性方面也呈现差异。研究表明,在对不同人际关系中的自我描述进行横向比较时,亚裔美国人的自我一致性表现不如欧裔美国人;但纵向研究发现,亚裔美国人在特定人际关系内部的自我描述却表现出较好的稳定性。更重要的是,亚裔美国人在不同情境下的自我不一致性,并不影响其真实性体验,也不是自我概念碎片化的表现,只是如实地反映了其稳定的、有意义的、情境依赖性的自我观念。东方文化下个体的真实性体验来源于在与特定他人协商的过程中履行自己的社会角色,而非维持一个跨时间,跨情境稳定的单一的自我(English,Chen,2007)。

我们认为,对于那些深刻内化了传统儒家思想的中国人而言,关系性自我就是其主观上的"真实自我"。不同的是,西方文化下的个体使用自己私底下的行为表现来对自己进行主观设定,而东方文化下的个体则使用被赋予不同权重的角色来描述自己。前者通过主动在角色中寻找机会或者主动获得角色以表达主观的"真实自我",而后者则通过相对灵活的行为模式来完成角色所赋予自己的既定要求和使命。两种自我观差别很大,但在主观"真实性"感受方面以及由此带来的意义感和存在感方面却很类似。正如Schlegel所发现的,西方人可能会因为主观上对自己的"真实"个性无法确定而带来存在感降低(Schlegel et al.,2011);传统中国人更可能因为自己在社会上缺乏明确的角色定位而丧失存在感。因此,在对中国人的主观"真实自我"进行描述和测量时,必须考虑这一点,尤其在内容上不能照搬西方工具,不能仅仅考虑人格形容词。另一方面,我们也应当进一步追究,这种关系性自我与人格特质、自我知识以及自我成长倾向之间关系如何? Sheldon关于个体自生目标的自我一致性概念已被证明,其与西方关于"真实自我"的诸观点可以达成一定程度的整合(Sheldon,2014)。那么关系性自我是否会导致对个人特质、准确自我知识或者个人成长的忽略? 又或者,在集体主义文化下,它们存在特殊的协调与整合机制? 这值得我们未来更多的分析和实证。

其次,从佛教中延伸出的"无我"概念也值得与真实自我概念进行对比研究。彭彦琴等人分析指出:主我才是最纯粹、最本质的自我。佛学强调无我,是强调"假我"并非"实有",是为了破除人们的我执以及由于我执产生的诸种痛苦。假我即非形而上真常实有的实我,而是依众生的认识习惯方便而说的"我"。相对于假我的"真我"具有常、乐、我、净等特性,可担当起自在主宰功能的真正自我(彭彦琴,杨宪敏,2009;彭彦琴,江波,杨宪敏,2011)。

事实上,西方有关真实自我的观点也与佛教"无我"存在诸多相通之处。比如,两个概念都强调降低防御性,维持个体不受外界的诱惑与驱使而自主命运。与有机体观点类似,"无我"强调人类共性,甚至更进一步,将自我的本源(执阿赖耶识为"我"的末那识)与整个宇宙相通。与自我知识观点类似,"无我"概念强调以中性的态度面对自我,同时关注意识之外的自我;不同的是佛教强调主我的层面,并为此彻底否定了使用理性、实证的方法来对其进行探究,而推崇禅定等内证方法。但事实上,源于东方冥想、禅定技术的正念(Mindfulness)已经被加以西方式的精细描述和测量,并受到西方学界的广泛重视。尽管其概念在界定上仍有争论,但确实有助于对其内涵和机制进行实证和检验(彭彦琴,居敏珠,2013;段文杰,2014)。并且,正念(特质类或者实验操作条件下启动的)已被证实对个体的自主和生成自我一致性目标都有积极促进作用,尤其是在外部环境不够支持或有威胁性刺激的条件下(Brown,Ryan,2003;Brown,Ryan,Creswell,2007;Niemiec et al.,2010)。在新近关于"安静自我"的研究中,Kesebir以安静自我的核心特点——谦卑(Humanity)为主题(Kesebir,2014),发现谦卑特质或者启动条件下的谦卑心态可以对死亡凸显效应产生缓冲作用,与更少的死亡焦虑和较低的防御性表现相关。他认为,谦卑心态背后不是自卑或者自我贬低,而是以真实而又平常的心态看到自我的局限,因此也能更加真实准确地看待他人与世界,并将自我与更宏大的概念如上帝、自然或宇宙相联系,从而呈现"忘我"的状态。实验证明,这种"安静自我"和谦卑之心除了呈现个体特质性差异之外,也可以通过仰望星空、观看日出或者唤起相关的回忆来启动。我们认为,西方的实证方法和对自我相关状态与体验的可操作化描述,仍然值得我们借鉴。正如彭彦琴等所指出的,佛教的"无我"对于普通大众来说是可望不可即的(彭彦琴,杨宪敏,2009)。而心理科学就是要将那些含混不清的心理状态、体验和规律尽量加以精准描述和证明并向世人普及。因此,我们可能需要花费相当大的耐心对"无我"等既蕴藏深刻哲学内涵,又在潜移默化中为世人所接受并发挥积极功能的自我观念和体验进行挖掘,分析和验证。

最后,需要正视的现实是:个体主义正随着经济增长和工业化进程的推进而呈现逐渐增强的趋势(苏红,任孝鹏,2014)。陆洛认为,由于社会现代化及随之导入的个人主义皆非华人社会内生的历程,而是被强加的、催生的外发历程,由此带来"肤浅的个人主义的借用"和"从众式的个人主义的展演"(陆洛,2012)。同时,他也提出"折衷自我"的概念,认为国人正在将西方"独立自主的自我"改造成中国式人我有别又人我交融的"折衷自我"(陆洛,2003)。另有研究者认为,自我其实本来就比之前理论所描述的更具动态性和可塑性(Hong,Morris,Chiu,Benet-Martinez,2000;Wilson,2009)。由此可见,在新时代条件下,重新明确自我的核心已成为整个华人群体急需解决的难题。

我们认为,自我的动态性应该主要表现在自我描述层面上,或者是McCrae所谓的适应性特征方面;它不是常态的,而是伴随社会环境的极大变化而产生的。在考虑这种演化时,仍然要重视个体稳定人格特质以及更具普适性的人类成长倾向的作用。如果面对社会的变革,自我的演化是不可避免的,那么时下的哪些演变是真正的内化,哪些又是"肤浅的借用"? 又或者"肤浅的借用"也是自然演化必经的过程? 针对这些问题,使用纵向追踪研究乃至大数据技术持续关注国人自我的变化及其对幸福感、意义感的影响,应具有意义。

在个体层面上,Hong等人提出了双文化个体的概念,强调在全球化的今天,存在越来越多接触并内化了两种文化的个体(Hong et al.,2000)。David等人提出双文化的自我效能感概念(包括对两种文化下信念、价值观的熟识,同时对两种文化的积极态度;双文化在个体内的协调性,同时在两文化下人际沟通的顺畅性;两文化下角色的相融性,两种文化下同等稳定的社交网络六个维度)(David,Okazaki,Saw,2009),其与心理健康各指标呈现正向的高相关。那么这些双文化自我效能较高的个体的真实自我如何?挑选出这样的特殊被试,了解他们是如何主观描述真实自我的,并通过访谈、实验、调查等方法探查这种主观设定与其人格特质、自我知识准确性、自我成长倾向之间的关系,对于探明自我演化的健康模式应具有启示意义。

合作者:徐华春、杨杏、苏丹;原文载于:《西南大学学报》(社会科学版),2017,43(1):102-111。

青少年理想身体自我量表编制

长成什么样子才最漂亮？什么样的身体是最美的？这涉及理想身体自我的研究。所谓理想身体自我（ideal physical self）是个体对自己最想拥有的身体状态的认知和评价。虽然与生俱来的身体我们无法做大的改变，但对身体的看法和评价标标准是十分主观和个体化的，其看法和评价通过作用于青少年的自尊或自我价值感（Forbes，Adams-Curtis，Rade，Jaberg，2001；French，Story，Perry，1995；Polce-Lynch，Myers，Kilmartin，Forssmann-Falck，Kliewer，1998；陈红，2003；陈红，黄希庭，郭成，2004），而成为影响青少年心理健康的重要因素。理想我和现实我的差距是心理健康的重要指标。内化的理想标准是青少年在评价其身体自我时的重要参照标准（Thompson，Stice，2001），因此，探讨处于人生中身体急剧变化发展的重要时期的青少年的理想身体自我特点，有助于建立青少年正确的身体观和自我观念，促进其心理健康、积极地发展。

国外对身体意象（body image）的研究中涉及理想的身体意象（ideal body image）。测量方法多种多样，但专门测量理想身体意象的工具不多见，大多附属于身体意象测量。已有研究中使用较多的方法是直观的知觉评价（perceptual assessment），包括绘制的身体轮廓画像比较和选择、媒体图片的比较选择、观看录像和计算机模拟的数码身体意象程序（digital body image program）等（Stanford，Mccabe，2002）。如Dittmar的研究（Dittmar et al.，2000），使用照片排序和口头描述的定性研究方法。Rolland等对儿童现有身体感知与其理想体型和BMI的关系（Rolland，Farnill，Griffiths，1996），Flynn等对低收入的非洲籍美国母亲与其女儿的理想身体意象的研究（Flynn，Fitzgibbon，1996）；甚至专门的测量技术，如移动的测径技术（movable caliper technique）、意象产生程序（the image making procedure）、投射光柱仪器（projected light beam apparatuses）身体意象探测仪器（the body image detection apparatuses）等（Cafri，Thompson，2004），这种方法只局限于对理想的身体大小（size）、理想的体重或身体某部分（如腿）的理想状态等的评价；另一种是运用自我报告量表的主观评价法（subjective assessment），但多包含在对身体不满意量表、身体自尊量表中，作为下属题目，较少见到专门测量理想身体的量表，Cash，Szymanski的理想身体意象问卷（Body-Image Ideals Questionnaire）（Cash，Szymanski，1995），实际上只是测量理想相貌的量表。

从测量内容上看，主要存在单维度和多维度两种取向。单一维度探讨局限在身体特征的某一方面。如女性身体的“瘦理想”（thin-ideal）倾向普遍存在于青少年甚至更小的儿童中（Thompson，Stice，2001），50%到80%的女孩喜欢更瘦（Thomas，Thomas，2002），成为现有文化中评价女孩身体的主要维度。美国的妇女杂志在过去的30年中所描述的拥有理想身体的女性的体重在持续下降(Garner,Garfinkel,Schwartz,Thompson,1980;Silverstein,Perdue,Peterson,Vogel,Fantini,1986;Wiseman,Gray,Mosimann,Ahrens,1992)。又如对理想男性身体"肌肉"的强调,Pope发现男性理想的身体是多肌肉而少脂肪(Pope Jr,Olivardia,Gruber,Borowiecki,1999)。Thomas的研究发现男孩的理想身体除了不胖外,还喜欢有型,即宽大的上体包括手臂、胸和肩,高和有肌肉(Smolak,Levine,Thompson,2001)。多维度的探讨注重对整体的理想身体特征的研究。Dittmar等人的研究表明理想身体形象是多维度的,如Dittmar的研究发现:英国青少年认为理想的男人声音好听、富有肌肉、"V"字体形和短头发;理想的女人漂亮、苗条而艳丽(voluptuous)、长头发(Stanford,Mccabe,2002)。他把青少年男性的理想身体分为:一般魅力特征、异性特征、上身肌肉特征、瘦的特征、头发长度特征、匀称特征等6个因素。把青少年女性的理想身体分为:一般魅力特征、异性特征、瘦的特征、性特征、头发长度特征等5个因素。

总之,现有对理想身体的研究发现男女对理想身体的标准不同,但测量工具分别针对男性和女性理想身体的量表不多见。在测量方法上也存在问题,表现为样本小,主要是西方被试,无重测数据、无法反映理想身体的文化偏好等等(Smolak et al.,2001)。本研究旨在编制青少年男性和女性的理想身体自我量表,初步探讨中国文化背景下青少年理想身体自我的特点。我们假设:在中国文化背景下,青少年的理想身体自我是多维度的,男性和女性的理想身体有共同的维度,也有其特异性。

1方法

1.1被试

采用随机整群抽样法,在成都和重庆抽取青少年学生被试1124名。其中开放式问卷研究共抽取204名,分别为14岁组65名(男30,女35),17岁组88名(男33女53)、20岁组51名(男24,女27)。封闭式问卷研究共抽取被试924名,分别为14岁组260(男131,女129),17岁组301名(男138,女163),20岁组363(男177,女186)。

1.2程序

(1)开放式问卷。以"你认为什么样的男性身体最美?什么样的女性身体最美?"进行团体施测;(2)封闭式问卷。对开放式问卷结果进行内容分析及词频统计,根据词频指标确定青少年理想身体自我的项目,并结合文献和专家意见编制成初步的青少年理想身体自我问卷。采用"0、1、2、3、4"五点记分;(3)信度、效度指标的确定。对38名20

岁组被试(男15人,女23人)进行施测与重测,重测间隔为2周;(4)所有数据用SPSS10.0做统计处理。

2结果与分析

2.1开放式问卷结果分析对

对开放式问卷结果进行内容分析和词频统计发现:各个年龄段的青少年对理想身体看法几乎包括了身体的各个方面。各个年龄段青少年都认为男性的理想身体是:有肌肉、强壮、高大等,而理想女性身体是:长发、苗条、线条明显等。可以看出,青少年对不同性别的理想身体的看法有明显的差异。词频统计发现:随着年龄的增长,青少年对理想女性身体的看法越来越趋向于重视和性相关的特征,如14岁组更多的认为理想女性身体是眼睛大、长发、嘴巴小、苗条,而20岁组的青少年则更多的认为理想女性身体是乳房大、线条明显、性感、丰满等,这与青少年所处的不同的发育阶段是密切相关的。但不同的性别和不同的年龄段对理想男性身体的看法具有较大的一致性。根据开放式问卷结果得到青少年理想身体自我问卷的具体题项。

2.2项目分析与筛选

在进行探索性因素分析前,对测题进行项目分析。首先,鉴于理想身体自我是青少年喜欢的身体特征,根据各项目的频度统计,计算不喜欢(包括“非常不喜欢”和“不喜欢”)和喜欢(包括“非常喜欢”和“喜欢”)累计百分比的差异显著性,把不喜欢的累计百分比达到显著水平的题目去掉,没有达到显著水平的题仍保留。

其次,计算各题项的CR值(critical ratio,临界比率),即将各题得分从高分到低分排列,选取前27%为高分组,后27%为低分组,对两组平均数进行差异显著性检验,得到CR值。经统计,本测验各题项的CR值均达到0.000的显著水平,表明鉴别力良好。其次,计算各题与总分的相关,删除相关系数小于0.20的题项,删掉不符合要求的题项。

再者,根据重测信度系数大于0.20的标准对项目进行筛选,再根据以下因素对项目进行筛选:(1)项目的因素负荷值(α)大于0.40;(2)共同度(h^2)大于0.20;(3)概括负荷大于0.40(α^2/h^2)。共删除15个男性题项,得到包含16个题项的理想男性身体自我量表;删除12个女性题项,得到20个题项的正式理想女性身体自我量表。

2.3男性理想身体的探索性因素分析

Kaiser-Meyer-Olkim检验值为0.70,说明样本大小适合进行因素分析;Bartlett球形检验值为899.39，显著性水平为0.000，说明变量间有共享因素的可能性。用主成分分析法提取共同因素，再用最大变异法，求出旋转因素负荷矩正，选取因素特征值大于1的因子，根据Cattell所倡导的特征图形的陡坡检验，以及各因子的题目数不能低于3个，最后确定了4个因素（如表1）。4个因子共解释总方差的45.92%。题项的最高负荷为0.79，最低负荷为0.43。因子1的特征值为2.07，贡献率为12.16%，包含腿修长、线条明显、性感、有魅力、鼻子高，共5个题项，命名为“性感特征”；因子2的特征值为2.01，贡献率为11.83%，包含运动的、黑色头发、健康，共3个题项，命名为“运动健康”；因子3特征值为1.92，贡献率为11.30%，包含肌肉凸出、胸部大、强壮、高大，共4个题项，命名为“高大力量”；因子4特征值为1.80，贡献率为10.63%，包含眼睛大、双眼皮、短发、眉毛浓4个题项，命名为“浓眉大眼”。

2.4 女性理想身体的探索性因素分析

Kaiser-Meyer-Olkim检验值为0.75，说明样本大小适合进行因素分析；Bartlett球形检验值为1321.02，显著性水平为0.000，说明变量间有共享因素的可能性。用主成分分析法提取共同因素，再用最大变异法，求出旋转因素负荷矩正，根据因素特征值大于1，Cattell所倡导的特征图形的陡坡检验，以及各因子的题目数不能低于3个，最后确定了4个因素（如表1）。4个因子解释了总方差的43.48%，题项的最高负荷为0.78，最低负荷为0.40。第一个因素特征值2.58，贡献率为12.91%，包含胸部大、性感、丰满、线条明显、臀宽、有魅力，命名为“性感”；第二个因素特征值为2.31，贡献率为11.57%，包含双眼皮、黑色头发、匀称、皮肤细腻、健康，命名为“匀称健康”；第三个因素特征值为2.00，贡献率为10.00%，包含皮肤白、腰细、苗条、长发、腿修长，命名为“苗条飘逸”；第四个因素特征值为1.8，贡献率为9.00%，包含鼻子高、骨感、瓜子脸、眼睛大，命名为“洋气骨感”。

表1 男性和女性理想身体的探索性因素分析

男性	F1	F2	F3	F4	共同度	女性	M1	M2	M3	M4	共同度
腿修长	0.66				0.51	胸部大	0.78				0.64
线条明显	0.65				0.43	性感	0.74				0.58
性感	0.62				0.45	丰满	0.70				0.57
有魅力	0.56				0.42	线条明显	0.57				0.44
鼻子高	0.41				0.37	臀宽	0.50				0.26
运动的		0.68			0.48	有魅力	0.50				0.36
黑色头发		0.62			0.41	双眼皮		0.66			0.44
健康		0.61			0.44	黑色头发		0.63			0.51

续表

男性	F1	F2	F3	F4	共同度	女性	M1	M2	M3	M4	共同度
肌肉凸出			0.79		0.66	匀称		0.62			0.41
胸部大			0.66		0.55	皮肤细腻		0.58			0.49
强壮			0.65		0.56	健康		0.54			0.31
高大			0.43		0.39	皮肤白			0.63		0.42
眼睛大				0.74	0.57	腰细			0.59		0.47
双眼皮				0.73	0.54	苗条			0.58		0.52
短发				0.45	0.41	长发			0.57		0.46
眉毛浓				0.44	0.33	腿修长			0.57		0.48
						鼻子高				0.72	0.53
						骨感				0.51	0.27
						瓜子脸				0.45	0.24
						眼睛大				0.40	0.31

男性理想身体维度：F1=性感魅力，F2=运动健康，F3=高大力量，F4=浓眉大眼；女性理想身体维度：M1=性感魅力，M2=匀称健康，M3=苗条飘逸，M4=洋气骨感。

2.5 信度与效度

男性理想身体自我量表的α信度系数0.65，分半信度系数为0.64。两周后各维度的稳定性系数在0.82—0.96之间，重测信度为0.93。女性理想身体自我量表的α信度系数0.74，分半信度系数为0.71。两周后各维度的稳定性系数在0.80—0.94之间，重测信度为0.89。因素分析得到的维度与构想的理论维度基本一致，说明有较好的构想效度。

3 讨论

本研究采用主观评价法，尝试编制多维度的适合不同性别的中国青少年理想身体自我问卷。在开放式问卷基础上，选择了描述理想身体的32个形容词，经因素分析初步编制了青少年理想身体自我量表，包含15个项目的男性量表（IPSS-M）和20个项目的女性量表（IPSS-F），其中男性量表包含4个因素：性感魅力、运动健康、高大力量、浓眉大眼。女性量表包含4个因素：性感魅力、匀称健康、苗条飘逸、洋气骨感。与Dittmar得到的青少年男性理想身体维度（一般魅力、异性特征、上身肌肉、瘦、头发长度、匀称6个因素）和青少年女性的理想身体的维度（一般魅力、异性特征、瘦、性特征、头发长度5个因素）（Dittmar et al.，2000）在一般魅力和异性特征方面基本一致。但在对因素的命名上

Dittmar等的研究对男性的力量具体到上身肌肉特征，本研究对如魅力特征具体为男性的浓眉大眼和女性飘逸、洋气骨感，可能更具有中国文化的特异性。另外，该量表操作简便，有较好的心理测量学指标，在样本数量，重测数据和中国文化背景方面对已有研究是较好的补充。进一步研究可进行验证性因素分析。

本研究表明我国青少年理想身体自我是多维度的。如量表维度分析显示，除了强调女性的瘦理想和男性的多肌肉外，还包含健康、性感、一般魅力等多方面内容。研究得出当代中国青少年对理想的男性身体的典型描述是：健康、黑发、匀称、运动、有魅力、高大、双眼皮、短发、强壮；对理想的女性身体的典型描述是：健康、皮肤细腻、匀称、苗条、黑发、双眼皮、线条明显、长发、皮肤白、有魅力。与Dittmar等的研究对照（Dittmar et al.，2000），男性身体均强调强壮（有肌肉）、短发，但英国青少年注重好听的声音，中国青少年还特别强调健康运动特征。对理想女性身体除了苗条、线条明显、长头发的共同特征外，英国青少年还注重相貌的漂亮，中国青少年则喜欢皮肤细腻和健康特征。根据Chen在20世纪90年代的研究（Chen，Swalm，1998），中国学生喜欢丰满特征，在本研究中青少年没有表现出对女性理想身体的丰满特征的突出喜好。与Leung在2001年的研究一致，说明从时间发展上更迎合瘦身理想的国际潮流（Kehoe，2003）。

关于理想身体的性别差异，原假设得到验证，即在中国文化背景下，男性和女性的理想身体有共同的维度，也有不同的维度。共同的方面是看重健康、性感和头发，不同的方面是对男性身体更强调力量、强壮和高大，对女性身体更强调苗条和匀称。与Davis对加拿大大学生的研究结论即男性更多地描述其运动员般的身体和生理威力（Davis，Brewer，Weinstein，1993），女性主要看重吸引力、漂亮和瘦相比，在强调男性的力量和女性的瘦方面有一致性。但中国青少年在强调"瘦"的同时还重视"匀称"。与Chen在1998年对中国被试的研究一致（Chen，Swalm，1998），瘦理想倾向在中国被试中仍普遍存在。也印证了Leung等关于历年来香港小姐资料分析的研究结论（Leung，Lam，Sze，2001），即高而瘦、线条明显是理想的中国女性的重要特征之一。总之，关于理想身体自我男女共同看重的是健康和性吸引力；不同的是男性的评价主要在力量方面，而女性则更关注身材方面。

4结论

（1）自编的青少年理想身体自我量表具有较好的信度和效度；男性理想身体自我的维度为：性感魅力、运动健康、高大力量、浓眉大眼；女性理想身体自我的维度为：性感魅力、匀称健康、苗条飘逸、洋气骨感。

(2)我国青少年的理想身体自我是多维度的,对理想男性身体的典型描述是:健康、黑发、匀称、运动、有魅力、高大、双眼皮、短发、强壮。对理想女性身体的典型描述是:健康、皮肤细腻、匀称、苗条、黑发、双眼皮、线条明显、长发、皮肤白、有魅力。

(3)在中国文化背景下,男性和女性理想身体有共同维度(看重健康、性感和头发)和不同的维度(男性身体更强调有力量、强壮和高大,女性身体更强调苗条和匀称)。

合作者:陈红、冯文锋;原文载于:《心理科学》,2006,29(5):1190-1193。

青少年学生自立人格量表的建构

自立是中华民族精神的精华之一，是一个涉及多个学科的宽泛概念（夏凌翔，钟慧，2004；夏凌翔，黄希庭，2006a，2006b）。一般来说，其是指个体自己解决所遇到的基本生存与发展问题（夏凌翔，黄希庭，2006a，2006b）。自立人格则是一个明显的人格概念，通常是指自立者（即可以很好解决基本生存与发展问题的人）所具备的优秀人格特征，也就是传统文化所强调的有助于个体很好解决基本生存与发展问题的那些人格特质。自立人格是我国优秀文化传统中具有现代生命力的一个人格构念（夏凌翔，钟慧，2004；夏凌翔，黄希庭，2006b，2006c；夏凌翔，黄希庭，吴波，2007），也是中国人健全人格的重要内容之一（黄希庭，车丽萍，2003）。虽然自立人格这个概念较常见，其也是我国学生的人格培养目标与内容之一，但是到目前为止，关于自立人格究竟应该包括哪些特质等基本理论问题还缺乏科学的研究和清楚的认识。同时，目前还没有一个能够有效测评青少年学生自立人格的工具。

在西方国家有与自立人格类似的人格概念，如独立性、自主性等。前期的文献研究（夏凌翔，钟慧，2004；夏凌翔，黄希庭，2006a，2006b，2006c；夏凌翔等，2007）与系列调查（夏凌翔，2006；夏凌翔，黄希庭，2004，2006d，2006e，2007；黄希庭，李媛，2001）都发现：与西方的独立性、自主性相比，在中国传统文化下所产生的自立人格概念具有一些显著的不同特征，具体表现为自立人格比独立性、自主性更强调以伦理、责任、开放等为内容的人际联结与人际道德因素，自立者比自主者、独立者更守信、合作、负责和以他人中心，相互依赖是自立人格暗含的内容。这些差异可以概括为：自立人格是一种辩证性的人格特征，强调个人独立、自由与人际联结的对立统一。显然，自立人格的这种特征反映了中国传统文化对人的要求，具备自立人格的人也就能更适应中国的社会文化环境。同时自立人格的这种特点也与一些西方学者对独立、自主概念的现代反思的方向一致。

总之，在当前建构和谐社会的背景下，深入进行自立人格研究具有理论与实践意义。在自立人格所包含的内容方面，前期系列研究已经发现，古今学者以及公众对自立人格所包含的主要人格特质还是有着相对比较一致的认识，其主要包括独立性、主动性、责任性、灵活性和开放性5大类；公众（包括青少年学生自己）认可的大学生、高中生、初中生的自立人格特质基本一致，也主要为上述5大类。采用人格特质词对青少年学生自立人格的探索性研究发现（夏凌翔，黄希庭，2006d），在大学生、高中生、初中生中都能比较一致地获得主要涉及这5类特质的自立人格因素，但是尚不能获得性质单一的5种特质，它们显示出在人际与个人两大领域分别聚焦的特性或倾向。

这就提示:青少年学生自立人格所包括的特质应该分别从个人与人际两大方面围绕独立性、主动性、责任性、灵活性和开放性来分别建构。据此,自立人格可以界定为:个体在自己解决所遇到的基本生存与发展问题中形成的包括个人与人际两个方面的独立性、主动性、责任性、灵活性和开放性等特质。

青少年学生的自立人格也就可以被建构为涉及人际自立与个人自立两个方面的共10种特质,即人际独立、人际主动、人际责任、人际灵活与人际开放以及个人独立、个人主动、个人责任、个人灵活和个人开放。在维度关系与层次结构方面的假设是:青少年学生的自立人格是一个10因素的一阶结构。即,自立人格所包含的10种特质是相对独立的。也就是说,一方面,独立性、主动性、责任性、灵活性和开放性不是二阶因素;另一方面,人际自立与个人自立也不是二阶因素。这样进行假设的根据是:第一,前期研究(夏凌翔,黄希庭,2006d)与上述理论分析都显示,人际独立与个人独立、人际主动与个人主动、人际责任与个人责任、人际灵活与个人灵活、人际开放与个人开放这5对特质都具有相对的独立性。第二,人际自立与个人自立仅是便于对自立人格特质进行建构与理论归纳的理论概念或类别而不是实质上的二阶因素。其实,用于显示类别或范畴的人格概念本就不必为高阶因素。例如,"人格"不是大五人格中的5个人格因素的高阶因素;张妙清对华人开放性的研究发现开放性也不是高阶因素(张妙清,2002)。第三,特质论中的基本特质一般都是相对独立的,例如大五人格中的5个人格因素,卡特尔提出的16种人格因素都是相对独立的。从自立人格所包括的10种特质来看,它们都是比较基本的人格特质,多数特质之间没有紧密的联系,因此应该是相对独立的。

此外,期望在前期研究(夏凌翔,黄希庭,2006d)的基础上进一步确证的假设是,大学生、高中生与初中生的自立人格结构一致,可以用同一量表来测量。以下的量表编制过程就是在这些理论假设的基础上进行的。

总之,本研究试图在前期系列研究的基础上继续探究并验证青少年学生自立人格的结构,同时编制出能有效测量青少年学生自立人格特点的工具。

1方法与程序

1.1预试问卷1的编制与施测

1.1.1项目的编制过程

第一步,根据文献综述,前期调查(夏凌翔,2004)来收集项目,并参考已有的人格量表如16PF、EPQ、QZPS(王登峰,崔红,2003,2004),已有的独立、自主量表如心理分离调查(Hoffman,1984)、青少年自主问卷(Noom,Deković,Meeus,2001)、领域特定性模型问卷

(Smetana,1995),已有的其他相关量表如容纳他人量表、社交回避和苦恼量表(Robinson,Shaver,Wrightsman,杨中芳总校定,1997)中的相关项目的编写方法来修改收集到的部分项目,最后获得了2080个项目。

第二步,以含义明确、表达简练、较好反映人格特质、较好反映理论构想、没有近似含义为标准反复删改、合并项目,最后获得255个项目。

第三步,将这255个项目编制成两个问卷,分别请13位(共26位)心理学第二专业的大三学生进行项目评价,根据他们的意见修改和增删项目,最后确定了166个项目。

第四步,将166个项目中经过改动和把握不大的106个项目挑选出来编制成问卷,请心理学专业的博士研究生、硕士研究生各10人进行项目评价。根据他们的意见再次修改和增删项目,最后确定了129个项目。

第五步,将这129个项目编制成问卷,分别请大学教师10名,高中、初中教师各七名,大学生、高中生、初中生各25名进行项目评价。根据他们的意见再次修改和增删项目,最后确定了104个项目。

第六步,参考有关的社会期望量表(汪向东,王希林,马弘,1999)编制了印象管理问卷(impression management)项目8个。

第七步,从104个自立人格项目中抽取4个编制一致性量表。此外,还编制了一个效度题请被试自评是否认真填答问卷。

最后获得了由117个项目构成的5点量表(从非常不符合到非常符合)的预试问卷1,其中反向题51个。

为了检验前述的“青少年学生自立人格所包括的特质应该分别从个人与人际两大方面围绕独立性、主动性、责任性、灵活性和开放性来分别建构”的假设,这117个项目中既有综合反映人际与个人两个方面内容的较为抽象与概括的项目,也有分别反映人际自立与个人自立的相对具体的项目。

1.1.2 被试

在重庆、成都两地分别抽取150名大学生、高中生、初中生进行调查(共发放问卷450份)。通过以下标准挑选废卷:①在效度题上得分低于4;②超过10%的项目没有作答;③明显乱答(如有规律作答);④在一致性量表上得分高于4;⑤在印象管理问卷上的平均分大于4。最后获得有效的大学生问卷136份,其中男生38人,女生88人,10人未填,大二96人,大三31人,9人未填;有效的高中生问卷129份,其中男生64人,女生55人,10人未填,高一32人,高二42人,高三33人,22人未填;有效的初中生问卷139份,其中男生75人,女生63人,1人未填,初一87人,初二52人。

1.1.3 数据处理

用SPSS11.0进行数据分析和处理。

1.2 预试问卷2至5的编制与施测

1.2.1 项目的编制过程

对预试问卷1进行了项目分析，并且应用主成分分析法(principal component analysis)进行了探索性因素分析，结果发现：反映同大类特质的人际与个人两个方面内容的项目确实难以聚合为一个维度；绝大多数综合反映人际与个人两个方面内容的项目在多个维度上都有超过0.35的因素负荷；对大学生适宜的项目，对高中生和初中生也基本适合。这就初步表明分别从人际自立与个人自立两个方面来设计自立人格特质是合理的；可以用一个量表来测量大学生、高中生和初中生的自立人格。

此外也发现预试问卷1的项目还有待改进。主要的问题包括：一些项目受社会期望效应影响较大；个别项目初一学生理解起来仍有一定困难。

根据对预试问卷1的调查结果的统计分析、理论构想以及在施测过程中收集到的意见，结合最初收集到的项目库，对项目进行了修改和增删。之后编制的预试问卷2就明确划分为了人际自立分问卷和个人自立分问卷两个部分。之后，又经过了3次预试，编制出了包括87个项目的预试问卷5，其中人际自立分问卷39个项目，个人自立分问卷37个项目，其余的为效度项目。在这三次预试的探索性因素分析中，均是首先使用主成分分析法进行探索性因素分析，然后根据因素的特征根大于1、碎石图的陡阶检验、总的解释方差比率以及因素的可解释性等指标综合考虑来确定因素数目。结果发现，人际自立分问卷和个人自立分问卷两个分量表在大学生、高中生和初中生数据中都能获得与研究构想比较一致的因素结构。

1.2.2 预试问卷5的被试

在重庆、成都两地分别抽取大学生、高中生各230名以及初中生180名进行调查(共发放问卷640份)。通过使用上述标准挑选废卷后，获得有效的大学生问卷177份，其中男生86人，女生89人，2人未填；有效的高中生问卷186份，其中男生75人，女生106人，5人未填；有效的初中生问卷134份，其中男生54人，女生79人，1人未填。

1.3 青少年学生自立人格量表的初步编制与施测

1.3.1 项目的编制过程

分别对预试问卷5中大学生、高中生、初中生以及所有学生的人际自立分问卷与个人自立分问卷数据进行多次探索性因素分析，通过分别对人际自立分问卷与个人自立分问卷在4个样本上的探索性因素分析结果的反复比对和多次尝试，最终确定出了人际自立分量表项目20个，个人自立分量表项目25个，每个维度的项目为3—6个。

分别用确定出的人际自立分量表与个人自立分量表中的项目在大学生、高中生、初中生以及所有学生的数据中进行探索性因素分析（应用主成分分析法，限定为5因素的最大方差正交旋转），结果在大学生、高中生以及所有学生的数据中都能获得一致的5因素结构与项目归属关系，仅在初中生的数据中有个别项目出现了归属差异。

由于个别维度的项目偏少，在初中生数据中未能获得完全一致的结果，以及在项目分析过程中又发现了一些可能更符合维度含义的项目，因此分别给人际自立分量表与个人自立分量表增加了8个与10个项目，以便进行进一步的项目分析与挑选。

分别对大学生、高中生、初中生以及所有学生的印象管理问卷的数据进行探索性因素分析，挑选出在4个样本中都能获得单一因素的项目4个，作为印象管理量表的正式项目。此外，仍从最后确定的63个自立人格项目中抽取出了3个编制了一致性量表，并且仍编制了一个效度题请被试自评是否认真填答问卷。因此，最后初步确定的青少年学生自立人格量表由71个项目构成，其中反向题39个。

1.3.2 被试

在重庆、四川、贵州、云南、广东、福建、吉林、北京、上海等省市共发放问卷2100份。通过使用上述标准挑选废卷后，获得有效问卷1723份，其中大学生问卷752份、高中生问卷503份、初中生问卷468份。

将大学生问卷、高中生问卷、初中生问卷都随机分为两个样本。对其中一个样本进行探索性因素分析，这个样本中有大一99人，大二100人，大三88人，大四89人，高一69人，高二87人，高三87人，初一73人，初二77人，初三78人；男生374人，女生468人，5人未填。

对另一个样本进行验证性因素分析，这个样本中有大一100人，大二100人，大三99人，大四77人，高一72人，高二90人，高三98人，初一84人，初二82人，初三74人；男生370人，女生505人，1人未填。

1.3.3 数据处理

用SPSS11.0进行数据管理和探索性因素分析，用Lisrel 8.51进行验证性因素分析。

2结果与分析

2.1青少年学生自立人格量表初步项目的探索性因素分析结果

分别对探索性因素分析样本中的大学生、高中生、初中生以及所有学生的人际自立分量表与个人自立分量表的数据进行多次探索性因素分析。通过分别对人际自立分量表与个人自立分量表在4个样本上的探索性因素分析结果的反复比对和多次尝试,根据以下标准:①一个项目在任意两个因素上的负荷之差要大于0.20;②项目在因素上的负荷要超过0.30;③每个因素所包含的项目多于4个。最终确定出了人际自立分量表项目22个,个人自立分量表项目27个,每个维度的项目为4—6个。

分别用确定出的人际自立分量表与个人自立分量表中的项目在大学生、高中生、初中生以及所有学生的数据中应用主成分分析法再次进行探索性因素分析,结果发现:根据因素的特征根大于1、碎石图的陡阶检验、总的解释方差比率以及因素的可解释性等指标综合考虑,个人自立分量表中均是5因素模型最佳;而且限定5因素的最大方差正交旋转能够在大学生、高中生、初中生以及所有学生的数据中都能获得一致的5因素结构与项目归属关系。人际自立分量表在高中生样本中为5因素模型最佳,在初中生、大学生以及所有学生这3个样本中4因素模型也合理。在初中生、大学生以及所有学生这3个样本中限定4因素进行最大方差正交旋转的因素分析发现,在初中生样本中仅能获得3个有效的因素(剩余的1个因素仅有两个项目,且在多个因素上都有超过0.30的负荷),在大学生与青少年学生样本中获得的4因素结构与理论构想相比的主要区别在于人际独立与人际主动聚合成了一个因素。限定5因素对初中生、高中生、大学生以及所有学生这4个样本进行最大方差正交旋转的因素分析则发现,在4个样本的数据中都能获得一致的5因素结构与项目归属关系。这说明在人际自立分量表中选用5因素模型相对更合理。

对所有学生(即青少年学生)的数据就人际自立分量表、个人自立分量表分别进行探索性因素分析的结果见表1和表2。

表1　人际自立分量表的探索性因素分析(N=847)

序号	因素1:人际独立	因素2:人际责任	因素3:人际主动	因素4:人际开放	因素5:人际灵活	共同度
1	0.733					0.566
2	0.678					0.483
22	0.617		0.279			0.475
12	0.576		0.214			0.401

续表

序号	因素1:人际独立	因素2:人际责任	因素3:人际主动	因素4:人际开放	因素5:人际灵活	共同度
5		0.748				0.596
25		0.696				0.526
17		0.662				0.497
16		0.650				0.470
4			0.748			0.614
13	0.298		0.668			0.586
3	0.312		0.607			0.477
14			0.570			0.350
20				0.695		0.499
21				0.656		0.501
10				0.644		0.480
9				0.642		0.440
19					0.788	0.639
7					0.683	0.502
18	0.296				0.620	0.487
8			0.246	0.246	0.558	0.454
特征值	2.143	2.036	2.030	1.948	1.884	
贡献率	10.717%	10.181%	10.148%	9.741%	9.421%	

注:因素负载小于0.2的未显示,以下同

表2 个人自立分量表的探索性因素分析(N=847)

序号	因素1:个人责任	因素2:个人主动	因素3:个人独立	因素4:个人灵活	因素5:个人开放	共同度
36	0.790					0.645
47	0.782					0.632
48	0.637					0.457
35	0.627					0.443
58	0.546	0.299				0.401
45		0.755				0.599
34		0.661				0.455

续表

序号	因素1:个人责任	因素2:个人主动	因素3:个人独立	因素4:个人灵活	因素5:个人开放	共同度
56		0.655				0.467
57		0.617				0.430
46	0.343	0.607				0.509
54			0.825			0.706
31			0.817			0.697
43			0.595			0.392
30			0.556			0.325
42			0.510		0.357	0.454
50				0.777		0.614
65				0.733		0.548
49				0.648		0.427
38				0.531		0.331
37				0.521		0.316
51					0.606	0.403
67					0.603	0.401
61					0.600	0.396
62					0.596	0.408
68	0.229				0.549	0.391
40					0.507	0.278
特征值	2.642	2.487	2.412	2.293	2.292	
贡献率	10.160%	9.565%	9.279%	8.818%	8.816%	

2.2验证性因素分析结果与青少年学生自立人格量表项目的最终确定

用探索性因素分析确定的项目在验证性因素分析的样本中用一阶模型分别对人际自立分量表、个人自立分量表的数据采用协方差矩阵和极大似然法进行验证性因素分析,结果发现,尚不能在大学生、高中生、初中生以及所有学生的样本中都获得一致的较佳拟合。同时,为了让各维度的项目数保持平衡。因此,根据修正指数(modification indices)、因素负荷以及维度项目数一致等指标与原则删除了9个项目,最后确定的人际自立分量表与个人自立分量表项目均为20个,每个维度4个。

根据最终确定的青少年学生自立人格量表的项目在大学生、高中生、初中生以及所有学生的样本中对人际自立分量表与个人自立分量表都分别设置一阶模型和二阶模型进行验证性因素分析。所谓一阶模型就是设置人际自立分量表与个人自立分量表的20个项目分别归属5个一阶因素，这5个因素间的关系自由估计；2阶模型就是设置这5个一阶因素又归属于1个二阶因素。人际自立分量表与个人自立分量表验证性因素分析的拟合指数值见表3与表4。

表3　人际自立分量表的验证性因素分析的拟合指数

模型	χ^2	df	χ^2/df	RMSEA	GFI	SRMR	NNFI	CFI
M_{q1}	368.61	160	2.30	0.040	0.96	0.044	0.90	0.92
M_{q2}	417.71	165	2.53	0.043	0.95	0.051	0.89	0.90
M_{d1}	258.21	160	1.61	0.039	0.94	0.054	0.90	0.91
M_{d2}	290.21	165	1.76	0.045	0.93	0.061	0.87	0.89
M_{g1}	262.12	160	1.64	0.051	0.90	0.064	0.86	0.89
M_{g2}	276.42	165	1.68	0.053	0.90	0.070	0.86	0.88
M_{c1}	228.53	160	1.43	0.044	0.91	0.061	0.87	0.89
M_{c2}	246.15	165	1.49	0.047	0.90	0.068	0.85	0.87

注：M下标中的q表示所有学生，d表示大学生，g表示高中生，c表示初中生，1表示一阶模型，2表示二阶模型

表4　个人自立分量表的验证性因素分析的拟合指数

模型	χ^2	df	χ^2/df	RMSEA	GFI	SRMR	NNFI	CFI
M_{q1}	359.58	160	2.25	0.038	0.96	0.047	0.93	0.94
M_{q2}	417.62	165	2.53	0.043	0.95	0.057	0.91	0.93
M_{d1}	281.78	160	1.76	0.046	0.93	0.060	0.90	0.92
M_{d2}	303.97	165	1.84	0.048	0.92	0.068	0.89	0.90
M_{g1}	260.24	160	1.63	0.050	0.91	0.066	0.90	0.91
M_{g2}	285.00	165	1.73	0.054	0.90	0.077	0.88	0.90
M_{c1}	248.34	160	1.55	0.047	0.90	0.068	0.88	0.90
M_{c2}	274.13	165	1.66	0.052	0.90	0.077	0.86	0.88

注：M下标的含义同表3

在人际自立分量表与个人自立分量表中分别对大学生、高中生、初中生以及所有学生的一阶模型与二阶模型进行模型比较，发现：第一，从表3与表4中可以看出，从$\Delta\chi^2$

(Δdf)角度看(Δdf=5时,$p<0.05$的标准是$\Delta\chi^2$=11.10),都是一阶模型更好。第二,从一阶因素在二阶因素上的负荷值以及一阶因素间的相关来看,总有部分一阶因素表现不佳,特别是人际/个人灵活因素,因此二阶模型不佳。这就初步检验了人际自立与个人自立都不是高阶因素的理论假设。

从表3与表4还可以看出,一阶模型的各项拟合指数均达到了通行的标准要求,表明所建构的人际/个人自立的因素结构合理。

为了检验大学生、高中生、初中生的自立人格结构的一致性程度,在人际自立分量表与个人自立分量表中使用一阶模型对大学生、高中生、初中生的数据进行了多组验证性因素分析,具体结果见表5。表5中的M下标中的1表示设置大学生、高中生、初中生的模型形态相同,2则表示设置大学生、高中生、初中生的模型的因素负荷相同;i表示人际自立分量表,p表示个人自立分量表。

表5 多组验证性因素分析的拟合指数

模型	χ^2	df	χ^2/df	RMSEA	GFI	SRMR	NNFI	CFI
M_{i1}	748.86	480	1.56	0.044	0.94	0.054	0.88	0.90
M_{i2}	789.31	510	1.55	0.044	0.93	0.059	0.88	0.89
M_{p1}	790.36	480	1.65	0.047	0.93	0.060	0.89	0.91
M_{p2}	843.91	510	1.65	0.048	0.92	0.067	0.89	0.90

从表5可以看出,模型M_{i1}与M_{p1}中的各项拟合指数均达到了通行的标准要求,表明人际/个人自立的一阶模型对大学生、高中生、初中都适合。对M_{i1}与M_{i2},M_{p1}与M_{p2}进行模型比较可知,多数拟合指数并没有明显变差,表明人际/个人自立的一阶模型在大学生、高中生、初中生三组上的因素负荷也等同。这说明大学生、高中生、初中生的自立人格结构相当一致,检验了理论假设。

为了进一步检验理论假设,在青少年学生样本中,将最终确定的40个项目一并纳入进行验证性因素分析,并设置了3个模型:M_1表示设置一个包含40个指标、10个因素的一阶模型,10个因素自由相关;M_2表示设置一个包括10个一阶因素、2个二阶因素的模型,即设置人际自立与个人自立两个二阶因素;M_3表示设置一个包括10个一阶因素、5个二阶因素的模型,即设置独立性、主动性、责任性、灵活性以及开放性5个二阶因素。具体的验证性因素分析结果见表6。由于按照M_3设置的模型会出现不恰当的解,说明模型设置不合理,因此未报告拟合指数。

表6 青少年学生自立人格量表的验证性因素分析的拟合指数（N=876）

模型	χ^2	df	χ^2/df	RMSEA	GFI	SRMR	NNFI	CFI
M_1	1295.70	695	1.86	0.034	0.92	0.046	0.89	0.90
M_2	1648.89	729	2.26	0.042	0.90	0.061	0.84	0.85
M_3	–	–	–	–	–	–	–	–

从表6可以看出，模型M_3不能拟合数据，表明独立性、主动性、责任性、灵活性以及开放性都不是高阶因素。从模型比较的角度看，M_1与M_2（即一阶模型与二阶模型）的对比特征与上述仅用分量表进行的验证性因素分析所得出的结果基本一致，即一阶模型优于二阶模型，这就再次检验了有关假设。从表6还可以看出，模型M_1的各项拟合指数均达到了通行的要求，表明青少年学生自立人格的10因素一阶模型合理。为了进一步考察自立人格所包含的10种特质的关系，计算了它们的相关系数，相关系数矩阵见表7。

表7 青少年学生自立人格量表10个因素的相关系数矩阵

因素	I1	I2	I3	I4	I5	P1	P2	P3	P4
I2	0.463**								
I3	0.156**	0.145**							
I4	0.060	0.189**	0.204**						
I5	0.183**	0.137**	0.183**	0.080*					
P1	0.234**	0.214**	0.251**	0.188**	0.148**				
P2	0.119**	0.237**	0.336**	0.276**	0.009	0.240**			
P3	0.141**	0.172**	0.404**	0.179**	0.090**	0.258**	0.374**		
P4	0.017	−0.012	−0.036	−0.124**	0.072*	−0.028	−0.140**	−0.010	
P5	0.198**	0.307**	0.045	0.288**	0.074*	0.206**	0.117**	−0.013	−0.134**

从表7可以看出，大多数因素之间的相关系数虽然显著但数值很低，表明这些因素之间虽然有一定的共性但多数是相对独立的，相关系数显著可能是由于样本量较大造成的。还可以看出，人际自立与个人自立两个方面的各个对应特质间的相关系数从数值上看也不大，特别是人际灵活与个人灵活的相关是−0.12，人际开放与个人开放的相关仅为0.07。这也进一步印证了表6的结果，即设置独立性、主动性、责任性、灵活性和开放性5个二阶因素是不恰当的，10种自立人格特质相对独立。

3讨论

3.1青少年学生自立人格的结构

前期系列研究发现,自立人格主要包括独立性、主动性、责任性、灵活性和开放性5大类特质,并发现青少年学生的自立人格特质有在人际与个人两大领域分别聚焦的特性或倾向(夏凌翔,黄希庭,2006d)。在此基础上,本研究提出青少年学生自立人格所包括的特质应该分别从个人与人际两大方面围绕独立性、主动性、责任性、灵活性和开放性来分别建构,并提出了一个10因素的结构模型。虽然这种建构人格结构的方式比较独特,但是从理论与实证两个方面来看,这种方式才是合理的。

首先,从理论上看,分别从个人自立与人际自立两个方面来建构自立人格既符合西方学者对独立性、自主性结构的研究,也符合自立人格的本质特点以及已有的对中国人人格的研究(Cheung,2002;张妙清,2002;张妙清,张树辉,张建新,2004;王登峰,崔红,2004)。

第一,在建构独立性、自主性的结构时,西方学者在处理人际因素与个人因素问题时主要有两种方式。一种是认为人际因素与个人因素属于同一维度的两极,即人际联结与个人独立、自主是单维双极的因素。这种观点的典型代表就是16PF中的独立性维度以及Hoffman编制的心理分离调查表(夏凌翔,黄希庭,2006c)。第二种是认为人际因素与个人因素属于不同的维度。这种观点的典型代表就是Beck提出的“社会依赖与自主是不同的人格维度”的观点,及其编制的社会依赖—自主量表(Sociotropy-Autonomy Scale,SAS)(夏凌翔等,2007);此外,Hmel和Pincus对15种自主量表做了分析后也发现这些量表所评估的并不是同一成分,而是三种不同成分,即自我管理(self-governing)、能动的分离(agentic separation)和抑郁倾向(indicative of depressogenic vulnerability)(夏凌翔等,2007)。可以看出,按照西方学者的观点,人际联结与个人独立、自主是不可能属于同一维度的同一极的,因此应该根据第二种观点将人际自立与个人自立分别建构。第二,前面已经指出,自立人格是一种辩证性的人格特征,与西方的独立性、自主性等人格特征不同。显著区别在于其既强调不依靠他人、脱离他人的个人性内容,也强调与他人发生密切联系的人际性内容。同时,自立人格中涉及的个人性内容的性质也与西方学者提出的独立性、自主性不同。因此,分别从人际与个人两个方面来建构自立人格特质才符合自立人格的本质特点,也才更利于区分自立人格与西方的独立性、自主性等概念。第三,分别涉及人际与个人领域的自立人格特质虽然从理论上看有一定的共性,例如都表现为独立、主动、责任、灵活和开放,但是这些在理论上似乎同类的特质在人际与个人领域可以产生不同的意义,形成不同的特质。例如,张妙清对华人开放性的研究就发现，其并非单一独特的人格因素，而是在人际与个人层面有不同的意义，分别包括几种特质（张妙清，2002）。王登峰与崔红的研究也发现（王登峰，崔红，2004），中国人的人格结构包括他人指向、自我指向和事物指向三个维度。这也提示中国人的某些人格因素在人际与非人际领域会有不同的意义。

其次，从本研究获得的数据来看，青少年学生自立人格的理论构想获得了实证的支持。例如，表3与表4的数据表明：人际自立包括的人际独立、人际主动、人际责任、人际灵活和人际开放5种特质相对独立；个人自立包括的个人独立、个人主动、个人责任、个人灵活和个人开放5种特质也相对独立。表6与表7的数据表明：将人际自立与个人自立设置为二阶因素或是将独立性、主动性、责任性、灵活性以及开放性设置为二阶因素都是不恰当的。

总之，从个人自立与人际自立两个方面来分别建构自立人格的特质是合理的，青少年学生自立人格包括的10种特质是相对独立的。因此，青少年学生的自立人格是10因素一阶的模型结构。

不过，从理论上看，可以将这10种特质划分为人际自立与个人自立两个方面，因为人际独立、人际主动、人际责任、人际灵活和人际开放5种特质其实都是针对个体的人际生活领域，个人独立、个人主动、个人责任、个人灵活和个人开放则都是针对个体的个人生活领域。进行这样的分类不仅符合人们的认知习惯，也便于人们理解自立人格与西方的独立性、自主性等人格特征的显著区别，还便于研究者选用相关的分量表进行有针对性的研究。

此外，分别用人际自立分量表与个人自立分量表的项目在两个样本的大学生、高中生、初中生以及所有学生的数据中进行的探索性因素分析和验证性因素分析的结果都证明5因素模型的稳健性。数据表明大学生、高中生、初中生的自立人格结构是相当一致的，这与前期研究结果一致，再次检验了相关理论假设。

3.2 青少年学生自立人格各维度的含义

根据前期的系列研究以及本研究的结果可以对青少年学生自立人格结构中的人际自立、个人自立以及它们各自包含的5种特质进行以下界定。人际自立就是个体在自己解决所遇到的基本人际交往问题中形成的带有人际色彩的独立性、主动性、责任性、灵活性与开放性特征。人际独立就是能自己从事基本的人际活动；人际主动就是主动与人交往；人际责任就是对人忠、信；人际灵活就是不刻板地坚持人际交往的原则与方式，能够权变、现实地处理人际关系问题，以维护交往各方的需要、利益和面子；人际开放就是积极容纳他人。个人自立就是个体在自己解决所遇到的基本个人生活问题中形成的非人际色彩的独立性、主动性、责任性、灵活性与开放性特征。个人独立就是能自己解决所遇到的基本个人生活问题；个人主动就是自发、自觉、及时地解决个人生活问题；个人责任就是行为严谨；个人灵活就是不刻板地坚持已有的东西（如规则、思想、计划等），能权变、现实地处理个人生活问题；个人开放就是乐于接纳自己没有接触过的东西、思想等新事物。

3.3 信效度量表的信效度

将另外撰文报告。不过，从上述对编制过程的报告中可以看出，量表项目是在根据文献分析、不同角度的几个较大规模的开放式问卷调查、初步的封闭式问卷调查、相关维度包含的人格特质词以及参考有关的权威量表的基础上编制。初步拟定的项目有2000多条，在此基础上多次经过有关专家的反复论证和多次预试挑选而来，因此内容效度可以得到保证。此外，从探索性因素分析与验证性因素分析的结果可以看出，有关结果已经初步检验了量表编制所依据的理论构想，因此该量表的构念效度也获得了初步的检验。

合作者：夏凌翔；原文载于：《心理学报》，2008，40（5）：593-603。

青年大学生自信的理论建构研究

自信是个体人格结构中起驱动作用的一个重要因素,对个体的心理活动与心理发展均有重要作用。国外关于自信的研究尚未形成专门领域。对近20年的文献检索发现,从Maslow首次论及自信以来,关于自信的研究与论述较为零散,缺乏整合的系统分析,且有关研究多数是用西方被试做出的,结论带有浓厚的西方文化色彩。国内关于自信的研究非常欠缺。大学阶段是大学生价值观形成、培养健康自我与健全人格的重要时期,这一时期自信能否形成、稳固,直接影响到大学生的就业、生活态度乃至整个人生。特别是在强调创新教育、推进大学素质教育的今天,对青年大学生自信的研究具有更重要的理论意义和实践价值。

综观自信的研究历史,有关研究多数均与自信训练联系在一起。且已有理论研究多局限于外部表现——自信行为的界定,内容分散、渗透或贯穿于其他研究之中。可归纳为以下几方面:(1)自信差异研究。如Lundeberg,Fox和Punćcohaŕ对自信性别差异的研究(Lundeberg,Fox,Punćcohaŕ,1994),发现男性比女性更为自信;而Lundeberg等的一项最新研究(Lundeberg,Fox,Brown,Elbedour,2000),力图将自信性别与跨文化差异的研究从学术背景拓展到更宽领域,结果发现了总体自信的巨大差异,并发现正确与否的信心主要与国家及其文化有关,证实了自信的文化差异性;还有学者,如Lirrg对自信的年龄差异进行了研究与检测(Lirgg,2010)。(2)自信的两极与反面研究。如,Koehler和Harvey对过于自信(overconfidence)现象的研究(Koehler,Harvey,1997),Jiang,Muhanna和Pick针对自信不足(underconfidence)所开展的有关研究(Jiang,Muhanna,Pick,1998);还有研究者,如Murray,Holmes等对自信的反面——自我怀疑(self-doubt)与不安全感(insecurities)加以研究(Murray,Holmes,Macdonald.,Ellsworth,1998),并进一步分析其成因,得出了有价值的结论。(3)自信的影响因素研究。如,Klein和Keller研究发现能力与控制点明显影响学生的表现及其自信(Klein,Keller,1990);Lundeberg等研究了文化对自信的影响(Lundeberg et al.,2000),发现自信具有情境、文化成分,不同国别与文化对自信有不同影响。在此基础上,还有研究者对增加自信的方式方法进行了研究(Flowers,2011),Juslin等还对自信的研究倾向进行了理论探讨(Juslin,Winman,Olsson,2000)。

目前国内有关自信的理论与实证研究均较少。几乎未见对自信的系统论述,没有形成理论模型及专门的测量工具。我们采用文献分析法研究了国内外自信的定义及其理论(车丽萍,2002),发现自信是一个多维度、多层次的心理系统,具有复杂的结构。且东西方文化背景中的自信含义、构成因素存在本质差异。为此,本研究将首先对我国文化背景中的自信进行全面、系统的界定，然后在开放式问卷基础上，编制大学生自信的测量量表。

1 自信概念的界定与理论构想

根据先前的研究成果，综合以往国内外对自信的定义与研究，我们用系统分析观对自信作如下定义：自信是一个多维度多层次的心理系统，是个体对自己的积极肯定和确认程度，是对自身能力、价值等做出正向认知与评价的一种相对稳定的人格特征。其相对性是指，自信既是一种稳定的人格特质，又受具体情境的影响，可以说有多少种情境就有多少种自信。本研究主要集中于自信的"特质"层面进行研究。此外，自信的形成与发展既受个体自身内部因素的影响，也受个体外部环境因素的制约，是个体与环境交互作用的结果。

我们认为可以把自信视为一个具有复杂结构的多维度多层次系统，从"抽象-具体"角度来划分其层次，从与主体学习与生活的不同客体内容来划分其维度，构建出自信系统的基本建构维度及理论体系。自信系统由整体和具体两个层次构成。第一层次整体自信（whole confidence），是类化的自信，抽象程度较高、比较稳定，反映了个体长期维持的一种基准水平，但较为模糊，体现了个体对其个人能力等的整体认识与态度，是自信系统的重要组成成分，体现了系统的整合功能，具体包括个体对其自身能力、意志、性格、品德、特长等方面的总体认识与态度；第二层次具体自信（specific confidence），是整体自信的支持因素，更多地体现了系统组成要素的功能，共有三个维度，即学业自信（school confidence）、社交自信（social confidence）和身体自信（physical confidence）。其中学业自信是指个体对自身外语、动手操作和创造等方面的肯定和确认程度；社交自信是指个体在其社会交往中的信心；身体自信是个体对其外表体型、身体素质、健康状况及体育运动等方面的信心与确认度。

2 方法

2.1 测量题目的收集与编制

根据操作性定义，先编制大学生自信的开放式问卷，并对学生和教师进行个别访谈。将搜集到的信息分析整理，选择有代表性和普遍性的条目，同时参照国内外有关量表的项目，拟定出大学生自信问卷的预测题项。

为了使问卷结构合理、通俗易懂，适用于大学生，先请专家对问卷进行修改后，形成包含97个题项的预试问卷。为了避免答题定势的影响，问卷中有18个项目采用了不同陈述方式（逆向题），在计分时做相应分数转换。在此基础上，选取大学一至四年级本科生389人进行预试。并对部分老师和大学生进行访谈，要求在不改动题项内容的情况下，找出表述不清、难于理解或有其他问题的项目，加以删除或修改。再对施测结果进行初步因素分析、相关分析、项目分析，经过删除、修改、增补，保留70个题项，构成大学生自信问卷。

2.2 正式量表的编制

2.2.1 被试

采用整群分层随机抽样法，选取西南地区部分重点大学和非重点大学作为测查对象。收回有效问卷1219份。被试从大学一至四年级，各年级的有效问卷数分别为297、331、323、268，每个年级男女生、文理科比例相当。

2.2.2 工具

大学生自信问卷。

2.2.3 程序

本研究采用5点自评式量表进行团体施测，并采用谈话法作为辅助方法；以随机抽样法选取被试，尽可能考虑性别、年级、学科等变项的平衡，以保证研究的代表性。研究分两个阶段：探索性因素分析，初步构建大学生自信的理论模型，确立自信系统结构的基本维度；验证性因素分析，对量表理论模型及其维度进行验证，确定正式量表的体系结构。

2.3 统计处理

采用SPSS10.0 for windows和Lisrel 8.3进行数据分析与处理。

3 结果

3.1 探索性因素分析

对第一阶段施测的整体自信问卷和三个具体自信分问卷数据分别进行主成分分析（principal factor analysis），提取共同因素（common factor），求得初始因素负荷矩阵，再用斜交旋转法求出最终的因素负荷矩阵。依据以下标准确定因素数目：因素的特征值大于1；因素解符合陡阶检验；据碎石图显示确定因子；每个因素至少包含3个题项。

表1　整体自信问卷正式题项之因素分析结果

题号	题项	共同度	因素负荷
因素一(特征值3.313,贡献率17.436%)			
23	我的知识丰富。	0 .518	0 .674
64	我相信自己有一些特殊才能。	0 .446	0 .662
43	我喜欢自己的性格。	0 .442	0 .653
45	我有值得骄傲的特长。	0 .438	0 .637
41	我比较聪明。	0 .405	0 .628
60	我相信我能处理好一些不可预料的事情。	0 .323	0 .540
46	无论学习什么课程,我都感到有把握。	0 .290	0 .457
65	无论何时何地,我从不怀疑自己的运气。	0 .245	0 .441
因素二(特征值2.899,贡献率15.258%)			
1	我对自己有信心。	0.635	0.695
24	我对自己持肯定态度。	0.591	0.689
11	不论成功或失败,我相信自己选择的道路。	0.454	0.672
10	我对自己的前途有把握。	0.577	0.662
39	无论做什么事,我相信自己都能做好。	0.419	0.621
2	我相信天生我才必有用。	0.354	0.512
因素三(特征值2.271),贡献率11.951%)			
79	我常为自己感到羞愧。	0.578	0.760
87	我觉得大多数人都比我聪明能干。	0.599	0.717
76	我觉得即使我很努力,也不会把事情做好。	0.518	0.704
89	我很难管住自己。	0.304	0.536
40	我时常感到自己一无是处。	0.346	0.479

由表1可知,3个因素解释了总方差的44.60%,题项的最高负荷为0.76,最低负荷为0.44。因素命名遵循以下原则:一是参照模型理论的构想命名。哪个维度贡献的题项多,就以哪个构想维度命名;二是参照题项因素的负荷值命名。据负荷值较高的题项所隐含的意义命名。就整体自信问卷而言:抽取出的第一个因素是个体对自身知识、能力、性格、特长等方面的积极肯定与确认,命名为“综合确认”;第二个因素是个体对自身的总体正向认知和评价,命名为“总体肯定”;第三个因素包含个体对自身品德、能力、意志等的怀疑和负向认知与评价,命名为“否定自我”。以同样方式对学业自信分量表进行因素分析并确定因素解,结果见表2。三个因素解释了总方差的47.60%,对各因素内

容进行分析:第一个因素是有关个体在动手操作和创造的动机、能力、方法等方面的信心和肯定,命名为“动手创造”;第二个因素体现了大学生对专业学习动机、能力、方法、时间、环境和结果的肯定与积极确认,命名为“专业信心”;第三个因素涉及个体对外语学习能力、方法、时间和动机等方面的信心,命名为“外语信心”。

同样对社交自信的剩余题项进行二次因素分析,分别采取主成分分析和方差极大旋转法,根据陡阶检验和碎石图的显示,均以抽取2个因素较为合适,共解释总变异量的43.20%。第一个因素是个体与同性、异性同学朋友及社会上的他人交往时在交往能力、交往观念、态度及支配性等方面的肯定和确认,命名为“同学他人”;第二个因素是有关个体对家人和老师相处时的态度、能力、观念及交往状况等方面的信心,命名为“家人老师”。

表2 学业自信之因素分析结果

题号	题项	共同度	因素负荷
因素一(特征值4.543,贡献率21.635%)			
93	我相信在动手操作方面,自己的成绩会相当不错。	0.631	0.786
68	我常常能找到动手操作的窍门。	0.619	0.754
49	我相信在动手操作方面自己的能力较强。	0.590	0.743
97	无论什么环境,我都能找到动手操作的事来做。	0.519	0.711
27	我有动手操作的需求。	0.483	0.692
82	即使再忙,我也能腾出一些时间做动手操作的事。	0.495	0.650
69	我能找出一些窍门搞些发明创造。	0.411	0.612
94	我对自己学业创造方面的成绩感到满意。	0.346	0.492
50	在学业上遇到问题时,我常常能找到与众不同的解决办法。	0.372	0.459
83	在完成作业或任务时,我宁愿花费时间有所创造而不愿简单模仿。	0.264	0.452
96	我常报名参加各种学业创造活动或比赛。	0.212	0.363
因素二(特征值2.872,贡献率13.674%)			
12	我有一套学好专业课的方法。	0.565	0.711
25	我能合理地分配时间学好专业课。	0.552	0.683
47	我能够选择自己喜欢的环境学好专业课。	0.412	0.630
4	无论学习哪一门专业课,我相信课程结束时我的成绩会名列前茅。	0.379	0.587
3	我相信学好专业课对自己今后的发展有重要的价值。	0.300	0.533
66	当必须通过重要考试或其他专业任务时,我知道自己能行。	0.371	0.530

续表

题号	题项	共同度	因素负荷
因素三(特征值2.577,贡献率12.271%)			
26	我相信自己有能力学好外语。	0.664	0.801
48	我有学好外语的独特方法。	0.629	0.759
67	我能够合理安排时间学好外语。	0.636	0.723
13	我相信学好外语对自己今后的发展有重要作用。	0.542	0.699

表3 社交自信之因素分析结果

题号	题项	共同度	因素负荷
因素一(特征值2.803,贡献率23.361%)			
53	我能毫不困难地维持一个满意的异性关系。	0.473	0.648
85	我相信自己会处理好与异性的关系。	0.477	0.632
71	当同性朋友们意见不一时,大家会很自然地转向我。	0.401	0.631
32	我能够左右与异性同学相处时的局面。	0.405	0.630
72	我能够对社会上的其他人施加我的影响。	0.433	0.628
54	我善于和社会上的他人相处。	0.456	0.610
31	我能够左右与异性同学相处时的局面。	0.331	0.485
因素二(特征值2.386,贡献率19.886%)			
29	我能主动关心家人。	0.488	0.691
14	我相信自己有能力处理好与家人的关系。	0.437	0.660
30	我确信与老师的交往是非常重要的。	0.433	0.657
15	我能够积极和老师相处。	0.433	0.635
52	我和自己的大部分老师关系良好。	0.494	0.590

以同样方式对身体自信问卷进行二次因素分析,结果见表4。

表4 身体自信之因素分析结果

题号	题项	共同度	因素负荷
因素一(特征值2.743,贡献率15.239%)			
75	我相信自己在体育运动会上会有好的表现。	0.729	0.821
73	我能毫不困难地通过年度体育达标测试。	0.684	0.797
38	我对自己的体育运动能力有把握。	0.622	0.699
21	对体育运动不擅长是我的一个缺点。	0.490	0.660

续表

题号	题项	共同度	因素负荷
因素二(特征值2.140,贡献率11.891%)			
19	我的身体素质好。	0.640	0.677
37	我很少感到身体不舒服。	0.519	0.668
36	我的耐力好。	0.393	0.572
58	我担心自己身体有病会阻碍正常的学习。	0.612	0.548
20	我的身体健康。	0.351	0.532
	因素三(特征值1.792,贡献率9.953%)		
56	我的动作时常显得很笨拙。	0.694	0.814
55	我的身材合适,既不胖也不瘦。	0.397	0.584
57	在需要身体协调的体育运动中有好的表现,我充满信心。	0.624	0.582
因素四(特征值1.632,贡献率9.068%)			
7	我认为自己的仪表比较合适。	0.575	0.724
34	与大多数人相比,我更懂得着装搭配。	0.530	0.696
8	我说话声音好听。	0.550	0.668
	因素五(特征值1.584,贡献率8.799%)		
6	我对自己的长相感到满意。	0.684	0.773
9	我对自己的身高感到满意。	0.454	0.653
17	我的长相使我烦恼。	0.342	0.486

对各因素所含题项内容进行分析:第一个因素涉及个体对体育运动能力、表现等的信心,命名为“体育运动”;第二个因素涉及个体身体素质和健康状况等方面的肯定认知和评价,命名为“健康素质”;第三个因素涉及个体身体动作和身材方面的信心,命名为“动作身材”;第四个因素涉及个体在仪表、表情方面的信心,命名为“仪表表情”;第五个因素涉及个体对身高和长相容貌的满意程度,命名为“长相身高”。

据以上因素分析结果,可得出如下大学生自信结构模型,见图1。

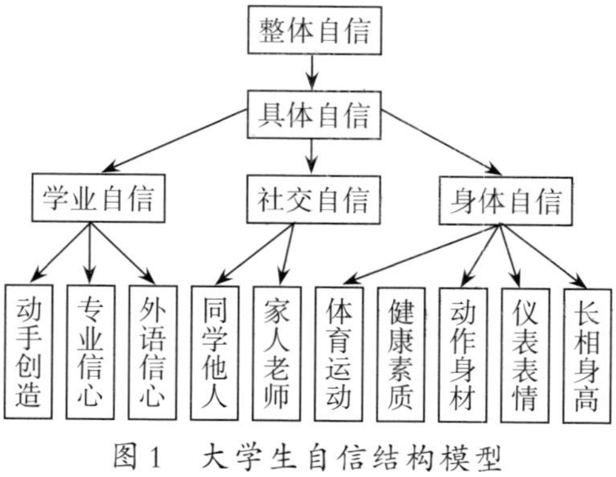

图1 大学生自信结构模型

表5列出了自信诸层面间及诸层面与总量表间的相关矩阵。由表可知，各分量表间的相关介于0.43—0.57之间，皆达0.001显著水准，其相关情形属于中低度正相关，显示本工具之各分量表方向一致，但彼此尚称独立。而总量表与各分量表的相关介于0.69—0.84之间，皆达0.001显著水准，呈中高度正相关，显示各分量表与整体概念相当一致。

表5 大学生自信问卷各分量表间及各分量表与总量表之相关

	整体自信	学业自信	身体自信	社交自信
整体自信	—			
学业自信	0.558***	—		
身体自信	0.571***	0.483***	—	
社交自信	0.506***	0.435***	0.473***	—
总量表	0.831***	0.835***	0.789***	0.694***

3.2问卷的信度

本研究采用稳定性系数和α系数（同质性信度）作为信度指标，以内部一致性信度和重测信度加以检验。为此研究者选择西南师范大学一、二年级各一个班学生共102人作为重测对象，与预试测查间隔3.5周。结果见下表：从以上数据可以看出，大学生自信量表各分问卷及其具体维度的内部一致性系数多在0.70以上，稳定性系数（0.54—0.86之间）也较高，说明大学生自信问卷具有良好的信度，也表明本研究所构建的大学生自信问卷与结构模型是稳定、可靠的。

表6 大学生自信分量表之信度

分量表名称	Cronbachα系数(n=352)	重测信度系数(n=102)
整体自信	0.8273	0.8569
学业自信	0.8782	0.8603
身体自信	0.7695	0.7752
社交自信	0.7630	0.7354
总量表	0.9280	0.8713

表7 大学生自信问卷的信度

系数	综合确认	总体肯定	否定自我	动手创造	专业	外语	同学他人
α系数	0.7611	0.7841	0.6737	0.8604	0.7268	0.7913	0.7373
稳定系数	0.7541	0.8236	0.7324	0.8301	0.7923	0.7675	0.8432
	家人老师	体育运动	健康素质	动作身材	仪表表情	长相身高	

续表

系数	综合确认	总体肯定	否定自我	动手创造	专业	外语	同学他人
α系数	0.6881	0.7973	0.6519	0.5850	0.5236	0.4223	
稳定系数	0.7422	0.8132	0.7012	0.6328	0.6973	0.5362	

3.3 问卷的效度

本研究所得的大学生自信问卷与模型，其内容效度（content validity）可通过前面的研究程序得以保证。特别是自信问卷的某些题项直接源于大学生开放式问卷调查整理的结果，并结合了对教师和大学生的访谈，从而保证了问卷题项能够最大程度地反映大学生自信的实际情况。因而，问卷具有较好的内容效度。本研究通过探索性因素分析得出的四个分问卷的因素结构，与通过开放式问卷调查构想的维度基本一致，证明该问卷具有良好的构念效度（construct validity）。为确保自信结构的稳定性与可靠性，本研究对通过正式施测获取的数据资料再采用验证性因素分析方法加以分析，以进一步检验测验的构念效度。

3.4 验证性因素分析

本研究拟用验证性因素分析对探索性因素分析中抽取的因素结构进行验证，实施交叉证实（cross-validation）。具体采用Lisrel 8.3 for windows 2000模型进行。据探索性因素分析结果，设置四个潜变量，即自信的四个维度，每个潜变量对应的观测变量分别为3个、3个、2个和5个，共设置13个观测变量，即自信的13个因子。据此构成样本的协方差矩阵，作为模型检验的基础。为了清晰表明所构建模型中各项成分的作用，以进一步确定量表的检验效力，研究者拟定了3种可资比较的Lisrel模型，并提供相应的各模型与数据的拟合优度指标，以便比较与评判。各模型设置如下：

模型1：设置13个观测变量（NX=13）确定4个潜变量（NK=4）的因素模型。潜变量之间相互独立。

模型2：设置13个观测变量确定4个潜变量的因素模型。4个潜变量中变量1独立，其余变量之间相关。

模型3：设置13个观测变量确定4个潜变量的因素模型。4个潜变量之间互相相关。

根据评价验证性因素分析模型适合性的检验标准，本研究利用正式问卷调查所获得的686个无缺省值的数据，对以上三个模型进行验证性因素分析，各模型的拟合度指数见表8。

表8 三个假设模型的验证性因素分析结果

模型	χ^2	df	χ^2/df	GFI	AGFI	NFI	NNFI	CFI	PNFI	SRMR
模型1	1735.42	153	11.34	0.70	0.59	0.45	0.35	0.46	0.37	0.27
模型2	1130.84	149	7.59	0.83	0.75	0.63	0.55	0.64	0.50	0.21
模型3	462.30	134	3.45	0.89	0.83	0.83	0.80	0.85	0.72	0.069

该结果显示:三个模型相比模型三更为理想,其拟合度指标相对较好。其统计指数χ^2/df为3.45,除PNFI指标(0.72)略低外,其余各项指标GFI、AGFI、NFI、NFI、CFI的值均在0.80以上,基本符合要求,可以接受各因素关系的构建。说明此13个观测变量由4个潜变量所决定,且潜变量之间均存在相关性这样的模型较为合理、模型的拟合效果也较好,亦说明本研究设想的结构模型是比较合理的。

3.5讨论

自信作为个体相对稳定的人格特质之一,不同文化传统和历史背景中的个体其自信表现及成因也有差异。我们研究发现(车丽萍,2002),西方人的自信表现较直接、外露,是“I can”,“我能,我可以”,而中国人崇尚孔孟中庸、谦忍退让、妥协折中、虚心隐忍,文化传统相对不同于西方,从而使其自信表现除外显的一面外,尚存在内隐的特征。因此,编制一个中国化的、适合我国文化历史特点的大学生自信问卷很有必要。

关于量表的编制。国外学者从各种不同的取向研究自信,据各自研究所需对自信加以界定。也有研究者对其构成因素提出假设、进行了探讨。但终因对自信的不同理解,使其自信研究各具特色、只能对自信的不同侧面进行偏重不一的分析与描述。只有对自信的操作性定义与理论构建较准确、全面,才能编制出真正能够测量我国大学生自信的,信效度较高的问卷。鉴于此,本研究在深入研究国内外相关文献的基础上,采用系统分析观从心理学角度对自信概念加以界定。据此定义,通过开放式问卷调查与个别访谈、征求专家意见后,形成了自信的理论构想,再据理论构想编制出预试问卷,然后经过预试、分析并修改后形成正式自信量表。因此,该研究对自信的定义及理论构建具有一定全面性、系统性、科学性与实际性,其研究步骤与构思也较正确、客观、合理,基本能够得出实证的结论。

关于量表的信度。从表6至表7的结果来看,量表的同质性信度、重测信度系数都比较高,说明该问卷具有良好的信度。也表明本研究所构建的大学生自信问卷与结构模型是稳定、可靠的。此外,大学生自信问卷总量表的信度系数为0.9280,代表此量表的信度良好。但因子“长相身高”的内部一致性系数(0.42)不高,可能与该因素所包含的项目有关，说明该因子的题项需要进一步改进。

关于量表的效度。本研究主要采用内容效度与构念效度为主要指标对量表效度进行检验。前者可通过文献分析、理论构想、专家评判、老师与学生评价等得以保证。特别是自信问卷的某些题项直接源于大学生开放式问卷调查整理的结果，并结合了对教师和大学生的个别访谈，从而保证了问卷题项能够最大程度地反映当前大学生自信的实际情况。因而，问卷具有较好的内容效度。后者主要通过因素分析加以鉴别和检验。本研究通过探索性因素分析得出的四个分问卷的因素结构，与通过开放式问卷调查构想的维度基本一致，证明该问卷具有良好的结构效度。本研究还通过验证性因素分析进一步检验了测验的构念效度。但问卷的实证效度（empirical validity）尚待今后进一步利用问卷开展研究加以验证。此外，因素分析结果与理论构想模型之维度相比较基本吻合，但也存在不完全吻合的方面等等问题，还有待于以后进一步深入研究。

综合本研究的结果与分析，可以认为，本研究确定的问卷在评定大学生自信时具有较好的信度和效度，符合心理测量学标准，可以作为评估大学生自信的工具。

合作者：车丽萍；原文载于：《心理科学》，2006，29（3）：563-569。

青年学生自信问卷的编制

在处理事务、人际关系中，在自我评价、自我改变、达成人生目标中，自信（self-confidence）都是一个出现频率较高的特质；中国人是否失掉了自信也是近现代学者所关注的主题。在我国文化中用自信来描述个体源远流长，周代便有使用自信的记录，如“中心其恬，不累其德，狗吠不惊，自信其情”，“惟不诚之人，难于自信而易于信物”，“虽杂庸民，终无怨心，彼有自信者也”。民无信不立，自信是“信”的组成部分、是诚信的基本特征，一个不相信自己的人很难做到认真负责，也就是不能做到“谨而信”“敬事而信”。因此，探索自信的本质、结构及特征，对于促进个性发展、提升民族的自尊自信具有特别重要的意义。

西方心理学中与自信有关的概念有多种，分别使用于不同领域，主要有以下几种。其一，是作为沟通风格或领导方式的自信（assertiveness），指在人际过程中主动、坦诚地表达自己而不对他人产生伤害（Norton，Warnick，2006）。“大五人格量表”（NEO-PI）中内外倾因素中的自信因素（E3）测查的就是这个成分（Costa，McCrae，1985），反映了在人际交往中个体支配、控制他人、做事追求效率的特点。其二，是与认知风格联系在一起的过分自信（over confidence），即在认知任务作业中对自己的成绩判断或预期在实际表现之上（Kleitman，Stankov，2005；于窈，李纾，2006）。其三，是作为自我效能感（self-efficacy）代名词的自信，如运动自信（Asano，Miller，Eng，2007；Moritz，Hall，Martin，Vadocz，1996；Rees，Freeman，2007）、护理自信（Parsons，1999）等，主要在相关的实践领域使用。自信不同于自我效能感（毕重增，黄希庭，2007a；车丽萍，2002）。自我效能感指的是“个体对其组织和实施达成特定成就目标所需要行动过程的能力的信念”（Bandura，1997），自我效能虽然广泛存在，却不是一种较为稳定的人格特质，它是具体的，其具体水平是由活动、任务或情景的性质决定的。其四，作为倾向性的自信，例如Shrauger和Schohn（1995）将自信（self-confidence）定义为自我评价的一种成分，认为自信是人们对于自己能力和技能的感知，是对自己有效解决各种问题之能力的意识，并编制了测查大学生自信的个人评价问卷（PEI）。

在我国文化中，自信是指对自己的信任，对自己身体、心理和社会性的信任，表现为有信心，不怀疑（黄希庭，2006），是健全人格的基础（黄希庭，郑涌，李宏翰，2006）。自信与成就动机正相关，与A型人格具有积极意义的相关（毕重增，黄希庭，2007b；车丽萍，2006），自信的人更倾向于内控（车丽萍，2007）。自信表现在各种各样的行为情境中，但并不很准确地对应具体行为情景中的某种心理机能，它既有情境性的一面，也有作为稳定人格特征的一面。中国人个性测量表(CPAI)和中国人人格量表中的自信因子即是人格特征(宋维真,张妙清,张建新,张建平,梁觉,1993;王登峰,崔红,2003),但二者内涵侧重不同。在QZPS中,自信与淡泊对应,是处世态度的一部分,反映对成功和成就的追求。在CPAI中,自卑-自信是一个临床量表,指的是自我接纳(self-acceptance)(张妙清,张树辉,张建新,2004),作为"可靠性"的因子,反映情绪稳定性(张建新,周明洁,2006)。另外,在我国研究者对自信的界定中,尚包含西方有关自信概念中所未涉及的品格、成就等因素(林崇德,杨治良,黄希庭,2004;郭黎岩,杨丽珠,刘正伟,宋涛,2005;高玉祥,2002)。

东西方对于自信不同侧面的关注与强调,既表明了自信的重要性,也反映了自信表现的多样性。根据自我家族观(黄希庭,夏凌翔,2004),自我不仅要处理人际关系、情绪,还要形成人生建构,体现在自我的不同领域和不同层面。车丽萍和黄希庭(2006)在研究中也发现,自信不但表现在人际交互过程、成就中,还表现在自我接纳、自我肯定等方面,是个多维度多层次的结构。

目前测量自信工具中最具代表性的是Shrauger和Schohn编制的个人评价问卷(Shrauger,Schohn,1995),车丽萍和黄希庭(2006)编制的青年大学生自信问卷(车丽萍,黄希庭,2006)。但这些工具存在适用性问题。例如,青年大学生自信问卷倾向于发展多维度多层次的自信理论,在领域自信、整体自信上均设置测题,并使用了分问卷式因素分析策略,这种取向未检验整体自信与领域自信的独立性,也未回答测题的领域交叉问题。个人评价问卷虽然进行了中文修订工作,但尚未检验原作者提出的维度重要性假设(importance of dimensions)。个人评价问卷的作者明确指出,不同群体自信的重要维度不同,从设计到效度资料的获得,均需考虑不同群体被试的特征。

自信是关于自我的概念建构,而任何有关自我的建构一定都内含在自我概念之中。自我概念是指个人对自身的本性、独特性及典型行为的信念集合(Weiten,Lloyd,Lashley,2003),即自我概念是个人对自己的系统性了解与知识。自我知识可用诸如"二十句陈述测验"(Twenty Statement Test,TST)的方法测得,自信也不例外。然而,此类调查资料并不等于结构,结构获得还需要恰当的分类策略。在结构划分策略上,可以采用事先确定因素结构而后分析、验证的策略,也可以采用以开放式调查所得内容归纳结合因素分析确定结构而后验证的策略。先确定结构而后分析的策略适合概念范围确定、证据充分的情景,如果在概念涉及范围广、实证证据少的情况下使用该分析策略可能产生两个问题,一是在分类上不易穷尽所有可能的自信,二是单独对各个因素进行分析可能会混淆整体自信与领域自信的层次。显然,自信的结构与测量适合采用后一种策略,宜采用归纳法和整体上使用因素分析法,以保证分析的周延性。

为了获得所编问卷的实证效度,本研究采用了多种校标。从概念界定上,自信是对自己不怀疑,而怀疑自己则是自信受抑制的一种结果。自我怀疑通过决策效率影响成就(Mirels,Greblo,Dean,2002),如果对生活重要事件缺乏信心,就很容易体验到缺乏控制感,滋生抑郁。作为自尊产生的基础之一(毕重增,黄希庭,2007a),自信与自尊是相互促进的,自信者有更多积极情感和认知,应有较高的幸福感。因此,本研究选用自信抑制、自我怀疑、抑郁、自我价值感、主观幸福感作为效标,检验所编制自信问卷的效度。

自信在个人成长和成才过程中不可缺少(林崇德等,2004),青年自信对其本人和社会都具有重要意义。本研究尝试以青年学生为研究对象,探查青年学生自信的结构及编制测查工具。

1研究方法

1.1被试

1.1.1开放式问卷的被试

被试为来自重庆和四川的高中生31名,以及来自大约12个专业的大学生99名,共计130名,未记录人口学资料。

1.1.2预测的被试

为了考察问卷的结构和筛选项目,在两所高中、三所大学进行了预测。共发放问卷450份,有效收回391份。在有效问卷中,高中一年级69人,二年级59人,大学一至四年级分别有34人、122人、32人、74人;女221人,男170人。

1.1.3正式施测的被试

被试为2所高中4所大学的学生1300人。有效回收问卷1084份,高中生361名,大学生有723名;高一196人,高二165人;大学一年级到四年级人数分别为242、195、154、132人;男生537人,女生533人,有14人未填写性别。

1.2方法

1.2.1搜集原始资料

本研究从自信的定义出发,以自信的自我报告为研究思路编制问卷。为了获得第一手的研究资料,保证编制的问卷适合我国青年学生,本研究在国内相关研究的基础上,设计了一项开放式调查。内容为请被试在20个空格中填入不同的关于“我对……自信”的答案,简称“我自信测验”。

对开放式调查的结果进行归纳分析,所得结果为:130名被试共做出2264种回答,单人回答在6—27条之间，平均反应数为18.88±3.03。在内容分析前，先删除显然不是描述自信的15条陈述，对个别叠加式反应根据语义进行了分割，而后剔除了对自己所知正确性确信的内容，涉及对格言、规则、规律、命题的肯定，如“和平是最可贵的”“付出就会有回报”“人类性本善”，占全部条目的7.10%。对最终得到的回答进行内容归类分析，获得五个类别能够代表青年学生自信的基本结构。第一类是对学业、事业个人成长成就的预期，是对未来自我的肯定，例如，以后能找到一份好工作、10年后会小有成就、以后能拥有幸福的家庭、成为一名有内涵的人，主要体现为成家、立业两类内容。第二类是对自己身体、个性、品德等自我特征的肯定，例如，善良、正直、有责任心、乐于助人，身高、体重、身材、胃口、皮肤，大方、温和、朴实、有修养，有别人没有的优点，突出了对个人积极品质的肯定。第三类是对学习、问题解决、创新态度与能力的肯定，例如，常有新点子、工作能力不差、记忆力很好、学习能力强，蕴涵能力感、胜任感，以及开拓创新的勇气。第四类主要是对于人际活动的能力感和对于自己良好人际的判断，例如，能和陌生人很快熟识、善于表达自己、能被别人接受、有一个美满的家庭，包括交际能力与技能，以及吸引力和亲和力。第五类是对自己应对能力、维持健康能力的评估，例如，善于自我调节、懂得关心自己、能很快恢复良好的心态、独立、坚强，主要包括以乐观的心态和坚韧性来适应、调节而保持身心健康。

1.2.2 编制正式问卷

基于搜集的原始资料和开放式调查所获得自信的基本结构，参考其他有关自信的开放式调查（毕重增，黄希庭，2007a；车丽萍，黄希庭，2006）、自我类问卷，按照领域性和重要性原则编写青年学生自信问卷。在编制的问卷条目中，有的来自青年学生对自信的典型描述，如，“我的身材好”，“我会做一个合格的丈夫/妻子”；有的条目是参照青年学生对自信的描述根据自信概念界定编写的，如，“我善于捕捉头脑中的灵感”，“我能取得自己想考的证书”。初步获得83个条目。8名专业人员就这些条目进行了评定，并提出修改建议。最后得到青年学生自信问卷的预试问卷中，每个类别保留10个条目，共有50个题目，使用5点式Likert等级量表，等级分别为“很不符合”、“较不符合”、“中等”、“比较符合”和“很符合”。

1.3 研究工具

1.3.1 自我怀疑量表修订

Oleson等编制的自我怀疑量表（Oleson，Poehlmann，Yost，Lynch，Arkin，2010），原量表包含8个项目，为5点式Likert量表，两个样本的内部一致性克隆巴赫α系数分别是0.82和0.83，重测信度为0.65和0.68。在本研究中，该量表删除2个区分度不良的项目（5、7）

后的内部一致性α系数为0.74。

1.3.2 贝克抑郁量表第二版(BDI-Ⅱ)

BDI-Ⅱ在大学生、门诊病人中使用的内部一致性α系数分别为0.93与0.92,门诊病人间隔一周的重测信度为0.93(Beck, Steer, Brown, 1996)。BDI在中国人群中亦有较好的结构效度和信度。在本研究中BDI-Ⅱ的内部一致性α系数为0.90。

1.3.3 主观幸福感量表

采用Lyubomirsky和Lepper的主观幸福感量表(Lyubomirsky, Lepper, 1999),共4题,为7点式Likert量表,通过与同伴的比较和特征描述来测查幸福感,该量表各种样本的平均内部一致性为0.86,间隔3周的重测信度为0.90。在本研究中该量表的内部一致性α系数为0.71。

1.3.4 青少年自我价值感问卷

采用由黄希庭和杨雄编著的青少年自我价值感问卷中的总体自我价值感分问卷(黄希庭,杨雄,1998)。该问卷的总量表α系数为0.83,分半信度为0.79,间隔一个月重测信度为0.89。在本研究中该问卷的内部一致性α系数为0.77。

1.3.5 抑制自信测验

采用王登峰、崔红、朱荣春、陈红雷和徐毕成的行为抑制量表中的抑制自信分测验(王登峰,崔红,朱荣春,陈红雷,徐毕成,2004),共8题,其内部一致性α系数为0.63,43名大学生间隔3周的重测信度为0.85。在本研究中该测验的内部一致性α系数为0.65。

1.4 问卷施测

由心理学专业研究生组织集体施测。测试前表达知情同意,测试后致谢,部分学生得到了参与纪念品,部分学生得到了自我价值感问卷的测试结果反馈。为了获得重测信度,约有80名大学生要求填写姓名,并在2周后再次完成了青年学生自信问卷,共获得合格回答67份。

1.5 统计处理

问卷搜集结束后进行废卷检核,录入SPSS13.0进行统计分析。探索性因素分析采用主成分法分析,旋转方法为斜交。验证性因素分析采用统计软件AMOS5.0。

2结果与分析

2.1探索性因素分析

为了检验数据是否适合做因素分析，首先对调查所获得的数据进行取样适当性检验。取样适当性Kaiser-Meyer-Olkin值为0.93，Bartlett球度检验χ^2值为5791.34，df=528，$p<0.001$，说明各项目之间有共享因素的可能，进行因素分析是恰当的。

对50个项目进行探索性因素分析，使用主成分、斜交旋转法抽取因素。因素分析以特征值大于1为因素抽取的基本原则，辅之以总解释率和陡阶检验来确定因素数目。题目删除标准定为：(1)共同度小于0.30；(2)最高载荷小于0.40；(3)交叉载荷大于0.15。经过几次探索，最终获得5个显著的因素，一共能够解释53.32%的变异。5个因素结构清晰，各项目均在相应因素上具有较大载荷，处于0.46—0.82之间。因素分析摘要结果，以及各因素的内部一致性克隆巴赫α系数见表1。

因此，我们将青年学生自信归纳为5个方面：

因素1成就自信有8个项目，主要涉及婚姻、家庭、夫妻关系的建立、子女养育等内容的信息，以及对于获得学习成功、事业成就能力的肯定。

因素2才智自信有9个项目，主要是对于自己创新潜力、能力的肯定，以及对新知识、新观念、新事物、新信息接纳能力的肯定。

因素3应对自信有6个项目，涉及健康维护与恢复，以及对遭遇困难、挫折等事件时心理调整能力的肯定与确信。

因素4品质自信有5个项目，主要是对于自己的忠诚、真诚、公平、信任等个性品德的肯定。

因素5人际自信有5个项目，主要是交往活动的能力、控制感、适当感的判断，以及对于朋友关系质量、人际环境和谐、被帮助、被接纳的肯定。

表1　青年学生自信问卷的因素分析摘要表

项目	成就	才智	应对	品质	人际	共同度
I20	0.70	0.15	−0.02	−0.04	0.00	0.56
I4	0.67	−0.24	0.16	0.14	−0.02	0.54
I12	0.62	0.28	0.04	0.07	0.22	0.55
I29	0.61	−0.03	0.03	0.16	−0.20	0.60
I18	0.60	0.10	−0.11	0.03	−0.07	0.43
I10	0.59	−0.10	0.13	0.04	−0.12	0.44
I17	0.55	−0.12	0.14	0.12	−0.23	0.53

续表

项目	成就	才智	应对	品质	人际	共同度
I26	0.47	0.29	−0.21	0.02	−0.08	0.40
I27	0.07	0.76	0.02	0.08	0.10	0.62
I30	0.00	0.73	−0.02	0.06	0.00	0.55
I13	−0.06	0.71	0.01	−0.02	−0.11	0.53
I1	−0.06	0.70	−0.05	0.05	−0.09	0.50
I21	0.09	0.64	−0.10	0.03	−0.03	0.45
I7	0.19	0.59	0.14	0.03	0.00	0.55
I25	0.10	0.54	0.23	−0.14	−0.06	0.44
I9	−0.08	0.52	0.19	0.09	−0.08	0.39
I33	0.06	0.46	0.18	0.05	−0.04	0.35
I6	−0.08	−0.09	0.77	−0.01	−0.07	0.57
I3	−0.06	−0.07	0.75	0.04	−0.02	0.55
I23	0.07	0.14	0.70	−0.05	−0.09	0.62
I11	0.00	0.19	0.61	0.10	0.08	0.49
I14	0.21	0.05	0.56	−0.06	0.07	0.39
I8	0.01	0.09	0.52	0.07	−0.08	0.36
I24	0.00	0.05	−0.01	0.82	−0.03	0.71
I22	0.03	0.04	0.00	0.76	0.02	0.60
I19	−0.04	0.02	0.07	0.75	0.10	0.53
I16	0.08	−0.13	−0.08	0.73	−0.06	0.55
I31	0.02	0.14	0.01	0.66	−0.10	0.58
I2	−0.03	−0.05	−0.08	−0.02	−0.81	0.59
I15	0.01	0.01	0.06	0.07	−0.70	0.56
I32	0.18	0.09	0.02	−0.03	−0.66	0.59
I28	−0.06	0.21	0.11	0.09	−0.63	0.59
I5	0.22	0.10	0.10	0.04	−0.52	0.52
旋转后特征值	5.59	5.97	4.29	4.88	4.54	
解释率/%	27.79	8.03	6.70	5.15	4.65	
克隆巴赫α系数	0.83	0.86	0.78	0.85	0.81	0.93

通过以上的研究，可以认为青年学生自信问卷测查的结构由才智、成就、人际、应对和品质五个因素构成。从探索性因素分析的结果来看，五个因素的项目分布合理，而且每个项目在相应因素上的载荷较高；五个因素累计解释了53.32%的变异，这个解释量是比较高的。可以认为青年学生自信问卷（Youth Self Confidence Inventory，YSCI）的结构和内容是可以接受的。

2.2信度分析

青年学生自信问卷的内部一致性信度克隆巴赫α系数、重测信度系数（表2）均高于0.70，表明YSCI具有良好的内部一致性和跨时间的稳定性。

表2 青年学生自信问卷的内部一致性信度

信度	成就自信	才智自信	应对自信	品质自信	人际自信	总体
克隆巴赫α系数	0.80	0.82	0.73	0.72	0.77	0.92
重测信度	0.86	0.77	0.80	0.70	0.73	0.82

2.3验证性因素分析

验证性因素分析的模型假设CFA是交叉效度分析、效度概化中最常用的方法之一，本研究采用此方法检验青年自信问卷所测查结构对新数据样本的有效性。根据探索性因素分析的发现，设定研究模型包含五个因素，每个因素由对应的题目测量，误差或独特因子彼此均无关。采用ML法（maximum likelihood）对模型进行拟合估计。

验证性因素分析的结果各个主要的拟合指标分别为，χ^2=1377.69，df=490，$p<0.05$，χ^2/df=2.81，RMR=0.07，GFI=0.90，AGFI=0.88，TLI=0.83，RMSEA=0.05，RMSEA90%的置信区间为0.04—0.05，PCLOSE=0.97>0.05。从验证性因素分析的结果来看，研究模型的拟合指标达到了推荐标准（Sharma，Mukherjee，Kumar，Dillon，2005），模型对数据的拟合较好。评价测量模型好坏的标准还包括各个观测变量在潜变量上的载荷，以及在误差或独特因子上的载荷大小。一般来说，在潜变量上的载荷较高，就意味着各个因素在误差或独特因子上的载荷较小，表示模型的质量较高。表3的因素载荷情况说明，每一个观测指标为相应的潜变量所解释的比例较高，而误差或独特部分较小。综合这些指标表明该模型结构对数据的拟合良好，表明青年学生自信问卷具有较好的构想效度。

表3 青年学生自信问卷验证性因素分析的因素载荷

项目	成就自信	项目	才智自信	项目	应对自信	项目	品质自信	项目	人际自信	自信因素	自信
I10	0.58	I1	0.59	I8	0.48	I16	0.55	I2	0.54	成就	0.91
I12	0.64	I7	0.68	I11	0.56	I19	0.65	I15	0.68	才智	0.86
I17	0.65	I33	0.50	I14	0.50	I22	0.42	I28	0.64	应对	0.79
I18	0.65	I30	0.66	I3	0.53	I24	0.66	I32	0.63	品质	0.84
I20	0.72	I27	0.65	I23	0.65	I31	0.67	I5	0.70	人际	0.87
I29	0.73	I25	0.62	I6	0.70						
I26	0.43	I21	0.59								
I4	0.58	I13	0.59								
		I9	0.59								

2.4 多元回归分析

采用多元回归分析法检验自信各个因素与校标的关系。首先将人口统计学变量作为第一层次变量引入回归方程，然后将自信引入回归方程，检验引入自信后对校标变量的解释是否有显著提升、检验自信各因素对效标的解释是否存在差异。所得结果见表4。

从表4可以看出，在控制了人口学变量后，自信对抑郁解释的贡献增加了24%、对自我怀疑解释的贡献增加了17%、对自我价值感解释的贡献增加了29%、对抑制自信解释的贡献增加了13%、对主观幸福感解释的贡献增加了18%，表明自信对这些校标变量都有显著的预测力。从自信各因素与校标的回归关系来看，仅应对自信对所有校标变量都有显著预测作用，而每个自信因素至少对一种校标变量有极其显著的预测作用，这也为自信的区分效度和效标效度提供了证据。

表4 自信与校标变量的多元回归分析摘要表

变量	抑郁		自我怀疑		自我价值感		抑制自信		主观幸福感	
	第1步	第2步	第1步	第2步	第1步	第2步	第1步	第2步	第1步	第2步
1.人口变量										
性别	-0.07^{*}	-0.08^{**}	0.10^{**}	0.07	−0.03	−0.01	0.16^{**}	0.12^{**}	0.17^{**}	0.16^{**}
年级	-0.23^{*}	-0.24^{**}	-0.18^{**}	-0.17^{**}	-0.11^{**}	-0.10^{**}	−0.02	0.01	0.09^{**}	0.09^{**}

续表

变量	抑郁		自我怀疑		自我价值感		抑制自信		主观幸福感	
	第 1 步	第 2 步	第 1 步	第 2 步	第 1 步	第 2 步	第 1 步	第 2 步	第 1 步	第 2 步
2. 自信										
成就自信		−0.19**		−0.07		0.25**		0.06		−0.05
才智自信		−0.12**		−0.31**		0.20**		−0.28*		−0.03
应对自信		−0.18**		−0.10**		0.09**		−0.16**		0.23**
品质自信		−0.14**		0.12**		−0.05		0.08*		−0.11**
人际自信		−0.21**		−0.08*		0.15**		−0.09		0.30
F	32.55*	63.19**	24.97**	40.26**	7.06*	66.83**	13.48**	27.80**	19.52**	40.65**
R^2	0.06	0.29	0.05	0.21	0.01	0.31	0.03	0.16	0.04	0.21
ΔR^2	0.06**	0.24**	0.05**	0.17**	0.01*	0.29**	0.03**	0.13**	0.04*	0.18**

注：$^*p<0.01$；$^{**}p<0.001$

3讨论

3.1 青年学生自信的结构

自信的结构是编制自信测量工具的依据，而结构确定又取决于概念的性质。自信是一种关于自我的特质性概念建构，信任自己的核心是自我肯定。首先，自信是自己相信自己，他人的肯定只是形成自信的一个条件。自信是对自己“是否具有”或“是否能够”所做出的判断（耿爱英，2008），虽然这种判断不仅仅有有无、高低、强弱之分，还有清晰与模糊之分（毕重增，黄希庭，2006），但只要对自己进行了肯定的判断，就构成了自信的基础。其次，自信既表现为情境性自我肯定，也是一种稳定的自我评价倾向，会表现出跨情境和跨时间的一致性。人们在面临自己胜任的任务时，可能会表现为自信满满，面对失败时则可能垂头丧气、丧失斗志；然而在同类情境中，人们会一贯地表现为自信或不自信。再者，并非任何自我确定性判断都是自信，体现自信的判断都蕴含一定的不确定性。自信的形成、发展以及展现，始终是围绕着不确定性展开的。对于自己身体高度的确认，表达的不是自信，但在社会比较中，身高对于自我意义的肯定性评价则表达自信；某些知识技能有无、具备程度的事实判断不表达自信，如果评价知识技能的肯定性判断是与他人比较或针对某种目标，则表达自信。即面临某种不确定性时的自我评价才可能产生自信、表达自信。最后，自信包含对能力特性的评估与肯定，但不等于能力肯定，更不是能力本身。自信并不仅仅是能力觉知，还包含对品德、人生等非能力成分的肯定，如品质自信、人生道路取舍自信等。

自信与自我效能感是密不可分的概念，但从概念性质、概念界定，到概念的使用，自信与自我效能感都存在根本性区别，是两个不同的概念。Maddux和Gosselin指出（Maddux，Gosselin，2003），自我效能不是脱离情境的技能和能力知觉，不是人们对于将要做什么的信念，不是行为意图或者达到特定目标的意图，不是行为结果预期，不是自觉控制感，不是自我概念或者自尊。自我效能是个人处于某种环境中实现才能的信念，是人们在某种情况下对自己技能和能力的相信程度，是关于某种具体情境下人们能够做什么的信念，是个体对能否最好地动员个人的资源来达成目标的评估。自我效能也不是一种特质，自我效能在定义和测量上都没有被当作一种特质，而是一种在特定环境下对于协调技能和能力而达到目标的能力信念。自我效能信念能否在情境或任务之间推广，依赖于任务之间的相似性，以及技能和才能是否能满足这种需要，在特定情境下的自我效能不能从一般的功效感中引申出来。

自信是可以自我知觉和判断的，这种认知既是形成自信知识组织结构的基础，也为使用自我报告法测查自信提供了条件。自我报告法是探求知识组织架构的方法之一，它在测查自我时可以做到具有很高的构想效度和预测效度。另一方面，在概念涉及范围广、实证证据少的情况下，应该注重开放式调查，以保证所获得的内容结构具有周延性。因此，本研究对自信的结构和测量遵循的思路是，首先使用TST获得自信陈述，而后使用内容归纳和因素分析法来探索自信结构。

遵循从内容归纳到因素分析的建构思路，本研究在青年学生群体中得到了自信的五因素结构，包括才智自信、人际自信、品质自信、应对自信和成就自信。从内容上来看，这个结构涵盖了个性、品德、人际、求知、工作、事业、成就、婚姻、家庭、身心健康等丰富的内容，突出了对于青年发展重要的领域。生活的方方面面都会对青年形成挑战，但有的是该阶段发展中具有一定普遍意义的任务，如求知和个性完善，是表现和承载青年自信的主要内容。从功能上来看，人际自信和才智自信是处理做人、做事的基础；品质自信既指向个人也指向社会关系，关系到个体能否在追求成就的同时获得个性品质的提升，是获得环境认可、接纳，维护自尊的必要条件；应对自信则是个体健全体魄和内心世界和谐的成果与保障；成就自信使个体的发展面向未来，是个人才智、品质、应对、人际和谐诸因素功能协调的目标之一，成就提供这些因素表现的价值空间。自信因素之间功能是互补的，从而能够保障青年在追求学习、工作、人际成就的同时，调节平衡心态、维护身心健康，获得持续的发展。自信五因素结构的合理性进一步得到了来自青年学生自信问卷数据的支持。

3.2 青年学生自信问卷的有效性

基于对青年学生自信结构的内容分析，本研究编制了青年学生自信问卷。探索性因素分析表明，青年学生自信问卷测查的是一个五因素结构，包括才智自信、成就自信、人际自信、应对自信和品质自信；各个因素的内部一致性和重测信度均达到了测量学的要求。验证性因素分析的结果表明，青年学生自信问卷的模型整体拟合良好，并且各个观测因素在潜变量上的载荷比较合理。效标效度分析表明，自信可以有效地预测抑郁、自我怀疑、自我价值感、抑制自信、主观幸福感五种性质不同的效标。

自信与各个效标的关系提供了问卷效度的证据。谨慎和犹疑虽然在行为表现上相似，但它们与自信、自我怀疑的关系不同。自信的人也会谨慎，但应该做出判断时就不再犹疑，而自我怀疑是怀疑自己、犹豫不决。从行为动机和行为后果来看，自我怀疑导致决策低效率（Mirels et al.，2002），使其自信失去了现实依托。决策低效加上无法确定对自己生活重要的事件，就很容易体验到对生活缺乏控制感，为抑郁感滋生提供了现实条件。因此，抑郁也是自信是否得到有效测查的一个有效指标。自信抑制可能是低自信的一种原因，即怀疑自己是抑制自信的一种结果；而低自信、不能肯定自己也包含确实没有多少值得肯定的情况，因此，自信抑制只是低自信的一种原因，而不是全部。虽然缺乏自信的人同样也会喜欢自己，认为自己有能力的人可能自我感觉很差、缺乏幸福感，但自信和自尊、主观幸福感通常是联系在一起的，自尊的人有更多的自信，有更多的积极感受。自信对自我价值感和主观幸福感的有效预测说明了自信测量的有效性。

从以上的结果可以发现，青年学生自信的结构包含五个因素，本研究编制的青年学生自信问卷（Youth Self Confidence Inventory，YSCI）是一个信度效度较好的问卷。这一结构的确定和相应问卷的编制具有重要的理论价值和实践价值。

4 结论

本研究得到以下两点主要结论：

（1）青年学生自信结构包含五个因素，分别是：才智自信、成就自信、人际自信、应对自信和品质自信。

（2）本研究编制的青年学生自信问卷具有较好的信效度，可以作为相关研究的工具。

合作者：毕重增；原文载于：《心理学报》，2009，41（5）：444-453。

反思自我评价研究述评

1 反思自我评价及其功能

1.1 何谓反思自我评价

反思自我评价(reflected self-appraisals)是指个体对于他人如何看待自己的知觉(Pfeifer et al.,2009)。虽然这一术语较新,但对该内容的研究却开展已久。早在1902年,Cooley就提出镜像自我(looking-glass self)这一概念用以强调人际交互中的他人观点在自我概念形成中的作用,他认为,在自我概念形成过程中,人们首先观察他人对自己如何反应,然后通过对他人评价的"镜像"来看待自己,进而将他人对自己的看法纳入到自我概念之中(Tice & Wallace,2003)。Kinch(1963)将这一"镜像"过程称为知觉到的他人评价(perceived other-evaluations),Felson(1989)将其称为反思评价(reflected apprais-als),Kenny和DePaulo(1993)用元知觉(meta-perception)指称这一现象。虽然不同研究者所使用的术语不尽相同,但对其界定却相当一致,即个体对于他人如何看待自己的知觉。

1.2 反思自我评价的功能

1.2.1 反思自我评价与自我概念

Cooley认为镜像自我在自我概念形成中起着重要作用。实证研究也发现,反思自我评价对自我概念的形成起着直接作用(Amorose,2002;Trouilloud & Amiel,2011;Asencio,2011)。Amorose(2002)的研究表明,来自母亲、教练和队员的反思自我评价可以预测运动员运动能力的自我评价。Bouchey和Harter(2005)对中学生的数学/科学学业成绩的研究发现,中学生对数学/科学的重要性和胜任度的反思自我评价可以预测他们在这两个方面的自我概念。

在社会环境对个体自我概念的影响过程中,Kinch(1963)认为他人实际评价并不能直接影响自我概念,而是要通过反思自我评价的中介才能影响自我概念,这一观点也得到诸多研究的支持。Bois和Sarrazin(2005)的青少年体育能力纵向研究结果发现,父母评价通过反思自我评价间接影响着个体的自我评价;而当控制了反思自我评价这一变量后,父母评价对个体自我评价的影响并不显著。他人实际评价和反思自我评价对个体自我概念有不同的影响,可能是由于任务性质不同所致。如果针对个体的某一特殊领域(如学业、运动方面)时,他人实际评价会对其自我概念产生直接的显著影响;而如果采用针对个体自我概念的一般任务,他人实际评价对其自我概念影响很小,主要是通过反思自我评价而间接起作用(Nurra & Pansu,2009)。

1.2.2 反思自我评价与种族认同

种族认同(racialidentity)是指个体对本种族的信念、态度,以及对其种族身份的确认。在种族认同过程中,反思自我评价起着至关重要的作用。这是由于个体所生活的周围环境对其种族有不同的看法,个体会推断不同人对自己种族的看法,并将这些观点内化为种族认同。Khanna(2004)以亚裔美国人为被试的一项研究发现,当个体认为他人觉察到自己表现出更多的亚洲特性(比如亚洲的文化)时,个体更可能认同自己为亚洲人;当被试认为别人更加关注他们的外貌特征时,他们也会表现出更多的亚洲人种族认同。Khanna(2010)以美国混血黑人为研究对象发现,混血黑人之所以认为自己是黑人,其重要原因就在于他们认为他人将自己看成黑人。Noels,Leavitt 和 Clement(2010)的研究也支持这一结论。

2 反思自我评价的准确性

在人际交互过程中,个体通常会推断别人是如何看待自己的,然而,这种推断是否准确呢? Kenny 和 DePaulo(1993)用元知觉(meta-perceptions)指代个体推断他人对自己的看法,并用元准确性(meta-accuracy)指代个体知晓他人如何看待自己的程度;他们的综述指出,人们通常知道他人对自己的一般看法,而不知道具体他人对自己的独特看法。为什么个体容易知晓人们对自己的一般看法而不知晓具体他人对自己的独特看法呢? Carlson 和 Furr(2009)认为这是因为在相同的环境下人们对个体往往有相同的反应,个体极少意识到不同他人的不同反应,因而无法准确知道具体他人如何看待自己。

反思自我评价并不完全准确,其准确性受多种因素的影响。一些研究发现,人们对特质反思自我评价的准确性要高于对情感反思自我评价的准确性(Albright, Forest, & Reiseter, 2001; Carlson & Furr, 2009)。Murray, Holmes 和 Collins(2006)以亲密伴侣为研究对象,探讨高低自尊个体在推断伴侣对自己看法时的差异,结果发现高自尊被试可以更准确地知道伴侣对其看法如何,而低自尊被试的反思自我评价准确性较差。个体与他人的熟悉程度不同,其反思评价的准确性也存在差异;个体在面对熟悉的他人(如室友,同事,家人等)时,反思自我评价的准确性较高,而如果与他人仅仅认识,其准确性水平就低得多(Albright & Malloy, 1999; Albright, Forest, & Reiseter, 2001)。Malloy, Albright, Diaz-Loving, Dong 和 Lee(2004)还对反思自我评价的准确性进行了跨文化研究,他们以墨西哥人和中国人为被试，对外向性、宜人性、责任心等几个特质的反思自我评价进行研究，结果显示，与中国被试相比，墨西哥被试的反思自我评价有较高的准确性。

3反思自我评价的形成机制

在人际互动过程中，个体根据哪些信息线索来推断别人是怎样看待自己的呢？关于反思自我评价的形成，目前主要有三种理论解释：直接观察模型、他人反馈模型和自我理论模型。

3.1直接观察模型

直接观察模型（direct observation model）认为个体直接观察到自己与他人交流中的行为，从而想象自己会给别人留下怎样的印象。此种观点认为个体观察到的外在行为直接影响着反思自我评价。

Albright和Malloy（1999）对这一模型进行了验证。研究者将被试分为几个小组，每个小组4—6人，小组成员之间互不认识。研究者让被试讨论一些有争议的社会问题，时间为15 min，研究者通过单向玻璃对小组讨论进行录像，讨论完后让被试对小组内其他成员进行评价。实验组被试观看自己所在小组的讨论录像（目的是让被试看到自己在人际交流中的行为表现），控制组被试观看其他小组的讨论录像；被试观看录像后测量其反思自我评价。结果发现实验组被试比控制组能更好推断别人对自己的看法，这是因为实验组被试观看自己在人际交流中的行为提升了其反思自我评价的准确性。Albright，Forest和Reiseter（2001）的另一项研究也对该模型进行了验证。

3.2他人反馈模型

个体在与他人进行人际交流时，他人会提供一些关于个体的反馈信息，比如用言语表达对个体的看法或通过一些肢体行为表现出对个体的情感等。他人反馈模型（the other feedback model）认为，人们观察他人对自己行为的反应，基于这些反馈信息来形成反思自我评价。

Cooley在最早提出镜像自我时就认为他人反馈是反思自我评价最为重要的信息来源，然而研究者通过研究反思自我评价与他人实际评价之间的关系发现，两种评价只存在低到中等程度的相关。虽然两者相关较低，但是他人反馈的确是反思自我评价的重要信息来源。Hebert和Vorauer（2003）对人们在电子信息交流（computer-mediated communication,CMC)和面对面交流(face-to-face communication)情境中的反思自我评价进行了研究。由于在面对面交流时,他人提供更多更清晰的信息,该条件下的个体反思自我评价与他人实际评价的相关系数是CMC条件下的近三倍,这一结果支持了他人反馈模型。Elfenbein,Eisenkraft和Ding(2009)的研究也发现即使来自他人的反馈是极少和繁杂的,人们仍会利用这些信息来决定自己与他人的位置;他人反馈对个体反思自我评价的准确性有部分的预测作用。Carlson和Furr(2009;2010)的研究也得到相似结论,个体可以推测出他人在不同情境中的反应,并能够利用这些信息进行反思自我评价。

3.3 自我理论模型

自我理论模型(self-theory model)认为个体对自己的人格和行为有较多的认识,在人际交流过程中,个体将自己的观点投射到他人评价上,认为他人对自己的看法与自己看待自己是一样的,即以己之心度他人之腹。该模型认为人们的反思自我评价不是来源于他人反馈,而是更多地来源于自我知觉。

许多研究表明,被试在推断别人对自己的看法时更多基于自我评价。一些研究也发现,反思自我评价和自我评价存在显著高相关(Tice & Wallace,2003)。Lemay和Dudley(2008a)让被试与他人进行十分钟的人际交流,随机指定一些被试以积极方式(例如友好的、鼓励对方的方式)进行交流,而另外一些被试以中性方式(在交流中既不表现友好也不表现粗鲁)交流,而后测量被试的反思自我评价。结果发现以积极方式进行交流的被试会认为别人也会如此看待自己;也就是说,个体在进行反思自我评价时,会将自己的观点(自己对别人是积极的)投射到他人身上(别人也会认为我是积极的);这一结果也得到Lemay和Dudley(2009)研究的支持。

4 反思自我评价的神经机制

随着脑科学技术的发展,研究者也开始了对反思自我评价神经机制的探讨。Ochsner等人(2005)首次利用功能性磁共振成像(fMRI)对反思自我评价的脑机制进行了研究,在实验中呈现给被试一些特质形容词,让被试进行直接评价(评价自己或他人)或反思自我评价(推断他人对自己的评价);这个研究有五项实验条件,对自己、亲密他人和非亲密他人的评价,想象亲密他人、非亲密他人对自己的评价。结果表明,对自我与他人的直接评价和有关自我的反思自我评价都激活了内侧前额皮质(medial prefrontal cortex,MPFC),后扣带回皮质/楔前叶(posterior cingulate cortex/precuneus)和颞皮质(temporal cortex)等多个脑区,直接评价比反思自我评价更强地激活了后扣带回。来自亲密他人的反思自我评价激活了右眶额皮质(right or bitofrontal cortex)、脑岛(insula)和海马旁回(parahippocampal gyrus)。

D'Argembeau等人(2007)要求被试评价特质形容词是否适合于描述自己或好友(自我参照任务),并要求被试推断他人如何评价自己(反思自我评价任务)。结果发现自我参照加工激活了内侧前额皮质的腹侧和背侧前部(ventral and dorsal anterior,MPFC),而反思自我评价激活了后背内侧前额皮质(posterior dorsal,MPFC),两者共同激活了左背内侧前额皮质(left dorsal,MPFC)。这个研究表明自我参照加工和反思自我评价激活了内侧前额皮质的不同部位,左背侧MPFC的激活可能将他人对自己的评价与自我评价区分开来。

Pfeifer等人(2009)从发展角度对自我评价与反思自我评价的神经机制问题进行了探讨,研究者采用fMRI比较了青少年(*N*=12,年龄12—14岁)和成人(*N*=12,年龄23—30岁)进行直接评价和反思自我评价时的神经机制。结果显示反思自我评价引发了后背内侧前额皮质更大的反应。而在直接自我评价中,相比于成年人,青少年在内侧前额皮质、顶叶皮质(parietal cortex)以及背内侧前额皮质(dorso medial prefrontal cortex)、颞顶联合区(temporal - parietal junction)、后颞上沟(posterior superior temporal sulcus)产生了更大的反应。以往研究显示,前两个脑区是自我知觉活动相关脑区,而后三个脑区在社会认知活动中起着较大的作用。这一结果似乎表明青少年的自我建构更大程度上依赖于他人对自己的看法。总体而言,个体在进行直接评价和反思自我评价时,两种评价激活的脑区域既有共同部分,也有各自特殊区域。

5展望反思

自我评价在个体自我形成和发展过程中起着重要作用。虽然研究者对反思自我评价进行了许多实证研究,并取得诸多进展,但仍有一些问题值得进一步的探讨。

反思自我评价还有不少理论问题,尚需深入探讨。反思自我评价的理论研究可能随着其行为及神经机制等实证研究的深入而出现新的进展。例如,当前学者关于时间自我评价(指个体对自己的过去我、现在我和将来我的认知和评价)的研究,虽然是关于过去自我、现在自我和将来自我的,但这种评价显然会影响不同时间他人对自己的看法。这一角度将会为反思自我评价性质的研究提供新的思路。另外,反思自我评价是个体推断他人对自己的看法,核心内容是个人与他人的关系问题。就自我与他人的关系而言,我国传统文化看重社会和谐、人际共存,个人决不能离开他人而生活;强调人际共享和人际情感,个人承担社会角色义务。而西方文化则看重社会交换,以个人幸福为中心,通过人际竞争实现自我目标。当前有关反思自我评价的结论都是基于西方文化得出的,由于中西方文化差异较大,这些结论可能不适合于中国文化背景,怎样从我国文化背景下探讨反思自我评价的特点,同样需要我们对反思自我评价的理论基础深入地加以思考。

反思自我评价的研究有着广阔的应用前景。"知人者智,自知者明",知己知彼是个体处理好人际关系的关键。在人际交往中,个体不但要客观地认识自己,更要尽量准确地理解他人的心理状态以及他人对自己的看法。加强对反思自我评价准确性的研究及应用可以使人们认识到哪些因素将影响其准确性,进而有意识地减少不当行为的发生,这将有利于人们在人际交流中减少人际冲突,促进人际和谐。另外,反思自我评价的应用研究在当前学校教育中也起着重要作用。在当前青少年教育中,思想品德教育和健全人格的塑造是其重要内容,怎样使这种教育内化为学生的自我概念,通过反思自我评价的研究可以提高当前思想品德教育的实效性。因此,联系学校教育实际,开展反思自我评价的应用研究,也是今后研究的一个方向。

合作者:岳彩镇;原文载于:《心理科学》,2012,35(3):735-739。

当代大学生自强意识特点及影响因素研究

1前言

自强是个体不断提升自我，充分发挥自身潜能，努力进取，克服困难的一种人格动力特质。自强是一个多层次多维度的系统，可从多种角度进行描述和划分：(1)从个体自强的目标与行为指向来分，可分为个人取向自强和社会取向自强。个人取向自强是指个体的自强及其行为指向自身。个体的奋斗目标是提高自身能力和生活质量。强调的是个体自身潜能的发挥和自身的发展。社会取向自强是指个体的自强及其行为指向他人和社会。个体的奋斗目标是提升自己所在群体的地位水平及自己的人际关系质量。强调的是个体对社会及他人的影响，个体在社会中的地位和重要性以及个体与社会的协调与融合。(2)从自强的抽象程度分，可分为总体自强和特定领域自强。前者抽象程度高，具有弥散性功能。后者抽象程度低一些，表现为个体在特定领域内的自强程度，如学业自强、事业自强、健康自强、生活自强等。

在上述理论分析基础上，我们编制了大学生自强意识问卷，包括总体自强意识、社会取向自强意识和个人取向自强意识三个分问卷。前期研究发现，该问卷具有较好的信效度（α系数为0.8546，重测信度系数为0.628；各分问卷与总问卷的相关系数为0.833—0.905，各分问卷之间的相关系数为0.582—0.705）（郑剑虹，2004）。可以作为一种测量工具使用。

大学生是一个高文化层次的群体，是一个国家繁荣、进步的最大希望。探究当代大学生自强意识与其个人背景变量及其他心理建构之间的关系，以了解大学生自强意识特点及其影响因素，对大学生健全人格的养成教育具有重要的理论和现实意义。

2研究方法

采用自编的自强意识问卷在东西部3个省市的四所大学选取大学生样本。共发放问卷1000份，回收有效问卷716份，有效率为71.6%。其中一、二、三、四年级分别为206人、269人、179人和62人；男生353人，女生363人；重点大学336人，一般大学380人。此外，将成就动机量表（叶仁敏修订，分半信度为0.77）、父母养育方式评价量表（岳冬梅修订，父母各因子的重测信度在0.58—0.82之间。使用时删去了“偏爱被试”因子）、家庭环境量表（费立鹏修订，各分量表的重测信度在0.55—0.92之间。使用时选择其中能够适用于中国家庭的亲密度、矛盾性、成功性、知识性和娱乐性五个分量表）和自强意识问卷装订成套，对东部的两所大学学生进行施测，共得162份有效成套问卷。其中男生87人，女生75人；一、二、三、四年级分别为48人、39人、39人和36人。以班级为单位进行集体施测。对获得的数据资料采用SPSS10.0软件进行统计分析。

3结果

3.1描述性统计结果

首先，对总问卷、总体自强意识问卷、社会取向和个人取向自强意识问卷的每题均分进行统计，结果分别为3.04、3.11、3.09和2.96（每题最高得分为4分，最低为1分，理论中值为2.5分）。说明当代大学生的自强意识处于中上水平，其中社会取向的自强意识显著高于个人取向的自强意识（t=13.526，p=0.000）。从总体上看，当代大学生是一个健康的、积极向上的群体。

3.2多因素方差分析结果

将总问卷和各分问卷的得分作为因变量，性别、年级和大学类型作为自变量，进行2×4×2的多因变量多因素方差分析。结果表明，就总问卷而言，学校和性别变量的主效应显著或十分显著（F=1.536，$p<0.05$；F=3.519，$p<0.001$）；结合描述性统计结果看，大学男生（$M_{男}$=110.918）的自强意识程度显著地高于大学女生（$M_{女}$=107.978）。重点大学学生（$M_{重点}$=109.943）的自强意识水平显著高于一般大学学生（$M_{一般}$=108.971）。

对于社会取向和个人取向自强意识上年级变量的主效应显著情况（F=2.022，$p<0.05$；F=1.752，$p<0.05$），进行多重比较分析。结果发现，就社会取向的自强意识而言，四年级大学生的自强意识（M_4=45.677）均十分显著地高于一、二、三年级的大学生（M_1=43.403，M_2=42.996，M_3=42.815；p=0.001，p=0.000，p=0.000）；就个人取向的自强意识而言，四年级大学生的自强意识（M_4=45.822）显著地高于二、三年级大学生（M_2=44.044，M_3=43.988；p=0.010，p=0.012）。因此，四年级是大学生自强意识发展的最高阶段。虽然大学四个年级在总问卷的平均得分上不存在显著差异（F=1.267，p>0.05），但就其均分来看，与社会取向和个人取向自强意识的平均分存在同样一种发展趋势，即分数从高到低依次为一年级（M_1=110.068）、二年级（M_2=108.591）、三年级（M_3=108.302），但到四年级（M_4=114.177）则突然往上攀升，达到最高水平。呈现出一种“U”形曲线的发展趋势。

3.3相关分析和多元回归分析结果

为了探讨自强意识与其他心理建构之间的关系，对自强意识与成就动机、父母养育方式、家庭环境四者之间的关系进行相关分析，结果发现，自强意识与三者之间存在十分显著的正相关（r=0.491***，r=0.219**，r=0.375***）。进一步考察大学生自强意识与其父母养育方式、家庭环境各具体维度之间的关系，结果表明，大学生的自强意识与温暖型的父母抚养方式存在非常显著的正相关（r=0.423***），而与惩罚严厉型、拒绝否认型和干涉保护型存在负相关（r=－0.107，r=－0.163*，r=－0.015），其中与拒绝否认型的父母抚养方式之间的负相关达到显著水平。大学生的自强意识与亲密型、成功型、知识型和娱乐型的家庭环境之间存在显著或十分显著的正相关（r=0.252***，r=0.211**，r=0.282***，r=0.309***），而与矛盾型的家庭环境之间则存在负相关（r=－0.059）。

为了探讨自强意识的影响因素，根据相关理论和上述研究结果，构建以下供检验的初始模式：假设父母养育方式会影响家庭环境、成就动机和自强意识；家庭环境会影响学生的成就动机和自强意识；成就动机会影响学生的自强意识。为检验初始模型，进行以下几个复回归分析。第一个复回归，效标变量为自强意识，预测变量为父母养育方式、家庭环境和成就动机；第二个复回归，效标变量为成就动机，预测变量为父母养育方式和家庭环境；第三个复回归，效标变量为家庭环境，预测变量为父母养育方式。结果见表1。

表1 三种模型的复回归分析摘要表（N=162）

模型1	标准化偏回归系数	t	模型2	标准化偏回归系数	t	模型3	标准化偏回归系数	t
父母养育方式	0.128	1.843	父母养育方式	−0.021	−0.272	父母养育方式	0.295	3.901***
家庭环境	0.194	2.622**	家庭环境	0.353	4.535***			
成就动机	0.414	5.842***						

根据上述假设模式和表1的复回归分析结果，可以画出如下图：

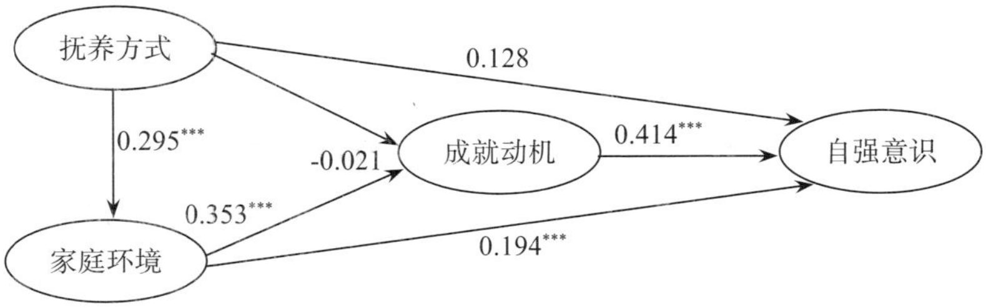

图1 成就动机、家庭环境、父母抚养方式与自强意识之间路径图

由以上路径图可以看出，有两条影响路径不显著，即父母养育方式直接影响自强意识这一条路径和父母养育方式以成就动机为中介变量，进而影响自强意识这一条间接

途径。另外四条直接或间接影响途径十分显著:一为父母养育方式——家庭环境——成就动机——自强意识;二为家庭环境——成就动机——自强意识;三为家庭环境——自强意识;四为成就动机——自强意识。前两者的影响是间接的,后两者的影响是直接的。

4 讨论与分析

从上述研究结果看,大学生的社会取向自强意识极显著地高于个人取向自强意识,这可能与中国人的心理与行为以社会取向为主有关。杨国枢认为社会取向的主要特征或内涵包含四种成分,即团体取向(或家族取向)、他人取向、关系取向和权威取向。中国人在日常生活中的适应方式,是偏向社会取向类型的(杨国枢,余安邦,1993)。社会取向的互动方式或人格特征可能与社会经济发展水平及个体年龄有关。随着社会现代化水平的提高或个体年龄的增加,个体的社会取向意识或许会发生变化。在前期所进行的开放式调查研究中发现,青年人与老年人相比在自强的社会取向维度上有所减弱(郑剑虹,2004)。我国经济发展虽逐渐市场化,包括大学生在内的青年人个人取向意识日益突出,但现阶段我国仍然是一个发展中国家,经济尚不发达,加上受中国传统文化的深刻影响,从整体上看,青年人的自强意识仍以社会取向为主。

重点大学的学生自强意识水平高可能与其优良的学业成绩有关。相对于一般大学的学生来说,重点大学学生这种优异的学业成就是要靠更多的勤奋努力,更为激烈的竞争才能取得的。此外,重点大学具有良好的校风和班风,其大部分学生也来源于具有同样优良校风和班风的重点中学。研究表明,优良的校风和班风有助于学生良好个性品质的形成与发展(黄希庭,肖明华,2001)。因此,重点大学学生的自强意识水平高于一般大学学生还可能与校风、班风的差异有关。虽然各年级大学生在自强意识水平上差异不显著,但从平均分来看,则呈现出“U”形的年级发展趋势。这与车丽萍对大学生自信的研究结果一致(车丽萍,2002)。多重比较分析发现,四年级学生的自强意识显著高于其他年级,可能是因为大四要面临毕业,与学校单纯、稳定的学习环境不同,在寻找工作的过程中以及将来走上工作岗位,都有可能遇到困难、挫折和失败。这样一种经历和认识会促进大学生自强意识水平的提高。而大学女生的自强意识显著地低于男生,则可能与传统文化、家庭教育、性别刻板印象以及自身等多种因素有关。因此,对大学生进行自强教育,重点应放在女生和大二、大三学生身上。

上述研究发现父母养育方式、家庭环境、成就动机与自强意识之间存在显著的正相关,说明良好的家庭环境和父母养育方式有利于学生自强意识的养成。对不同类型的父母养育方式、家庭环境与大学生自强意识的进一步研究发现，温暖型的父母养育方式以及亲密型、成功型、知识型和娱乐型的家庭环境有助于个体自强意识的培养；而惩罚严厉型、拒绝否认型、干涉保护型的父母养育方式和矛盾型的家庭环境则不利于自强意识的养成。这与许多关于父母养育方式或家庭环境与儿童人格发展之间关系的研究结果相类似(侯淑军，李士保，2001；刘金花，2000；黄希庭，1991)。多元回归分析发现，父母养育方式、家庭环境和成就动机对大学生的自强意识具有直接和间接的影响。其中成就动机对自强意识产生直接影响，而父母养育方式和家庭环境对自强意识的间接影响则是以成就动机为中介变量的。说明成就动机对自强的影响起着主要作用，它与自强意识之间具有更为紧密的关系。成就动机作为一种影响的中介变量的结论得到了许多研究的支持(方平，熊端琴，郭春彦，2003；车丽萍，2002)。但成就动机在本研究中只起部分中介作用，体现在家庭环境除了通过成就动机影响自强意识之外，还可以直接影响自强意识。成就动机是一种个体变量，家庭环境和父母养育方式是一种环境变量，虽然对另一种环境变量，即学校教育在学生自强意识养成中的作用没有进行直接研究，但从重点大学学生的自强意识水平显著地高于一般大学的学生来看，似可以推断学校教育与学校环境对个体自强意识养成的影响。此外，我们前期的研究发现，作为社会环境变量的文化亦会对个体的自强意识产生潜移默化的影响(郑剑虹，2004)。有文献表明，人格的发展和表现是个体与环境不断交互作用的结果(黄希庭，2002)。自强作为一种综合性人格特征亦不例外。从本研究发现父母养育方式、家庭环境通过成就动机这个中介变量对自强意识产生间接作用来看，成就动机这种人格特征有可能会与家庭环境、学校教育、文化产生某种程度上的交互作用而对学生的自强意识产生影响。

合作者：郑剑虹；原文载于：《西南大学学报》(社会科学版)，2007，33(4)：15-18。

自我控制:内涵及其机制与展望

1引言

日常生活中充满了各种挑战自我控制能力的诱惑,个体几乎每时每刻都需要进行自我控制以抵制各种冲动和诱惑,小到超支花费、拖延工作,大到吸食毒品、从事暴力活动等。研究者对自我控制现象的探讨可以追溯到古希腊哲学研究,譬如苏格拉底和亚里士多德曾讨论意志或者自制力是否存在弱点的问题,但对自我控制现象系统而科学的研究是由心理学家进行的。心理学家之所以关注自我控制,主要有两方面的原因:其一,在理论层面,研究自我控制有助于探索自我的本质和功能;其二,在实践层面,对自我控制的研究具有重要的应用价值,成功的自我控制可以产生许多社会期许的结果,例如,优异的学业和工作成就、亲密的人际关系、好的身体和心理健康、更好地应对问题的能力、药物滥用的减少、犯罪率的降低等社会问题。相反,失败的自我控制直接或间接导致了肥胖、药物滥用、暴力犯罪、饮食障碍、性传播疾病等问题。精神分析学派的创始人Freud认为自我控制是文明社会的一个主要特征。Hare等人在*Science*杂志上发表文章指出:"执行自我控制的能力是人类成功和幸福的关键。"(Hare, Camerer, Rangel, 2009)由此可见,自我控制对人类幸福生活和良性发展的重要性。本文欲对自我控制的相关研究进行一个总结和述评,首先对自我控制的含义进行梳理和辨析,在此基础上介绍了自我控制的机制,并对现有研究的缺陷和未来研究方向进行总结,以方便国内同行对自我控制研究现状进行了解,并推动相关的研究。

2自我控制的内涵

2.1 自我控制的含义

自我控制是一个较为复杂的概念,早期心理学家往往将自我控制作为意志的同义词且多从理论层面对自我控制的概念进行界定,如James曾探讨了不同形式意志/自我控制(例如,健康意志)的处理方法。Freud曾将自我控制描述为努力在本能冲动(仅考虑快乐、享乐等原则)和高级自我(考虑道德、权威等准则)的碰撞中折衷的心理成分。随后,不同的研究者通过实证研究从不同的角度来考查自我控制,并提出了相应的自我控制的定义,如Baumeister等人认为自我控制指的是个体改变自我反应的能力,尤其是那些符合理想、价值、道德和社会期待，追寻长期目标的能力（R F Baumeister，Bratslavsky，Muraven，Tice，1998）。Tangney等人提出自我控制指制服或者抑制不受欢迎的行为趋势并且控制使其不依照冲动行动的能力（Tangney，Baumeister，Boone，2010）。Baumeister等人定义自我控制为转换个人反应使其与理想、价值、道德、社会期待相一致，并支持追寻长远目标的能力（Roy F Baumeister，Vohs，Tice，2007）。Telzer等人认为自我控制是调节、操作、控制个人冲动性的想法、情感和行为的能力（Telzer，Masten，Berkman，Lieberman，Fuligni，2011）。Duckworth提出自我控制是个体对自我的努力控制，为了达到长期的目标，自我控制的个体比冲动的个体能更好地调节他们的行为、情感、注意等冲动行为（Duckworth，2011）。通过分析比较上述自我控制的概念，可以发现，自我控制是一个多成分多维度的复杂结构，虽然不同的研究者根据其研究的需要对自我控制进行了界定，但可以发现自我控制的本质特征包含以下两点：（1）自我控制是个体有意识控制冲动行为、抵制满足直接需要和愿望的能力；（2）自我控制是为了执行能带来长期利益的目标指向的行为（Hagger，Wood，Stiff，Chatzisarantis，2010）。

2.2 自我控制和自我调节

自我控制和自我调节（self-regulation）两个概念之间的联系非常紧密，以至于诸多研究者将自我控制和自我调节作为同一种心理现象的不同名称来使用，所以，在此有必要对二者的异同进行辨析。Baumeister和Vohs将自我调节定义为自我改变自身行为的能力，并指出自我调节增加了人类行为的可塑性和适应性，使人类可以调整自身的行为来满足社会和情境的需要（Roy F Baumeister，Vohs，2007）。江伟等人定义自我调节为个人系统地引导自己的思维、情感和行为，使之指向目标实现的一种过程（江伟，黄希庭，陈本友，赵婷婷，2008）。McCullough和Willoughby提出自我调节是一种利用当前的信息改变当前状态的过程（McCullough，Willoughby，2009）。Solberg Nes等人认为自我调节包括任何努力控制内部或者外部、心理或者身体的行为（Nes，Carlson，Crofford，de Leeuw，Segerstrom，2011）。通过比较可以发现自我控制和自我调节这两个概念有共同点，例如，对行为的调整或者控制都是为了追寻最终的目标、都可以看作个体的一种能力等。但是二者的区别也是明显的，主要体现在以下几方面：第一，自我调节指的是所有目标和标准引导的行为，包括意识和无意识的加工；自我控制更多指的是需要意识努力的行为，特别是抑制冲动和抵制诱惑的行为（Roy F Baumeister，2002）。第二，进行自我调节时，人们引导或调整自身的行为是为了追寻一些渴望的最终状态或目标；执行自我控制时，人们抑制一个目标的目的是追寻另外会带来长期利益的目标。因此相比自我调节，自我控制是一个更具体的概念，并不是所有包括自我调节的心理状态都包含自我控制，例如一些自我平衡的加工,像保持恒定的体温等应该属于自我调节但不属于自我控制(Roy F Baumeister et al.,2007),但是自我控制依赖的机制可能本质上也参与自我调节(McCullough,Willoughby,2009)。

2.3 自我控制和自我监控

自我监控(Self-monitoring)和自我控制也是两个容易混淆的概念,对这两个概念的混淆主要是由于概念名称本身造成的,其实两个概念界定的范围完全不同。Snyder发展出自我监控的概念来解释表情控制和自我呈现(self-presentation)的个体差异(Snyder,1974)。自我呈现是控制他人形成自己期望印象的过程(Leary,Kowalski,1990)。自我监控理论认为个体控制表情和自我呈现差异是由于其自我监控差异造成的(S.Gangestad,Snyder,1985;S.W.Gangestad,Snyder,1991)。Snyder认为高自我监控者主要有三个特征:关注社会适宜性;在社会情境中对他人表情和自我呈现敏感;使用这些线索作为监控和管理自我呈现以及表情行为的指南。可见,自我监控和自我控制是两个名称相近其实内涵相差很远的概念,二者的相同点应该是都可以看作一种能力,都包含对自身行为的调整,但是自我监控主要是调整自我呈现和表情行为,而自我控制是对所有与长远目标相悖行为的调整。

3 自我控制的机制

自我控制的机制一直都是研究者关注的焦点。到目前为止,解释自我控制机制最具代表性的理论是两阶段模型、能量模型和双系统模型,分别从自我控制的过程、结构以及自我控制能量损耗的角度解释自我控制行为,近年来,研究者也采用脑成像技术考查了自我控制的脑机制。

3.1 自我控制的过程:自我控制的两阶段模型

自我控制是抵制暂时诱惑进而追求长期目标的过程,Myrseth和Fishbach提出了自我控制过程的两阶段模型(two-stage model of self-control)来阐释成功自我控制的机制。该模型认为成功的自我控制依赖两个阶段的加工,阶段一为识别出与自我控制有关的矛盾,阶段二为调用有效的自我控制策略(Myrseth,Fishbach,2009)。具体来说,当面对诱惑时,个体首先要鉴别当前的放纵和高阶目标的追寻之间是否存在矛盾(阶段一),如果认为二者之间存在矛盾,将会采取自我控制策略,越过当前的诱惑,促进对高阶目标的追寻(阶段二)。相反,无法识别出矛盾,即个体认为当前目标和长远目标之间不存在矛盾时,就谈不上成功的自我控制了(见图1)

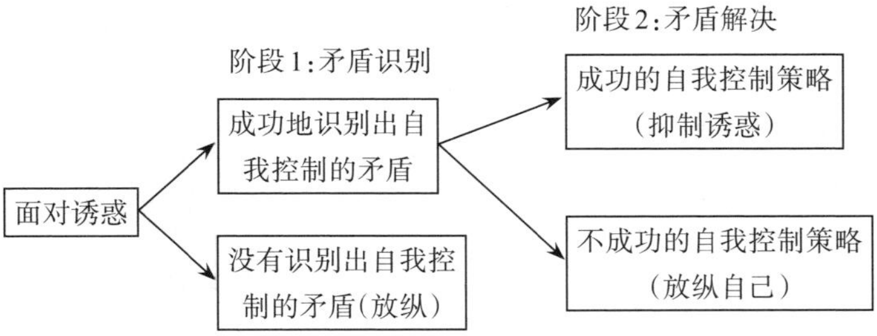

图1 自我控制的两阶段模型

3.1.1 矛盾识别

自我控制的两阶段模型指出,成功的自我控制首先依赖于矛盾的识别(Conflict Identification)。该模型中,用"一成本诱惑"指其单次影响可以被忽略,但这种影响累积下来则会产生严重后果的诱惑,例如节食者的一块饼干、戒烟者的一根香烟等。在微积分学中,表示的是一个非常小的数量,但是它的集合可能会产生一个相对大的数量。"一成本诱惑"在生活中是非常普遍的,但是由于其单次的影响很小,导致人们很难将其识别出来。

Myrseth和Fishbach提出,当面对"一成本诱惑"时,要成功地识别出自我控制矛盾,需要满足两个条件:(1)宽度(Width),指当个体将多重诱惑放在一起考虑时,有利于个体识别出当前的诱惑和高阶目标之间的矛盾。当面对"一成本诱惑"时,能否识别出矛盾取决于个体将当前的诱惑看作孤立起作用的单一的机会还是众多机会之一(Myrseth,2010)。譬如,对节食者来说,当孤立地感知一块巧克力时,吃掉这块巧克力对健康的影响是微不足道的(成本很小),此时个体就可能无法识别出单次放纵(吃一块巧克力)和节食/维持健康目标之间的矛盾;(2)一致性(Consistency),指当个体预期在多重诱惑面前其行为是相似的时,也有助于识别出自我控制的矛盾。例如,节食者预期如果当前禁不住诱惑吃了一块巧克力,将来多次拥有巧克力时也会是同样的做法。

当宽度条件被满足时,个体将多重诱惑放在一起考虑,可以使多重一成本诱惑的合计成本更明显,因此促进了自我控制矛盾的识别。有一项经典的研究证明了宽度在促进矛盾识别中的作用,该研究在有健康意识的被试中测量薯片的消费量,在测量之前,给被试呈现两种日历,一种日历用格子分开一个月的每一天,并将实验的日期做上标记;另外一种是没有格子隔开的日历,实验的日子也没有特殊的标记(图2)。在第一种日历中,由于实验的日期与其他日期是分开的,所以诱发了一个窄的结构(被试将在实验日对薯片的消费和其他日期对薯片的消费没有放在一起考虑),第二种日期没有视觉的分离，诱发了一个宽的结构（被试将在实验日对薯片的消费和其他日期对薯片的消费放在一起考虑）。结果发现，相比宽的结构，当日历诱发窄的结构时被试吃了更多的薯片；而且，窄结构中的被试指出实验中他们较少经历自我控制矛盾，没有或较少经历自我控制矛盾导致了薯片的更多消耗（Myrseth，2010）。

星期天	星期一	星期二	星期三	星期四	星期五	星期六
			1	2	3	4
5	6	7	8	9	10	11
12	13	14	15	16	17	18
19	20	21	22	23	24	25
26	27	28	29	30	31	

窄结构的日历

星期天	星期一	星期二	星期三	星期四	星期五	星期六
			1	2	3	4
5	6	7	8	9	10	11
12	13	14	15	16	17	18
19	20	21	22	23	24	25
26	27	28	29	30	31	

宽结构的日历

图 2　宽和窄的结构

宽度对个体识别自我控制矛盾是必要的，但要识别出矛盾，个体还需要预期面对诱惑和目标时，其每次都会作出同样的选择，即满足一致性条件。比如，当个体认为这次吃了一块巧克力，在以后面对巧克力时自己还会吃一个巧克力，此时便会识别出当前放纵和保持健康目标之间存在矛盾。对此，可以通过 Fishbach 等人提出的理论加以解释，当考虑目标和诱惑之间矛盾的一系列行为时，个体会遵循两种行为方式：强调目标的追求以及在目标和诱惑之间寻求平衡（Fishbach，Dhar，Zhang，2006）。当强调目标时，个体会选择目标追寻并在面对诱惑之前采取自我控制策略，此时，个体看到了行为的一致性；当权衡目标和诱惑时，个体会按照"首先是诱惑满足，然后是目标追求"的策略，他们会选择当前的放纵，此时，个体不会看到自己在将来也会做出同样的选择，即没有看到行为的一致性，因此不能识别出自我控制矛盾，从而选择了放纵。Fishbach 和 Zhang 通过变换胡萝卜(代表健康)和巧克力(代表不健康)的呈现方式来验证以上解释,一种条件下将胡萝卜和巧克力分别放在两个分开的碗里,另外一种条件将两者放在同一个碗中。分开呈现使人们感知到两种食物之间的矛盾(代表两种不同的健康目标),强调了食用健康食物的目标;一起呈现使人们感知到了两种食物之间的相互补充,促进了对食用健康食物的目标和享用巧克力的放纵之间的权衡,因此分开呈现比一起呈现条件下选择胡萝卜的被试增加(Fishbach,Zhang,2008)。

3.1.2 矛盾解决

识别矛盾后,个体会采取各种自我控制策略来促进矛盾的解决(Conflict Resolution)。可以将以往研究中发现的自我控制策略总结为两类:直接影响诱惑和目标选择的行为策略以及影响诱惑和目标表征的心理策略(见表1)。当前发现的行为策略主要有两项,一项为通过自我施加惩罚或者奖励来放弃诱惑接近目标。例如,如果选择进行令人不舒适但有用的医疗检查时,个体会进行自我奖励;相反则进行自我惩罚。而且个体会依据目标的完成情况增加奖励或惩罚,因而增强了进行医疗检查的动机(Fishbach,Trope,2005)。另外一项行为策略为事先承诺追寻目标放弃诱惑。例如,当在食品店购物时,节食者预期食品店会有诱惑人的糖果,因此提前决定购买水果代替糖果(Thaler,Shefrin,1981)。

表1　自我控制策略以及对诱惑和目标的相应反应

策略	对诱惑的反应	对目标的反应
行为策略(改变选择情境)	自我施加惩罚 事先承诺放弃	自我施加奖励 事先承诺追寻
心理策略(改变选项的心理意义)	贬低诱惑 进行抽象解释 设置低的期待	提升目标 进行具体解释 设置高的期待

除了行为自我控制策略之外,个体也会采用对目标和诱惑进行表征的心理策略。例如,经历自我控制矛盾的个体可能会提升对目标的评价而贬低对诱惑的评价。一项研究发现有健康意识的个体在对健康和不健康食品做选择之前会评价不健康食品比健康食品有更小的吸引力,但在选择了健康食品之后,这种差异会减少。通过不对称地评价健康和不健康食品可以促进对目标的追寻(Myrseth,Fishbach,Trope,2009)。个体也可以采用对目标进行具体表征而对诱惑进行抽象表征的方式促进目标追寻,具体表征促进行为的趋势强于抽象或者含糊表征。例如,在一项教学目标调节的研究中,学生形成的具体行为计划促进了他们对教学目标的追寻(Gollwitzer,Brandstätter,1997)。另外一项延迟满足的研究中,儿童通过将蜜饯想象成一朵抽象的云,降低了诱惑的影响,抑

制了蜜饯的诱惑(Mischel, Shoda, Rodriguez, 1989)。个体也可能对诱惑设置低的期待，替代性为目标投入更多的时间和精力。例如，一项研究发现计划在休闲娱乐中投入较少时间而在学业中投入更多时间的学生，会强化他们追寻目标放弃诱惑的趋势(Zhang, Fishbach, 2009)。

3.2 自我控制的结构：自我控制的双系统模型

自我控制是抵制冲动进而进行自我控制的过程，在面对诱惑时个体需面对两种敌对的力量，一种是呼吁个体做出合理行为的自我控制力量，另外一种是鼓励个体做出满足欲望行为的冲动力量，要精确预测自我控制结果必须同时考虑这两个方面对行为的影响。基于此，Hofmann等人提出了自我控制的双系统模型(dual-systems model of self-control)(Hofmann, Friese, Strack, 2009)，认为一个完整的自我控制模型包括：第一，冲动系统。该系统是冲动行为产生的原因，在面对诱惑时会自动激起一个相应的冲动行为，包括正向的归因于诱惑刺激的享乐评价以及接近诱惑的行为图式，即自动情感反应和自动接近—回避反应(Seibt, Häfner, Deutsch, 2007)。冲动加工是随时间逐渐形成的自动形式，不需要注意资源参与(Gawronski, Bodenhausen, 2006; Strack, Deutsch, 2004)，主要通过内隐联想测验来测量。第二，自我控制系统。该系统是面对诱惑时更高阶心理活动产生的原因，包括深思熟虑的评价和抑制标准(Strack, Deutsch, 2004)，已有研究证实深思熟虑的评价和抑制标准都依赖自我控制加工，但二者是两种不同的决定行为的心理加工方式(Friese, Hofmann, Wänke, 2008)，均通过基于符号表征的相对缓慢的控制加工来完成(Smith, DeCoster, 2000)，主要通过口头报告的外显测量来测量。第三，状态或者特质调节变量，调节变量转换了自我控制和冲动力量对行为结果的影响(见图3)。

从双系统视角分析，自我控制结果是由冲动系统、自我控制系统以及特质或者状态调节变量之间的交互作用产生，同时考虑这三个方面可以更精确地预测自我控制结果。

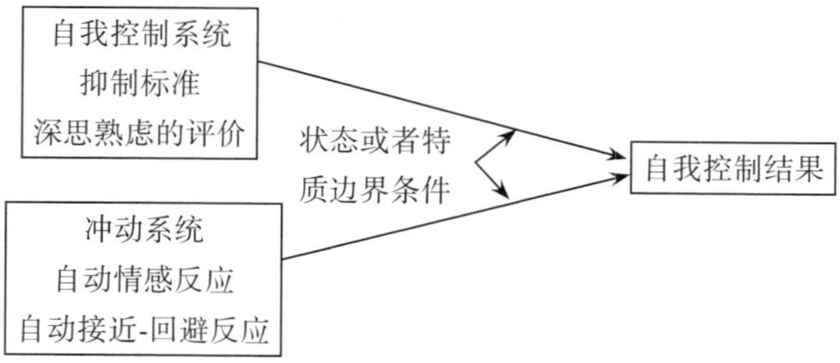

图3 自我控制的双系统模型

3.2.1 状态调节变量

当前发现的状态调节变量主要包括：自我调节资源(Self-Regulatory Resources)、认知能力(Cognitive Capacity)、酒精消耗(Alcohol Consumption)等。Ostafin,Marlatt和Greenwald考察了自我调节资源的转换作用,首先通过内隐联想测验(Implicit Association Test,IAT)测量严重嗜酒者对酒精的接近-回避反应,接着通过诱发被试的抑制饮酒动机来测量其外显饮酒动机,随后一半被试完成情绪抑制任务损耗了自我调节资源,另一半被试不完成情绪抑制任务,结果发现被试对酒精的接近-回避反应可以很好地预测自我调节资源损耗组被试的酒精饮用,饮酒动机的外显测量不能预测损耗组被试的酒精饮用,说明低自我调节资源条件下,冲动加工的权重会增大,自我控制加工的权重会变小(Ostafin,Marlatt,Greenwald,2008)。Friese等人利用传统认知负荷研究范式考察认知能力作为调节变量的影响,首先通过问卷和IAT测量被试对巧克力和水果的有意识评价以及自动情感反应,然后要求被试在多种巧克力和水果中选出5种作为参与实验的奖励,在做选择的过程中,要求一半被试在头脑中记住8个阿拉伯数字(低能力组),另一半记住一个阿拉伯数字(高能力组),结果发现,通过深思熟虑的评价可以预测高能力组被试的选择行为,即明确表示喜欢巧克力胜于水果,就会选择更多的巧克力;自动情感反应可以很好地预测低能力组被试的选择行为,说明认知负荷可以调节冲动和自我控制加工对选择行为的影响(Friese et al.,2008)。Hofman和Friese选取女性被试考察酒精作为调节变量的影响,首先要求被试完成包括饮食限制标准题项的问卷,接着用IAT评价被试指向糖果的自动情感反应,然后要求所有被试参加一个产品测试,其中一半被试喝含有伏特加酒的橘子汁(酒精条件),另外一半喝不含酒精的橘子汁(控制条件),提供一段使酒精起作用的时间后发现,饮食抑制标准可以有效地调节冷静被试糖果的消费,但是对饮用酒精的被试是无效的。相反地,自动情感反应可以预测饮用酒精被试的糖果消费但是对冷静被试无效,说明在酒精条件下冲动加工会对行为产生强烈的影响(Hofmann,Friese,2008)。

3.2.2特质调节变量

个体的行为不仅受到状态变量的影响,而且在与冲动控制相关的中枢执行功能成分中可能存在特质的差异(Tangney et al.,2010)。特质调节变量主要包括:工作记忆能力(Working Memory Capacity)和特质自我控制能力(Trait Self-Control)等。工作记忆能力影响自我控制行为的一项代表性研究是性诱惑领域的研究。实验中要求男性异性恋者在电脑上观看一组具有性吸引力女性的图片,并选择相等数量的艺术图片混合其中作为比较刺激,被试看每张图片的时间由他们自己决定,但是看完之后需要回答一个问题(对性吸引力图片:你想与画中女性交谈的欲望有多强烈?对艺术图片:你想将该图片挂在你家起居室的欲望有多强烈?)作为自我控制加工,通过IAT测量被试对女性图片的自动情感反应作为冲动加工,选取女性图片与艺术图片的注视时间之差作为因变量;同时,被试也完成了工作记忆能力的测量。结果表明深思熟虑的评价可以很好地预测高工作记忆能力个体对性吸引力图片的注视时间,仅对低工作记忆能力的个体而言,积极情感反应与对女性图片长的注视时间相关(Barrett,Tugade,Engle,2004)。特质自我控制与许多期许的变量,例如学术成绩、心理适应、自尊等正相关,与不受欢迎的变量,例如饮食障碍、物质滥用、冲动行为等其他心理失调负相关(Tangney et al.,2010)。一项研究通过IAT测量被试对薯片和酒精的自动情感反应来预测薯片和酒精的消费,发现自动情感反应可以很好预测低特质自我控制个体的薯片和酒精消费(Karpinski,Steinman,2006)。

3.3 自我控制的能量损耗:自我控制的能量模型

自我控制的能量模型从自我控制失败的原因以及如何抵制失败的角度来阐述自我控制的机制。

3.3.1 能量模型的基本观点

Baumeister等人最先提出自我控制的能量模型(the Strength Model of Self-Control)(Baumeister,Heatherton,Tice,1994)。该模型主张,所有的自我控制行为都来自一个共同的、整体的资源,这种资源是有限的,任何一个自控任务都会消耗这种资源,从而影响随后自我控制任务的成绩;但是自我控制对这种资源的消耗只是暂时的,可以通过休息或放松使其得以恢复。

研究者通常采用两个不相关自控任务的双任务范式来检验自我控制的能量模型。该范式中,实验组被试需要执行两个连续的自我控制任务,控制组被试需要执行两个连续的任务,但是仅第二个是需要自我控制的任务。根据能量模型可以预测,实验组被试完成第二个任务的成绩会差于控制组,这是因为第一个自控任务后,实验组被试有限的自我控制资源已经被消耗,仅为第二个任务留下很少的资源。诸多研究根据双任务范式验证了自我控制的能量模型。例如,一项研究要求被试观看一段会诱发情绪反应的视频,在看视频的过程中要求实验组的被试压抑他们的情绪,控制组的被试自由表达情绪,随后要求所有被试尽力握住一个装有弹簧的手柄,结果表明实验组被试在手柄任务中的成绩显著差于控制组(Muraven,Tice,Baumeister,1998)。

3.3.2 能量模型的扩展

能量模型的早期发现表明执行了最初的自我控制任务,随后自控任务的成绩会变差,与尽力后肌肉会疲劳有类似之处。后期研究扩充了自我控制和肌肉之间的类似之处,进一步扩展了该模型:

第一,就像锻炼会使肌肉更强壮一样,定期进行自我控制练习会改善自控任务的成绩。有研究发现,每天进行自我控制的练习,例如改善身体姿势和口头行为、使用非优势手对简单任务反应等,逐渐地会引起实验室测量的自我控制任务成绩的改善;即使每天练习不同的任务,自我控制任务的成绩仍然可以得到改善,由此也说明自我控制成绩的改善不是由于技能的增长或者通过练习获得的自我效能所引起的(Roy F Baumeister, Gailliot, DeWall, Oaten, 2006)。

第二,就像肌肉感觉疲劳时运动员开始保存剩余的力量一样,当一些自我控制资源被消耗,自我控制者也开始保存剩余的能量。有研究发现,自我控制资源损耗的程度部分依赖于个体预期是否有进一步的需要,相比后期没有需要的被试,当预期后期还要执行自我控制时,人们会保存相应的自控能量,因此造成当时自控任务成绩的恶化(Muraven, Shmueli, Burkley, 2006)。

第三,如果奖励足够高,即使前期的任务已经造成了自我控制能量的损耗,人们仍然能够执行后期的自控任务。有研究发现,提供现金的激励或者其他奖励可以抵消或阻碍自我控制能量的损耗效应(Muraven, Slessareva, 2003)。这与第二点的保存假设是一致的,说明被试储存了一定的自控能量。这种现象有非常高的适应性,因为自我控制能力的价值和重要性,完全失去这种能力对个体而言是危险的,因此人们需要保存剩余的能量。但是,不管有多少奖励或者激励,仍然有一个个体不能有效控制自己损耗的水平。由于实际和伦理的限制,迄今为止尚无此类实验室研究,但是可以通过肌肉的类推得以解释:略微疲惫的运动员的确可以在决定性时刻汇集力量进行一个主要的发挥,但是肌肉在某一个特定点的疲劳是无法克服的。

第四,可以通过一些方法(例如,积极情绪、形成执行功能、补充葡萄糖等)调节或者补充自我控制能量的损耗。有研究发现,在完成一项自我控制任务后,观看喜剧视频或者收到一份惊奇礼物的被试比观看悲伤视频或者接受中性情绪刺激的被试在随后各种不同自控任务中的成绩要好(Tice, Baumeister, Shmueli, Muraven, 2007)。还有研究发现,在被试正在进行或者完成了最初的自我控制任务时形成执行意图(implementation intentions)会提高随后自控任务的成绩(Webb, Sheeran, 2003)。虽然上述方法可以调节或者阻碍自我控制能量的损耗,但不管是诱发积极情绪还是形成执行意图都可能使个体消耗更多的资源,因此这些方法可能只能起到调节或者阻碍的作用,不能明显地抵消或者补充损耗状态。与此相反,最近有研究发现在血液中补充葡萄糖可以补充或恢复这种资源进而修复损耗(Gailliot et al., 2007)。

3.4 自我控制的脑机制

近年来,研究者开始探讨自我控制的脑机制,当前对自我控制脑机制的考查主要是采用fMRI技术进行。Hare等人选取自我报告的节食者作为被试考察自我控制的神经机制以及自我控制过程怎样与大脑的评价和决策相结合。首先要求被试对电脑屏幕上所呈现食品的味道和该食物能促进健康的程度进行评价，然后要求他们从自己喜好的食品和其他食品中作出选择，结果发现，腹内侧前额叶皮层（ventro media prefrontal cortex，vmPFC）的激活与长期目标（节食目标）的执行相关，与针对当前诱惑的自我控制程度无关，当被试针对暂时诱惑进行自我控制时，背外侧前额叶皮层（dorsolateral prefrontal cortex，DLPFC）的激活程度增加并且与腹内侧前额叶皮层的激活水平相关。这一结果说明背外侧前额叶皮层在自我控制的执行中发挥着重要的作用，其通过调节腹内侧前额皮层中编码的长期目标的价值信号影响自我控制（Hare et al.，2009）。Demos等人选取50名节食者和50名未节食者的普通被试探讨了长期目标执行失败（节食失败）的神经基础。首先让一半被试（其中节食者和未节食者各半）喝15盎司（1盎司=28.350克）饮用水，另一半被试喝15盎司牛奶，随后给他们呈现一些动物、风景、人物、美味食物的图片，结果在呈现食物图片时发现了伏隔核（nucleus accumbens，Nacc）和杏仁核（amygdala）激活的分离。已有研究已经表明，当节食者在吃了某种美味食品后，其对美味食物的消费欲望会增强。该研究发现，当未节食者喝完牛奶后再看到食物时，伏隔核并没有被激活。和之前喝饮用水的节食者相比，喝完牛奶的节食者在看到食物图片时，伏隔核被激活。而杏仁核的激活则表现出了相反的效应，即节食者喝水之后或者未节食者在喝牛奶之后看到食物图片时杏仁核被激活，研究者认为，这表明已经对美味食物没有消费欲望的未节食者和未破坏长期节食计划的节食者对美味食物的排斥心理。该研究表明，对暂时诱惑控制的失败（诱惑的满足）和伏隔核的激活关系密切（Demos，Kelley，Heatherton，2011）。Diekhof和Gruber的研究也发现放弃直接诱惑支持长期目标的行为导致伏隔核和腹内侧前额叶皮层的负性交互作用增强（Diekhof，Gruber，2010；Fishbach，Friedman，Kruglanski，2003）。上述研究表明，在自我控制过程中，长期目标的执行与腹内侧前额皮层相关，对暂时诱惑的控制激活了背外侧前额叶皮层，暂时诱惑控制的失败（诱惑的满足）和伏隔核关系密切。

4 展望

自我控制领域的研究已经取得了丰硕的研究成果，随着研究的不断深入，其研究范畴和研究视角也得到了拓展，但仍存在一些具有争议或尚待解决的问题，这也将成为自我控制的未来研究方向。

4.1 深入解析自我控制的内涵

当前自我控制尚没有一个统一公认的概念，研究者均是根据其研究需要来界定自我控制，而且自我控制还存在与其他相关概念混淆使用的情况，这必然会影响对自我控制的测量，并进一步影响到对其内在机制、因果关系的探索，因此更清晰地认识自我控制的本质含义显得至关重要。虽然当前研究均将自我控制定义为一种个体有意识控制自己行为的能力，那么是否存在无意识的自我控制行为呢？有研究者指出两阶段模型中自我控制矛盾识别和解决阶段的加工没有必要是有意识的过程，也可能包括无意识加工（Fishbach，Shah，2006；Inzlicht，Gutsell，2007），但是他们并没有进一步验证和说明这种无意识加工是怎样运行和起作用的。可见，拓展自我控制无意识领域的研究是未来一个研究方向。这样不仅拓宽了自我控制的研究范畴，更是拓展并深化了自我控制的含义。

4.2 进一步探索自我控制的机制

两阶段模型、能量模型、双系统模型分别从不同角度阐释了自我控制行为，可以发现各个模型之间是有关系的，能量模型和双系统模型之间明显的关联为，能量模型中的自我控制资源的损耗是双系统模型中的状态调节变量之一，说明能量模型是双系统模型的依赖条件之一。当然，各个模型之间可能存在更深层次的内部关联，这是未来研究需要考查的问题之一。另外，各个模型自身尚有许多没有解决的问题。例如，两阶段模型的实证研究主要集中在饮食健康方面，其他领域相关研究非常少，其他领域的自我控制行为（例如攻击性、成瘾、冲动性购买等）是否支持两阶段模型仍需进一步验证。能量模型为自我控制和肌肉之间的类比提供了有力的证据，但是，自我控制在多大程度上可以类推为肌肉仍然是一个未解决的问题：自我损耗状态类似扭伤或者受伤的肌肉吗？有人推测心力衰竭类似受到损伤的而没有能力恢复的肌肉，这种类比合适吗？可验证吗？双系统模型提出调节变量转换了自我控制和冲动力量对行为结果的影响，针对两阶段模型，这种影响是发生在矛盾识别还是解决阶段呢？因为自我控制的重要性，Baumeister曾提出，如果在制定国家政策时考虑心理层面的话，他提议用培养自我控制来代替培养自尊（Roy F Baumeister，2002）。重要的是，自我控制可以通过干预得到改善，即使在成人期也可以，因此尝试从改善自我控制的角度来考察自我控制的机制是未来一个重要的研究方向。发现一种有效的改善自我控制的方法具有非常重要的意义，不仅可以阐明自我控制怎样起作用，而且对临床医学家、教练、教育家、父母等都有实际应用价值。

当前自我控制脑机制的研究还处于非常初级的阶段，尚没有形成一定的规模和体系，主要体现在以下几方面：首先，自我控制脑机制的研究还非常少；其次，考查的内容主要集中在抵制食物诱惑等方面，其他领域的自我控制行为较少；最后，主要是采用fMRI探索自我控制的大脑定位，采用ERP的研究相对较少，目前仅有一项研究采用ERP技术考查自我控制能量模型的神经基础。未来研究应更多采用认知神经技术考查自我控制的脑机制，例如，采用fMRI技术探讨自我控制能量损耗以及补充或者修复损耗的生物基础；自我控制矛盾识别阶段识别—成本的诱惑时大脑激活的区域等。同时应充分利用ERP技术较好时间分辨率的特点，更多运用该技术考查自我控制加工的特点。

4.3研究自我控制的文化特性

文化是个体行为和特征的一个重要影响因素，自我控制这一课题带有浓厚的人类社会文明痕迹，文化因素必然会对个体的自我控制行为产生影响，但是目前尚没有见到有研究考查自我控制的文化影响。未来研究可从以下几方面考查自我控制的社会文化特性：第一，开展自我控制的本土化研究，自我控制其实就是我国文化一直提倡的意志力（will power），对意志力的探索在我国文化中有深远的历史，因此，在我国文化背景下考查自我控制应该与意志力研究相结合，只有这样才是真正本土化的探索；第二，众所周知，东方是集体主义文化，西方是个体主义文化，这种文化差异是否会影响到东西方个体的自我控制行为呢？如果两种文化背景下个体的自我控制行为有差异，差异表现在哪些方面？……这些问题都具有非常重要的理论和实际意义；第三，进行自我控制文化神经机制的考查，这与第二点是紧密联系的，如果东西方被试的自我控制行为在行为层面体现出了差异，那么这种差异在认知神经层面会有表现吗？与行为层面的研究结论一致吗？将行为与脑认知研究相结合才能更深层次探讨自我控制的社会文化特性。更重要的是，对不同文化背景下的研究及其结论的共性和差异的总结和提升才更有利于揭示自我控制以及自我的本质。

合作者：李琼；原文载于：《西南大学学报》（社会科学版），2012，38（2）：41-52。

自我不确定感:内涵、结构和理论

古希腊哲学家赫拉克利特(公元前540—前480)说,“唯有变化才是永恒”。生活充满了变化,大到经济波动、政治变革、气候变化,小到个人工作变动、收入增减、人际关系改变,我们时刻都在经历和感受着变化。人们处在变化或难以预测的情境中时就可能感到不确定。这里的“感到不确定”分为两种:信息不确定感(informational uncertainty)和自我不确定感(self-uncertainty)(Hogg,2009;Van den Bos,2009)。前者指缺乏必要的决策信息时,如备择选项不明或者选项后果不明,人们对自己的判断或决定感到不确定(Kahneman,Slovic,Tversky,1982,2013),这在经典决策领域(如风险决策)和日常生活(如判断明天是否下雨)中很常见,但是这类不确定感不一定会威胁到个体的核心心理品质(如我是谁)。然而,另一些情境(如亲密关系的重大变化)则会让个体对自己的认知、情感和行为感到不确定(McGregor,Zanna,Holmes,Spencer,2001),对自己重要的心理品质感到怀疑(Van den Bos,2009),甚至威胁到存在的意义(Heine,Proulx,Vohs,2006)等,即产生自我不确定感。

自我确定感是人类的基本心理需求之一(Heine et al.,2006),但自我不确定感又是广泛存在的;只有更全面地了解自我不确定感,减少相关的消极体验,并使之成为激发人向上的动力,才能更好地获得自我确定感,达成积极地追求自我实现以及养成健全人格的最终目的。为此,下文将就自我不确定感的内涵、结构和理论等进行系统的梳理。

1 自我不确定感的内涵

1.1 什么是不确定感?

要界定自我不确定感,需先明确不确定感的概念及其产生条件。产生不确定首先需要模糊或冲突情境。模糊情境是指那些无法对事件结果做出准确预期的情境。比如风险决策情境(选择收益小但风险低的,还是收益大但风险高的基金)和模糊决策情境(如何评估雾霾带来的健康风险)等。冲突情境是指两难情境(选择考研还是就业)或新旧体验不一致的情境(努力工作却没有得到应有的褒奖)等。为表述方便,这里将模糊和冲突情境统称为冲突情境,它是不确定感的来源。认知失调理论认为,当个体持有两种不一致的态度(或体验)时就会体验到一种失调(dissonance)的状态(Festinger,1957)。认知冲突情境导致了个体的失调体验,而这种体验就是一种不确定感。例如,“淋雨而衣服干燥”是认知(下雨会淋湿衣服)和体验(衣服是干的)之间的冲突,它会让个体产生失调体验,也就是对自己的认知或体验产生不确定感(雨会不会打湿衣服?或者衣服到底是不是干的?)。Piaget(1960)也在认知发展理论中提出,当新的经验与原有的认知图式不一致的时候，个体就会体验到一种不平衡(disequilibrium)的状态。即新旧认知冲突导致了不平衡的心理体验，这也是一种不确定感。“不平衡”和“失调”本质上都是不确定感的一种，文章将其统称为“信息不确定感”。认知冲突会引起信息不确定感，要转化为自我不确定感，则需一定条件。条件具备，不平衡和失调体验就转化为自我不确定感；否则，就停留在信息不确定感层面。

1.2 对自我的什么感到不确定?

要回答什么是自我不确定感，关键在明确自我不确定感的指标。自我是个复杂的系统，包含关于自己的方方面面，并不是对自我的任一方面感到不确定就称为自我不确定感，需要在对自我进行充分界定的基础上探讨自我不确定感的概念。

詹姆斯(James，1890，1950)将自我分为主体自我和客体自我，前者是进行认识和体验的主体，后者是被认识和被体验的我，也就是通常所说的自我概念(杨国枢，陆洛，2009)。“我对自己感到不确定”里的“我”是进行认识的主宰者，它负责解释和评价，而“自己”则是被认识的对象，它是界定自我不确定感的核心。

詹姆斯进一步将客体自我划分为物质自我、社会自我和精神自我。这3种自我又包含不同的指标。物质自我是指生理上的我(如我的胳膊)以及被心理上占有的实体(如我的房子)。社会自我指个体如何看待别人对自己的看法和评价，它不仅包含了个体所拥有的社会角色和地位，更重要的是如何看待别人对自己的评价。精神自我是指除物质自我、社会自我之外的所有的心理自我的方面，包含个体感知到的态度、情绪、动机、能力、人格特质、同一性、价值感、价值观、目标等等，布朗(Brown，1998，2004)将它们概括为个人特性或心理品质。从广义上讲，社会自我可以理解为个体对与社会属性有关的自我的感受和体验，体现了对价值感和归属感的需求，可以作为心理品质的一部分，纳入到精神自我的范畴。广义的精神自我就是文中所要关注的自我。

对自我进行界定后，就满足了界定自我不确定感的条件之一，这里把自我界定为心理品质，自我不确定感即个体对心理品质的不确定感受。

1.3 自我不确定感的指标：心理品质的权重和控制水平

还要满足的条件是需要对心理品质赋一个权重。依据类比于詹姆斯对自尊的界定：自尊=成功/抱负(James，1890，1950)。此处的抱负(pretension)就是一种权重，理解为个体认为哪些品质对自己是重要的(Brown，1998，2004)。当个体在看重的品质(权重高)上表现得超出或低于预期时，就会体验到高或低自尊，而那些次要的品质(权重低)就对自尊影响不大。同样，自我不确定感的高低也会受权重的影响：个体看重的心理品质，对它们的困惑和怀疑会体验到较高的自我不确定感，而对于不太看重的品质，体验到的自我不确定感水平就很低。举例来说，如果张三非常在意学习能力(权重高)，对考试成绩抱有较高期望，则考前可能会体验到较高的自我不确定感；如果他根本不在乎学习(权重低)，则不会或很少体验到自我不确定感。

在同一种冲突情境中，个体之间体验到的自我不确定感水平可能有所差异，这种差异一是取决于与情境相关的心理品质的权重，二是个体对该情境的控制水平。就上例而言，控制水平是指张三在分析以往学习成绩基础上产生的信心水平，也就是学习能力的效能感，效能感越高，则控制水平越高，反之则越低。对于权重较高的心理品质，控制水平越低(越困惑和怀疑)，体验到的自我不确定感水平就越高；权重较低的心理品质，由于对它的评价不影响对核心自我的认识(如数学系的学生评价自己的音乐能力)，因此无论控制水平高低与否，多不会产生显著的自我不确定感，而是停留在信息不确定感层面。表1展示了综合评估后对自我不确定感水平的预测。

表1　心理品质的权重和控制水平对自我不确定感水平的预测

心理品质	低权重	高权重
低控制	信息不确定感或 低自我不确定感	高自我不确定感
高控制	信息不确定感或 低自我不确定感	低自我不确定感

综上所述，可对自我不确定感的产生过程进行如下描述。首先，认知(体验)冲突情境导致个体体验到信息不确定感，然后主体自我介入并发挥解释者的角色，对客体自我(主要是涉及的心理品质)进行解释和评价，这个过程包含对相关心理品质的权重水平和控制水平的评估，根据综合评估将信息不确定感转化为自我不确定感，或仅仅停留在信息不确定感。图1展示了产生过程的构想模型。

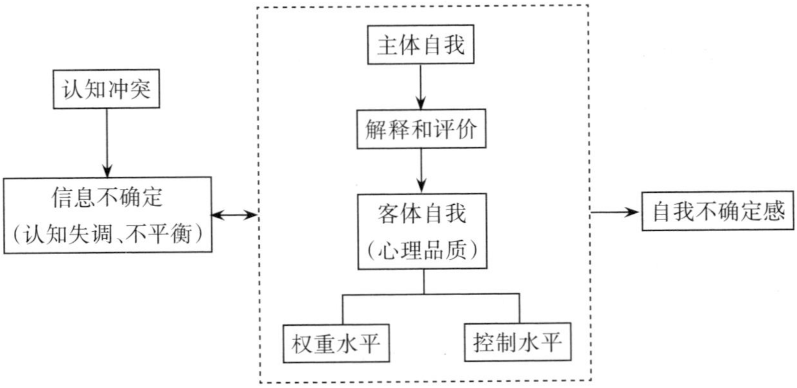

图1　自我不确定感概念的构想模型

注：双向箭头表示经过主体自我对客体自我的解释和评价之后，若不符合转化为自我不确定感的条件，则停留在信息不确定感层面

1.4 自我不确定感是种怎样的体验?

最后要回答的是,自我不确定感是一种怎样的体验?自我不确定感是在认知冲突后对重要心理品质的疑惑,是对这种品质的不稳定的认识和评价,会让人体验到一种不一致感和不连续感。这种体验类似于自我同一性混乱的感受,但是二者是有区别的。首先,狭义上的同一性(或身份)可以纳入到心理品质这个概念里,自我同一性混乱是自我不确定感的一个子类。再有,同一性是发展的结果,自我同一性的形成标志着自我概念的成熟(郭金山,车文博,2004),它在某一阶段内(如成年期)是相对稳定的,在短期内不会发生大的变化,而自我不确定感受情境影响较大,可能每天都会经历。

1.5 自我不确定感的界定及相关概念辨析

明确了自我不确定感的产生过程、指标以及结果后,就可以对自我不确定感的概念进行界定。一般来说,自我不确定感是个体在遇到认知、情感以及行为间的不一致或冲突,对重要的心理品质产生困惑和怀疑时体验到的一致性和连续性缺乏的状态。它的度量指标是心理品质的权重水平和控制水平。它可以是针对某一特定心理品质(如人际交往能力)的特殊自我不确定感,限于特定情境,不扩散到其他方面的心理品质(如学业目标)。但是,由于自我具有整体性,特殊自我不确定感(如人际交往能力)也可能会"弥散"开来,影响到心理品质的其他方面(如价值感),产生连锁反应(如价值感又影响到学业目标),进而导致弥散在整个精神自我层面的总体自我不确定感。

这个概念基本上可以涵盖本领域对自我不确定感的界定。例如,Kagan提出不确定感源自于个体认知与认知、体验及行为之间的不一致或冲突,或是没有能力预测未来的时候(Kagan,1972)。从构想模型上来看,这个界定只涉及了自我不确定感的产生条件之一,即认知冲突情境,但是没有随后的主体自我的解释和评价环节,因此还停留在信息不确定感层面。McGregor等认为个体不确定感(personal uncertainty)是一种强烈的同一性危机,源自个体对自我的不一致或模糊的认知(McGregor et al.,2001),反映的是与自我和身份有关的不确定感受(Rast,Gaffney,Hogg,Crisp,2012)。他们强调了同一性或身份混乱是自我不确定感的重要方面,可以包含在前面提到的心理品质这个概念里。Van den Bos等提出个体不确定感是一种怀疑的主观感受,或不稳定的自我观念和世界观,或是这二者的混合,可能涉及对核心价值观念的动摇(Van den Bos,2009)。Hogg认为如果个体对自己的认知、观念、情感或行为产生怀疑,就可能最终影响到对自我的信心(Hogg,2007)。两位学者指出了自我不确定感源自冲突情境,以及对重要心理品质(如自我观念、自信心、价值观)的低控制水平,符合文章对自我不确定感的界定。国内对自我不确定感的研究比较少见,梁娟等认为自我不确定感是个体对"自我"的怀疑以及对其不稳定的看法导致的内隐或外显的感受和反应(梁娟,马红宇,高记,2013)。这个定义强调了自我不确定感的核心在于“自我”,以及对自我困惑和怀疑时所产生的感受,这与文章强调自我的观点是一致的,但因研究者没有对自我进一步界定,稍显笼统。殷融(2010)基本沿用了Van den Bos的说法,认为自我不确定感是个体对自我以及世界观的怀疑。

总体来看,国内外学者都强调了自我不确定感的核心在于“自我”上,这与文章的思路一致,但是他们并未对自我进行充分界定,也没有指出自我不确定感的产生条件和过程,使得概念不太明确,文章对自我不确定感的内涵进行了明确和拓展。另外,也存在一些概念与自我不确定感有密切联系,进行简要辨析。

1.5.1 自我不确定感和意义感

自我不确定感的另一面是自我确定感(self certainty)(Heine et al.,2006)。人类从出生开始就不断解释新的经验,以降低新事物带来的不确定感,获得心理上的确定感。这种确定感能让人类对自己和外部世界感到安全、可控制和有意义(Van den Bos,2009)。存在主义哲学家(e.g.,Kierkegaard,1848,1997)和心理学家(e.g.,Maslow,1987)认为人类主要的动机之一就是追求确定感或意义感(meaning-making)。意义(meaningfulness)是指事物之间以一种符合预期的、可预测的方式联结起来(Heine et al.,2006)。当个体的认知和行为(体验)以符合预期的方式存在时,就能体验到心理上的意义感;反之,就会体验到意义感的缺失或无意义感。自我不确定感是当认知和行为(体验)的关系违反预期(即冲突情境)时体验到的,也是一种意义感缺失的状态。

1.5.2 自我不确定感和自我概念复杂性、自我概念清晰性

自我概念复杂性(self-concept complexity)是指由各种认知结构组成的自我的集合(Linville,1987)。复杂性越高,表示描述自我的认知结构越多,这里的认知结构可理解为文中所说的心理品质,即自我所包含的心理品质就越多。但它仅反映了心理品质的数量,而自我不确定感的触发还需要冲突情境,以及对心理品质的解释和评估过程等。自我概念清晰性(self-concept clarity)是指自我概念所包含的属性(即心理品质)被明确定义的程度,反映了内在一致性和稳定性(Campbell et al.,1996)。自我概念越清晰并不是指心理品质越复杂,而是对某种心理品质的认识越清晰,疑惑程度越低,也就是控制水平越高。可以说自我概念清晰性和复杂性分别反映了自我不确定感的某一方面。

1.5.3 自我不确定感与自我实现

罗杰斯提出了现实自我和理想自我(Rogers,1959),前者是个体对现状的评价,后者是指个体希望拥有的自我概念(理想的心理品质的集合),追求理想自我即追求自我实现。自我不确定感可理解为对现状的评价低于理想的自我概念时体验到的消极感受,

也就是现实与理想的心理品质存在差距，体验到较低的控制水平；克服自我不确定感的过程也是改变现状，增强控制感的过程，实质上也是追求自我实现的过程。虽然克服自我不确定感的终极目标是追求自我实现，但并不是每个人都在追求这个层次，因为很多人的理想自我停留在较低的需求层面（如生理、安全需求），他们克服自我不确定感不是为了追求自我实现，而是满足基本的心理需求（Hogg，2007）。

2 自我不确定感的结构及其测量

自我不确定感包含哪些成分，具有何种性质，如何进行测量，当前并没有统一的看法，更没有专门的测量工具。要描述其结构需先对自我（尤其是客体自我）的结构进行界定。客体自我——被认识和体验的对象，也就是自我概念，具有何种结构？最被广泛接纳和采用的是Fitts（1965）提出的三维结构观点，研究者编制了田纳西自我概念量表，认为自我概念包含自我同一性（identity）、自我满意（satisfaction）以及自我行动（behavior）三个成分，即“我是一个什么样的人”（认知成分），“我对现状是否感到满意”（情绪或情感成分）以及“如果不满意会采取什么行动”（动机或行为成分）。概括来说，自我概念可从认知、情绪和动机的角度去分析，这为梳理自我不确定感的结构提供了思路和依据。需要说明的是，这并不是划分自我不确定感结构的唯一标准，还可从多种角度（如人我关系方面）去描述。目前来看，该标准较为符合概念界定以及当前本领域对自我不确定感的认识。

2.1 认知成分及测量

自我不确定感是对重要心理品质的疑惑性认知，体现了较低的控制水平，这与Fitts提出的对自我同一性（“我是一个什么样的人”）的疑惑是一致的，是认知成分。这种成分可通过自我概念清晰度量表（Self-Concept Clarity Scale，Campbell et al.，1996）进行测量，因为自我概念清晰性反映了个体对心理品质的疑惑程度，即控制水平这个指标。该量表包含单因素结构，可以在总体上反映自我概念的清晰性、确定性、一致性和稳定性。

2.2 情绪成分及测量

研究者们（e.g.，Hogg，2007，2009；Van den Bos，2009；Van den Bos，Lind，2002）认为自我不确定感是一种让人不舒服，甚至厌恶的情绪体验，它往往诱发焦虑和压力感，让人感到无力预测和控制外部环境，因此，个体想要消除或者降低这种体验。根据对自我不确定感的界定,推测相关心理品质的权重越大,控制水平越低,个体的情绪反应就越强,应对的愿望也更强。

虽然并没有专门针对情绪成分的测量工具,但是可从不同角度进行间接反映。对不确定情境的情绪反应和忍受程度的个体差异可以通过不确定反应量表(Uncertainty Response Scale;Greco,Roger,2001)和无法忍受不确定性量表(In tolerance of Uncertainty Scale;Buhr,Dugas,2002)进行测量。前者从压力的角度测量个体对不确定的应对风格,认为不确定是一种压力源,引发个体的情绪和认知反应,包含3个因素:情绪不确定感、渴求改变和认知不确定感。后者主要从个体对不确定情境的感知和认识偏差角度考察其情绪反应,无法忍受不确定性的程度越高,个体越容易对不确定情境作出偏差性解释和情绪反应,包含4个因素:不确定是不公平的,是让人有压力和感到不安的,让人无法行动,是消极和应该避免的。另外,一些实验范式也主要诱发了自我不确定感的情绪成分。例如,Van den Bos(2001)通过让被试想象在不确定的时候会产生何种情绪/生理反应来诱发自我不确定感,发现它会导致个体对公正信息特别敏感:当没有被公正对待时,会产生强烈的消极情绪反应(e.g.,DeCremer,Brebels,Sedikides,2008)。

2.3动机成分及测量

降低不确定感是人类的基本心理动机之一(Hogg,2007),它是驱动个体表现出一系列行为的重要角色。动机成分与情绪和认知成分密切相关,一方面,人们想要摆脱自我不确定感带来的消极情绪体验,获得对周围环境的控制感;另一方面,人们想要澄清对自我的认识,确定自己的观点是正确的,准确地知道自己能做以及不能做什么。很多理论从动机的角度探讨人们在应对不确定感时所反映出的特质性个体差异和状态性行为偏好:前者主要涉及不确定倾向人格(uncertainty orientation;Sorrentino,Ye,Szeto,2009)和认知闭合需要(need for cognitive closure;Kruglanski,2004),而后者着重考察不确定感下的文化世界观防御(cultural world view defense)现象 。不确定倾向人格分为不确定倾向和确定倾向两类。前者渴望获得明确,但不渴望保持明确的状态,有强烈的“我要知道”的需要,在不确定情境中倾向于进行系统化的信息加工;而后者并不渴望获得明确,却渴望保持原有的明确状态,在不确定情境中一般不会主动寻求解决方案,而是依赖于别人或采用启发式策略(Sorrentino et al.,2009)。不确定倾向人格可通过多种不确定性(*n*Uncertainty)投射测验工具进行测量(Sorrentino,Szeto,Chen,Wang,2013)。认知闭合需要,则是个体在不确定情境中想要获得确定感的愿望,反映个体进行信息加工的倾向:高认知闭合需要的个体获得确定感的动机较强,在不确定情境中往往采用“速战速决”的启发式加工策略;而低认知闭合需要的个体对不确定的忍受程度较高,在不确定情境中通常采用较为耐心的系统化的信息加工策略(Kruglanski,2004)。它可以通过认知闭合需要量表(Webster,Kruglanski,1994)进行测量,含对秩序的偏好、对可预测性的偏好、果断性、对模糊的不适和心理封闭等5个维度。

对于不确定感下的文化世界观防御现象,研究发现,暂时性的启动自我不确定感后(通常采用描述两难情境,McGregor et al.,2001;或者想象生活中感到不确定的事件,Hogg,Sherman,Dierselhuis,Maitner,Moffitt,2007),个体会表现出较强的世界观防御、群体认同以及补偿性信念等动机和行为,以此来消除或缓解自我不确定感带来的消极体验。

2.4 认知、情绪和动机成分的关系

综上,认为自我不确定感包含认知、情绪和动机三个成分,概括为心理品质的清晰度(控制水平)、情绪耐受性以及应对倾向,不同成分又可以根据自我不确定感的指标进行更精细划分。它们之间密切联系、相互影响,共同构成了自我不确定感的要素。认知成分影响情绪反应。对于重要心理品质的认识越不清晰(控制水平越低),引发的情绪反应可能越强烈。研究发现,个体自我概念清晰度越低,则无法忍受不确定感的程度越高,也就是对不确定性的情绪反应越强烈而消极(Butzer,Kuiper,2006)。认知和情绪成分是行为动机的来源。认知成分产生消极的情绪体验,这种消极体验驱动个体采取一系列防御策略进行应对,以恢复心理的确定感和意义感。大量研究发现,启动不确定的认知(e.g.,McGregor,Nash,Mann,Phills,2010)或情绪体验(e.g.,Van den Bos,Euwema,Poortvliet,Maas,2007),个体会表现出增强的趋近动机和世界观防御行为。当前的理论也多是从动机的角度探讨个体如何采取行动来应对和管理自我不确定感,下文将对此进行述评。

3 自我不确定感的管理策略及理论

自我不确定感让人感到不舒服和厌恶,引发焦虑和不安,降低自信心,甚至威胁到存在的意义。有效管理不确定感对于保持意义感和维护心理健康具有重要意义(Heine et al.,2006;Van den Bos,2009)。自我不确定感的管理主要采取两条路径:一是直接解决让自己感到不确定的对象本身;二则并不针对对象本身,而是采用间接策略,以补偿的方式通过确认意义系统的其他成分来缓解不确定感。

3.1 自我不确定感的直接管理策略和理论

应对自我不确定感的直接策略主要基于认知失调理论(Festinger,1957)和认知发展理论(Piaget,1960)。自我不确定感源自新的认知经验与原有的认知结构之间的冲突所导致的失调或不平衡状态。根据认知失调理论,解决的办法是改变其中一种或两种认知来使二者协调一致,或者引入第三方认知来调和二者之间的冲突,通过这种方法使失调变协调,进而缓解或消除不确定感。类似地,认知发展理论提出一种较为省力的方法是将新的认知经验进行重新解释使其得以纳入到原有的认知结构中来(即同化过程),另外一种较为费力的方法是改变原有的认知结构使得二者不再冲突(即顺应过程)。本质上来看两个理论是一致的,即通过直接调和认知对象之间的矛盾来缓解不确定感。半个多世纪的研究表明这两个理论在解释不确定感的来源和应对策略上具有强大的生命力,直到现在仍然不断有新的研究以此为依据探讨如何应对自我不确定感(Randles, Inzlicht, Proulx, Tullett, Heine, 2015)。

能够直接解决不确定感的根源固然很好,但这类方法有其局限性。例如,直接改变认知结构是比较耗费认知资源且让人焦虑的(Proulx, Heine, 2010),假设一个诚实善良的人却突遭横祸,他会为此感到迷茫和不安,如果通过改变原有的认知结构("好人会有好报")来协调与现实的冲突("我努力做个好人却没有得到好报"),是需要相当大的决心并耗费很多认知资源的,这个过程费时且让人感到痛苦。对重要心理品质的困惑和怀疑往往让人感到焦虑和不安,人们本能的反应可能并不是解决问题本身,而是选择替代性的补偿策略,以求迅速缓解不确定感受,达成暂时的平衡状态。自我不确定感的间接管理策略和相关理论正是基于补偿性的思路而提出。

3.2 自我不确定感的间接管理策略和理论

自我不确定感的间接管理策略和理论主要有不确定管理模型,不确定-认同理论,不确定-反应趋近动机理论等,而这些理论又可以通过意义保持模型整合起来。

3.2.1 不确定管理模型

Van den Bos等研究者认为通过文化世界观防御可以间接缓解自我不确定感,提出了不确定管理模型(uncertainty management model)(Van den Bos, 2009; Van den Bos, Lind, 2002)。它的核心观点是,人们都有对环境感到确定和安全的需求,过多的不确定会让人不舒服或厌恶,甚至威胁到生存的意义。人们通过强调程序公正和捍卫文化世界观来降低或者管理不确定感,经此个体可以感受到世界是公平的、安全的,人的行为是可预测的,能够明确"我是谁","我相信什么","我该怎么做"等。

当启动自我不确定感时,个体会对公正信息特别敏感:当被公正对待时,会有积极反应，反之，则产生较强的消极反应(De Cremer et al.，2008)；当公正信念受到威胁时，处于不确定感的个体更容易对无辜的受害者作消极评价(Bal，Van den Bos，2012)。

处在不确定感中的个体会更加支持自己的，疏远其他的文化世界观：当流浪者被认为与自己的世界观相悖时，处于不确定感中的个体会与之坐得更远(Van den Bos et al.，2007)；当不确定感被突显时，个体对反宗教的言论更加气愤，尤其是那些宗教信仰较强的人(Van den Bos，Van Ameijde，Van Gorp，2006)；当内群体认同较高时，启动因果不确定感会导致更强的文化世界观防御(Wichman，Brunner，Weary，2014)等。

该理论从补偿性的角度提出了应对自我不确定感的间接策略——文化世界观防御。该策略并没有直接关注感到不确定的对象本身，而是采用替代性的方法，即通过确认核心的价值观念，使得总体的确定感增强，来弥补感到不确定的那部分自我概念。然而，由于研究者并没有测量文化世界观防御后的不确定感程度，无法得知这个过程是否真的降低了自我不确定感。另外，该理论侧重于考察自我不确定感的情绪反应，将情绪反应视为一种本能，并未深入探讨应对不确定感的具体过程，比如个体是如何通过公正程序和文化世界观防御降低不确定感的，采取了哪些具体措施，都还不清楚(Hogg，2009；Sorrentino et al.，2009)。

3.2.2 不确定-认同理论

和不确定管理模型一样，不确定-认同理论(uncertainty-identity theory)也认为自我不确定感是令人厌恶的，它驱动个体表现出一系列防御反应，但不确定-认同理论较为明确地阐述了个体通过何种心理过程来应对自我不确定感，更加具体化，聚焦于群体认同的作用，探索了何种类型的群体能更有效应对不确定感(Hogg，2007，2014)。该理论认为，当处于不确定感时，个体通过自我归类以及去个性化等，能够明白自己认同并归属于哪个群体，预测他人的态度和行为，最终降低对于“我是谁”，“我属于哪个群体”，“我如何做”等的不确定感(Hogg，2007，2009)。

研究显示，经过自我归类后，高不确定感的个体表现出更强的群体认同和内群体偏爱，并且群体认同降低了后续的不确定感(Mullin，Hogg，1998)。其他研究也证明自我不确定感调节内群体认同(Grant，Hogg，2012；Hohman，Hogg，2011，2015)。

何种类型的群体更能有效降低不确定感呢？群体的实体性(entitativity)是一个重要因素(Hogg，2004)。研究表明，高不确定感下，个体对群体的认同程度随着群体实体性的增加而增强，而在低不确定感下，认同程度不受实体性的影响(Hogg et al.，2007)。由于极端群体的实体性相对较高(Hogg，2007)，强烈的自我不确定感(如破产、战争)甚至可以导致狂热行为和极端主义(Hogg，2004)。

研究发现，高不确定感学生对极端学生组织的认同度显著强于低不确定感的，且认同度中介了不确定感和极端行为意向的关系(Hogg, Meehan, Farquharson, 2010)。其他研究也表明自我不确定感驱使个体对激进或极端群体更加认同,对他们的激进行为更加支持(Hogg, 2014; Hogg, Adelman, 2013; Hogg, Kruglanski, Van den Bos, 2013)。

与不确定管理模型只关注自我不确定感引发的情感反应相比,不确定-认同理论较为具体地阐述了应对自我不确定感的心理过程和机制,即个体通过自我归类明确身份的属性,通过增强归属感来间接缓解其他方面的不确定感。但是它也忽视了这个过程的实际效果,很少直接测量随后的不确定感程度,并不清楚群体认同真正降低了原本的不确定感,还是仅仅暂时掩盖了问题本身。而且,它过于强调群体认同的作用,就像不确定管理模型过于强调世界观防御一样,实际上夸大了个体归属感的需要,把个体对于确定感的需要等同于被群体接纳的需要,而忽视了人类更高层次的需求和目标,如自我实现需要的作用。个体的目标和理想信念指引着其认知和行为(McGregor et al., 2010),自我不确定感可以视为个体在追求自我实现的过程中对目标的暂时性的困惑和怀疑,那么通过调整和确立新的目标,或者确认较高层次的目标、信仰和价值观,应当能够有效缓解个体当前的不确定感(McGregor, Prentice, Nash, 2009)。

3.2.3 不确定-反应趋近动机理论

McGregor等提出的不确定-反应趋近动机理论(uncertainty-reactive approach motivation theory)不仅认可了文化世界观的作用,还强调通过对自身目标、价值观的补偿性信念降低或管理自我不确定感(McGregor et al., 2001, 2009, 2010)。该理论认为当受到自我不确定感的威胁时,个体通过对文化世界观的补偿性信念(McGregor et al., 2009),以及强调对自我其他方面(诸如目标、价值观、态度、认同)的信念来进行应对,以修复受损的自我整体性(McGregor et al., 2001)。由于理想信念是最上位和本质的目标(它包含了文化世界观),能够激发反应趋近动机,让个体避开无关目标,确立新的目标,因此个体在不确定感中会表现出更强的补偿性信念和价值观(McGregor et al., 2009, 2010),甚至表现得很极端和自我中心(McGregor et al., 2001)。研究发现,自我不确定感使个体产生更强的趋近动机(McGregor et al., 2010);对自己的目标和价值表现出更强的补偿性信念(McGregor et al., 2001; McGregor, Marigold, 2003)等。电生理证据显示,不确定感使得高自尊个体在表征趋近动机的左前额叶(F7/F8)的脑电活动显著增强(McGregor et al., 2010; McGregor, Nash, Inzlicht, 2009);激活的趋近动机降低了错误引发的不安(Nash, Prentice, Hirsh, McGregor, Inzlicht, 2014)。

还有研究发现:表达补偿性信念可以显著降低个体的焦虑性不确定感(McGregor et al., 2001; McGregor, Marigold, 2003);启动宗教信仰系统后,显著降低了不确定个体的敌意反应(Schumann, McGregor, Nash, Ross, 2014);且较强的补偿性信念预测了较低的前扣带皮层的反应(Inzlicht, McGregor, Hirsh, Nash, 2009),该脑区表征冲突和不确定(Hirsh, Mar, Peterson, 2012)。上述研究表明了反应趋近动机理论作为不确定感管理策略的可行性。

反应趋近动机理论不仅认可了归属需要,还显示了更高层次的需要——自我实现需要在应对自我不确定感的作用。与不确定管理模型和不确定—认同理论相比,反应趋近动机理论更加全面且更有概括性,更重要的是,它暗示了自我不确定感的根源是个体在追求自我实现的过程中对目标的暂时性困惑和怀疑,通过确认较高层次的目标能够让终极目标变得清晰、确定,进而缓解当前的不确定感受。然而,它并没有对这两种需要的效果进行比较,并不清楚哪种需要优先得到激活,也无从得知哪种需要在应对自我不确定感中更具优势。

3.2.4 意义保持模型

文化世界观防御、群体认同以及趋近动机等只阐述了某些方面在缓解自我不确定感的作用,未能从人类心理需求来源的角度,全面分析如何应对自我不确定感。意义保持模型(meaning maintenance model)则更加接近这一目标,它能较为全面地解释自我不确定感的来源以及应对策略(Heine et al., 2006; Proulx, Inzlicht, 2012)。Heine 等认为意义是自我与世界以一种预期的方式联结起来,而人类是天生的意义寻求者,有着4个方面的基本需求:确定感需要、归属感需要、自尊需要以及精神永存的需要。这4个方面构成了一个完整的意义系统。当其中某种需要没有得到满足的时候(如确定感需要),就会体验到意义感的缺失,个体可以通过流动补偿的方式获得其他类型的需要(如归属感的需要)来进行弥补,这样就可以保持意义系统的完整性。

意义保持模型认为,当自我不确定感被启动后,个体可以通过流动补偿的方式来重新建立意义感。从这个角度来看,前述3个理论可以被该理论整合,因为无论是文化世界观防御、群体认同还是信念补偿,都是个体在寻求被某种文化或群体认可和接纳,以满足归属感的需要,进而弥补自我不确定感导致的意义感缺失。新近就有研究者以整合的视角看待文化世界观的防御和补偿性反应,提出了应对自我不确定感的综合模型(见图2, Van den Bos, McGregor, Martin, 2015)。

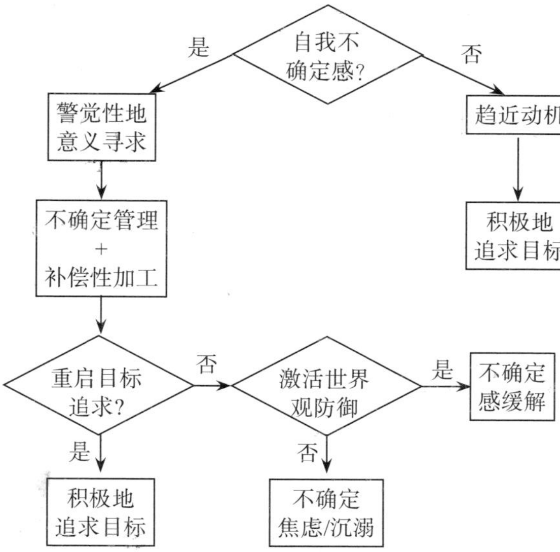

图2 自我不确定感应对的综合模型

（资料来源 Van den Bos et al.,2015）

综合模型整合了自我不确定感下的意义寻求、补偿性加工、世界观防御以及目标调节等心理过程，通过这些过程能够缓解不确定感，并最终回到积极追求目标的理想状态。从该模型看，人类的终极目标是追求自我实现，个体应对自我不确定感是因为它阻碍了目标的达成，文化世界观防御和补偿性加工策略的目的之一是缓解不确定感，但更根本的是将自我不确定感转化为追求目标的动力，即积极地追求自我实现。因此，与归属需要相比，自我实现需要是更加上位和本质的，从管理自我不确定感的角度，它可能比归属需要更能够触及问题根源，作用和效果可能更好，未来的研究应该进行比较。

4 小结和展望

自我确定感是人类的基本心理需求之一，自我不确定感则可以视作一种心理意义系统损坏的状态；个体能够通过确认和满足其他意义成分（如归属感）来重新建构完整的意义系统，采用这种方式间接缓解自我不确定感带来的消极体验。当前的理论和研究对于自我不确定感的认知和管理是有很大贡献，但仍有空间待未来研究完善。

第一，概念界定及探讨文化差异的问题。近年来自我不确定感的研究越来越多，多数探讨它的管理策略，而概念界定却停滞不前。从上文的界定来看，它的内涵很丰富，需要一定的产生条件，与相近概念容易混淆，未来的研究首先要在界定自我不确定感上下功夫。例如，精神自我可从个人取向和社会取向去分析（杨国枢，陆洛，2009），这就涉及了自我不确定感文化差异的问题。当前自我不确定感的研究主要在西方国家，可以说是个人取向的自我占支配地位,自然个人取向的心理品质(如竞争能力)被赋予了更大的权重。而中国文化更加重视人的社会性,强调在社会合作中体现自己的价值,与关系自我、集体自我相关的心理品质(如人际关系)理应被赋予较高的权重。因此,同一种心理品质在不同文化中可能会被赋予不一样的权重,那么自我不确定感的诱发水平及其效应可能也不同。例如,社会取向的自我不确定感(如家庭自我不确定感)在中国文化背景下的世界观防御效应可能强于西方文化背景;或者,在中国文化背景下,社会取向的自我不确定感的效应可能要强于个人取向的。所以,未来在充分界定自我不确定感的基础上开展跨文化研究是有广阔前景的。

第二,被动地补偿性地应对自我不确定感的效果问题。当前研究多以补偿性的思路提出间接的应对策略,回避了感到不确定的对象本身。究其原因,可能有如下两点。一是核心概念界定不明确导致的可操作性的问题。由于前人研究不重视对自我不确定感的概念界定,使得每个人都有一套说法,而它包含什么指标都不明确,想要直接解决就显得无从下手。二是研究范式上的原因。自我不确定感的起步较晚,在研究范式上借鉴了当时较为成熟的恐惧管理理论(terror management theory,TMT;综述见 Pyszczynski,Solomon,Greenberg,2015)。TMT 研究的是人们应对死亡焦虑的策略,由于死亡不可避免,那么死亡焦虑本身无法直接解决,只能通过文化世界观防御等间接策略进行缓解,这种方法后来被自我不确定感的研究者借鉴并广泛采用。间接策略虽然能够暂时性地缓解不确定感,达到"治标"的效果;但能否彻底消除不确定感,达到"治本"的目的,它们并不能给出答案。还有,这些理论并未说明某种策略的适用条件,而是根据研究者的兴趣提供某种策略供被试进行反应,尽管能解释实验室中的一些现象,却无法对现实生活中人们的真实反应做出准确预测(Gawronski,2012)。要解决这些问题,未来的研究首先要对自我不确定感的概念进行充分界定,把度量指标明确,提高其可操作性,文章从心理品质的权重和控制水平的角度提出了其指标,希望能给今后的研究提供思路。对于现有的间接策略,未来的研究可在比较不同策略适用条件的基础上,尝试采用追踪研究的方法,通过一段时间的持续训练(比如经常确认自己的核心目标并做出与之相符的行为),考察其在现实生活中的实际效果,并结合不确定倾向和反应(如无法忍受不确定和认知闭合需要的程度)上的个体差异,为生活中受到困扰的人们(如创伤经历后长时间感到困惑和迷茫的人)提供针对性的解决方案,发挥应用价值。

第三,自我不确定感的产生以及作用机制有待阐明。产生机制是要回答信息不确定感是如何转化为自我不确定感的,作用机制是要回答那些管理策略是如何变自我不确定感为自我确定感的。这些过程涉及哪些重要的心理变量,它们又是如何作用的,都是值得探索的问题。概念构想模型认为主体自我发挥解释和评价的作用,通过对心理品质的权重和控制水平的评估,将信息不确定感转化为自我不确定感。主体自我作为认识的主宰者,具有动机和意志功能(Brown,1998,2004),其本身的性质可能就是重要变量之一,比如主体自我既可以改变心理品质的权重水平,又可以对控制水平做不同归因(外控或者内控),以此影响自我不确定感的产生。这个过程也可能影响自我不确定感的管理。例如,文化世界观确认可能间接增强了对某一心理品质的控制感,以此增强了自我确定感。搞清楚发生和作用的机制,以及重要的心理变量,对于更好地认识和管理自我不确定感会大有裨益。

第四,主动预防自我不确定感的探索。当前的研究主要关注如何被动应对自我不确定感,没有从主动预防的角度,充分探索个体如何通过主动追求和创造意义感来预防消极体验和维护心理健康(Steger,2012)。自我不确定感是一种意义感缺失的状态,是在追求自我实现过程中对理想自我的暂时性疑惑。克服自我不确定感的过程也是不断追寻意义感和自我实现的过程。反过来,那些意义拥有水平和自我实现水平较高的个体会体验到更强的主观幸福感(杨慊,程巍,贺文洁,韩布新,杨昭宁,2016;Cohen,Cairns,2012)。通过努力地寻求自我实现,保持较高的生命意义感,个体能够获得"有意义的幸福感"(flourishing;Seligman,2012;Seligman,Csikszentmihalyi,2014),而重视意义生活的幸福者能够更好地应对挫折和挑战,管理消极体验(Baumeister,Vohs,Aaker,Garbinsky,2013),这无疑对于预防和免疫自我不确定感带来的消极影响是十分有帮助的。有研究者发现自我价值需求(比归属需要更加接近自我实现的层次,Maslow,1987)能够有效应对自我不确定感。具体是,启动自我不确定感后,个体会通过重新建构过去自我来提高当前的自我价值感水平(Yang,Zhao,Huang,Ybarra,under review)。而且,自我不确定感驱动个体在与自我价值感相关的任务上表现得更好,且这种效应得益于增强的任务监控的努力(Yang,Ybarra,Zhao,Cao,Huang,under review)。这些证据提示,通过强调自我价值,提高自我实现水平,能够有效应对自我不确定感。未来的研究可以直接操纵自我实现水平考察其对自我不确定感的预防作用。总之,今后的研究不应局限于重复验证被动应对的理论,而应多探索如何通过引导个体主动追求人生意义和自我实现来预防和管理自我不确定感。

合作者:杨庆、毕重增、李林;原文载于:《心理科学进展》,2017,25(6):1012-1024。

自我相关信息的加工优势:来自网名识别的证据

1引言

作为一种特殊的心理建构,自我是人格心理学、社会认知及社会神经科学等领域的核心研究对象之一(Lieberman,2007)。其中,以面孔、人名乃至语词等为材料的众多研究已经一致地证明自我相关的信息(self-related information)在加工上具有显著不同于他人信息的特点,通常表现为识别速度更快、记忆成绩更好。例如,自己的面孔能够在视觉搜索任务中更快地被识别出来;而在作为干扰刺激时,自己的面孔对靶刺激表现出了比他人面孔更强的抑制效果(Brédart,Delchambre,Laureys,2006;Devue,Brédart,2008,实验一;Tong,Nakayama,1999)。自我参照效应(self-reference effect)的研究则表明,相对于参照他人加工、语义加工等对照条件,与自我联系在一起的材料如人格形容词等能够获得最好的记忆成绩(Symons,Johnson,1997)。以人名为材料的研究得到了类似的结果,其中最为著名的例子可能当数所谓的鸡尾酒会效应(cocktail-party effect),即,自己的名字即使是在非注意条件下也能够被轻易地觉察和识别出来(Conway,Cowan,Bunting,2001;Harris,Pashler,2004;Harris,Pashler,Coburn,2004;Moray,1959;Wood,Cowan,1995)。

在上述方向的研究中,实验材料多为面孔和人名。对于个人而言,面孔特征主要取决于基因遗传等生理因素;人名则主要由家族沿袭的姓氏及长辈所指定的名字所构成。由于这些生理或社会现实因素的限制,面孔和名字在绝大多数情况下都是非常固定而很难改变的,并因此成为了个人身份的稳定标志。与这两类个人很难操纵的自我信息不同,生活中存在着另外一些与自我有关而同时在很大程度上又可以由个人主动选择并能够加以改变的信息,例如,个人的网名、手机号码、账户密码等等。随着信息化社会的发展与虚拟世界的扩张,产生了越来越多的此类信息,其在构成方式、使用环境及使用频率等方面与面孔和人名都有着很大的差异。那么,这种比较灵活的自我信息是否也存在着加工上的特异性呢?换句话说,虚拟世界中与自我相关的信息是否也具有与物理世界中自我相关信息类似的加工优势呢?在本研究中,我们计划以网名(screen name,也常叫作网络昵称,online nickname)为实验材料来对此做初步的探讨。

网名是个人在网络中用来表征自己、隐藏真实身份的符号。随着信息与通信技术的飞速发展,网名已经成为一种泛在(ubiquitous)的人造符号,对于青少年一代而言更是如此。与真实的人名相比,网名在使用环境、构成规则、使用时间等方面都有极大的不同。例如,组成人名的姓和名主要通过家族沿袭和父母等长辈指定所形成,其寓意中常包含着长辈对晚辈的期望和祝福,通常在个人出生前后不久即已确定并会为个人长期乃至终生使用,非常固定而很少会有变动;与之相对,网名的命名则比较自由,通常由用户自己选择或设计,反映着其个人的喜好与意愿,并在很大程度上可以改动或废弃,使用时间相对较短。

在既有以人名和面孔等固定的个人表征材料/信息为对象的研究基础之上,对网名这种灵活可变的个人信息的加工特点进行研究将可以把自我信息加工的研究从物理领域拓展到网络这一虚拟世界中,从而有助于加深对自我信息加工特异性的了解。另一方面,如果本研究能够证明被试对于自己的网名这类特殊的个人信息具有类似于真实人名的加工优势的话,那么在后续研究中可以此作为一类特殊材料来考察自我意识的发展过程。在既有的此类研究中,材料通常都是自己的面孔或名字。多数情况下,这些材料在研究之前就已经成为了被试个人身份(自我)的稳定表征物,以它们为实验材料很难厘清自我意识发展过程的动态变化。而如果以网名为材料,研究者将能够对被试从刚刚开始使用某网名到将其作为自己的固定网络身份标志这一过程中的变化特点进行考察,从而可以为了解自我意识的发展过程提供侧面的研究证据。此外,对网名的加工特点进行研究还可能具有一定的潜在应用价值。这一点可通过以人名为材料的有关研究发现加以类比推断。例如,多项研究都已证明,很多昏迷的病人或者熟睡中的被试仍然会对通过听觉通道呈现的自己的名字产生一定的特异反应,因此可将其发展成为诊断昏迷病人苏醒程度的指标(Di et al.,2007;Staffen,Kronbichler,Aichhorn,Mair,Ladurner,2006;Oswald,Taylor,Treisman,1960)。与此对应可以有这样的设想,如果自己的网名被证明也具有不同于一般网名的加工特点,那么可在此基础上进一步考察不同类型的网络用户对于自己网名的反应,例如,比较网络成瘾者与一般网络用户对于自己网名的反应,最终有可能将其发展成为诊断网络成瘾的一个辅助指标。

前已述及,网名与人名在命名规则、使用频率和使用环境等诸多方面都有不同,但在这些形式上的差异之外,两者在其各自的使用环境中却发挥着相同的功能。即,如同人名在现实世界中的作用一样,网名在虚拟的网络世界中同样起着表征个人身份的作用。与个人博客、微博等相同,网名为用户提供了另外一种在网络世界中呈现自己、表征自我的通道。虽然网名的使用在很大程度上非常灵活并可以根据个人的意愿加以改变,但Bechar-Israeli(1995)的研究却表明,用户在选择网名时会和选择人名一样谨慎。如果必须改变或更换自己喜欢的某个网名,新网名和旧网名之间往往仍然会有着很强的相似性或很密切的关联。因此,网名对其使用者而言同样具有特殊意义并会成为他/

她在网络中的个人标志(Stommel,2007)。从这层意义上讲,网名和人名是相同的。事实上,包括网名、账号在内的众多与个人相关的网络信息已经被越来越多的人当作自己的一种特殊财产。

目前尚未见有关于网名等网络自我相关信息加工的实验研究,尽管如此,却已有多项调查结果表明,如同在物理世界中对个人信息格外关注那样,人们在网络世界中同样会特别关注那些与自己有关的信息。例如,有调查发现,48%的网络用户有过使用谷歌或其他搜索引擎在网上搜索自己名字的经历(Madden,Fox,Smith,Vitak,2007)。这种行为被称为自我搜索(ego-surfing,或self-googling)。虽然目前还没有关于搜索自己网名的类似调查研究,但有理由相信很多网络用户曾经有过这样的行为。

基于网名与人名在功能上的相似性以及上述有关自我搜索的调查研究结果,可以设想,自己的常用网名可能会具有与自己的真实人名类似的加工特点和机制。关于后者,其相对于他人名字的加工优势已在采用诸如双耳分听、视觉搜索、分类等多种实验范式的大量研究中得到了普遍证实,主要表现为自己的名字能够被更快或更准确地探测出来(Conway et al.,2001;Harris et al.,2004;Tacikowski,Nowicka,2010)。但关于这种加工优势的具体机制却存在着很多不一致的观点,争论主要集中在自己的人名是否能自动引起注意这一问题上。例如,Wolford和Morrison(1980)发现,在被试对两个数字(中间以某个单词或被试的名字隔开)的奇偶性是否相同进行判断时,如果数字中间呈现的是被试自己的名字,反应时将会显著增加,由此表明它会自动引起被试的注意;而Bundesen,Kyllingsbaek,Houmann和Jensen(1997)的研究则表明,自己的名字在作为干扰刺激时并没有降低任务的正确率。在考察自己的名字是否会自动"突显"于刺激集中时,采用视觉搜索任务进行的研究同样得到了很多不一致的结果(Harris et al.,2004;Mack,Rock,1998)。基于此,本研究计划以网名为材料进行三项视觉搜索实验,一方面考察自己的网名是否具有与自己的真实人名相似的加工优势,另一方面为验证自我相关的信息是否会自动引起注意提供更多的研究数据。

2 实验一 自己的网名在视觉搜索任务中的加工优势

实验以网名为实验材料,通过比较被试搜索自己的/对照网名的速度对网络自我相关的信息加工过程中是否存在着类似于真实自我信息的加工优势进行了验证。

2.1 方法

2.1.1 被试

22名在校本科大学生(13名女生,9名男生),平均年龄22.1岁(SD=0.73)。所有被试皆有一个由2或3个汉字组成的常用QQ网名(QQ是中国网民最常使用的一款即时聊天软件,其注册用户以数亿计,最高同时在线人数也已超过1亿)。视力或矫正视力正常,均为右利手,无类似实验经历,完成实验后获得少量报酬。

2.1.2 材料

刺激材料为QQ网名,包括被试自己的常用网名、1个对照网名及100个用作干扰项的网名。其中,被试使用自己网名的平均年限为2.3年(SD=1.4),每周平均使用时间为8.1 h(SD=3.4)。经过事先筛选,除自己的网名外,对照网名及干扰网名中皆无被试所熟悉的名字。对应于单个被试,对照网名、干扰网名与其自己的网名在长度上都进行了匹配。另外,在正式实验之前,干扰项的熟悉程度和意义性经由另外一组在校大学生利用7点量尺进行评定而实现了匹配。

实验中同时呈现的刺激项目数量有2、6和12三个水平。在同时呈现12个刺激项目的trial中,所有网名均匀分布于以注视点为圆心、直径为20 cm的不可见圆周上(其视角在60 cm观察距离上约为19)。在刺激项目数量为2和6的trial中,刺激随机出现在上述12个位置中。所有三类trial皆遵循一个共同的限定条件,即靶刺激在全部12个位置上出现的概率相同。在每个trial中,用作干扰项的刺激从100个干扰网名中随机选取。

2.1.3 程序

采用2×3(靶刺激类型:自己的网名vs.对照网名;刺激项目数量:2、6和12个)被试内设计。

正式实验分为10个block,各有72个trial。在每个block中,有/无靶刺激出现的trial数各占一半,3种刺激项目数量的trial则各有24次。被试随机均分为两组,其中一组的任务是在奇数位的block中搜索自己的网名,在偶数位的block中搜索对照网名;另外一组被试的任务顺序与第一组刚好相反,以此来平衡顺序效应对于任务成绩的影响。

在每个block开始之前,屏幕上首先给出该组trial中所要搜索的靶刺激名字。被试按键后该名字消失,从而开始正式实验。每个trial以屏幕中央出现“+”注视点开始,呈现时间为500 ms,然后空屏500 ms,紧接着呈现刺激项目,要求被试尽快且准确地判断其中是否有靶刺激。被试按键反应后,刺激消失,空屏1000 ms后进入下一个trial。

刺激呈现与数据记录通过E-Prime1.1(Psychology Software Tools,Inc.)编程实现。

2.2结果与分析

被试搜索自己/对照网名的虚报率分别为0.9%和1.4%。统计检验未发现有显著差异，$t(21)=-0.871$，$p>0.05$。在击中率方面，自己的网名(95.9%)高于对照网名(94.2%)，差异达到边缘显著，$t(21)=1.939$，$p=0.066$。

以超出平均值±3个*SD*为标准，逐一对每名被试在各种实验条件下的反应时去除极值。整理后的描述统计结果见表1。

表1 自己/对照网名在不同刺激项目数量下的视觉搜索速度 单位：ms

网名	搜索项目量		
	2	6	12
自己的网名	689±85	949±190	1225±269
对照网名	727±94	1059±194	1397±297

对反应时数据进行的2×3(靶刺激类型×刺激项目量)重复测量方差分析表明，靶刺激类型的主效应显著，$F(1,21)=7.43$，$p<0.05$；项目量的主效应显著，$F(2,42)=234.65$，$p<0.001$；干扰刺激与项目量的交互作用亦达到显著，$F(2,42)=5.81$，$p<0.01$。简单效应分析发现，无论是搜索自己的网名还是对照网名，随着刺激项目量的增加，反应时都显著延长，$ps<0.001$；而在全部三种呈现项目量下，搜索自己网名的速度都一致地快于搜索对照网名，$ps<0.05$。

上述结果表明，与对照的他人网名相比，自己的网名在作为视觉搜索的靶刺激时能更快地被搜索和识别出来。同时，这种优势并不会因同时呈现的搜索项目数量的变化而改变。无论呈现的项目量为2、6还是12，对自己网名的搜索速度始终都显著地快于对照网名。除去反应时指标上的差异外，自我相关的网络信息在加工的准确性方面也要好于和个人无关的网络信息，表现为自己的网名获得了更高的击中率。这些结果与以人名为材料的视觉搜索实验结果完全一致(Harris et al.，2004)。由此可以认为，在对虚拟世界中与自己有关的个人信息进行认知加工的过程中同样存在着类似于真实自我信息的加工优势。不过，实验一的结果同时也表明，随着刺激项目量的增加，对自己网名的搜索反应时呈现出线性增加的趋势，由此说明自己的网名并没有在刺激集中自动“突显”出来，即它可能并不会自动引起注意。

3实验二自己/对照网名对于靶刺激搜索的干扰作用

实验一已经证明了自己的网名在作为靶刺激进行加工时具有不同于对照网名的优

势，实验二转而以其作为干扰刺激，考察自己的网名是否会因为容易引起注意而更难被忽略，从而会对靶刺激的搜索产生更强的干扰作用。

3.1 方法

3.1.1 被试

22名在校本科大学生（15男7女），平均年龄21.9岁（SD=1.58）。所有被试的QQ网名皆由2个或者3个汉字组成，其网名的平均使用时间为2.9年（SD=2.1），每周使用该网名上网的平均时间为11 h（SD=4.2）。所有被试皆无参加类似实验的经历，完成实验后获得少量报酬。

3.1.2 材料

材料及呈现方式基本同于实验一。

3.1.3 程序

采用2×3（干扰刺激的类型：自己的网名 vs. 对照网名；刺激项目数量：2、6和12个）被试内设计。

被试的任务是在以自己的网名或对照网名为干扰刺激的条件下搜索靶刺激。此处的靶刺激是一个由主试事先选定且被试并不熟悉的特定网名；干扰刺激则全部由被试自己的网名或一个对照网名组成。也就是说，在每个trial所呈现的全部网名中，除靶刺激或相应的非靶刺激外，其他项目皆为被试自己的网名或对照网名。在无靶刺激的trial中，用于填充的非靶刺激是每次由程序从实验一所用的100个干扰项目中随机选出的一个网名。

与实验一相同，实验二同样分为10个block，各有72个trial。在每个block中，出现靶刺激/非靶刺激的trial比例各占一半，3种刺激项目数量的trial各有24次。被试随机均分为两组，对于一半被试而言，奇数位block中出现的干扰刺激由其自己的网名组成，偶数位block中的干扰刺激则是对照网名；另外一组被试的安排刚好相反，奇数位与偶数位block中的干扰项目分别是对照网名和自己的网名。

实验流程与具体的实验参数同于实验一。

3.2 结果与分析

被试在以自己的网名为干扰刺激时的虚报率是1.11%，对照网名为干扰刺激时的虚报率为1.06%。两组虚报率无显著差异，$t(21)=0.241$，$p>0.05$。两种干扰刺激对于击中率的影响同样未发现有显著差异（自己的网名作为干扰刺激：95.6%，对照网名作为干扰刺激:94.9%),$t(21)=1.237$,$p>0.05$。

以超出平均值±3个SD为标准,逐一对每名被试在各种实验条件下的数据进行去除极值的操作。表2给出了反应时数据的描述统计结果。

表2 不同项目量下以自己/对照网名为干扰项的视觉搜索速度 单位:ms

网名	搜索项目量		
	2	6	12
自己的网名	690±119	918±176	1143±240
对照网名	715±135	935±167	1161±190

2×3重复测量方差分析表明,干扰刺激的主效应不显著,$F(1,21)=1.00$,$p>0.05$;刺激项目量的主效应显著,$F(2,42)=239.4$,$p<0.001$;多重比较发现,对靶刺激的搜索反应时随着刺激项目量的增加而呈线性增加趋势,$ps<0.001$。干扰刺激与项目量的交互作用不显著,$F(2,42)=0.08$,$p>0.05$。

实验二的结果表明,在作为干扰刺激呈现时,自己的网名并没有表现出比对照网名更强的干扰作用。干扰刺激的类型与刺激项目量间没有交互作用的结果更有力地证明了这一点,即使是在同时呈现12个刺激项目的条件下(被试此时需要忽略多达11个自己/他人的网名所造成的干扰),自己/对照网名对靶刺激的抑制作用也没有出现差异。此外,在作为干扰刺激时,自己的网名对于搜索正确率同样也未表现出更强的影响。

上述结果与以真实人名为材料的实验结果(Harris et al.,2004,实验七)非常一致——在作为干扰刺激时,自己的真实人名对于靶刺激亦未表现出比对照人名更强的抑制作用,但由于在这些实验中自我相关的信息与对照信息之间在加工成绩上都未出现差异,故无法根据此类结果直接推断自己的网名与真实人名在加工上具有相似性。此外,尽管实验一得出了有显著差异的阳性结果并与以真实人名为材料的实验结果相同,但这种比较同样是一种间接比较。因此,我们在实验三中对自我相关的网络信息与真实信息在加工上的相似性进行了直接验证。

4实验三自己的真实人名与网名在视觉搜索任务中的加工成绩

实验三同时以被试自己的真实人名及网名为材料,通过比较被试对这两类刺激进行视觉搜索作业的成绩来进一步直接验证网络自我相关的信息与真实的自我信息在加工上的相似性。此外,为了考察材料的熟悉性对于实验结果可能存在的影响,同时安排一项对名人名字进行视觉搜索的任务作为对照。预期结果是,作为两类与自我相关的信息，自己的真实人名与网名在加工速度上不会有显著差异，而两者的搜索速度可能都会显著快于名人的名字。

4.1 方法

4.1.1 被试

24名在校本科大学生（9男15女），平均年龄20.8岁（SD=1.38）。被试的选择标准为，其真实名字与常用的QQ网名在长度上一致，笔画数大致相当。所有被试的网名皆由2个或者3个汉字组成，平均使用时间为3.1年，每周使用该网名上网的平均时间为8.5h。所有被试皆无参加类似实验的经历。

4.1.2 材料

材料为被试自己的真实人名、在长度和性别属性上与该人名相匹配的某位名人的名字及被试常用的QQ网名，另外各有100个用作干扰刺激的真实人名和网名。呈现方式同于实验一。

4.1.3 程序

采用3×3（靶刺激类型：被试自己的真实名字、网名及名人的名字；刺激项目数量：2、6和12个）被试内设计。

本实验由15个block组成，各有60个trial。在每个block中，有/无靶刺激的trial比例各占一半，3种刺激项目数量的trial各有20次。被试的任务是在不同的block中搜索指定的某个靶刺激。block的安排顺序在被试间做了拉丁方平衡处理。

其他具体的实验参数和流程同于前两项实验。

4.2 结果与分析

被试搜索自己的真实人名、网名与名人名字的击中率分别为97.9%、96.8%；的击中率之间无显著差异，$p>0.05$；两者与名人名字在击中率上的差异则分别达到了显著（$p<0.001$）或边缘显著（$p=0.063$）。三种任务中的虚报率在四舍五入后皆为0.7%，统计检验无显著差异，$F(2,46)=0.03$，$p>0.05$。

去除极值后的各项平均反应时见表3。3×3重复测量方差分析表明，靶刺激类型的主效应显著，$F(2,46)=13.37$，$p<0.001$；刺激项目量的主效应显著，$F(2,46)=330.83$，$p<0.001$。靶刺激类型与项目量的交互作用亦达到显著，$F(4,92)=8.36$，$p<0.001$。进一步的简单效应分析发现，无论呈现的项目量多少，被试搜索自己的真实人名与网名的速度皆无差异，$ps>0.05$；与此相对，对自己真实人名的搜索速度始终显著地快于名人的名字，

$ps<0.001$；在搜索项目量为2和6时，对自己网名的搜索速度显著快于名人的名字，$ps<0.01$，当项目量为12个时，两者的搜索速度亦有显著差异，$p<0.05$。另外，随着刺激项目量的增加，全部三种搜索任务的反应时皆显著延长，$ps<0.001$。

表3 自己的真实名字、网名及名人名字的搜索反应时 单位：ms

名字	搜索项目量		
	2	6	12
自己的真实人名	684±72	877±107	1113±194
自己的网名	692±89	929±186	1218±299
名人的名字	747±44	1059±119	1406±255

与前两项实验结果类似，在对两者的加工成绩进行的直接比较中被试自己的网名再次表现出了与真实人名的相似性。在作为视觉搜索的靶刺激时，自己的网名与真实人名在搜索速度和准确率上都无显著差异，而两者的成绩都显著好于作为对照的名人名字。

5讨论

5.1 网络自我信息加工的优先性

通过上述三项实验，本研究初步证实了自己的网名这一类自我相关的信息在认知加工上的优先性，同时也证实了其与自己的真实人名这类自我相关信息在加工上的相似性。作为一种与自己的面孔和名字相比更易于改变、具有灵活性的自我信息，自己的网名在视觉搜索中所表现出的这种优先性进一步证实了自我信息加工优势的普遍与稳健。

在实验一中，无论同时呈现的搜索项目量多少，对自己网名的搜索速度始终快于对他人网名的搜索。但值得注意的是，随着刺激项目量的增加，对自己网名的搜索反应时会呈现出线性增加的趋势，由此说明自己的网名并没有在刺激集中自动“突显”出来，即，并不会自动引起被试的注意。实验二的结果则证明，与对照网名相比，自己的网名并不会耗用更多的注意资源，表现为自己的网名在作为干扰刺激时没有表现出比对照网名更强的干扰作用。这些结果与以真实人名为材料的视觉搜索实验结果是非常一致的（Harris et al.，2004）。而实验三通过对网名与真实人名的直接比较更进一步表明，自己的网名与真实人名在视觉搜索速度上没有显著差异，而都高于对照的熟悉人名。根据这些结果可以推断，自己的网名具有与真实人名相似的加工优势与机制，在视觉搜索任务中能获得更快的反应速度，但这并不是因为它们能自动引起注意，而很可能是因为其更容易被识别出来(Bundesen et al.，1997；Tacikowski，Nowicka，2010)。

除去与以真实人名为材料的实验结果一致之外，本研究在另一方面又与以情绪词为材料的视觉搜索实验结果有着明显不同。例如，在Harris等人(2004)的实验中，情绪词无论是作为靶刺激还是干扰刺激都未表现出与中性词的不同。而如果从旁观者的角度来看的话，本研究中被试的网名也只是一些普通的单词，但这些材料却比对照刺激更容易被搜索出来。这两组实验结果的差异表明，自己的网名所表现出的加工优势应该不是由它们所可能具有的情绪色彩造成的。

对网名进行的内容分析研究结果表明，用户自己的网名在很多方面都与自我有着直接关联(Bechar-Israeli，1995；Stommel，2007)。根据Stommel的观点，选择网名本身就是一种建构自我的过程。它并不仅仅只是在网络中标志用户身份的一个符号，而会更进一步成为个人在虚拟世界中表征自我的一种重要形式。尽管微博、社交网站、个人博客等应用的兴起为网络用户提供了很多其他可选的呈现自我的渠道，但多数在线应用都需要用户选择自己的网名并进行登录，因此它仍然是一种最基本和最常用的表征与呈现自我的形式。基于网名的这种自我相关性和它在网络活动中的重复使用，自己的网名对其所有者而言具有重要意义，这一点与自己的人名对于个人的意义是非常相似的。可能正是出于这种共同的自我相关性，自己的网名在视觉搜索模式上表现出了上述与真实人名相同的特点。

本研究所使用的材料为网名这种语词性质的在线信息，而与自我相关的网络信息除了自己的网名外还有其他诸如即时通信软件中的头像或者网络游戏中的虚拟形象等，后续研究可以进一步以这些信息为材料对网络自我相关信息的加工优势进行验证，并与以真实面孔为材料的研究结果进行对照。如引言中所述，自己的面孔与名字都已被证明会具有不同于他人信息的加工优势。

5.2 熟悉性在网名识别中的作用

熟悉性在自我信息加工中的作用一直是该领域的一个重要研究课题。本研究的实验三安排了名人的名字作为实验材料，通过比较被试搜索自己的真实人名、网名与名人名字的成绩对熟悉性在网名识别中的作用进行了初步的探讨。对两类真实名字(被试自己的人名与名人的名字)的比较发现，虽然名人的名字也是一种熟悉度很高的刺激材料，但搜索自己名字的成绩仍要显著好于名人的名字(这一结果与我们另外一项待发表的研究结果非常一致)；另一方面，与自己的真实人名相比，被试自己的网名使用时间更短一些，可以认为其在熟悉程度上要低于真实人名，但两者的搜索成绩却并未出现显著差异。这两方面比较的结果共同说明,熟悉性可能并不是造成自己的名字/网名这一类自我信息出现加工优势的主要因素。此外,如果对实验三中的名人名字和实验一的对照网名进行直观对比的话也可以发现,两者的搜索速度并无明显差异,这同样也暗示着材料的熟悉度对于人名/网名搜索可能并没有很大的影响。

由于很难找到单纯地在熟悉度上可以与自己的网名相匹配的对照网名(好友的网名虽然熟悉,但却同时又带有高情绪唤醒、对被试个人具有重要意义等特点,而这些特点又是自我相关信息的重要特征),所以实验三并未直接对自己的网名与熟悉的他人网名进行比较。尽管如此,根据实验三中自己的真实人名与名人名字及网名搜索速度的比较结果仍然可以对该问题给出初步的推断。另外还有研究表明,单词使用频率的差异并不会对视觉搜索速度造成太大的影响(Harris et al.,2004;Rayner,Raney,1996)。综合上述研究结果,可以初步做出熟悉性并不是造成自己的网名具有加工优势的决定性因素这一推测。不过,这仍然是一个在未来的研究中值得进一步考察的重要问题。

5.3 从第一人称视角对网名信息的认知加工

尽管网名通常被视为一种不携带个人真实信息的用户标识,但众多研究却表明它仍能传递出关于使用者的很多重要信息,且这种信息能被他人相当准确地知觉到。例如,Back,Schmukle和Egloff(2008)的研究证实,人们会根据电子邮箱的账户名对其所有者的人格特点形成某种刻板印象,而这种判断往往具有相当高的准确性。此外,不同类型的网名还被证明会引发他人的不同反应(Whitty,Buchanan,2010)。Shohat和Musch(2003)的研究则发现,某拍卖网站上网名具有德国人名风格的卖家比网名具有土耳其人名风格的卖家更容易获得成功的竞拍。

上述研究所关注的是个人如何从第三人称视角对网名信息进行加工,即,考察被试如何知觉他人的网名或其他相关的网络信息并作出反应,而尚未见有从第一人称视角进行的研究。另外,既有研究考察的多是针对他人的网名所形成的态度、印象等社会心理相关的现象,并未见有采用加工速度、准确性等指标进行的实验研究。因此,除了利用自己的网名这一灵活可变的个人信息进一步证实了自我信息加工的优先性外,本研究的工作同时还可以看作对上述网络世界的社会信息认知加工研究的拓展。

5.4 研究展望

以人名为材料对鸡尾酒会效应进行的研究发现,被试对自己名字的优先注意存在着明显的个体差异。例如,在Moray(1959)、Wood和Cowan(1995)以听觉通道呈现刺激的研究中，各自都只有三分之一左右的被试表现出了对自己名字的鸡尾酒会效应。Conway等人（2001）对该现象的研究表明，工作记忆容量的高低不同可能是造成这种个体差异的原因，表现为工作记忆广度低的被试似乎难以阻断或者抑制无关通道所呈现的信息，因而更容易觉察到在其中出现的自己的名字。根据上述研究结果可以设想，对自己网名的优先加工可能同样也会存在着一定的个体差异，即，部分人对自己的网名可能更为敏感，而另一部分人对自己/他人网名的知觉速度却可能并没有明显的差别。网龄、网名的使用频率等则可能会是其中的部分重要影响因素。因此，我们认为可以将上述因素引入到后续研究中。例如，可以比较网络成瘾患者与普通网民对自己/他人网名加工速度的差异，在此基础上考察是否有可能将其发展成为除自我报告之外的诊断网络成瘾的一种辅助指标。

另一方面，如引言中所述，在自己的网名具有加工优势这一现象得到证实后，研究者可以对被试从刚刚开始使用某网名到将其作为固定的网络身份标识这一过程中的变化特点进行追踪测量，从而考察语词符号逐步内化为自我表征的动态过程及其对认知加工的影响。这一方向的研究在一定程度上也将有助于进一步解决熟悉性在自我信息加工优势中的作用问题。尽管本研究已经初步证明了熟悉性可能并不是造成自己的网名搜索速度更快的主要原因，但后续研究仍有必要对此进行更直接的考察。例如，可以对不同网名的使用频率和使用年限做更精确的测量，在其与自己/对照网名的加工成绩差值之间计算相关；或者利用协方差分析等统计手段对这些因素的影响作用加以控制，进而更好的考察熟悉性与自我相关性（self-relevance）在自己网名的识别优先性中各自所产生的影响作用。

除了上述两个方向的研究外，由于自己的网名和真实姓名在其各自的使用环境中都起着自我表征的作用，因而还可以同时以这两类名字为材料考察是否存在着统一的自我表征机制这一理论问题。事实上，已经有研究者试图利用自己的名字和面孔为材料对该问题进行探讨（Tacikowski，Nowicka，2010）。由于人名和网名皆为语词材料，且都是关于自我的一种抽象表征形式，因而以这两类材料为刺激将可以回答关于抽象的自我表征信息是否存在着共同的加工机制这一问题。另一方面，相对于网名来说，真实姓名对个人而言的自我相关性更高，因而直接对网名与真实人名的识别特征进行比较还可以考察自我相关性的高低对于自我信息加工优先性的影响。本研究的实验三在这一方向上已经进行了初步的尝试，后续研究或可借助于脑电、脑成像等技术手段对这两类信息进行加工时的生理指标差异做进一步的检验。另外，还可以将使用频率等个体差异因素考虑进来进行一些更具应用价值的研究，如比较网络成瘾者在加工自己的真实人名和网名时的反应。

6 结论

本研究以网名为实验材料，证明了与自我有关的网络信息在认知加工上具有和物理世界中的自我相关信息类似的优先性。具体而言，在作为靶刺激时，自己的网名能够被更快且更准确地识别出来。而在作为干扰刺激时，自己的网名对于靶刺激则并未表现出比对照网名更强的抑制作用。另外，对自己的网名与真实人名进行的直接比较表明，这两类自我相关的信息在视觉搜索成绩上无显著差异，而都显著好于熟悉的名人名字。

合作者：杨红升、王芳、顾念君；原文载于：《心理学报》，2012，44(4)：489—497。

内侧前额叶皮质——“自我”的神经基础

长期以来，自我的性质备受哲学家和心理学家的关注。Rogers，Kuiper和Kirker(1977)发现，与他人或字形加工比较，自我相关联的加工导致记忆提升，这一现象被称为自我参照效应(self reference effect)，相应的加工被称为自我参照加工(self-reference process)。Zhu(2004)认为，自我参照加工是“我思故我在”在自我成像研究中的具体应用，指个体表征自我的人格特质或当前心理状态的加工。在对2002—2004年自我脑成像研究的元分析中，Northoff等(2006)将self-related process、self-relevant process和self-reference process统称为自我参照加工，他们强调刺激与自我之间的关联强度，以自我参照加工指代那些与自我体验有密切关系的刺激的加工，与自我体验关系不密切的则不属于此类。总之，自我参照加工伴有独特的动机和情感意义，是人们对涉及自身周围的信息进行编码、储存和提取等的加工过程(袁翠平，2010)，主要包括加工个人特质的人格形容词、自传体记忆的情节、自我有关的情绪刺激、自我面孔及他人情绪、思想、态度和信仰等(贺熙，朱滢，2010)。本文的“自我”即主要指自我参照加工任务中的自我，涉及各类与自我有关的研究。已有研究表明，内侧前额叶皮质(medial prefrontal cortex，MPFC)几乎参与了所有与自我有关的加工：在认知任务中，如情节记忆提取、高级语言加工、思维推理任务、学习新规则等，内侧前额叶皮质得到激活；在社会认知领域中，如心理理论、情绪认知、社会推理与决策、道德判断与发展、自我认知等，内侧前额叶皮质的探讨也非常重要(李稳，余细连，张力，2008；van Overwalle，2009)。各类认知任务分别主要涉及内侧前额叶皮质不同的次成分：腹内侧前额叶皮质(VMPFC，ventral-MPFC，靠近腹下部)主要和自我加工有关，背内侧前额叶皮质(DMPFC，dorsal-MPFC，靠近顶上部)除和自我加工有关外，可能还与广泛的社会认知过程有关(Northoff et al.，2006；关丽丽，齐铭铭，张庆林，杨娟，2011)。总之，内侧前额叶皮质在研究自我时具有重要作用，以下将从自我加工的主要神经基础出发，分析内侧前额叶皮质及其次成分与自我的关系，并指出未来在时间背景和人际背景中深度解析自我的重要价值。

1 自我加工的主要神经基础

1.1 皮质中线结构的功能

皮质中线结构(cortical midline structures，CMS)指位于人类大脑皮质中线、包括内侧前额叶皮质在内的一些脑区结构，是大脑静息态网络的组成部分，其显著特征是在静息状态(rest state)时基线较高,在执行目标指向行为时活动反而降低。目前越来越多的研究者认为皮质中线结构在自我相关的加工中具有重要作用(程蕾,陈煦海,黄希庭,2011)。Uddin,Iacoboni,Lange和Keenan(2007)回顾了以往研究认为,皮质中线结构是抽象的、评价性的和整合性的自我和他人信息加工的基础,而自我和他人的身体表征主要是额顶镜像神经元区(frontoparietal mirror-neuron areas)的功能,该研究中的皮质中线结构被界定为包含内侧前额叶皮质、前扣带回皮质(anterior cingulated cortex,ACC)和楔前叶(precuneus)的脑区结构。Northoff等(2006)分析发现,各类自我参照加工和皮质中线结构激活均密切相关:皮质中线结构的腹侧编码与表征自我的刺激有关;背侧负责在与自我无关的刺激的背景下重新评估与自我相关的刺激;后部负责将自我相关的刺激放到一个暂时的时间背景中,与过去的自我信息相联系。该研究中的皮质中线结构泛指言语、空间、情感、记忆、面孔、动作和社会等功能脑区,在结构上包括腹内侧前额叶皮质、背内侧前额叶皮质、前扣带回皮质、后扣带回皮质、中眼窝前额皮质(medial orbital prefrontal cortex,MOPC)、顶内侧皮质(medial parietal cortex,MPC)和压后皮质(retrosplenial cortex,RSC)等(关丽丽等,2011)。总之,皮质中线结构已普遍被认为是自我的主要神经基础,但是:(1)皮质中线结构包含多个脑区,不同研究所指的脑区及范围大小不尽相同;(2)个体所表征的大部分信息都是全脑表达的,Northoff等(2006)也强调,在分析皮质中线结构和自我参照加工的关系时,他们并未在脑区之间划分出明显的解剖学界线;(3)皮质中线结构并不局限于执行自我和社会认知任务,还支持多种其他心理功能。因此,一些研究更倾向于把自我及其神经基础看作某种"集合"(黄希庭,2006;Powell,Macrae,Cloutier,Metcalfe,Mitchell,2010),而非孤立地以某种方式存在于某个特定脑区。

1.2 内侧前额叶皮质和自我参照加工

如何从皮质中线结构的众多脑区中进一步解析自我?认知神经科学家致力于探讨更为核心的机制。Kelley等人(2002)较早运用功能性磁共振成像(fMRI)探测自我参照加工的神经基础,实验中向被试呈现人格形容词,分别判断是否适合描述自我、他人或判断字形。结果发现,和判断他人或字形相比,自我参照加工时内侧前额叶皮质和后扣带回皮质(posterior cingulated cortex,PCC)激活增强,说明自我主要表征于这些脑区(杨帅,黄希庭,王晓刚,尹天子,2012)。自此,内侧前额叶皮质引起了研究者的广泛关注,被认为是加工自我时的重要脑区而从皮质中线结构的众多脑区中凸显出来。Zhu(2004)认为,自我面孔识别发生在右侧大脑,自传记忆主要与海马有关,情景记忆提取主要与右侧前额叶有关,而内侧前额叶的激活仅仅是自我参照的表征(杨娟,张庆林,2010)。Amodio和Frith(2006)的研究显示,内侧前额叶皮质和后扣带回皮质同时参与了自我评价和自我知识(self-knowledge)的加工;Rameson,Satpute和Lieberman(2010)的研究发现,内隐和外显自我信息的加工主要是内侧前额叶皮质、后扣带回皮质/楔前叶、次级前扣带回皮质(subgenual-ACC)、杏仁核(amygdala)和腹侧纹状体(ventral striatum)同时参与。内侧前额叶皮质在自我参照加工中的重要作用在张力等(2005)、Gillihan和Farah(2005)、Moran,Heatherton和Kelley(2009)、Zhu,Zhang,Fan和Han(2007)等研究中也得到了证实。还有研究从更广的视角对fMRI和正电子发射扫描(PET)的自我研究进行了总结,Webber(2011)分析了损伤、神经功能紊乱和冥想(meditation)的研究认为,意识状态下的各类自我主要定位于顶叶和前额叶,自我加工和内侧前额叶皮质的对应关系尤为密切。总之,自我参照加工涉及各种各样的刺激以及各个层面的认知过程,和内侧前额叶皮质的激活有密切关系,其中扣带回皮质、纹状体和杏仁核等脑区分别在相应过程中得到不同的激活。这说明自我的神经基础主要定位但并不局限于内侧前额叶皮质,反过来验证了Northoff等人(2006)和Uddin等人(2007)以皮质中线结构笼统指代自我神经基础的合理性。

2 内侧前额叶皮质次成分在自我加工中的作用

内侧前额叶皮质次成分在自我加工中的功能各有侧重。Schmitz和Johnson(2006)基于正常人的研究认为,腹内侧前额叶皮质及周边系统主要参与包含外部刺激在内的自我相关加工,背内侧前额叶皮质及周边系统发挥着认知控制的功能。Van der Meer,Costafreda,Aleman和David(2010)基于精神病人脑成像研究的元分析认为,腹内侧前额叶皮质负责标记(tagging)自我有关的信息,而背内侧前额叶皮质负责自我和他人参照加工的评价和决策。内侧前额叶皮质次成分的功能区分在Jenkins和Mitchell(2011)等的文献中也得以论述。

2.1 默认模式和自我的自动化加工

自我知识的自动化通达与大脑功能的默认模式(default mode)共享了腹内侧前额叶皮质和侧颞皮质(latera ltemporal cortex,LTC)等脑区的激活。大脑允许个体在没有主动思考自己时进行自我参照加工,此时的脑区激活模式被称为默认模式,所激活的脑区称为默认模式网络(default mode network,DMN)。默认模式网络在静息时振荡激活较强,在执行目标导向任务时激活明显减弱,在脑区结构上包括腹内侧前额叶皮质、前扣带回、横向顶叶皮质(lateral parietal cortex)和侧颞皮质等(Sheline et al.,2009)。Lieberman(2007)分析了自我的受控制和自动化加工认为,自我反思(self reflection)行为主要是控制性加工，而自我知识表征既有自动化通达也需要有意努力，后者与腹内侧前额叶皮质、杏仁核、基底神经节的腹侧纹状体（ventral striatum in the basal ganglia）、侧颞皮质和内侧顶皮质（medial parietal cortex，MPAC）的激活有关。许多实证研究对默认模式和自我的自动化加工进行了探讨。Whitfield-Gabrieli等（2011）比较了默认模式与外显自我参照加工发现，两者在脑区功能模式上既有关联又有差异：外显自我参照加工更多依赖背内侧前额叶皮质的激活；默认模式时楔前叶参与较多；腹内侧前额叶皮质及后扣带回皮质同时较多参与了外显自我参照加工和默认模式。Lieberman，Jarcho和Satpute（2004）在实验中让被试在经验丰富和经验较少的领域中进行自我描述词的判断，前者被认为和自动化的社会认知有关，后者涉及需要意识努力的社会认知及命题思维。结果发现，被试在经验丰富的领域中所进行的加工较多激活腹内侧前额叶皮质、杏仁核和伏隔核（nucleus accumbens）。总之，分析内侧前额叶皮质次成分与自我的关系发现，自我知识的自动化通达和大脑功能的默认模式均较多激活腹内侧前额叶皮质，与之对应的目标导向任务则较多激活背内侧前额叶皮质。

2.2 自我信息的觉察与评价

自我同时作为表征者和被表征者，其信息加工可分为觉察（awareness）和评价（evaluation）两个方面，前者主要基于自己视角，多体现为自我信息的表征（representation）；后者主要基于评价者身份或他人视角，多体现于反思自我评价（reflected self-appraisal）或视角采摘（perspective-taking）。Moran等（2009）比较了皮质中线结构在内隐和外显自我信息评价中的调节作用，认为腹内侧前额叶皮质主要参与自我信息的表征，背内侧前额叶皮质主要参与自我信息的评价。D'Argembeau等（2007）比较了自我参照（如，你是友善的吗？）和视角采摘（如，在卡罗林看来，你是友善的吗？）的加工，结果发现，自我参照主要激活腹内侧前额叶皮质和背内侧前额叶皮质，视角采摘主要激活背内侧前额叶皮质后部（posterior-DMPFC），两者的交互主要激活左侧背内侧前额叶皮质（left-DMPFC）。该研究者认为左侧背内侧前额叶皮质可能发挥着将自我从他人视角剥离的功能。

关于宗教信仰者的研究也认为自我信息的表征与评价分属腹内侧前额叶皮质和背内侧前额叶皮质的功能。许多宗教倡导“无我”的境界，鼓励其信徒从上帝或神的视角评判自己（即视角采摘），研究者可以从中得到哪些思路呢？Han等（2008）比较了基督徒和无宗教信仰者的自我参照加工，实验中让被试进行自我参照或公众人物参照的特质判断。结果在行为水平上验证了自我参照效应，即自我参照均好于他人参照的记忆成绩；在神经水平上，自我参照加工中非宗教信仰被试（被认为较多参照自我）的腹内侧前额叶皮质激活较强，而基督徒（被认为较多参照耶稣或其他基督教领袖）的背内侧前额叶皮质的激活较强。Han等人(2010)选取佛教徒所进行的研究得出了相似的结果:在自我参照任务中,非宗教信仰者较多激活腹内侧前额叶皮质,佛教徒较多激活背内侧前额叶皮质。Han(2009)对这些发现进行了阐释,认为自我参照加工时非宗教信仰者主要表征了自我相关的刺激,而宗教信仰者则是以他人视角评价了自我相关的刺激。

2.3“在线”和“主导”的自我加工

早期的神经科学家认为,背内侧前额叶皮质主要参与控制和操纵的加工,对腹内侧前额叶皮质的功能不太明确,被假设为包括了维持、推理、控制和抑制加工(Owen,Evans,Petrides,1996;D'Esposito,Postle,Rypma,2000)。在自我领域,研究者将通常意义上的自我参照加工称为“在线(on-line)”的,所表现的自我具有时间延续性,指由过去和将来的各种事件组成的连贯的自我;与之对应的是以符号指代等方式让个体在当下意识到自己是体验的直接主体,此时的自我被称为“主导的(agentic)”,指的是个体感知到自己就是行为产生的原因(王玉娜,陈楚侨,2010)。前者较多涉及维持某个心理过程,后者较多涉及即时的心理控制倾向。Stuss和Levine(2002)较早分析了内侧前额叶皮质次成分在“在线”自我加工中的作用,认为腹内侧前额叶皮质主要参与保持精确的心理表征,旨在引导个体在情感、奖惩和行为抑制等方面产生合适的行为反应。Powell等(2010)验证了这一假设,实验中分别让被试完成概念自我参照(判断自我或他人的人格特质)和自我主导任务(被试不直接做出评价,而是在计算机屏幕上自由或被动地选择一个自我或他人的代理,即单词“YOU”或“COMPUTER”,然后再进行人格特质判断)。结果发现,在行为水平上两者都产生了自我参照效应,但在神经水平上概念自我参照较多激活腹内侧前额叶皮质,自我主导任务无法调节其活动,而是和顶内沟(intraparietal sulcus,IPS)的激活有关,顶内沟被认为主要参与计划和执行任务。Beer,Lombardo和Bhanji(2009)考察了在线自我评价(on-line self-evaluation)和自我评价偏差(self-evaluation bias)所激活的脑区,前者让被试在实验中自由评价(在线的),后者诱导被试偏离任务本身(非在线的),产生过度自信(overconfident)。结果发现,内侧前额叶皮质主要参与在线的自我评价,但在信息校正或过度自信中并不发挥特异性的作用,这种非社会性信息判断的校正主要是眶额皮质(Orbitofrontal cortex,OFC)的功能。可见,“在线”自我加工与其他间接形式的自我加工有着不同的神经基础,目前关于“在线”和“主导”自我加工的研究尚在探讨当中。

3 内侧前额叶皮质次成分在自我-他人表征中的作用

自我-他人表征是自我在与他人交往时所形成的自我概念,是广义自我概念的重要成分。认知神经研究发现,自我-他人既有共享又有相异的神经表征,在不同条件下体现为不同的表征方式(Lewis, Goto, Kong, 2008;孔繁昌,张妍,陈红,2010),其影响因素主要有三个:情感的(在人际背景中基于熟悉性)、认知的(在人际背景中基于自我分类)和文化的(独立性-相依性自我解释)(Ng, Han, Mao, Lai, 2010)。脑成像研究的分析发现,自我他人-表征的情感性、认知性和文化性因素均调节内侧前额叶皮质及其次成分的活动。

3.1 情感性自我-他人神经表征

情感性自我-他人神经表征通常有相似-不相似(similar-dissimilar)、亲密-非亲密(close-unclose)和熟悉-不熟悉(familiar-unfamiliar)等多个探讨维度。来自社会认知领域的研究发现,腹内侧前额叶皮质较多参与和自我拥有较多相似或相容特质的他人表征,背内侧前额叶皮质则可能相反。在面孔识别(facial recognition)的研究中发现,当他人的面孔被识别为与自我更相似时,更多观察到被试的腹内侧前额叶皮质激活(Mitchell, Banaji, Macrae, 2005);在印象形成(impression formation)的研究中发现,被试在对陌生人形成印象时背内侧前额叶皮质激活较强,其强度大于对物体形成印象或编排图片顺序时的激活(Mitchell, Macrae, Banaji, 2005)。Moran, Lee 和 Gabrieli(2011)对比了被试对自我、母亲(亲密他人)和总统(远距离他人)的人格或外貌加工,结果发现,腹内侧前额叶皮质较多参与加工自我的人格和外貌、母亲的人格,但不包括母亲的外貌。该研究进一步证明了腹内侧前额叶皮质在加工亲密他人信息时的重要作用,同时也说明,亲密他人信息的各个成分对自我的重要性不同,例如,相对于母亲的外貌,其人格可能更重要。

上述研究关注了实际情感距离在自我-他人神经表征中的作用,另一些研究则在实验中对情感变量进行了操纵。Mitchell, Macrae 和 Banaji(2006)通过控制熟悉性专门探讨了相似性因素,实验中让被试阅读两个不熟悉他人的资料(分别被描述为政治观点自由和政治观点保守),旨在创设出与被试政治观点相似和不相似的目标人物;然后让被试分别判断这两个人物的观点、喜好和憎恶,并给出自己在相同问题中的一系列反应。结果发现,推理相似他人时腹内侧前额叶皮质较多参与;而推理不相似他人时背内侧前额叶皮质较多参与。基于此,Krienen, Tu 和 Buckner(2010)同时考察了相似性和亲密度两个因素,实验采用 Mitchell 等人(2006)的方法,操纵了被试与评价对象之间的相似性,五个参照对象分别为自我、相似朋友、不相似朋友、相似陌生人和不相似陌生人。结果发现，即使在不相似的朋友参照加工中仍较多激活腹内侧前额叶皮质，说明相似性的调节作用较小，亲密度才是更重要的。这一结果在孤独症被试的研究中得到了佐证，孤独症被试对音节计算和非亲密他人的特质词记忆没有损害，但是对自我或亲密他人的特质词记忆有大量损害（Lombardo，Barnes，Wheelwright，Baron-Cohen，2007）。总之，腹内侧前额叶皮质可能较多参与在情感上更接近自我的他人参照加工，背内侧前额叶皮质可能相反。

3.2 认知性自我-他人神经表征

认知性自我-他人神经表征的研究主要关注人际背景中自我分类（self-categorization）的影响，自我分类指个体主动将群体心理内化，并以此与他人相区分的动力过程（Turner，Hogg，Oakes，Reicher，Wetherel，1987；张莹瑞，佐斌，2006），其基本方式之一为内群体-外群体的分类，分类时人们会将自我纳入内群体，把符合内群体的特征赋予自我。最近一些研究关注了基于年龄分类的自我-他人神经表征，认为腹内侧前额叶皮质可能较多参与同年龄群体属性的表征。Harrison和Hole（2009）的行为实验发现，在面孔识别测试中，年轻、中年和老年被试均对其同龄人的识别时间较短，异年龄人的识别时间较长。研究者将被试对同年龄信息反应时间较短的现象称为“同年龄偏差（own-age-bias）”，并在脑电研究中发现同年龄评价伴随着内侧前额叶皮质等脑区的激活增强（Mitchell et al.，2009；Gutchess，Kensinger，Schacter，2007）。Ebner等人（2011）进一步探讨了内侧前额叶皮质次成分在该过程中的功能，实验采用2（年龄群体：年轻人 vs. 老年人）×3（评价目标：年轻人 vs. 老年人 vs. 自我）混合设计，让年轻和老年被试分别评价某个人格特质词多大程度上可用于描述一个不认识的年轻人、老年人或自我。结果发现，年轻和老年被试对同年龄对象评价时腹内侧前额叶皮质和前扣带回皮质的激活强于评价异年龄对象。Gutchess等人（2007）关注了情感效价（emotional value）对年龄影响脑区激活的调节，发现老年而非年轻人在积极词（相对于消极词）评价中更多激活背内侧前额叶皮质，研究者认为是由于老年人更多对积极信息进行了控制性加工。除年龄的自我分类，基于自我分类的研究还包括性别、种族或国籍等分类，是未来研究应关注的方面。

3.3 文化性自我-他人神经表征

文化性自我-他人神经表征的研究主要探讨个人主义-集体主义文化价值观在自我参照加工中的调节作用。研究发现，在评价人格特质时西方人的自我比亲密他人（如母亲)参照加工表现出更强的内侧前额叶皮质激活,而中国人的自我和母亲参照加工时其激活没有显著差异(Zhu et al.,2007),说明自我-他人表征中的内侧前额叶皮质激活具有文化差异。与此研究一致,Chiao(2009)发现,具有个人主义文化价值观取向的日本和美国被试在一般(general)(如,一般来说,这个句子可以描述你吗?)而非背景化(contextual)(如,和妈妈谈话时,这个句子可以描述你吗?)自我参照中表现出较强的内侧前额叶皮质激活,而具有集体主义文化价值观的被试则相反,在背景而非一般自我描述中有此表现。此外,内侧前额叶皮质次成分在自我-他人表征中的功能也受文化价值观的调节,这一论断得到来自双文化被试研究的支持。Ng等人(2010)所进行的文化启动研究显示,西方文化启动的自我比母亲和重要但无认同他人(NIP,如上司)参照加工都激活更强的腹内侧前额叶皮质和右侧纹状体外皮质(right extrastriate cortex)活动;中国文化启动的自我-母亲、自我-NIP和母亲-NIP的全脑分析均无差异,说明腹内侧前额叶皮质在分析文化影响自我-他人神经表征的研究中具有重要价值。Harada,Li和Chiao(2010)以亚裔美国被试进行的内隐评价加工研究显示,相对于控制组,无论何种文化启动,自我和父亲参照的腹内侧前额叶皮质激活均增强;但是在个人主义启动中,父亲参照比自我参照和控制组的背内侧前额叶皮质激活增强,集体主义启动中则没有。换言之,文化启动不影响腹内侧前额叶皮质但影响背内侧前额叶皮质的激活(杨帅等,2012)。总之,文化调节自我-他人表征时的内侧前额叶皮质及其次成分的激活模式,这也是目前认知神经科学研究的热点之一。

4 展望

自我作为人格的核心成分是心理学家关注的重要领域,认知神经科学的发展推进了人们对自我的认识。Klein,Rozendal和Cosmides(2002)总结了神经心理学的研究认为,自我可能包含6个在功能上彼此分割又相互作用的子系统:个人情景记忆、个人人格特质表征、自我事实的知识、时间连续性的经验、个人主导和主体感以及自我反思的能力;Zhu(2004)基于正常人的脑成像研究认为,自我是由3个侧面构成的复合体:自我面孔识别中知觉的自我,自传体记忆和情节记忆中保持记忆的自我,以及自我参照、自我反思中思考的自我(杨娟,张庆林,2010)。关于自我的神经基础,认知神经心理科学家由皮质中线结构追踪到内侧前额叶皮质,再到内侧前额叶皮质的次成分,似乎越来越接近“自我”的本质。然而,且不论自我参照加工在多大程度上代表自我,该任务涉及了皮质中线结构各个脑区甚至全脑的协同活动,单纯遵循上述思路,就有可能陷入把人解析为细胞的纯生理学探讨。因而越来越多的研究者注重在动态的时间背景和人际背景中解析自我,并致力于从文化、大脑和自我相结合的角度开展研究。

在时间背景中探讨自我是未来研究的重要方向,包括在微观和宏观时间进程上的自我解析。以往研究发现,自我信息的自动化表征和控制性评价似乎是分离的,分别主要由腹内侧前额叶皮质和背内侧前额叶皮质参与。但是,在微观时间进程上区分自我信息表征和评价的脑机制非常困难,这也为自我脑机制的探讨带来很大混淆(关丽丽等,2011),因此,未来在微观时间进程上研究自我还须把自我放在动态的时间背景中、将内侧前额叶皮质和自我的关系放在全脑的背景中进行研究。在宏观时间进程上,过去自我的脑机制探索集中于自传体记忆的研究:左侧和右侧前额叶在自传体记忆的时间属性、情绪性和自我属性的神经机制上有不同的功能表现(梁丽娟,张力,2009)。在宏观时间进程上探索自我的脑机制还依赖于时间认知分段性的研究。时间认知的分段综合模型及研究认为,人类对时间的认知以心理变化为依据,人们对知觉到的心理时间可划分为"较近的未来"或"较近的过去"、"近的未来"或"近的过去"和"远的未来"或"远的过去",且不同时段的认知加工所涉及的心理过程不同(黄希庭,2006)。这一论断在大脑的神经层面得到了验证,D'Argembeau,Xue,Lu,Van der Linden和Bechara(2008)检测了脑区激活是否调节事件的时间距离,实验中让被试想象可能发生于近或远未来的积极和消极事件。结果表明,腹内侧前额叶皮质前区在预测远的未来情感事件时激活强于近的未来事件,而尾状核(caudate nucleus)主要参与预测近的未来情感(尤其是积极)事件。时间认知的分段性在D'Argembeau等人(2010a;2010b)的研究中得到了证实。可见,在时间背景中深度解析自我不但有利于澄清自我信息的表征与评价等各微观成分的神经基础,而且能够丰富和深化时间认知的神经机制研究,具有较高的理论价值。

在人际背景中解析自我包含他人的情境性和差序性是未来研究的另一个重要方向。个体的生存依赖于他人的存在,对自我的探索也离不开他人,一些理论和实证研究探讨了他人在自我结构中的角色。自我扩展参照模型(self-expansion reference model)从亲密度出发,认为人类的核心动机之一是自我扩展。自我扩展的形式主要是与他人建立亲密关系,使他人在某种程度上成为自我的一部分,以获得他人的资源、视角以及身份认同,提升自己实现目标的能力。这种通过与他人建立亲密关系将他人包括进自我的形式被称为"自我包含他人模型"(including others in the self,IOS),是自我扩展模型的一部分(Aron et al,2004;周丽,2007)。关系自我理论(theory of relational self)从人际背景出发,认为自我是部分地被他人所定义的。和不同的重要他人一起,个体将体验到不同的自我,所有这些关于自我和行为的思维方式组成了各类自我,他们的差异在于被不同的人际背景所激活。自我解释理论(self-construal theory)从文化出发,认为西方个人主义文化强调个体独特性,人们把自我看作稳定的、自主的、与他人和环境不同的实体,具有典型的独立性自我解释(independent self-construal);东方集体主义文化强调社会连接性,人们把自我看作动态的、不断受社会背景和关系所定义的实体,具有典型的相依性自我解释(interdependent self-construal)(Markus,Kitayama,1991)。总之,他人在多大程度上包含或分离出自我概念受文化或具体人际背景(即亲疏远近)所调节,并遵循一定的"差序格局"。Kitayama和Park(2010)认为,过去的20年里研究者们曾低估了心理过程被社会文化环境塑造的程度。该类研究致力于从文化和认知神经科学出发探讨两个重大问题:(1)文化特质(如价值观、信念、社会实践)如何塑造神经生物行为(如基因遗传、神经过程);(2)神经生物学机制如何影响文化特质的呈现和传播(Chiao,2009)。Ames和Fiske(2010)、Kitayama和Tompson(2010)及Chiao(2009)等将这个新兴的研究取向称为文化神经科学(Cultural neuroscience)。研究发现,在神经生理的激活水平上,文化影响了个体的自我意识(self-awareness)(Chiao,Li,Harada,2008)、自我表征(self representations)(Chiao et al.,2010)及自我—他人表征(representation of self-others)(Chiao,2009)等。

从文化、大脑和自我相结合的角度研究自我包含他人的情境性和差序性,在这点上中国文化所孕育的心理学思想有着独特的优势。费孝通曾以"差序格局"解析中国人的关系结构,Hwang、杨中芳、杨国枢和陆洛等分别论述了中国人关系背景中自我和他人的关系(杨国枢,陆洛,2009)。中国人所特有的关于自我—他人的社会文化成分正越来越多地受到国际心理学界的关注,如一些研究分别关注了"自己人"和"外人"(Cohen,Hoshino-Browne,Leung,2007)、"人情"(Tsai,Chi,Hu,2009;Shi,C.C.,Shi,Y.Z.,Chan,Liu,Fam,2011)、"面子"(Kim,Cohen,2010)和"关系"(Hu,2009)等概念。目前,立足于中国本土文化或中西方跨文化探讨自我日渐兴起,从文化、大脑和自我的关系探讨自我结构方兴未艾,各研究领域的结合特别是文化神经科学研究取向的出现丰富和发展了文化与大脑交互影响的探讨,未来有望在深度解析自我包含他人的情境性和差序性方面取得较大进展。

合作者:杨帅、傅于玲;原文载于:《心理科学进展》,2012,20(6):853-862。

专题三 追求梦想的优秀品格

追求梦想的优秀品格是在追求梦想过程中养成的，并使梦想得以实现。

引言

一个人没有梦想，生活便浑浑噩噩，没有自己的奋斗目标。人生在世，一定要有目标，使自己的奋斗目标与祖国“两个一百年”奋斗目标相一致。有了这个奋斗目标，我们才会有攻占事业高地的信心，生活才会变得充实起来，潜在的能量才会发挥出来。只要我们遵循正确的价值观，选对了适合自己的道路，养成优秀品格，就能够到达成功的彼岸。至于哪些优秀品格对梦想实现是最重要的呢？五千年的历史表明，“仁义礼智信”是中华传统美德的核心范畴。“仁义礼智信”既是中国人安身立命、为人处世、成就事业的品格基础，也是中华民族进步、社会发展、国家稳定的价值观，它陶冶出一代代仁人志士，推动中华民族不断走向文明（中国思想政治工作研究会、中宣部思想政治研究所，2006）。张岱年、方克立（2004）认为中华民族的十大传统美德是仁爱孝悌、谦和好礼、诚信知报、精忠报国、克己奉公、修己慎独、见利思义、勤俭廉正、笃实宽厚、勇毅力行。积极心理学则把智慧、勇气、仁慈、正义、克己和超越视为最重要的优秀品格（Peterson，Seligman，2004）。为了实现梦想，还有一些优秀品格也相当重要。下面介绍本专题涉及的一些重要优秀品格。

未来取向。俗话说：“人无远虑，必有近忧”；“凡事预则立，不预则废”；都告诉人们要为未来做打算。相信机会总是垂青有准备的人，更偏爱考虑未来，总是能未雨绸缪，为未来做好规划，这就是未来取向者，他们的关注点在“未来”。未来取向者可分为积极的未来取向者和消极的未来取向者。前者是心在远方、路在脚下、付诸行动的人；后者是只有空想，没有行动的人。目标是未来取向的核心。无论工作或者生活，我们在制定计划都应该设置目标，都会想到将要得到什么成果。在明白了目标的意义之后，我们设置的目标必须是：①明确的，含糊不清或十分宽泛的目标都没有效用和约束力；②可量度的，其效用是监督进度、评估成效；③经努力而达成的，不能达成的目标等于幻想，放空炮；④有时间规限的，没有时限的目标容易被各种借口所搁置。达成了一个又一个的目标，我们心向未来的资源更充裕了，收获人生的大成功便更有底气了。而没有实际行动的未来取向者，最终只能是既耽误了现在，也无法拥有自己想要的未来。

希望。希望是我们内心的一种精神寄托，是追求未来的积极动机状态。遇到挫败时，我们把胜利寄托于希望，它使我们忘却失败和苦恼，振奋起来迎接挑战。遭遇哀伤时，我们把幸福寄托于希望，它使我们忘却哀伤和痛苦，重新思考迎接新生。成功喜悦之时，我们把更大的成功寄托于希望，它激励我们继续幸福进取，继续努力实现人生的宏伟目标。个人生活中的希望是对未来目标的追求，既包含达成目标的概率和实现目标途径的可行性认知，也包含对未来的美好向往和憧憬的情绪成分。

意志行动与勇气。意志行动是意识能动性的一种表现，指个人自觉地确定目的，思考和规划达到目的的方式，最后执行的行动过程。意志力表现在目的性，果断性、坚毅性、自制力、独立性等方面，当然也可以从目的性、控制性和困难性加以分析。勇气是人面对困难时表现出来的以坚守、进取、突破等为特点的一种心理品质。本专题收录了一篇文献综述，对以往关于勇气的概念、理论、测量及影响因子进行了较深入的分析，提出编制勇气测量工具的构想。

责任心。本专题收录的"中学生责任心的理论构建研究"一文中，我们把责任心定义为是一种自觉地把分内事做好的人格特质。构建了一个由一般责任心和特殊责任心（又分为任务责任心和过失责任心）等组成的心理结构；两种特殊责任心维度包括学业责任心、家庭责任心、他人责任心、集体责任心和社会责任心五个分维度，编制了我国中学生责任心量表，通过对747名中学生的调查结果的探索性因素分析和对1009名中学生的调查结果的验证性因素分析，研究结果表明该量表的信效度较好。

宽恕。人非圣贤，孰能无过。有一位哲人曾说过："避免痛苦的最佳方法，就是宽恕曾经伤害我们的人。宽恕不只是慈悲，还是修养。学会宽恕就是学会原谅。包容别人等于宽容你自己。"本专题收录的我们关于"宽恕的心理学研究"一文，讨论了对宽恕的操作性定义和对宽恕的三种研究方法（叙事法、问卷法和实验法），探讨了共情、责任归因、侵犯后果、道歉、人际关系、人格特点和文化背景对宽恕的影响。

共情。共情也称为同理心，就是生活中常说的"人同此心，心同此理。"孔子说过"己所不欲，勿施于人"（《颜渊》），又说"己欲立而立人，己欲达而达人"（《雍也》）。就是说具有共情的君子能够做到"推己及人"：自己不喜欢的或者不愿意接受的东西，千万不要施加给别人；自己喜欢的或者愿意接受的东西，要尽量与他人分享。共情是指在人际交往的过程中能够体会他人的情绪感受，并从他人的角度来思考和处理问题的能力。没有共情便没有彼此间的信任，无法顺利地进行人际交往，也就不可能在分工协作的现代社会中取得成功。本专题收录了一篇我们的"共情特质的神经生物学基础"一文。

未来取向研究概述

人无远虑，必有近忧；凡事预则立，不预则废；机会总是垂青有准备的人，这些格言都体现了人类思维和行为指向未来这一重要特征，当个体的思想和行为逐渐发展成对于未来这一时间框架的偏好时，个体就成为了一个未来取向者。对于未来取向者，未来并不是虚无缥缈的，他们总是未雨绸缪，为将来做好规划，这些特点都会对思维、情感和行为产生影响，并由此决定着个人事业，甚至决定着个人的成功与失败。因此，对未来取向进行研究意义重大，本文从概念界定、结构、测量工具、功能、影响因素等几个方面对未来取向进行阐释和探讨。

1 什么是未来取向

英文中的future orientation或future time orientation被学者译为未来取向或未来定向，本文译为未来取向。精神分析学家弗洛伊德早在1949年就提出人类是具有“未来取向”天性的，他在讨论心理成熟时指出个体的行为是从被即时的冲动支配到以目标为指向而转变的，这种以目标为指向的行为就表现出了人类“未来取向”的天性。自此，阿德勒和以后的存在主义精神分析学家进一步阐释了个体未来取向的程度和质量是测查心理健康卓越性的一种方法。Gjesme（1983）把未来取向定义为卷入未来的程度，包括思想和行动两个方面。Nuttin（1985）认为时间取向是个人的思想和行为所偏好的方向，主要指向过去、现在还是未来的客体和事件，这也暗示了未来取向的含义。随后，在认知心理学和动机心理学影响下，芬兰心理学家Nurmi（1991）在艾里克森自我同一性理论的基础上提出，未来取向是指个体对于未来的设想和规划，是一个由复杂的，多阶段组成的过程。Zimbardo和Boyd（1999）认为在日常生活中个体会形成一种行为倾向，当倾向发展成对于3种时间框架的某一种的日常关注时，这被称为认知时间的偏向，即过去、现在和未来取向。综合以上各家观点，未来取向是指个人的思想和行为偏好未来的方向，同时也是个体对于未来的思考和规划过程。

未来时间洞察力和未来取向都是描述人类思维和行为指向未来的心理结构，有必要对表征未来心理时间的两个易混淆的概念进行区分。事实上，未来取向和未来时间洞察力都是针对未来这一时间框架而进行的研究，但由于研究问题的角度不同而有所区别。未来时间洞察力是个体对于未来时间的认知、体验和行动倾向的一种人格特质（黄希庭，2004）。它研究个体对于未来的知、情、意、行等所有问题，其研究范围宽而广。

而未来取向是从另外一种单一的角度去研究,它着重探讨个体对于未来的偏好程度,并在此基础上研究个体对于未来的思考和规划,其研究范围小而具体。从这一角度来讲,未来时间洞察力包含着未来取向的研究内容。

2未来取向的结构

不同的学者从不同的角度对未来取向的结构进行了研究,未来取向是一种单一结构还是一种多维结构,是一种认知过程还是一种动机、情感过程,不同的心理学家提出了不同的看法。其中最具有代表性的观点是要素观、过程观和动机-认知-行为观。

2.1要素观

许多学者认为未来取向是一种静态的、多维的心理结构。如Gjesme(1979)在对自编的未来时间取向问卷进行因素分析时发现,未来取向包括卷入(个体考虑未来的程度)、期望(个体所预期的未来的长度)、占据(思考未来占据个体思维的程度)和速度(觉察未来的速度)4个因素。Trommsdorff,Lamm和Schmidt(1979)把未来取向划分为4个维度,即广度、密度、情感(消极和积极)以及归因元素(内控和外控)。Helaire(2006)对以往研究进行了汇总,确定了未来取向的6个主要维度。(1)具体性,它主要是以个体对未来所期望的积极事件或预期的消极事件的数量为指标。(2)广度,它以个体预期自己要多久才能完成计划或实现目标为指标。(3)突出性,以个体对个人未来思考的频繁程度为指标。(4)计划,它以个体做出计划以实现目标的程度为指标。(5)乐观性,它是情感的基调,以个体对积极事件发生的期盼程度为指标。(6)控制信念,即内部控制-外部控制,它以个体对自己多大程度上能决定个人未来发展结果的信念为指标。Helaire所综述的6个维度包含了大部分学者对于未来取向维度的划分。

要素观从静态角度把握未来取向的内容,这种内容取向虽然揭示了未来取向的基本结构,但却没有揭示出未来取向的动态性和丰富性,不能很好地揭示未来取向这一心理特征的实质。在此背景下,许多研究者从另一角度对未来取向进行了研究,强调未来取向是一种动态的心理过程,是由不同的心理过程组合而成。由此,未来取向的过程观逐渐显现。

2.2过程观

20世纪80年代芬兰心理学家Nurmi(1987,1991)从认知-动机的角度提出了未来取向的过程模型。他把未来取向划分为动机、计划和评价3个先后过程。如图1所示，首先，人们根据自己的动机、需要，以及对自己毕生发展的预期等因素来确立目标（动机过程）；其次，为了实现目标，我们必须对如何实现目标进行完善的计划（计划过程）；最后，我们要在实现目标的过程中不断评价实现目标的可能性及计划的可行性（评价过程）。

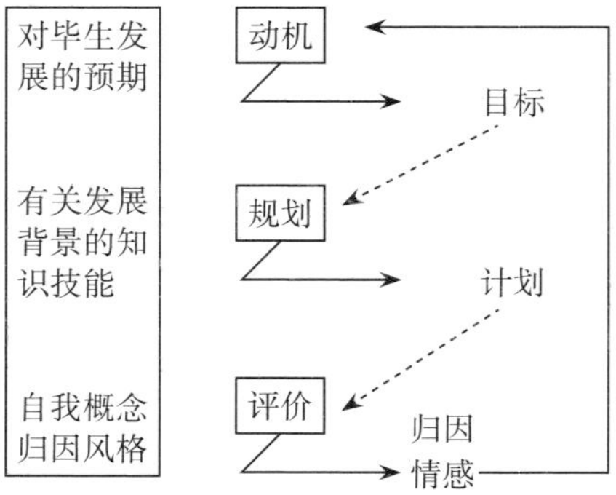

图1　未来取向的3个心理过程（改自Nurmi，1991）

动机过程主要是指目标的确立，人类的许多动机、兴趣都是未来取向的。例如，中学生希望毕业时能考上一所理想的大学，而大学生则希望自己能在毕业之时找到一份称心如意的工作等等。这些动机给人类提供了可以期望的未来的事件和客体，人们会根据自身的动机和需要设立许多未来可以实现的目标；计划过程是指定向于未来事物的个体是如何计划来实现他们的目标的。动机规划评价目标计划归因情感对毕生发展的预期，有关发展背景的知识技能自我概念归因风格，首先，人们必须构建目标和目标实现的未来情景的表征。其次，个体必须制定计划和策略来完成预定的目标。计划的最后一个阶段是计划和策略的完成，个体运用策略实现目标的过程主要包括探索和投入两个过程。探索是个体考虑多个选择，搜集多方面的信息，确立适合自己的目标。投入则是指个体承诺并坚持实现自己的目标，在这一过程中个体会为实现目标而不断付出时间和精力，这一阶段通常是我们所谓的行动阶段；评价过程是指个体在确立目标、实现目标的过程中，不断评价实现目标和完成计划的可能性。评价过程在未来取向的发展过程中起着非常重要的作用，它直接影响着个体是否会坚持实现自己先前确定的目标。未来取向的3个心理过程是一个完整不可分割的系统，它们相互影响。

未来取向的过程观从动态角度去考察未来取向的结构，着重未来取向所蕴含的心理过程，阐释了未来取向这一心理特质的心理发生过程，但是它却对未来取向这一心理特质所包含的认知过程缺乏重视。在此背景下，Seginer在过程观的基础上提出了未来取向的动机–认知–行为观。

2.3 动机-认知-行为观

在Atkinson的期望价值理论和Nurmi的未来取向过程观的影响下，Seginer（2000）提出了未来取向的动机-认知-行为观。她认为未来取向包括动机、认知表征和行为3个变量。首先，动机是人类行为的基础，它刻画了个体对于未来的需要、愿望和兴趣；其次，动机诱导个体形成对于未来的认知表征；最后，动机促使个体通过探索和投入（行为）来实现那些关于未来的认知表征。

Seginer和Lilach（2004）具体阐述了未来取向的3个变量。她把动机分为价值、期望和内部控制感3个变量。价值是指个体对于未来生活领域的价值判断，即未来生活领域对于个体来说是否是有用的和重要的。期望是指个体认为未来特定生活领域（例如工作、家庭）的希望、愿望和计划等实现的主观可能性的大小。个体认为未来的希望、愿望等实现的可能性越大，个体所抱有的期望越高。内部控制感则是指个体对于具体目标和计划的内部控制程度，包括能力和努力两种成分。不同的个体所持有的内部控制感不同，有的人认为自己不能控制未来目标的实现和计划的完成，而有些人则认为自己能完全掌控自己设定的目标和计划的完成。认知表征则是根据对未来的想象和看法所做出的描述，具体而言是指个体对未来生活历程中特定生活领域的希望和恐惧。Seginer在埃里克森的自我同一性理论的基础上把行为分为探索和投入两个变量。探索包括寻求建议、搜集信息、探索适用性等一系列活动。投入则是追求具体的目标。未来取向行为变量中的探索和投入与自我同一性的探索和投入在抽象程度上是不同的，未来取向中的探索和投入能使希望、愿望、计划具体化，而同一性理论中的探索和投入主要针对于自我。

3 未来取向的测量工具

对于未来取向的测量主要采用问卷法。主题统觉测验、圆环测验、讲故事技术以及完成故事技术也是测量未来取向的重要方法。

3.1 问卷法

3.1.1 未来时间取向量表

未来时间取向量表（Future time orientation scale）起源于Gjesme（1979）制定的未来时间取向量表，后又从Heimberg的未来时间洞察力问卷中抽取了几个条目，最终形成了一个包括14个题项的量表。该量表有卷入、期望、速度和占据4个维度，被试可以对题项从非常同意到非常不同意进行4级评定。它主要测查对于未来的关注程度、卷入未来的程度以及觉察未来的速度等特点。例如题项“我感觉时间过得很快”,“对我来说,一年当中有一半的时间很漫长”反映了个体觉察未来的速度。而题项“生活当中我考虑最多的是现在的感受”,“我仅仅在很小的程度内思考未来”等题项则反映了个体卷入未来的程度。Ellzabeth和Deyling(2004)对此问卷进行了信度检验,该量表克隆巴赫信度系数为0.62,达到了测量学的基本要求。

3.1.2 未来取向问卷

未来取向问卷(The future orientation questionnaire)为开放式问卷,用来评估对于未来的希望和焦虑(Trommsdorff, Lamm, Schmidt, 1979)。此问卷经过Seginer(1998, 2000, 2004)的使用和发展形成了比较完整的体系。此问卷首先要求被试考虑对于未来的希望和焦虑,并写下进入他们脑海中的每一件事情。问卷对于希望和焦虑的描述是分开的,每一部分都有相应的10条横线,但对于被试所列举的希望和焦虑的数量不做要求。其次,让被试对每一种描述进行时间标定,即写出他所希望和焦虑的事情成为现实的时间。然后对被试所列举的希望和恐惧进行编码,把它们划分到具体的未来生活领域中(职业、婚姻与家庭等),如“我希望自己将来能成为一个医生”这一描述将被划分到职业领域中。最后通过分析被试对于未来特定领域生活(例如婚姻、职业等)的希望和焦虑的时间跨度和数量多少等指标考察个体未来取向在特定领域的广度和密度等因素。

3.1.3 青少年未来取向问卷

该问卷的结构和内容以Nurmi提出的未来取向过程观为理论依据,主要用于考察青少年未来取向的发展。未来取向问卷(Future-orientation Questionnaire)由张玲玲(2005)翻译并修订,共包括两大部分。第一部分是开放性问题,让学生分别在8条横线上尽可能多地写出自己的目标、愿望和担忧的事情,同时写出相应目标实现的年龄和担忧的事情成为现实的年龄,这一部分主要测查未来取向的动机成分。第二部分是结构性项目,用于考察青少年在未来主要领域(教育、职业、婚姻\家庭)的未来取向的发展(张玲玲,2006)。该问卷通过探索和投入两个方面来考察个体的计划过程。各个题项除了关键词即哪个领域外,其他表述均相同。探索的题目,如未来婚姻和家庭领域——“你经常思考或计划自己的婚姻和家庭生活吗?”投入的题目,如未来受教育领域——“初中(高中或大学)毕业后,你要实现自己今后的受教育计划的决心有多大?”考察三大领域的计划过程的题项共20个,并且都是5点计分。问卷还通过对目标或愿望实现的内外部归因和相应的情感体验的评定作为对评价过程的考察。Nurmi的未来取向问卷有理论依据,且系统化、结构化等特点得到广泛的应用。

3.1.4 未来结果考虑量表

未来结果考虑量表(Consideration of future consequences scale)用来测量个体在当下

行为时考虑远的未来结果的程度，此量表让被试对12个题项进行5级评定（从极不符合自己到极符合自己），每一题项都体现了个体对未来结果和即时结果的偏好（Strathman，Gleicher，Boninger，Edwards，1994）。例如："我愿意为了获得将来的成就而牺牲现在的幸福和快乐"，"我考虑事情未来的样子，并试图通过自己日常的行为来影响那些事情"等题项体现了个体对于未来结果的偏好。而题项"我的行为仅仅受到自己行为即时结果的影响"，"我的日常工作有具体的结果，因此它比那些较远结果的行为更重要"体现了个体对于即时结果的偏好。Strathman等人（1994）在编制此量表时发现该量表只有一个因素并报告了较好的信效度，而Joireman，Balliet，Sprott，Spangenberg和Schultz（2008）却发现未来结果考虑量表包含两个因素，即考虑即时因素和考虑未来因素。Petrocelli（2003）进一步发展了未来考虑结果量表的简化版，他把原有的12个题项简化为8个题项。

3.1.5时间洞察力量表中的未来分量表

我们在日常生活中会形成一种行为倾向，当倾向发展成对于3种时间框架的某一种的日常的关注时，这被称为认知时间的偏向，即过去、未来和现在取向。正是基于以上分析，Zimbardo等人（1999）编制了56个项目的时间洞察力量表，此量表包括5个因素，即现在宿命、现在享乐、未来取向、过去消极、过去积极。但Worrell和Mello（2007）在对Zimbardo的时间洞察力量表进行信效度检验时却发现此量表除以上因素外还包括对未来消极情感这一因素。未来取向分量表让被试对题项进行5级评定（从不符合自己到符合自己），每一题项都体现了个体对于未来的倾向性，例如："我认为每个人都应该在早晨计划好一天的事情"，"当我想完成一些事情时，我会设定目标并为实现目标赋予具体的含义"，"我会通过制定步骤而准时完成任务"等题项都反映了个体的未来取向特点。Zimbardo等人（1999）的研究指出时间洞察力量表的克隆巴赫信度系数为0.77，未来取向分量表的重测信度0.80。

研究者还针对人们对未来的观念编制了大量的问卷和量表，除以上介绍的几种问卷和量表外，与未来取向相关的问卷和量表还有Zaleski的未来焦虑量表、Zurkerman的感觉寻求量表、Oner的未来时间取向量表和Shipp，Edwards和Lambert（2009）的未来聚焦量表等等。问卷法具有操作简单、计分容易、客观等优点。但也存在一些缺点，人们对未来取向的建构不同，他们所编制的测量工具也有所不同，因此测量工具所测的结果没有可比性。而且，大部分测量未来取向的问卷只能测量某一个维度，无法提供全面的评估。

3.2 其他方法

3.2.1 圆环测验

圆环测验(circle test)这种方法让被试选择不同形状和大小的圆环来表示过去、现在和未来,并把这些圆环以一定的方式进行排列,以表达时间段关系的意义(黄希庭,郑涌,2000)。具体做法是先向被试呈现一张空白方框纸,主试向被试呈现指导语:对于自己的过去、现在与未来,你感受如何?请在下面的方框内自由地画出3个圆。注意:不要有多余的图案,要把你自己的过去、现在与未来的感受真切地融入3个圆的大小及排列组合方式之中;画完后,请对相应的圆用文字注明"过去"、"现在"与"未来"(郑涌,2004)。为了增加圆环测验的效度,使用者可以根据自己的需要向被试询问一些附带问题。最后针对被试所画3个圆的大小以及相互位置关系来确定分类指标,我们可以从中得到被试的时间取向以及时间关联性等指标。例如,在时间取向这一指标上,如果过去＜现在＜未来,则意味着个体是未来取向者。

3.2.2 讲故事技术和完成故事技术

讲故事技术(tell me a story)通常是让被试按照自己的想象讲一个故事,不给被试提供任何时间线索和故事线索,然后对被试的故事内容进行分析,以获取时间取向的范围等信息。完成故事技术(story completion technique)与讲故事技术类似,只是完成故事技术要给被试提供故事的线索。该方法使用几个提示句叙述一个假设的人物或事件,然后让被试按照自己的想象讲下去(吕厚超,黄希庭,2005)。比如,"一个阳光明媚的下午,两个男孩正沿着城镇边上的一条街道行走……"。研究者对被试的故事内容进行分析,可以通过故事行为所跨越时间阶段的分析来获取时间取向的范围,也可以获取时间取向的动力、内部控制点以及乐观性等指标。

3.2.3 主题统觉测验

主题统觉测验(TAT)自1936年产生以来,一直是被经常使用的投射类测验之一。该方法用绘制场景的图片来引发故事并对此加以解释,以此来反映被试的人格特点。该方法用来研究未来取向时并没有借鉴它所有的图片,而是从20张图片系统中选择几张来进行施测。Judith(1967)用第1、2、20、16四张图片来对被试进行施测,以获取被试的未来取向特点。具体方法是给被试呈现图片(该图片是从主题统觉测验的图片中选择出来的),被试对图片里所进行的故事和为什么进行一点也不知道,但要求他根据每一张图片编一个故事出来,可以任由被试自由想象和发挥。此种方法可以获取时间的取向特点。

主题统觉测验是一种投射技术,而圆环测验和讲故事技术以及完成故事技术虽然不是严格意义上的投射测验,但也借鉴了投射技术。投射技术是测量未来取向的一种间接方法，它能够提供有关被试动机和情感方面的心理内容和间接信息，但是投射技术操作难度大、计分困难，且具有主观性，实用性受到一定的限制。

4 未来取向的影响因素

未来取向作为个体认知时间的一种偏向，在其发展过程中必定会受到个体自身的影响以及个体外部环境的影响。其中，年龄、性别、人格和情绪等因素是影响未来取向的主要因素。

4.1 年龄

许多研究者在研究未来取向时都发现年龄是影响未来取向的一个重要因素。Nurmi（1987）通过对3组不同年龄（10—11，14—15，17—19岁）青少年的调查发现，青少年对于未来的知识水平、计划以及考虑目标的现实性会随着年龄的增长而增加，而未来取向的广度却随着年龄的增长而下降。未来取向的广度随着年龄的增长而下降已经得到共识，并且得到了社会情绪选择理论的支持。Nurmi（1991）对青少年的未来取向进行综述时发现，许多研究结果都支持个体的计划水平，实现计划的能力，关于未来的认知结构都会随着年龄的增长而发展。许多研究结果还表明青少年往往把对于未来的思考拓展到生命的第20年的末尾或者是第30年的开始。Steinberg，Graham 和 O'Brien（2009）采用延迟贴现任务和自我报告法对935名10—30岁的个体的未来取向进行了研究，研究结果发现年龄较小的青少年比年龄较长（16岁）的青少年的未来取向弱，未来取向的各个方面在16岁达到成熟。具体表现在年龄小的被试倾向于选择在较近的范围内得到较小的奖赏而非选择较远的较大的奖赏。张文新、徐天真、张玲玲、王姝琼、于凤杰和高婷（2009）采用Nurmi的青少年未来取向问卷对723名中国大学生进行调查发现，大一新生处于对未来主要发展领域进行规划的过渡阶段，随着对大学生活的适应，高年级大学生对未来各领域的探索水平逐渐提高，为将来的发展投入更多的时间和精力。

4.2 性别

在未来取向的认知表征方面，Greene 和 Debacker（2004）发现女性在表征她们的未来时包含丰富的内容，而男性则有较少的未来目标，并且这些目标较为均衡地分布在个体的未来生活领域中。Lamm，Schmidt 和 Trommsdorff（1976）曾研究了性别和社会阶层对于未来取向的影响，他对100名14—16岁的男孩和女孩进行了调查，该研究发现：在职业领域中,男性青少年未来取向的密度要大于女性青少年;在家庭领域,女性青少年未来取向的密度要大于男性青少年。他们同时还发现年轻女性报告了较多的私人领域(婚姻和家庭领域等)的希望和恐惧。Nurmi(1991)对青少年未来取向的研究进行了汇总,发现许多研究都表明男孩更倾向于生活的物质方面,而女孩更倾向于生活和家庭方面。Seginer(1988)曾用希望和焦虑量表对112名以色列犹太人和116名阿拉伯青少年的未来取向进行了调查,结果发现,以色列男性青少年更关注军事服役、工作、职业,而女性青少年则更关注婚姻、家庭和他人;阿拉伯女性青少年更关注高等教育、自我和他人福利,而男性青少年则更关注集体事物,例如政治和经济。

4.3 人格

黄希庭和郑涌(2000)用圆环测验和完成句子测验对大学生的时间洞察力的特点做了探讨,结果发现所有的过去取向者都在低自我认同组,而高自我认同组中未来取向者占大部分,揭示了自我同一性状态对时间洞察力结构的整合作用,即高自我认同组个体有着更大的现在广度,更积极而远景开阔的未来取向以及更强的时间整合,低自我认同组则是过去广度更大,过去取向更多。个人的一些特点(如拖延)也会影响未来取向的发展。Ellzabeth等人(2004)采用Gjesme的未来时间取向量表研究未来取向的影响因素时发现未来取向与拖延成显著负相关,即拖延成绩高的个体,其未来取向程度低,而拖延成绩低的个体,其未来取向程度高。Ferrari和Diaz-Morales(2007)对未来取向与拖延的关系进行了更深入的研究,他采用拖延量表和Zimbardo的时间洞察力量表对275名被试进行了调查,结果发现拖延的两种形式(避免拖延和唤醒拖延)与不同时间取向有不同的联系,唤醒拖延高的个体,其未来取向程度低,而避免拖延对于个体未来取向的影响不显著。

4.4 情绪

在情绪方面,Dickstein等人早在1966年就发现死亡焦虑和未来取向成负相关,高度的死亡焦虑会导致未来取向的消失。而Ellzabeth等人(2004)的研究发现死亡焦虑对改变个体的时间取向的作用是不显著的。Seginer等人(2004)研究了孤独对青少年未来取向的影响,通过对以色列11年级青少年的数据进行重复测量分析发现,孤独的青少年的未来取向的得分要比被社会包围的青少年的未来取向的得分低,其中未来生活领域的主题起到调节作用,即孤独对于未来取向的影响只适用于关系领域(社会关系、婚姻家庭)而不适用于工具领域(高等教育、工作和职业)。并且孤独只影响未来取向的动机因素(期望、价值),但并不影响未来取向的认知表征和行为倾向。

除以上因素外,个体的气质、个体的自我效能感、自我概念、控制信念以及个体所处的社会阶层、父母教养方式、父母工作环境(Bjornebekk,Gjesme,2009;Neblett,Cortina,2006;Nyhus,Webley,2007;Webley,Nyhus,2006)等也会影响到个体未来取向的发展。

5未来取向的功能

未来取向是个人的思想和行为偏好未来的方向,同时也是个体对于未来的思考和规划过程。它与目标设定、对未来的积极期望以及个体的计划水平有着密切的联系,它对于个体发展有着积极的促进作用。现今研究主要集中于未来取向对个体的健康行为、物质滥用以及学业成绩等方面的影响作用。

5.1 未来取向与健康行为

未来取向的人对未来充满积极期望以及对未来有完善的计划,这些特点都表明他们在日常生活中更倾向于采取健康行为。Adams和Nettle(2009)对时间洞察力、人格和吸烟、肥胖以及体育锻炼之间的关系进行了研究,他们采用5种方式来测量个体思维和行为指向未来的心理结构。未来结果考虑量表、Zimbardo时间洞察力量表中的未来分量表以及时间贴现率是主要测量方式,通过对423名个体的调查发现,在控制了人口学变量和大五人格变量以后,未来结果考虑量表和吸烟及肥胖有显著负相关,即未来结果考虑量表得分高的人将会有更健康的行为模式,未来取向的个体更倾向于减少现在成为吸烟者的倾向。Daugherty和Brase(2009)研究了个体的心理时间对于健康行为的影响。研究者采用未来结果考虑量表、Zimbardo时间洞察力量表中的未来分量表测查个体的思维和行为指向未来这一心理特征。研究者所采用的健康行为包括运动、骑自行车或摩托车戴头盔,开车记安全带,外出搽防晒霜等12种日常行为,通过对467名大学生的调查发现,所有的12种健康行为和至少一种时间量表相关,并且所有的时间量表和至少一半的健康行为存在相关。其中,Zimbardo的未来分量表和11种健康行为显著相关。研究表明未来取向的个体更倾向于采用健康的行为方式来维护自身的身体健康。

5.2 未来取向与物质滥用

Zimbardo和Boyd(1999)使用时间洞察力量表对个体的过去取向、现在取向和未来取向以及喝酒、吸烟、药物使用等物质滥用问题进行了调查,结果发现未来取向与自我报告的物质滥用呈负相关，那些未来取向程度较高的个体与未来取向程度较低的个体相比报告了较少的物质滥用，虽然两者之间的相关系数相对较低，但是却达到了显著性水平。Wills和Sandy（2001）对这一问题进行了进一步的探讨，他们通过对454名初级学校的学生调查发现，未来取向与早期的物质滥用成负相关，但结构方程模型显示未来取向对物质滥用的影响是间接的，是通过应对行为等中介因素起作用的。Apostolidis，Fieulaine和Soule（2006）通过对276名法国青少年的调查发现未来取向是大麻吸食的显著性预测因素，但回归分析表明对大麻的感知是未来取向与吸食大麻之间关系的中介因素。这也表明未来取向对物质滥用的间接保护作用。

5.3未来取向与学业成绩

未来取向对于个体的学业成绩有积极的预测作用。Nuttin早在1985年就对指向未来的心理结构和学生的学业成绩进行了研究，研究结果表明个体未来的广度和对未来的积极态度与学生的成就动机和学业成绩成正相关，个体未来的拓展范围越广，对未来的态度越积极，成就动机越强，学习成绩越好。Bowles（2008）对228名青少年的调查也发现，未来取向与个体的学业成绩有着积极的联系。Barber，Munz，Bagsby和Grawitch（2009）采用Zimabrdo时间洞察力量表中的未来分量表和现在享乐分量表对318名大学生进行了调查，结果也表明未来取向对个体的学业成绩有着积极的作用，未来取向高的个体更有可能获得较高的学业成绩，但这种关系仅仅存在于自我控制较低的个体中，这表明自我控制是未来取向和学业成绩之间关系的中介因素。

除了以上功能外，未来取向还对学业投入、环境保护行为、计划水平、预测（Horstmanshof，Zimitat，2008；Corral－Verdugo，Fraijo-Sing，Pinheiro，2006；Marjanke，Schanz，2009；Pezzo，Litman，2006）等因素起着积极的作用。

6小结

未来取向是个人的思想和行为偏好未来的方向，同时也是个体对于未来的思考和规划过程。它对于个体发展有着积极的促进作用。现今对于未来取向的研究还仅仅停留在概念、结构及影响因素等基本理论问题的探讨上，对于未来取向的相关研究的探讨也还停留在两者表面相关上，对于未来取向是一种预测因素还是一种影响因素探讨不够，这也是我们目前进行相关研究的一大瓶颈。因此，我们在探讨未来取向的功能机制方面还需要下大气力；与此同时，对于未来取向的测量大多使用问卷法，问卷法简单易行，能够提供大量的关于未来取向的信息。但是大部分问卷忽视了对于未来取向一个重要维度的测量,即对于个人对未来的偏好程度这一维度很少有问卷涉及,这就大大降低了问卷的效度。此外,各种测量未来取向的问卷都是基于不同的理论设计而成,这就使得我们不能整合方法不同的各项研究。因此,我们在以后的研究中有必要开发合理、有效并被大家公认的测量工具,从而能够使大量零散的研究得到有效整合;此外,未来取向的研究方法较为单一,我们在以后的研究中还需设计精巧的实验来对此问题进行细致而精确的探讨;最后,相关事件电位、fMRI等为未来取向研究提供了新的方法和技术,许多研究者(Abraham,Schubotz,Cramon,2008;Lee,Akanuma,Meguro,2007)也初步探讨了未来取向这一心理过程的脑机制问题,这也是我们今后需要努力的方向。

合作者:刘霞、普彬、毕翠华;原文载于:《心理科学进展》,2010,18(3):385-393。

预先应对:一种面向未来的应对

1引言

通常应对(coping)被定义为“处于应激或压力情境中的个体为平衡自身精神状态所做的认知和行为努力”(杨昭宁,1999)。从时间维度上看,这个定义只涵盖了个体对过去和现存压力事件的反应。不论是情绪取向的应对(emotion-oriented coping)还是问题取向的应对(problem-oriented coping)都是针对正在出现或者已经经历过的压力事件,例如患病、经济危机、人际关系紧张或者学业失败。换句话说当个体采取“应对”措施时,他已经知觉到来自环境或内心的某种不平衡状态,这种状态表明了正在经历或已发生的伤害或损失。然而事实上,个体并不是都要等到威胁已经摆在眼前时再做出应对的。

很多时候,由于人们事先预计到可能发生的威胁,提前采取某些措施,从而成功地避免了危机事件的发生。这些个体显然被排除在传统应对研究的对象之外。即使像丧偶、慢性疾病的折磨这样不可避免的压力事件,由于人们事先防范的程度不同,其适应结果也存在差异。这是传统应对没有考虑到的。个体在压力事件发生前的努力被忽视的另一个原因是它较难以检测。当人们努力减小或转移潜在的压力源时,发生的压力事件相对就较少。人们往往看不到成功背后蕴含的努力,许多与个体适应相关的结果常常被想当然了。“预先应对”(proactive coping)这个概念恰恰涵盖了上述传统应对忽视了的领域,被认为是应对和个体适应研究领域的一个重要的扩展。

2预先应对

一个刚刚丧偶的老人估计自己在假期里会“茕茕孑立,形影相吊”,于是事先做好计划与朋友们一起去旅游。一个在机关工作的人意识到机构精简可能会下岗,于是提前加强自己的专业技能学习。一个学生意识到本学期的课程会非常难学,于是只选学了一门。这些例子的共同之处都是当事人在压力事件发生之前有所预计,并提前采取措施,从而避免或减小了它们的消极作用。这种应对就是所谓的“预先应对”。Aspinwall和Taylor认为:预先应对是指人们提前采取措施以阻止潜在的压力事件发生或者预先改变其形式(Aspinwall,Taylor,1997)。因此预先应对本质上不同于传统定义上的应对。

具体来说,它们之间的差别有三。其一,在时间上,预先应对是面向未来可能发生的压力事件，它涉及资源的积累和某些技能的习得。但是这些资源和技能又是不针对任何具体压力源的，而只是做一般的准备。其二，预先应对所需要的技能是同应对已经存在的压力源不同的。比如，既然预先应对不指向任何具体压力源，因此预先确定潜在压力源的技能就十分重要。其三，同一般应对相比，应对技能或策略的效果在预先应对中可能是不同的。例如，有研究表明（Cohen，Wills，1985），社会支持的情感帮助有助于对现存压力源的有效管理。相反，在预先应对中，信息和评估支持可能比情绪支持更为重要，情绪支持在某些情况下反而是无益的。

有的学者认为预先应对这一概念与社会认知中的自我监控（self-regulation）几乎可以等同（Costa，Somerfield，McCrae，1996），其实这两个概念的内涵是不同的。自我监控是指个体对其自身行为监督与控制的能力，这种技能可以较好地用来解释个体如何预期压力事件可能发生，以便使自己避开压力事件或者较少地受其影响。而预先应对则是指在时间上提前预防可能发生的压力事件或模糊的压力源，强调的是对未来压力事件的预先设防，而不是个体对当前事件及自身行为的监控。

3预先应对的过程

预先应对在时间上大致可以划分为以下五个阶段：资源积累、注意和再认、开始评估（initial appraisals）、初始应对（preliminary coping）以及获得和利用反馈。

有效的预先应对首先需要在时间、精力、金钱、计划和组织技能、社会支持以及长期负荷等方面的准备和资源积累。这些资源将保证个体能对警告信号给予足够的注意和适当的评估，以利于个体正确地进行初始应对。第二阶段的再认是指检测到潜在压力事件的迫近，它有赖于在环境中过滤危险信息以及对来自内部的警告信号的敏锐感觉的能力。人类和其他一些动物对于负面或意外刺激的注意几乎是一种天生的能力，它具有原始的生存意义（Taylor，1991）。伴随着这种注意还会出现强烈而短暂的生理唤醒、认知及社会资源投入。另一方面，关于潜在压力源的信息有时也来自人的内部反省过程。

一旦检测到潜在的压力源，就进入开始评估阶段。这一阶段个体至少应当回答两个问题：界定问题和控制情绪唤醒。由于刚刚露头的潜在问题尚不明显，而需要个体依据自己的经验来判断分析问题的性质。关于这个过程似乎可以用社会认知中的图式和图式匹配来解释（Costa，Somerfield，McCrae，1996）。个体不仅需要静态地把握问题的现状，还需要把握其可能的变化。这个过程可称为“心理模拟”——即对真实的或假想的事件的模仿表征，包括对可能的未来的预演和幻想（Taylor，Schneider，1989）。最初模拟的结果可能决定着人对危险信号含义及其如何发展的解释,因此心理模拟不仅有助于确定刺激的含义,更重要的是它充当着开始评估和初始应对之间的桥梁,直接提供了与行动计划有关的信息(Taylor,Pham,1996)。

初始应对是个体采取自认为可以阻止或削弱被检测到的压力源的措施,它很大程度上依赖于个体对压力事件的初始评估。研究表明评估和有效行动之间的关系是曲线型的,对威胁的过高或过低评估都不能引发适当的应对行为,而只有个体恰当估计问题的严重性并对问题持可以控制的信念时,才可能激发足够的行动(Sansone,Berg,1993)。但是如果一个问题明显是不可逾越的,个体又似乎能容易地做出决断并相应地调整其努力以节省资源。在一般情况下,个体必须先付出一些努力以获得初步的信息,决定问题是否可以改变。这就有赖于最后一个阶段。节省资源的需要同样决定了此阶段投入的努力往往和问题的大小和严重程度相对应。

最后一个阶段“获得和利用反馈”是对初始应对的修正。许多因素决定着获得反馈修正初始应对的必要性。一方面是潜在的压力事件往往会表现为恶化的趋势,另一方面是开始评估可能基于不完整的信息或者受到动机干扰而发生扭曲。即使判断准确,初始的努力也可能失败。反馈信息主要是关于压力事件的发展历程、初始应对努力的效果,由此决定该事件是否需要额外的应对努力。当然,如果反馈显示最初的努力尚不足以成功阻止压力事件的发生,这个环节也可以导入评估阶段,个体需要修正其最初的评估并改进其应对的策略。

需要指出的是,在对潜在压力源的检测和评估阶段,可能产生消极的情绪唤醒,它可能会对以后各阶段的努力产生影响。有研究表明在遇到明确而短暂的压力源时可以有效地控制消极情绪唤醒的防御机制(如否认)在预先应对中可能反而有害(Aspinwall,Shelley,1997)。当然,预先应对的上述五阶段也不是截然分开的,它们之间存在着多个反馈环。资源的积累、注意、评估以及对消极情绪唤醒的监控并非完全独立的操作,而是相互交叠、相互联系的——如果评估证实了危险,那么注意就会增加,而同时也会启动对情绪的监控以及对资源的调动;不同的开始评估直接影响初始应对的进行,后者又反过来影响新信息的提取,新信息作为反馈又会影响评估过程和应对努力的调整。

4 预先应对的影响因素

许多因素影响着预先应对的进程和结果,大致可以分为来自个体的人格因素和来自环境的外部因素。外部环境因素中,家庭教养方式对于个体预先应对技能的习得有着重要的意义。例如Bandura(1986)认为儿童从幼年起受到的父母及他人的影响决定着他们发展出什么样的技能来看待及处理所面临的压力。比如,健康的饮食习惯、对烟酒的克制、锻炼等健康的生活方式可以为预先应对提供良好的资源积累。家庭成员的榜样作用也影响着具体应对技能的习得与发展。类似的还有学校教育因素。

社会关系和社会支持不仅有利于应对现存的压力源,而且也有助于预先应对,即提供信息支持、评估支持、情绪支持和实际帮助(Cohen,McKay,1984)。学者们对情绪支持的作用有着不同的看法,一般认为它是社会支持中最重要的因素(Cohen,McKay,1984),但是在预先应对中,社会支持主要是为个体提供信息和评估支持而非情绪支持。社会支持不仅影响着个体对警告信号的检测而且影响其对迫近压力源威胁程度的判断。总的来说,通过和社会关系中的他人的互动,个体可能得到关于潜在压力源的新信息和解释,有助于澄清模糊的威胁情境(Dakof,Taylor,1990)。但是由于人总倾向于从与自己类似的人那里寻求支持,因此也可能得到错误和偏差的信息和解释,阻碍其对潜在威胁的反应。

个体对未来的态度影响着其对潜在压力源的觉察。有研究表明,个体以积极的态度来思考和计划其未来,他们就会对未来的潜在压力源加以预先应对,采取预防性健康行为,比如杜绝烟酒、锻炼身体等。

人格特质作为个体差异的重要内容,影响着预先应对的各个阶段。比如具有高警觉性的个体倾向更容易注意环境中的危险信息,也更容易面对而非逃避潜在威胁。但是过度警觉却容易导致注意的分散,使人陷入情绪折磨和认知疲劳这种。因此,个体如何分配注意资源显得十分重要,这方面尚没有深入的研究。与之相反,压抑的个体虽然可能更迅速地注意到威胁,但是应对的结果则较少成功。Hanson(1992)等认为这是由于过度压抑者的注意受到了限制,结果导致缺乏负面信息,因而对问题的开始评估就不全面(Taylor,Clark,1986;Carver,et al.,1993;Hansen,Hansen,Shantz,1992)。

研究表明,性情乐观并不影响对负面信息的注意,相反它有助于人们控制负面反馈带来的情绪效应,从而增强对负面信息的注意。大量研究表明诸如乐观、顽强、自我效能感等人格特质往往同积极的应对方式和成功应对相联系,这些特质在预先应对中也起着重要的作用。具有上述特质的个体被认为倾向于对压力源威胁程度的评价较低,或认为自己能够控制危险情境,也有助于控制消极的情绪唤醒;而与之相反的特质如焦虑、神经质等则同夸大对威胁的评估相联系,或者认为自己对压力事件无能为力,相应地也较多采用否定等防御机制。此外,预先应对还可以较好地解释纵向研究的结果:使用逃避型应对策略的人在生活中更可能面临压力事件(Aspinwall,Shelley,1997)。

5简评

预先应对可能有以下的缺陷。首先是如果压力事件从不发生,那么预先应对者就可能做出不当的计划和根本不必要的活动。其次,当一个压力源并未发生时,其形式是模糊的、性质是不确定的,从而究竟使用何种初始应对努力和资源来解决问题可能也是不确定的。因此初始应对努力就可能无效,甚至使问题加剧。再者,由于问题的不明确,个体可能在急需应对资源的时候已经将其消耗殆尽。这里最重要的是要弄清什么因素影响对潜在压力源评估的质量和准确性,以及确定人们如何对限定这些初始评估的信息做出反应,还有确定人们如何能够区分可以解决以及不能解决的问题并且相应地分配他们的资源。

但是总的来说预先应对对个体是利大于弊的,因为面向未来的应对从根本上来说是一种积极的应对。古语"凡事预则立,不预则废"(《礼记·中庸》),说的就是这个道理。其益处可以归纳为两个方面。从主体资源耗费的角度看,预先应对显然是划算的。预先应对一旦成功,压力事件被转移或减到最小,从而极大地节省个体的资源,即使不能完全避免压力事件的发生,也是"有备无患"。同时资源上的相对充分也尽可能地减小了个体在面临压力源时体验到的压力程度和承受的长期压力负荷。另一方面,从对客体的作用来看,预先应对实际上可能改变压力事件本身。当压力事件刚露头时,可以有许多种选择来控制它;而一旦压力源完全发展后,选择就非常有限了。因此实际上许多压力事件是可以避免的,这充分体现了预先应对防患于未然的特点。

预先应对同传统应对在概念上存在着很大的差别。在预先应对的框架中,许多以往存在争议的研究结果可以较好地统一,因此它是对压力和应对研究的补充和拓展。同时由于它扩展了应对领域,又引发了许多新的研究课题,诸如环境和人格特质在预先应对中的相对作用、不同应对方式效率的评价等。预先应对的提出为我们进一步整合已有的研究和探究个体适应机制提供了契机。

合作者:凤四海;原文载于:《心理学探新》,2002,22(2):31-35。

心理学视角下的人生目标

1引言

“人活着为了什么”？这可能是每个人都会思考的问题，它是对自身存在目的的叩问，折射着我们对人生价值和意义的思考，其实质便是人生追求或人生目标问题。拥有坚定的人生目标意味着进入有序的存在状态，而找不到人生目标则容易陷入浑浑噩噩。古今中外哲学家们对人生目标的上下求索及其丰富多彩的人生哲学理论，也表明了人生目标对于人之存在的重要性。

人生目标的培养无疑非常重要。然而，尽管具有丰富的人生哲学理论，在我国还有基于政治学的人生目标教育，但这些形而上的理论探讨是否适应当代现实以及如何更好地发挥作用还需立足于实证了解及检验之上，因此，展开对人生目标的实证研究十分必要。在我国，对人生目标的实证研究是在邓小平提出培养“四有”新人后陆续出现的，但零散而稀少，因此，对目前现实状况的了解并不充分。国外对人生目标的研究主要是在心理学领域展开，最早始于弗兰克提出“意义疗法”后，近期，在心理学家Damon，Menon和Bronk（2003）提出对这一概念新的操作性界定后，相关研究更是大量涌现，并已积累了一定的研究经验和成果。可以说，心理学为从实证角度探讨人生目标相关问题提供了新的视角与方法，因此，本文主要目的是基于心理学视角下，对人生目标的现有研究进行梳理，以系统了解目前该领域相关进展及其存在问题，进而为国内人生目标的研究及培养提供借鉴。

2概念界定

研究者对人生目标（purpose in life）的概念认识并不一致，大体可归纳为4种。第一种强调它是一种主观体验（perception），即“人生目标感”，如Ryff（1989a，2014）将它界定为“个体感到生活有意义、目的及方向的程度”。这类界定主要受存在主义心理治疗大师弗兰克意义疗法（Logotherapy）的启发：意义疗法中将人生目标视为一种能使个体“得以生存”的“内在力量”（Frankl，1959），强调通过增加人生目标感促进健康生存，故而，基于此类界定的研究多关注于个体人生目标感的高低及其与健康的关系，而非其内容来源，对于人生目标感源于一个还是一系列目标也未作限定。第二种将人生目标定义为一个客观目标(goal),主要关注于人生目标的内容,如Damon等人(2003)认为它是个体所追求的一个兼具"个人意义及自我超越价值"的稳定且深远的目标,即将人生目标置于目标体系中的较高层次。可以说,弗兰克关于人生目标的认识引发了心理学领域对人生目标感的系统研究,而Damon等人(2003)的界定则开启了西方研究者对于自我超越性人生目标的系统研究,也引发了对人生目标内容的关注,后文中西方关于人生目标内容的研究也多基于此界定。由此,以上两类界定下的人生目标研究构成了目前该领域的主流研究。其他两种目前接受范围或相关研究较少的界定分别来自Peterson和Seligman(2004)以及Kashdan和McKnight(2009)的观点。在Peterson和Seligman(2004)的优势行动价值理论(the values in action)中,人生目标被认为是一种超越性的美德,反映了个体与更庞大的宇宙联系而赋予自己的人生以目的和意义的能力,此时的人生目标被视为一种特质倾向。Kashdan和McKnight(2009)却认为,人生目标应是对个体人生的持续奋斗或人生叙事的反映,因而它比特质、目标等更为上位,是一种深层的"生活目的"(life aim)。

尽管对人生目标具体"是什么"的认识存在差异,但可看出以上研究者都同意它是一种能赋予人生以方向和意义的动机性概念,这也是人生目标的核心特点所在。因此,我们倾向于将人生目标看作一个朝向某事物或理念的较为长期稳定的动机系统,也称作人生追求。另外需指出的是,研究者们对于人生目标是否一定需具备"自我超越性"也持不同意见:Damon等人(2003)认为人生目标应兼具"个人意义及自我超越价值",即指人生目标不仅应赋予个体自身以意义感,还要能够对外部世界或他人有所影响,而在其他几种界定下,对于人生目标是否必须具备自我超越性未作要求。虽然研究兼具个人意义和外部贡献的人生目标的确具有重大意义,但与之相对的自我导向性人生目标诸如寻求自我完善是客观广泛存在的,并且也符合人生目标的核心特点,因此本文同样将其纳入人生目标范畴。总之,由于本文目的是为全面、系统梳理目前人生目标的研究思路及现状,因此,在此对概念不做限制,并将基于以上几种界定之上的已有测量、相关研究均整合于文章之中,以便读者了解和取舍。

3 相关概念辨析

人生目标与一些概念如生命意义、价值观等联系紧密,甚至在早期的研究中易将它们混淆,但随着各自研究的精细化,研究者们越来越同意它们之间是存在区别的。

生命意义(meaning in life)。尽管不同研究者对生命意义的定义存在差异,但大体可将其理解为个体对人类自身及其存在的本质和对那些自认为比较重要事物的感知和觉察(靳宇倡,何明成,李俊一,2016;Steger,Frazier,Oishi,Kaler,2006),是一种情感和价值体验(程明明,樊富珉,2010)。生命意义和人生目标在内涵上具有诸多交叠之处,如都包含情感、价值体验,且都具有一定的动力性,但两者也存在一些不同:一是方向,人生目标是朝向未来的,而生命意义体验并无方向限制,既可通过指向未来获得,也可从过去或当下提取(Bronk,2014;Bronk,Mangan,2016;Martela,Steger,2016);二是在对时间尺度的要求上,生命意义既可以是大时间尺度上的总体性存在意义,诸如"人活着的意义",也可以是在较小时间尺度上的情形性意义,如为生活中的某一特定事件赋予意义(Reker,Wong,2012),而人生目标在时间尺度上属于中等或较大,一般需持续数年或终身(Bronk,Mangan,2016);三是行为成分,人生目标包含了行为投入,这也使其与空想得以区分(Mariano,Going,Schrock,Sweeting,2011;Moran,2009,2014),而生命意义不一定伴随行为。大体而言,可以认为人生目标是生命意义的重要来源之一,后者是比前者更为宽泛的概念。

价值观(value)。尽管不同时期、不同研究者对价值观的认识有所差异,但都一致认同它是用于判断某事物"值得或可取与否"的准则构成的观念系统(黄希庭,2014;姜永志,白晓丽,2015),而人生目标则主要是一个较长期稳定的动机系统,这一差异具体表现为:相对而言,价值观包含了更多的"冷认知",更多偏向"看法",而人生目标则包含更多的"热认知",并且需借助于行为得以显现(Krause,Hayward,2014)。从两者的联系来看,价值观应是人生目标确立的基础:人生目标的产生需建立于个体对于某一或某些事物的认同之上,但如若没有对于该事物好坏与否的价值判断,认同便无法建立,人生目标的确立也无从谈起。

4 人生目标的测量

如前所述,由于目前主观体验论和目标论下的概念界定占据人生目标领域的主流,因而既有测量工具也多基于此两种界定而来,即主要关注于测量人生目标感和人生目标内容指向。

4.1 对人生目标感的测量

此类测量多基于弗兰克对人生目标的理解及其延伸发展而来。最早的工具是Crumbaugh和Maholick(1964,1981)的生活目的测验(Purpose in Life Test,PIL),该量表运用广泛,但也由于维度结构不稳定以及所测构念可能更接近生活满意度或抑郁而饱受诟病(张姝玥,许燕,杨浩铿,2010;Bronk,2014),另外,由于PIL是最早基于弗兰克的界定所发展出的工具，而弗兰克是将人生目标和生命意义混用的（Damon et al.，2003），因此PIL混淆着对生命意义的测量。尽管后来相继出现它的多种变式诸如生活目的问卷（Life Purpose Questionnaire，LPQ；Hablas，Hutzell，1982；Hutzell，1989）、简版生活目的测验（Purpose in Life - Short Form，PIL - SF；Schulenberg，Schnetzer，Buchanan，2011）以及生活目的测验存在分量表（Existence Subscale of Purpose in Life Test，EPIL；Law，2012）等以应对这些问题，但多未能摆脱这一桎梏，但值得一提的是PIL - SF，该量表选择了PIL中与人生目标更为相关的4个条目，以测量个体的人生目标拥有状况，且具有良好的信度（Bronk，2014）。

心理幸福感量表中的人生目标分量表（Purpose in Life Subscale）也是测量人生目标感的重要工具。该量表为Ryff（1989a，1989b）的心理幸福感量表的重要指标之一，单维结构，完整版本包括20条目，之后相继出现14、9和3条目的简版，以测量个体感到人生有目标、有动力及意义的程度（邢占军，黄立清，2004；Bronk，2014；Ryff，1989b）。该量表信效度良好，在人生目标研究领域运用十分广泛。

另外，基于对以上PIL及人生目标分量表等的修订整理，修订版青年人生目标调查（Revised Youth Purpose Survey，Bundick et al.，2006）中的人生目标确定分量表（identified purpose subscale）发展出了15条条目以测量个体人生目标的明确程度。该调查主要适用于青年群体，目前在大学生群体中使用较为广泛并已证明具有良好的内部一致性信度和预测效度（Bronk，2014），但进一步的测量学属性还有待检验。

除了以上几种直接测量人生目标感的工具，另外一些工具如生命观指数量表（Life Regard Index，LRI；Battista，Almond，1973）、一致感量表（Sense of Coherence Survey，SOC；Antonovsky，1987）以及生活投入测验（the Life Engagement Test，LET；Scheier et al.，2006）等也可用于人生目标感相似概念的测量，但是由于它们的测量学属性还有待商榷（e.g.，Pearson et al.，2013；Steger，2007），因而在人生目标领域的运用尚不广泛。

4.2 对人生目标内容的测量

国内相关研究以及Damon及其合作者的研究多关注于此。比如：黄希庭和郑涌（1999）的词汇选择任务通过给定被试40个描绘人生目标的词（短语），如“事业成功”“国家强盛”“身体健康”等，要求被试在其中选择3个最为重要的并排序，由此了解个体及群体的人生目标内容；类似地，Bundick等人（2006）的人生目标内容测评通过给定被试17种备选人生目标，如“服务我的国家”“创造新事物”等，要求被试根据自己的实际情况对每个选项从“非常不同意”到“非常同意”进行7点评分，从而实现对内容的测查（蒋菲，2016；Bronk，Finch，2010）。石林和李琼（1998）的人生认知量表中的人生目标分量表通过“追求功利与实用”、“追求自我完善与发展”和“为他人和社会服务”三个维度对个体所侧重的人生目标类型进行测量。近期发展出的青年亲社会人生目标量表(The Prosocial Youth Purpose Scale;Malin,Liauw,Damon,2017)为自我超越性人生目标的测量提供了新方法:该量表要求被试从给定的10个人生目标中选择对自己而言最重要的3个,其中,给定选项中5个为自我导向的,5个为自我超越的;之后,针对3个选定目标被试都需完成认同和投入程度测量,即代表被试对于该人生目标的动机程度;但唯有所选定的目标中包含具有自我超越性的目标时才视为拥有人生目标,否则便是没有。可以说,该量表为自我超越性人生目标的内容及其动机的完整测量提供了借鉴,但在给定备选项时应考虑文化差异,以防止因所给选项有所偏差或疏漏而造成测量的不准确。另外,访谈法、日志法、历史文本分析法等也可用于了解人生目标的内容(具体可参考张师辉,2015)。

然而,尽管以上工具可对人生目标内容进行测量,但这些工具仍是非常初步的,或是停留于某一类人生目标的。在我们看来,人生目标的内容结构更可能是一个包含不同内容且这些内容处于不同层次位置的系统结构,而如何实现对这一内容结构较为系统的测量应是进一步研究需关注的重点。

除了以上两类测量工具外,被作为优势特质和“生活目的”的人生目标并没有发展出专门的测量工具:优势行动价值问卷(Values in Action Inventory of Strengths,VIA-IS)中通过两道题目“我对生命有强烈的目标感”和“我相信每个人的生命都有其目的”以对作为灵性特质的人生目标进行测量(Lee,Foo,Adams,Morgan,Frewen,2015),但事实上这与测量个体拥有人生目标的程度相混淆;McKnight和Kashdan(2009)尽管对作为生活目的的人生目标的测量有一定设想,但截至目前仍未发展出相关工具。

5 人生目标相关研究

基于已有的对人生目标感及人生目标内容的关注与测量,既有研究就人生目标的这两方面进行了一系列相关研究。

5.1 人生目标对相关心理和行为的预测

人生目标的培养应建立在对人生目标功用的了解之上,而这种功用可以是对个人的,也可是对他人和社会的。本文主要从个人身心健康的角度出发对人生目标的功能进行阐述。需指出的是,由于人生目标与健康的关系是感知体验论视角下的关注重点,因此目前已有研究多是在探讨人生目标感的功能,对人生目标内容的功能则阐述较少。

5.1.1 人生目标感与压力应对

在实现人生目标的过程中，必然需要克服困难以推进目标，这意味着高人生目标感的个体可能会承受更大的压力（Bronk，2014），但是，人生目标感也会增加心理弹性，预示着这些个体可能具有更好的抗压能力（Kaplin，Anzaldi，2015；McKnight，Kashdan，2009）。那么，人生目标感与压力感的关系到底如何？相关研究比较一致地发现高人生目标感可帮助个体更好地应对压力，表现出为更低的焦虑水平（e.g.，Ishida，Abe，Okada，2011；Ishida，Okada，2006，2011；Ishida，Okada，Bando，2004）、更积极的应对方式（Netter，2015）以及更理想的生化指标（Lindfors，Lundberg，2002）等。

高人生目标感何以能帮助抵御压力？拥有坚定人生目标的本质在于具有一种较为长期稳定的动机系统，这意味着个体的所作所为都要围绕某种长期追求而展开，并且将投入的效用最大化以实现目标、减小资源浪费。这种动机状态可能产生两种影响：一是个体在看待负性事件时便已戴着“滤镜”，比如，拥有坚定人生目标的个体会从更长远的视角看待当下事件，在这种视角下，当下负性事件的性质可能会有所转化，从而降低了其消极影响（Bronk，2014），即对压力感知的基线水平存在差异；二是高人生目标感会帮助减少或尽快平复已然产生的负面影响，以减少资源浪费，即人生目标感得分不同的个体对压力的反应基线水平差异不大，但在恢复程度上存在差异，目前已有研究支持这一推论（Fogelman，Canli，2015）。后续研究可对这两种可能机制继续进行检验。

5.1.2 人生目标感与健康行为

人生目标感还与健康行为如体育锻炼、睡眠、亲社会行为等相联系。人生目标感得分较高的个体更有可能进行体育锻炼，无论是对于青年、中年还是老年，以及无论对锻炼活动的测量是采用主观报告还是客观测量，这一结果都是一致的（Holahan et al.，2011；Holahan，Holahan，Suzuki，2008；Holahan，Suzuki，2006；Hooker，Masters，2016）。人生目标感还与睡眠相联系：人生目标高分者有更为合理充足的睡眠时间（Hamilton，Nelson，Stevens，Kitzman，2007；Holahan，Suzuki，2006）以及更好的睡眠质量（Kim，Hershner，Strecher，2015；Phelan，Love，Ryff，Brown，Heidrich，2010；Ryff，Singer，Love，2004）。此外，高人生目标感还有利于减少反社会行为并增加亲社会行为（Shek，Ma，Cheung，1994），而对于那些处于容易诱发暴力行为环境之下的青少年，这一作用尤为明显（Machell，Disabato，Kashdan，2016）。此外，高人生目标感还可增进人们面对其他种族时的积极感受和态度（Burrow，Hill，2013；Burrow，Stanley，Sumner，Hill，2014）。

除了促进健康行为的产生，高人生目标感还可降低不健康行为如物质滥用或成瘾。大量研究已发现，戒酒治疗项目中人生目标感得分的增加与酗酒状况的改善情况有显著关联，并且这种关联是长期存在的（e.g. Krentzman，Cranford，Robinson，2015；Nkyi，

2015; Robinson, Krentzman, Webb, Brower, 2011; Roos, Kirouac, Pearson, Fink, Witkiewitz, 2015)。另外,对于其他物质滥用如药物成瘾高人生目标感也会产生积极影响(Nkyi, 2015)。Lyons及其同事也认为,某些灵性或宗教方法之所以能够缓解物质滥用,重要原因之一就是其能够帮助个体发展出较高人生目标感(Lyons, Deane, Caputi, Kelly, 2011; Lyons, Deane, Kelly, 2010)。因而,通过帮助个体发展出坚定的人生目标似乎是治疗物质滥用和成瘾的有效办法。

5.1.3 人生目标感与身心状态

压力应对、健康行为等无疑会对身心状态产生影响,大量研究已发现,高人生目标感与更好的身心状态相联系,而这很可能是健康行为、压力应对等中介的结果(Hill, Edmonds, Hampson, 2017)。

首先,人生目标感会影响身体健康,包括降低疾病和死亡风险。一系列研究发现人生目标高得分与更低的心脑血管疾病发生风险相联系,如Kim及其同事发现,在美国中老年人群中,当控制住其他变量后,人生目标感得分每增加1单位(6点计分),两年后心肌梗死风险降低了0.73个单位(Kim, Sun, Park, Kubzansky, Peterson, 2013),4年后中风风险降低了0.78个单位(Kim, Sun, Park, Peterson, 2013),而更多健康行为如更少吸烟、更多进行体育锻炼和体检是人生目标降低心梗风险的重要原因(Kim, 2015; Kim, Strecher, Ryff, 2014)。此外,高人生目标感还可减少阿尔茨海默病的发生风险,减缓认知功能受损和下降(Boyle, Buchman, Barnes, Bennett, 2010; Lewis, Turiano, Payne, Hill, 2017)。除了与更小的疾病风险相联系,高人生目标感还可显著预测几年后由以上疾病以及其他原因导致的死亡率,这不仅在老年群体中得到了验证(Boyle, Barnes, Buchman, Bennett, 2009; Tomioka, Kurumatani, Hosoi, 2016),在成人全年龄段也得到了验证(Hill, Turiano, 2014),意味着拥有坚定人生目标是降低死亡风险的重要保护因子。

除了影响身体状态,人生目标感还可影响心理状态。首先,高人生目标感可缓解负性心理状态,即不仅可缓解压力,还与更少的PTSD症状(Feder et al., 2013)、更少的自杀意念(Heisel, Flett, 2004, 2008, 2014; Lester, Badro, 1992)以及更少的抑郁状态(Hedberg, Gustafson, Alèx, Brulin, 2010; Lyon, Younger, 2001; Windsor, Curtis, Luszcz, 2015)相联系。其次,高人生目标感与积极心理状态相联系,相关研究发现,它不仅与快乐论的幸福如正负情感和生活满意度积极相关(e.g., Ardelt, Landes, Gerlach, Fox, 2013; Burrow, O'Dell, Hill, 2010; Diener, Fujita, Tay, Biswas-Diener, 2012; Wnuk, Marcinkowski, Fobair, 2012),还与实现论的幸福如希望、勇气、悲悯、感恩等积极品质相联系(e.g.Bronk, 2014; Burrow et al., 2010; Malin et al., 2017)。

然而,如前文所述,已有对人生目标的功能研究多以"人生目标感"为前因变量,甚少涉及人生目标内容,这主要源于两方面原因:一是关于人生目标内容的研究大部分还停留于了解其具体内容“指向什么”的前期阶段;二是一些研究者如Damon及其合作者在定义人生目标时便将其界定为需具有自我超越性的,即默认此类人生目标具有最高价值(e.g.,Bronk,2014;Keyes,2011;Moran,2014),故而他们所引导的研究或关注于自我超越性目标的具体内容,或关注于其影响因素,唯独对其功能价值不做过多探讨。事实上,对人生目标内容的功能价值的探讨十分必要,有助于引导人生目标的培养方向。比如,在培根看来,注重追求全体福利的“公善”在各方面都要高于专注私人生活的“私善”,而在私善中,追求发展自我的“积极的私善”又要高于追求保存自我的“消极的私善”(郑晓江,詹世友,1997)。这种观点意味着不同内容的人生目标在功能上具有高下之分。从种族或群体生存发展的角度可能确实如此,但如若和前文中一样从对个体的价值进行衡量,是否仍然如此?有一项研究对此进行了探索,结果显示,较之成就取向、物质取向以及寻求社会认可取向,亲社会取向的人生目标与大学毕业13年之后对伦理道德的认同、心理幸福感中的个人成长以及生成性(Generativity)相关更为紧密(Hill,Burrow,Brandenberger,Lapsley,Quaranto,2010),初步显示了亲社会取向的人生目标在促进个人发展方面的优越性。如若能证明此类人生目标的确在促进种族及个人发展上均更具优越性,那人生目标培养工作应毫无疑问应朝此方向展开。

5.2 与人生目标形成相关的因素

关于人生目标的研究是为其培养服务的,因而,即便概念界定和研究的视角不同,对于其影响因素的研究都是该领域研究的关注重点。人生目标两大主流界定下对人生目标影响因素的关注均较多,因而,下文中同时包含对人生目标感及人生目标内容的影响因素的论述。影响人生目标的因素非常复杂,如若按照因素类型分类,可大致分为个体的和环境的两类。

5.2.1 个体因素

人口学因素如年龄、性别等。随着年龄变化,人生目标发展可能会呈现出不同的轨迹。在人生目标感上,Bronk(2014)和Damon(2008)认为,一般情况下,人生目标在青少年或成年初期开始出现,之后继续发展达到最盛,到中年期则略有下降,再到老年期下降更为严重,这得到了一些研究的证实(e.g.,Hill,Turiano,Spiro,Mroczek,2015;Irving,Davis,Collier,2017;Ko,Hooker,Geldhof,McAdams,2016;Springer,Pudrovska,Hauser,2011),当然也有一些相反的结果,即发现随年龄增长人生目标得分不断增加(Bondevik,Skogstad,2000;Meier,Edwards,1974),后续研究对导致此不一致结论的原因需加以探查。另外,年龄发展对于个体所关注内容有所影响,这在人生目标形成阶段尤为明显,比如Malin，Reilly，Quinn和Moran（2014）发现在青少年早期到成年初期，人生目标的发展依次经历4个侧重点：发展共情、考量自己能在社会中发挥的作用、重新评估价值观和优先事项以及积极投入，而Moran，Bundick，Malin和Reilly（2013）也发现，较之低年级青少年，高年级青少年更多具备涵盖自我超越性的人生目标。另外，性别也会影响人生目标，但所影响的方向目前结论不一致：在人生目标内容上，对公众观的调查显示人们倾向于认为女性更多追求亲社会的或创造性的人生目标，而男性则更可能追求经济的或与个人成就有关的人生目标（Sumner，2015），而一些研究也确实显示女性比男性更多表现出自我超越取向（姚本先，何元庆，2008；Bronk，Finch，2010；Hastings，Zahn-Waxler，Robinson，Usher，Bridges，2000），但也有相反的结论（蒋菲，蔺杉，2014）；在人生目标感得分上研究结论同样不一致，但似乎存在性别与年龄的交互作用，比如，有研究发现，青年女性较之于青年男性在PIL上得分更高（García-Alandete，Martínez，Soucase Lozano，Gallego-Pérez，2011），中年晚期时性别差异不显著（Ko et al.，2016），但到老年期女性的PIL得分要低于男性（Hedberg，Gustafson，Brulin，2010；Pinquart，2002），即似乎表现出早期阶段女性人生目标感得分高于男性，但随着年龄增长相对下降的特点。未来需对人口学因素对人生目标的影响及其交互作用继续加以探讨。

人格因素。人格与人生目标存在怎样的关联？既有研究对特质水平的人格与人生目标的关系做了一些探讨。对人生目标感的研究发现，更具适应性的人格特质如更高的外倾性、尽责性、开放性，以及更低的神经质水平等与人生目标感得分显著正相关（Hill，Burrow，2012；Schmutte，Ryff，1997），一些纵向研究也发现，大五人格特质可显著预测中老年若干年之后的人生目标感得分（Hill et al.，2015；Hounkpatin，Wood，Boyce，Dunn，2015；Ko et al.，2016），表明人格可能会对人生目标感的高低产生影响。当然，以上都是对作为主观体验的人生目标感与特质水平的人格的关系探讨，如若将人生目标本身定义为对人格的不同层次的反映时，个体的人生目标便是其人格的展现。

个体价值观。如前文所述，价值观更偏向认知系统，而人生目标则是基于价值认知之上确立的动机倾向，唯有当个体认为某事物是“好”的时，才会产生较持久稳定的追求动机，因此，价值观判断影响着人生目标。一方面，价值观决定着人生目标的内容，比如，持功利主义价值观的个体可能倾向于发展出自我导向的人生目标，而持德性主义价值观的个体更可能发展出自我超越的人生目标。另一方面，价值观影响人生目标感的高低，以宗教信仰为例，个体越是认为宗教信仰是“好”的，宗教信仰愈是虔诚，所体验到的人生目标感就越高（Bronk，2014；Francis，2013；Francis，Jewell，Robbins，2010）。

5.2.2 环境因素

家庭和朋友。家庭和朋友等亲密关系会影响个体拥有人生目标的程度和内容。家庭可提供个体建立和追求人生目标的重要资源，包括精神的和物质的，且父母具有榜样示范作用（Moran et al.，2013）。此外，能否找到志同道合或相互支持的朋友也是影响人生目标发展的重要因素（Bronk，2014；Moran et al.，2013）。一些实证研究为以上推测提供了支持。在人生目标感方面，Stoyles，Chadwic和Caputi等人（2015）发现来自父母和朋友的支持对其高低有显著预测作用，Moran等人（2013）的访谈研究也发现在控制其他变量如年龄、种族和社会赞许性后，来自朋友的支持可增加个体对于某一事物的认同。另外，家庭或朋友的影响也可能会对个体确立何种人生目标产生塑造作用，宗教的代际传递可能就是此塑造作用的写照（Bengtson，2017）。

外界组织机构。学校可通过教师本身及学校课程设置两大部分影响或塑造学生的人生目标。有研究已发现教师对学生人生目标相关的支持、胜任水平会对学生是否拥有明确人生目标以及目标内容是否具有自我超越性产生影响（Bundick，Tirri，2014；Jiang，Lin，Mariano，2016）；另外，有研究者认为当教师自身拥有人生目标时，不仅对学生是榜样和激励，也方便自身实施有效指导（Damon，2008；Moran，2016；Tirri，Moran，Mariano，2016），进一步的实证可对此加以探讨。此外，学校的课程设置诸如将学生课外兴趣与课堂相联系也可能会推动和塑造人生目标的发展形成（Bronk，2014）。同学校一样，其他组织机构如社区、宗教团体等亦能通过提供支持及实践机会等引导学生发展人生目标。然而，最大发挥各个机构的支持作用还需依赖于个体自身努力，比如，Moran等人（2013）的研究发现，较之没有人生目标的个体，拥有人生目标萌芽的个体从组织机构中受益更多，这源于他们能更好地将有关资源整合到自己的人生目标追求中去。

社会文化。在纵向层面上，社会文化的作用表现为时代变迁的影响。一方面，时代塑造着人生目标内容，如一些实证研究显示，在80年代，当问及大学生"活着为了追求什么"时，选择自我超越性人生目标如"做一个对社会有用的人""为他人的幸福而努力"的人数占73.2%（陈科文，1985），到90年代，大学生的人生目标呈现出多元性，表现出公私兼顾的特点（黄希庭，郑涌，1999；渠淑坤，1995；姚本先，何元庆，2008），而到了近几年，自我超越性的人生目标比例已很小，有研究显示自我超越性的人生目标在中国大学生中的比例只占23.4%（蒋菲，蔺杉，2014），由此，时代特点对人生目标内容的塑造作用可见一斑。另一方面，时代也可能对人生目标感高低产生影响，在价值观受到冲击或者社会核心价值观难以确立的时代，则容易体验到人生目标感的缺失，如一战后出现的美国"迷惘的一代"就是典型的写照。社会文化对人生目标的影响在横向层面上体现为人生目标的跨文化差异。文化差异影响着人生目标的内容，以广泛使用的个体和集体主义二维划分模型为例，中国通常被作为典型的集体主义国家，而美国被视为个体主义的代表，在集体主义文化下，由于自我涵盖了更大的范畴，有研究者认为这将促进自我超越性人生目标的产生(Mariano,2014),然而,从蒋菲和蔺杉(2014)对中美大学生人生目标道德属性的比较结果来看,这一推论有待商榷。另外,文化差异还可能影响人生目标感的变化轨迹,比如早年有研究发现,较之美国青少年,中国同龄学生更少拥有明确人生目标,而更多仍处于在寻找人生目标的阶段(Shek,Hong,Cheung,1987),这可能与美国文化倡导独立性有关。此外,文化差异也可能决定着某些具体因素能否影响人生目标,比如,有研究发现学生感知到的教师支持对美国和芬兰学生人生目标的预测作用便有所不同(Bundick,Tirri,2014)。由此可见,社会文化对人生目标的影响是十分广泛深刻的。

6评价与展望

可以说,对人生目标的关注历久弥新,相关实证研究已有半个世纪之久,也取得了一定成果。然而,人生目标的研究是为其培养服务的,但距离形成系统的、可应用于人生目标教育的知识体系尚很远。因此,在本文所论述基础之上、对人生目标展开研究时需考虑以下几个问题。

一是概念的澄清。关于人生目标的概念内涵还存在争议,比如:它属于心理结构的哪一层次?依据McAdams(1996)的观点,人格包含三个水平,自下而上分别为特质水平、个人关注和人生故事水平,其中特质水平指跨情境、可比较的人格维度,如大五、大七等对人格的描述就属于这一层次,个人关注涉及在人生某个具体阶段或某个具体领域想得到或回避的东西及其计划措施,人生故事则是对个体人生的统一性和目的性的反映(郭永玉,2016)。Kashdan和McKnight(2009)认为,人生目标应比特质和目标更上位,是处于人生故事水平的,而特质论则是将人生目标置于特质水平,目标论下的人生目标则属于中间的个人关注水平。由于主观体验是在各个层次下均可产生的内部体验,因此主观体验论难以使用人格层次定位。尽管智者见智,尽管不同角度的研究有助于相互补充,但也正如Damon等人(2003)所认为的,概念界定之间的差异,使不同研究结果难以比较和融合。因此,就这一层面而言,寻求一种较为公认的定义是必要的。在我们看来,人生目标折射着个体对于“活着为了什么”的思考,而这一思考来源于对生命有限的感知——既然生命有限,那人生应该追求及时行乐,还是以有限的生命尽力去创造一些价值,抑或是希冀跳出生命有限性,寻求一种永恒——无论做何种取舍,都反映着个体对于整体人生的思考,因此,我们更认同Kashdan和McKnight(2009)的观点,认为人生目标处于人格的最高水平,是对个体人生故事的反映。

二是测量体系的完善。于人生目标培养而言,人生目标感及人生目标内容都十分重要，只关注于其中一方面都可能导致重要内容的遗漏，比如，只关注于人生目标感时，即便尽管个体感到人生有目标有动力，但其内容却可能是不健康甚至反社会的，另外，只关注于内容时即便个体报告自己拥有某种积极向上的人生目标，但却可能动力不高，从而形同空想。因此，不完整的测量容易导致了解的不完整，因而，构建一个能同时对人生目标内容和朝向该内容的动机程度进行测量的工具十分必要。青年亲社会人生目标量表在此方面可提供一定参照。另外，从动机角度构建指标对个体对于不同人生目标内容的趋向程度进行测量也是可行的。除了对人生目标本身的内容及动机程度进行测量以外，发展出其他补充量表也是必要的，比如，可发展对人生目标的实现手段或路径进行测量的量表，以了解相关手段是否积极健康或正当。当然，以上测量会面临较严重的社会赞许性，尤其是在个体所持人生目标的内容或实现手段并不健康时要获得真实信息难度颇大，因此，除了控制量表的社会赞许性外，使用更为内隐的方式进行测量也十分必要。

三是相关实证研究的系统化。考虑到人生目标的研究是为其培养服务，对其功能的研究除了关注于人生目标感外，还应对不同内容指向的人生目标在功能上是否存在差异进行探讨，以为确立培养方向服务。另外，关于人生目标影响因素的研究有颇多不明确的结论，需进一步探讨。范例研究（exemplar methodology）（Bronk，2012）可能能为初步系统了解人生目标的功能及其影响因素提供便捷：通过对典型的具有和不具有某类人生目标的群体进行对比分析，从而了解人生目标感及人生目标内容对个体身心及行为的影响，以及哪些因素对于某些人生目标的形成起决定作用。在此基础之上，可再通过实证研究加以检验。总而言之，人生目标是比较抽象深层的心理概念，其所涉及的功能范围和影响因素都十分复杂庞大，从宏观到微观都有所涉及，因此有层次、有系统地展开相关研究十分必要。

四是考虑文化适用性。如前文所述，人生目标具有明显的社会文化历史特点，然而，前文中大多结论是基于西方文化背景之下的，因此，相关发现在多大程度上符合中国现状还有待检验。另外，在国内目前的多元价值观背景以及“丧文化”等青年亚文化的流行下，青少年很容易陷入人生迷茫、得过且过的状态（夏之焱，2016），因此，尽快展开人生目标的本土研究并将其成果运用于人生目标的培养十分必要。

合作者：王彤；原文载于：《心理科学进展》，2018，26（4）：731-743。

中学优、差生目标设置效果的实验研究

1引言

目标设置的有关理论认为:目标设置作为一种强有力的刺激,其对绩效的直接影响主要取决于两大因素,即目标明确度和目标难度(Locke, Chah, Harrison, Lustgarten, 1989)。大量研究指出目标设置能控制行为和增强绩效。目标明确可以引导和控制个体的行为,在达成目标的过程中不断地把自己的行为与设定的目标相对照,并对自己的行为进行适时评价,及时调整和修正自己的行为,最终实现目标,获得高绩效。Locke和Latham的研究认为(Locke, Latham, 1990),具体的富有挑战性的目标设置比没有设置目标或设置一般性目标(如尽你最大努力)更能导致高的绩效。Kyllo和Landers分析了36个研究,考察目标设置对体育成绩的效应(Kyllo, Landers, 1995),结果表明,目标设置有效地提高了体育成绩。Riediger等研究表明(Riediger, Freund, Baltes, 2005),明确、没有干扰的目标增强了目标追求,导致了高的绩效。

目标设置还影响个体的注意、意志、努力、态度等心理和行为活动。Locke等指出(Locke, Latham, 1990),目标具有指向功能,它把个体的注意和努力集中在与目标有关的活动上,远离与目标无关的活动。Rothkopf等研究发现(Rothkopf, Billington, 1976),有具体学习目标的学生更多地注意和学习与目标有关的散文片段,而较少注意和学习与目标无关的片段。目标难度影响人们的努力程度,并因此影响个体行为的坚持性。

目标设置是时间管理倾向(Time Management Disposition)的一个重要组成部分。时间管理倾向是个体在利用时间上表现出来的稳定的心理和行为特征,在不同的人身上具有不同的表现程度、跨情境性和潜在的可测度,是一种具有动力性的人格特征(黄希庭,张志杰,2001)。时间管理是一种自我管理过程。自我的认知、情感和行为在目标达成过程中起着重要的作用。如,预期-价值理论、目标系统机能模型和社会学习理论都强调自我与目标确立和目标达成存在密切的关系(详见,L.A.珀文著,2001)。

培养优秀人才、改进差生的学业不良一直是学校教育非常重视的现实问题。目前在目标设置上的研究基本上都是以普通人群为被试,没有对被试群体进行区分。已有研究表明,优生与差生在自我调节学习方面存在显著差异,成绩定向对优生的学习具有一定的促进作用,但对差生的学习产生阻碍作用(雷雳,汪玲,2002)。因此,探讨优生与差生在目标设置效果上的差异对于分析他们的学业状况,寻求合适的教育教学方法,取得优良的学业成绩，实现个性化成才是非常有必要和迫切的。同时，还可以进一步丰富时间管理倾向和目标设置的有关理论。

本研究拟以高中优、差生为被试，以目标明确度和难度作为自变量，以被试完成任务的准确率及完成目标的时间为因变量，来探讨中学优、差生在目标设置效果上的差异特点。所谓中学优生是指学业成绩优秀的中学生，差生则指学业成绩相对较差的中学生。

2研究方法

2.1被试

从重庆重点中学和普通中学选取中学优、差生各15名，其中男优生8名，女优生7名，男差生9名，女差生6名。实验后获得一定奖励。被试选取以一个学期中期中和期末两次考试成绩为参考，以语文、数学和英语的百分制平均成绩在85分以上诊断为优生，以55分以下的为差生。

2.2仪器和统计处理软件

一台486微机（计时精确），E-Prime软件用来呈现刺激材料并记录相关指标，所得数据用SPSS13.0统计软件进行处理和分析。

2.3刺激材料

自编BMP图像类型的刺激图片4张，大小为15.11 cm×11.11 cm，分为简单和复杂两种类型，简单的图片里包含14个黑色矩形或三角形，复杂的图片里包含32个嵌套三角形或24个嵌套矩形，把四种图片和两种目标明确度的实验条件按照随机的原则编制成E-Prime软件识别的程序，共分为两种实验程序：简单程序和复杂程序，每种程序又包含等同的两类，每类里面又包含明确和不明确两种刺激图片，其呈现的先后顺序等同。在明确的任务上，刺激图片呈现的时间为30 s或2 min，所有的刺激图片的呈现与终止都可以由被试操作键盘来完成。

2.4实验任务

被试的第一个任务是从呈现的刺激图片中找出实验所要求的目标刺激的数量，如果确信找到了所有的目标，就按键终止图片，并随后口头报告所看到的目标刺激的数量，主试在相应的白纸上做好记录。第二个任务是在口头报告完所看到的目标刺激的数量后，立即作减7的运算，这个任务不是实验所考察的，只是为了消除练习效应。

2.5 实验设计

本实验采用采用2×2×2的混合实验设计，因素1为被试类别：优生与差生；因素2为目标明确度，有尽快和30 s（2 min）两种条件；因素3为目标难度，有简单和复杂两种条件，共做2×2×2×15次试验，即每种实验处理重复15次。8种实验处理的顺序是随机安排的。被试接受实验程序的顺序是等同的。

2.6 实验程序

把编制好的实验程序录入计算机，被试端坐在计算机前面，然后操作小键盘，使计算机在屏幕上呈现实验过程，被试按照要求完成实验。

在实验前，主试向被试讲解实验要求和指导语，并进行一定的练习，直到被试确认理解了实验内容后，被试自行按键进行正式实验。每次试验完后都要被试口头报告看到的黑色三角形或矩形和三角形或矩形的数目。从被试按键开始实验到按键或计算机自动结束实验为止所经历的时间为被试完成任务的时间。

被试完成一项任务后，就口头报告所看到的目标刺激的数量，然后做减7的口头数学运算，直到下一个任务呈现。

每次实验的时间反应指标和所报告的数值都由计算机和主试记录。完成整个实验约10 min。

3 结果

3.1 中学优、差生不同目标设置任务效果的差异比较

3.1.1 中学优、差生不同目标设置任务反应时的分析

中学优、差生不同目标设置任务反应时成绩见表1。

表1　被试对不同目标设置任务的反应时平均数和标准差

反应时	M/SD	男		女		总体	
		优生(8)	差生(9)	优生(7)	差生(6)	优生(15)	差生(15)
复杂任务明确目标	M	1814.534	2165.533	1464.340	2075.903	1651.110	2129.681
	SD	249.478	594.834	284.895	526.113	314.019	550.553

续表

反应时	M/SD	男		女		总体	
		优生(8)	差生(9)	优生(7)	差生(6)	优生(15)	差生(15)
复杂任务不明确目标	M	2530.682	2701.581	1797.412	2196.797	2188.489	2499.667
	SD	786.922	806.122	561.180	490.378	766.793	723.005
简单任务明确目标	M	1022.688	1611.997	1038.745	970.594	1030.181	1355.436
	SD	679.446	510.787	633.079	268.115	634.554	529.669
简单任务不明确目标	M	1231.277	1927.906	1294.980	1299.780	1261.005	1676.655
	SD	667.742	868.934	817.384	207.464	714.394	740.460

注:反应时为被试完成任务的平均反应时,数据单位为ms,M为平均数,SD标准差,下同

从表1可以看出:中学优、差生在四种实验处理上的目标反应时(皆为完成任务的平均时间)差异具有一致性,均为差生大于优生;在任务类别上的反应时差异也具有一定的规律性,不管任务的复杂性,都是明确目标反应时小于不明确目标反应时,而且都是复杂任务上明确与不明确目标的反应时差异最大,所使用的时间也最多。独立样本的t检验结果表明,中学优、差生只有在复杂任务明确目标上的反应时存在显著差异($t=-2.924$, $df=28$, $p<0.01$),即优生明显好于差生,而在其他任务类型上并没有显著的差异。

3.1.2 中学优、差生不同目标设置任务准确率的分析

中学优、差生不同目标设置任务准确率的成绩见表2。

表2 被试对不同目标设置任务的准确率的平均数和标准差

准确率	M/SD	男		女		总体	
		优生(8)	差生(9)	优生(7)	差生(6)	优生(15)	差生(15)
复杂任务明确目标	M	0.988	0.646	0.964	0.740	0.977	0.683
	SD	0.023	0.159	0.049	0.061	0.038	0.135
复杂任务不明确目标	M	0.986	0.704	0.979	0.858	0.983	0.765
	SD	0.028	0.110	0.036	0.068	0.031	0.121
简单任务明确目标	M	1.000	0.923	1.000	0.933	1.000	0.927
	SD	0.000	0.053	0.000	0.059	0.000	0.054
简单任务不明确目标	M	0.982	0.968	1.000	0.952	0.990	0.962
	SD	0.051	0.052	0.000	0.058	0.037	0.053

表2数据表明:中学优、差生在四种实验处理上的目标准确率差异具有一致性,均为优生好于差生;其中优、差生在复杂任务明确目标上的准确率差异最大(约为29.4个百分点),在复杂任务不明确目标上的准确率差异最小(约为2.8个百分点)。中学男、女优

差生在四种实验处理上的目标准确率也具有一定的规律性，均为男、女优生好于男、女差生；其中男、女优差生在复杂任务明确目标上的准确率差异最大。独立样本的t检验结果表明，中学优、差生在复杂任务类型上的准确率差异显著（t明确目标=8.131，df=28，$p<0.001$；t不明确目标=6.741，df=28，$p<0.001$），即优生明显高于差生；而在简单任务上的准确率差异未达到显著性。

3.2 中学优生目标设置任务效果的差异比较

3.2.1 中学优生目标设置任务反应时的分析

把不同目标设置任务的反应时作为分析变量，采用单因素方差分析以考察优生及其性别在目标设置任务反应时效果上的差异，分析结果表明，优生目标设置任务反应时主效应非常显著[$F(3,56)=9.633$，$p<0.001$]；而在性别上，只有复杂任务明确目标反应时存在显著差异[$F(1,13)=6.451$，$p<0.05$]，其他任务类型不存在显著性别差异。多重比较发现，中学优生在简单任务上的目标反应时并不存在显著的差异，而在复杂任务上，明确目标与不明确目标之间的目标反应时存在显著的差异（$p<0.05$）。

3.2.2 中学优生目标设置任务准确率的差异比较

把不同目标设置任务的准确率作为分析变量，采用单因素方差分析以考察优生及其性别在目标设置效果上的差异，分析结果表明，中学优生在不同任务类型上的反应时及其性别上都不存在显著的差异。

3.3 中学差生目标设置任务效果的差异比较

3.3.1 中学差生目标设置任务反应时的差异比较

把不同目标设置任务的反应时作为分析变量，采用单因素方差分析以考察差生及其性别在目标设置效果上的差异，分析结果表明，中学差生在目标设置任务反应时上的主效应非常显著[$F(3,56)=7.701$，$p<0.001$]；在性别上，只有简单任务明确目标反应时存在显著差异[$F(1,13)=7.869$，$p<0.05$]，其他任务类型不存在显著性别差异。事后多重比较发现，中学差生在简单任务上的目标反应时并不存在显著差异，而在复杂任务上，明确目标与不明确目标之间的目标反应时存在显著差异（$p<0.05$）。这与优生具有一致性。

3.3.2 中学差生目标设置任务准确率的差异比较

把不同目标设置任务的准确率作为分析变量，采用单因素方差分析以考察差生及其性别在目标设置效果上的差异，分析结果表明，中学差生在不同目标设置任务准确率上的主效应非常显著[$F(3,56)=27.272$, $p<0.001$];而在性别上,只有复杂任务不明确目标准确率存在显著性别差异[$F(1,13)=9.357$, $p<0.01$],其他任务类型上不存在显著性别差异。事后多重比较发现,不管目标的明确性,中学差生在简单任务和复杂任务上都存在显著的差异($p<0.001$),简单任务的目标准确率明显高于复杂任务的目标准确率;而在任务难度上,明确目标与不明确目标之间的目标准确率都不存在显著差异。

4 讨论

4.1 目标设置任务效果的差异状况

有研究表明,优生与差生在自我调节学习方面存在显著差异,如,成绩定向对优生的学习具有促进作用,但对差生的学习产生阻碍作用(雷雳,汪玲,2002)。Eleanor的研究指出,尽管目标能提供个体努力的方向,但不能保证高绩效,目标达成必须借助于有效的学习策略和计划,合适的反馈和自我调节学习策略等有助于增强学业成功(Cheung,2004)。阮昆良等的研究表明,学业成绩高分组中学生在时间管理倾向得分上明显高于学业成绩低分组学生(阮昆良,邓凌,2004)。这在本研究中基本得到证实。从完成任务的时间和任务准确率来看,在简单任务上,不需要复杂的知识、技能、策略,也不需要投入太多的认知资源的情况下,优差、生并没有表现出显著差异,这同时也表明智力因素并非决定优、差生学业成绩优劣的唯一因素;在复杂任务明确目标上,由于时间的限制,要求优、差生必须在规定时间内完成任务,这时时间管理倾向与认知资源和策略的作用就体现出来了,导致他们之间的成绩出现显著差异,优生明显好于差生。中学优生可能在面临复杂的目标任务时,由于时间管理较好,目标意识较强,任务坚持性好,抱负水平高,策略运用恰当,他们善于发现规律并运用这些规律来帮助他们完成任务,因而都能高质量地按时或提前完成所设置的目标任务;而差生在面对同一目标任务时可能由于时间管理不善,目标意识不够强烈,任务坚持性不强,拖拉,注意力不集中,自觉性不强,策略运用不当等,导致在同样的时间内,往往完不成所设置的目标任务,成绩较差。这也进一步证实了时间管理存在科学与非科学之分,时间管理就是自我管理,自我的认知、情感等不同往往导致不同的行为结果。黄希庭等指出,善于驾驭时间的人,出色快捷地完成任务,能力强,事业有成,成绩显著;不善于驾驭时间的人,尽管他非常努力,工作仍不能按时完成,成绩平平或很差(黄希庭,张志杰,2001)。有关目标、自我管理和行为的研究,特别是自我效能的研究表明,自我管理和自我效能在目标作业中起着重要的作用(详见,L.A.珀文著,2001)。

4.2 中学优生目标设置任务效果的状况

目标设置理论认为：目标明确度和目标难度对绩效具有直接影响（Locke et al., 1989）。大量研究（Locke, Latham, 1990; Kyllo, Landers, 1995; Riediger et al., 2005; Rothkopf, Billington, 1976）指出目标设置能控制行为和增强绩效。明确具体，有一定难度的目标更能导致高的绩效，这在本研究中也得到一定的支持。从完成任务的时间来看，中学优生在简单任务上的目标反应时并不存在显著的差异；在复杂任务上，明确的目标比不明确的目标设置之间的目标反应时存在显著差异，明确具体的目标反应时明显少于不明确具体的目标反应时，而在准确率差异不显著的情况下，用时少的目标反应时成绩应该好于用时多的，因而具体的富有挑战性的目标设置比没有设置目标或设置一般性目标更能导致高的绩效，这与国外的研究相一致。Locke 和 Latham 指出（Locke, Latham, 2002），当把一个具体的有一定难度的目标与通常的劝说，如尽你最大努力，进行比较时，发现具体的有一定难度的目标经常产生好的成绩，这是因为尽你最大努力没有外在的参照标准，因而目标是特殊界定的，这就使可接受的绩效水平的范围变化较大，但在目标设置很具体时，则不会发生这种情况。另外，本研究还发现，优生在复杂任务上的目标反应时多于简单任务上的目标反应时。这是因为明确具体复杂的任务比简单的任务需要投入更多心理资源，涉及较多的认知加工，因而完成任务需要的时间相对长些。这是由任务的性质决定的，并非目标设置本身的特性引起的。

4.3 中学差生的目标设置效果的状况

差生的目标设置效果与优生具有一致性。从完成任务的时间来看，中学差生在简单任务上的目标反应时并不存在显著的差异。在复杂任务上，明确目标与不明确目标之间存在显著差异，而且的复杂任务的目标反应时多于简单任务上的目标反应时。这一点上差生与优生类似。从完成任务的准确率来看，不管是简单任务，还是复杂任务，差生在明确目标和不明确目标上的目标准确率都不存在显著的差异，但简单任务的准确率（92.5% 以上）明显高于复杂任务的准确率（76.5% 以下），这是因为复杂任务比简单任务需要投入更多的认知资源和学习策略，一旦资源投入不足或策略运用不当，都会影响成绩水平，这与前人的研究相一致，因为 Audia 等指出，个体使用的策略在目标达成过程中具有重要作用，如果策略使用不合适（Audia, Locke, Smith, 2000）。那么有挑战性的目标比简单的目标会导致更差的绩效。

关于本研究中表现出的性别差异问题，可能与男女优差生本身的一些认知特征和材料性质有关，有待于深入探讨。

本研究进一步丰富了时间管理倾向和目标设置的有关理论。时间管理存在科学与非科学之分，时间管理就是自我管理，时间管理技能可以通过训练而提高（黄希庭，张志杰，2001），可以从小对孩子进行时间管理技能的培训，对中学生也可以根据他们的时间管理状况采取相应的训练措施，提高他们管理时间的能力，进而能取得较好的学业成绩。Locke 和 Latham 指出，目标设置是有明显效果的，效果不明显通常是由于误差造成的，如目标和绩效测量不匹配，没有提供反馈，没有获得目标承诺，没有考察任务策略，当要求一个高学习目标时而设置了一个绩效目标，当环境存在不确定因素时没有设置近期目标，等等。时间是可以进行有效管理的，可以训练学生设置合理的远、近学习目标，对每天要做的事进行详细计划，按照任务的重要性分配时间，帮助学生对每天的时间利用情况进行分析。这或许可以成为转化“差生”又一条有效的途径。

5结论

本实验结果表明：

（1）在简单任务上，中学优、差生在完成任务的时间和准确率上无显著差异；在复杂任务上，中学优、差生在完成任务的时间和准确率上存在显著差异，优生明显好于差生。

（2）中学优生在目标设置效果上存在一定差异。在简单任务上，不存在显著差异；在复杂的任务上，存在显著差异，明确目标的成绩明显好于不明确目标的成绩（反应时）。在准确率上，简单任务和复杂任务都不存在显著差异。

（3）中学差生在目标设置效果上存在一定差异。在简单任务上，不存在显著差异；在复杂的任务上，存在显著的差异，明确目标的成绩明显好于不明确目标的成绩（反应时）。在准确率上，简单任务和复杂任务都不存在显著差异。

合作者：陈本友；原文载于：《心理科学》，2007，30（1），177-180。

希望:心理学的研究述评

希望,一个多么美丽而又有生气的字眼。法国存在主义哲学家萨特(1946/1988)说,“希望是人的一部分”,“就确定一个目标加以实现这一点而言”,人类的行动一方面“总是在现在中孕育,从现在朝向一个未来的目标”,“在现在中设法实现”;另一方面,又“在未来找到它的结局,找到它的完成;在行动的方式中始终有希望在”。诗人但丁说,生活于愿望之中而没有希望,是人生最大的悲哀。作为一种精神力量,心理学也对希望进行科学的探索。特别是积极心理学兴起以来,希望心理研究可以说是搭上了顺风船,日益受到了心理学家的重视。其中Snyder的希望理论是近几年来的主流理论,本文首先对该理论进行了概括,包括理论概述、概念比较、测量工具等方面;接下来介绍了希望在学业成就、心理健康、生理健康、物质滥用和企业管理等领域的研究成果,其中大多都是使用Snyder的希望测量工具;最后,由于Snyder对希望的看法也受到一些研究者的质疑,因此介绍了关于希望的一些新证据和新观点,并进行了总结。

1什么是希望

关于什么是希望,Lopez,Snyder和Pedrotti(2003)曾做过专门的统计,20世纪末以来,社会科学领域对希望的看法至少有26种。这些看法大致可以分为两类,即希望的情绪观和认知观。情绪观如Marcel将希望看成个人“‘身陷囹圄’时的一种情感性质的应对方式”(引自Lopez,Snyder,Pedrotti,2003);认知观如Gottschalk(1974)认为希望就是一种“大乐观”,表现在个人认为“积极的结果不仅会出现在个人的生活中,而且会出现在整个社会,甚至会出现在整个宇宙和纯粹精神或想象的事件中”。当代心理学比较认可的是希望中认知成分与情绪成分并存的观点(任俊,2006),其中以Snyder关于希望的看法以及在此基础上产生的测量工具最具代表性。

在总结前人研究的基础上,Snyder等(1991)认为希望是一种非常普遍的心理现象,这种现象可以解释人类的许多行为。过去对希望的看法只指出了希望的目标导向性以及目标的适应性,并没有说明有希望的人是如何实现目标的。据此,Snyder等人(Snyder,2002;Snyder,Feldman,Taylor,Schroeder,Adams,2000;Snyder et al.,1991)将希望定义为“一种积极的动机性状态,这种状态是以追求成功的路径(指向目标的计划)和动力(指向目标的活力)交互作用为基础的”,这是一种认知取向的观点,其中包括三个最主要的成分:目标(goals)、路径思维(pathways thoughts)和动力思维(agency thoughts)。

目标是其希望理论的核心概念。Snyder(2002)假设,人类的行为,包括日常生活中的普通活动,都是有一定目标的。这是人们精神活动的支点(张青方,郑日昌,2002)。目标有时间长短之分,也有具体与抽象之别。一般可以将其分为两类,即积极的"趋近"目标和消极的"回避"目标。对于设定目标的个人来说,目标都具备一定的价值,个人为达到目标所付出的努力与其对结果价值的评估(outcome value)是分不开的。关于目标与希望的关系,他强调,实现目标的概率与希望水平关系不大,即使实现的可能性微乎其微,一个人对此也可能抱有很高的希望,并且还有可能完成任务。他用猜字谜实验目标会促进证明了这一点。这就是说,与认为至少中等水平的成功概率才有希望这种常见的看法不同,实际上即使是目标达成的概率很低也可以有希望,也需要有希望。

目标会促进行为系列的产生,其中有两个主要成分,即路径思维和动力思维。所谓路径思维,即达到目标的具体方法和计划,这是希望的认知成分。一般地,高希望水平的人形成的路线比低希望的人更加具体可行,而且还善于形成备选路线。大脑有一种自然的倾向去了解和预期某种可能的结果,路径思维就是开发大脑中的预测能力系统(张青方,郑日昌,2002)。动力思维是指执行路线的动力,即个体认识到自己有根据已有的路径达到所期望的目标的能力,属于希望的动机成分。类似于意志力,其重要作用尤其体现在人们追求目标的过程中遇到障碍(barriers)和困难,感受到压力(stressor)时,希望水平高的人通常有足够的毅力去战胜挫折,并且将这种挫折看成成长的契机,而低希望的人则可能在面对困难时唯唯诺诺,止步不前。希望的这两个成分缺一不可,在追求目标的过程中是紧密联系相互配合的,两者"不仅反复出现而且相辅相成"(Snyder,2002)。任何哪一成分过高或过低都不利于目标的达成。

此外,希望模型中还有情绪情感的成分,但是,Snyder没有将之作为希望的必要成分之一,因为在他看来,情绪情感是希望行为系列个体对目标认知的附属产物,在整个系列中对行为起反馈与调节作用(见图1)。由此可见,Snyder将希望看作一种稳定的特质,不仅是一种能力特质,还是一种动力特质。

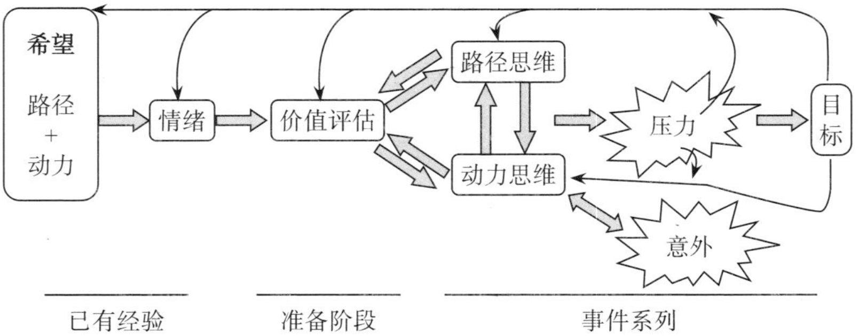

图1 Snyder的希望模型(资料来源:Snyder,2002)

2希望理论与其他理论之间的比较

2.1乐观

与希望最相近的一个心理学概念是乐观(optimism)。关于乐观一般有两种看法。Seligman(1990/1998)对乐观的解释是从归因风格的角度出发的。他认为,一个人乐观还是悲观取决于解释问题的方式,乐观的人对积极事件作持久的、普遍的和内在的归因,对消极事件作短暂的、具体的和外在的归因;悲观的人则相反。他通过著名的"习得性无助"的实验,证明了抑郁也是学习而来的。然而一个机缘使他的研究由抑郁转向了乐观(任俊,2006)。Seligman(1998)于是提出了"习得乐观"的概念,坚信乐观也是可以通过归因风格的转变而习得。从这里可以在某种程度上窥探到Seligman乐观理论的目标是"远离消极后果"(Snyder,2002)。希望理论则不同,它关注的是积极的指向未来的目标。另一方面,Seligman并没有像希望理论那样强调达到目标的"路径思维",如果说一个人改变归因风格是一种"路径"的话,那么与希望理论的"路径"相比,它显然是"窄"了许多。此外,Snyder指出,"希望理论同时也明确地强调积极和消极情绪的产生,但Seligman的乐观理论似乎并没有十分明确地说明这一问题(Snyder et al.,2000)。"

关于乐观的另一种看法是将乐观看成一种稳定的特质,这就是由Scheier,Weintraub和Carver(1986)提出来的气质性乐观(dispositional optimism)。他们认为乐观是对一般事件结果的积极期望。作为一种人格特质,这种期望不具有情境特异性,而是跨情境的。乐观与悲观是同一个维度的两个极端。在他们编制又修订过的生活倾向量表(Life Orientation Test Revised,LOT-R)中(Scheier,Carver,Bridges,1994),得分越高表示越乐观,反之则越悲观(pessimistic)。自提出希望理论以来,Snyder等(2000/1991)就特别注意将这两个概念加以比较,认为两者都是稳定的特质,两种理论都属于认知理论。不同之处在于希望将路径思维和动力思维放在同等重要的位置,而气质性乐观理论虽潜在地强调动力性的作用,但路径思维在其中的地位并不明显。

不少研究者用希望和乐观的测量工具对这两者的关系进行了实证研究,结果都表明成人特质希望量表(Trait Hope Scale,THS或Adult Hope Scale,AHS)或儿童希望量表(Children's Hope Scale,CHS)和LOT-R的相关一般在0.50左右(Rajandram et al.,2011;Rand,2009;Snyder et al.,1991;Wong,Lim,2009)。比较特殊的是Gallagher和Lopez(2009)用修订版的THS(RHS)与LOT-R证明两者的相关高达0.66。研究中还用验证性因子分析证明了两者是不同但又有一定关系的概念。此外,Bryant(2004)以LOT和THS进行实证研究,结果LOT中的乐观与THS的动力思维和路径思维分量表的关系程度相当,而悲观与动力思维的相关比路径思维要强,他还得出结论,即"希望"的目标要比"乐观"的目标更具体一些。Rand(2009)用结构方程模型分析CHS和LOT-R测得的数据,结果证明了希望与乐观之间存在一个共同的潜在变量，即对目标的态度(goal attitude)。

2.2 个人成长主动性

Shorey，Little，Snyder，Kluck 和 Robitschek(2007)曾专门将希望与个人成长主动性(personal growth initiative，PGI)进行了比较。个人成长主动性是指在成长过程中，个体有意识地积极主动地“去提升和完善自己的倾向”。他们对两个相应的量表，即THS和个人成长主动性量表(Personal Growth Initiative Scale，PGIS)进行了实证研究，说明了这两者之间的异同。PGI属于一种认知风格，这种认知风格与人类行为的动力性有重要联系，因此与希望理论中的动力思维异曲同工。实际上，两个量表中的个别项目也几乎相同。

然而，同是测量生活中的目标，PGIS更侧重评价与个人成长有关的内容；从时间维度上看，希望量表测量的目标应该比PGIS更长远一些，因为PGIS更侧重于生活中某一个阶段目标的测量。

2.3 自信

自信(self-confidence)是自我系统的一个部分，是黄希庭健全人格理论中的概念之一，也是心理坚韧性(mental toughness)的四个重要系列成分之一(Clough，Earle，Sewell，2002)，指的是对自己的信任，对自己身体、心理和社会性的信任，表现为有信心、不怀疑(黄希庭，2006)。作为知、情、意统一的心理过程，自信既是一种一般化的自我评价，又是一种具有正面情绪色彩的人格特质，其中也包含动力性的成分。可以说，自信基本上相当于希望理论中的动力思维，正如Snyder所言，动力思维指的是“个体认识到自己有根据已有的路径达到所期望的目标的能力”。再者，自信心的形成与目标设置也是相互影响的(毕重增，2009)。

自信与希望的区别是很明显的：首先，自信是对自己的积极肯定和确信，为个人的行动提供了动力，但并未提供行动的方法和途径，但这个同时是希望的必要成分之一；其次，自信指的是对自己能否完成任务的一种概括化的知觉，希望理论强调“人们将发动(并维持)必要的目标指向行为，这个差异可以用词‘(我)能’和‘(我)想’来解释(Snyder，2002)”，也就是说，前者偏重个体对自己行为能力的评估，而后者反映的是行动的意愿。最后，自信并没有明确地强调目标，是指向自己的概括化的评价。

2.4 未来取向

关于未来取向(future orientation)，不同的学者对此有不同的看法。Nurmi(1991)认为未来取向是指个体对未来的设想与规划,是一个复杂的多阶段组成的过程。刘霞、黄希庭、普彬和毕翠华(2010)认为,未来取向是指个人的思想和行为偏好未来的方向,同时也是个体对未来思考和规划的过程。还有心理学家对未来取向的结构或要素的划分基本上包含了希望的两个主要成分(路径思维和动力思维),如Gonzalez和Zimbardo(1985)认为未来取向包括工作动机、目标寻求、实际行动和日常计划等四个因素;Helaire(2006)确定未来取向为六个主要维度,分别是:具体性、广度、突出性、计划、乐观性和控制信念。

未来取向是发展心理学的一个概念,同是对目标的关注,未来取向比希望更强调与个人发展前途相关的内容,而所希望的目标在内容上没有什么界限。此外,从以上界定可以看出,与希望相比,未来取向的内涵要比希望理论丰富得多。例如,Nurmi认为未来取向是一个过程,其中不仅包含动机和规划过程,还包括一个评价过程;刘霞、黄希庭和高芬芬(2011)则将未来取向分为未来认知(包括广度和密度)、未来情感(包括乐观性和思虑性)和未来意志行动(包括计划性和执行性)三个维度。

3希望的测量工具

自提出希望理论以来,Snyder等人就编制了一系列的量表来测量希望的个体差异。他们的三个工具均是以该理论为基础而编制的自陈量表,每个量表都分别测量希望的两个维度,即路径思维和动力思维。

3.1特质希望量表

成人特质希望量表共由12个项目组成。其中4个测量动力思维,4个测量路径思维,还有4个属于干扰项。测试时要求被试在8点评分表上评估项目内容与跨时间跨情境的自己的情况相符合的程度。探索性因素分析结果表明,量表的两个因素对总体方差的解释率为52%—63%。两个因素虽然不同但也有一定的相关(r=0.38—0.69)。该总量表、动力思维量表和路径思维量表的内部一致性信度(α系数)分别为:0.74—0.88、0.70—0.84和0.63—0.86。3周和10周的重测信度分别是0.85和0.82。与其他量表——如Gibb的无望感量表(Hopelessness Scale)——的相关分析表明该量表具有一定的聚合效度和区分效度(Snyder et al.,1991)。国内陈灿锐、申荷永和李淅琮(2009)曾对这一工具进行了修订。

有资料表明(Berg,Snyder,Hamilton,2008;Gallagher,Lopez,2009),该量表曾分别为Shorey,Little,Rand和Snyder在2007年以及Shorey等在2009年两次修订,但未公开发表。

修订2版的成人希望量表(RHS)有三个分量表,分别测量动力思维、路径思维和目标。三者的α系数依次为:0.91、0.82和0.79。每个分量表包含6个测试项目,共18项。

3.2 儿童希望量表

儿童希望量表测量的年龄范围为8—16岁的儿童(Snyder et al.,1997)。该量表总共只有6个项目,采用Likert 6点评分法,奇数项测量动力思维,偶数项测量路径思维。其内部一致性信度(α系数)在0.72—0.86之间,平均为0.77;3个月和1周的重测信度分别为0.71和0.73。量表具有可靠的聚合效度和区分效度(如与WISC-R的相关系数为.03)。量表曾经在多种不同的儿童群体中进行测试(Snyder,2002)。国内赵必华和孙彦(2011)修订了此量表。

3.3 状态希望量表

状态希望量表(State Hope Scale,SHS)(Snyder et al.,1996)由3个动力思维项目和3个路径思维项目构成。要求受测者在6点评分表上评价他们"当下"的感受。该量表内部一致性信度(α系数)总体为0.82—0.95,动力思维和路径思维分量表分别为0.83—0.95和0.74—0.93。主成分分析表明,动力思维和路径思维的特征根分别为3.20和1.08,对总体方差的解释率分别为53.4%和18.0%。量表的同时效度、区分效度和结构效度良好。作为评价可变状态的工具,长时间的重测一致性系数较低,例如:同一个样本,间隔2 d重测的相关系数为0.93,间隔30 d重测得到的相关系数为0.48。

3.4 Herth希望量表

Herth希望量表(Herth Hope Scale,HHS)是由Herth(1992)编制的。鉴于目前一些研究仍然在使用这一工具(Nedderman,Underwood,Hardy,2010;Utne et al.,2008;Zhang,Gao,Wang,Wu,2010),在这里予以介绍。Herth(1992)将希望分为6个维度,这6个维度又可整合为3个因素,即未来时间认知、积极准备与期望以及人际支持。因素分析的结果也验证了这一结构。HHI共有12个项目,内部一致性信度(系数)达0.97,3个分量表的α系数在0.78—0.86之间,重测信度系数为0.91。结构信度和构想效度都得到了支持:与Existential Well-Being Scale相关为0.84,与绝望量表(Hopelessness Scale)计算区分效度为−0.73。此量表一般用于临床领域,用于评估患者的希望。

除这些工具之外,还有一些其他的研究方法,如:行为分析法(Detecting hope in action)(Snyder et al.,1991)和内容分析技术(Content analysis technicians)(Gottschalk,

1974)；用于临床领域，测量癌症患者的Nowotny希望量表(Nowotny,1989)和测量重大疾病患者的Miller希望量表(Miller,1988)。

4希望的功能

4.1学业成就希望

与学业成就的关系是Snyder等人最早关注的内容，他们将大学生的GPAs作为学业成就的测量指标，结果表明希望与优异的学业成就是联系在一起的(Curry,Snyder,Cook,Ruby,Rehm,1997)。其中一项追踪了长达6年的研究(Snyder et al.,2002)，发现高THS得分有效地预测到了大学生的GPAs、高毕业率和低开除率，有力地证明了希望和学业成就之间关系的稳定性。以葡萄牙儿童为研究对象的追逐研究也得出了类似的结果(Marques,Pais-Ribeiro,Lopez,2011)。

仅仅在希望与学业成就之间做直接的相关研究似乎还不足以突出希望的作用，如果将希望与其他影响学业成就的因素进行比较，则更能凸显其价值。以下研究正是遵循这样的思路。Day,Hanson,Maltby,Proctor和Wood(2010)用Goldberg等编制的国际五因素人格量表(IPIP)、瑞文高级推理测验和Guilfood发散思维测量法分别评估大学生被试的人格特征、智力以及发散思维能力，他们发现，3年之后，控制了上述因素以及以前的学习成绩，希望仍然是预测大学生学业成就的有效变量。这与Leeson,Ciarrochi和Heaven(2008)的研究结论是一致的。

此外，还有一些研究证明了希望与网上课程(Bressler,Bressler,Bressler,2010)以及合作学习小组(方法论课程)(Collins,Onwuegbuzie,Jiao,2009)中的学业表现积极相关、与学业舞弊行为(Fellers,Almstrom,Callahan,2009)消极相关。这些研究都显示了希望在学业成就中更广泛更高效的作用。Snyder不仅重视基础研究，而且注意将研究结果应用到实践当中，并提出具体的指导方案(Snyder,Feldman,Shorey,Rand,2002;Snyder,Lopez,Shorey,Rand,Feldman,2003)。引人注目的是，在2010年的国际教育和教育心理学大会上，有人(Tarhan,et al.,2011)将Lipman倡导的三类思维(批判性思维、创造性思维和关怀性思维)教育理念进一步发展成为“四重思维(quadruple thinking)”。教育模型，就是加入了希望思维。由此可见，希望思维的培养对于学生成长的突出作用和重要意义。

4.2 心理健康

生活满意度是心理健康的指标之一。许多研究表明,希望对生活满意度、生活质量等因素会产生积极影响。Marques等(2011)以367名儿童和青少年(研究期间有所损耗)为研究对象进行了一项长达2年的追踪研究,其间三次测量希望、生活满意度以及心理健康等,结果显示,三次测量中生活满意度得分均显著预测了心理健康水平,而希望显著增强了生活满意度的这种作用。有人(Merkaš,Brajša-žganec,2011)以中学生为被试,用层序聚类分析将希望的得分分为高低两个水平,发现高希望水平的儿童的生活满意度、自尊、社会支持和家庭团结等方面的得分均显著高于低希望水平的儿童。这与Gilman,Dooley和Florell(2006)以学生生活满意度量表、儿童行为评估系统和结构化的课外活动作为心理健康的评价指标得到的结论很相似。除此之外,其他一些研究证明了希望在积极情感(情绪幸福感)(Ciarrochi et al.,2007)、家庭环境(Sharabi,Levi,Margalit,2012)以及婚姻状况(Bailey,Eng,Frisch,Snyder,2007)中的积极作用。

那么,希望与消极心理健康指标之间的关系又是怎样的呢?其实,早有不少研究证明了希望与敌意、自杀意念等的负相关关系(Snyder,2002),还有研究发现高希望在缓解心理痛苦(Berendes et al.,2010)、降低烦躁不安水平(Kwon,2000)中的保护性作用。近年来,更多的研究注意将希望与其他对心理健康有影响的因素或多个心理健康指标结合起来进行考察。

鲜有研究者测查状态希望与心理健康的关系。Ong和Edwards(2006)的报告很有特点。他们先用THS和Eysenck人格量表分别测量老年人的特质希望水平和神经质水平,其后45 d内,每天都测量被试的状态希望(state hope)、消极心境(negative mood)和压力(daily stress)水平,得到的结果用多层随机系数模型分析表明,老年人每天的状态希望水平对保持低水平的消极情感有积极作用,并且有助于缓解压力,三者之间的这种关系又受到特质希望的调节,高希望水平的人们的压力反应更少,情绪恢复也更容易。

反刍行为(rumination)是以反复的食物反胃为特征的进食障碍行为,是预测抑郁状态的一个变量。Geiger和Kwon(2010)将反刍行为、希望与抑郁水平结合起来进行考察,证明了反刍行为和希望都对抑郁有独立的影响。同时,当反刍行为越多且希望水平较低时,抑郁状况则会更严重。这表明,希望对反刍行为还有调节作用。这就是说,一个高反刍低希望的人的抑郁水平将比一个仅仅是高反刍或低希望的人的抑郁水平更高。国内研究人员以“蚁族”为研究对象,证实了希望能够对压力起到缓冲的作用:调节蚁族群体的压力与主观幸福感某些方面(江红艳,余祖伟,陈晓曦,2011)、一般健康问题、忧郁情绪和自我肯定(胡金凤,郑雪,孙娜娜,2011)之间的关系。最近,还有研究以不同种族的大学生为被试再次证明希望与无望(hopelessness)在抑郁症状和自杀行为之间的中介作用(Hirsch,Visser,Chang,Jeglic,2012)。

希望与乐观作为两种积极的人格都与心理健康都有密切的相关，因此除了对两种理论本身作出比较之外，部分研究者还在这个方面将两者进行比较。例如，Wong和Lim（2009）研究的目的是比较中学生希望和气质性乐观与抑郁情绪和生活满意度的关系。多重回归分析结果表明，希望和气质性乐观对抑郁和生活满意度均有显著的预测效果，即使是分别控制了希望和乐观之后也是如此。比较而言，回归模型中希望对抑郁的解释率要比乐观低6%。就分量表而言，儿童希望量表的路径思维成分对抑郁和主观幸福感的预测均不显著，而乐观和悲观（LOT-R的两个因子）则都显著。其实在Wong之前，Snyder的合作者（Bailey et al.，2007）也曾专门做了类似的比较，他们的研究结果同样证明了路径思维并非预测生活质量和生活满意度的有效变量。不同的是，动力思维是比LOT-R更强的因素。只是这两个研究之间也有两点重要的区别需要注意：一方面，Bailey等人的研究使用的是THS，而Wong等是CHS；另一方面，前者的被试是美国大学生，后者的被试是新加坡中学生，两者的文化背景明显不同。

在以上研究的基础上，考虑到幸福感的内涵十分丰富，不同的心理学家对幸福感的看法也不相同，Gallagher和Lopez（2009）于是假设，幸福感的成分不同，与希望和气质性乐观的关系也会有差异。他们于是用RHS测量希望，使用的测量幸福感的工具包括：Byff的实现幸福感量表、Keyes的社会幸福感量表、Watson等人的积极和消极情感量表，以及Lyubomirsky和Lepper的主观幸福感量表，后两者用于评估享乐幸福感。研究表明，希望和乐观总体上都与各种幸福感有一定的关系，其中希望更多地与实现幸福感相关，乐观则更侧重于享乐幸福感。这虽与具体的假设有一定的出入，但还是从总体上证明了希望和乐观与不同的幸福感成分有关的预期。

在希望与归因风格方面也有人做过比较。如Ciarrochi等（2007）考察希望和归因风格对青少年情绪幸福感的影响。被试为高中生（7年级），希望和归因风格分别由CHS和儿童归因风格问卷测量，用积极和消极情感问卷以及情绪和行为适应量表（教师评分）测量一年后（8年级）的情绪幸福感。其结果显示，希望和积极归因对情绪的影响不同，前者显著预测了积极情感的变化，后者则显著预测了敌意和恐惧的波动。

从以上研究可以看出，希望对心理健康的确有非常重要的积极影响。然而，这里仍存在一个不是十分清晰的问题，即路径思维与心理健康的关系问题。如前文所述，一部分研究（Arnau，Rosen，Finch，Rhudy，Fortunato，2007；Bailey et al.，2007；Chang，2003；Ciarrochi et al.，2007；Gallagher，Lopez，2009；Wong，Lim，2009）证明了路径思维与某些心理健康指标之间（如抑郁、焦虑、生活满意度等）的关系并不明显。这反映了希望与心理健康之间的关系的复杂性。因此，必须进一步明确这一问题，不可笼统地加以处理。唯此，才能为心理健康的个人促进和预防体系建立提供更准确可靠的依据。

4.3 生理健康

希望与生理病痛之间也存在一定的关系。Snyder本人也对这个问题很感兴趣,他曾做过关于希望与痛觉关系的研究。他们先在两个简单的研究中分别证明了SHS和THS得分高的人将他们的手放在冰冷的水中忍受疼痛的时间要显著久于低分的人,但是当对实验进行较严格的控制之后,却没有再发现这样的效果(Snyder et al.,2005)。在另外一个干预研究中(Berg,Snyder,Hamilton,2008),对实验组被试进行希望干预训练之后的结果显示,实验组要比没有经过训练的控制组有更强的对冰水疼痛忍耐力,证明希望干预训练取得了效果。

此后,关于希望在生理病痛中的作用成为近些年来研究的重点。研究的对象则基本上是真正的病人。如Berendes等(2010)集合了51名肺癌患者,除测量他们的希望水平之外,还分别让他们完成简明疼痛感问卷、简明疲劳感问卷、肺癌病人版的生活质量量表和贝克抑郁量表,以评价他们的疼痛程度、疲劳程度、咳嗽频率以及抑郁水平,其中疲劳感和咳嗽属于肺癌的症状。结果表明,与低希望的被试相比,高希望的被试表现出较少的痛感、疲劳感以及较低水平的咳嗽频率和抑郁水平。

另有研究证明了希望与高血压、呼吸道感染(Richman et al.,2005)、肾衰竭(Billington,Simpson,Unwin,Bray,Giles,2008)等疾病是消极相关的,高希望水平的哮喘病儿童更能坚持使用定量吸入器(metered-dose inhaler,MDI)进行治疗(Berg,Rapoff,Snyder,Belmont,2007),从而说明希望对生理疾病也可以产生一定的积极影响。近来有研究用现象学的方法探讨了病人和医生的移情与希望之间的关系(Richardson,Macleod,Kent,2012)。但仍然有许多问题有待确认,如:希望真的如生活中所见到的"奇迹"那样,可以逆转病情吗?它是如何影响病情的?应该如何培养病人尤其是绝症病人的希望?应该如何更合理地处理病人的病情与希望之间的关系,使病人病情朝着有利的方向发展?

4.4 人力资源管理

2005年,Luthans等从积极心理学和积极组织行为学角度提出了心理资本(psychological capital)的概念,将心理资本定义为"个体一般积极性的核心心理要素,具体表现为符合积极组织行为标准的心理状态,它超出了人力资本和社会资本之上,并能够通过有针对性的投入和开发而使个体获得竞争优势"(引自仲理峰,2007)。其中,希望就是心理资本的构成要素之一,由于这个缘故,有研究开始关注包括希望在内的心理资本在管理和工作领域中的作用。

研究者Youssef和Luthans(2007)在两个研究中分别测量了1032和232名企业员工的希望、气质性乐观和坚韧性(resilience)在工作领域中的作用。三种心理资本都与工作满意度和幸福感有关，但只有希望和坚韧性与组织认同感（organizational commitment）显著正相关，且只有希望与工作表现显著正相关。由此可见希望在工作中的重要意义。Welsh和Raven（2011）调查了81名国际特许经营协会（International Franchising Association）成员的希望与企业领导力（entrepreneurial leadership）和组织认同感等因素关系，结果表明，希望与企业领导力、组织认同感以及在公司中的控股权益是显著正相关的。

在人力资源领域，关于心理资本的研究方兴未艾，大有与人力资本和社会资本研究并驾齐驱之势。Luthans，Luthans和Luthans（2004）指出，“心理资本的研究对全面、深入理解人的个体因素中的积极力量、提升组织的竞争优势，具有重要而深远的意义”，而希望作为其中的要素之一，“对积极心理资本的贡献是不容忽视的”。可以看到，希望的研究正在组织与管理心理学领域迎来新一轮的关注。

4.5物质滥用

治疗关于希望在物质滥用治疗（substance abuse treatment）中的作用的研究并不多，仅有的几个研究结果也不尽一致。一项较早的研究（Irving，Seidner，Burling，Pagliarinl，Robbins-Sisco，1998）发现，高希望水平是与较长时间的药物和酒精戒断期是相联系的，这样的人也会较少地强调使用药物的优点。但是，当研究者控制了自我效能感、被试对药物使用的好评以及社会支持时，希望与戒断期关系却不再显著。而Jackson，Wernicke和Haaga（2003）则显示，希望水平越高的物质滥用者，他们参与治疗的概率也就越小，较少地坚持全程治疗。他们对这一结果的解释是，高希望水平的人可能是对治疗方案不信任，害怕被贴上“神经病”的标签而寻求其他解决问题的方式，或更多地依靠自己。相比之下，Mathis，Ferrari，Groh和Jason（2009）的结果则又有不同：在基线期，希望中的动力思维与酒精依赖有关，而路径思维没有；8个月之后再进行测量，却发现动力思维和路径思维均对药物依赖的戒断期有预测作用，而没有酒精依赖。从以上结果来看，似乎希望水平与物质滥用治疗的关系不太稳定。

然而，这些研究也有不完善的地方：Irving等的研究被试数量较少（n=90）（Mathis，Ferrari，Groh，Jason，2009），且比较特殊（无家可归的老兵）；Jackson等对其结果的解释，即高希望的人更害怕被贴标签一说有些牵强：包括Irving等在内的研究发现（Merkaš，Brajša-žganec，2011；Zhang，Gao，Wang，Wu，2010），高希望的人一般会得到更多的社会支持，这与高希望的被试会更多地依靠自己解决问题似乎有些矛盾；Mathis等人的研究则对其他变量控制得较少。虽然已经有研究者重视希望在物质滥用中的作用（Ferrari，Stevens，Legler，Jason，2012），但其中有人依据的是高希望的青少年的物质滥用比低希望青少年要少（Koehn，Cutcliffe，2012），这与物质成瘾的治疗还是有一些区别的。总之，希望在物质成瘾治疗中的作用尚未有十分可靠的证据。

5 希望概念的新证据和新观点

Snyder的希望理论受到了认知思潮的影响,由于这一特点以及希望概念的易操作和希望系列量表的短小、施测方便等原因,这一理论引发了希望研究的小小热潮。尽管如此,仍有研究者在不断地对这一理论的合理性以及希望本身的内涵进行思考和验证。

5.1 希望理论的再检验

首先是特质希望的稳定性问题。Snyder本人在编制问卷时只用10周的时间来对THS的重测信度(r=0.76或0.82)进行测量(Snyder et al.,1991),这对于判定希望是稳定的来说似乎说服力不足,因此不断有研究者对这一问题进行探讨与研究。Valle等人(2006)以初高中学生为对象,用CHS进行施测,证明了希望具有中等程度的稳定性(重测信度r=0.47);Mashunkashey-Shadlow(2007)对印第安中学生进行的追踪了3年的研究也一定程度上证明了希望的稳定性(r=0.54)。但是Fortman(2011)认为,这两个研究中,前者CHS应用的群体并不适合(被试年龄为10—18岁,CHS的适用年龄为8—16岁),且两次测量之间发生的“9·11”事件有可能对研究结果产生影响;后者被试的磨损率过高(47%),仅剩47名被试的样本过小。他于是又进行了一个历时2年的追踪研究,试图弥补上述研究的缺陷。研究中同时用THS和SHS进行施测,两年期间总共测量4次,结果表明,每次测量的THS和SHS的得分之间均有很强的相关性,但四次THS的得分之间以及四次SHS得分之间的关系却十分微弱。作者于是得出结论,不仅状态希望不稳定,特质希望也是不稳定的。这个研究的结果看起来更可靠一些。

除了希望的稳定性,希望结构本身的合理性也受到质疑。有一个研究(Tong,Fredrickson,Chang,Lim,2010)针对的正是这个问题。他们的方法简单有效,即计算更直接的测量希望的项目的得分与Snyder希望量表测量的希望得分之间的相关。所谓更直接的方法,是让被试用含有希望词汇的项目进行评分,例如研究2中的“未来希望”的测评项目只有一个,即“我感到对未来充满希望”。他们总共进行了4个研究,前3个研究中除了测量Snyder特质希望之外,还分别用直接方法得到了“成长希望”(研究1)、“未来希望”(研究2)、“成长希望”和“过去希望”(研究3)。其中研究3测量是一个2个月的追踪研究,之所以测量“过去希望”是为了回忆过去了的一个月或两个月的希望水平,以验证与研究中“成长希望”的评价的一致性。最后一个研究是针对被试当场想到的3个目标进行“目标希望”的评分,并完成SHS。4个研究都一致发现:用直接方法测得的希望水平与用Snyder希望量表中的动力思维得分相关显著,而与路径思维无关。此外,在研究3中还让美国和新加坡两类被试参与实验,结果美国被试在“成长希望”和动力思维上的得分均显著高于新加坡被试。

这个研究至少有两点启示:首先是Snyder希望概念的结构问题,虽然Snyder曾证明希望的两个成分之间是有一定相关的,但实际上除这一研究外,也有其他研究没有证明两个因素的合理性(Merkaš,Brajša-žganec,2011);其次,希望概念的文化适应问题,在这个研究中,被试是新加坡人,是东方文化背景下的被试,这也可能是希望理论结构没有得以验证的一个原因。

5.2 希望的新情绪观

Roth和Hammelstein(2007)将希望定义为对将来可能事件的积极预期。他们提出了一个希望的评估模型(appraisal model),这个模型区分了一个事件发生的两种概率:即主观发生概率(subjective probability of occurrence)和主观归属概率(subjective probability of affiliation)。前者是指某个人估计某件事可能发生的概率;后者是指个人认为自己会属于事件当事人的概率,或者说这件事发生在自己身上的概率。他们认为,这两种概率之间的差异就可以说明是否存在希望。这样,希望就是建立在特定情境评估基础之上的一种情绪状态,这与许多研究将希望看成一种特质有很大不同。

同样是将希望看作一种情绪状态,Roth和Hammelstein不仅对这一情绪状态下了操作性定义,他们还用一种颇具创意方法检验其合理性。被试是175名监狱服刑人员。研究者让他们对刑满释放后还会再被捕的前述两个概率,即其他囚犯刑满释放后不会再被捕的概率以及自己属于不会再次被捕的那部分人的概率进行估计。之后分别完成大五人格量表,SCL-90中的躯体化、抑郁、焦虑和愤怒-敌意分量表,童年犯罪多少的自我评估问卷以及社会支持问卷。

研究结果如下:两个概率之间是相互独立的关系,这完全证明了假设1。他们将以上几个变量以及年龄、服刑期、已服刑期等全纳入回归方程发现:这些变量对主观发生概率只有14%的解释力,其中只有宜人性显著;而对主观归属概率的解释力达到了36%,其中焦虑、社会支持、神经质、宜人性和童年经验都有显著作用。这些也部分地支持了假设。总体看来,这一结果基本上证明了希望定义及其评估模型的有效性。

5.3 希望的大众观

Bruininks和Malle(2005)试图了解大众眼中的希望是什么样的。他们让52名大学生分别用属性评定(研究1)、写故事评故事(研究2)和故事再评定(研究3)的方法对希望和其他几种心理状态(如optimism、wanting、desiring、wishing等)进行评价,评定结果大致如下:77%的人在描述希望时会涉及未来结果;58%的人将希望与期待一个积极的结果联系起来;30%的人认为希望有一定的功能,他们将希望看成对某一目标的专注,使一个人朝着目标前进,或者控制情绪的一种方式;一般所希望的事件发生的可能性较小,个人对事件的可控性也较低;希望所涉及的事件一般都比较重要。通过总结,作者认为可以这样简要地描述大众眼中的希望:一个人关注所渴望的重要且积极的未来结果时产生的情绪。

5.4 希望的理论探讨

2010年,Miceli和Castelfranchi,2010在*Theory Psychology*杂志发表了一篇文章,文章在回顾希望概念发展的历史脉络基础上,通过比较forecast和expectation以及probable和possibility内涵的不同,对希望概念进行了分析。他们将希望概念的基本认知成分概括为以下几点:a.认为事件p有可能实现的信念;b.将实现事件p作为一个目标或愿望;c.认为事件p的实现并不是完全处于掌控之中的。在这之前,鲜有研究者咀嚼forecast、expectation与hope之间差异。

6 小结与展望

作为这一领域曾经的领军人物,Snyder曾于2002年回顾了自己自20世纪90年代初以来在希望这一领域的研究成果。在展望中,他认为在改善医患关系和咨访关系以及人们的生活质量方面应是未来希望研究的重要领域。如其所言,这些方面的确成为近些年研究的热点。即便如此,目前希望的研究仍有其他方面需要关注。

首先是希望的概念与结构这一基本问题。希望是一个复杂且内涵又十分丰富的心理学概念。Roth和Hammelstein(2007)在总结前人观点的基础上,指出希望的研究仍然存在的几个争议:a.希望事件发生的主观概率问题;b.特质希望与将希望看成一种情绪状态不同,与大众理解的希望也不太一样;c.希望事件是内控还是外控的;d.一些希望概念没有很好地与自我效能区分开来;e.希望是与威胁情境有关,还是去情境化的。这些问题为我们继续思考希望的概念提供了一个可能的方向。实际上,路径加动力——Snyder的理论某种程度上反映了人们做事时一种比较理想的状态,但具体到到底“希望是什么”的问题上,仍有待进一步的仔细分析和验证。

其次,希望的文化差异问题也不容忽视。虽然有研究证明了Snyder希望量表在中国被试中的可信度(廉串德,2004;陈灿锐,申荷永,李淅琮,2009;赵必华,孙彦,2011;Sun,Ng,Wang,2012),但希望概念本身的内涵在两种文化中是否一致,是个更值得思考的问题。Ng(2004)的实证研究的结果表明希望量表在中国被试中并非完全适合。从自我诠释(self-construal)的角度讲,不同文化对自我与他人之间的关系理解不同,会对人们的行为动机造成不同影响(Markus,Kitayama,1991)。例如,在动力来源方面,西方文化对个人的期待是发展出一个独立的自我,这种背景下的人们在达到目标的过程中倾向于从自身寻求动力。这在Snyder的量表中就有所体现,如测量动力思维的项目:“我过去的经验使我做好了迎接未来的准备”,“我认为我表现的很好”(Snyder,2002);而东方文化重视人与人之间的互依关系,除了强调自己的能力与努力之外,人们还习惯于从亲密他人(比如父母)那里寻求心理上的支持与鼓励(Cross,Hardin,Gercek-Swing,2011),这样的差异也可能会体现在希望动力性的一面上。因此在考虑中国人的希望时,一味遵循Snyder的思路,未必可取。特别是,Snyder本人也强调,将希望的观念和表现看成“在所有民族中都是一致的,是一种危险的做法”(Lopez,Snyder,Pedrotti,2003)。再者,希望的神经生物学基础问题。Carr(2002/2008)曾在他的《积极心理学》一书中指出,悲观、乐观目标定向行为以及乐观社会关系的神经生物学基础可能也与乐观和希望有关,包括:(1)神经递质血清素和去甲肾上腺素的功能有效性;(2)免疫系统的功能有效性:(3)GABA的增加和情绪记忆能力的损坏;(4)行为激活系统,包括中脑边缘多巴胺通路和中脑皮层的多巴胺通路的功能正常。对妇女来说,寻求社会支持的希望与以催产素和内源性阿片类物质为基础的神经系统密切相关。但这些尚属于推测而已,目前尚未查到直接研究希望的神经生物基础的文献。希望内涵如此复杂,要探索其神经生物机制还需从长计议。

最后,希望的应用研究也应该予以重视。如前文所述,在积极心理学的背景下,国外不仅重视基础研究,且从未忽视将希望基础研究的成果推广到现实生活当中,如希望的培养与促进,心理健康预防体系的建设等。希望原本就是非常生活化的心理现象,也应当回归生活,这样才能使心理学更好地服务于社会,缩短心理学与大众之间的距离。Snyder说:希望是“心灵之彩虹”。有必要指出,作为积极心理学24种积极性格力量中的一员,希望的研究在国外受到重视,在国内却没有得到应有的关注。当代社会,除了学生和普通民众,还有太多的特殊群体需要有希望:留守儿童、流动儿童青少年、离异家庭青少年、失独群体等等。他们有了希望,我们的民族才更有前途。

合作者:刘孟超;原文载于:《心理科学进展》,2013,21(3):548-560。

大学生意志行动的初步研究

1前言

对意志的研究发现，意志行动主要与三个因素有关。

首先，意志行动是有目的的行为过程。关于意志的心理学定义中，目的性是界定意志的最重要的心理结构之一（黄希庭，2007）；William James认为意志是一种意识状态，有非常明确的目的性，它规定没有意识参与就不能实现的行动（James，2008）；心理学辞典中也有类似的定义，例如，意志是指个体趋向目标追求时的意识，即个体自知其所作所为的一切（引自《张氏心理学词典》）。此外，从意志在意识中的作用来看，随意动作（voluntary act）或随意运动与意志相联系，是有一定目的和方向的动作或运动，受意识调节；不随意动作（involuntary act）或不随意运动则不受意识调节，是无目的、无方向性的运动或动作。

其次，意志行动是一个类似克服困难的问题解决过程。意志是一种理性的力量，与欲望（本能）追求的目标不同。意志是行动的方向，是产生行动的力量，因此它总是和行动紧密联系在一起的。意志的特点往往由外在的形式表现出来。对意志行动的界定主要基于它与无意行动的区别。个体的行动受到意志的支配，但这并不意味着一切行为都是意志行动，无意动作不是意志行动。因此，意志表现于意志行动之中，是意志行动的主观方面（燕国材，1998）。而意志行动区别于无意行动的标准就是看其是否包括克服困难这一必要条件，看它是否与克服困难相联系。另一方面，从随意动作和不随意动作的关系来看，随意动作的特性是具有随意控制性（voluntary control），这一控制类似自动的问题解决过程。随意动作与有意识的目标相伴产生，这种通常表现为心理图像（mental image）的目标却并不为人所意识，但个体对随意动作的结果却能够意识到（James，2008）。这就是说，在随意行动中，个体能够觉察到行动的问题和答案，但并未意识到从问题到答案产生的一系列具体的过程（Baars，1993）。

再者，意志行动还表现在意志控制（volitional control）上。意志控制是个人操纵事件的进程和结果，使之与预期目标相一致的过程（黄希庭，2007）。意志控制的过程体现了个人克服困难的能力。意志控制主要通过改变外部的自然环境、社会环境以及改变或塑造内部的生理素质和心理素质来发挥作用，在这一过程中，个体会遇到许多内部和外部的障碍和困难，只有消除、克服了这些障碍和困难，意志的控制作用才能得以贯彻执行,预期的目标才能实现。此外,从心理层面来说,随意动作需要意志的参与,因而是一种控制的反应,而不是随意动作,尤其是与意愿相反的不随意动作(counter voluntary actions)本身就说明了是对控制的缺失(Baars,1993)。对横纹肌(striped muscle)或面部肌肉的研究发现,让皮层运动横纹肌受损的患者有意地微笑时,其不能做到,但其会在恰当的情景下不随意地微笑;皮层下运动肌损伤的患者则表现相反,他们能够有意地微笑,但却不能在合适的情景下不随意地微笑(Rinn,1984;Matsumoto,Lee,1993)。这说明,随意动作、不随意动作与控制有关,是两种不同的动作,皮层控制(cortical control)具有随意性,而皮层下控制(subcortical control)则不具有随意性。因此,那些诸如面部自然微笑一样的自动而发自内心的动作并不受到随意的控制,而是自然而然地发生的,它们不受意识的调节,因而这些动作也无需意志的参与。

因此,意志行动具有自觉目的性、受意识调节、克服内外困难和以随意动作为基础的特点。意志行动的目的性的特点,说明意志行动需要意志的参与,而意志的参与是有意识的行为指向,而不是无意识的动作反应(例如面部肌肉长期痉挛、药物所产生的动作反应),因此具有明确的目的性;意志行动的控制性特点说明,一个简单而无需努力就可以完成的行动也无需意志的参与,而意志行动须经努力才能完成;意志行动的困难性特点说明,意志行动是具有难度和挑战性的行动,同时也可能面临一定的压力。

从对意志行动内涵的分析来看,对意志行动的研究可以借鉴目标理论的个人计划分析(Personal Project Analysis,PPA)的方法。个人计划(personal projects)属于PAC(Personal Action Construct)单元的一种。它指的是与个体自己相关的一系列的行动(Little,1989),是PAC单元中最具代表性的目标分析单元。个人计划从三个方面可与意志行动联系起来。第一,个人计划区别其他PAC单元的一个主要特征是它的行动指向性,强调对有意图行动的研究;第二,意志行动是体现意识目的性的一种形式,个人计划是有目的的行动,是目标理论的组成之一;第三,个人计划是具有代表性的个人构念单元,在概念上涵盖了意志行动的内涵,因而对于研究复杂的意志行动具有重要的参考价值。

2方法

2.1工具

采用PPA的第一个研究模式(Project Elicitation)和第二个研究模式(Project Rating Matrices)。第一步给出意志行动的定义并指出:个人的意志可以在日常生活的行动中反映出来。为了让被试更好地了解意志行动涉及的范围,将具有相对典型意义的大学生意志行动列举数个,一方面可供被试参考使用,另一方面加深被试对意志行动两种类型的认识。第二步要求被试列出8个他们的意志行动。第三步要求被试对其列出的8个意志行动进行14个维度的评价，这14个维度建立在对个人计划的16个维度的修改基础之上（Little，1983），包括：重要性、愉悦性、挑战、控制力、主动性、明确性、自我认同、难度、价值性、坚持性、可行性、拼搏性、压力和果断性。评分以数字0—10区间取值，0表示程度最低，10表示程度最高，以此类推。指导语中对每个维度的含义作了说明。

2.2 被试

共有西南大学、重庆师范大学、重庆大学、重庆工商大学、四川大学757人参加本次研究，由于部分被试在维度填写时信息不全（例如未完成某些维度部分），因此剔除部分问卷，共验收732份有效问卷。其中4人无性别信息。被试中，女生374人，男生354人；一年级119人，二年级314人，三年级279人，四年级20人。被试涉及中文、外语、物理、化学、数学等8个专业。

3 结果

3.1 探索性因素分析

将上述被试数据意志行动维度的平均分进行探索性因素分析。经Bartlett球形检验，KMO值为0.813，球形检验值为1689.045，显著水平为0.000，极其显著。表明可以进行因素分析，正交旋转后得到三个特征根大于1.00的因素，这三个因素共可解释意志行动结构的69.7%的方差（表1）。

表1　意志行动探索性因素分析摘要表

维度	因素			共同度
	1	2	3	
重要性	0.835			0.715
可行性	0.818			0.735
明确性	0.813			0.732
价值性	0.809			0.736
坚持性		0.824	—	0.859
果断性		0.808		0.685
拼搏性		0.749		0.719
控制力		0.583		0.646

续表

维度	因素			共同度
	1	2	3	
挑战			0.843	0.715
难度			0.827	0.770
压力			0.556	0.461
特征值	4.903	1.712	1.057	
贡献率	44.574	15.559	9.613	

注：因素负荷小于0.3的未显示

对结果的分析主要根据各维度项目及所归属因素结构符合能够让因素与变量间构成简单的单纯关系来解释的因素变换规则（Thurstone，1947）。即：第一，一个项目不能在两个以上的因素上都有较高的负荷值；第二，每个项目只在少数因素上有很高的负荷；第三，每个因素不能少于3个项目；第四，一个项目在任意两个因素上的负荷之差要尽可能大；第五，任意的两个因素负荷低的项目要尽量多一些。从上述规则来看，主动性、自我认同以及愉悦性在因素负荷上小于0.3，结合项目的难度（item difficulty）和区分度（item discrimination）分析，因此可以考虑删除。

这样，根据理论假设和探索性因素分析的结果，初步确定意志行动的三因素结构。因素1包括明确性、价值性、重要性和可行性4个维度，反映个体对影响行动目标实现性质的认识，可命名为目标；因素2包括坚持性、控制力、果断性和拼搏性4个维度，反映个体对意志行动结果的控制程度和努力程度，可命名为调控能力；因素3包括难度、挑战、压力3个维度，反映意志行动的困难程度，可命名为困苦。

3.2 信效度检验

根据探索性因素分析得到的结构设定一个模型检验，通过AMOS4.0软件，以ADF法（Asymptotically distribution-free）对模型进行拟合估计（见图1）。验证性因素分析的数据采用另外324个样本数据。拟合指数如下：CMINDF=2.388，SRMR=0.0647，GFI=0.939，AGF=I0.900，NFI=0.930，RFI=0.904，IFI=0.958，TLI=0.942，CFI=0.958，RMSEA=0.072。

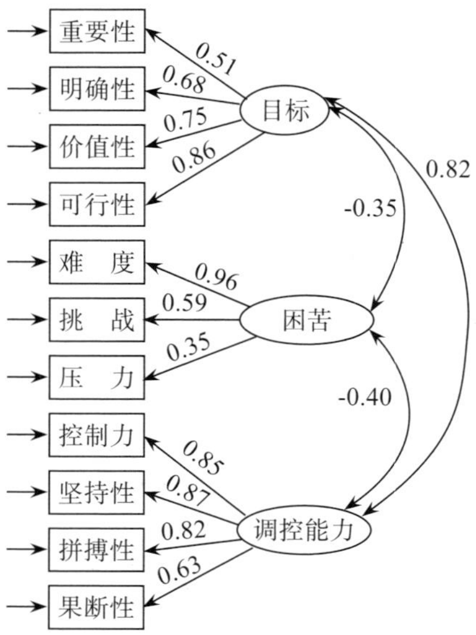

图1 意志行动因素结构验证分析负荷图

从模型验证的结果来看，根据模型拟合指数的标准（温忠麟，侯杰泰，马什赫伯特，2004；侯杰泰，温忠麟，成子娟，2004），这一结果基本符合验证性因素分析的拟合指数要求。同时考虑到意志行动是借鉴个人计划的一种动态的研究方法（Little，Lecci，Watkinson，1993），这一结果基本上可以接受。

从意志行动各维度的相关来看，各小因子之间的相关多在0.2—0.8之间，相关系数较低的部分出现在压力维度与其他维度之间，压力维度与其他维度均呈负相关。各维度与所属因素之间的相关也大都高于各维度之间的相关或各维度与其他因素之间的相关，说明意志行动的结构基本合理。

4 讨论

4.1 意志行动结构的意义

标准的个人计划维度要求被试对16或17个个人计划以0—10进行评分，因素分析后通常可以得到五个因素，即计划意义因素、计划结构因素、计划支持因素、计划压力因素和计划效能因素（Little，1987；Palys，Little，1983）。本研究对意志行动维度的分析主要基于对个人计划的这些维度的修订来确定。修订主要从以下几个方面来考虑：第一，修改个人计划的计划意义因素。计划意义因素总体上体现了意志概念内涵的目标结构，即对目标性质的概括，例如目标重要性、目标价值性以及目标的认同等。但个人计划意义因素中的维度并不完全围绕目标性质和特点，因此应该予以修订。目标因素的维度选取的原则是对行为最后结果的影响。根据目标定向的明确性特征可以产生更高水平的成绩(Locke,Latham,1990;Bandura,Cervone,1983;陈永进,黄希庭,2005),可将明确性视为目标因素的一个维度;根据对任务难度和对自己的能力水平估计的抱负水平可影响到目标的完成(Lewin,Dembo,Festinger,Sears,1944),可将可行性视为目标的第二维度;根据有无目标、目标设定高低及目标反馈对行动成效的影响(Bandura,1989),可将重要性和价值性作为目标的另外两个维度。第二,综合个人计划的计划结构因素和计划效能因素,形成意志行动的调控能力因素。调控能力因素反映了个体控制自我的能力(黄希庭,2007;郑剑虹,黄希庭,2006),因此借鉴了个人计划中效能的控制力及努力两个维度,形成坚持性、拼搏性、果断性和控制力四个维度,以符合对意志行动内涵的分析。第三,意志行动克服困难的含义可由个人计划的压力因素说明,因此保留个人计划的压力因素,形成困苦因素。

个人计划的五个因素的出现取决于在PPA研究中所采用的维度是否涵盖了因素下的所有维度,如果只采用了其中部分维度,则在因素分析中可能不会出现五因素的结构,取而代之的可能是更少的因素。这说明,PPA的五因素评价结构只是一个可供借鉴的结构形式,它的意义在于给进行相似研究的研究者提供一个参照的标准。

本研究对意志行动的界定是建立在对意志概念的理论基础之上,由此来确定意志行动的理论结构。意志行动定义是:反应个体通过努力、克服困难并坚持实现目标的心理过程的行动。根据这一定义可以将意志行动分解为意志行动目标、意志行动调控能力和意志行动困苦三个方面。从这三个方面来看,目标是意志行动的方向,调控能力是意志行动的直接动力,困苦则是依存的条件。进一步分析,目标意义和价值是涉及目标的重要方面;调控能力则是意志概念的核心内容,例如拼搏性、坚持性以及果断性等特征;困苦则是执行意志行动所面临的困难条件,或者是令人振奋的高要求的行动,表现为行动的挑战性,或者是不易完成具有难度的行动,表现为行动的难易性。三个方面较好地反映了意志行动的定义、体现了意志概念的内涵,并与意志概念的文献分析也较为吻合。从实证的结果来看,这一理论结构也基本得到了验证。

4.2 意志行动与个人计划的关系

意志行动的结构与个人计划的结构既有共同点又有差异,说明意志行动研究借鉴个人计划方法的合理性。首先,意志行动与个人计划在因素结构上有相似性。意志行动在结构上也可以解析出类似个人计划的压力因素,意志行动的调控能力和目标因素所包含的维度与个人计划的计划意义、计划结构和计划效能所包含的维度在性质上具有类似的含义。当然,由于采用维度的数目不同,特别是被试取样的差别,要素结构上可能会出现些许的差别。个人计划主要是以大学生为研究对象来分析其维度的,而采用相同维度但以社区人群为对象的一项研究在因素结构上却与之有些不同(Jackson,Weiss,Lundquist,

Soderlind,2002)。不过,即使这样,两者在因素结构上也有类似的特征。

其次,意志行动与个人计划因素结构又有所不同。个人计划的结构是一种静态的分析,强调计划本身的组织和体系对计划结果的影响。而意志行动的因素结构更体现了主动克服困难的动态结构,强调个人的主观努力对意志行动结果的影响。例如,意志行动的坚持性、控制力、果断性和拼搏性维度实则反映了在意志行动中个体的努力调控能力。换言之,个人计划虽然同意志行动一样是有目的的活动,但个人计划并不一定如同意志行动一样涉及一个努力克服困难的过程,这可能是造成两者在结构上在差异的主要原因。

此外,虽然意志行动借鉴了个人计划分析的方法,但并非完全直接照搬个人计划的维度,而是通过对意志概念内涵性质的分析综合而形成,这在语义上与个人计划的维度就存在差异。因此,个人计划的研究方法对意志行动的结构建立起到了基础性的作用,同时又在结果上印证了意志行动的合理性。

4.3 意志行动结构的有效性

意志行动结构的构建是基于对意志概念的理论分析而设计的操作性定义,同时借用个人计划的研究方法而展开的。由于个人计划分析是一种动态的研究方法,它在研究上采取了一种更为灵活的和开放的手段,因而并不追求过高的信效度的测量标准。不过,作为一种探索性研究,从个人计划分析角度而进行的意志行动建构,仍然遵循了心理测量学的程序要求,从维度分析、探索性因素分析、验证性因素分析到因子相关矩阵、信效度验证等数据从不同的角度支持了意志行动结构的有效性。因此,意志行动的结构具有较好的内容效度,在其他信效度指标上也基本符合心理测量学的要求。

意志行动结构的建立在方法上借鉴了个人计划分析的思路,由于该方法的理论基础和方法论来源于个人构念,可能被认为更适合进行个案的分析。不过,这种方法并不妨碍研究者以常规的心理测量统计形式对数据进行研究,这样它的优势可能更为明显。

5 结论

对意志行动结构的理论和实证分析表明,意志行动的结构可由目标、困苦、调控能力三个因素构成。通过PPA法进行探索的三因素意志行动结构具有可接受的心理测量学特征,为进一步深入研究意志行动提供了一种有效的工具。

合作者:汪宏、范丰慧;原文载于:《西南大学学报》(社会科学版),2009,35(2):6-10。

勇气:理论、测量及影响因素

当代社会,人们为应对工作与生活中的挑战和压力奋勇争先、开拓创新。作为君子"三达德"之一的勇气(courage),与智慧、正义、节制一起被西方列为四项首要美德。勇气对社会和个体的发展都起重要作用,然而心理学界对勇气的研究刚刚起步,研究成果较为繁杂并存在一定争论。本文对勇气的概念、理论、测量及影响因素等做了系统的梳理和评论,有助于更全面地把握勇者的心理特征,探索勇气研究的发展方向,指导教育工作者培育具备勇气的人才。

1 勇气的概念

心理学研究者关于勇气概念的探讨大多源自亚里士多德和柏拉图的哲学思想。亚里士多德认为勇气是一种在恐惧情景中行为得体的品质(亚里士多德,2003),柏拉图则提出忍受恐惧的能力是检测勇气的内部标准(柏拉图,1986)。目前,对勇气的界定大致可分为特质和行为过程两种取向。

1.1 特质取向

特质取向的勇气界定包含美德、意志品质、能力三类。例如持"美德说"的Peterson和Seligman(2004)将勇气看成人类六大核心美德之一,包含勇敢、坚持、正直和活力4项性格优势。他们还总结了勇敢行为的3个特征:一是受正确价值观的引导,二是行动者自愿冒险,三是危险具有现实性。Lopez和Snyder(2011)也认为勇气是个体自愿面对危险,努力追求目标的一种美德。又如"意志品质观",《心理学大辞典》(林崇德,杨治良,黄希庭,2004)将勇气定义为一种意志品质,表现为危急时刻不顾自身利益,甚至牺牲生命、挺身而出、战胜困难、排除障碍,实现既定目标。再如"能力说",Woodard(2004)提出勇气是个体出于善意而做出行为的一种能力,这种能力可以抵御内心的恐惧情绪。综观以上三类特质取向的勇气定义,可知研究者从稳定性、连续性的角度反映了人们对勇气的看法,指明了在不同情境下勇气出现的高度一致性,但对勇气的动态性、发生过程涉及较少。

1.2 行为过程取向

相反,坚持行为过程取向的研究者注重勇气的行为表现和动态过程,对勇气跨时间的连续性、跨情境的一致性则有所忽视。重视行为表现的Norton和Weiss(2009)认为勇气是尽管恐惧仍坚定不移地行动,而伴随着怒火和愤慨的勇敢行为是勇气的典型表现(Greitemeyer,Fischer,Kastenmüller,Frey,2006)。强调动态性的Gruber(2011)主张勇气是为获得积极结果而对稳定系统做出改变的过程,同样Rate,Clarke,Lindsay和Sternberg(2007)也支持勇气是动态行为过程的观点。据此有研究者归纳出组织背景下勇气具有有自由选择权、体验到风险、合理评价风险、追求崇高目标、意识到恐惧这5个特点(Kilmann,O'Hara,Strauss,2010)。

已有研究分别从特质和状态两种视角对勇气进行了界定,但都只涵盖了勇气的部分特征,能否整合双重属性来描述勇气的内涵仍需进一步研究。鉴于这一点,本文认为勇气是人在面对困难时表现出来的以坚守、进取、突破等为特点的一种心理品质。

2勇气的理论

勇气如何产生?人们为什么做出勇敢行为?研究者分别从勇气发生之前怎样决策、发生过程中受哪些因素影响、发生之后如何评价3个角度寻找答案,进而形成了勇气的决策理论、多因素模型以及评价理论。

2.1决策理论

决策理论主要探讨勇气产生之前,个体内心如何感受环境变化并权衡利弊做出决策。Petersen(2004)针对勇气的行为决策过程,提出包含"威胁—变化—做决定—勇敢行为"4个环节的勇气决策理论。这一过程中,个体可能面临来自身体、道德和心理等方面的威胁,进而引发情绪、处境、目标的变化;知觉到这些变化后,个体做出应采取行动的决定,最后实施勇敢行为。个体的勇敢行为不仅带来即时的成就感及正直感,也能通过长期训练形成英勇无畏的精神。决策理论着眼于勇敢行为发生之前的一系列决策过程,个体以应对威胁为出发点,以获得积极的心理体验为目的。但决策理论仅粗略描述了普遍性的勇敢行为,是否能很好地解释如道德勇气、心理勇气、智力勇气、创造勇气(Putman,2004;Pillai,2011)等不同类型的勇气,需要后续研究进行验证。

为此,Osswald,Frey和Streicher(2012)选择了最具代表性的道德勇气进行探索,发现已有勇气决策理论并不能详尽解释道德勇气的特殊性,进而提出了一个针对道德勇气的决策模型。该模型认为道德勇气的出现遵循"知觉到某事件—紧急体验—自我责任归因—勇敢技能—勇敢实践"的发展路径。即个体首先意识到某事件出现需要道德勇气,之后体验到情况的紧急性,做出自我责任的归因,并在评估自身技能后实践勇敢行为。在道德勇气发生之前,情况可能十分紧急,需要迅速反应,并充满危险和不确定性。与Petersen(2004)的决策模型相比,这个决策模型不但细化了道德勇气的发生阶段,而且增加了道德勇气的促进因素(自我效能感、高自尊、同理心、愤怒等)和阻碍因素(预期的社会代价、责任分散、技能不佳、恐惧等),从而提升了决策理论的整体解释效力。

2.2 多因素模型

另一些研究者关注勇气产生过程中受哪些因素制约,并认为勇气是多种因素共同作用的结果,试图建立复杂的多因素模型。例如,Hannah,Sweeney和Lester(2007)的主观体验模型(Subjective Experience of Courage,简称SEC),解释了个体差异和社会压力如何影响勇气的主观体验。SEC强调社会力量、积极特质、积极状态、价值观4个因素对勇敢行为发生过程的影响。具体而言,社会力量(如社会认同、凝聚力)一方面能削弱个体因知觉到风险而引发的恐惧体验,同时也能增加个体做出勇敢行为的可能性。个体的积极特质(如责任心、外向性)、积极状态(自我效能、希望)、价值观(忠诚、无私)在勇敢行为发生过程中也起到相似的促进作用;反过来勇气的主观体验也影响价值观和积极状态。SEC已经涉及了较多个体内部因素和情境因素,但动机、认知、客观物质条件等因素尚未加以讨论。

Rate(2007)从另一个视角整合了勇气的影响因素,建构出勇气三环模型(Tripartite Levels of Courage,简称TLC)。TLC内环部分是勇气的核心影响因素,包括外部环境、动机、意志力;中环部分是影响勇气的偶然因素,包括情绪情感和认知过程;外环部分是理解勇气的次要因素,如人口统计学变量、成败经验、社会认知偏差等。虽然TLC将勇气的影响因素按相关程度分为3个层次,但不同情境下各因素与勇气的相关度可能存在动态变化,是否仍可如此划分值得商讨。考虑到勇气产生的具体情境变化,有研究者脱离考察具体影响因素的微观视角,立于更加宏观的层次,提出勇气的发生过程同时受到认知、行为、环境3个因素的相互作用(Gruber,2012)。

2.3 评价理论

弄清勇敢行为发生之后,个体对他人勇气的看法也是帮助人们解释勇气的一种途径。通过这一途径阐述勇气,最具代表性的是Rate和Sternberg(2007)的勇气评价理论。该理论中勇气评价过程大致如下:行为者或行动—观察者的感知—关注勇气的成分—勇气各要素的重组—观察者评价他人的勇气水平。也就是说,观察者先知觉到某一行为或行为者,继而将该行为的各个成分进行分解,得到行为的许多要素,如个体的恐惧情绪、风险程度、主观意图等，然后观察者对这些要素进行重组，最后观察者判断出该行为是否包含了勇气及其水平的高低。评价理论系统描述了个体对他人勇气的评价过程，深化了人们对勇气评价的进一步认识，但关于如何重组勇气成分、观察者是否受其他旁观者的影响却未做出具体说明。

通过比较可知，决策理论、多因素模型、评价理论三者之间不仅存在逻辑上的连续性，而且存在部分交叉论点。决策理论侧重勇气发生之前的行为决策，多因素模型着重分析影响勇气的各种因素，评价模型则关注个体如何评价他人的勇气。三者分别从勇气发生、发展中受因素制约到评价行为结果三个阶段来解释说明勇气，具有良好的内在逻辑性。当然，三者在理解勇气时难免会涉及威胁、恐惧情绪、行为过程等相似因素，就如SEC既强调制约勇气的积极特质、积极状态、社会力量等因素，也考虑了勇气出现的行为过程。但更值得研究者进一步思考的是，在汲取各种勇气理论合理部分的基础上，如何进行整合以发展出适用性更广的理论模型。

3 勇气的测量

勇气的内部结构如何？怎样测量勇气？前期理论建构为勇气的结构探索和问卷编制提供了一些参考。在各种测量勇气的问卷中，具有代表性的主要是伍达德-普瑞勇气量表、优势行动价值量表、诺顿勇气问卷、运动勇气量表。

3.1 伍达德-普瑞勇气量表

Woodard（2004）编制出包含31个题项的个人观念调查问卷（Personal Perspectives Survey，简称PPS-31），其4个维度分别是积极结果的忍耐力、团体交往、独自行动、打破社会常规，各维度内部一致性系数依次是0.80、0.80、0.73、0.68，问卷具有中等程度的相容效度和区分效度。Woodard和Pury（2007）重新修订了PPS-31，得到包含23个题项的伍达德-普瑞勇气量表（Woodard Pury Courage Scale，简称WPCS-23）。23个题项分属于职业勇气、身体勇气、社会道德勇气和独立勇气4个维度。每个题项不仅要从1="非常不同意"到5="非常同意"判断情景描述，还要从1="几乎不害怕"到5="非常害怕"评价恐惧情绪。WPCS-23的信度系数为0.68，与PPS-31相比WPCS-23题项减少，信度有所下降，是样本差异还是勇气内容涵盖不同所致，问卷的实证效度如何等问题都有待验证。

3.2 优势行动价值量表

Peterson和Seligman(2004)编制的优势行动价值量表(Values in Action Inventory of Strengths,简称VIA-IS)测量包含勇气在内的6项核心美德。VIA-IS从勇敢、坚持、正直和活力4个维度解构勇气,共包含40个题项,每个题项得分从1="一点也不像我"到5="非常像我"。VIA-IS中勇气美德的内部一致性系数大于0.70,4个月后重测信度超过0.70。VIA-IS一经问世,许多非美籍研究者纷纷参与该量表的信效度研究。其中,VIA-IS中文版由杨鲁静(2011)修订,内部一致性系数为0.96,折半信度系数为0.96,重测信度系数大于0.70;Otake等人(2005)检验发现日文版VIA-IS具有很高的适用性;Ruch等人(2010)编制并验证德文版VIA-IS在德国被试中的普适性,结果得出4个分量表都有较高的可靠性。考虑到青少年群体的特殊性,Park和Peterson(2006b)后续发展出适合10—17岁人群的青少年优势行动价值量表(Values in Action Inventory of Strengths for Youth,简称VIA-Youth),量表共包括198个题项,勇气美德的内部一致性系数在0.65以上。虽然不同版本的VIA-IS在修订过程中考虑了一些文化差异,但都未能跳出原始量表最初设定的框架,只是在命名上有些差异(Shryack, Steger, Krueger, Kallie, 2010)。VIA-IS根植于美国个体主义文化氛围,所以用勇敢、坚持、正直和活力4项性格优势测量勇气未必具有普适性,尤其对于长期生活于集体主义文化背景中的群体,如深受中庸、无为思想影响的中国人,其解释力和预测力存在不少忧患。

3.3 诺顿勇气问卷

Norton和Weiss(2009)编制的勇气问卷(Courage Measure,简称CM)仅包含1个维度,即尽管经历恐惧仍坚持不懈地勇往直前。该问卷包含"我倾向于克服遇到的恐惧","尽管很害怕,我也不会退缩"等12个题项,每个题项得分从1="从不"到7="总是",总得分越高代表勇气水平越高。CM的内部一致性系数为0.92,三周后重测信度为0.66。中等水平的重测信度、数量相对较少的题项,反映出用单维度问卷测量内涵复杂的勇气,存在一些不稳定性。

3.4 运动勇气量表

WPCS-23、VIA-IS、CM都是从整体上测量人们的勇气水平,而有些量表用于测量特定领域的勇气,如Konter和Ng(2012)以专业运动员为被试,编制出运动勇气量表(Sport-Courage Scale,简称SCS),SCS包含决心、精通、信心、冒险、自我牺牲行为5个维度,共31个题项。除自我牺牲行为分量表的内部一致性系数是0.61外,其他4个分量表的内部一致性系数都大于0.72;各分量表的重测信度分别是0.73、0.77、0.67、0.74、0.62,总量表重测信度为0.82。具有较好信效度的SCS,经过研究者不断修订和实践反复检验后,可作为学校体育人才选拔的一项重要指标。

纵观现有勇气结构与测量的研究,不论是单维还是多维结构,问卷的信度和效度都有提升的空间。虽然单维结构的勇气问卷具有精简、耗时短、高表面效度的优点,但就勇气这一内涵极为丰富的心理特质而言,多维度、多层次的结构更为稳妥。此外,国内个别研究者在勇气测量的本土化方面做了一些努力,如吴沙(2009)编制的大学生勇气问卷(一般勇气和个人勇气2个维度)以及李林兰(2009)编制的中国人勇的心理量表(大义之勇、智慧之勇、自信之勇、宽容之勇4个维度)。前者的维度构想借鉴了Pury和Kowalski(2007)的勇气分类理论,后者汲取了中国古代文献对勇气的看法,这些研究比单纯翻译或修订国外的问卷,更能反映出中国人的勇气实际状况。但他们的研究对象都以大学生为主,并不能完全代表中国人这一总体,测量出的结果可能存在偏差,特别不适用于处于生长发育期的青少年群体。

4影响勇气的因素

哪些因素能够增进个体的勇气?又有哪些因素会减弱个体的勇气?研究者用上述测量工具进行了初步研究,目前主要探究了年龄、性别、正强化、情绪、外倾性人格等因素对勇气的影响。

4.1年龄与性别

Szagun(1992)最早发现了年龄对勇气的影响,其对三个年龄段(5—6岁、8—9岁、11—12岁)的儿童进行了横断研究,结果表明:不同年龄段的儿童对勇气有不同的看法,年长儿童似乎越来越倾向于认为勇气是心理层面的(Szagun,Schäuble,1997)。在性别差异上,面对拯救处于生命危险中的个体,男性比女性报告出更多的勇气(Becker,Eagly,2004)。Pury,Kowalski和Spearman(2007)研究发现男性对一般勇气的评价高于女性,但男性与女性对个人勇气的评价无显著差异。

现实生活中年龄这个变量对勇气影响的规律确实存在。处于成长阶段的儿童,最初感受到身体方面的勇气,随着思维、信念的逐步形成,抽象的道德勇气、心理勇气才得以发展,这种成熟可以解释勇气的年龄差异。性别对勇气的影响因危险情境类型的变化而不同,这种不同可从进化的角度得到解释,男性具有发达的体格、外出狩猎的习惯、尚武的性别角色,比女性更容易面临身体方面的危险,导致拥有更高水平的身体勇气。

4.2 正强化

一些研究者探索正强化对勇气的影响，比如Greitemeyer，Osswald，Fischer和Frey（2007）通过给被试播放不同内容的视频来研究公民勇气，结果发现观看与激发勇气相关视频的实验组比控制组的公民勇气水平显著提高。另一项研究也证明，接受了道德教育课程的实验组比没有接受任何操作的控制组的道德勇气水平增加更多，且前者显著高于后者（May，Luth，Schwoerer，2013）。Whittington和Mack（2010）开发了利用正强化手段培养女孩勇气的项目，并证实参加这些项目的100名女孩的勇气水平确有显著提高。上述结果似乎证实了从正面激发勇气的积极效果，而负强化、惩罚等其他因素对勇气是否也存在相似或相反的作用还需要深入探究。

4.3 情绪

人们的日常行为总是受不同情绪的制约，研究者也注意到某些情绪可以影响勇气。Pury等人（2007）的研究表明，在实施勇敢行为过程中个体的恐惧与勇气类型存在显著交互作用，即感受到恐惧的被试对一般勇气的评价低于未提及恐惧者，而对个人勇气的评价却相反。这一研究结果与早期研究者（Peterson，Seligman，2003）通过对比“9·11”事件前后人们的恐惧情绪对勇气影响所得结论高度一致，但也有反对者如Becker和Eagly（2004）认为恐惧不是诱发勇气的重要因素。除了恐惧以外，焦虑、愤怒也能对勇气发生作用。Muris，Mayer和Schubert（2010）通过自我报告和父母评价两种方法，发现儿童的焦虑症状与勇气负相关；而个体的愤怒情绪与勇气正相关，能够增进道德勇气的爆发（Niesta，Greitemeyer，Fischer，Frey，2010）。可知，个体的不同情绪对勇气的作用存在差异，即使同一种情绪对勇气的影响也不同。情绪与勇气之间关系的性质及大小，可能受个体心理控制类型、共情能力等因素的调节；相反情绪也可能被勇气唤起，就可以解释现实中勇敢的人常常易兴奋、激动。

4.4 外倾性、开放性人格

勇气不仅与情绪有关，人格也是影响个体勇气的重要因素。一项针对8—13岁儿童的研究发现，大五人格中外倾性、开放性与勇气呈正相关（Muris et al.，2010）。如果具体到道德勇气这种类型，大五人格中只有开放性与道德勇气显著相关（Osswald et al.，2012）。这两项研究中，外倾性人格与勇气的关系不同，可能是被试群体的年龄差异造成的，也可能是测量工具的差异所致。除了外倾性、开放性人格，乐观、自强、自尊、自立等其他人格因素对勇气的影响，也值得进一步研究。

5勇气的功能

勇气对个体的生存与发展起重大作用。Biswas-Diener(2012)认为勇气贯穿儿童成长的全过程,他用“勇商”(courage quotient)衡量青少年的勇气水平,并开发了克服恐惧、保持毅力的课程来帮助培养青少年的勇气。概括起来,勇气具有影响幸福感、提升学业成绩、增强自信3项主要功能。

5.1影响幸福感

Park,Peterson和Seligman(2004)调查了5299名35—40岁的成年人,结果发现勇气美德得分越高,生活满意度也越高。同样,意识到自己的勇气美德,不仅能减轻焦虑、恐惧等心理症状,也能增加个体的幸福感(Seligman,Steen,Park,Peterson,2005)。社会组织中,有勇气的领导者善于激发员工的工作激情,提升员工的职业幸福感,任何拖延和胆怯行为都可能对组织带来巨大的损失(Beck,2012),而且有研究者认为勇气是领导者必备特质之一,可以通过长期训练加以培养和提高(Sekerka,Bagozzi,Chamigo,2009;Dierendonck,Nuijten,2011)。使用VIA-IS对9803名员工的测量发现,在构成勇气美德的4个要素中,活力最能预测员工的职业幸福感(Peterson,Park,Hall,Seligman,2009)。

不少研究关注勇气对青少年幸福感的影响,如Park和Peterson(2006a)对美国青少年勇气的研究表明,勇气美德与主观幸福感之间存在很高的正相关,这一结论先后在日本、克罗地亚、澳大利亚的青年人样本中得到重复(Shimai,Otake,Park,Peterson,Seligman,2006;Brdar,Kashdan,2010;Toner,Haslam,Robinson,Williams,2012)。勇气在青年人的亲密关系中扮演重要角色,调查发现勇气能够增加他们对恋爱过程的满意度和幸福感,而且更多青年女性被试认为勇气是理想伴侣的必要特征(Weber,Ruch,2012)。但是Gillham等(2011)针对美国青少年开展为期12个月的追踪调查,结果只得出节制、超越美德对幸福感有预测作用,未支持勇气美德预测幸福感的结论;勇气不能预测幸福感也出现在Shoshani和Slone(2013)对以色列青少年的研究结果中。

勇气在一定程度上能够促进幸福感,这一结论在成人样本的研究中比较一致,但在青少年群体的研究中则不一定成立。原因可能是青少年正处于心理与行为剧烈变化的阶段,成年人的情绪、思维、人格相对稳定,导致两者对幸福感的体验存在较大差异。也可能由于勇气与幸福感不是简单、直接的线性关系,而是受到其他变量的调节。在勇气发生过程中,个体体验到的恐惧、焦虑等负面情绪会引发幸福感的下降,而当勇气的行为结果给个体带来荣誉感、满足感、成就感时,就会出现幸福感的提升。

5.2 提升学业成绩

勇气水平高的个体是否会表现出更佳的学习效果？有研究者对中学生和大学生进行问卷调查发现，勇气美德能够预测其学业成绩（GPA），高勇气学生的学业成绩显著优于低勇气学生的学业成绩（Park，Peterson，2008）。Lounsbury，Fisher，Levy和Welsh（2009）采用田野调查的方法深入当地某高校研究，结果表明勇气美德的确对GPA有显著的预测作用。另一项针对高中生的调查再次验证了勇气具有提升学业成绩的功能，勇气中克服困难这一成分对高中生学业成绩的预测力最高（Martin，2011）。这些研究都证实了勇气水平高的个体往往学习效果更佳，能够取得优异的学业成绩可能由于有勇气的人面对困难时更加从容、自信，他们常常努力需求解决问题的方法并勇于尝试，不易退缩或放弃。

5.3 增强自信

勇气水平的高低变化除了对幸福感、学业成绩起作用，还能影响个体的自信水平。Finfgeld（1999）研究表明，人们幸福感持续受到威胁的过程中勇敢行为会逐渐变多，自信心也随之增强，从而改善现有的处境。Pury等人（2007）探讨两种不同类型勇气与自信的关系时发现，勇敢行为发生之前、过程中及之后，一般勇气与自信之间都呈显著正相关，即越有勇气的人就越自信；而个人勇气与自信之间则无显著相关。现有研究只表明勇气对自信有正向影响，至于勇气通过什么机制引发个体自信水平的变化，尚未做出说明。

探究人口统计学变量、情绪、人格等因素对勇气的影响，以及勇气对提升幸福感、学业成绩和自信的作用，有助于更好地预测与控制勇气，指导勇气在人们现实生活中的具体应用。除上述主要因素和功能外，价值观、兴趣、社会规范、期望效应、亚文化、能力、基因等因素对勇气的影响也值得探究，并且勇气还对培养青少年的自我价值感、帮助青少年树立正确的人生观有重要意义。

6 小结与展望

近年来，研究者在勇气的定义、理论、测量及影响因素等方面取得了不少有益的成果，但仍有较大的完善空间。由于对勇气概念理解的差异，部分研究结论未必适合中国的文化、社会和历史背景；各种勇气理论与后续测量研究有些脱节；勇气的认知神经机制领域几乎空白；探讨勇气的影响因素和功能大多停留于相关层次，不能很好地应用于勇气的培养。因而，未来研究可从以下4个方面加以改进：

首先，根据具体研究需要对勇气下操作性定义。现有30多种勇气的学术定义，大多是宽泛的词义性定义，如Graafland(2010)将勇气界定为一种介于胆小怯懦和鲁莽自负之间的性格优势。缺少描述具体、操作性好的界定，难以据此开展后续研究，研究结果也无法比较。操作性定义需要立足具体的研究背景，尤其应注意研究对象生活的文化氛围、社会实际，例如研究中国人的勇气，可以结合古籍分析和公众观调查来考察人们对勇气的理解。

其次，借鉴勇气的相关理论，编制有效的测量工具。研究者从勇气的决策、过程及评价3个角度建构了较成熟的理论模型，可为后续测量提供一定帮助。其中，评价理论详细地描述出个体评价他人勇气的心理过程，对设计他评勇气问卷有一定作用，可以克服WPCS-23、VIA、SCS等勇气自评量表的局限性。另外，有些群体因长期生活或工作于特殊环境，导致其勇气水平可能有所差异，故针对军人、领导者、创业者、科学工作者等群体的测量工具需要进一步开发。

再者，加强勇气的认知神经机制研究。勇气的心理学研究尚处于初期，勇气出现的部分情境难以模拟或再现，导致关于勇气认知神经机制方面的研究相当少，暂时无法明晰勇气的生理基础。仅一项针对怕蛇者的fMRI研究表明，大脑膝下前扣带回(sgACC)和右颞极(rTP)的活动与勇气有关(Nili, Goldberg, Weizman, Dudai, 2010)，此研究只是通过评定克服恐惧的程度，间接测量被试的勇气水平，未能直接分析勇气相应的脑活动。勇气的发生过程是一种比较复杂的心理现象，可能涉及多个脑区的共同激活，所以探究勇气的脑机制也是未来研究的重要方向。

最后，需要更多地探讨勇气的影响因素及交互作用，来帮助培养人们的勇气。真实情境中勇气的表现形式灵活多样，促进或阻碍勇气发生的因素复杂多变，因素之间还可能存在交互作用，正如个体的人格特点常常影响特定情况下的情绪，人格和情绪因素对勇气的不同影响之间就可能存在交互作用。但当前大多数研究都只围绕某一个变量展开，且偏重于问卷调查法，难以为当今教育实践中勇气观的培养提供指导。因此，未来研究需要立足于当今勇气的教育实际，使用多种研究方法来证明不同因素与勇气的因果关系，以及各种因素之间的相互作用机制，为教育工作者培养具备勇气的人才服务。

合作者：程翠萍；原文载于：《心理科学进展》，2014，22(7)：1170-1177。

中学生责任心的理论构建研究

1前言

责任心(responsibility)是一种重要的社会性品质。在社会化过程,个体将社会的价值观与行为规范等内化,在社会生活实践中逐渐认识到自己的责任,并产生了相应的内心体验,表现出一定的责任行为,这样便产生了个体的责任心。可见,责任心是个人对现实生活中各种责任关系的反映,是社会和他人的客观要求在个体身上引起的主观认识和内心体验(谭小宏,秦启文,2005)。一个没有责任心的人不可能成为对社会有用的人。此外,责任心对个体的成长起着重要的作用。例如,有研究发现,责任心强的学生其自我评价更积极,更倾向于下较大的决心去达到预定目标,他们的学业成绩往往也比较优秀(Singg,Jerre,2001)。李洪玉的调查发现(李洪玉,1997),儿童的责任心水平与其认知、言语、操作等能力都有高度相关。Kluever等(1998)的研究发现,申请博士学位者的责任心水平能较好预测其完成学位论文任务的情况(Kluever,Kathy,1998)。因此,教育部在2004年修订的《中小学生守则》中对中小学生提出了"有责任心"的基本要求。

国内外研究者对责任心开展了大量的研究,但中国人所讲的责任心的内容与西方心理学所讲的内容是不同的。在西方心理学中,个人的责任心是以自我为中心的,不提倡承担社会的责任和义务,如果要求个人承担社会责任和义务,就被视为阻碍个人成为机能完善的人。而我国的传统文化一向强调个人不仅自觉承担自我应负责任,而且还应肩负起群体发展的责任和义务;强调"先天下之忧而忧,后天下之乐而乐","天下兴亡,匹夫有责"。因此,有必要深入探讨我国中学生的责任心特点,从而进一步了解他们的心理特点,为培养健全人格的人才提供心理学依据。本研究的目的是结合我国的社会文化背景编制出一份适合于我国中学生的责任心量表,为评鉴中学生责任心提供有效的工具。

2中学生责任心结构模型的构想

国内外的研究者从不同的角度对责任心进行界定。例如,Schlenker等认为,责任心通常用来表示"对他人负责",包括由道德或法律确定的责任,以及与社会角色相应的职责(Schlenker,Britt,Pennington,Murphy,Doherty,1994);而朱智贤则认为责任心是个性心理的重要品质,是一个人对其所属群体的共同活动、行为规范以及他所承担的任务的自觉态度(朱智贤,1989)。综合各家之言,可以认为,责任心是一种自觉地把分内的事做好的重要人格特质,即个体对自我应负责任的自觉意识与积极履行的行为倾向(谭小宏,秦启文,2005)。

研究者们也对责任心的结构进行了努力的探讨。朱智贤认为责任心由责任认知、责任感和责任行为三个维度构成。燕国材认为责任心包括责任认识、责任感、责任意志和责任行为四个因素。对幼儿责任心的研究表明,幼儿的责任心由自我责任心、他人责任心、任务责任心、过失责任心、承诺责任心、集体责任心六个维度构成(姜勇,庞丽娟,2000)。也有研究者把幼儿责任心区分为"对己责任"、"家庭责任"、"对团体责任"和"社会责任"四个维度(李洪曾,2002)。Rachman等将责任心划分为四个维度,即对伤害负责、在社会情境中的责任心、对责任心的积极看法以及认知与行动结合(Rachman, Throdarson, Shafran, Woody, 1995)。从词源的角度来看,可以将责任心划分为对任务的责任心和对过失的责任心。由此可以看出,责任心的结构是非常复杂的。

如何构建一个较为合理的责任心模型呢?采用多层次多维度模型(刘凤娥,黄希庭,2001)探讨自我概念结构的研究思路,对责任心结构模型的研究具有借鉴意义。可以把责任心看作一个多层次、多维度的心理结构。按其抽象程度的不同可以分为总体责任心、一般责任心和特殊责任心,其中一般责任心和特殊责任心又可区分为任务责任心和过失责任心两种类型。学生在生活中会充当各种不同角色,因此中学生的责任心会表现在多个方面。但总的来看,中学生的责任心主要体现在对学业的责任心、对他人的责任心、对家庭的责任心、对集体的责任心和对社会的责任心等方面。所以,特殊责任心包括学业责任心、家庭责任心、他人责任心、集体责任心和社会责任心,并同样反映出任务责任心和过失责任心两个方面。因此,可以建立如图1所示的中学生责任心结构模型。在该模型中,总体责任心抽象程度最高,它比较泛化、概括化;一般责任心的抽象程度次之,它较为稳定,反映个人长期维持的水平;特殊责任心的抽象程度最低,它体现在学业、家庭、他人、集体、社会等具体方面,容易随角色的转变或重大事件的发生等产生变化。

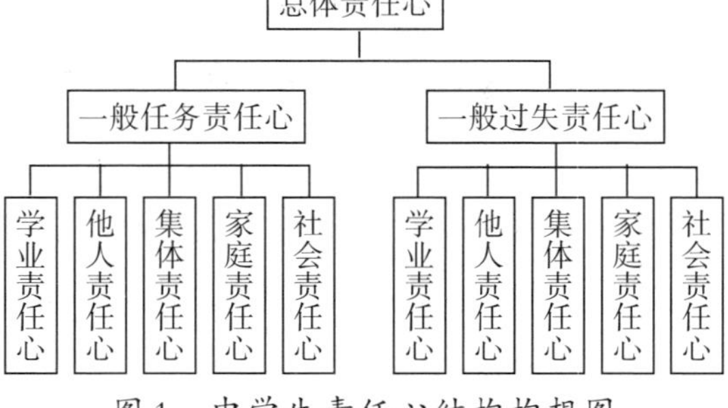

图1 中学生责任心结构构想图

3方法

3.1被试

采取整群分层抽样的方法，选取重庆、成都、绵阳三地11所中学的2000名中学生作为被试。被试取样的要求是，尽量平衡不同类型的学校以及初一至高三各年级学生人数和男女学生的比例。共收回有效问卷1756份（随机选取其中的747份进行探索性因素分析，另1009份进行验证性因素分析）。

3.2程序

3.2.1题目的收集与编制

根据中学生责任心的理论构想，并参照国内外有关量表，对中学教师和学生进行个别访谈，收集到100多个题目。请有关专家进行评价，经过反复修改，最后确定Likert 5点自评式量表题目80条。其中，总体责任心6条，一般责任心12条，任务方面的特殊责任心31条，过失方面的特殊责任心31条。所有条目均采用随机排列方式，其中的14条反向题在计分时作相应分数转换。

3.2.2施测

在上课时间内对学生进行团体施测，使用统一的指导语。对收回的问卷进行检查，剔除无效问卷。选取53名初一学生实施间隔两个星期的重测。

3.2.3统计

处理将有效问卷数据录入计算机，采用SPSS10.0和Amos4.0进行数据的分析和处理。

4结果

4.1探索性因素分析

首先，采用*P*值法和题总相关法对量表题目的区分度进行了项目分析，将临界比率值过低和题总相关系数小于0.20的题项剔除。为了明晰结构模型和确定正式量表，通过非旋转因素分析剔除因素负荷值小于0.30，共同度小于0.16的题项。最终保留了55个题项。

对747份问卷数据进行四个分量表的主成分分析，提取共同因素，求得初始因素负荷矩阵，再用斜交旋转法求出最终的因素负荷矩阵。根据陡阶检验和碎石图，获得各分量表因素分析结果（见表1）。

表1 中学生责任心量表的因素分析

分量表	因素	特征值	题项数	因子负荷值	贡献率
总体责任心	总体责任心(F1)	1.79	5	0.41—0.78	39.80%
一般责任心	一般任务责任心(F2)	3.05	4	0.34—0.64	33.92%
	一般过失责任心(F3)	1.01	5	0.32—0.52	11.27%
特殊任务责任心	学业义务责任心(F4)	4.95	5	0.58—0.77	21.51%
	集体义务责任心(F5)	1.82	5	0.48—0.70	7.93%
	社会义务责任心(F6)	1.55	5	0.42—0.65	6.73%
	家庭义务责任心(F7)	1.23	4	0.53—0.62	5.36%
	他人义务责任心(F8)	1.13	4	0.48—0.62	4.90%
特殊过失责任心	他人过失责任心(F9)	4.75	4	0.51—0.71	25.01%
	学业过失责任心(F10)	1.48	4	0.61—0.72	7.80%
	集体过失责任心(F11)	1.26	4	0.55—0.69	6.61%
	家庭过失责任心(F12)	1.25	4	0.59—0.68	6.56%
	社会过失责任心(F13)	1.07	3	0.53—0.62	5.63%

4.2 量表的信度

本研究采用内部一致性系数(Cronbach′sα系数)、分半信度和重测信度(用正式量表在间隔2周后对53名中学生进行重测)作为量表的信度指标,结果见表2。

表2 中学生责任心各因子的信度

测项	F1	F2	F3	F4	F5	F6	F7	F8	F9	F10	F11	F12	F13
α系数	0.52	0.63	0.65	0.73	0.72	0.56	0.48	0.56	0.71	0.68	0.67	0.59	0.41
分半信度	0.52	0.59	0.66	0.70	0.73	0.61	0.49	0.50	0.72	0.67	0.64	0.63	0.40
重测信度	0.52	0.68	0.81	0.69	0.79	0.82	0.73	0.63	0.70	0.80	0.74	0.63	0.65

4.3 量表的效度

本研究从内容效度和效标效度来考察本量表的效度。

4.3.1 内容效度

本量表的题目编制参考了国内外相关文献对责任心的论述,借鉴国内外相关的责任心测量量表中的条目,并对中学教师和学生进行了个别访谈,征求了有关专家的意见，根据定义和建立的中学生责任心结构构想来撰写题目。请中学教师、专家对预试问卷的近百个条目进行评定，经反复审查、修改后形成80个条目的预式问卷。从而在一定程度上保证了量表的题目能够反映中学生责任心的实际情况。因此，本量表具有较好的内容效度。

4.3.2 效标效度

效标效度的考察，共使用了两种效标。一是教师他评效标，请45名初一学生填答本量表，之后请他们的班主任老师按照要求对每位学生的责任心水平进行评价。然后求出班主任老师对学生的评价得分与相应学生填答量表的得分的相关系数，具体结果见表3。从表3可以看出，集体义务责任心与教师评价得分相关系数为0.47，并达到非常显著水平。事后对该教师的访谈得知，教师评价分数主要是依据学生平时对班集体的责任行为表现得出的。而量表的大部分维度与教师评价相关系数不高，这可能是由于学生很容易在教师面前进行自我表现，并且教师不易对抽象程度较高的责任心水平准确评价，也较难知晓学生特殊过失责任心方面的行为表现。

表3 量表的效标效度

测项	F1	F2	F3	F4	F5	F6	F7	F8	F9	F10	F11	F12	F13
教师他评	0.23	−0.04	0.13	−0.00	0.47**	−0.01	0.30*	0.16	0.14	0.02	0.12	−0.06	0.18
综合成绩	0.12	0.21	0.18	0.36*	0.04	0.10	−0.08	0.15	0.22	0.25	0.14	−0.12	0.06

注：** $p<0.01$，* $p<0.05$

另一个是综合学习成绩效标，另请55名初一学生完成本量表，并请他们的班主任提供上一个学期全班学生期末考试的综合成绩（语文、数学和外语三门功课的总成绩）。然后求出学生填答量表的得分与综合成绩的相关系数。具体结果见表3。从表3中可见，这些相关系数都不高，只在学业义务责任心维度上达到0.36，且达到显著水平。这可能是由于学生一般都会认真对待自己的学习，但学习成绩受多种其他因素的影响。不过，与学习有关的维度与综合学习成绩的相关系数相比要偏高一些。

4.4 验证性因素

本研究拟用验证性因素分析（CFA）对探索性因素分析中抽取的因素结构进行验证，以实施交叉验证（cross-validation），即在一个样本中先用EFA找出变量的因子结构，再在另一个样本中用CFA去验证和修改。在探索性因素分析的基础上另选取1009名中学生的数据，对四个分量表分别进行验证性因素分析。

对于拟合度指数，本研究采用以下指标：①卡方检验（chi-square），即χ^2/df。其理论期望值为1，χ^2/df的值愈接近1，表示样本协方差矩阵**S**（sample covariance matrix）和估计协方差矩阵**E**（reproduced/fitted covariance matrix）的相似性程度愈高。②公认的良好模型与数据的拟合标准为χ^2/df和TLI（Tucker-Lewis index，亦称为"非范拟合指数"NNFI），这两个指数的值在0.95以上表示模型拟合得较好，在0.90以上也可以接受。③"近似均方根误差"RMSEA（root mean square error of approximation），其值小于0.05表明模型拟合得很好，而在0.08以下的拟合结果也可以接受。④"拟合优度指数"GFI（goodness of fit index）和"常规拟合指数"NFI（normal of fit index），这两个指标容易受样本大小的影响，一般GFI≥0.85。此外，在考虑模型适合度时，还要看解答是否适当，各指数的值是否在合理范围之内。例如，相关系数应该在−1—1之间，误差的值是零或正数，标准差的值是否合理等。

本研究采用Amos4.0程序，对1009份中学生责任心量表的结果进行验证性因素分析。对四个分量表分别进行验证性因素分析，将各个分量表中所设置的观察变量构成样本的相关矩阵，作为模型检验的基础。均采用极大似然估计（maximum likelihood estimation）检验拟合程度。具体结果见表4。

表4　模型的拟合指标

分量表	χ^2	df	χ^2/df	GFI	NFI	CFI	TLI	RMSEA
总体责任心	19.22	5	3.84	0.99	0.95	0.96	0.93	0.053
一般责任心	107.38	26	4.13	0.98	0.92	0.93	0.91	0.056
特殊任务责任心	767.63	220	3.49	0.94	0.84	0.88	0.87	0.050
特殊过失责任心	408.53	142	2.88	0.96	0.90	0.93	0.92	0.043

从表4可以看出，总体责任心分量表的χ^2/df值为3.84，RMSEA为0.053接近0.05，其余各个拟合指数均在0.93及以上，表明模型的拟合效果比较好。一般责任心分量表的χ^2/df值为4.13，小于5，是可以接受的；RMSEA为0.056接近0.05，其余各个拟合指数均在0.91以上，表明模型的拟合效果比较好。特殊任务责任心分量表的χ^2/df值为3.49；RMSEA为0.050，其余各个拟合指数均接近0.90，NFI为0.84，值偏小，但由于该指数受样本容量的影响比较大，所以仍然认为模型的拟合效果可以接受。特殊过失责任心分量表的χ^2/df值为2.88，RMSEA为0.043，小于0.05，其余各个拟合指数除NFI为0.90外均在0.92及以上，表明模型的拟合效果比较好。

5讨论

5.1关于中学生责任心的结构

从以往研究者对责任心的各种探讨中可以发现,责任心是一种复杂的心理结构,可以从多个维度和多个层次对责任心进行分析。本研究根据有关文献和理论分析建立了一个多层次多维度的中学生责任心构想模型。该模型将责任心区分为多个层次(总体、一般和特殊)和多个维度(任务与过失)。按抽象程度的高低依次为总体责任心、一般责任心和特殊责任心。一般责任心包括任务和过失两个维度;特殊责任心包括学业责任心、家庭责任心、他人责任心、集体责任心、社会责任心五个方面的具体内容,同样反映出任务和过失两个维度。一些研究(姜勇,庞丽娟,2000;Rachman et al.,1995)将过失责任心和自我责任心看作责任心的一个因素,但从责任的词源意义和日常责任心含义的使用来看,过失责任心与任务责任心是责任心的两个主要维度。而个体责任心所有方面都必须通过自我才能实现,所以本研究责任心模型中没有包含自我责任心维度。

根据理论构想编制的中学生责任心量表,探索性因素分析的结果与理论构想能较好地吻合,这初步表明理论构想的合理性。在验证性因素分析中数据能较好地解释和拟合,也进一步验证了理论构想。但中学生责任心结构模型还需要从多个角度、采用多种方法对其进行进一步的检验、修正和发展。

总的来看,中学生责任心的多维度多层次模型能够较好地反映中学生责任心的全貌。

5.2关于中学生责任心量表

本研究在综合大量国内外研究的基础上,建立了中学生责任心的理论构想。并以此为依据,参考国内外相关的责任心问卷,进行量表题目的编写。请有关专家对条目进行评阅,经过反复删改,最终确定量表的题目。经过对747名中学生被试进行探索性因素分析发现,因素分析的结果与理论构想模型的维度吻合较好。总体责任心分量表最后抽取1个因素,解释总变异的39.80%。一般责任心分量表最后抽取2个因素,解释总变异的45.19%。特殊义务责任心分量表最后抽取5个因素,解释总变异的46.41%。特殊过失责任心分量表最后抽取5个因素,解释总变异的51.61%。对量表的信效度考察表明中学生责任心量表具有较好的信度和效度,各分量表及具体维度的内部一致性系数多在0.52以上;分半信度系数多在0.52以上,重测信度系数在0.52到0.84之间,表明本研究所构建的中学生责任心量表比较稳定和可靠。采用验证性因素分析对探索性因素分析中抽取的因素结构进行验证。结果表明,验证性因素分析的各项指数大部分较佳,表明模型的拟合效果比较好。当然,也还需要进一步完善该量表。例如,从整体上对量表结构效度进行考验,进一步提高个别分量表的信度,等等。

可见,构想的中学生责任心结构模型是比较合理的,符合中学生实际,在此基础上编制的中学生责任心量表可以作为中学生责任心的评鉴工具。

6结论

中学生责任心具有复杂的心理结构。参照有关文献,建立一个多层次多维度的中学生责任心结构模型,以此为基础编制出我国中学生责任心量表。通过对747名中学生的探索性因素分析和1009名中学生的验证性因素分析,结果表明该量表结构清晰,信度和效度较好,可以作为评鉴中学生责任心的有效工具。

合作者:谭小宏;原文载于:《心理科学》,2008,31(1):11-15。

宽恕的心理学研究

宽恕(forgiveness)长期以来都是东西方哲学和神学探讨的一个主要课题,只是在最近的几十年,心理学家才开始研究宽恕这种心理现象。虽然宽恕的定义、宽恕的过程及宽恕的合理性尚存在着争论,但临床心理学家已出版了不少个案研究,表明宽恕的干预在临床上是很有助益的——它能有效地解决人们的抑郁、自责、后悔、内疚、愤怒、焦虑和恐惧等情绪问题,治疗那些在未成年时受过性虐待及无法接受父母或亲人的死亡的求治者,也有助于解决人格障碍、酗酒者家庭、婚姻关系破裂等问题,甚至还有人发现宽恕的干预可以减轻癌症患者的心理压力(Denton,Martin,1998)。鉴于国内对该领域的介绍和研究还很少,本文拟对宽恕的概念、研究方法及其影响因素作初步的阐述。

1何谓宽恕

在汉语中,"宽恕"与"恕道"同义,它是中国传统伦理学的重要范畴、中华民族的传统美德之一。早在春秋战国时期,孔子就提出"忠恕之道"的思想,把"忠"与"恕"相联系。他说:"吾道一以贯之"。曾参释道"夫子之道,忠恕而已矣"(《论语·里仁》)。在孔子看来,忠是在处理人与人的关系中,尽心尽力对待别人;恕是推己及人,把他人与自己看成同等的、平等的,把他人当作和自己一样对待,是自我与他人间的一种善意的共存意识。同时,孔子认为恕道的代表人物是"不念旧恶,怨是用希"的伯夷与叔齐,所以其弟子曾子也用"犯而不校"来概括恕道的内涵与特点(《泰伯》)。在《现代汉语词典》中,宽恕指宽容饶恕(引自中国科学院语言研究所词典编辑室,《现代汉语词典(第2版)》,1993,第658页),宽容指宽大能容人、有气量;饶恕则指免予责备或惩罚。

在西方,最早阐释宽恕的文献可能是希伯来圣经和新约。希伯来圣经中的宽恕包含nasa、calacb和kapbar,意为神的宽恕,指上帝对罪人的罪恶的监视、保密、净化或消除。新约中的宽恕来源于希腊文apbiemi、apoluo、cbarizomai和agape,意为上帝消除、放弃、赦免对罪人的惩罚,同时恢复罪人同自己的和谐关系及满足自己对罪人的无条件的爱(Kaminer,Stein,Mbanga,Zungu-Dirwayi,2000)。

心理学文献一般将宽恕定义为:宽恕涉及两个人,其中的一个人在心理、情感、身体或道德方面受到另一个人的深度而持久的伤害;宽恕是使受害者从愤怒、憎恨和恐惧中解脱出来,并不再渴望报复侵犯者的一个内部过程(Denton,Martin,1998)。

要对宽恕进行心理学的研究,就必须给宽恕下操作性定义。Pingleton把宽恕定义为受害者受到伤害后放弃报复和惩罚侵犯者的需求(Pingleton,1997)。Hargrave认为宽恕就是受害者不再憎恨侵犯者(Hargrave,Sells,1997)。North认为宽恕是受害者消除对侵犯者的愤怒和憎恨,并以同情、仁慈和爱的方式来对待他/她的过程(North,1987)。这些定义关注受害者受到伤害后对待侵犯者的态度及情绪的变化。Enright及其同事(Enright,1991)扩展了North的定义(North,1987),认为宽恕应包含受害者对侵犯者的认知、情绪和行为反应三方面,而North的定义中只涉及宽恕的情绪反应方面(North,1987)。因此,他们认为宽恕是受害者在受到不公正的伤害后,其对侵犯者的负面的认知、情绪和行为反应的消失,并出现正面的认知、情绪和行为反应的过程。McCullough等的定义以共情、利他和迁就理论为基础(McCullough,Worthington,Rachal,1997),认为宽恕是促使受害者对侵犯者产生共情的一系列的动机变化过程,该过程降低了受害者报复和疏远侵犯者的动机,增强了受害者善待侵犯者的动机,并促使受害者与侵犯者和解。他们同时指出宽恕并不是动机,而是一个亲社会动机的变化过程。上述定义中,后两个定义较可操作且也较为综合;已有不少实证研究使用这两个操作性定义。

2宽恕的研究方法

目前,宽恕的心理学研究主要采用叙事法、问卷法和实验法。

2.1叙事法

叙事法就是让被试叙述某些与侵犯有关的事件,要求被试把自己认为重要的或有意义的方面在故事中详细描述出来,然后由研究者对其进行内容分析。Zechmeister等用此种方法做过一项研究(Zechmeister,Romero,2002)。在研究中,主试要求被试叙述两个亲自经历的与侵犯有关的事件,在其中的一个事件中,被试是受害者;在另一个事件中,被试是侵犯者。主试要求被试详细叙述这两个事件,并描述每个事件是否被宽恕。之后,再完成一个共情测验。被试完成所有实验作业后,把报告的材料装入一个信封,由主试转交给研究者。然后,研究者请两位编码员各自评定下列变量:侵犯是否严重、侵犯是否值得指责、对自己的威胁、时间坐标、侵犯所产生的后果、侵犯行为的意向、受害者的情绪反应、共情和宽恕。在单独评定结束后,如果他们在评定上有差异再对内容进行讨论,直到取得一致为止,从而增加评定的客观性和信度,再以事件中的受害者与侵犯者角色,事件是否被宽恕,评定的变量是否出现为指标对结果做卡方分析,从而得出结果。

叙事法要求被试对自己描述的事件的重要性和意义性方面进行主观描述,它有助于理解被试为何这样描述事件的动机。因此,事件的客观真实性不如报告本身重要。研究中存在的关键问题在于编码员对事件叙述内容的分析是否准确及其分析的准确程度如何。

2.2问卷法

用问卷法来研究宽恕主要是解决怎样测量宽恕的问题。目前这类测量工具比较多。从内容维度来看,宽恕的测量可分为对具体的侵犯的测量;宽恕自己与宽恕他人的测量;宽恕倾向的测量;从方向维度来看,宽恕的测量可分为受害者给予宽恕及侵犯者寻求宽恕的测量;从评定的方法维度来看,可分为自陈报告、同伴报告、旁观者报告以及对受害者行为的测量(Rye,Loiacono,Folic,Olszewski,2001)。三个维度的不同组合可以形成多种不同形式的问卷。

当前,宽恕研究中用得最多的问卷有两类。一类是测量受害者对某个人的某次侵犯的宽恕,其指导语大都为"我们想请您回忆一个人,这个人(他/她)在过去的某个时候伤害过您。这个时候,请您设法回忆他/她及您们之间所发生的这件事情。可能您不止受过一个人的伤害。但在回答下面的问题时,请您只考虑其中的一个人"。评分一般都采用利克特式五点量表法。代表性的问卷有与侵犯有关的人际动机问卷(Tansgression Related Interpersonal Motivations Inventory)和Enright宽恕问卷(Enright Forgiveness Inventory)(Rye et al.,2001)。另一类问卷是测量宽恕倾向,其指导语大都为"想象下面的场景发生在你身上,根据每个场景所提供的信息,考虑你将宽恕侵犯过你的这个人的可能性"。评分一般都采用利克特式五点量表法。代表性的量表为宽恕意愿量表(Willingness to Forgive Scale),其中的一个项目为"如果陌生人闯入你的房间偷了你很多钱,你宽恕他的可能性是极有可能、较有可能、有可能、可能性很小、根本不可能"(Rye et al.,2001)。

2.3实验法

目前,宽恕的实验研究主要包括认知函数的研究和宽恕干预的研究。

认知函数研究的基本目的是确定支配信息加工的心理认知法则。宽恕的认知函数研究则是要确定精确描述各影响因素与宽恕判断之间的关系的整合法则,探索人们在做出宽恕判断时是怎样对各种类型的信息进行整合加工的。这种整合的法则大都采用简单的代数运算(如,求平均数与总和)来描述(Girard,Mullet,1997)。Girard等采用此方法研究过宽恕的结构(Girard,Mullet,1997),目的是确定宽恕整合规则——总和或平均法则。实验材料是用卡片呈现的64个事件。事件之一如下：

Marie-Noelle与Josiane两姐妹同在一家公司工作。姐姐Josiane在公司工作几年了，要求部门主管提升自己。妹妹Marie-Noelle健谈，无意中泄露了Josiane的职业生活中的某些不好的信息。部门主管听到这些信息后，开始怀疑Josiane的工作绩效并拒绝提升她。看到这种结果，Marie-Noelle感到极为后悔，对发生的事情感到非常抱歉并要求Josiane宽恕自己。Josiane的一个非常了解Marie-Noelle的好朋友也要求Josiane宽恕Marie-Noelle。之后，Josiane要求另一部门的主管给自己提升并如愿以偿，且留在该部门工作，即当前工作的岗位。现在，假如你是Josiane，你会宽恕Marie-Noelle吗?

同该例子一样，这64个事件由六个因素的不同水平的组合而构成。这些因素及其水平分别为，关系的亲密程度(兄弟姐妹与同事)；行为的意向(有明确目的与无目的)；行为后果的严重程度(中度后果与严重后果)；对行为的道歉或悔悟(道歉与未道歉)；后果的消除程度(后果仍影响受害者与后果已被消除)。这些因素反映了宽恕的原因和在哪些条件下可能更容易宽恕。被试根据每个故事下方的一个12等级的量尺评定自己做出宽恕判断的可能性，量尺左边为"绝对不会"，右边为"绝对会"。结果的分析是对这些赋值的数据进行多因素的方差分析，考察各因素间的相互关系。

宽恕干预的研究主要考察宽恕干预对人的心理健康的影响。实验前先招聘在某方面存在宽恕问题的被试。将被试分成干预组与控制组，对干预组进行干预后比较两组在健康方面的差异。有些研究中，在干预组完成干预后，控制组也接受干预治疗。Coyle等采用此方法考察过宽恕干预对因伴侣决定堕胎而受到伤害的男性的心理健康的影响(Coyle，Enright，1997)。研究中把此类10位男性被试随机分成宽恕干预组与控制组。干预组被试依次接受12周、每周90 min的单独干预。研究中对干预组被试的宽恕、状态愤怒、状态焦虑和悲伤都做了前测与后测。在干预组被试完成干预后，控制组被试开始进行相同的干预，干预后也测量了他们的宽恕、状态愤怒、状态焦虑和悲伤水平。研究结果是比较两组被试在干预前后的与健康有关的各种变量的关系。

上述三种方法中，叙事法的主要价值在于有助于确定影响宽恕的主要因素及各种因素的出现与否对宽恕有影响，它有助于探明人们宽恕的动机；问卷法主要是解决宽恕水平的评定，它有助于进行宽恕的实证研究以及不同研究间的比较；实验法中的认知函数的研究主要是确定影响宽恕的各因素间的内在关系，宽恕的干预研究则主要是验证宽恕干预在临床上的效果。其实，这三种方法是相互联系的，问卷编制在很大程度上是在叙事法研究基础上进行的，而宽恕的认知函数的研究也要在叙事法确定的影响因素的基础上进行，宽恕干预研究中干预影响宽恕的程度的评估则要用到问卷法。

3影响宽恕的主要因素

已有的研究对宽恕的影响因素做过比较深入的探讨(Girard, Mullet, 1997; Girard, Mullet, Callahan, 2002)。此处仅从共情、社会认知、侵犯的后果和道歉、人际关系、人格、社会文化背景等六个方面来分析影响宽恕的因素。

3.1 共情对宽恕的影响

共情是指设身处地地感受他人当前情绪体验的一种心理倾向。它对助人等许多利他行为有促进作用,因而也被认为是促进宽恕的一个关键性因素。McCullough等研究过亲密人际关系中的宽恕(McCullough et al., 1997)。他们做过两项研究,研究I发现共情可以直接影响宽恕,还发现道歉对宽恕的间接影响也是经由共情而达成的。研究II对被试进行共情教育和宽恕的临床干预,结果也发现共情与宽恕间有着紧密的联系。McCullough等的研究考察过共情、道歉、深思熟虑以及与人际关系亲密程度有关的几个变量之间的关系(McCullough, Rachal, Sandage, Worthington, Brown, Hight, 1998),发现共情对宽恕有直接影响,道歉、关系的亲密程度对宽恕的间接影响都是经由共情达成的。Zechmeister等用叙事法做的研究发现高特质共情的受害者会对侵犯做好的归因和描述(Zechmeister, Romero, 2002),产生情境性共情会使受害者宽恕侵犯者;侵犯者对受害者的共情则可能会导致侵犯者无法宽恕他/她自己的侵犯行为。

3.2 责任归因对宽恕的影响

影响宽恕的责任归因因素是指受害者对侵犯产生的原因解释。Fincham等的研究发现责任归因既可以直接影响宽恕也可以经由情境性共情和负面情绪反应而间接影响宽恕(Fincham, Paleari, Regalia, 2002)。McCullough等的研究将宽恕分成倾向性宽恕与状态性宽恕(McCullough, Fincham, Tsang, 2003),并发现责任归因与克制呈负相关,且会直接影响倾向性宽恕。高共情者把责任归于自己,并较容易体验到状态性宽恕。也有研究发现对侵犯的思虑会直接影响宽恕(McCullough et al., 1998),这可能是因为对侵犯的回忆和思虑会使人对侵犯产生痛苦,从而产生回避和/或寻求报复的动机。

3.3 侵犯的后果及道歉对宽恕的影响

侵犯的后果包括后果的严重程度及后果消除的程度(后果是否仍然对受害者有影响)。研究表明侵犯的后果的消除程度与宽恕呈正相关,在控制了其他的影响因素的条件下,侵犯后果消除得越彻底,就越容易得到宽恕(Girard,Mullet,1997;Girard,Mullet,Callahan,2002)。也有研究表明侵犯越严重,就越难以得到宽恕。McCullough等的研究发现,侵犯的严重程度会直接影响宽恕中的慈善(benevolence)动机(McCullough et al.,2003)。侵犯者的道歉等寻求宽恕的方式也会影响宽恕。研究表明道歉既可以直接影响宽恕,也可以通过共情而间接影响宽恕(McCullough et al.,1997;McCullough et al.,1998)。

3.4 人际关系对宽恕的影响

人际关系,特别是亲密、承担义务的人际关系,是宽恕的一个重要影响因素。研究表明人际关系的亲密程度与宽恕呈正相关(Coyle,Enright,1997),亲密、承担义务的人际关系中的一方会更愿意宽恕对方。McCullough等的研究发现被描述为满意且承担义务的夫妻关系与宽恕呈显著正相关(McCullough et al.,1998)。这种人际关系对宽恕的影响,可以通过思虑和共情间接影响宽恕,还可以先通过道歉再通过共情影响宽恕。Finkel等对人际关系中的承担义务关系与宽恕做过研究(Finkel,Rusbult,Kumashiro,Hannon,2002),结果发现承担义务关系中的维持关系的意图而不是长期定向和心理依恋与宽恕有密切的联系。亲密人际关系中的一方较愿意宽恕对方可能是由于这种关系把受害者和侵犯者的某些利益融合在一起了,从而驱使受害者通过忽略伤害以最大可能来维持此种关系,促使受害者较愿意宽恕对方。

3.5 人格对宽恕的影响

已有的研究发现宽恕受人格特征的影响。Brown在一项为探讨自编的宽恕倾向问卷(Tendency to Forgive,TTF)的聚敛效度与区分效度的研究中检验过宽恕倾向与大五人格问卷(Big Five Inventory,BFI)的各维度的关系(Brown,2003),结果发现宽恕倾向与宜人性呈显著正相关,与神经质呈显著负相关,与外倾性无显著相关。Berry等的研究也用大五人格问卷来检验自编的宽恕倾向问卷(Transgression Narrative Test of Forgiveness,TNTF)的区分效度与聚敛效度(Berry,Worthington,Parrott,O'Connor,Wade,2001),结果发现宽恕倾向与宜人性呈中等程度的正相关,与神经质呈中等程度的负相关,而与谨慎性、外倾性、开放性无显著相关。McCullough等的研究也发现大五模型中的宜人性能直接影响宽恕中的报复、回避和仁慈动机(McCullough,Hoyt,2002),而神经质则只能通过受害者对侵犯的严重程度的认知间接影响回避和仁慈动机。

3.6 文化背景对宽恕的影响

个人的文化背景也影响着人的宽恕的产生，已有研究发现东西方文化对宽恕的理解存在着差异（Gassin，2001）。宽恕自己在西方个人主义文化中被认为是必要的，而在东方集体主义的文化中被认为是不合理的；这在西方宽恕自己是通过个人领悟、专业咨询的途径而达成，而在东方则是通过群体的叙述、仪式和象征而达成的（Sandage，Wiens，2001）。

也有研究表明宽恕不受文化影响。Vinsonneau等对分别来自西欧和非洲马格里布（Maghreb）地区的203名15—16岁的青少年做过一项实验研究（Vinsonneau，Mullet，2001）。实验材料为48张描述青少年间打架事件的卡片。这些呈现卡片分别包含五个变量的不同水平的信息即（2×2×2×2×3）设计：侵犯者的出身（基督徒与穆斯林信徒），受害者的出身（基督徒与穆斯林信徒），行为意向（有意与无意），道歉（道歉与未道歉），后果的消除（完全、部分、完全没有）。研究发现，青少年的宽恕意愿的平均水平有差异，但不是很明显的；宽恕要受道歉因素的影响，并非无条件的；他们认为可以宽恕不同出身的人。Azar等对来自黎巴嫩的六个不同社区的成年人做过研究（Azar，Mullet，2001），目的是检验宽恕的影响因素对于不同社区和出身的人的宽恕意愿的影响是否存在差异。实验材料是24个故事，它们分别由伤害的意向（有意与无意）、后果的消除（完全、部分、完全没有）、与侵犯者的宗教的相似性（相同与不同）、侵犯者的道歉（有与无）这四个变量的不同水平的组合即（2×3×2×2）设计而成。研究结果发现被试的宽恕意愿的平均水平都较高且几乎相等；宗教的相似性对宽恕意愿的影响很小；道歉因素对宽恕意愿有着重要的影响。

4 问题与小结

宽恕在东西方文化中都有着丰富的内涵，但两者存在差异。中国传统文化中“恕道”侧重于从“修身”的角度来看待宽恕，把它看作处理人际关系的一种人际观或方法准则，它不完全等同于西方的“forgiveness”，即强调宽恕在解决人际冲突中的作用。宽恕的各种操作性定义间存在着很大的差异，而且有些定义可能与诸如自愿牺牲（willing to sacrifice）、助人等概念相混淆。

叙事法主要是一种质的研究方法，它有助于对宽恕的内涵及其过程进行更深入的理解。问卷法主要包括测量受害者对某个人的某次侵犯的宽恕和宽恕倾向的测量。受害者对某个人的某次侵犯的宽恕的测量要求被试者回忆自己亲历的侵犯性事件，所以如果被试的数量足够大时，就基本上能够对人际的所有侵犯性事件的宽恕进行测量。

它的潜在的假设是不同侵犯性事件的宽恕过程是相同的，而且个体间不存在差异。因此，它能比较好地测量出人们的宽恕水平。宽恕倾向的测量测量被试者对于假定的侵犯的反应。由于这些侵犯性事件很多都是假定的，被试者并未有过真实体验，所以被试不一定按自己的真实想法来回答问卷，而更可能按社会的期望来完成问卷，这可能是这方面的问卷只有一个维度的原因。当前，宽恕的实验研究主要包括两个方面：一是探讨宽恕的影响因素和各种影响因素之间的关系；一是探讨宽恕的临床干预效果。对宽恕的内在结构及其本性方面的实验研究却很少。

已有的研究大都认为共情是影响宽恕的一个重要的影响因素，因为它不仅直接影响宽恕，而且是很多影响宽恕的因素的中介变量（McCullough et al.，1997；McCullough et al.，1998）。宽恕的临床干预研究也发现共情是宽恕产生过程中的一个重要步骤（Enright，1995），因此，共情也可能是宽恕的一个重要成分，而不是外在于宽恕的影响因素，这需要以后的研究来进行验证。另外，宽恕的影响因素也比较复杂，除了上面这些主要的因素外，对行为意向的解释、对后果的严重性的认知、对侵犯行为能否避免等的认知因素也会影响宽恕（Girard，Mullet，1997；Girard，Mullet，Callahan，2002）。

合作者：罗春明；原文载于：《心理科学进展》，2004，12（6）：908-915。

共情特质的神经生物学基础

1 引言

共情是指个体在认识到自身所产生的感受来源于他人的前提下，通过观察、想象或推断他人的情感而产生的与之同形的情感体验状态（De Vignemont，Singer，2006）。它可以使个体快速地与他人的情绪状态形成关联，在人们的社会交往和相互合作中发挥着非常重要的作用，是漫长的进化过程赋予人类的基本适应功能之一（De Waal，2008）。共情是一个研究历史悠久、内涵极其丰富的概念，可以从不同的角度进行分析。目前，大部分研究者都认同共情反应包含两大成分：情感共情（emotional empathy）和认知共情（cognitive empathy）（Eisenberg，Eggum，2009；Fan，Duncan，deGreck，Northoff，2011；Gladstein，1983）。其中，情感共情反应指的是对他人情绪的替代性分享过程；而认知共情反应是指个体对他人情感的理解过程。

前人研究发现，情感共情和认知共情分别有其所对应的神经基础（潘彦谷，刘衍玲，马建苓，冉光明，雷浩，2012）。其中，情感共情与人们不自觉的模仿过程有关。镜像神经系统为这一心理特性提供了神经生物学基础，其最早发现于猴子的前运动皮层F5区（Rizzolatti，Fadiga，Gallese，Fogassi，1996）。在人类大脑中也有类似的结构，主要包括额下回、顶下小叶、后顶叶皮质和颞上沟等脑区（Molenberghs，Cunnington，Mattingley，2012）。研究者认为，镜像神经系统内储存了特定行为模式的编码，这种特性不单能让个体自动地执行基本的动作，同时也让个体在看到别人进行同样的动作时，不用细想就能够心领神会（Bastiaansen，Thioux，Keysers，2009）。前人研究表明，镜像神经系统（特别是额下回）与人们的内感觉网络（interoceptive network）（如脑岛和前扣带回）（Bernhardt，Singer，2012）及边缘系统之间存在密切的连接关系（Carr，Iacoboni，Dubeau，Mazziotta，Lenzi，2003；Jabbi，Keysers，2008），可能正是通过这种无意识的具身模仿过程，使得人们自动感染到了他人的情绪。而认知共情的神经基础既包括心理理论神经系统的成分，如内侧前额叶、颞上沟、颞顶联合区、颞极等（Frith，Singer，2008；van Overwalle，Baetens，2009），又包含情感加工的相关脑区（如脑岛、前扣带回等）。其中，腹内侧前额叶在认知共情过程中发挥着核心的桥梁作用（Shamay-Tsoory，Aharon-Peretz，Perry，2009），它与脑岛和前扣带回等主管情感加工的脑区存在着紧密的功能连接关系，可以使得被试通过自我投射的方式来感受他人的情感（Meyer et al.，2013）。最近脑损伤的研究结果也表明，额下回在情感共情反应过程中起到了关键作用，右侧前额叶皮层与认知共情过程密切相关，而前脑岛和前扣带回对于这两种共情反应过程都是不可或缺的，并可能在其中起到了整合的作用（Hillis，2014）。总之，作为一种短暂的情绪反应状态，情感共情和认知共情是两种既相互独立又高度相关的心理和神经成分（岳童，黄希庭，2014；Schulte-Rüther，Greimel，2011）。

然而，共情不仅仅是一种短暂的情绪反应状态，也是一种稳定的人格特质。不同个体的共情能力高低有别，这种人格特质上的差异一直以来都是共情研究领域中的重要主题之一。在以往的研究中，研究者大多是通过编制相关测量工具，在被试自我报告的基础上对人们的共情特质进行考察，而这些问卷也基本是从情感共情和认知共情两个方面来构建相关题项的。典型的测量共情特质的量表有人际反应指针量表（Interpersonal Reactivity Index，IRI）（Davis，1983），基本共情量表（Basic Empathy Scale，BES）（Jolliffe，Farrington，2006）及认知和情感共情量表（Questionnaire of Cognitiveand Affective Empathy，QCAE）（Reniers，Corcoran，Drake，Shryane，Völlm，2011）等。以目前较为常用的IRI为例，它包括4个分量表：共情关注（empathic concern）和个体忧伤（personal distress）维度分别用来测量个体的情感共情能力，而想象（fantasy）和观点采择（perspective taking）两个分量表用来考察人们的认知共情能力。近些年来，随着功能性磁共振成像（functional magnetic resonance imaging，fMRI）技术的发展，特定脑区损伤病人研究的开展及行为遗传学（behavior genetics）在心理学研究中的应用，越来越多的研究者也开始关注人们的共情能力是否也有其特定的神经生物基础。针对这一问题，本文在梳理和总结相关文献基础上，将分别从大脑的任务态、结构态和静息态等角度综述共情特质差异背后的神经基础，并初步探讨影响共情能力的遗传因素，以此对未来可能的研究方向提出展望。

2共情特质在大脑激活模式上的差异

创设特定的共情情境以探讨大脑在执行该任务时相关脑区血氧含量和血流量的变化是以往研究者考察共情反应神经机制的重要方法之一。如前文所述，既然大脑在有关共情反应的任务态下会涉及一系列脑区的参与，那么共情特质水平不同的个体在进行共情反应时，相应脑区在激活模式上是否也会存在差异呢？

很多研究结果表明，在进行情感共情反应时，人们在共情特质上的差异主要反映在脑岛、前扣带回和额下回等脑区的活动上。首先，情感共情能力高的个体其内感觉系统的激活程度更强。例如，Singer（2006），Singer等（2004）的研究发现，被试在IRI量表上共情关注维度的得分可以正向预测其在疼痛共情反应中前脑岛和背侧前扣带回的活动。

在Pfeifer,Iacoboni,Mazziotta和Dapretto(2008)的研究中让儿童被试模仿或者观察不同的表情,同时用fMRI扫描他们的大脑,然后用改编的IRI量表测量他们的特质共情水平。结果发现,被试右侧脑岛、左侧杏仁核的激活程度和儿童的情感共情能力呈现显著正相关。这些研究结果说明,善于分享他人情感的个体,可能自身情感加工能力也更强。其次,在观察他人情绪时更多利用镜像神经系统可能也是高特质共情者情感共鸣能力比较突出的重要原因。例如,Kaplan和Iacoboni(2006)的研究发现,被试在IRI量表上情感共情维度上的得分可以正向预测他们在观察他人动作时额下回的激活程度。镜像神经系统的活动也可以用脑电波μ节律抑制来表示,有研究发现女性在观看他人疼痛时的μ节律比男性有更加明显的抑制,且抑制的程度与情绪共情量表上的得分显著正相关(Woodruff,Martin,Bilyk,2011;Yang,Decety,Lee,Chen,Cheng,2009),这说明女性可能比男性更善于利用镜像神经系统与他人情感产生共鸣。最后,前人一系列的研究均表明,催产素(Oxytocin)在提高个体的共情能力方面起着非常重要的作用(Bos,Panksepp,Bluthé,vanHonk,2012;Panksepp,Panksepp,2013),而这种促进作用主要是通过增强情感共情相关脑区的活动来实现的,这进一步证实了高低特质共情者在神经激活模式上的差异。例如,Perry等人(2010)研究发现,催产素可以增强男性被试镜像神经元的激活,从而提高个体的情感共情能力。Riem等人(2011)也发现,催产素可以通过提高脑岛和额下回的激活程度来增强女性对婴儿哭泣的反应水平。

人们认知共情水平的差异在大脑激活模式上也有所体现。大量基于脑损伤病人的研究结果表明,内侧前额叶与认知共情能力存在密切的关系。例如,有研究发现在内侧前额叶上遭到损伤的患者不仅在自我报告的认知共情能力(IRI量表上观点采择和想象分量表)上相比于正常组被试有显著降低,而且在情感识别、心理理论任务上也有较差的表现(Shamay-Tsoory,2009)。Leopold等人(2012)的研究也发现,腹内侧前额叶损伤的病人在情感观点采择任务表现上有明显的不足。另外,女性的认知共情能力往往要显著的高于男性(Ang,Goh,2010;Gouveia,Milfont,Gouveia,Neto,Galvão,2012),而最近的脑成像研究也揭示了导致这种性别差异的神经激活模式上的原因。例如,Derntl等人(2010)发现在情感观点采择任务中女性比男性更多地激活了杏仁核、海马、颞上沟及额下回等脑区,而男性则在颞顶联合区比女性有更强的激活。这表明,女性在认知共情过程中更多地用到了情绪加工的区域,因而较容易对他人的情感感同身受;而男性被试则在该过程中仅仅去推测他人的心理状态,但较少的被他人的情绪所感染。这种加工倾向性上的不同可能是男女在认知共情过程中表现出性别差异的重要原因。

总之,以上结果说明,人们共情特质的差异会在大脑进行共情任务时的神经激活模式上有所表现:情感共情特质能力较高的个体,更多地激活了镜像神经系统和内感觉系统;而认知共情特质水平较高的个体,心理理论系统与情绪加工脑区之间可能存在更强的联系。

3共情特质在脑结构上的差异

研究者发现,很多人格特质都与大脑结构存在着对应关系(Coutinho,Sampaio,Ferreira,Soares,Gonçalves,2013;De Youngetal.,2010;Xu,Potenza,2012)。因此,从结构模态的角度来探讨个体特定行为倾向背后的神经基础,是近些年来人格心理学研究领域中的重要研究取向之一。由于大脑结构包括脑灰质和白质,分别富含神经元胞体和神经纤维(或神经元间的连接),接下来本文便将从这两个方面来论述共情特质的个体差异是如何反映在大脑结构中的。

基于体素的形态学分析(voxel-based morphometry,VBM)技术可以定量计算大脑局部灰质的体素多少和信号强度的大小,常用来探究脑功能的结构基础。例如,Cheng等人(2009)的研究从大脑结构的角度揭示了共情特质性别差异存在的原因。他们发现,女性较之于男性在额下回的三角部和顶下小叶上有更大的灰质体积,且额下回的三角部的灰质大小可以正向预测个体自我报告的特质情感共情的水平。额下回和顶下小叶都属于镜像神经系统的一部分,这进一步说明,男性和女性在具身模仿能力上的不同可能造成了他们共情特质上的差异。Hooker,Bruce,Lincoln,Fisher和Vinogradov(2011)采用VBM的方法,探讨了精神分裂症(schizophrenia)患者观点采择能力与大脑灰质结构之间的关系,结果发现腹内侧前额叶灰质体积的减小可能是导致他们观点采择能力较差的重要原因。Cheetham,Hänggi和Jancke(2014)探讨了IRI量表中“想象”这一共情维度的脑结构基础,结果发现该人格特质与海马和背内侧前额叶等脑区的灰质体积存在紧密的联系,进而可从神经水平上推知“想象”特质水平较高的个体更善于将自我投射到特定的场景中去想象他人的感受。Banissy,Kanai,Walsh和Rees(2012)采用VBM的方法,全面探讨了个体在IRI量表4个维度上的得分与大脑结构之间的关系。结果发现,在情感共情成分上,共情关注维度得分与左侧楔前叶、左侧额下回及左前侧扣带回的灰质体积成反比,而个体忧伤维度得分与左侧躯体感觉皮质的灰质体积成反比,但是与左侧脑岛的体积成正比;在认知共情成分上,观点采择维度上的得分与左侧前扣带回的灰质体积增加有关,而想象力维度得分与右背外侧前额叶皮层灰质体积增加有关。Eres,Decety,Louis和Molenberghs(2015)探讨了被试在认知和情感共情量表上的得分与大脑灰质结构之间的对应关系,结果也发现情感共情与脑岛皮层的灰质体积呈显著正相关,而被试自我报告的认知共情水平越高,中扣带回/背内侧前额叶等脑区的灰质体积越大。

弥散张量成像(Diffusion tensor imaging,DTI)技术可以考察出各个脑区之间的白质纤维束联结,以及结构联结在不同组群上的差异,从而从结构上揭示共情相关脑区的白质纤维束连接情况。Bernhardt,Klimecki,Leiberg和Singer(2014)的研究发现,前脑岛在额叶前部、额缘及中线结构网络系统中充当着主要枢纽的作用。也就是说,那些较容易产生共情情感的人可能在前脑岛和额叶前部等参与社会认知的神经网络中有着更强的结构整合。另外,Parkinson和Wheatley(2014)探讨了个体特质情感和认知共情上的差异在白质纤维束的结构连接上的反映。结果发现,被试在共情关注维度上的得分与边缘系统内部,以及主管知觉与情感脑区之间的纤维束连接通路的各向异性分数(fractional anisotropy,FA)成正比。然而,观点采择维度得分较高的被试并没有在结构连接方面表现出明显的特点。对于这种结果,研究者认为可能是由于情感共情的发生过程更加快速和自动化,因此更加依赖于不同脑区间的结构联结。相反,对于认知共情来说,由于其在人类成长过程中出现得较晚,且各个脑区之间的作用并不是自动发生的,因此可能并没有形成稳定的结构连接。Fujino等人(2014)发现,精神分裂症患者相比于正常组的被试在IRI量表的"个体忧伤"维度上有更高的得分,而在"想象"维度上有更低的得分。其中,精神分裂症患者在胼胝体上的各向异性分数与其自我报告的自我忧伤的水平成反比,说明无法进行有效自我-他人区分可能是导致他们情感共情能力高于常人的一个重要原因;另外,被试下额枕束、丘脑前辐射等脑区的各向异性分数与精神分裂被试的想象维度得分呈正相关关系,说明语义加工等认知能力上的不足是导致其认知共情能力下降的重要原因。

从以上研究可以看出,个体共情特质上的差异也有其所对应的脑结构基础。总的来说,这种对应关系与共情产生时的神经环路是可以大致相互印证的,它们可能共同说明:个体的共情水平越高,其动作模仿能力越为突出(反映在镜像神经系统的大脑结构上),情感加工能力也更强(反映在前脑岛及边缘系统的脑结构上),也更善于理解他人的情感(反映在内侧前额叶的脑结构上)。

4 共情特质在大脑静息态功能连接上的差异

静息态的功能磁共振成像(resting state functional magnetic resonance imaging,R-fMRI)技术在近些年的研究中越来越受到关注。它无须实施特定的认知任务,考察的是在无外部输入输出信息的情况下大脑功能的自发活动。相比于任务激活范式中对单个脑区分离的研究,基于静息态功能磁共振成像不仅整合了任务激活研究中获得的脑区认知功能信息,而且反映了那些区域的内部功能连接模式。近些年来,R-fMRI方法已经被广泛应用于探讨脑-行为之间的关系，如在人格特质上的个体差异是如何在大脑静息态功能连接中进行反映的（DiMartinoetal.，2009；Andrews Hannaetal.，2007；Coxetal.，2010）。对于共情这一特质，目前研究者也利用该方法进行了一些初步性的探讨。

Cox等人（2012）采用了低频振幅（amplitude of low frequency fluctuations，ALFF）技术，探讨了正常被试的共情特质在人脑内在功能连接上的表现。他们用人际反应指数量表测量了被试的特质共情水平，以其中共情关注和观点采择两个维度相减的得分作为相对共情能力（relative empathic ability，REA）的指标，即相对的情感共情能力和认知共情能力。结果发现，情感共情主导的被试在社会情感区域（腹侧前脑岛、眶额叶皮层、杏仁核以及前扣带回）之间有更强的功能联结，而认知共情主导的被试在主管内感受，自动监控以及社会认知加工的脑区（脑干、颞上沟、腹侧前脑岛）之间有更强的功能联结。另外，Takeuchi等人（2014）探讨了248名健康被试共情化倾向与大脑静息态功能连接之间的关系，结果发现高共情化的个体内侧前额叶与楔前叶/中部扣带回之间存在着更强的功能连接。鉴于这些脑区都是默认网络的一部分，该研究的作者认为这说明了默认网络在共情特质中的重要作用，即高共情特质者可能更善于利用内侧前额叶及楔前叶来推测他人的情绪状态。总之，这两个研究表明，大脑中与共情相关的脑区在非任务状态也存在着复杂的网络系统。

5共情特质在基因水平上的差异

探索遗传因素对共情能力的影响是共情研究中的一个重要问题，迄今为止已有很多学者从行为遗传学的角度对此进行了探讨。一系列双生子研究均发现，人类的共情能力具有高度的可遗传性，约能解释观点采择能力67%和共情反应能力34%—47%的变异（Hughes，Cutting，1999；Knafo，Zahn-Waxler，van Hulle，Robinson，Rhee，2008）。最近，Knafo和Uzefovsky（2013）对探讨共情特质个体差异的双生子研究进行了元分析，结果也发现基因因素可以分别解释认知和情感共情30%和26%的变化。而且，在情绪症状较高的双生子群体中，遗传因素对共情特质的贡献更大。这说明，个体共情能力的差异在很大程度上受基因表达的影响。

从已有的研究结果来看，某些基因类型与人们的共情能力之间存在着非常密切的联系。Rodrigues，Saslow，Garcia，John和Keltner（2009）的对192名不同民族的被试采样结果表明，催产素受体（oxytocin receptor，OXTR）基因*rs53576*位点上AG或AA型的被试相比于GG型的个体表现更少的共情反应。其中，携带A等位基因的被试不论是在认知共情任务还是特质共情水平（在IRI量表上的得分）上均有明显的降低。Wu，Li和Su

(2012)进一步发现,催产素受体基因的某些单核苷酸多态性(single nucleotide polymorphism,SNP)位点,如*rs2254298*、*rs2268491*、*rs13316193*和*rs4686302*,与认知共情有关,基因型为CT者比基因型为TT者表现出更强的认知共情能力;而在*rs237887*和*rs4686302*等位点上,G等位基因携带者要比A等位基因携带者表现出更强的情感共情能力。Uzefovsky等人(2015)发现,拥有催产素受体*rs53576-A*等位基因的个体情感共情能力更差,而精氨酸加压素受体1A(Arginine vasopressin receptor 1a,AVPR1a)基因与被试更低的认知共情能力有关。另外,Uzefovsky等人(2014)还发现,多巴胺D4受体(Dopamine D4 receptor,DRD4)与个体的认知共情而非情感共情有关,且这种关系仅仅存在于女性被试群体中。还有研究者发现5-羟色胺2A受体基因(serotonin receptor 2A gene,*HTR2A*)与个体共情特质中的观点采择能力有关,其中在T102C(*rs6313*)位点上携带更多C等位基因的被试换位思考的能力更低,并存在更多的人际交流问题(Gong,Liu,Blue,Li,Zhou,2015)。最后,精神分裂症患者往往在认知共情能力上有明显的不足,而这可能与一种精神分裂症易感基因*ZNF804A*有关。有研究表明,该易感基因的携带者在背内侧前额叶及左后侧颞上沟/颞顶联合区的激活水平较弱,也更少激活镜像神经系统,而这些脑区在共情反应过程中起到了非常重要的作用(Walter,2012)。

总之,共情特质的个体差异也有其遗传基础。但是,目前的研究所得出的结论还是比较初步的,随着神经基因学(neuro genetic)的发展,未来可望对导致共情特质差异的遗传基础提供更为详细的视角和证据。

6总结与展望

共情是一种重要的人格特质。这种人格特质差异背后的神经生物基础目前已受到越来越多研究者的重视,并取得了不少的研究成果。总的来说,共情特质的差异在大脑任务态、结构态和静息态上均有所体现,它们共同说明:个体的共情特质与其具身模仿能力、情感加工能力及情绪理解能力存在密切的关系。不仅如此,共情特质还有遗传生物学基础,很多基因类型可以决定人们共情能力的高低。在上述研究基础上,未来还可以在如下几个方面做进一步的探讨。

首先,以往关于情感共情特质的研究一直以来都存在一个问题,即研究者往往更关注个体对他人消极情感的共情能力(Morelli,Lieberman,Zaki,2015)。事实上,人们不仅能对他人的消极情感产生共鸣,同样也可以分享他人的积极情感,这种对他人积极情绪状态理解和间接分享的能力即积极共情(positive empathy)(Morellietal.,2015;Sallquist,Eisenberg,Spinrad,Eggum,Gaertner,2009)。分享他人幸福快乐的能力往往被人们视为一种美德,在构建和谐的社会关系过程中发挥着重要的作用。从已有的研究结果来看,积极共情特质与传统研究中的消极共情特质虽存在高度相关,但却是两种相互独立的心理结构(Andreychik,Migliaccio,2015;Morelli et al.,2015;Sallquist et al.,2009)。然而,这些结论都是建立在基于自我报告的相关研究基础之上的,目前还未有在神经层面上展开过对积极共情特质的探讨。因此,未来需要进一步扩展对共情特质结构的研究,更为全面地讨论积极共情特质的神经生物基础问题,以对共情这种重要的人格特质做更为全面的了解。

其次,虽然共情特质具有可遗传性,但遗传基因的差异并非造成人们共情能力高低有别的决定性因素,个体的成长经历、父母的教养方式、社会文化等环境因素也会其产生重要的影响。这就意味着,共情特质的个体差异可能是基因与环境相互作用的结果。对于该问题,研究者已经开始尝试进行了一些初步性的探讨。例如,Cheng等人(2007)发现非医师组观看疼痛刺激录像时与经历疼痛有关的脑区(如脑岛、前扣带回和躯体感觉皮质)有了明显激活,而医师组仅仅激活了与心理理论相关的脑区(如内侧前额叶和颞顶联合区),这说明医师特殊的工作经历(经常面对疼痛刺激情境)可能抑制了他们情感共情能力的表达。Knafo和Uzefovsky(2013)的研究发现,低经济地位会降低基因对共情特质的影响,但随着被试年龄的增加,基因对共情能力的影响会逐渐提高,说明遗传和生长环境会共同对个体的共情能力产生影响。不仅如此,Luo等人(2015)最近的研究结果还发现,个体的共情能力还受基因-文化交互作用的影响,即催产素受体rs53576可以调节文化特质(集体主义)与共情特质之间的关系。但目前这方面的研究很少,得出的结论也十分有限。因此,今后应从更为系统、动态的角度,深入细致地考察基因与环境间的相互作用对共情特质个体差异的影响。

最后,共情能力是一种重要的促进人际关系的手段,对人们的社会交往起着关键的作用。但是,由于先天或后天的原因,一些人会缺乏基本的共情能力,如自恋型人格障碍患者(narcissistic personality disorder,NPD)、反社会型人格障碍患者(antisocial personality disorder)等等(Abdallah,1998;Blair et al.,1995)。这些人在共情能力上的缺陷会导致一系列社会问题的发生,从人际交流障碍,校园里的欺辱行为,到比较严重的暴力犯罪等。这提醒研究者,如何通过教育或训练手段来有效改善某些人群的共情能力是非常有意义的课题。而探讨共情特质的变化是如何在大脑神经水平上反映的,对于共情能力的改善有重要的理论参考价值和广阔的应用前景。最近一个在实验室中的研究发现,通过短期的共情能力训练,被试看到他人遭受痛苦时相比于控制组在前脑岛和前扣带回等共情反应核心脑区的活动有了明显的增强(Klimecki,Leiberg,Lamm,Singer,2013)。这可以用赫布理论(Hebbian Theory)来解释,即对神经元进行反复刺激会使它们之间的突触强度增加。在今后的研究中,可在这个方面做更为深入的探讨,以应用于临床实践中,为某些与共情有关的心理疾病提供康复效果的脑指标,并开展具有针对性的改善相关人群(如暴力罪犯,恐怖分子等)共情能力的训练项目。

合作者:岳童;原文载于:《心理科学进展》,2016,24(9):1368-1376。

专题四　健全人格养成

健全人格的养成是一个长期努力培养修养的过程。

引言

健全人格的养成是个人长期修养的结果。孔子的人格修养是我们学习的榜样。孔子说:“吾十有五,而志于学。三十而立。四十而不惑。五十而知天命。六十而耳顺。七十而从心所欲,不逾矩。”(《论语·为政》)孔子在这里讲的“学”,不是上学求知的学。《论语》中孔子说:“志于道”(《述而》)又说:“朝闻道,夕死可矣。”(《里仁》)孔子的志于学,就是志于这个“道”。“道”就是我们用来提升人生境界的道理。孔子还说:“立于礼。”(《泰伯》)又说:“不知礼,无以立也。”(《尧曰》)因此孔子说他“三十而立”,是指他三十岁时懂得了礼,懂得了人生价值观,言论行动都很得当。孔子说:“四十而不惑”,是说四十岁的他已经成为知者,因此“知者不惑”。《论语》中的知相当于智慧的智。智是君子人格中的有机组合部分,也是人生修养的重要内容。他说:“择不处仁,焉得知。”(《里仁》)意思是,如果一个人行为选择不以仁为标准,那就不能称他具有知,即是说,仁是知的前提。

孔子很看重四十岁这个年龄,在他看来,如果一个人四十岁都无所作为,那么这个人一辈子都不会有所作为了。“子曰:‘后生可畏也,焉知来者之不如今也?四十、五十而无闻焉,斯亦不足畏也已!’”(《子罕》)孔子说,年轻人是可敬畏的,怎知未来的一辈就赶不上现今一辈呢?但一个人四五十岁还没有什么声望,也就不值得敬畏了。孔子还说:“年四十而见恶焉,其终也已。”(《阳货》)意思是,一个人到了四十岁还被人厌恶,他这一辈子也就完了。

“五十而知天命。”孔子十分重视天命对人生的意义。《论语》全书最后,“孔子曰:‘不知命,无以为君子也。不知礼,无以立也。不知言,无以知人也’”。孔子说,不懂得命运,无法成为一个君子。不懂得礼仪,行为无法得当,无法立于社会。不懂得分析别人的言语,无法了解别人。所谓知天命,就是阅尽人生百态,真正懂得为人处世的道理,并融会贯通成为理性认识。五十岁的孔子已经从理性上认识了人生的道理。“六十而耳顺”,是指好话坏话都能听得进去,既不动心也不生气,是一种淡定的心态。“七十而从心所欲,不逾矩。”孔子这时对人生的感悟已经从必然王国进入到自由王国,言行都自由自如,不会出什么差错了。但孔子仍十分智慧,给七十岁的自由加了一个限制:“不逾矩”。自由是遵守规矩的自由。他仍在提醒自己“不逾矩”。孔子活到七十二岁,去世。

孔子还说过:“君子有三戒:少之时,血气未定,戒之在色;及其壮时,血气方刚,戒之在斗;及其老也,血气既衰,戒之在得。”(《季氏》)君子应在三个不同的年龄阶段警诫自己:年轻时血气未定,自控能力较差,应在迷恋女色、玩物丧志方向警诫自己;壮年时血气正旺,应在争强好胜方向警诫自己;年老时血气已衰,应在贪求名利方向警诫自己。孔子的这段话表明,追求君子人格,需要用人的一生去努力,而不是一朝一夕的兴之所至,也不是一时一事的权宜之计。

从《论语》看,君子人格的养成具体有哪些途径呢?我觉得以下几点对于健全人格养成教育具有十分重要的意义。

修身的途径是好学。"孔子曰:'君子食无求饱,居无求安,敏于事而慎于言,就有道而正焉,可谓好学也已。'"(《学而》)孔子说,对于君子而言,吃饭不贪求饱足,居住不讲究舒适,做事勤敏,说话谨慎小心,时常向有道德的人学习并改正自己的缺点,这样做就称得上好学的了。在孔子看来,好学首先是一种精神状态,即以愉快的心态去学习。"子曰:'学而时习之,不亦说乎?'"(《学而》)孔子说,学习以后,时时温习,不也是很愉快吗?其次,好学要以德行为本。"子夏曰:'贤贤易色,事父母能竭其力,事君能致其身,与朋友交言而有信,虽曰未学,吾必谓之'学'矣!'"(《学而》)弟子子夏说,对待妻子注重品德而不注重相貌,侍奉父母能尽心尽力,侍奉君主能豁出性命,结交朋友说话守信。这样的人虽然没有学习过,但我要说他学习过的。哀公问:"弟子孰为好学?"孔子对曰:"有颜回者好学,不迁怒,不贰过,不幸短命死矣,今也则亡,未闻好学者也。"(《雍也》)鲁哀公问孔子:你的学生中哪一个最爱学习呢?孔子答:"颜回好学,他从不把怒气转移到别人身上,也不常犯同样的错误。不幸他短命死了。现在就没有这样的学生了。我还没听说过谁好学呢。"也是从品格是来衡量"好学"的。当然,好学也包括学习文化知识。孔子说:"不学《诗》,无以言。"即不学习《诗经》,就不会写文章。还说:"知之为知之,不知为不知,是知也。"(《为政》)。

修身的首要途径是立志。人生要"志于学"(《为政》)"志于道"(《述而》)。孔子说:"三军可夺帅也,匹夫不可夺志也。"(《子罕》)孔子是一位仁者,他认为"仁"是做人的根本。孔子儒家主张以仁为本,就是以人为本,是对人的理解、关怀和尊重;尊重人的生存权、发展权,强调人的道德自觉、普遍的爱和民主精神。孔子说仁者乐山,他对人生和事业的追求就像山那样坚定、执着、不屈不挠。他的人生态度是"知其不可而为之",明知道不可能的事情却仍然坚持要做。为什么呢?因为他认为那是正确的,因此必须"坚持",这就是"仁心"。有仁心者,不但能够爱人、亲人,而且无论富贵还是贫贱,威逼还是利诱,都不会动摇其坚定的信念,必要时还可以"杀身成仁"。为了自己的理想和信念,为了正义事业和国家的需要而牺牲自己,这就是仁的最高境界。

健全人格者首先要有正确的价值观。正确的价值观有多种,我觉得就个人而言最重要的核心价值观是仁爱和爱国。正确价值观要从小培养,恪守"勿以恶小而为之,勿以善小而不为"的原则;要靠自律同时也靠他律,努力学习励志的文学著作;逐渐做到言行一致，表里如一。孔子说："三人行，必有我师焉！择其善者而从之，其不善者而改之。"(《述而》)即三个人中，就一定有我可以学习的对象，发现别人的优点就向他学习，发现别人有缺点就赶快反躬自省，看看自己是否有同样的毛病，如果有就要立刻改掉。又说："见贤思齐，见不贤而内自省也。"(《里仁》)意思是说，看见别人的优点，就要设法使自己也有同样的优点，看到别人的缺点，就要反思自己，看自己是否也有类似的缺点。除了这两句格言外，《论语》中还有"再思"(即慎思)(《公冶长》)、"反省"(《学而》)、"内省"(《颜渊》)等词来提倡自身修养方法。自省就是自我反省，净化心灵，不断自我提升的过程。

经常自省的人不断净化心灵，有助于健全人格的养成。人生如逆水行舟，不进则退。人生是一场战斗，正如罗曼·罗兰在其《约翰·克利斯朵夫》中写道："人生是一场无休、无歇、无情的战斗，凡是要做个够得上为人的人，都得时时刻刻同无形的敌人作战：本能中那些致人死命的力量，乱人心意的欲望，暧昧的念头，使你堕落使你自行毁灭的念头，都是这一类的顽敌。"你只有通过自省，不断地进化心灵，使自己成为有道德的人、高尚的人，养成正确的价值观、积极的自我观和追求梦想的优秀品格。经常自省的人更容易获得他人的信任，更容易有真诚的朋友；而不自省的人犯了错误，拒绝反思，又不接受别人的批评；既无法得到别人的谅解，也难以融入自己的团体，在事业上很难有所作为。长期坚持写日记，抄录名言警句，对个人内心进行自我剖析、自我评价、自我约束、自我提醒可以养成自省的好习惯。

本专题收录了我们团队的六篇论文，大致包含三个方面内容：

应对压力与幸福进取涉及两篇论文。"压力、应对与幸福进取者"一文分析了应对的本质及其结构以及当代大学生面临压力的应对方式，并着重探讨了面临压力时幸福进取者在努力与放弃、乐观与悲观两个应对维度上的自我调节机制，目的是帮助大学生在学习、成才、实践成功人生道路上有效地应对困难，成为幸福的进取者。"幸福进取的心理健康方法与成人心理健康状况的关系"一文探讨了幸福进取心理健康方法的主要维度，并自编了幸福进取心理健康方法问卷；用该问卷、简版心理健康连续体量表(成人版)和流调中心抑郁量表对六省市的1787名成年人进行测量；结果表明幸福进取心理健康方法问卷具有较好的信效度。

"自我与健全人格的养成"一文分析了健全人格的含义以及自立、自信、自尊、自强与健全人格的关系。文章指出学生健全人格的养成教育是一项系统工程，难度大。我们课题组即将或已经启动以下研究：家庭与学生健全人格的养成；教学改革和教师人格与学生健全人格的养成；校风、班风与学生健全人格的养成；社区文化与学生健全人格的养成；人际(伙伴)关系与学生健全人格的养成；学生人格障碍现状调查；等等。我们以后的研究就是按这些方向去做的，并且也取得了不少成果。

幸福感个体差异的神经功能研究，由两篇论文组成。其中“幸福感的静息态功能磁共振成像低频振幅”一文报道了用静息态功能磁共振成像中的低频振幅(amplitude of low frequency fluctuations，ALFF)技术对159名健康大学生被试研究了幸福感与大脑神经活动的关系，结果发现额叶、顶叶及部分皮层下区域的ALFF值与幸福感有密切关系，而这些大脑区域的ALFF值与幸福感的关系可能表明高低幸福感个体在自我反思、奖赏加工、情绪调节等能力上存在显著差异。发表在*Social Cognitive and Affective Neuroscience*上的“幸福感的静息态默认网络功能连接”一文报道了148名健康被试接受了静息态fMRI扫描，通过独立组成成分分析默认模式网络(default made network，DMN)；结果表明，DMN中功能连接的增加与较低幸福水平相关。具体而言，相对于快乐的人，不快乐的人在前内侧皮质(双侧MPFC)、后内侧皮质区(双侧PCC)和后顶叶皮质(左侧IPL)中表现出更强的功能连接。此外，MPFC、PCC、IPL的功能连通性增强与沉思倾向呈正相关，表现沉思可能在人们的幸福感中有重要的作用。

压力、应对与幸福进取者

1 应对的本质与结构

人活在世界上遇到压力(stress)是无可避免的。无论是少年儿童、青壮年还是老年人,无论在家庭里还是在学校和工作场所,人们都会遇到压力。有压力,就会有对压力的应对(coping)。人们对压力的应对十分复杂。不同的心理学家所给出的定义也不同。例如,Stone和Neale把应对视为对付压力要求的有意识努力(Stone, Neale, 1984)。这个定义反映了学院派心理学家的主张——应对是一种自觉处理压力的过程,不包含潜意识的防御机制。但是应对与防御同属于人类心理适应的方式,它们是紧密联系的,很难分开的,况且当代心理学已经证明潜意识加工是存在的,潜意识的防御在消解情感冲突、提高自尊中扮演着重要的角色。看来,这种定义不够全面。Lazarus和Folkman关于应对的定义很有影响力。他们认为应对是持续的认知和行为努力,以处理被个体认为超出了其个人资源的内部或外部任务,或者说,应对是包括认知和行为的努力,用来管理心理压力的过程(Lazarus, Folkman, 1984)。Matheny认为应对是任何预防、消除或减弱压力源的努力,无论是健康的或是不健康的、有意识的或潜意识的,这种努力也可能是以最小的痛苦方式对压力的影响加以忍受(Matheny, Aycock, Pugh, Curlette, Silva Cannella, 1986)。Skinner和Wellborn从动机的角度来加以界定,把应对定义为在心理压力状态下,人们如何控制其行为、情绪和动机的定向(Skinner, 1995)。该定义与Lazarus, Folkman(1984)的定义不同,在Skinner和Wellborn看来,应对应包括控制威胁以获得能力自主的有意反应和自发反应。Eisenberg及其同事将应对定义为自我调节的一个方面,即应对特指个体面对压力时的自我调节,包括情绪调节和行为调节。他们认为应对不仅包含有意识的努力,也包括潜意识反应(Eisenberg, Fabes, Guthrie, 1997)。Compas等人把应对视为个体在面对压力事件和情境时,调节情绪、认知和行为的有意识的意志努力,而这些调节过程又依存于个体的生理、认知、社会和情绪的发展,并受它们的限制(Compas, Connor-Smith, Saltzman, Thomsen, Wadsworth, 2001)。看来,应对是一个很宽泛的概念。从本质上看,应对是个人在压力状态下的自我调节努力,包括认知的、情绪的和动机的行为反应。这种自我调节的努力既可以是有意识的也可以是潜意识的,既有动态的也有静态的,既有健康的也有不健康的,既有现实的也有非现实的,既有有效的也有无效的。

压力不是一种全或无的现象。应对在本质上与其他行为没有什么区别。我们可以把应对看作一个反应系统来对它进行分析,即可以从多个维度来对它进行分析。例如,Lazarus和Folkman(1984)把应对分为问题取向应对和情绪取向应对,前者着眼于解决问题而后者则着重于缓解负面情绪。Weisz等把应对分为原发控制应对(primary control coping)和继发控制应对(secondary control coping);前者系直接指向产生影响的客观事件或情境(如解决问题)或直接控制个人情绪(如调节情绪表达)的应对努力,而后者则包括适应环境的努力,主要包括接受或认知重构。Ebata和Moos把应对分为趋向应对和回避应对;前者包括指向压力情境的认知(积极评估)和行为(直接行动)反应,而后者则包括不考虑压力源或努力回避面对压力情境的认知或逃避行为。还有把应对分为:自我取向应对和外部取向应对,认知应对和行为应对,主动应对和被动应对,有效应对和无效应对等。

除了二分法的之外还有三分法的。例如,将应对方式划分为评估取向(逻辑分析)、问题取向和情绪取向三个维度,或分为情绪取向、任务取向和回避取向,或分为原发控制应对、继发控制应对和不应对(回避压力源和无情绪反应)等。也有根据因素分析得出的结果来加以归类的。例如,把应对方式归类为面对问题,自我控制,寻求信息支持,接受责任,认知重构,计划解决,灾难化,情绪宣泄,体育运动,接受,转移,远离,回避,自责,责备他人,愿望思维,幽默,压抑,退缩,听天由命,否认,使用酒精或药物,寻求社会支持,积聚资源,预先谋划,忍耐,祈求宗教等等。

其实,我们研究压力与应对并对应对方式进行系统分析,目的是深入认识应对的本质,寻求怎样有效应对压力的策略,使人们过上健康、幸福的生活。我们研究大学生的应对方式,其目的是帮助大学生的学习和成才,使他们实现其成功的精彩人生。

2对大学生应对方式的调查

2002年我们曾对一些教师(主要是大学辅导员)做过访谈,结果发现,困扰大学生的主要问题是个人前途/就业、学习压力、经济问题、恋爱问题、人际关系问题。大一新生的入学适应是一个重要的问题。在应对方式上,低年级的学生比高年级的学生欠成熟,易走极端。他们在遇到困难时一般不会向教师求助。对学生的访谈发现,大学生们普遍认为生活中有很多不如意的事,但自认为大多能理智应对,很少采用极端的应对方式。根据对大学师生们的访谈和以往文献的分析,我们依据心理测量学原理编制了一个含9个因素(问题解决、求助、转移、忍耐、逃避、幻想、抱怨、压抑、退缩)共64个项目的大学生应对方式量表(见表1),并对976名大学生(中国青年政治学院、南京师范大学、河海大学、西南大学、重庆大学、山东经济学院、河南大学、福建师范大学等高校学生）进行调查，要求他们用5个等级对自己进行评定。记分方法是“基本上都采用这种方式”记1分，“较多采用这种方式”记2分，“有时采用这种方式”记3分，“很少采用这种方式”记4分，“没有采用这种方式”记5分。也就是说，高分是表示较少采用该应对方式的，低分是表示较多采用该应对方式的。表1列出的是对这次调查数据的因素分析结果。

表1 大学生应对方式问卷的探索性因素分析结果

题号	项目	共同度	因素负荷
因素1抱怨（特征值为8.408，贡献率为14.497%）			
8	常想“这是真的就好了”	0.415	0.347
20	责备自己	0.449	0.408
24	向引起困难的人和事发脾气	0.402	0.542
29	埋怨命运不好	0.592	0.606
32	感到运气不好	0.478	0.571
36	责怪他人做得不好	0.438	0.597
44	认为这是生活对自己不公平的表现	0.516	0.640
52	抱怨外部环境不好	0.516	0.595
因素2转移（特征值5.681，贡献率为9.795%）			
7	想些高兴的事自我安慰	0.441	0.374
25	勤奋学习使我感觉会好些	0.403	0.350
31	把注意力转移到其他方面	0.538	0.717
37	做另一件有意义的事来忘掉它	0.527	0.715
47	做另一些自己喜欢做的事	0.379	0.532
53	投身其他活动寻找新寄托	0.434	0.607
因素3求助（特征值为3.458，贡献率为5.961%）			
2	找知心朋友倾诉	0.486	0.612
3	尽量跟与此问题有关的人讨论解决	0.344	0.522
9	向亲友求教解决问题的办法	0.390	0.573
26	请求他人帮助自己克服困难	0.417	0.603
33	与朋友一起讨论解决问题的办法	0.565	0.677
39	找他人征询意见	0.526	0.683
43	向有经验的师长求教解决问题的办法	0.435	0.512
63	从有相同经历的人那里寻求安慰	0.361	0.316

续表

题号	项目	共同度	因素负荷
因素4问题解决(特征值为2.279,贡献率为3.929%)			
1	冷静思考好好对待	0.423	0.664
5	努力寻找解决问题的办法	0.389	0.520
6	相信失败只是暂时的	0.414	0.401
10	敢于承担自己的责任	0.350	0.496
12	吸取经验去应付困难	0.487	0.699
14	以理智的方式解决问题	0.532	0.714
15	善于从失败中吸取教训	0.528	0.716
17	用平常心态去面对解决	0.441	0.473
19	把挫折视为磨练自己的良师	0.382	0.522
23	仔细分析问题,以便更好地认识它	0.506	0.672
28	反省自己的不足并努力改正	0.464	0.525
38	常想某个方面的失败并不等于人生的失败	0.370	0.322
46	采取切实可行的办法努力改变现状	0.498	0.522
因素5退缩(特征值为1.609,贡献率为2.773%)			
40	蜷缩在床上睡大觉	0.366	0.427
42	自我惩罚	0.368	0.360
54	自我封闭	0.470	0.494
57	破罐子破摔	0.572	0.644
60	一蹶不振	0.616	0.698
62	根本就不想它	0.462	0.490
64	自我虐待	0.474	0.624
因素6忍耐(特征值为1.410,贡献率为2.432%)			
48	自己会尽量忍一时之气	0.469	0.437
51	只有接受,自己加以调节	0.387	0.540
55	会从长远打算,暂时忍耐一下	0.454	0.524
34	不相信那些对自己不利的事	0.402	0.376
因素7逃避/妥协因素(特征值为1.396,贡献率为2.407%)			
16	以无所谓的态度掩饰内心的感受	0.395	0.432
21	常想到顺其自然	0.404	0.600
27	得过且过,拖一天算一天	0.434	0.346
49	常想听天由命	0.431	0.420

续表

题号	项目	共同度	因素负荷
因素8幻想(特征值为1.345,贡献率为2.319%)			
11	爱幻想一些不现实的事来消除烦恼	0.489	0.539
56	有一些不切实际的想法	0.552	0.545
59	想象自己有克服困难的超人本领	0.569	0.772
61	幻想自己已经解决了面临的困难	0.620	0.736
因素9压抑(特征值为1.245,贡献率为2.147%)			
4	一个人默默地忍受着心中的烦恼	0.589	0.689
18	压抑内心的愤怒与不满	0.501	0.653
22	从不向别人说,自己压抑在心中	0.547	0.601
35	不愿让人知道自己的遭遇	0.415	0.514

976名大学生应对方式各维度的平均分与标准差的结果如表2所示。从表2可以看出,各维度平均数由小到大的顺序依次为:问题解决、忍耐、转移、求助、压抑、逃避、幻想、抱怨、退缩。表明当代大学生在应对压力时,主要以问题解决、忍耐、转移、求助等积极的应对方式为主,相对较少采用压抑、逃避、幻想等消极的应对方式(刘凤娥,2002)。

表2　976名大学生应对方式各维度的平均分及标准差

测项	问题解决	忍耐	转移	求助	压抑	逃避	幻想	抱怨	退缩
平均数	2.0804	2.7325	2.5500	2.09096	3.0931	3.2305	3.3248	3.5085	4.0946
标准差	0.5574	0.6352	0.6314	0.6432	0.8067	0.7087	0.8725	0.6500	0.6551

最近我们对大学生应对方式量表进行了修订。修订后的量表含8个因素共49个项目,对490名大学生的测试结果表明,大学生使用8种应对方式的次序依次为:问题解决(2.20),升华(2.47),合理化(2.64),求助(2.89),压抑(3.20),推卸责任(3.64),发泄(3.75),逃避(4.07)。

上述两项调查结果与其他研究者得到的结果基本上一致(Li,Lin,2003;张林,车文博,黎兵,2005),似乎都可以归纳为问题取向应对、情绪取向应对以及逃避应对三大类。

3幸福进取者会怎样应对压力

2003年我的一项调查结果表明,当代我国大学生对心理健康的要求很高;他们渴望能以辩证的态度对待世界、他人、自己,过去、现在和未来,顺境与逆境,自立、自信、自尊、自强,成为幸福进取者(车丽萍,2003)。幸福进取者会怎样应对压力呢?关键是幸福进取者有一个好的自我调节机制，明显表现在努力与放弃、乐观与悲观两个应对维度上的良好自我调节。

每个人都有一个自我调节系统。这个自我调节系统是围绕着人们营造和维持自己所希望的生活环境而组织起来的。每个人都有自己的追求目标。目标的实现过程就是一个自我调节的过程。而个人的目标追求总是与其自我紧密联系在一起的。自我的各个成分影响着人们从事什么样的活动，成长为什么样的人。例如，可能自我是未来导向的。它涉及一个人如何思考尚未实现的、潜在的，他可能成为的那种人。可能自我往往可以不受外界因素或个人缺点的阻碍而运行。自立、自信、自尊、自强也是自我的重要成分，这些成分对于人们应对压力、实现目标都具有重要的意义。

人们追求的目标有长期的和短期的，有重要的和不那么重要的，有紧迫的和可以暂缓的，有抽象的和具体的，有趋向性的和回避性的，等等。在人们向着目标进行努力如果遇到挫折时，往往会暂时中断自己的努力，以较审慎的态度来评估达成目标的可能性。这种情况可能发生一次，也可能经常发生；可能是短暂的，也可能持续很久。可以想见，一个有成熟可能自我的人在遇到挫折时会依据其以往类似的经验，并运用这些经验来解决当前的问题，考虑如何坚持努力去追求目标；而不会放弃对目标的追求，例如采取逃避、做白日梦、愿望思维等应对方式。

面对压力，幸福进取者由于具有自立、自信、自尊、自强等人格特征，会以正面的乐观心态坚持努力，设法寻求有效的方法来应对逆境，通过逆境的考验和磨炼最终达成理想目标，成就事业。这样的例子，古今中外都有。正如王国维在《人间词话》中所说："古今之成大事业、大学问者，罔不经过三种境界：'昨夜西风凋碧树，独上高楼，望尽天涯路'，此第一境也。'衣带渐宽终不悔，为伊消得人憔悴'，此第二境也。'众里寻他千百度，蓦然回首，那人却在灯火阑珊处'，此第三境也。"

压力是一种特殊的体验，即对威胁、丧失或挑战的觉知；威胁是觉知到某件坏事或有害的事将要发生，丧失是觉知到某件坏事或有害的事已经发生。应对就是对这些体验的反应。当人们觉得在实现目标的过程中会遇到障碍或在实现目标的努力过程中遇到障碍时就会产生压力。应对就是创造条件使个人对目标的追求得以进行和继续，或认识到目标不可能实现时而加以放弃。幸福进取者自我中的自立、自信、自尊、自强特征会使人能以正面的态度来对待威胁、丧失或挑战，即以正面的乐观心态来权衡各种选择，考虑这些选择的后果，然后再行动；以正面的乐观心态思考障碍是否可以克服，问题是否可以通过努力加以解决，采取哪些措施加以解决。当他们预期会取得成功（如有进一步努力的机会）时，就会继续努力，并提高努力的程度。而当他们认为没有成功的可能性时，可能会放弃努力，甚至完全放弃朝向目标的尝试。

许多研究表明,正面的乐观心态与问题取向应对及正面的认知重构呈正相关,特别是当认识到压力情境可控时更是如此,人们会主动地想方设法克服困难,针对问题有计划地加以解决,而不是逃避压力源;当认识到压力情境不可控时,则倾向于接受现实情境。乐观的心态与使用否认及逃避问题呈负相关(Scheier,Carver,1992)。有研究表明,困难和挫折可以培养人的意志,培养人的品性,提高人的能力。以正面的乐观心态来解释个人遭遇到的困难和挫折,能化解因挫折等困苦事件所产生的心理冲突、压力感和沮丧,有助于维护身心健康(景怀斌,2006)。

为什么自立、自信、自尊、自强等人格特征会使人面临困难和逆境时以乐观的心态采用问题取向应对呢?这很可能是自验预言在起作用。所谓自验预言(self-fulfilling prophecy)是指个人事先预期什么,事后将会得到什么;也就是说,自己的行为将验证自己的预言。医学上早已发现,患者预期自己(或相信医生的告知)的病情轻,在治疗(或疗养)的过程中容易康复。教育实践上也已证实,如果学生自己认为某门功课学不好,其学业成绩将会不断下降。自立、自信、自尊、自强使人形成自验正面预言,因而在面临压力时,倾向于以乐观的心态采用问题取向应对。当问题取向应对使用无效时,可能会转向适应性的情绪取向应对,如接受、利用幽默和正面的认知重构。这些应对方式都与自验正面预言有关,从而使个人在生活中继续努力,不断进取。

严重缺乏自立、自信、自尊、自强的人生活在自验负面预言的怪圈中,他们悲观失望,看不清自己当前所处情境的真实情况。由于坚信自己的任何努力都将以失败而告终,他们倾向于把很小甚至很容易解决的困难看成不可逾越的障碍,把小挫折"灾难化",从而放弃努力或降低目标。而这种放弃对目标的追求又加强了自我怀疑,加强了自验负面预言,造成恶性循环;最后这种人一遇困难就会放弃,就采用否认、逃避,甚至滥用药物。这种人不可能实现任何有益的人生目标。他们的自我调节机制有严重的障碍。还有一种缺乏自立、自信、自尊、自强的人遇到困难就放弃,总是不断地放弃不断地从事其他的事情。这种人不断地循环于目标之间,可能有严重的问题,但他们可能不会感到有严重的压力。也就是说,这种人可能真的把失败抛在一边去继续寻找新的目标,这时他们的失败压力应是短暂的;而只有当他们把不断放弃归因于自我,导致对自己不满时,才会感到抑郁和挫败感。

人们在行动上放弃对目标的努力,其情况是很复杂的。例如,有时行动上在放弃努力,但心里却惦念着目标。这种放弃努力,心里尚没有离开目标。这时他可能有如下的应对:离开任务、分心、沉思、寻找社会支持、寻找信息、暂时离开工作场所、重新定义问题等。看起来这些活动与目标无关,其实与目标有关。这时向目标所做的努力可能是零星的,想放弃、想抛开当前的目标任务。这往往是由于遇到的困难太大而可能自我又尚不成熟所致:犹豫不决,行动上放弃,心里却没有放弃;经常想到目标,但又不能接近目标。这时很容易产生抑郁。

上例中的目标是有可能达成的。但是对那些确实达不到的目标却顽固地坚持要做下去,也同样是有害的。幸福进取者有一个成熟的可能自我,能以辩证的态度权衡目标,善于坚持也善于放弃。因为顽固地坚持一个确实达不到的目标不仅徒劳浪费资源,而且还会堵塞对新机遇的注意并及时作出反应。这种既不能前进又不能抛开的情境,很折磨人,容易使人产生抑郁,影响心身健康。幸福进取者的自我调节机制能接受自己无法改变的现实,有这种重要的适应能力。

放弃目标之所以困难,是因为目标具有很强的吸引力。但是目标是有不同等级的。有的目标对个人来说具有核心意义、很重要,有些是具体的、不那么重要的。具有核心意义的很重要的目标总是令人很难放弃,因为对它的放弃就意味着放弃自我中的核心要素。具体目标可能较容易放弃,但是如果具体目标与具有核心意义的很重要目标有着十分紧密的联系,这些具体目标也是难以放弃的。因为放弃这些具体目标不仅意味着放弃了当前的努力,还意味着为追求具有核心意义的很重要目标设置了障碍。这一事实表明,个人有一个成熟的可能自我是多么的重要。成熟的可能自我使个人具有核心意义的很重要的目标。

通过前面的讨论,我们可以看到,无论应对方式有多少种类型或是人们经常提及的三种应对方式类型:问题取向应对,努力消除障碍或使其影响最小化;情绪取向应对,努力消除障碍所引起的苦恼情绪(重新评估障碍,对情绪加以管理);逃避应对,要么不承认障碍的存在(通过自我分心、否认、滥用药物、愿望思维等),要么放弃对问题的任何努力。这些应对方式背后的原因都与个人的自我调节机制有关,其中可能自我、自立、自信、自尊、自强都扮演着重要的角色。因此,要想有效地应对压力,除了学会管理压力的技能外,更重要的是应当加强自我修养,特别是加强对可能自我、自立、自信、自尊、自强的修养。这样,大学生们在学习、成才、实践成功人生的道路上才能有效地应对困难,成为幸福的进取者。

原文载于:《西南师范大学学报》(人文社会科学版),2006,32(3):1-6。

幸福进取的心理健康方法与成人心理健康状况的关系

1 幸福进取的心理健康方法的含义及研究目的

维护心理健康的方法常见于心理健康的相关书籍中。这类书籍往往从压力与情绪管理、认知调节、能力开发、人际关系改善等方面,给人们提供一系列解决心理健康问题的方法。比如,为了帮助人们更有效地管理压力,《压力管理策略:健康与幸福之道》这本书描述了16种应对策略和12种放松技术(Seaword著;许燕等译,2008)。又如,《大学生心理健康通识》一书从正确认识自我、创造良好人际关系等方面,给大学生提出了一系列心理调适的方法和技巧(文书锋,胡邓,俞国良,2010)。国内一项研究曾提出"树立正确的人生观、世界观"等10种方法是保持心理健康的较好方法(桑标,宋志虹,1998)。

目前少见研究者将心理健康方法作为一个概念进行明确的界定并进行具体的研究。究其原因,可能是人们对"心理健康"这一概念的界定是不确定的。正如Keyes指出,目前心理健康没有统一的测量、诊断标准,也没有统一的研究标准(Keyes,2005)。所以,对与"心理健康"概念密切相关的"心理健康方法"进行操作性定义和研究也成了问题。如果将有助于心理健康的做法或方式视为心理健康方法,那么,以往与心理健康方法有关的研究主要集中在压力应对研究和促进幸福感研究方面。毫无疑问,压力应对方式类型研究有重要意义。但是,由于一些应对方式与较高的心理健康水平关系密切,而另一些似乎与较低水平的心理健康关系密切,因此压力应对类型研究者往往很难跳出两极思维的窠臼,要么将应对方式分为适应的、非适应性的,要么分为消极的、积极的。中国研究者对应对方式的分类通常有三种,即积极应对与消极应对、问题取向应对与情绪取向应对、成熟应对与不成熟应对,并倾向于将消极应对、情绪取向应对和不成熟应对视为无效的、消极的。这种倾向和研究思路是不恰当的(侯晓晖,岑国桢,2009)。因为作为适应环境的手段,大多数应对方式是有价值的,大部分应对方式不宜笼统说成是"消极的"或"积极的"(梁宝勇,2002)。

另一些研究考察了某些能够促进幸福感的方法。这类研究主要是采用干预实验对单个或几个有益于心理健康的方法进行检验。比如,采用新的方式发挥自己的长处,写下三件好事情并解释其原因(Seligman,Steen,Park,Peterson,2005),博爱冥想(Fredrickson,Cohn,Coffey,Pek,Finkel,2008),书法训练(罗正学,苗丹民,高定国,王广献,安超,2000),身体锻炼(陈作松,季浏,2006)等。另外,也有研究通过问卷调查,梳理出与人聚会、心理调节、目标追求等大学生增进快乐的策略(Tkach, Lyubomirsky, 2006)。目前这类研究还不多,尚需继续探索更多促进心理健康的积极方法。

研究者从何种角度探索心理健康方法,受其心理健康观的影响。中国人的心理健康观无疑带有其文化烙印。已有研究表明,儒家思想对中国社会的影响是巨大的。在处理心理健康问题方面,儒家思想强调发挥人的主体性以控制引发心理冲突或困惑的事件(景怀斌,2002)。另外,儒家思想强调人在苦难中能够获得成功和成长,这种儒家式的应对策略对心理健康的有益性已获得了实证研究的支持(景怀斌,2006)。儒家思想提倡以努力改善自身的认识来改善自己的心理处境,这是一种积极的心理健康思想。近年来,黄希庭等人提出了健全人格理论,认为健全人格属于高层次的心理健康(黄希庭,郑涌,李宏翰,2006)。一个具有健全人格的人,能够以辩证的态度对待世界、他人、自己、过去、现在和未来、顺境与逆境,是一个自立、自信、自尊、自强、幸福的进取者。幸福进取者在应对压力时有好的自我调节机制,明显表现在努力与放弃、乐观与悲观两个应对维度上的良好自我调节(黄希庭,2006)。健全人格理论吸收了儒家思想所倡导的人应该正确认识自己、应该在逆境中进取的积极理念,它反映了一种幸福进取的心理健康观。

世界健康权威机构WHO指出,心理健康不仅仅是没有心理障碍,心理健康包括主观幸福感,自我效能感,自主性、胜任性、代际间的信赖,对个人实现智力和情感潜能的识别能力(WHO, 2001)。心理健康也被定义为一种幸福状态,在这种状态中,个人能够认识自己的能力,能够应对正常的生活压力,能够有成效地从事工作,并能够对其社区做出贡献(WHO, 2003)。

从幸福进取的心理健康观出发,参照WHO对心理健康的界定,本研究认为,幸福进取是有目标的,其目标就是为人类造福,为社会做贡献,为追寻真、善、美做贡献。这种不断进取不仅指追求明显进步和远大目标,还包括工作、生活、情感中那些细小的改善与提高。它是一种不断进取、积极向上的发展倾向在行为上的表现,涉及个人如何应对生活压力、如何有成效地工作、如何对国家社会做出贡献、如何认识自己的智力和情感潜能。幸福进取的人在奋斗过程中,会遇到困难和挫折,但无论多么艰辛,都不会以痛苦的、颓废的、沮丧的方式去应对,而是以快乐的、坚忍不拔、刚强的方式去应对。因此,幸福进取的心理健康方法是指个体在实现其奋斗目标的过程中,使自己能够坚忍不拔、心态积极、情绪快乐、精力充沛地去应对困难和挫折,去追求事业成功、人际关系和谐、为社会造福的一系列方法或行为策略。

综上所述,本研究拟跳出压力应对方式两极分类的框架,在界定幸福进取的心理健康方法这一概念的基础之上,以成人为研究对象,编制幸福进取心理健康方法问卷以探讨其类型,并讨论这些方法与成人心理健康状况的关系。

2研究方法

2.1被试

在北京、广东、云南、重庆、陕西、湖北六地发放问卷2050份,共回收问卷2012份,有效问卷1787份。被试的人口学变量情况为(数据不含缺失值):性别:男,766人;女,997人。年龄:20—30岁,154人;31—40岁,965人;41—50岁,544人;50岁以上,77人。受教育程度:大学及以上,808人;高中,450人;初中,386人;小学,106人。工作单位:政府机关126人;事业单位453人;企业,413人;个体、自由职业,439人;务农,152人;其他133人。月收入:1500元以下,472人;1500—3000元以下,717人;3000—5000元以下,324人;5000元以上,213人。地区:北京460人,广东206人,云南449人,重庆233人,陕西270人,湖北169人。

2.2研究工具

幸福进取的心理健康方法问卷(Method of positive mentalhealth questionnaire,简写MPMHQ)。该问卷为自编。选择项目为:从不这样,偶尔这样,有时这样,经常这样,总是这样。计分从1分至5分。让被试根据自己的实际情况评定与各题项的符合程度进行计分。问卷得分越高,表示被试越多地使用这些方法。

简版心理健康连续体量表(Mental Health Continuum Short Form,简写MHC-SF)。MHC-SF共14个条目,为美国心理学家Keyes所研制。MHC-SF所评估的积极心理健康由情绪幸福感、心理幸福感和社会幸福感三因素构成(Keyes et al.,2008)。让被试统计在过去的两周到1个月之内,自己感觉到条目所述问题的次数。按“从来没有”“1次或2次”“每周1次”“每周2次或3次”“几乎每天”“每天”分别计0—5分。得分越高,表示心理健康的积极状况越佳。MHC-SF的结构效度、效标关联效度及内部一致性信度达到了心理测量学的要求,可用于测量中国成人的积极心理健康状况(尹可丽,何嘉梅,2012)。本研究中该量表的内部一致性α系数为0.94。

流调中心抑郁量表(Center for Epidemiological Studies Depression Scale,简写CES-D)。共20个条目。要求被试者说明一周内相应症状或感觉出现的频度,得分按0—3级评分,总分越高表示抑郁程度越高。本研究中该量表的内部一致性α系数为0.88。

2.3问卷编制的过程

在云南和重庆两地深度访谈了76名成人，最小年龄22岁，最大年龄为83岁。从访谈材料中摘录出被试报告的有效“化解心理困扰的办法”214个条目；有效“获得快乐的办法”条目108个。根据本研究对幸福进取心理健康方法的理论界定，对322个条目进行筛选和分类，符合要求的条目共252条。合并意思相近或重复的条目，选择有代表性的条目，最后确定了与健康、人际、个人目标、社会贡献、情绪、应对能力、应对困难的心态等有关的31种方法。构成了由31个项目组成的初始问卷。

在重庆、云南向年龄在20至60岁以上250名成人发放初始问卷，回收有效问卷224份。根据探索性因素分析的结果及心理测量学有关项目筛选的标准，最后修订了29个条目的预问卷。将修改后的问卷在云南某高校的中学教师在职培训班发放问卷130份，有效问卷120份。对此次预问卷的结果也进行了探索性因素分析。根据两次预问卷结果，再返回访谈数据中思考问卷条目，征求心理学专家、博士生意见，修改增删问卷条目，最后设置了35个项目的正式问卷。

2.4问卷的施测方法

正式问卷的施测采取委托幼儿园、小学、初中、高中校方请家长完成问卷的方法，在能够协助完成调查的学校以班为单位，随机整班抽取学生的家长。为确保问卷由成人完成，(1)设置了专门对家长的问卷指导语；(2)请教师向学生强调只要求家长中的一人完成问卷；(3)在问卷数据的录入过程中，严格检查问卷，剔除5项人口学资料(不包括地域)中有3项或以上项未填答者，规律性作答的问卷，一个班级中回收的答案相同的问卷等。

2.5统计分析

采用SPSS16.0进行数据的管理与分析。探索性因素分析采用主成分法分析，旋转方法为直交。验证性因素分析使用AMOS18.0统计软件。

3结果与分析

3.1MPMHQ探索性因素分析的结果

采用随机分半得到的864名被试的数据对MPMHQ进行探索性因素分析。问卷的KMO值为0.94，Bartlett球度检验值χ^2=1389.00，df=595，$p<0.001$。根据上述题项删除标

准，删除了3个条目之后，问卷的取样适当性KMO值为0.94，Bartlett球度检验值χ^2=1254.00，df=496，$p<0.001$。经过多次探索，得出7个特征根大于1的公因子，一共能够解释63.44%的变异。7个因素结构清晰，各项目均在相应因素上具有较大载荷，处于0.54—0.81之间。因素分析摘要结果详见表1。

表1 MPMHQ探索性因素分析结果摘要

项目编号	1	2	3	4	5	6	7	共同度
N331	0.72	0.16	0.25	0.13	0.02	0.11	0.02	0.63
N329	0.72	0.24	0.21	0.10	0.12	0.02	0.12	0.66
N333	0.70	0.26	0.07	0.13	0.08	0.15	0.06	0.61
N330	0.69	0.15	0.11	0.13	0.20	−0.04	0.25	0.63
N328	0.69	0.03	0.23	0.08	0.09	0.12	0.10	0.56
N335	0.61	0.35	0.17	0.20	0.16	0.08	0.04	0.59
N327	0.57	0.18	0.33	0.19	0.08	0.05	0.03	0.51
N334	0.54	0.37	0.11	0.17	0.04	0.15	0.10	0.50
N315	0.17	0.71	0.23	0.17	0.12	0.14	0.04	0.65
N316	0.29	0.67	0.16	0.10	0.05	0.13	0.16	0.62
N318	0.16	0.66	0.17	0.29	0.10	0.11	0.13	0.62
N317	0.27	0.64	0.11	0.18	0.06	0.13	0.16	0.58
N314	0.18	0.63	0.08	0.04	0.34	0.11	0.08	0.57
N313	0.24	0.58	0.15	0.07	0.22	0.10	0.13	0.50
N325	0.28	0.27	0.72	0.13	0.17	0.17	0.16	0.77
N326	0.31	0.22	0.72	0.13	0.19	0.15	0.08	0.74
N324	0.35	0.21	0.69	0.16	0.14	0.13	0.13	0.72
N323	0.34	0.16	0.69	0.13	0.06	0.05	0.10	0.65
N319	0.21	0.08	0.07	0.76	0.15	0.02	0.15	0.67
N321	0.20	0.22	0.19	0.68	0.02	0.19	0.11	0.64
N320	0.14	0.15	0.11	0.68	0.14	0.19	0.06	0.57
N322	0.16	0.21	0.12	0.67	0.22	0.02	0.18	0.61
N32	0.12	0.07	0.08	0.23	0.74	−0.04	0.15	0.65
N33	0.16	0.13	0.11	−0.00	0.72	0.20	−0.09	0.61

续表

项目编号	1	2	3	4	5	6	7	共同度
N34	0.07	0.21	0.09	0.11	0.65	0.24	0.10	0.56
N31	0.13	0.20	0.17	0.26	0.60	0.14	0.18	0.56
N36	0.08	0.16	0.14	0.06	0.14	0.81	0.15	0.76
N37	0.10	0.18	0.10	0.19	0.11	0.76	0.19	0.71
N35	0.18	0.15	0.10	0.12	0.22	0.71	0.12	0.65
N39	0.12	0.19	0.17	0.12	0.13	0.20	0.79	0.78
N310	0.13	0.11	0.05	0.24	0.13	0.05	0.77	0.70
N38	0.16	0.19	0.14	0.09	0.02	0.29	0.72	0.69

因子1命名为“调节应对心态”、因子2命名为“实现人生目标”、因子3命名为“调节负面情绪”、因子4命名为“造福国家社会”、因子5命名为“维护身体健康”、因子6命名为“促进家庭和睦”、因子7命名为“增进朋友关系”。7个因子旋转前的特征值依次为11.55、2.22、1.51、1.50、1.33、1.13、1.05，旋转后的特征值依次为4.46、3.59、2.68、2.62、2.43、2.30、2.22。

上述7个因子得分与问卷总得分的相关在0.63—0.85之间，7个因子之间的相关在0.37—0.69之间。以7个因子的得分进行二阶探索性因素分析，仅得到了1个二阶因子。采用克隆巴赫α系数作为项目内部一致性指标，对问卷进行内部一致性检验。结果表明，该问卷总的α系数为0.94，7个因子的α系数分别为0.89、0.85、0.87、0.78、0.74、0.80、0.79。

3.2 验证性因素分析结果

使用随机分半获得的另一份数据进行验证性因素分析，采用极大似然估计检验7个因子的拟合程度。一个拟合良好的模型，其χ^2/df应该小于5，RMSEA小于0.08，NFI、CFI、GFI、AGFI应该大于0.90（荣泰生，2009）。以32个项目得分为观察变量，以7个因素为潜变量，检验实际数据是否符合7个因子的结构。结果说明，由32个项目构成的7个因子所组成的心理健康方法的模型与实际数据的拟合较好，除了AGFI的值接近0.90之外，其余各拟合指标的值都达到了推荐指标，问卷具有可接受的结构效度。MPMHQ的验证性因素分析模型M的拟合指数见表2。

表2 幸福进取的心理健康维护方法的验证性因素分析模型拟合指数(N=923)

拟合指标	χ^2	df	χ^2/df	RMSEA	GFI	AGFI	CFI	NFI
M数值	1412.91	443	3.19	0.05	0.91	0.89	0.94	0.91

3.3 成人使用幸福进取的心理健康方法的情况与其积极心理健康状况、抑郁感的关系

为探索成人使用幸福进取的心理健康方法的情况与其积极心理健康状况、抑郁感的关系，研究以7种方法为预测变量，积极心理健康状况、抑郁感为效标变量，分别进行多元回归分析。7种方法之间的两两相关在0.37—0.69之间；7种方法与积极心理健康状况得分的相关在0.41—0.53之间；7种子方法与抑郁感得分的相关在-0.16—-0.31之间。上述相关均达到十分显著水平。

共线性检查发现，以积极心理健康状况为校标变量时，7种方法无明显的多元共线性问题，容忍度在0.39—0.63之间，方差膨胀系数(VIF)在1.60—2.54之间。以抑郁感为校标变量时，7种方法无明显的多元共线性问题，容忍度在0.39—0.63之间，方差膨胀系数(VIF)在1.59—2.59之间。

表3 成人使用心理健康方法的情况对其积极心理健康状况、抑郁感的多元回归分析摘要

预测变量	校标变量：积极心理健康状况				校标变量：抑郁感			
	B	标准误	$Beta(\beta)$	t	B	标准误	$Beta(\beta)$	t
截距	-8.78	1.80		-4.87***	35.94	1.38		26.07***
身体健康	0.31	0.12	0.08	2.64**	-0.15	0.09	-0.05	-1.69
家庭和睦	0.90	0.16	0.15	5.68***	-0.81	0.12	-0.21	-6.72***
朋友关系	0.23	0.14	0.04	1.60	0.01	0.11	0.00	0.09
人生目标	0.53	0.10	0.16	5.41***	-0.18	0.08	-0.08	-2.31*
造福社会	0.61	0.12	0.13	5.08***	0.12	0.09	0.04	1.33
调节情绪	0.43	0.13	0.10	3.23**	-0.40	0.10	-0.14	-3.95***
应对困难	0.38	0.08	0.16	4.89***	-0.00	0.06	-0.00	-0.05
	R=0.63 R^2=0.39 调整后R^2=0.39 F=138.43***				R=0.37 R^2=0.14 调整后R^2=0.13 F=33.49***			

表3结果表明，7种方法可解释成人积极心理健康状况的39%的变异量。在回归模型中，按解释力从高到低排序，对积极心理健康状况有显著性影响的预测变量为：实现人生目标、调节应对心态、促进家庭和睦、造福国家社会、调节负面情绪、维护身体健康。

而增进朋友关系这种方法的回归系数未达到显著水平,说明该方法对成人的积极心理健康状态的变异解释很小。

7种方法仅可解释成人抑郁感程度的14%的变异量。在回归模型中,按解释力从高到低排序,对抑郁感有显著性影响的预测变量为:增进家庭和睦、调节负面情绪、实现人生目标。其余4种方法的回归系数未达到显著水平,说明这4种方法对成人抑郁感的变异解释很小。

4幸福进取心理健康方法能够预测成人的心理健康

探索性与验证性因素分析的结果表明,MPMHQ考察的32种幸福进取的心理健康方法,可以建构为7类方法。这些方法对成人积极心理健康状况变异量的解释比对抑郁状况的解释率高25%,反映出它们与MHC-SF量表所测查的由三种幸福感构成的积极心理健康水平之间的关系更为密切。

综合这7种方法对积极心理健康、抑郁的预测作用,可以看出:促进家庭和睦、实现人生目标、调节负面情绪等三种方法既能有效预测高水平的积极心理健康,又能有效预测低的抑郁情绪。说明"家和万事兴",与"家庭、个人成就、情绪"相关的这三种方法,是幸福进取心理健康方法的核心。当代中国人具有家庭本位、才能务实等价值观(金盛华,郑建君,辛志勇,2009),为了家庭,成人需要以成就自我来成就家庭。在追求成就的过程中,遇到困难挫折在所难免,所以需要不断觉察及调整自己的情绪,并调整对自己应对困难与挫折的认识和态度,以此来保持心理平衡。和睦友爱的家庭是避风港,成人需要精心经营温暖的家人关系。实现人生目标与造福国家社会这两类方法,都对解释成人的积极心理健康水平有贡献,但仅有实现人生目标能够解释成人低的抑郁感。实现个人目标能够促进人的幸福感(Sheldon,2002),造福国家社会对积极心理健康水平有影响但不能解释成人抑郁感。这也许说明,对于成人而言,抑郁感的产生与个人的目标和计划的实现有关,而与个人关注国家、为社区做好事和帮助他人等并没有直接的关系。调节负面情绪的方法对成人的积极心理健康水平与低抑郁感都有显著影响。说明儒家的"致中和"思想,即使情绪得到良好的控制和调节,从而使身心健康地发育的观念(孟万金,2001)是当代人仍然需要继承并发扬光大的心理健康方法。

其次,调节应对心态、造福国家社会、维护身体健康的方法是增进积极心理健康的重要方法。因为,这些方法虽然对消减人的负面情绪没有直接的、显著的作用,但却从积极的方面增进了人应对苦难的心理资源。当我们遇到困难、挫折时,如果我们使用儒家式的应对策略,将这些困难和挫折视为对自己能力和意志的锻炼,将人生苦难视为常态而勇敢面对,就能增加战胜苦难的勇气和信心。以往的研究认为长期的锻炼使人产生幸福感(陈作松,季浏,2006)。有氧锻炼、好的营养、充足的睡眠和健康的娱乐(Schafer著;方双虎等译,2009),能够帮助个体建立保护区以抵制不良压力。运动能够降低抑郁风险,而营养饮食对心理健康很重要(Walsh,2011)。虽然本研究发现锻炼身体、注意营养、规律作息、关注健康知识并不适宜于消解人的抑郁程度,但是这些行为却能增进人的积极心理健康,使人感觉精力充沛、精神愉快、满意,对社会有归属感,对自己有信心。

最后,建立和维持具有支持性和共情性的朋友关系被认为是有效的以情绪为中心的应对策略(Carr,2008)。与好友聚会(Tkach,Lyubomirsky,2006)、交朋友(Peterson著;侯玉波,王非等译,2010)都被认为是有助于快乐和幸福感产生的方式。但出乎意料的是,增进朋友关系在本研究中对积极心理健康水平与抑郁感都没有显著的解释力。杨中芳认为人对自家有血缘关系的亲人,自然性情感与义务性情感都高;而对一般的挚友,人的自然性情感高而义务性情感低(杨中芳,2009)。本研究结果可能说明,相比自然性情感高的朋友来说,与自然性情感与义务性情感二者都高的家人关系和睦,更能促进被试的幸福,并减少其抑郁情绪。尽管如此,由于本研究的样本来自幼儿园儿童及中小学生的家长,其研究结果更多反映了身为家长的成人的情况,可能对于作为家长的成年人来说,朋友对其心理健康的维护作用并不突出,但是这并不意味着良好的朋友关系对促进心理健康没有意义。未来的研究需要对其他样本,比如大学生、未婚者等人群使用此方法的有效性进行考察。另外,也有可能是本研究所探讨的与朋友谈心、聚会、保持联系等方法未能触及到增进良好朋友关系这一策略的核心要义等,这些都有待进一步的研究。

合作者:尹可丽、何嘉梅;原文载于:《西南大学学报》(社会科学版),2015,41(4):106-112。

自我与健全人格的养成

1 人格与健全人格

从词源上看，我国古代汉语中没有“人格”一词。人格是英文 personality 的意译。Personality 一词源于拉丁文“persona”，意指戏剧演员所戴的面具。这就暗示了一个人有两面——公开可见的一面和隐藏其后不为人知的一面。对人格的定义就是从外内两个方面来界定的。外在的人格是一个人被他人知觉和描述的方式；内在的人格是用来解释为什么一个人被他人知觉为是这样的。人格心理学中的最大争议就在于研究者们对这些内在因素的理解上。因此不同的研究者对人格的定义常常很不相同。其实，人格就是一个现实的人，是一个开放的系统，只有对这个系统进行全方位的研究才能较全面地了解现实的人。

人格是一个系统。所谓系统是指由相互作用和相互依赖的若干组成部分结合而成的、具有特定功能的有机整体，而系统本身又是它所从属的一个更大系统的组成部分。任何系统都可以作多种描述，因此可以从不同的维度对人格进行描述，例如从特质维度、认知维度、从动机维度、时间维度等进行描述。无论从哪一个维度进行描述，自我在人格中都处于核心地位，同时也是个体维持心理健康、形成健全人格的核心问题。

我们可以把人们的心理健康理解为一个连续体。连续体的一端是最差的心理健康行为（心理疾病或心理障碍），另一端是最佳的心理健康行为——即健全人格（perfect personality）。根据我的调查研究，健全人格具有以下的特点：

对世界抱开放态度，乐于学习和工作，不断吸取新经验；

以正面的眼光看待他人，有良好的人际关系和团队精神；

以正面的态度看待自己，能自知、自尊、自我悦纳；

以正面的态度看待现在和未来，追求现实而高尚的生活目标；

以正面的态度对待顺境和逆境，能调控情绪，心境良好。

总之，健全人格的人能以辩证的态度对待世界、他人、自己、过去现在和未来、顺境和逆境，是一个自立、自信、自尊、自强，幸福的进取者。

2对自我的系统分析

心理学中的“自我”译自ego和self。ego是拉丁文词,原意为一切精神活动都围绕其转的核心,在精神分析论中是人格结构三个成分之一(其余是id即本我和superego即超我)。self是一个纯英语词,原意为“同样的”或“同等的”;当用于人类时,意指一个独特的、持久的同一性身份。James把自我视为心理学中“最难解的谜题”,并将自我分为经验客体的我(me)和在环境中主动行动者的我(I)以及将前者划分为物质自我(material self)、社会自我(social self)、精神的我(spiritual self)和纯自我(pure ego)。其实,自我也是一个开放系统,也可以作多种描述。至少可以从以下八个维度对自我进行描述:①从主-客关系维度可将自我作为主体自我(self-as-perceiver)和客体自我(self-as-object of perception)来进行分析。主体自我是主动的我,如自我指导(self-direction)、自我监控(self-monitoring)、自我批评(self-criticism)、自我实现(self-actualization)、自我图式(self-schema)和自我决定(self-determination)等;客体自我是被认知的我、被体验的我,如自我知觉(self-perception)、自我概念(self-concept)等。②从与人的关系维度可将自我作为个体自我(individual self)、关系自我(relational self)和集体自我(collective self)来进行分析。个体自我是一个人对自己属性的认知和评价;关系自我是个体对人际关系中自己的角色、地位等属性的认知和评价;集体自我是个体对自己在集体中具有的属性如合作、社会认同等的认知和评价。③从与时间关系维度可将自我作为过去自我(past self)、现在自我(present self)和将来自我(future self)来进行分析。过去自我是个体对自己过去的特性的认知和评价,现在自我是个体对自己当前属性的认知和评价,将来自我是个体对未来的自己的认知和评价;现在自我即是现实自我(real self),将来自我即是可能自我(possible self)或理想自我(ideal self)。④从发展的维度可将自我作为身体自我(body self)、物质自我(material self)、心理自我(mental self)和社会自我(social self)来进行分析。个体最先获得的自我是身体自我(即个体对自己身体的认知),尔后发展起来的是对“我的”各种东西的认知和我的各种心理属性及我的各种社会属性的认知。⑤从个人活动领域维度可将自我作为家庭自我(family self)、工作自我(working self)、学校自我(school self)、学业自我(academic self)、数理自我(logic-mathematical self)等来进行分析。⑥从评价维度可将自我作为好我(good self)和坏我(bad self)来进行分析。好我是个体把自己评价为好的,因而形成如自尊、自信、自大等;坏我是个体把自己评价为坏的,因而形成如自卑、自责、自贬等。⑦从个体意识关注方向的维度可将自我作为私我意识(private self-consciousness)和公我意识(public self-consciousness)来进行分析。前者是指个体关注自己的感受、自己的评价标准,后者是指个体关注别人如何看自己以及他人的评价标准。⑧从中国传统文化特别重视的自我维度可突出地分析自立(self-supporting)、自信(self-confident)、自尊(self-esteem)和自强(self-stronging)等等。

总之,自我是一个复杂的系统。早在上世纪70年代谢维尔森等人就提出一个多维度多层次的自我概念模型(Shavelson,Hubner,Stanton,1976)。在该模型中,一般自我概念位于最顶层,这之下分为学业自我概念和非学业自我概念。学业自我概念又可细分为具体学科的自我概念,如数学自我概念、语文自我概念、英语自我概念等;非学业自我概念又可细分为社会的(同伴、重要他人……)、情绪的、身体的自我概念等。

我们的一项对我国大学生自我概念的研究也得出一个层次结构模型(郑涌,黄希庭,1998),该模型由内在品质和外在表现两个维度构成;内在品质由教养和学业两个维度构成,外在表现由魅力和乐群两个维度构成。其中,教养分为友善、家庭、信义三个维度,学业分为学业、志向两个维度,魅力分为容貌、成熟两个维度,乐群分为自纳和交际两个维度。

既然自我是一个复杂的系统,那么我们只有从不同的维度对它作全面的系统分析,才能深入地认识自我,认识这个被称为多样性的自我家族(family of self)。在探讨健全人格的养成教育中,我们特别重视自我家族中的自立、自信、自尊和自强四个维度。

3自立与健全人格的养成

"自立"一词最早出现在《礼记·儒行》"儒有席上之珍以待聘,夙夜强学以待问,怀忠信以待举,力行以待取。其自立有如此者"的语句中。《儒行》一篇记述的是孔子与鲁哀公的谈话,源于鲁哀公问孔子什么是儒行(即什么是儒者的品行),孔子的回答涉及了十五项内容,其中第一项就是上述涉及"自立"的内容。此外,第七项也涉及自立,原文是:"儒有忠信以为甲胄,礼义以为干橹,戴仁而行,抱义而处,虽有暴政,不更其所。其自立有如此者"。这两个"自立"的意思,主要涉及成就、修身、品格、处世等几个方面。

从心理学的角度来看,自立(self-supporting)是个体从自己过去依赖的事物那里独立出来,自己行动、自己做主、自己判断、对自己的承诺和行为负起责任的过程(黄希庭,李媛,2001)。可以把自立视为一种能力特质。自立贯穿于个体整个人生,大致可以区分为身体自立、行动自立、心理自立、经济自立和社会自立五种。所谓身体自立是指个体无须扶助而能直立行走,从学会言语到学会自己站立及与站立有关的如蹲、跑、跳等的自律能力;行动自立就是个体的生活自理能力,如会自己洗脸、刷牙、吃饭、上厕所等日常生活习惯的形成。身体自立和行动自立主要是幼儿期的发展任务。而心理自立、经济自立和社会自立则主要是大学时代的发展任务。

我们的一项对大学生自立意识的研究表明，公众的自立观可分为素质与结果两个维度。素质维度是指个体要求自立时对自身的要求，即应具有哪些能力；结果维度是指自立的个体应达到什么标准，即其经济状况和社会地位。学生的自立意识结构可分为心理自立意识、经济自立意识、社会自立意识三个维度。心理自立指摆脱对父母、老师的依赖，按自己的意见、观点判断和分析问题，可分为独立思考、独立性、自我效能评价、情绪体验、情绪调节、自我控制、坚定性7个因素；经济自立指经济上脱离对父母的依赖，具有自我谋生的能力，可分为勤工助学、金钱观、资源分配、就业准备和职业预测5个因素；社会自立指成为独立的社会成员，具有承担社会义务和社会责任的能力，包括理想、人际关系、责任感和角色意识等因素（李媛，2002）。用开放式问卷，对215名被试对文学作品中典型自立者的研究表明（夏凌翔，黄希庭，2004）：独立性、主动性、责任性、开放性与灵活性是典型自立者的基本人格特征。

自立可以区分为特质自立和情境自立。从特质角度对大学生自立的研究（夏凌翔，2003）表明，大学生的自立可以划分为“核心特质”“基本特质”两个层次，核心特质层次包含“自主性”“自控-社会性”两个维度，基本特质层次包括“自我坚信”“自我负责”“目标管理”“自我抚慰”“开放包容”“自我认识”“自我做主”七个维度。自主性指个体在面对问题时能主动做出自己的决策，能相信并坚持自己的决定；自控-社会性是指个体通过对自己的认知、思想、行为、情感等的调控，使自己在适应社会的基本要求、扮演好自己的社会角色与发挥、表现个人的主观能动性、独特性两个方面达到和谐统一，并使自己能充分利用自我的和社会的两种资源来发展自己；自我做主指个体遇到问题时主要依靠自己来决策和处理，表现出独立进行选择、判断的能力与勇气；自我主动指个体在面对问题时有以我为主、自我促动、自我依靠的积极态度；自我坚信指个体对自己的思想、行为、决策的可靠性有信心，不会随便改变，并能有意识地支持、坚定自己；自我抚慰指坚强、乐观，能承受各种压力、打击，善于自己调节自己的情绪、排解烦恼；目标管理指有自我发展的计划、目标，善于协调不同的目标，既能坚持目标、执行计划又善于总结、评价、调整自己的目标和计划；自我认识指善于依靠自己来思考、认识自己和外部世界，有自己的学习目的。自我负责指遇事有责任意识，敢于担负自己应尽的责任；开放包容指有开放、包容的胸怀，不唯我独尊，表现为人际融洽、具有合作精神。

我们的另一项对高中生自立的初步研究（钟慧，2003）表明，高中生的自立结构可分为四个维度：行为自立、心理自立、社会自立、经济自立倾向。行为自立指个体在日常生活中不依赖他人，靠自己独立行为生活的能力；心理自立指在心理上摆脱对父母、老师、同伴等他人的依赖，按照自己的意见、想法、观点来思考问题，能自己调节情绪的能力；社会自立指作为独立的个体，能够对自己所做的事情负责，具有承担责任、义务的能力，以及良好的人际关系和协作能力;经济自立倾向主要表现在其消费意识和职业意识两方面,如零花钱一般是自己打工所得;对零花钱合理使用,留有剩余储蓄;不主动索要压岁钱,并能自觉储蓄,对于自己的将来已有一个蓝图,并准备开始实施,对于自己将来要做什么,自己已有一个想法等。其中,行为自立可分为四个因素:生活自理、卫生习惯、应对紧急事件技能、生活习惯;心理自立可分为学会学习(创造性学习、有效学习、目标管理、成果评定)和情绪自主(情绪控制、情绪调节);社会自立可分为责任感(个人责任感、社会责任感)和人际关系(合群、利他行为);经济自立倾向可分为消费意识(金钱分配、金钱来源)和职业意识(职业准备、发展预测)等。

我们对自立结构的实证研究目前尚处于探索阶段,今后将采用多方法多维度进行较深入的研究,进一步完善已有的研究成果。

4 自信与健全人格的养成

在汉语中自信有两层含义:一是相信自己,源于《墨子·亲士》:“虽杂庸民,终无怨心,彼有自信者也”;二是自表诚意,源于三国曹操的《举贤勿拘品行令》:“吴起贪将,杀妻自信,散金求官,母死不归”。在英语中,confidence一词源于拉丁文的“confidentia”,意谓“信赖、相信”,“感到有把握的状态”。自信是个人对自己的信任,即对自己的身体、心理和社会性的信任,表现为有信心、不怀疑。

可以从不同的维度对自信进行分析,例如,可以把自信分为能力自信、品德自信、身体自信等等。我们的一项对大学生自信特点的研究将自信视为一个多维整合复杂的系统,包含自我认知与评价,将大学生的自信分为四个维度:①整体自信,其包括综合确认、总体肯定、否定自我3个子维度;②学业自信,其又包括专业自信、外语自信、动手操作3个子维度;③社交自信,其包括同学他人、家人老师等子维度;④身体自信,其包括体育运动、健康素质、动作身材、仪表表情、长相身高等子维度(车丽萍,2002)。

身体自我是自信是一个重要基础。它影响着个人的自信。我们的一项对青少年学生身体自我的研究(陈红,2004)表明:当代我国青少年学生的理想身体注重健康、性感和头发;但对男性的理想身体更强调力量、强壮和高大,对女性的理想身体则更注重苗条、匀称。不同性别青少年学生对理想身体的看法不一致,对理想的男性身体,女性更看重性感和眼部特征,而男性则更看重力量;对理想的女性身体,男女均强调匀称健康和苗条飘逸特征,但男性更强调性感和丰满;理想身体自我有年龄差异,随年龄增加更强调性魅力,男性更强调力量,女性更关注相貌。青少年学生的负面身体自我的基本维度分整体身体自卑和特殊身体自卑(对相貌的自卑、对矮的自卑、对胖的自卑和对瘦的自卑)。青少年学生对自己身体的整体不满意相当普遍,按程度依次是:矮、相貌、瘦和胖,除矮维度外有明显的性别差异。女生在相貌、胖方面比男生更不满意,男生对瘦更不满意;青少年负面身体自我有年龄差异,发展有波动,15、16岁和18、19岁是不满意的高峰期,女生更看重别人如何看待自己的身体。

自信是一种具有正面情绪色彩的人格特质。自信的人肯定自己的价值,有积极乐观的情绪,有健康的心态。自信与学习、任务完成、比赛等方面的高绩效有密切联系。缺乏自信会导致学生学习困难,而自信的人往往更容易获得成功。Tuckman(2003)的实验表明:“不论在竞争或独自情景下,对于相同任务,自我怀疑者完成得糟糕得多,而自我不确定者在竞争情景中比独自完成任务时完成得要好,自信者在两种情景下都完成得更好”。自信也是社会技能发展、应用的基础和保证。只有当个体对自己和他人充满信心、感到安全时,才更加接纳和信任对方,与他人关系也更亲近,有较多的人际关系。而身体自卑的人在人际交往过程中,行为表现退缩、不自在、压抑、焦虑、内向,不太喜欢与他人亲近,人际关系敏感,容易猜疑,受到伤害情绪波动较大。自信对个体在竞赛、成就、归因、就业等心理和行为方面有不同程度的影响。过分自信谓之自负,近年来有不少研究认为,人类有过分自信的偏向。

5自尊与学生健全人格的养成

在我国,自尊一词来自《韩非子·诡使》中的“重厚自尊谓之长者,私学成群谓之师徒”。在汉语中其含义一般是指自我尊重,尊重自己,不向别人卑躬屈膝,也不容许别人歧视、侮辱(《现代汉语词典》,商务印书馆1983年版)。在英语中,“esteem”一词,源于拉丁语“aestimare”,是指个体对自己自身价值的估计。在西方,自尊常涉及自我价值的评价和体验等内容,因而有西方学者提出用“self-worth”一词来表示自尊。“self-worth”一般被译为自我价值感,可以认为自我价值感与自尊的含义是一致的。

可以从不同的维度对自信进行研究。从是否被意识到的维度可将自尊划分为内隐自尊(implicit self-esteem)和外显自尊(explicit self-esteem)。内隐自尊是个体通过内省无法识别出(或不能正确识别出)的自我态度效应,这种效应会对与自我有关和无关的事物产生评价上的影响;外显自尊是自我能意识到了解到、能以自我报告方式所测出的自尊。从涉及范围的维度可将自尊划分为整体自尊(global self-esteem)和具体自尊(specific self-esteem)。整体自尊是个体对待自我的总的态度;具体自尊是个体对待自我的局部或部分的态度,例如社交、外貌等方面。从时间维度上可将自尊划分为理想自尊(ideal self-esteem)和现实自尊(real self-esteem)。理想自尊是个体期望达到的目标和抱负;现实自尊是个人已成功和已实现的那部分所带来的自尊。从来源上可将自尊划分为内源性自尊和外源性自尊。前者指个人自己的能力感或效能感,后者指受到他人赞扬之自豪感。从个人的活动领域上可将自尊分析为社交自尊、学业自尊、身体自尊等,而学业自尊又可以分析为语文、数学等具体学科上的自尊。

我们通过对青少年的研究发展出了一个多层次多维度的自我价值感模型(黄希庭,杨雄,1998)。该模型包括总体自我价值感、一般自我价值感和特殊自我价值感三个层次,一般自我价值感层次又分为社会取向和个人取向两个维度,而特殊自我价值感层次又分为人际价值感、心理价值感、道德价值感、生理价值感和家庭价值感五个维度。总体自我价值感抽象程度最高,是指个体在社会生活中,认知和评价作为客体的自我,对社会主体(包括群体和他人)以及对作为主体的自我的正向的、抽象概括的自我情感体验。一般自我价值感的抽象程度次之,它包括社会取向和个人取向两方面,社会取向的一般自我价值感是指在社会或他人认可的影响下的正向自我情感体验,个人取向的一般自我价值感是指在自身潜能的发挥和完善影响下的正向自我情感体验。特殊自我价值感的抽象程度最低,也包括个人取向和社会取向两方面,两个取向的特殊自我价值感又分别体现在人际价值感、心理价值感、道德价值感、生理价值感、家庭价值感5个方面。个人取向的人际价值感是指个体在人际关系方面能以个人意愿为原动力而体验到的一种价值感;个人取向的心理价值感是指个体在自身潜能得到了发挥、个性得到了充分发展而体验到的一种价值感;个人取向的道德价值感是指个体因在道德评价上的自由、独立而体验到的一种价值感;个人取向的生理价值感是指个体因自己的生理状况、身体技能能满足个人发展和个人兴趣、爱好而体验到的一种价值感;个人取向的家庭价值感是指父母对个人自由发展的支持而使个人体验到的一种价值感。社会取向的人际自我价值感是指个人因在团体中具有一定的重要性和影响力而产生的一种价值感;社会取向的心理自我价值感是指个体因能力、性格受到社会或他人的肯定而产生的一种价值感;社会取向的道德自我价值感是指个体因遵循社会道德标准、帮助他人或在品行方面受到他人好评而产生的一种价值感;社会取向的生理自我价值感是指个体因自己的容貌、体态等生理特点受到他人的赞赏,自己的身体状况能满足自己服务社会的愿望而产生的一种价值感;社会取向的家庭自我价值感是个体因受到父母的关怀和器重而产生的一种价值感。我们有一项研究对我国大学生的自我价值感做了较系统的探索(陈高山,1999)。

自尊(或自我价值感)在健全人格的养成中起着重要的作用。自我价值感高的人乐观、自信、主动、热情、乐于助人、有成就、少焦虑、无破坏性、感到充实和有力量;自我价值感低的人则表现为自卑、失望、抑郁、无助、孤立、不可爱、怕惹人生气、怕别人注意自己。

辛向采用黄希庭等编制的“青少年学生自我价值感量表”探讨了中学生自我价值感与学业成绩之间的关系(辛向,2001),结果表明较差的学业成绩对中学生自我价值感各方面的影响范围尤其广,作用尤其重。学习成绩较差的学生对与自己有关的很多方面的正向情感体验的得分都很低,如,总体自我价值感、一般自我价值感、个人取向的特殊自我价值感(心理、家庭)和社会取向的特殊自我价值感(心理、道德、家庭)。较差的学业成绩很容易使学生对自己的能力产生否定的定势,从而造成心理价值感低于常态。

陈红的研究表明(陈红,黄希庭,2001),自我价值感与中学生应对方式有显著相关。高自我价值感的中学生更多使用问题解决和求助这两种应对方式,低自我价值感的中学生则更多使用幻想这种应对方式。卢秀琼的研究结果表明(卢秀琼,2002):在面对压力时,高自我价值感者一般更自信自己的能力,更自信自己的努力会导致成功,他们倾向于采取积极的措施去解决问题;而低自我价值感者由于对自己缺乏信心,在面对压力时缺乏挑战困难的勇气,而采取发泄、幻想、忍耐这类情绪性应对方式。

刘明对高中学生自尊水平与学业、人际成败归因方式关系的研究表明(刘明,1998),高自尊水平的学生更多地将学业成败归因为自己内在能力和努力程度的结果,将人际成败更多归因为自己努力的结果;而低自尊水平学生更多地将学业成败归因为自己缺乏能力的结果,将人际成败归因为外在、不可控制的结果。

自尊调节大量社会行为,是心理健康重要的决定因素。对中学生自我价值感与心理健康的相关研究表明(范蔚,陈红,2002),中学生自我价值感量表中的许多因子与心理健康量表中的许多因子之间存在相关关系。心理健康量表中的孤独倾向与自我价值感量表中的多个因子之间存在负相关关系。中学生自我价值感量表上的得分高,其焦虑水平就低,其心理健康状况就比较好。对自我价值感和心理健康的关系的研究结果表明:被试在自我价值感各维度的得分与SCL-90各维度的得分均呈极显著负相关(卢秀琼,2002)。我们的研究也表明初中生自我价值感水平越高,其心理症状就越少,心理健康状况就越好(钟慧,黄希庭,2003)。

对低自我价值感者的成就动机特点的研究(张焰,黄希庭,1999)发现,低自我价值感者的成就水平低,倾向于避免失败以求自我保护。对大中学生自我价值感和自我评价关系的研究(于海霞,1998)表明:高自我价值感者不论是在生理自我、心理自我还是家庭自我、自我行动等各个方面上对自己的看法和评价都高于低自我价值感者,二者在自我评价上的差异是明显的、广泛的。低自我价值感者的自我评价略低于一般的受试者,高自我价值感者的自我评价则比一般的受试者高得多。

总之,自尊反映一个人的机能状态,它是效率和快乐的基础,也是健全人格的一个重要基础,要造就人格健全的人就必须培养其自尊。

6自强与健全人格的养成

“自强”一词最早出现在《易经》的乾卦中“天行健，君子以自强不息”的论述，指人要像天的运行那样刚健有力、生生不息，奋斗不止。强调自强是君子的内在特点，具有自然性或自发性。孔子则把自强作为“君子”的人格特征，如《孔子家语·五仪解》中有：“所谓君子者，言必忠信而心不怨，仁义在身而色无伐，思虑通明而辞不专；笃行信道，自强不息，油然若将可越而终不可及者。此则君子也。”

我们的一项研究从心理学角度对自强进行了初步探讨（郑剑虹，2003）得到了以下结果：

第一，当代公众的自强观主要指持久的意志力，其心理结构涉及个人取向与社会取向的内容。自强既是一种综合性人格特征，又是一种动力特质。

第二，意志品质是现当代自强式人物所共有的最重要的人格特征。某些人格特征对某一行业领域的自强式人物特别重要，可以看出，这些人格特征是与其行业特点相吻合的。

第三，自强是一个多层次多维度的系统。包括总体自强意识和一般自强意识两个层次。前者包含总体肯定和总体否定两个维度，后者分社会取向和个人取向两种。从总体上看，当代大学生的社会取向自强意识显著地高于个人取向自强意识。不同学校类型、不同性别的大学生在自强意识水平上差异显著。但重点大学的学生优于一般大学的学生，男生高于女生。

第四，父母抚养方式、家庭环境、成就动机与自强意识四者之间存在不同程度的正相关。温暖型的父母抚养方式与自强意识之间存在极显著的正相关，而惩罚严厉型、拒绝否认型和干涉保护型的父母抚养方式与自强意识之间则呈负相关。大学生的自强意识与亲密型、成功型、知识型和娱乐型的家庭环境之间存在显著或十分显著的正相关，而与矛盾型的家庭环境之间则存在负相关。

第五，成就动机、家庭环境和性别变量对大学生的自强意识具有显著的预测作用，其中，成就动机的预测力最好，其次为家庭环境，再次为性别。成就动机、家庭环境和父母抚养方式是影响大学生自强意识的三个因素，其中成就动机可对自强意识产生直接影响，父母抚养方式则产生间接影响，而家庭环境对自强意识既有直接影响也有间接影响。

第六，实验者在场的情况下，高低自强被试在完成困难性任务的坚持性上不存在显著差异；但在独立性上差异显著，高自强被试的独立性显著高于低自强被试。实验者不在场的情况下，高低自强被试在成功和失败反馈后从事困难性任务的持久性上存在显著的差异，高自强被试的坚持性显著地高于低自强被试。

第七，实验者在场的情况下，从完成难度性作业的平均持续时间来看，高社会取向自强意识的被试长于高个人取向自强意识的被试。实验者不在场的情况下，高个人取向自强意识的被试在成功和失败反馈后从事难度性任务的持久性上好于高社会取向自强意识的被试。

第八，无论是高自强被试还是低自强被试，在获得成功反馈后完成难度性任务上的坚持性均比失败反馈来得长。但高自强被试在获得成功反馈后与在获得失败反馈后完成困难性任务的持久性上相差不大，而低自强被试在获得成功反馈后与在获得失败反馈后从事后续难度性作业的持久性上相差较大。

7 进一步研究设想

学生健全人格的养成教育是一项系统工程，这方面的研究也较为复杂，需要我们不断深化、充实。我们即将启动或已经开始进行以下研究：家庭与学生健全人格的养成，教学改革与学生健全人格的养成，教师人格与学生健全人格的养成，校风班风与学生健全人格的养成，社区文化与学生健全人格的养成，人际（伙伴）关系与学生健全人格的养成，大众传媒与学生健全人格的养成，自我观念与学生健全人格的养成，学生人格障碍现状调查等。我们以广阔的视野，用实证的方法来进行研究，并希望我们的工作能对健全人格养成做出一份贡献。

原文载于：中国教育学会编《中国教育科学》，人民教育出版社2004年。

学生健全人格养成教育的心理学观点

从1982年黄希庭承担中国社会科学院“六五”科研规划项目“大学生心理研究”（1982—1986）起，我们一直在探索学生健全人格的养成教育问题。20多年来，我们先后承担了一系列与学生健全人格养成教育有关的课题：国家哲学社会科学“八五”重点研究课题“当代大学生心理特点与教育对策研究”（1991—1996）；国家教委人文社会科学“九五”研究课题“个性心理特征研究”（1996—2000）；全国教育科学“九五”规划重点研究课题“中小学生个性品质培养的理论与实验”（1996—2000）；教育部人文社会科学“十五”研究项目“学生自立意识发展的特点与教育”（2002—2004）；全国教育科学“十五”规划重点课题“学生健全人格的养成教育研究”（2002—2005）。经过多年的研究，我们积累了一些心得，也深感问题的复杂。近年来，随着素质教育的推进，学生健全人格的养成教育问题受到了越来越广泛的重视。下面，就这个问题讨论一些心理学观点。

1 心理健康与健全人格

1.1 心理健康的层次性

心理健康的内涵既丰富又模糊。人们在确立心理健康的内涵时，可能依据的标准不同，如统计常模的、社会规范的、生活适应的、心理成熟的、主观感受的等；也可能着眼点不同，如对待世界的、对待他人的、对待社会的、对待自己的、对待现在的、对待将来的等；还有把握的尺度不同，既有A.H.Maslow的“精英标准”，也有临床心理医生的“临界标准”等。在我们看来，心理健康是有层次性的，大致可分为心理疾病或障碍、心理机能正常和人格健全三个层次。其中，心理疾病或障碍属于不健康的层次。心理机能正常则属于低层次的心理健康，以心理适应为基本特征，通常表现为能消除过度的紧张不安而达到内部平衡状态，对周围环境顺从，内心无冲突，甚至上下讨好，左右逢源。而人格健全属于高层次的心理健康，表现为有高尚的目标追求，发展建设性的人际关系，从事具有社会价值的创造，渴望生活的挑战，寻求生活的充实与人生意义。

1.2 健全人格的含义

关于健康人格（健全人格），西方著名学者S.Freud、A.Adler、O.Rank、C.G.Jung、W.Reich、F.Perls、A.Ellis、J.Ruesch、W.Blatz、R.Assagioli、G.W.Allport、C.R.Rogers、G.A.Kelly等都曾提出过自己的观点。而A.H.Maslow（1956）著名的关于自我实现的14项人格特征的

描述（Maslow，1956），更被视为最有参考价值的见解。在我们看来，下列几条对于健全人格是十分重要的标准：(1)对世界抱开放态度，乐于学习和工作，不断吸取新经验；(2)以正面的眼光看待他人，有良好的人际关系和团队精神；(3)以正面的态度看待自己，能自知、自尊、自我悦纳；(4)以正面的态度看待现在和未来，追求现实而高尚的生活目标；(5)以正面的态度对待挫折，能调控情绪，心境良好。总之，所谓健全人格就是以正面的态度对待世界、他人与自己、过去现在与未来、顺境与逆境，做一个自立、自信、自尊、自强和幸福的进取者。

2 健全人格的决定因素

2.1 生物遗传基础

健全人格的形成离不开个体的生物遗传基础。个体的神经系统（特别是脑）的特性、体内的生化物质乃至身体外貌特征对人格都有影响。目前，探讨遗传对人格影响的主要途径是特质中心研究，即测量人格特质，并用数量遗传学方法来分解遗传和环境所起的作用。遗传力是数量遗传学中的一个重要概念，用来测量一个群体内某种由遗传原因（相对环境影响而言）引起的变异在表现型变异中所占的比重。例如，在孪生子研究中估计遗传力，通常是根据同卵双生和异卵双生间的相关差而做出的。美国和欧洲的大量研究表明，被试在人格量表上得分相关的平均值，同卵双生在0.26到0.60之间，均值为0.48；而异卵双生在0.00到0.37之间，均值为0.24，说明同卵双生子比异卵双生子在人格特征上有更高的遗传力。至于健全人格的生物遗传基础问题，目前还没有专门的研究。研究者的兴趣仍然集中在神经症状、人格障碍、精神分裂症等心理疾患的生理机制的探讨上，且在近年来取得了不少新成果。这些结果将有助于从相反的方向深刻理解健全人格的生物遗传基础问题。

2.2 人格基础

人格本身就是一个内涵非常丰富的模糊概念。我们把人格定义为个体在行为上的内部倾向，它表现为个体适应环境时在能力、情绪、需要、动机、兴趣、态度、价值观、气质、性格和体质等方面的整合，是具有动力一致性和连续性的自我，是个体在社会化过程中形成的给人以特色的心身组织（黄希庭，2002）。因此，从健全人格的意义上说，这种心身组织就可以相当稳定地表现为健康的或不健康的。这方面的研究，除了A型人格类型与冠心病、C型人格类型与癌症、自觉控制感等内容已经受到普遍重视之外，目前正集中讨论乐观主义与悲观主义问题。乐观主义被定义为一种认为生活中通常发生好的事情而不是坏的事情的信念。它是抵抗压力、维护健康的一个重要人格变量。乐观的人对生活有积极的期望，能使自己更好地应对压力，从而以更为健康的方式享受生活。虽然人们有时乐观有时悲观，但是一个人乐观或悲观的程度是比较稳定的，因此研究者将其看作一种人格变量。乐观与心身健康的关系已经得到大量研究的支持。

2.3 文化基础

生活在不同文化中的个体，由于特定的文化影响，他们看问题的角度、思维方法、情感体验、行为模式都浸染着所在文化的特点。人们总觉得自己文化群体的生活方式是理所当然的，而对于别的文化可能不习惯、不适应、不理解，甚至觉得荒谬和野蛮。文化是一个十分宽泛的概念，它对健全人格的影响也十分普遍而深远。这里，着重探析我国传统文化的利弊。

从积极方面说，首先，中国传统文化所提倡的一些为人处世的哲学和态度，客观上起到了维持心理平衡、增进心理健康的作用。如"塞翁失马，焉知非福"的善待挫折的坦然心态；"匹夫不可夺志"，"富贵不能淫，贫贱不能移，威武不能屈"和"自强不息"的人格意识；"学而时习之"、"学而不厌"及"学贵有恒"的学习观；"究天人之际，通古今之变"的积极进取精神；"为天地立心，为生民立命，为往圣继绝学，为万世开太平"的强烈的社会责任感和历史使命感；"先天下之忧而忧，后天下之乐而乐"的忧乐观；"人生自古谁无死，留取丹心照汗青"的生死观和"天下兴亡，匹夫有责"的荣辱观等等。这些都是中国传统文化所包括的超越阶级和时代局限的合理内核，也是健全人格的瑰宝。其次，在中国传统文化中，还有许多内容对于人格健全有促进作用。如儒家的"中庸""仁爱"，墨家的"兼爱""非攻"，道家的"自然""无为"等。又如庄子主张"忘情""忘我"，超然于物外，从而达到大彻大悟、豁然开朗、悠闲自得的"心游入天"的境界。许多东方民间保健术，如坐禅、瑜珈、气功以及其他放松入静的技巧，都体现了这种思想。他们不求改变人的认知、情感和行为，也不求改变环境，而是让人通过自我暗示，排除杂念，放松入静，达到消除焦虑、烦恼、恐惧等不良心境的作用。

从消极方面看，第一，要考虑的是中国传统文化的社会取向性。社会取向性是中国传统文化的基本特征之一。在中国传统文化中，虽然人们也认为社会是由个人组合起来的，但是又认为个人幸福应该建立在集体幸福的基础之上，社会幸福是个人幸福的前提。从而"重集体，轻个体"，推崇个人服从于整体，淹没于整体。这样就导致了"非个性化"的自我结构。自我在中国传统文化中被压抑、受歧视，有关自我方面的词语大多带有贬义，这就容易造成个体人格上的依赖性、求同性以及自我的萎缩，甚至产生自卑自怜、自轻自贱的意识。第二，中国传统文化的高度约束性。这是中国传统文化的又一特征。“非礼勿视，非礼勿动”，凡是与道德礼教相违背的言行都不允许，要求人们“慎独”、“自省”、谦虚。这样往往使个人的需求、欲望、情感受到过分压抑，而得不到正常的表达和必要的宣泄，其结果是引起焦虑不安、谨小退缩、疑心多虑，易于形成强迫倾向。第三，传统儒学宣扬“知其不可而为之”，易于导致人们把这种主观能动性绝对化，片面夸大，产生诸如自我评价过高、自我期望过高、唯我独尊、自以为是、自大自负等不良意识和思想行为。第四，在中国传统文化的指导下，儿童的早期社会化多经历依赖、求同、自抑、忍让等训练，这些训练内容被认为与强迫、焦虑、抑郁、社交恐怖症等神经症倾向的形成有直接或间接的关联。对于我国传统文化对健全人格影响的双重性，应该批判性地继承和创造性地转化，发扬光大正面影响，剔除负面影响。

2.4 个体与环境的交互作用

在个体发展进程中，环境不断地影响着人格和行为。健全人格的形成当然离不开环境的影响，包括胎内环境、家庭环境、学校教育、社会阶层等等。但是个体对环境的影响并非被动地加以接受，而是能主动地作用于环境。个体与环境的动力交互作用随时随地进行着。

2.4.1 交互作用的多种方式

个体的基因型与环境的交互作用有多种方式，主要表现为三种。

其一是反应的交互作用（reactive interaction）。指面对同样的环境，不同的个体会以不同的感受、体验和解释来对这一环境做出反应。敏感、神经质的孩子与和顺、适应性强的孩子对于父母的体贴关怀，其反应是不同的。一起听同样的故事，聪明的孩子比不太聪明的孩子从中能获得更多的知识。处于同样的人际环境中，外倾的孩子比内倾的孩子与周围的人和事的联系更多、反应频繁。每一个儿童的人格都能从客观环境中选取主观的心理环境。这种主观心理环境便构成了个体以后的人格发展背景。即便是父母为其孩子们所提供的环境完全相同（实际上是做不到的），孩子们在心理上所感受、体验到的环境也是各不相同的，因而反应也各不相同。

其二是唤起的交互作用（evocative interaction）。指个体的人格特征和行为会引起周围的人对他的特异反应。易哄、爱笑的婴儿比烦躁不安、大哭大叫的婴儿会得到父母和周围人们更多的关怀。温顺的孩子比惹是生非的孩子会受到父母较少的限制和训斥。父母的教养方式往往是由孩子的人格特征和行为所唤起的。常说父母的某种教养方式塑造了儿童的某种人格特征，例如说，父母民主、宽容的教养方式造就了有领导能力的儿童或权威的父母塑造了自我肯定的儿童。这种说法不够全面。实际上，儿童的人格特征也在形成父母的教养方式，而这种教养方式又塑造了儿童的人格。这种唤起的交互作用，自始至终贯穿于人格发展的全部过程。

其三是前动的交互作用(proactive interaction)。指个体主动选择和建构自己所喜爱的环境，而这些环境反过来又进一步塑造其人格。随着孩子的成长，有了一定的主动性之后，便产生了前动的交互作用。一个攻击性强的儿童常选择与小伙伴们在一起打架闹事的地方，而不会独自一个人待在家里，这一环境反过来又强化和维持了他的攻击性的人格特点。如果不允许他外出到惹是生非的地方去找小伙伴们，那么他将创造条件，例如把小伙伴们邀请到家里来，主动地促成有利于攻击性发展的环境。

在人格发展的过程中，上述三种个体与环境交互作用的方式在不同阶段的表现强度是不同的。幼小儿童仅限于在父母所提供的环境中活动的时候，其基因型与环境的内在相关最为强烈。随着儿童的成长，儿童开始选择和建构他们自己的环境时，基因型与环境的最初相关逐渐为前动的交互作用所代替。而反应的交互作用和唤起的交互作用在生活中仍经常起作用。

2.4.2 自我的功能

环境不会主动满足人。个体能够有意识有目的地选择和建构环境，使之满足自己的需要。一方面环境影响、制约着个人，同时个人也选择、改造着环境。从心理学的观点看，这种交互作用的实质也就是自我的功能机制问题。一般而言，自我具有三大功能。首先，自我保持个体行为的一致性。个体在一定情境下的行为，并不单由当前情境所决定；而个体处在不同的情境，又总能保持其行为的某种一贯性特征。其中，个人怎样理解自己，是其内在一致性的关键部分，因为个人需要按照保持与其自我看法相一致的方式行动。其次，自我决定个体对经验的解释。不同的人可能会获得完全相同的经验，但各自对这种经验的解释却可能很不相同。解释经验的轨道决定于一个人的自我观念，当个人的既有自我观念消极时，每一种经验都会被与消极的自我评定联系在一起；如果自我观念是积极的，每一种经验都可能被赋予积极的含义。再次，自我影响个体的期望水平。

自我观念不仅影响到个体现实的行为方式和个体对过去经验的解释，而且影响到个体对未来的期待。这是因为，个体对于自己的期望是在自我观念的基础上发展起来的，并与自我观念相一致，其后继的行为也决定于自我观念的性质。自我观念所具有的这种作用，在心理学上被称为自验预言，即由一定的自我观念引发与其相一致或自我支持性的期望，并使人们倾向于采用可以导致这种期望得以实现的行为方式。显然，这些功能对于健全人格的养成教育是一个核心问题，意义重大。自我一直是西方心理学中经久不衰的热门研究题目。据对美国《心理学文摘》的统计，出自英文杂志中有关自我概念和自尊的，大约占到总文摘量的2.5%(Hattie，1992)。近年来，出于对自我在健全人格养成教育中的重要性的认识，我们也在这方面开展了不少研究（刘凤娥，黄希庭，2001；杨雄，黄希庭，1999；郑涌，张惠蓉，黄希庭，2002；郑涌，黄希庭，1997，1998a，1998b，2000；陈红，黄希庭，2001；黄希庭，余华，2002；黄希庭，史清敏，2000；黄希庭，李媛，2001；黄希庭，郑涌，2000；黄希庭，陈红，符明秋，曾向，2002）。

3“四自”的实证研究

我们认为，自立（self-supporting）、自信（self-confidence）、自尊（self-esteem）、自强（self-strengthening）这“四自”不仅是颇具我国文化传统的人格特征，也正是健全人格的基础。从1996年起，我们开始了对自立、自信、自尊、自强的心理学研究。在这个领域，我们最早是从研究自尊开始的。心理学家对自尊的研究很多，但英文文献中的“self-esteem”是指个人评价自己的程度，包括高低价值在内，与中文的“自尊”即尊重自己似不完全一致。于是我们开始对自我价值感（self-worth）展开研究，根据我们的实际调查提出了多维度多层次的自我价值感模型（黄希庭，余华，2002）。该模型包括总体自我价值感、一般自我价值感和特殊自我价值感三个层次；总体自我价值感抽象程度最高，其次是一般自我价值感，包含社会取向和个人取向两种；抽象程度最低的是特殊自我价值感，表现为生理的、心理的、人际的、道德的和家庭的自我价值感五个具体方面，同时也表现为社会取向和个人取向两种。我们对我国大学生自我价值感的特点曾做过较系统的研究（郑涌等，2002）。

国外对独立性、依赖性有不少研究，但对自立却未见有研究。我们把自立定义为个体从自己过去依赖的事物那里独立出来，自己行动、自己做主、自己判断、对自己的承诺和行为负起责任的过程。自立贯穿于我们的整个人生，可以把自立区分为身体自立、行动自立、心理自立、经济自立和社会自立五种。身体自立和行动自立主要是幼儿期的发展任务。心理自立、经济自立和社会自立则是学生时期的发展任务（黄希庭，余华，2002）。我们对大学生的自立意识做过初步的研究。其中一项研究发现，大学生们回忆其自立意识的发生主要在中学时期并延续至大学阶段，自立意识发生的心理背景往往与个人欲摆脱挫折和战胜困难有关（黄希庭，余华，2002）。

自信是个人对自己的信任。虽然国外对自我效能（self-efficacy）、自尊（self-esteem）、自我概念（self-concept）、自我意识（self-consciousness）、自我觉知（self-awareness）有不少研究，但对自信的研究却甚少见到。我们以4个维度13个因素的构成模型，即整体自信（综合确认、总体肯定、否定自我）、学业自信（动手创造、专业信心、外语信心）、社交自信（家人老师、同学他人）与身体自信（体育运动、健康素质、动作身材、仪表表情、长相身高），对大学生的自信特点做过调查研究，获得了对健全人格养成教育有一定启示的研究成果。

虽然自强与成就动机（achievement motivation）、自我实现的动机（motivation of self-actualization）有密切的联系，但从我们对成就动机的初步研究来看，自强的心理结构要丰富得多。对于自强的心理结构，目前我们正在研究之中。虽然我们对自立、自信、自尊、自强做了一些研究，但是，我们觉得在这个领域还有许多问题值得探讨。

4 继续研究的主张

学生健全人格的形成是一项复杂的系统工程，我们的研究才刚刚开始。今后的研究，我们将坚持以下几点主张。1.理论观点要正确。从系统分析的理论来考察国外的人格形成的主要理论，进一步发展人格形成的交互作用理论，坚持个性化成才教育（individuation education）的指导思想（黄希庭，范蔚，2000）。2.研究方法要有突破。不仅要把相关研究、实验研究及个案分析等方法整合起来，还要在方法上出新，例如，采用质化研究的方法。3.教育实践要见成效。目前，我们的课题研究实践已取得了显著成效。参加本课题研究并成为课题实验基地的学校遍及全国各地，这些实验学校参加本课题的全过程，承担或参加子课题研究。它们的科学研究都与本校的深化素质教育、师资队伍建设、校风班风建设、家长学校建设紧密结合。这不仅提升了本课题理论成果的学术价值而且充分体现了本课题研究的应用价值，提高了实验学校教书育人的成效。例如，成都市武侯高中承担“个性化成才教育研究”子课题后，在校长领导下探讨了个性化成才教育的基本理论，并且探索出综合高中新的课程体系，探索出大面积提高中低分学生学习能力的有效方法和转化中低分学生的班级管理模式，学生的精神面貌发生了明显变化，提高了学习积极性；过去十多年来该校没有一名学生考取高校，1999年考取高校的学生占应届毕业生的74%；培养了一批会搞科研善于教书育人的优秀教师，学校被评为成都市的校风示范校、精神文明单位和重点中学。4.课题水平要上新台阶。随着素质教育进一步深化，学生健全人格养成的理论与实验研究日益受到重视。我们将继续努力，为促进学生个性全面发展，建立有我国特色的人格教育理论做出贡献。

合作者：郑涌、李宏翰；原文载于：《广西师范大学学报（哲学社会科学版）》，2006，42（3）：90–94。

幸福感的静息态功能磁共振成像低频振幅

幸福是人类所追求的共同目标。几乎人人都想要得到幸福(Diener,2000),但是并不是每一个人都具有同样的获得幸福的能力。在日常生活中,我们不难发现,有的人即使身处逆境却依然感到很幸福,而有的人尽管处境优越却还是感到不幸福。对于这样一个令人着迷而又非常重要的幸福个体差异问题,心理学家们从认知、人格、社会等各个角度进行了诸多研究(Diener,2013;Diener,Seligman,2002)。例如,幸福的建构理论认为,高幸福个体和低幸福个体在多种认知和动机过程上存在系统性差异,包括自我反思、自我评价、社会比较和人际知觉等维度(Diener,2013)。近年来,研究者们也开始尝试从神经科学的角度来研究幸福感存在个体差异的神经根源(Kringelbach,Berridge,2009)。例如,最近,两项基于任务的功能磁共振成像(functiona lmagnetic resonance imaging,fMRI)研究关注了高低幸福感个体情绪加工过程的神经机制,结果发现高幸福个体相对于低幸福感个体对积极情绪刺激在杏仁核上有更大的神经活动(Cunningham,Kirkland,2013),并且在纹状体和背外侧前额皮层的神经反应能够维持较长时间(Heller et al.,2013)。

然而,正如前两项研究只是关注高低幸福感个体的单一维度(情绪加工),采用传统的基于任务的fMRI技术来研究幸福感存在一个很大的挑战,即很难设计出能够引发全面的幸福体验的任务。但是,Biswal等人的静息态功能磁共振成像方法有效地解决了这一难题(Biswal,Zerrin Yetkin,Haughton,Hyde,1995)。该方法不受任务的制约,测量的是人脑在休息状态下血氧水平依赖低频波动信号,反映了人脑自发神经活动。它具有较高的稳定性,能较好地反映个体差异(Shehzad et al.,2009;Zuo,Di Martino,et al.,2010),能够有效用来研究人脑内在功能架构,已经被广泛用于研究各类精神类疾病,如抑郁症、精神分裂症等(Broyd et al.,2009;Whitfield-Gabrieli,Ford,2012;zuo,zhang,he,zang,2012)。在众多静息态功能磁共振指标中,低频振幅(amplitude of low frequency fluctuations,ALFF)采用一个频段(0.01—0.08 Hz)内所有频率点上幅值的平均值来表征一个体素自发神经元活动的强弱,从能量的角度反映了各个体素在静息状态下自发活动水平的高低(Yong,Chao-Zhe,2007)。它不需要依赖任何外在时间信息和模型,是一种可靠的数据驱动的方法。以健康被试为研究对象的研究发现,ALFF不仅能够反映个体不同的状态(H.Yang et al.,2007),而且还能够反映出个体长期的稳定的特质(Liu,Liao,Jiang,Wang,2014;Wei et al.,2014)。并且,它已经在临床上得到广泛应用,如注意缺陷多动障碍(Yong,Chao-Zhe,2007)、阿尔兹海默病(He et al.,2007)、轻度认知损害(Han et al.,

2011)、精神分裂症(Hoptman et al.,2010;Yu et al.,2014)以及抑郁症(Guo et al.,2012)等。因此,本研究拟采用静息态功能磁共振中的ALFF技术来研究幸福感与大脑的关系。

幸福感是指评价者根据自定的标准对其生活质量的整体性评估。它是一个复杂的建构,包含了很多子心理成分。至于幸福感到底由哪些成分构成,研究者们并没有一致的意见。但是,从以往研究中得知,高幸福感和低幸福感个体之间在快乐感、情绪调节和自我反思(self-reflection)上存在系统性差异(Kringelbach,Berridge,2009;Lyubomirsky,2001;Pe,Koval,Kuppens,2013)。个体获得快乐感的能力,组成了幸福感的核心,也是获得幸福感的必要条件。相反,如果个体得不到快乐,就会引发诸多情感障碍,如抑郁、成瘾和精神分裂(Berridge,Kringelbach,2008)。参与快乐感加工的核心大脑结构之一是基底核(basal ganglia,包括纹状体、丘脑下核和黑质)(Haber,Knutson,2010)。我们的一项研究采用了静息态fMRI技术对高幸福感个体和低幸福感个体的局部一致性进行了比较。结果发现,高低幸福感个体在纹状体的局部一致性上存在差异(Luo et al.,2014)。基于这些证据,我们假定,参与快乐加工的脑区,如基底核,其ALFF值可能会与幸福感有着密切的关系。

当然,快乐感只是幸福感的一部分,不能完整描述幸福感这一复杂的建构,幸福感还与良好的情绪调节能力有关(Gan-Qi,Huang,2012;Ochsner,Gross,2005;Pe et al.,2013)。情绪调节指的是个体对情绪的发生、体验进行调控的能力。良好的情绪调节能力能够有利于个体保持愉快的心境、改善不利的心境。因此,它对个体的幸福感有着重要的意义。例如,Pe等人发现高幸福感个体能够较好地在工作记忆中保持和更新积极信息(Pe et al.,2013)。情绪调节主要是由前额皮层等大脑区域参与。由此,我们推测,参与情绪调节的前额皮层的ALFF值可能也会与幸福感有关系。

除了快乐感和情绪调节之外,自我反思也与幸福感有密切关系。过度的负面自我反思,即过度地关注自我的消极情绪、问题和其他消极体验,对幸福感有负面的影响。特别的是,沉思(rumination),即反复地关注自己的抑郁症状以及并思考这些症状的原因和可能后果,是造成不幸福(抑郁)的主要因素之一(Nolen-Hoeksema,Wisco,Lyubomirsky,2008)。例如,Killingsworth和Gilbert利用手机应用程序收集了2250个被试的实时自我报告(Killingsworth,Gilbert,2010),结果发现那些越容易离开当下任务而去自我沉思的个体越不快乐。Lyubomirsky等人发现,低幸福感个体比高幸福感个体对任务成绩的负性反馈更加敏感,在随后的任务中表现出了过度的自我沉思,而这种沉思影响了该任务的成绩(Lyubomirsky,Boehm,Kasri,Zehm,2011)。神经科学的研究已经发现,在静息状态下与自我相关的加工主要是由默认网络(default mode network,DMN)参与(Mason et al.,2007;Weissman,Roberts,Visscher,Woldorff,2006)。默认网络主要包括内侧前额皮层(medial prefrontal cortex,MPFC)、后扣带皮层(posterior cingulate cortex,PCC)和楔前叶(precuneus)。它在大脑处于休息状态下被激活,在从事外部任务的时候被抑制(Buckner,Andrews-Hanna,Schacter,2008;Raichle et al.,2001)。在理论上,Kringelbach和Berridge认为默认网络由于与自我反思有关(Kringelbach,Berridge,2009),会与幸福感有着密切关系;在实证上,我们的研究也发现与默认网络有关的脑区,如内侧前额皮层和后扣带皮层的局部一致性在高低幸福感个体之间存在差异(Luo et al.,2014)。总的来说,我们假设,默认网络的重要节点的ALFF值也会与幸福感存在联系,并且这种联系是与个体的沉思倾向有关的。

基于这些假设,本研究采用静息态fMRI中的ALFF作为指标,扫描了159名健康大学生在静息状态下的大脑自发神经活动,并采用问卷测量了被试的幸福感,对幸福感与大脑自发神经活动的关系进行了研究。

1方法

1.1被试

本研究数据来源于时间与人格脑成像数据库。其中,已经有51个脑成像数据已经发表(Gan-Qi,Huang,2012)。一共有168名西南大学在校本科生或研究生参与扫描。所有被试身心健康,均为右利手,视力或矫正视力正常。所有被试实验前均签署知情同意书,实验结束后给予一定报酬。所有实验均得到西南大学心理学部伦理委员会批准。

考虑到头动对静息态数据质量的影响,有7名被试由于头动过大其脑成像数据被删除(删除标准见下文)。另外2名被试由于没有参与后期的问卷调查,数据也被删除。最终剩下159名被试的有效数据。其中,男66名,女93名。年龄范围在18—25岁之间,平均年龄为20.90±1.64(M±SD)。

1.2中国人幸福感量表(Chinese happiness inventory,CHI)

采用Lu等人编制的中国人幸福感量表完整版测量了所有被试的幸福程度(Lu,Shih,Lin,Ju,1997)。该量表一共48个题项,分为乐观、社会承诺、正向情感、掌控感、身体健康、自我满足、心理警觉、和谐的亲友关系、他人赞赏、物质满足、工作成就、活得比别人好、乐天知命等13个纬度。在本研究中,该量表的Cronbach'sα系数为0.943。

1.3 积极和消极情感量表(positive and negative affect schedule，PANAS)

该量表是由Watson等人]编制的(Watson，Clark，Tellegen，1988)，用于测量被试的情绪状态。由于扫描程序的安排问题，只有118名被试参与了情绪状态的测量。该量表包含2个分量表，即积极情感分量表和消极情感分量表，分别有10个条目。每个条目采用1—5评分。该量表的中文版被证实具有良好的信效度(Huang，Yang，Li，2003)。在本次实验中，积极和消极情感量表的Cronbach's α系数为0.770。

1.4 沉思反应量表(rumination response scales，RRS)

采用沉思反应量表测量了被试的沉思倾向(Treynor，Gonzalez，Nolen-Hoeksema，2003)。其中，72名被试测量了该量表。该量表包含3个维度：抑郁(depression)、强迫性冥思(brooding)和反思(reflection)测量。Treynor等人认为，沉思可以分成强迫性冥思和反思2个因素(Treynor et al.，2003)，因此在本研究中只用了这2个分量表。强迫性冥思是指个体消极地和理想标准做比较的倾向；反思是指个体试图解释自己为什么心境低落原因的倾向。该量表已经在中国有适用性研究，其中文版有21个条目，1—4级评分，符合心理测量学标准(Yang，Ling，Xiao，Yao，2009)。在本研究中，强迫性冥思和反思的Cronbacha's α系数分别为0.65和0.78。

1.5 fMRI扫描

数据采集使用3.0T磁共振成像系统(Siemens Magnetom Trio Tim)。在标准的头线圈内完成扫描，扫描时用配套的泡沫固定头部位置，以减少被试的头动。全脑功能像由$T2^*$加权单次激发梯度回波的EPI序列获得，功能像相关参数如下：TR=2000 ms，TE=30 ms，反转角(flip angle)为90°，扫描视野(FOV)=220 mm×220 mm，acquisition matrix=64×64，轴位32层，层厚=3.0 mm，voxelsize=3 mm×3 mm×3 mm。在扫描过程中，要求被试闭上眼睛，不要睡着，不要想特别的事情。对于每一个被试，收集8 min的静息态数据，共获得240个时间点。结构像扫描参数：TR=1900 ms，TE=2.52 ms，轴位176层，层厚=1.0 mm，层间距=0.5 mm，flip angle为90°，FOV=256 mm×256 mm。

1.6 数据预处理

在Matlab平台上使用基于SPM8(http://www.fil.ion.ucl.ac.uk/spm)的DPARSFA(data-processing assistant and resting-state fMRI advanced，version2.2，http://www.restfmri.net/forum/DPARSF)(C.Yan，Zang，2010)软件来对数据进行预处理。预处理步骤如下：(1)为了

获得稳定的磁共振图像和被试适应磁共振环境，将功能像数据前10个时间点剔除。(2)时间层配准，以校正slice获取的时间差。(3)头动矫正。(4)将T1像分割成灰质、白质和脑脊液。(5)去除26个协变量，包括来自白质、脑脊液的信号和24个Friston头动参数，以减少生理和头动的污染。由于前人研究发现Friston24参数模型(Friston, Williams, Howard, Frackowiak, Turner, 1996)在去除头动影响方面比较有效(C.-G. Yan, Cheung, et al., 2013)，故采用该模型来去除头动效应。同时，也去除了线性趋势。(6)空间标准化，采用SPM8自带的DARTEL(diffeomorphic anatomical registration through exponentiated Lie algebra)(Ashburner, 2007)，将扫描所得到的结构图像标准化到MNI(montreal neurological institute)标准空间。(7)以4 mm×4 mm×4 mm的全宽半高(full width at half maximum, FWHM)进行高斯平滑，以增加信噪比。

为了减少头动可能带来的噪声，将volume-level framewise displacement(FD)作为被试头动参数(Jenkinson, Bannister, Brady, Smith, 2002)。将平均FD超过2个标准差以外的被试剔除(0.0686±0.0377, M±SD)(C.-G. Yan, Craddock, Zuo, Zang, Milham, 2013)。在168名被试中，有7个被试由于平均FD超过0.144而被删除。

1.7ALFF计算

采用DPARSFA处理流程中调用REST(resting state fMRI data analysis toolkit, version1.8)程序进行分析(Song et al., 2011)。首先将全脑每一个体素的时间序列进行傅里叶变换，得到频域功率谱。功率谱的峰下面积可视为信号的能量。对峰下面积开平方，得到的值即可代表信号震荡的幅度。同时，将每个体素在0.01—0.08 Hz之间的频率平方根进行平均，即为ALFF值(Yong, Chao-Zhe, 2007)。为了标准化，将每个体素的ALFF值减去全脑的平均ALFF值并除以标准差，最后得到每个体素标准化的ALFF值。

1.8统计分析

采用SPM8统计模块进行统计分析。首先进行多重回归分析。以中国人幸福感量表的得分为自变量，以ALFF值为因变量，采用全脑的mask，进行多重回归分析。同时，将性别、年龄和头动平均FD值纳入协变量，以剔除这些因素对结果的影响。多重回归分析结果通过AFNI软件中的AlphaSim程序(http://afni.nimh.nih.gov/pub/dist/doc/program_help/AlphaSim.html)进行基于蒙特卡罗模拟(Monte Carlo simulation)的多重比较校正。结果得到一个校正阈限为$P<0.05$的结果图。参数为：单个体素P=0.05，5000 simulations，FWHM=4 mm，cluster connection radius r=5 mm。最后发现，要达到统计显著差异

水平，最小的cluster大小为54voxels（1458mm^3）。

1.9行为与大脑的相关

为了进一步了解脑区的功能意义，将与幸福感有显著相关的大脑区域的平均ALFF值提取出来，并与行为量表得分进行Pearson相关分析。

2结果

2.1样本特征

表1呈现的是本研究所选样本的描述性特征。我们还对各个量表进行了相关分析。结果表明，幸福感量表得分与积极情感量表得分有显著正相关（r=0.60，p<0.001），与消极情感量表得分有显著负相关（r=－0.42，p<0.001），并且与RRS量表的2个分量表均有显著负相关（强迫性冥思：r=－0.39，p<0.001；反思，r=－0.30，p<0.05）。该结果也验证了幸福感测量的有效性。

表1 样本描述性特征[a)]

	M	SD	区间
年龄/年	20.90	1.64	18—26
头动/mm	0.061	0.026	0.023—0.142
中国人幸福感（n = 159）	2.41	0.38	1.52—3.48
积极情感（n= 118）	3.06	0.62	1.5—4.6
消极情感（n=118）	1.90	0.50	1.0—3.3
RRS_强迫性冥思（n=72）	2.06	0.49	1.0—3.6
RRS_沉思（n=72）	2.19	0.55	1.2—4.0

a）RRS为沉思反应量表（rumination response scales）

2.2多重回归结果

多重回归结果见图1和表2。回归后发现，左、右侧的眶额皮层（orbitofrontal cortex，OFC）和左侧的背外侧前额皮层（dorsolateral prefrontal cortex，DLPFC），以及右侧的尾状核（caudate）的ALFF值越高，幸福感水平越高。相反，右侧的中扣带皮层（middle cingulate gyrus，MCG），左侧的顶上沟（superior parietal lobule，SPL）以及双侧的楔前叶的ALFF值越低，幸福感水平越高。

表 2 幸福感与 ALFF 的关系

大脑区域	Side	BAs	MNI			Voxel	Peak	P值
			x	y	z	size	T-value[a)]	
正相关								
Left Orbitofrontal Cortex	L	11	−27	51	−15	107	3.58	$< 10^{-3}$
Right Orbitofrontal Cortex	R	11	18	42	−18	55	4.22	$< 10^{-4}$
Dorsolateral prefrontal cortex	L	9	−48	27	39	68	3.78	$< 10^{-3}$
Caudate	R		15	−6	18	97	3.89	$< 10^{-4}$
负相关								
Middle Cingulate Gyrus	R	31	6	−42	42	82	−3.55	$< 10^{-5}$
Superior Parietal Lobule	L	7	−33	−66	60	194	−4.14	$< 10^{-4}$
Precuneus	B	7	−3	−60	33	89	−4.51	$< 10^{-3}$

a) df=154，Side 指的是大脑半球(B，双侧；R，右侧；L，左侧)。BAs 指的是 Brodmann 分区。坐标指的是峰值点在 MNI(Montreal Neurological Institute)空间里的坐标

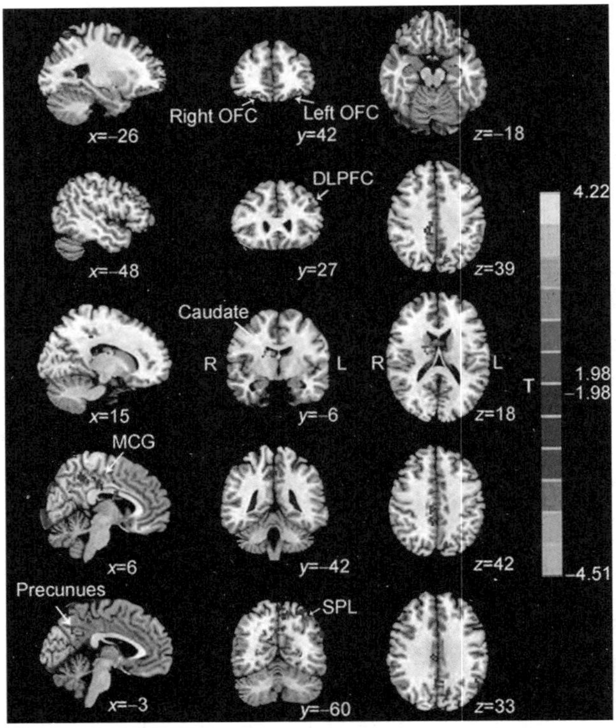

图 1 幸福感和全脑 ALFF 值的相关

这是多重回归的结果($p<0.05$，AlphaSim corrected)。暖色调表示显著正相关，冷色调表示显著负相关。R 表示的是右半球，而 L 表示的是左半球

2.3 大脑与行为相关结果

将与幸福感有显著相关脑区的平均ALFF值与行为量表得分进行相关分析，结果见表3。结果发现，这些大脑区域和幸福感量表的得分都有显著相关（R_s>0.29，P_s<0.001），验证了我们脑成像上的发现。此外，左、右侧的眶额皮层的ALFF值与积极情绪有显著正相关（R_s>0.30，P_s<0.001），背外侧前额皮层与负性情绪有显著负相关（r=−0.21，p<0.05），以及右侧的尾状核与积极情绪有边缘正相关（r=−0.17，p=0.07）。中扣带皮层，顶上沟以及楔前叶的ALFF值也都与积极情绪呈显著负相关（R_s>−0.24，P_s<0.01）。并且，除了楔前叶与反思分量表不显著之外，这些脑区均与RRS的两个分量表有显著或边缘正相关。

表3 有显著差异脑区与行为量表之间的相关[a)]

		幸福感 (*n* = 159)	积极情绪 (*n* = 118)	消极情绪 (*n* = 118)	RRS_强迫性冥思 (*n* = 72)	RSS_反思 (*n* = 72)
Left OFC	*r*	0.338**	0.369**	−0.006	0.002	−0.041
	P	0.000	0.000	0.948	0.989	0.735
Right OFC	*r*	0.294**	0.310**	−0.093	−0.093	−0.043
	P	0.000	0.001	0.316	0.437	0.720
DLPFC	*r*	0.376**	0.128	−0.215*	0.011	−0.050
	P	0.000	0.167	0.020	0.927	0.677
Caudate	*r*	0.350**	0.167	−0.137	−0.059	0.018
	P	0.000	0.070	0.138	0.621	0.881
MCG	*r*	−0.359**	−0.240**	0.146	0.394**	0.333**
	P	0.000	0.009	0.114	0.001	0.004
SPL	*r*	−0.501**	−0.273**	0.118	0.291*	0.212
	P	0.000	0.003	0.202	0.013	0.074
Precuneus	*r*	−0.447**	−0.235*	0.016	0.263*	0.147
	P	0.000	0.010	0.859	0.026	0.217

a) $^{*}p<0.05$; $^{**}p<0.01$. RRS, rumination response scales; Left OFC, left orbitofrontal cortex; Right OFC, right orbitofrontal cortex; DLPFC, dorsolateral prefrontal cortex; MCG, middle cingulate gyrus; SPL, superior parietal lobule

3讨论

本研究首次采用静息态功能磁共振中的ALFF技术来研究幸福感与大脑自发神经活动的关系。结果发现,大脑静息态功能磁共振的低频振幅与幸福感有着密切的关系。具体地说,左、右侧眶额皮层和左侧背外侧前额皮层,以及右侧尾状核的ALFF值越高,幸福感水平越高。并且,这些区域的平均ALFF值都与正性情绪或负性情绪有显著相关。相反的是,相对位于后部的右侧中扣带皮层,左侧顶上沟以及双侧楔前叶的ALFF值越低,幸福感水平越高。这些后部区域的ALFF值都与积极情绪有显著负相关。并且,除了楔前叶与反思没有显著相关之外,其他脑区均与倾向量表的2个分量表有显著正相关。ALFF从能量的角度反映了大脑各区域在静息状态下自发神经活动水平的高低(Yong,Chao-Zhe,2007),本研究发现的ALFF与幸福感之间的关系可能有助于理解高低幸福感个体之间在认知和动机上存在的系统差异。

本研究发现,尾状核的ALFF值随着幸福感的增加而升高,并且与积极情绪有边缘显著正相关。尾状核是纹状体(属于基底核)中的一部分。鉴于ALFF反映了自发神经活动水平的特性,可以认为,低幸福感个体在静息状态下纹状体的自发神经活动能量较低。纹状体是参与奖赏或快乐的体验和期待的核心结构(Haber,Knutson,2010)。例如,当被试在即时体验快乐(Tanaka et al.,2016),或在期待将来快乐事件时(Knutson,Adams,Fong,Hommer,2001),纹状体的激活水平增加。能够体验和期待快乐感是个体的一种重要的适应能力。对快乐的加工能够引发积极情绪,促进目标行为的达成(Schultz,2004)。反之,体验不到或不期待快乐,则大多会造成不幸福,如抑郁、精神分裂和各种成瘾(Berridge,Kringelbach,2008)。该结果也和我们之前发现高低幸福感个体在纹状体的局部一致性上存在差异的结果一致(Luo et al.,2014)。总的来说,这样的结果可能表明了高幸福感个体在体验和期待快乐的能力方面要优于低幸福感个体。

此外,本研究还发现了左右侧的眶额皮层和背外侧前额皮层的ALFF值也随着幸福感的增加而升高,并且它们都与正性情绪或负性情绪显著正相关。眶额皮层,是大脑参与情绪加工神经网络的重要组成部分,主要参与了由奖赏所带来的愉悦体验,如对美味的食物所带来的主观愉悦价值进行编码(Kringelbach,2005)。以往研究发现,眶额皮层的灰质体积与外向型人格特征成正比(DeYoung et al.,2010),而该皮层灰质体积的减少,还与心理障碍有关,如抑郁症等(Bremner et al.,2002)。重要的是,眶额皮层,特别是外侧的眶额皮层和背外侧前额皮层都与认知控制及情绪调节有关(Hooker,Knight,2006)。这些区域参与了对不合适的信息、情绪和行为的抑制,从而最终促使个体达成目标行为。例如,基于任务的fMRI研究发现,当被试试图去抑制由悲伤电影引起的伤心情绪时,眶额皮层和背外侧前额皮层都会被激活(Lévesque et al.,2003)。并且,有研究还发现被试使用再评策略去减少而不是增加负性情绪时,外侧眶额皮层激活程度更大;相反,如果被试使用再评策略去增加负性情绪时,背外侧前额皮层激活程度更大(Ochsner et al.,2004)。这有可能说明背外侧前额皮层和眶额皮层在情绪调节上的作用是不一样的,背外侧前额皮层更多的是保持或者增强当前的情绪体验,而眶额皮层更多参与抑制或降低负性情绪(Hooker,Knight,2006)。因此,高幸福感个体在眶额皮层和背外侧前额皮层的ALFF值升高有可能说明他们有着完好的情绪调节能力。这也与以往的幸福行为研究是一致的,如Pe等人发现高幸福感个体能够有效地调节积极信息(Pe et al.,2013),Diener和Seligman的研究也发现高幸福感个体有着较高的积极情绪(Diener,Seligman,2002)。

本研究的另一个发现是双侧楔前叶的ALFF值随着幸福感的升高而降低,并且其平均ALFF值与强迫性冥思有显著正相关。楔前叶是默认网络的一个重要结构。楔前叶一般被认为参与了与自我有关的情节记忆和自我反思(Fransson,Marrelec,2008)。以往对抑郁症的静息态功能连接研究发现,抑郁症患者的楔前叶的功能连接要高于健康被试(Greicius et al.,2007)。因此,低幸福感个体在这些区域有着相对较高的ALFF值,可能表明了这些个体过多地进行了与自我有关的思考,很难从自我思考中抽离出来。这种推测也与以往对幸福的研究是一致的(Killingsworth,Gilbert,2010;Lyubomirsky et al.,2011)。例如,低幸福个体沉浸在自己失败的体验中,很难集中注意力于当前任务,从而影响了作业成绩(Lyubomirsky et al.,2011)。

尽管本研究得到了一些有趣的结果,但也存在一定的局限性。首先,本研究只是一个横向的相关研究,不能明确地给出大脑与幸福感之间的因果关系,以后可以采用更为精巧的实验设计来研究它们之间的因果关系。其次,尽管本研究所测量到的幸福感是一种特质(trait),但是,由于幸福感的复杂性,静息态ALFF与幸福感的关系难免会受到被试状态的影响。如何分别研究被试的特质幸福和状态幸福与大脑的关系,这也是将来值得研究的问题。最后,本研究只采用ALFF这个静息态指标,研究的只是单一磁共振信号的特点,以后应该研究多个磁共振信号在时间序列上的关系,如采用功能连接和有效连接等指标来研究各个脑区、网络之间的连接与幸福感的关系(Buckner,Krienen,Yeo,2013),以及VMHC(voxel-mirrored homotopic correlation)(Zuo,Kelly,et al.,2010)指标来研究大脑左右半球之间的功能连接与幸福感之间的关系,以更为全面地揭示幸福感与大脑的关系。

4 结论

幸福感与大脑的关系是一个有着重要意义的问题。本研究采用静息态功能磁共振中的低频振幅指标来研究幸福感与大脑自发神经活动之间的关系。眶额皮层和背外侧前额皮层,以及尾状核的ALFF值随着幸福感的增加而提高。并且,这些区域的平均ALFF值都与正性情绪或负性情绪有显著相关。相反,楔前叶,中扣带皮层以及顶上沟的ALFF值随着幸福感的提高而降低。这些区域的ALFF值不仅与积极情绪有显著负相关,还与沉思倾向有正相关。这些结果可能反映了高低幸福感个体在自我加工、快乐加工和情绪加工等方面存在的差异。本研究的发现有助于理解幸福感与大脑的关系,也能够为以后提高幸福感的实践提供理论上的指导。

合作者:罗扬眉、李宝林、刘杰、毕重增;原文载于:《科学通报》,2015,60(2):170-178。

Resting-state functional connectivity of the default mode network associated with hap - piness

Introduction

Happiness is a fundamental human pursuit (Diener, 2000; Parks et al., 2012). However, not everyone is equipped with the same ability to be happy (Lyubomirsky, 2001; Diener and Seligman, 2002). In our daily lives, it is common for some people to be happy while others often experience fits of gloom. So, why are some people happier than others? There has been considerable interest in the sources of individual differences in happiness. A great deal of research has shown that both internal factors (e.g. self-reference, emotion regulation, and social comparison) and external factors (e.g. age, gender, education, marriage and income) influence happiness (Diener et al., 1999; Lyubomirsky, 2001; Diener, 2013). However, little work has been done to investigate the neurobiological sources of these individual differences (Kringelbach and Berridge, 2009); doing so may provide new insights into our understanding of happiness.

A starting point for this study is the observation that happiness is often negatively associated with excessive, negative, self-focused processing; i.e. rumination. Emerging evidence shows that unhappy people are inclined to dwell on their negative life events, focus on their self-emotions and feel self conscious, which results in a variety of adverse consequences (Lyubomirsky et al., 2003, 2011; Nolen-Hoeksema et al., 2008; Killingsworth and Gilbert, 2010; Stawarczyk et al., 2012; Andrews-Hanna et al., 2013; Mason et al., 2013). For instance, Killingsworth and Gilbert (2010) collected real-time self-reported instances of mind wandering and happiness from 2250 participants and found that people were less happy whentheir minds wandered than when not. Unhappy individuals, unlike their happy peers, showed increased self-focused thoughts and were more sensitive to unfavorable achievement feedback, which adversely affected their performance on important academic tasks (Lyubomirsky et al., 2011). In addition, excessive self-focused cognition (rumination) is implicated in depressive and anxiety symptoms (Nolen-Hoeksema et al., 2008). Finally, recent work utilizing a longitudinal design reported that low self-esteem predicted subsequent rumination, which in turn predicted subsequent depression, and that rumination partially mediated the prospective effect of low self-esteem on depression (Kuster et al., 2012).

In recent years, neuroimaging studies on happiness have advanced our understanding of its neural underpinnings (Urry et al., 2004; van Reekum et al., 2007; Heller et al., 2013; Cunningham and Kirkland, 2014; Lewis et al., 2014; Luo et al., 2014, 2015; Kong et al., 2015a, b, c, d). For example, one resting state electroencephalography (EEG) study revealed that individuals with greater activation in the left superior prefrontal cortex were happier (compared with the right superior prefrontal cortex (Urry et al., 2004). Structural magnetic resonance imaging (MRI) studies have reported gray matter volume associations with aspects of happiness; eudaimonic happiness, characterized by meaning and self-realization, was shown to be positively associated with gray matter volume in the right insular cortex (Lewis et al., 2014). Additionally, global life satisfaction has been linked to the parahippocampal gyrus (Kong et al., 2015a). More recently, two task-based functional MRI studies found that happier individuals showed greater amygdala responses to positive stimuli (Cunningham and Kirkland, 2014), as well as sustained activity in the striatum and dorsolateral prefrontal cortex in response to positive stimuli (Heller et al., 2013). However, none of these studies has looked at how a specific psychological process, such as rumination, relates to the neural basis of happiness.

As a complement to the EEG and task-based studies mentioned earlier, the disposition of happiness warrants investigation from the perspective of resting-state functional connectivity (Biswal et al., 1995; Fox and Raichle, 2007). This method may provide insight into individual differences in happiness as they relate to spontaneous self-referential processing. Functional connectivity refers to the temporal correlations of spontaneous brain activity in spatially remote areas (Friston et al., 1993). These connectivity patterns, namely resting-state networks (RSNs), are thought to characterize the individual differences in intrinsic brain functions (Fox and Raichle, 2007). Onesuch RSN, the default mode network (DMN) includes the medial prefrontal cortex (MPFC), posterior cingulate cortex (PCC), presumes (PCU) and inferior parietal lobule (IPL). The DMN is active during introspectively oriented mental activity at rest (e.g. self-reflection, theory of mind or mind wandering), and is suppressed in the presence of an external task (Raichle et al., 2001; Buckner et al., 2008). The DMN has been theorized to play a pivotal role in unconstrained, self-referential cognition (Raichle et al., 2001; Weissman et al., 2006; Mason et al., 2007; Buckner et al., 2008; Andrews-Hanna et al., 2014). In our previous study, we reported that local functional homogeneity of intrinsic brain activity was altered within DMN areas (e.g. the MPFC and PCC) among happy and unhappy individuals (Luo et al., 2014). In this study, we sought to extend our previous findings by directly investigating how the functional connectivity of DMN is associated with happiness.

Although the relationship between happiness and the DMN has yet to be examined, previous research has examined the relationship between emotion-related disorders (e.g. depression) and the DMN (Greicius, 2008; Broyd et al., 2009; Whitfield Gabrieli and Ford, 2012). For example, hyperactivation and hyperconnectivity of the DMN has been found in patients with depression who were characterized by high levels of rumination (Whitfield-Gabrieli and Ford, 2012). Moreover, during both passive viewing and actively appraising negative images, individuals with depression exhibited an overactive DMN (Sheline et al., 2009). Additional studies have reported that participants with depression showed increased resting-state functional connectivity of the MPFC, PCC, and thalamus within the DMN compared with the healthy control participants (Greicius et al., 2007; Berman et al., 2011; Sheline et al., 2010; Zhou et al., 2010). Moreover, the increased level of DMN dominance (greater DMN activity relative to the task-positive network) was also found in people with depression (Hamilton et al., 2011). Notably, the degree of resting-state functional connectivity correlated with the person's tendency to ruminate (Greicius et al., 2007; Sheline et al., 2010; Berman et al., 2011; Hamilton et al., 2011). However, an overactive DMN in patients with depression is not always observed. For example, decreased functional connectivity in patients with major depressive disorder has been reported (Veer et al., 2010). In addition, an independent study reported evidence for the dissociation between anterior and posterior functional connectivity of the resting-state DMN in people with depression, with an increase in functional connectivity in the anterior medial cortical regions and a decreased functional connectivity in the posterior medial cortical regions (Zhu et al., 2012). Therefore, the relationship between functional connectivity in the resting-state DMN and depression remains unclear.

Although there is considerable evidence for abnormal patterns of DMN activity in people with depression, it is important to investigate the relationship between DMN activities and happiness in non-clinical samples. We treat happiness and subjective well-being as interchangeable terms in this study. Happiness refers to people's cognitive and affective evaluation of their life. Thus, happiness is a broad construct that encompasses frequent positive effects, occasional negative effects and high level of life satisfaction (Diener et al., 1999, 2002). In addition, we conceptualized happiness as a trait rather than a transient emotion state (Lyubomirsky et al.,

2005). In this study, happiness was measured by the Chinese Happiness Inventory (CHI) (Lu and Shih, 1997; based on the Oxford Happiness Inventory) with 28 items (Argyle et al., 1989) alongside an additional 20 items to accurately cover the sources of happiness for Chinese people. These Chinese sources of happiness include 'harmony of interpersonal relationships', 'being praised and respected by others', 'satisfaction of material needs', 'achievement at work', 'downward social comparisons' and 'peace of mind' (Lu and Shih, 1997).

There are several concepts related to happiness, such as depression and self-esteem. Although those concepts may partly overlap and be related, they are distinct constructs (Lyubomirsky et al., 2006; Ryff et al., 2006). Given that the absence of depression and high self-esteem does not guarantee happiness, they are therefore not sufficient conditions for happiness (Lyubomirsky et al., 2006). Furthermore, more and more researchers argue that happiness and unhappiness are not opposite ends of a bipolar continuum, but rather are distinct domains of mental functioning (Ryff et al., 2006). Despite the considerable amount of neural evidence and research on depression (Greicius et al., 2007; Sheline et al., 2010; Hamilton et al., 2011) and self-esteem (Chavez and Heatherton, 2015), it is still necessary to investigate the associations between DMN and happiness.

In this study, we investigated whether happiness is associated with the DMN and whether this relationship is associated with rumination. Our hypotheses were derived from the conclusion that depression is associated with hyper connectivity of the DMN (Whitfield-Gabrieli and Ford, 2012), and that within the DMN, the MPFC, PCC and IPL are theorized to be involved inself-referential processes (Northoff et al., 2006; Andrews-Hanna et al., 2010). Therefore, it is possible that unhappiness is associated with increased functional connectivity between the MPFC, PCC and IPL in a non-clinical population. Furthermore, the inclination to ruminate may be related to the hypothesized increased functional connectivity between the aforementioned areas when at rest.

Methods

Participants and behavioral measures

Participants included 168 healthy young adults, who volunteered as part of an ongoing project investigating the association between brain imaging and mental health. Data from 51of these participants have been previously published in a study that investigated the association between regional homogeneity and happiness (Luo et al., 2014). Eighteen participants were excluded due to excessive head motion (see below for details) and another two participants were excluded because they failed to complete self-report measures. The results reported here are from the remaining 148 participants (61 men, 81 women; manage¼20.90 years, SD¼1.65 years). They were healthy undergraduate and postgraduate students with no history of neurological conditions or psychiatric episodes. In accordance with the Declaration of Helsinki, written informed consent was obtained from all participants. The study protocol was approved by the local ethics committee.

All participants' happiness levels were assessed with the CHI, full version (Lu et al., 1997) (alpha¼0.94). The CHI is a standardized measure of 48 items; higher total scores indicate a higher level of overall happiness. The CHI is composed of a universal component of happiness and a specific component of the Chinese conceptualization of happiness (Lu and Shih, 1997).

Rumination was measured with the Ruminative Responses Scale (RRS) (Treynor et al., 2003). We did not measure the rumination at first (78 participants), and the RRS was included for the final 70 participants. The RRS can be divided into three components: depression, brooding and reflection. According to Treynor et al. (2003), rumination is composed of two components: brooding and reflection. Therefore, we focused on the Brooding and Reflection subscales of RRS. The Brooding subscale assesses the tendency to passively compare current mood with ideal standards, and the Reflection subscale assesses the tendency to consider why one is depressed (Treynor et al., 2003). The Chinese version of the RRS has 21 items (rated on 1¼Never to 4¼Always) (Yang et al., 2009) (total RRS alpha¼0.89; Brooding alpha¼0.65 and Reflection alpha¼0.78).

Data acquisition

The experiment was performed on a 3.0-T scanner (Magnetom Trio, Siemens, Erlangen, Germany). Functional images were acquired using a single-shot, gradient-recalled echo planar imaging sequence (TR¼2000 ms, TE¼30 ms, flip angle¼90, 32axial slices, FOV¼192 cm*192 cm, acquisition matrix¼64*64, slice thickness¼3 mm, without gap, voxel size¼3 mm*3mm*4 mm).

For each participant, a total of 8 min resting data were acquired. Participants were instructed to simply rest with their eyes closed, not to think of anything in particular, and not to fall asleep. To minimize head motion, the participants' heads were restricted with foam cushions. For spatial normalization and localization, high-resolution T1-weighted anatomical images were also acquired along the sagittal orientation using a 3D magnetization prepared rapid gradient-echo sequence (176 slices, TR¼1900 ms, TE¼2.53 ms, flip angle¼9, resolution¼256*256 and voxel size¼1mm*1mm*1 mm) on each participant.

Data pre-processing

Data were pre-processed using DPARSF (Data Processing Assistant and Resting-state FMRI, version 2.3, http://www.restfmri.net/forum/DPARSF) (Chao-Gan and Yu-Feng, 2010). The first 10 volumes were removed to account for the T1 equilibrium effect, leaving 230 volumes for the final analysis. The functionalimages were sinc interpolated in time to correct for slice timedifferences. Then, the images were realigned with a sixparameter (rigid body) linear transformation to correct for headmovements. Next, the functional images were co-registered with the corresponding T1-volume and warped into the Montreal Neurological Institute (MNI) space at a resolution of3*3*3 mm, using Diffeomorphic Anatomical RegistrationThrough Exponentiated Lie algebra in SPM8 (Ashburner, 2007). Finally, the images were spatially smoothed using a Gaussianfilter of 4-mm full width at half maximum (FWHM) to reducenoise.

Head motion

To rule out the confounding effect of head motion, we computed frame-wise displacement (FD) for our data (Power et al., 2012, 2014). We used a 'scrubbing' method, as recent studieshave emphasized the confounding effect of transient head motion on the time course of resting-state data (Power et al., 2012, 2015; Van Dijk et al., 2012; Yan et al., 2013a, b). For each participant, the volumes with a FD above 0.2 mm, and the 1-back and 2-forward neighbors, were scrubbed (Power et al., 2012, 2013). Participants with excessive motion (<5 min of useable data) were excluded as an outlier (Power et al., 2014). A total of 18 participants were identified as outliers and eliminated from thefinal analyses. The FD of the remaining data was low (M¼0.11, SD¼0.04), and there were no correlations between FD and behavioral measures (rs<0.08, Ps>0.36). Lastly, mean FD of eachparticipant was included in the multiple regression models asnuisance covariates to remove the residual effect of motioneffect at the group level.

Independent component analysis

Group spatial independent component analysis(ICA)was carried out by the Group ICA for fMRI Toolbox(GIFT v2.0a, icatb.sourceforge.net)(Calhoun et al., 2001)for 148 participants. The number of components was set to 20(Smith et al., 2009).Toperform group ICA, dimensionality of the data was first reducedusing principle component analysis(PCA), then the reduced-data were concatenated over the time domain using the infomax algorithm.This algorithm was repeated 20 times by running the ICASSO toolbox, using both 'randinit' and 'bootstrap' methods, to ensure the reliability of the derived components(Himberg et al., 2004; Correa et al., 2007; Das et al., 2014).Afterward, individual image maps were reconstructed from theaggregated data based on matrices stored during PCA. Theresulting image maps and time courses were then backreconstructed and calibrated using Z values to normalizethe signal.It has been reported that Z values can be indirectlyused to measure the functional connectivity within a network, since Z values represented the contribution of the voxels tothe independent components(Beckmann et al., 2005; Liao et al., 2010).The ICASSSO results showed that the component stability ranged above 0.95 for all included independentcomponents.

Components corresponding to the DMN were then identified. Components were identified by template matching andvisual inspection.First, using the DMN template according toSmith et al.(2009), we performed a spatial template matchingprocedure(vondem Hagen et al., 2013). Two components wereidentified as having a highest spatial overlap with the template(correlation values: 0.32, 0.19).Then, two components matching the DMN were further conformed by visual inspection.According to the group ICA results, the DMN were split into the anterior DMN (aDMN)and the posterior DMN(pDMN), which was consistent with previous research(Liemburg et al., 2012; Ding and Lee, 2013; vondem Hagen et al., 2013)

Statistical analysis of independent components

Statistical analyses were performed using SPM8(http://www.fil.ion.ucl.ac.uk/spm/software/spm8/).For each DMN component, random-effect analyses using one-sample t-tests were performed respectively.We set a stringent threshold criterion to examine regions typically found in the DMN($T>12$, $k>20$).The resulting statistical maps were used as masks in following analysis to restrict the analysis within DMN areas.

Multiple regression analyses with happiness, gender(covariate of no interest), age(covariate of no interest), FD(covariate of no interest)and the Z values were performed.The results ofmultiple regressions were corrected using a Monte Carlo simulation (Ledberg et al., 1998), resulting in a corrected threshold of $p<0.05$ (AlphaSim program within AFNI (http://afni.nimh.nih.gov/pub/dist/doc/program_help/AlphaSim.html). The following parameters were used: single voxel *P*¼0.05, 10000 simulations, FWHM¼4 mm, cluster connection radius *r*¼5 mm). Minimumcluster sizes of aDMN and pDMN were 30 voxels (810 mm^3) and27 voxels (729 mm^3), respectively.

Connectivity-behavior analysis

To investigate the relationship between *Z* values in the network maps and the level of rumination, a post-hoc Pearson correlation analysis was performed. The voxels in the DMN showing significant correlations between *Z* values and happiness were extracted as a mask consisting of several regions of interests (ROIs). These averaged masks (ROIs) (at group level) were applied to all participants. The mean *Z* values for each individual within these ROIs were correlated with the scores on the Brooding and Reflection subscales of the RRS. Considering these analyses were exploratory in nature, a statistical significance level of $p<0.05$ uncorrected and $p<0.01$ uncorrected, were used.

Results

Demographic results

Spatial pattern of DMN. The results of the Group ICA analyses are shown in Figure 1 and visualized with Brain Net Viewer (Xia et al., 2013). Visual inspection indicated that the aDMN was mainly composed of the MPFC and anterior cingulate cortices, the PCC/PCU, and the bilateral IPL. The pDMN included the PCC, retrosplenial cortex and PCU (Table 1).

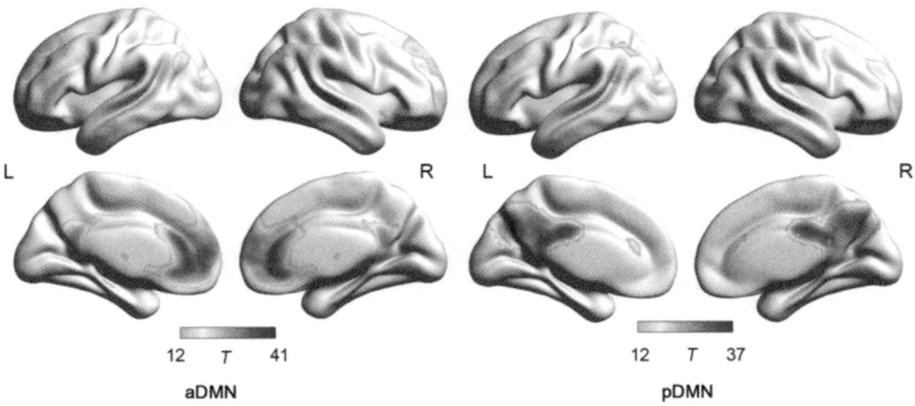

Fig.1　The spatial pattern in the aDMN and pDMN

Note: aDMN, anterior default mode network, pDMN, posterior default mode network. L, left; R, Right

Table1　Demographics

	Mean	SD	Range
Age/years	20.90	1.65	18–26
Head Motion/mm	0.11	0.038	0.023–0.142
CHI(*n*=148)	115.96	18.04	73–167
RRS–Brooding(*n*=70)	10.27	2.45	5–18
RRS–Reflection(*n*=70)	11.01	2.76	6–20

Note: CHI, Chinese Happiness Inventory; RRS, Ruminative Responses Scale.

DMN and happiness. Multiple regression analysis ($p<0.05$, Alphasim corrected) indicated that Z values of some areas within the DMN were negatively correlated with happiness (see Figure 2, Table 2). More specifically, within the aDMN, the Z values of the bilateral MPFC were negatively correlated with happiness. Similarly, within the pDMN, the Z values of the bilateralPCC, and left IPL were negatively correlated with happiness.

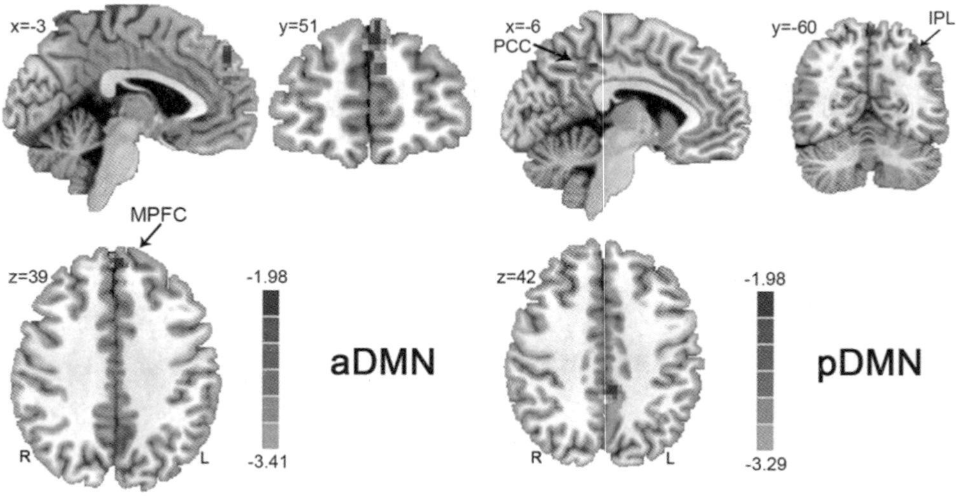

Fig.2 Regions showing significant correlations between the DMNs and happiness.

The left panel shows regions with significant correlations between the aDMN andhappiness; the right panel shows regions with significant correlations between the pDMN and happiness.Numbers in the upper left corner of each image refer to the *x*–, *y*–or *z*–plane coordinates of the MNI space(R, right; L, left).Abbreviations: MPFC, medial prefrontal cortex; PCC, poster cingulate cortex; IPL, inferior parietal lobule

Table 2 Brain regions demonstrating significant correlations between the functional connec - tivity of the DMN and happiness.

Anatomical region	Side	Bas	MNI			Voxel	Peak
			x	*y*	*z*	Size	*T*–value
aDMN							
MPFC	B	9/10/32	0	51	39	82	–3.41
pDMN							
PCC	B	31	–6	–42	42	42	–3.17
IPL	L	7/40	–33	–60	54	29	–3.13

Note: Side refers to the hemisphere (B, bilateral; R, right; and L, left). Brodmannareas (BAs), coordinates of peak *t*–value in MNI space, volume in voxels, andpeak *t*–values are specified for each region showing significant correlations

Connectivity–behavior results.There were significant positive correlations between the RRS subscale scores and the *Z* values of the MPFC within the aDMN, and between the *Z* values of thePCC and IPL within the pDMN(Figure 3).Specifically, the mean *Z* values of the MPFC were positively correlated with the scores on the two RRS subscales[Brooding(*r*¼0.30, *P*¼0.013) and Reflection(*r*¼0.25, *P*¼0.039)].In addition, the mean *Z* values ofthe PCC were positively correlated with scores for Brooding(*r*¼0.26, *P*¼0.029), and the mean *Z* values of the IPL was marginally correlated with scores for Reflection(*r*¼0.23, *P*¼0.054).

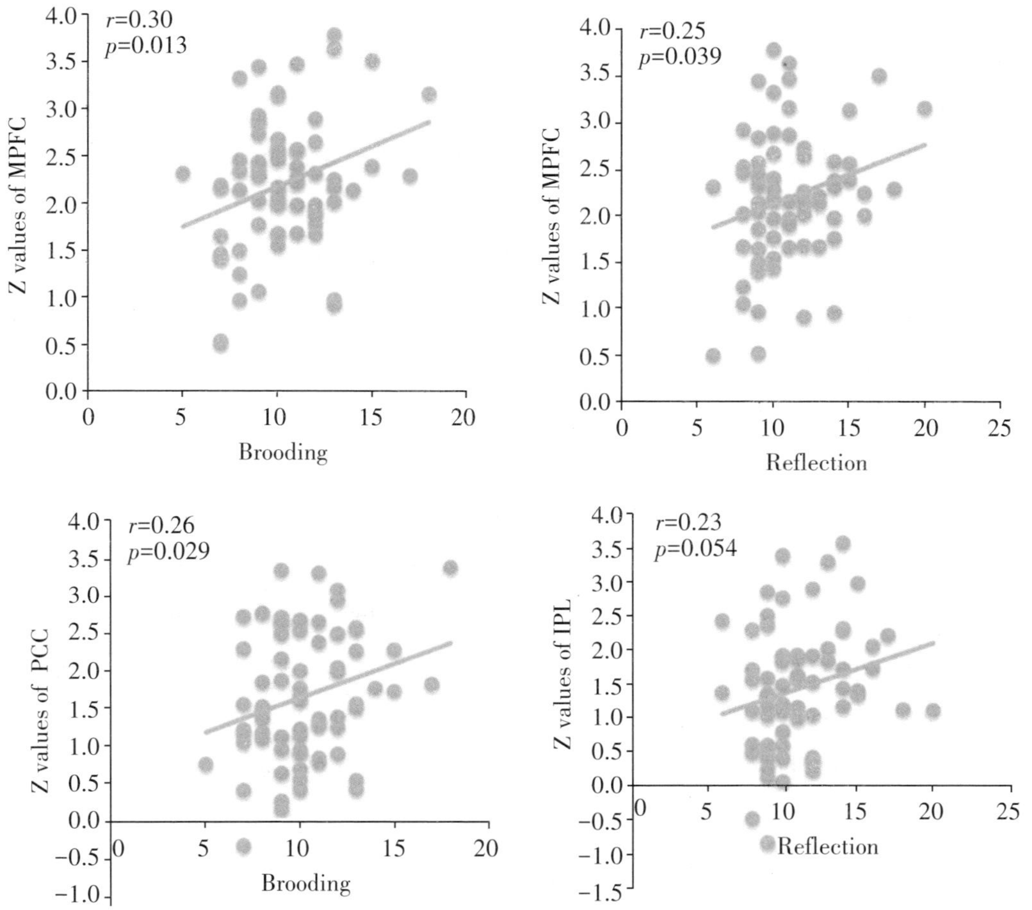

Fig.3　Correlations between scores on the RRS subscales and mean Z values of the MPFC, PCC and IPL.MPFC, medial prefrontal cortex; PCC, poster cingulate cortex; IPL, inferior parietal lobule.

Discussion

Our results provide neural evidence that rumination may underlie the association between DMN activities and individual differences in happiness within a healthy population.Consistent with our hypothesis, a group ICA approach found that the increased functional connectivity of the DMN was associated with lower levels of happiness.Compared with their happy peers, individuals reporting greater levels of unhappiness showed increased functional connectivity in core DMN areas, including the MPFC, PCC and IPL.Furthermore, the strength of functional connectivity in the MPFC, PCC and IPL was positively correlated with scores on the two subscales of rumination: brooding and reflection. The increased functional connectivity within the DMN among unhappy people may suggest the unhappy people are associated with excessive negative self-reflection.

The current results provide further evidence that unhappiness is associated with hyperconnectivity of DMN areas in anon-clinical sample, and that the strength of the hyperconnectivity between the MPFC, PCC and IPL is associated with the trait of rumination.Unhappy people may spend more time ruminating on negative self-feelings, thoughts and emotions (Lyubomirsky et al., 2003, 2011; Nolen-Hoeksema et al., 2008; Killingsworth and Gilbert, 2010; Stawarczyk et al., 2012; Andrews-Hanna et al., 2013; Mason et al., 2013). The DMN is active when people are engaged in unconstrained self referential processing and deactivates during goal-oriented activity. As the midline hubs of the DMN (MPFC and PCC) are highly implicated in personally significant evaluations, e.g. during self-relevant affective decision-making (Andrews-Hanna et al., 2010), it is not surprising that unhappy people showed increased functional connectivity in the DMN.Prior studies also found the intrinsic activities of DMN areas were associated with happiness (Luo et al., 2014, 2015). For example, our prior resting state study found the local synchronization of intrinsic brainactivities in the MPFC and PCC were altered between happy and unhappy people (Luo et al., 2014). However, although previous studies speculated as to the existence of an association betweenthe altered intrinsic activities of DMN areas and rumination (Luo et al., 2014, 2015), no prior research had directly tested this speculation. The present results provide direct novel evidence that the increased functional connectivity of DMN areas among unhappy people is associated with the inclination to ruminate.

More specifically, we found that unhappy people exhibited increased functional connectivity of the bilateral dorsal MPFC, within the anterior DMN, relative to happy people. Moreover, the Z values of the dorsal MPFC were positively correlated withrumination. The MPFC, consisting of the midline core areas ofthe DMN, are highly implicated in self-referential and emotional-processing (Andrews-Hanna et al., 2010). Importantly, the dorsal MPFC has been termed the 'dorsal nexus' because it connects the cognitive control network, DMN and affective network (Sheline et al., 2010). In clinical samples, patients with depression demonstrated the hyperconnectivity of dorsal MPFC more so than healthy people (Sheline et al., 2010; Zhu et al., 2012). Moreover, experienced meditators, people who are characterized by attention to the present and less mind wandering, demonstrated relatively deactivated MPFC compared with matched controls(Brewer et al., 2011).Taken together, our study provides novel evidence that demonstrates that the MPFC is involved inunhappy individual's rumination, in a non-clinical sample, which may indicate that individuals who report greater levels of unhappiness spend excessive amounts of time think about howthey feel about themselves and find it is difficult to disengage from these thoughts.

Furthermore, the posterior DMN areas, including the PCC and IPL, showed increased functional connectivity among unhappy people.Additionally, the Z values of the PCC were positively correlated with scores for brooding, and those of the IPL were positively correlated with scores for reflection, two subscales ofrumination. The results were consistent with previous studies, which found increased functional connectivity in the PCC of patients with depression (Greicius et al., 2007; Berman et al., 2011; but see Zhu et al., 2012) and recovered anorexia nervosa (Cowdrey et al., 2014), relative to healthy controls.Those posterior parietal regions play an important role in episodic memory, especially when recalling the past or anticipating the future (Wagner et al., 2005; Fransson and Marrelec, 2008). This raises the possibility that the increased connectivity of the PCC and IPL indicates that unhappy individuals may more frequently engage in episodic memory retrieval compared with happy individuals.However, further studies are needed to test this speculation.

Although our results provide direct evidence that the functional connectivity of the DMN is associated with happiness, it is worth noting the limitations and future directions of this study. First, due to the cross-sectional nature of this research, the current study is unable to establish causal connections between happiness and brain activity.Prospective longitudinal imaging studies will be necessary to address this question.Second, recentwork indicates that dynamic functional connectivity may greatly enhance our understanding of the fundamental features of brain networks(Hutchison et al., 2013).Thus, future research may provide insight into the neural correlates of happiness by correlatingthe dynamic functional connectivity of the DMN and the related real-time mental contents among happy and unhappy people.

Conclusion

In summary, this study provides insights into the associations between happiness and the functional connectivity of the DMN with resting-state fMRI. When compared with their happypeers, unhappy people showed increased functional connectivity of the MPFC, PCC, and IPL within the DMN.Furthermore, increased connectivity in these core areas within the DMN was associated with an increased inclination to ruminate.Differences in happiness were reflected in differential functional connectivity strengths within the DMN; rumination may underline this relationship.Based on the current findings, future research towards determining the direction of causation between happiness, DMN and rumination are needed.

合作者：罗扬眉、孔风、游旭群；原文载于：*Social Cognitive and Affective Neuroscience*, 2015,11(3):516-524。

附录

青少年学生自我价值感量表

请仔细阅读以下每一个项目，并逐题按照自己的实际情况诚实作答，看懂题目后在后面相对应的空格内打“√”。请注意：答案无对错之分，无须过多思考，根据自己的第一印象选最符合自己的选项即可。

题项	完全不符合	大部分不符合	部分符合部分不符合	大部分符合	完全符合
1.我喜欢主动与人交往。					
2.我能从失败中吸取教训，作为今后个人成功的动力。					
3.当遇到不顺心的事时，我能感受到父母在尽量地鼓励我。					
4.班上搞活动常常离不开我。					
5.我觉得我的父母不关心我。					
6.我是一个有出息的人。					
7.总的说来，我对自己感到满意。					
8.我的体质很好，能更好的为社会做贡献。					
9.我很受周围人的欢迎。					
10.在大多数课程学习中，同学们都会来找我帮忙。					
11.我经常愿意独处，因为这样我感到自由。					
12.父母总是让我去做一些我自己不喜欢的事情。					
13.我对自己的生长发育状况感到满意。					
14.我是一个冷静的人。					
15.在学校里，我常常当干部。					
16.我常常觉得身体不舒服，难以发挥自己的潜能。					
17.我感到自己的长处得到了发挥。					
18.我的父母不能容忍我与他们有不同的见解。					

续表

题项	完全不符合	大部分不符合	部分符合部分不符合	大部分符合	完全符合
19. 只要我认为道德的事就去做，别人怎么看我不在乎。					
20. 我勇于去做自己想做的事。					
21. 无论做什么事，我是按自己的标准来衡量好坏的。					
22. 我常常觉得自己一无是处。					
23. 我在同伴中很有威信。					
24. 我的身体很好，会有助于我今后的发展。					
25. 我觉得自己在团体中没有影响力。					
26. 不论成功或失败，我相信自己选择的道路。					
27. 我相信我的言行合乎社会道德标准。					
28. 我的诚实赢得了大家的信赖。					
29. 我经常帮助有困难的人，从中使我感到快乐。					
30. 我看得起我自己。					
31. 我有能力支配自己的生活。					
32. 在众人的眼里，我是成不了大器的。					
33. 我的体态健美，令他人羡慕。					
34. 我相信天生我才必有用。					
35. 我的身体很健壮，常能为集体争得荣誉。					
36. 我在班上的表现常引起人们的关注。					
37. 我觉得自己的能力不如他人。					
38. 我觉得自己有能力在社会上成就一番事业。					
39. 大家都说我是一个勤勉的人。					
40. 我觉得我能为自己的家庭幸福做贡献。					
41. 周围的不少人都喜欢我。					
42. 家里做决定时通常不重视我的意见。					
43. 我是一个有用的人。					
44. 我的长相，常受到他人的赞扬。					

续表

题项	完全不符合	大部分不符合	部分符合部分不符合	大部分符合	完全符合
45. 我是一个道德高尚的人，人们都愿意跟我相处。					
46. 我讨厌我自己。					
47. 周围的不少人都值得我依赖。					
48. 我很少得到他人的夸奖。					
49. 我觉得自己做的事，对得起良心。					
50. 我欣赏我的健康体魄。					
51. 我觉得我的生活过得充实又快乐。					
52. 我的父母都器重我。					
53. 我觉得自己没有什么发展前途。					
54. 我对自己的社交能力感到满意。					
55. 我认为在道德行为上，只要自己把自己管好就行了。					
56. 对于我的爱好，我的父母常给我于支持。					

计分方式

反向计分题项：5，11，12，16，18，22，25，32，37，42，46，48，53。

正向计分题，完全不符合=1分，大部分不符合=2分，部分符合部分不符合=3分，大部分符合=4分，完全符合=5分；反向计分题的计分方式相反，即完全不符合=5分，……，完全符合=1分。

问卷说明

自我价值感是指个人在社会生活中，认知和评价客体自我（me）和社会主体（包括群体和个人）时对主体自我（I）的重要性所产生的正面自我情感体验。持久的自我价值感是一种较稳定的人格倾向。它包括：

总体自我价值感：抽象程度最高，它比较泛化、概括化。包含题项有：6，7，22，34，43，46。

一般自我价值感:抽象程度次之,它比较稳定,反映了个人长期维持的基准水平;可区分为社会取向和个人取向两种类型。

社会取向的一般自我价值感题:4,32,41,47,48。

个人取向的一般自我价值感题:17,26,30,51,53。

特殊自我价值感:抽象程度最低,它体现在生理、心理、人际、道德和家庭等具体方面,比较容易随社会角色、身份的改变或重大事件的发生而波动;可区分为社会取向和个人取向两种类型。

个人取向的特殊自我价值感题包括:

人际价值感题:1,9,11,54;

心理价值感题:2,14,20,31;

道德价值感题:19,21,49,55;

生理价值感题:13,16,24,50;

家庭价值感题:3,12,18,56。

社会取向的特殊自我价值感题包括:

人际价值感题:15,23,25,36;

心理价值感题:10,37,38,39;

道德价值感题:27,28,29,45;

生理价值感题:8,33,35,44;

家庭价值感题:5,40,42,52。

青少年学生自立人格量表

请仔细阅读以下每一个项目，并逐题按照自己的实际情况诚实作答，看懂题目后在后面相对应的空格内打“√”。请注意：答案无对错之分，无须过多思考，根据自己的第一印象选最符合自己的选项即可。

题项	非常不符合	比较不符合	不确定	比较符合	非常符合
1. 独自与陌生人交谈就容易慌乱					
2. 在与同学们的交往中，他/她们大多比我更主动					
3. 喜欢随口许诺					
4. 在与人交往中，善于帮他人找台阶下					
5. 不接纳与自己性格不合的人					
6. 通常不敢独自去别人家做客					
7. 主动结识新朋友					
8. 向他人透露朋友的秘密					
9. 与别人意见不同时，我会调和双方的观点					
10. 憎恶那些行为古怪的人					
11. 有时会占别人的便宜					
12. 独自与异性交谈就容易紧张					
13. 别人主动来找我时，我才会与人交往					
14. 没有把握的事就不会答应别人					
15. 我既能拒绝别人的请求又能不得罪他/她					
16. 忍受不了那些缺点多的同学					
17. 陌生人多的场合会让我感到紧张					
18. 与人初次见面时，一般都是我首先进行自我介绍					
19. 遇到麻烦时就想放弃自己的承诺					
20. 在人际交往中，善于保全大家的面子					
21. 我认为应该孤立那些让人讨厌的人					
22. 有时会欺负同学					
23. 决定要做的事，就会马上动手					

续表

题项	非常不符合	比较不符合	不确定	比较符合	非常符合
24.需要出远门时,我可以独自乘车去					
25.喜欢提前安排需要做的事					
26.做事时不会事先考虑后果					
27.不管现实情况如何,也要将规则坚持到底					
28.与多数同学相比,我的兴趣更广泛					
29.具备了生活自理能力					
30.喜欢尽量提前完成需要做的事					
31.大家都说我做事马虎					
32.宁愿增加麻烦也不改变最初的决定					
33.乐于接受与众不同的新观点					
34.在人际交往中,善于保全大家的面子					
35.有时会骂脏话					
36.如果需要独自在家好几天,我照顾不好自己的生活					
37.主动完成学习任务					
38.大家都说我做事冒失					
39.即使情况有变,也会坚持按原计划做事					
40.喜欢尝试新玩意儿					
41.具备了独立生活的能力					
42.决定要做的事,就会马上动手					
43.与多数同学相比,我做事时更少出差错					
44.即使发现现实情况与自己的预料不一样,仍会坚持最初的决定					
45.与多数同学相比,我的好奇心更重					
46.偶尔会说谎					
47.在与同学们的交往中,我比他/她们更主动					
48.我确信我认真填答了以上的所有问题					

计分方式

反向计分题项：1、2、3、5、6、8、10、11、12、13、16、17、19、21、22、26、27、31、32、35、36、38、39、44、46。

正向计分题，非常不符合=1分，比较不符合=2分，不确定=3分，比较符合=4分，非常符合=5分；反向计分题的计分方式相反，即非常不符合=5分，……，非常符合=1分。

印象管理题项：11、22、35、46。

一致性题项：42(23)、34(20)、47(2)。

问卷说明

自立人格是指个体在自己解决所遇到的基本生存与发展问题中形成的包括个人与人际两个方面的独立性、主动性、责任性、灵活性和开放性等特质。青少年学生自立人格量表包括人际自立分量表和个人自立分量表。

人际自立就是个体在自己解决所遇到的基本人际交往问题中形成的带有人际色彩的独立性、主动性、责任性、灵活性与开放性特征。

人际独立就是能自己从事基本的人际活动；包含题项有：1、6、12、17；

人际主动就是主动与人交往；包含题项有：2、7、13、18；

人际责任就是对人忠、信；包含题项有：3、8、14、19；

人际灵活就是不刻板的坚持人际交往的原则与方式，能够权变、现实地处理人际关系问题，以维护交往各方的需要、利益和面子；包含题项有：4、9、15、20；

人际开放就是积极容纳他人；包含题项有：5、10、16、21；

个人自立就是个体在自己解决所遇到的基本个人生活问题中形成的非人际色彩的独立性、主动性、责任性、灵活性与开放性特征。

个人独立就是能自己解决所遇到的基本个人生活问题；包含题项有：24、29、36、41；

个人主动就是自发、自觉、及时的解决个人生活问题；包含题项有：25、30、37、42；

个人责任就是行为严谨；包含题项有：26、31、38、43；

个人灵活就是不刻板的坚持已有的东西(如规则、思想、计划等)，能权变、现实地处理个人生活问题；包含题项有：27、32、39、44；

个人开放就是乐于接纳自己没有接触过的东西、思想等新事物；包含题项有：28、33、40、45。

青年学生自信问卷

请仔细阅读以下每一个项目，并逐题按照自己的实际情况诚实作答，看懂题目后在后面相对应的空格内打"√"。请注意：答案无对错之分，无须过多思考，根据自己的第一印象选最符合自己的选项即可。

题项	非常不符合	比较不符合	不确定	比较符合	非常符合
1.我勇于接受新观念。					
2.朋友们对我的关心是真诚的。					
3.生病后，我能很容易恢复健康。					
4.我会做一个合格的丈夫/妻子。					
5.我的人际关系会越来越好。					
6.我的身体素质好。					
7.我看问题的角度通常比较高明。					
8.遭遇挫折后，我能很快恢复良好心态。					
9.我更容易确定信息中的要点。					
10.将来我能教育好我的下一代。					
11.我的运动能力不错。					
12.我将会在自己的专业上有所建树。					
13.我敢于尝试新异事物。					
14.我能保持良好的健康习惯(锻炼/睡眠/饮食)。					
15.我能够交到知心朋友。					
16.我的善良在多数人之上。					
17.我会找到关心、体贴我的好丈夫/妻子。					
18.我能凭专业找到称心的工作。					
19.我为人公平得到大家的公认。					
20.我能找到一份适合自己的工作。					
21.我善于捕捉头脑中的灵感。					
22.多数人不如我待人真诚。					
23.我有能力维护自己的健康。					
24.我的忠诚经得起考验。					

续表

题项	非常不符合	比较不符合	不确定	比较符合	非常符合
25.我能很快看到事物的本质。					
26.我能取得自己想考的证书。					
27.我善于搜集处理信息。					
28.我所处的人际环境好。					
29.我以后会拥有幸福美满的家庭。					
30.我富有创造的潜力。					
31.多数人认为我值得信赖。					
32.在我需要帮助的时候,人们会帮助我。					
33.我能够迅速适应新课程。					

计分方式

非常不符合=1分,比较不符合=2分,不确定=3分,比较符合=4分,非常符合=5分;反向计分题的计分方式相反,即非常不符合=5分,……,非常符合=1分。

问卷说明

自信是对自己不怀疑,而怀疑自己则是自信受抑制的一种结果。青年学生自信可归纳为5个方面:

因素1成就自信,主要涉及是婚姻、家庭、夫妻关系的建立、子女养育等内容的信息,以及对于获得学习成功、事业成就能力的肯定;有8个项目:4、10、12、17、18、20、26、29;

因素2才智自信,主要是对于自己创新潜力、能力的肯定,以及对新知识、新观念、新事物、新信息接纳能力的肯定;有9个项目:1、7、9、13、21、25、27、30、33;

因素3应对自信,涉及健康维护与恢复,以及对遭遇困难、挫折等事件时心理调整能力的肯定与确信;有6个项目:3、6、8、11、14、23;

因素4品质自信,主要是对于自己的忠诚、真诚、公平、信任等个性品德的肯定;有5个项目:16、19、22、24、31;

因素5人际自信,主要是交往活动的能力、控制感、适当感的判断,以及对于朋友。关系质量、人际环境和谐、被帮助、被接纳的肯定;有5个项目:2、5、15、28、32。

青少年理想身体自我量表

请仔细阅读以下每一个项目，并逐题按照自己的实际情况诚实作答，看懂题目后在后面相对应的空格内打“√”。请注意：答案无对错之分，无须过多思考，根据自己的第一印象选最符合自己的选项即可。

男性理想身体自我量表

题项	非常不符合	比较不符合	不确定	比较符合	非常符合
腿修长					
线条明显					
性感					
有魅力					
鼻子高					
运动的					
黑色头发					
健康					
肌肉凸出					
胸部大					
强壮					
高大					
眼睛大					
双眼皮					
短发					
眉毛浓					

女性理想身体自我量表

题项	非常不符合	比较不符合	不确定	比较符合	非常符合
胸部大					
性感					
丰满					
线条明显					

续表

题项	非常不符合	比较不符合	不确定	比较符合	非常符合
臀宽					
有魅力					
双眼皮					
黑色头发					
匀称					
皮肤细腻					
健康					
皮肤白					
腰细					
苗条					
长发					
腿修长					
鼻子高					
骨感					
瓜子脸					
眼睛大					

计分方式

非常不符合=1分，比较不符合=2分，不确定=3分，比较符合=4分，非常符合=5分；反向计分题的计分方式相反，即非常不符合=5分，……，非常符合=1分。

问卷说明

理想身体自我是个体对自己最想拥有的身体状态的认知和评价。

男性理想身体自我量表有4个因素：

因素1性感特征，包含腿修长、线条明显、性感、有魅力、鼻子高；

因素2运动健康，包含运动的、黑色头发、健康；

因素3高大力量，包含肌肉凸出、胸部大、强壮、高大；

因素4浓眉大眼,包含眼睛大、双眼皮、短发、眉毛浓。

女性理想身体自我量表有4个因素:

因素1性感,包含胸部大、性感、丰满、线条明显、臀宽、有魅力;

因素2匀称健康,包含双眼皮、黑色头发、匀称、皮肤细腻、健康;

因素3苗条飘逸,包含皮肤白、腰细、苗条、长发、腿修长;

因素4洋气骨感,包含鼻子高、骨感、瓜子脸、眼睛大。

中学生责任心问卷

请仔细阅读以下每一个项目，并逐题按照自己的实际情况诚实作答，看懂题目后在后面相对应的空格内打“√”。请注意：答案无对错之分，无须过多思考，根据自己的第一印象选最符合自己的选项即可。

题项	非常不符合	比较不符合	不确定	比较符合	非常符合
1.我是一个信守承诺的人					
2.惹爸妈生气了，我能主动道歉					
3.我经常为班级活动出力献策					
4.做错了事我能主动承认错误					
5.我经常参加环保活动					
6.当前的任务是读书，我对集体的事不关心					
7.我由衷地钦佩在公共汽车上主动给老弱病残让座的人					
8.我是一个负责任的人					
9.我常思考怎样才能将自己所做的事情做得更好					
10.我看到一些风景点有人乱刻乱画感到很气愤					
11.我是个知错能改的人					
12.我为自己不能照顾生病住院的父母而愧疚					
13.我会认真订正做错了的作业					
14.我觉得我们班没有评上先进自己也有责任					
15.长大后我要照顾好爸爸妈妈					
16.我不喜欢敷衍搪塞逃避责任的人					
17.学习成绩不理想我会去分析原因，迎头赶上					
18.我觉得学雷锋是没有意思的					

续表

题项	非常不符合	比较不符合	不确定	比较符合	非常符合
19.忘记了在妈妈生日时向她表示祝贺,我会很后悔					
20.我会制止那些乱扔垃圾的人					
21.我没做好值日而使班级卫生检查扣分,我觉得无所谓					
22.我会对以前犯过的错误引以为戒					
23.见到同学情绪低落我会主动去劝慰					
24.体育比赛中,我常常为我班队员加油鼓劲					
25.我争取把每次新学的外语单词全部背下来					
26.我常常为自己的过失行为找借口					
27.我会想办法帮助同学改掉不按时交作业的习惯					
28.我要成为对社会有用的人					
29.我常对自己没有按时完成作业而自责					
30.我能做到尊敬长辈					
31.上自习课时班上乱哄哄的,我会加以制止					
32.环境污染是由于我们没有从自己做起					
33.没有做好份内的事我觉得无所谓					
34.同学成绩下降,我会认真帮他(她)分析原因					
35.大家都说我乐于助人					
36.我为自己没完成学习计划而感到难过					
37.我会批评那些不自觉排队的人					
38.我经常要求自己每学期的考试成绩能有所进步					
39.平时我注意节约用水用电					

续表

题项	非常不符合	比较不符合	不确定	比较符合	非常符合
40. 我常常注意自己的行为不能有损学校荣誉					
41. 如果爸爸妈妈发生争吵,我会想办法调解					
42. 我会遵守和别人约定的时间					
43. 班上排练文艺节目时,我会尽量参与					
44. 学习中弄不懂的内容,我会想办法把它弄懂					
45. 我会想方设法学好成绩不理想的科目					
46. 当前的任务是读书,我从来不想要承担家里的事					
47. 我会自觉遵守交通规则					
48. 我对自己不小心损坏了公共财物而感到愧疚					
49. 我对自己承担的任务不会应付了事					
50. 我习惯于当天的作业当天完成					
51. 我不喜欢主动承担责任					
52. 我关心家人的健康					
53. 我希望将来能够学会欣赏身边的每个人					
54. 我总想为集体的事尽力					
55. 答应过别人的事情我会力争做好					
56. 我曾想到要为受灾地区捐款捐物					

计分方式

反向计分题项:6、18、21、26、33、46、51。

正向计分题,非常不符合=1分,比较不符合=2分,不确定=3分,比较符合=4分,非常符合=5分;反向计分题的计分方式相反,即非常不符合=5分,……,非常符合=1分。

问卷说明

责任心是一种自觉地把分内的事做好的重要人格特质，即个体对自我应负责任的自觉意识与积极履行的行为倾向。责任心是一种复杂的心理结构，可以从多个维度和多个层次对责任心进行分析。按抽象程度的高低依次为总体责任心、一般责任心和特殊责任心。一般责任心包括任务和过失两个维度；特殊责任心包括学业责任心、家庭责任心、他人责任心、集体责任心、社会责任心五个方面的具体内容，同样反映出任务和过失两个维度。

总体责任心分问卷，包含题项：1、8、16、28、51。

一般责任心分问卷

因素1一般任务责任心，包含题项：9、42、49、55；

因素2一般过失责任心，包含题项：4、11、22、26、33；

特殊义务责任心分问卷

因素1学业义务责任心，包含题项：17、25、38、44、50；

因素2集体义务责任心，包含题项：3、6、24、43、54；

因素3社会义务责任心，包含题项：5、18、39、47、56；

因素4家庭义务责任心，包含题项：15、30、46、52；

因素5他人义务责任心，包含题项：7、23、35、53；

特殊过失责任心分问卷

因素1他人过失责任心，包含题项：20、27、31、34；

因素2学业过失责任心，包含题项：13、29、36、45；

因素3集体过失责任心，包含题项：14、21、40、48；

因素4家庭过失责任心，包含题项：2、12、19、41；

因素5社会过失责任心，包含题项：10、32、37。

参考文献

陈丽君，王重鸣.(2002).中西方关于诚信的诠释及应用的异同与启示.哲学研究，(8)，35-40.

陈向明.(2000).质的研究方法与社会科学研究(pp. 12，327，104-111).北京：教育科学出版社.

(宋)程颢，程颐.(1981).二程集(p. 326).北京：中华书局.

房玄龄，刘绩补(2015).管子·枢言.上海：上海古籍出版社.

郭玉霞.(2009).质性研究资料分析：Nvivo 8 活用宝典(pp.3，42).台北：高等教育出版.

何友晖，彭泗清，赵志裕.(2007).世道人心：对中国人心理的探索(pp. 176-171).北京：北京大学出版社.

黄希庭.(2002).人格心理学(pp. 24，10，11，8).杭州：浙江教育出版社.

黄希庭.(2006).时间与人格心理学探索(pp. 149-183，391-402).北京：北京师范大学出版社.

中国社科院语言所词典室.(1996).现代汉语词典(第3版，p. 160).北京：商务印书馆出版.

李开复.(2009).做最好的自己(p. 34).北京：人民出版社.

马溧莉，张建新.(2009).社会通则及其有关研究.心理科学进展，17(5)，1081-1087.

姒刚彦，李庆珠，刘靖东.(2008).改变"低挫折容忍度"的心理干预及效果评估——一位奥运银牌运动员的个案研究.心理学报，40(2)，240-252.

谭小宏，秦启文.(2005).责任心的心理学研究与展望.心理科学，28(4)，991-994.

王登峰，崔红.(2005).解读中国人的人格(pp. 81-82).北京：社会科学文献出版社.

吴继霞.(2009).诚信品格的养成(pp. 10，37，74-76，285-319).合肥：安徽教育出版社.

徐建平，张厚粲.(2005).质性研究中编码者信度的多种方法考察.心理科学，28(6)，1430-1432.

杨中芳，彭泗清.(1999).中国人人际信任的概念化：一个人际关系的观点.社会学研究，2，1-21.

詹贤武.(2004).诚信的词源性研究.新东方，78(12)，27-33.

张建新,周明洁.(2006).中国人人格结构探索——人格特质六因素假说.心理科学进展,14(4),574-584.

赵子真,吴继霞,吕倩倩,李世娟.(2009).诚信人格特质初探.心理科学,32(3),626-629.

郑也夫.(2001).信任论.北京:中国广播电视出版社.

朱智贤.(1989).心理学大词典(p. 930).北京:北京师范大学出版社.

毕重增.(2009).自信品格的养成(pp. 165-169).安徽:安徽教育出版社.

车丽萍.(2002).当代大学生自信特点研究. 重庆:西南师范大学心理学院

陈灿锐,申荷永,李淅琮.(2009).成人素质希望量表的信效度检验.中国临床心理学杂志,17(1),24-26.

陈高山.(1999).当代中国大学生自我价值感系统研究. 重庆:西南师范大学心理学院.

陈红,黄希庭.(2001).A型人格、自我价值感对中学生不同情境应对方式的影响.心理科学,24(3):350-351

陈红.(2006).青少年身体自我的理论与实证研究. 北京:新华出版社.

陈科文.(1985).当代大学生人生价值观调查.青年研究,(4),20-29.

陈永进,黄希庭.(2005).未来时间洞察力的目标作用.心理科学,2005 ,28(5),1096-1099.

程蕾,陈煦海,黄希庭.(2011).左脑还是右脑?——自我觉知神经机制的述评.心理科学进展,19(9),1319-1327.

程明明,樊富珉.(2010).生命意义心理学理论取向与测量.心理发展与教育,26(4),431-437.

戴忠恒.(1987).心理教育测量.上海:华东师范大学出版社

窦运来.(2012).创新绩效的影响和作用机制.重庆:西南大学博士学位论文.

范蔚,陈红.(2002).中学生自我价值感与心理健康的相关研究. 心理科学,25(3),352-353.

方迪启.(1986).价值是什么——价值学导论.台北:台湾经联出版事业公司,1986.

关丽丽,齐铭铭,张庆林,杨娟.(2011).自我面孔识别的 脑机制.心理科学进展,19(9),1313-1318.

郭金山,车文博.(2004).自我同一性与相关概念的辨析.心理科学,27(5),1266-1267.

郭永玉.(2016).人格研究.上海:华东师范大学出版社.

黄希庭.(2014).探究人格奥秘.北京:商务印书馆.

贺熙,朱滢.(2010).社会认知神经科学关于自我的研究.北京大学学报(自然科学版),46(6),1021-1024.

侯杰泰,温忠麟,成子娟.(2004).结构方程模型及其应用.北京:教育科学出版社,154-165.

胡金凤,郑雪,孙娜娜.(2011).压力对"蚁族"群体心理健康的影响:希望的调节作用.心理发展与教育,27(3),313-318.

黄光国.(2010).人情与面子:中国人的权力游戏.北京:中国人民大学出版社.

黄希庭,余华.(2002).青少年自我价值感量表构念效度的验证性因素分析.心理学报,34(5),511-516.

黄希庭,杨雄.(1998).青少年学生自我价值感量表的编制.心理科学,21(4):289-292.

黄希庭,张进辅,张蜀林.(1989).我国五城市青少年学生价值观的调查.心理学报,21(3),274-283.

黄希庭,张志杰.(2001).论个人的时间管理倾向.心理科学,24(5):516-519.

黄希庭,郑涌.(2005).当代中国青年价值观研究.北京:人民教育出版社.

黄希庭,李媛.(2001).大学生自立意识的探索性研究. 心理科学,24(4):389-392

黄希庭,张进辅,李红.(1994).当代中国青年价值观与教育.成都:四川教育出版社.

黄希庭,郑涌.(1999).当代中国大学生心理特点与教育.上海:上海教育出版社.

黄希庭,郑涌.(2000).时间透视的自我整合:I.心理结构方式的投射测验.心理学报,32(1),30-35.

黄希庭.(1991).心理学导论.北京:人民教育出版社.

黄希庭.(2004).论时间洞察力.心理科学,27(1),5-7.

黄希庭.(2006).时间与人格心理学探索(pp. 71-102).北京:北京师范大学出版社.

黄希庭.(2006).自我与健全人格的养成.见 时间与人格心理学探索(p. 326).北京:北京师范大学出版社.

黄希庭.(2007).心理学导论第二版.北京:人民教育出版社

江红艳,余祖伟,陈晓曦.(2011)."蚁族"群体知觉压力与主观幸福感的关系——希望的调节作用.中国临床心理学杂志,19(4),540-542.

姜永志,白晓丽.(2015).文化变迁中的价值观发展:概念、结构与方法.心理科学进展,23(5),888-896.

姜勇,庞丽娟.(2000)幼儿责任心维度构成的探索性与验证性因子分析.

心理科学,23(4),417-420

蒋菲,蔺杉.(2014).中美大学生人生理想道德属性比较研究.东北大学学报(社会科学版),16(6),628-633.

蒋菲.(2016).当代大学生人生理想:基本内容与教育对策.东北师大学报(哲学社会科学版),281(3),226-230.

金盛华,辛志勇.(2003).中国人价值观研究的现状及发展趋势.北京师范大学学报(社会科学版),177(3),56-64.

金盛华,郑建君,辛志勇.(2009).当代中国人价值观的结构与特点.心理学报,41(10),1000-1014.

金盛华.(2005).社会心理学.北京:高等教育出版社:173-174.

靳宇倡,何明成,李俊一.(2016).生命意义与主观幸福感的关系:基于中国样本的元分析.心理科学进展,24(12),1854-1863.

孔繁昌,张妍,陈红.(2010).自我-他人表征:共享表征还是特异表征?心理科学进展,18(8),1263-1268.

雷雳,汪玲.(2002).优生与差生自我调节学习的对比研究.心理发展与教育,2,6-11.

李德顺.(1987).价值论——一种主体性的研究.北京:中国人民大学出版社.

李洪曾.(2002).幼儿责任心评价量表的制订.山东教育,2002 ,Z3,33-36.

李洪玉.(1997).中小学生学业成就与非智力因素的相关研究. 心理科学,20(5):423-427.

李连科.(1985).世界的意义——价值论.北京:人民出版社.

李林兰.(2009).中国人的勇——心理结构及测量(硕士学位论文).华中师范大学,武汉.

李玲,金盛华.(2016).Schwartz 价值观理论的发展历程与最新进展.心理科学,39(1):191-199.

李稳,余细连,张力.(2008).内侧前额叶与社会认知.现代生物医学进展,8(11),2129-2128.

李媛.(2002).大学生自立意识的初步研究. 西南师范大学心理学院.

廉串德.(2004).希望理论与自我效能理论适用性的中英对比研究.博士学位论文,北京师范大学.

梁娟,马红宇,高记.(2013).自我不确定感对程序公正效应的调节作用:回顾与展望.心理科学进展, 21(3),530-538.

梁丽娟,张力.(2009).前额叶在自传体记忆过程中的功能探究.心理科学,32(5),

1192-1194.

林崇德，杨治良，黄希庭.（2003）. 心理学大辞典（pp. 1580-1581）. 上海：上海教育出版社.

凌文辁，方俐洛，白利刚.（1999）. 我国大学生的职业价值观研究. 心理学报，31，342-348.

刘凤娥，黄希庭.（2001）自我概念的多维度多层次模型研究述评. 心理学动态，9（2）：136-140

刘明.（1998）. 高中学生自尊水平与学业、人际成败归因方式关系研究. 心理科学，21（3），281-282.

刘霞，黄希庭，高芬芬.（2011）. 青少年未来取向的理论构想. 西南大学学报（社会科学版），37（2），15-19.

刘霞，黄希庭，普彬，毕翠华.（2010）. 未来取向研究概述. 心理科学进展，18（3），385-393.

卢秀琼.（2002）. 高中学生自我价值感与应对方式、心理健康的相关研究. 中国临床心理学杂志，10（3），195-196.

吕厚超，黄希庭.（2005）. 时间洞察力的概念及研究方法. 心理科学，28（1），166-169.

潘彦谷，刘衍玲，马建苓，冉光明，雷浩.（2012）. 共情的神经生物基础. 心理科学进展，20（12），2011-2021.

渠淑坤.（1995）. 试论大学生人生价值观的特点与教育对策. 首都师范大学学报（社会科学版），103（2），48-54.

任俊.（2006）. 积极心理学（pp. 189-190 1-2）. 上海：上海教育出版社.

阮昆良，邓凌.（2004）. 学业成绩高、低分中学生时间管理倾向特点的研究. 西南师范大学学报（人文社会科学版），30（1）：35-38.

石林，李琼.（1998）. 人生观的心理学研究：人生认知量表的编制. 心理科学，21（5），463-464.

谭小宏，秦启文.（2005）. 责任心的心理学研究与展望. 心理科学，28（4）：991-994

谭咏梅，王山.（2008）. 多学科视角下的价值观概念和内涵. 辽宁大学学报（哲学社会科学版），36（5），6-10.

田宗介.（1966）. 价值意识的理论. 东京：弘文堂出版.

王丛桂.（2008）. 华人价值研究. 载杨国枢，黄光国，杨中芳主编. 华人本土心理学（下册）. 重庆：重庆大学出版社，（pp611-642）.

王克千.(1989).价值之探求.哈尔滨:黑龙江教育出版社.

王玉梁.(1989).价值哲学.西安:陕西人民出版社.

王玉樑主编.(1988).价值和价值观.西安:陕西师范大学出版社.

王玉娜,陈楚侨.(2010).自我缺损与精神分裂症.心理科学进展,18(12),1882-1891.

温忠麟,侯杰泰,马什赫伯特.(2004).结构方程模型检验:拟合指数与卡方准则.心理学报,36(2):186-194.

文崇一.(1993).中国人的价值观.台北:东大图书公司.

文崇一.(1989).中国人的价值观.台北:东大图书公司印行,37-57.

吴沙.(2009).大学生勇气问卷的编制及特点研究(硕士学位论文).重庆:西南大学.

夏凌翔,黄希庭.(2004).典型自立者人格特征初探. 心理科学,27(5):1065-1068

夏凌翔.(2003).当代大学生心理自立问卷的初步编制. 重庆:西南师范大学心理学院.

夏之焱.(2016-09-30).引导青年人远离"丧文化"侵蚀.光明日报,p1,16-17.

辛向.(2001).中学生自我价值感与学业成绩的关系研究. 健康心理学杂志,(9)5:335-336

邢占军,黄立清.(2004).Ryff心理幸福感量表在我国城市居民中的试用研究.健康心理学杂志,12(3),231-233.

晏辉.(2009).现代性语境下的价值与价值观.北京:北京师范大学出版社:44.

燕国材.(1998).新编普通心理学概论.上海:东方出版中心,210-221.

杨国枢,陆洛.(2009).中国人的自我:心理学的分析.重庆:重庆大学出版社.

杨娟,张庆林.(2010).从社会认知神经科学角度谈自尊研究.心理学探新,30(2),15-18.

杨鲁静.(2011).品格优势的评估及其在心理临床中的应用(博士学位论文).上海:华东师范大学.

杨慊,程巍,贺文洁,韩布新,杨昭宁.(2016).追求意义能带来幸福吗?.心理科学进展,24(9),1496-1503.

杨帅,黄希庭,王晓刚,尹天子.(2012).文化影响自我解释的神经机制.心理科学进展,20(1),149-157.

杨雄,黄希庭.(1999).青少年学生自我价值感特点的初步研究.心理科学,22(6):484-487.

杨宜音.(1998).社会心理领域的价值观研究述要.中国社会科学,(2),82-93.

杨昭宁.(1999).个体应对紧张情境的两种理论述评.心理学探新,1999,19(3):53-58.

姚本先,何元庆.(2008).大学生人生观研究.心理科学,31(1),97-99.

殷融.(2010).不确定感管理模型视角下的死亡凸显效应:争论与整合.心理科学进展,18(11),1747-1755.

于海霞.(1998).在校大中学生自我价值感和自我评价关系的初步研究.心理发展与教育,4:45-49.

袁翠平.(2010).自我参照加工的功能磁共振成像研究进展.中国医学影像技术,26(12),2382-2384.

袁贵仁.(1991).价值学引论.北京:北京师范大学出版社.

岳童,黄希庭.(2014).共情的神经网络.西南大学学报(社会科学版),40(5),87-94.

张力,周天罡,张剑,刘祖祥,范津,朱滢.(2005).寻找中国人的自我:一项fMRI研究.中国科学C辑:生命科学,35(5),472-478.

张玲玲,张文新,纪林芹,Nurmi,J. E.(2006).青少年未来取向问卷中文版的测量学分析.心理发展与教育,1,103-108.

张玲玲.(2005).青少年未来取向的发展.硕士学位论文.山东师范大学.

张青方,郑日昌.(2002).希望理论:一个新的心理发展视角.中国心理卫生杂志,16(6),430-433.

张师辉.(2015).西方心理学对人生目标的研究述评.商丘师范学院学报,31(2),131-136.

张春兴.(1992).张氏心理学辞典.上海:上海辞书出版社.

张姝玥,许燕,杨浩铿.(2010).生命意义的内涵、测量及功能.心理科学进展,18(11),1756-1761.

张文新,徐天真,张玲玲,王姝琼,于凤杰,高婷.(2009).大学生对个人未来的规划和态度及其与抑郁的关系.心理科学,32(4),824-827.

张焰,黄希庭.(1999).试论低自我价值感者成就动机的特点.西南师范大学学报(哲学社会科学版),25(4):77-81

张莹瑞,佐斌.(2006).社会认同理论及其发展.心理科学进展,14(3),475-480.

赵必华,孙彦.(2011).儿童希望量表中文版的信效度检验.中国心理卫生杂志,25(6),454-459.

郑剑虹,黄希庭.(2006).当代大学生自强意识特点及影响因素研究.西南大学学报(社会科学版),33(4):15-18.

郑剑虹.(2004).自强的心理学研究:理论与实证. 重庆:西南师范大学心理学院.

郑晓江,詹世友.(1997).西方人生精神.南宁:广西人民出版社.

郑涌,黄希庭.(1998).自我概念的结构:Ⅱ. 大学生自我概念维度的因素探析. 西南师范大学学报(哲学社会科学版),5:51-56

郑涌.(2004).时间透视的自我整合:理论与实证.北京:新华出版社.

中国科学院心理研究所通讯.(2012).187(3): 8.

钟慧,黄希庭.(2003).初中生的自我价值感与心理健康的相关研究. 中国临床心理学杂志,11(1):31-33

钟慧.(2003).高中生自立结构问卷的初步编制. 重庆:西南师范大学心理学院.

仲理峰.(2007).心理资本研究评述与展望.心理科学进展,15(3),482-487.

周丽.(2008).恋人参照效应的个体差异研究(pp. 6-7).北京大学,硕士研究生学位论文.

朱智贤.(1989).心理学大词典.北京:北京师范大学出版社,930

布朗,J. D.(2004).自我(陈浩莺 译).北京:人民邮电出版社.

孔子著;(2009)张老成译;萧枫主编.论语.沈阳:辽海出版社.

卡尼曼,D.,斯洛维奇,P.,特沃斯基,A.(2013).不确定状况下的判断:启发式和偏差(方文,吴新利,张擘译).北京:中国人民大学出版社.

790.柏拉图.(1986).理想国(郭斌和,张竹明译).北京:商务印书馆.

859.让.保罗.萨特.(1988).存在主义是一种人道主义.见存在主义是一种人道主义(周煦良,汤永宽译)(p. 32).上海:上海译文出版社.

863.(荷)斯宾诺莎(Baruch de Spinoza)著(1983).伦理学.贺麟译.北京:商务印书馆.

881.亚里士多德.(2003).尼各马可伦理学(廖申白译).北京:商务印书馆.

Alan Carr. (2008). 积极心理学——关于人类幸福和力量的科学(郑雪等译校)(pp. 90-91).北京:中国轻工业出版社.

Abdallah, T. (1998). The Satisfaction with Life Scale (SWLS): Psychometric properties in an Arabic-speaking sample. International Journal of Adolescence and Youth, 7(2), 113-119.

Abraham, A., Schubotz, R. I., & Cramon, D. Y. (2008). Thinking about the future versus the past in personal and non-personal contexts. Brain Research, 1233, 106-119.

Adams, J., & Nettle. D. (2009). Time perspective, personality and smoking, body mass, and physical activity: An empirical study. British Journal of Health Psychology, 14(1), 83-105.

Adolphs, R., Gosselin, F., Buchanan, T. W., Tranel, D., Schyns, P., & Damasio, A. R.

(2005). A mechanism for impaired fear recognition after amygdala damage. Nature,433, 68–72.

Albright,L., & Malloy,T. E. (1999). Self - observation of social behavior and meta perception. Journal of Personality and Social Psychology, 77(4), 726–734.

Albright, L., Forest, C., & Reiseter, K. (2001). Acting, Behaving, and the Selfless Basis of Metaperception. Journal of Personality and Social Psychology, 81(5), 910–921.

Allport, G. W., Vernon, P. E., Lindzey, G.(1960). Study of values. Boston: Houghton Mifflin.

Ames, D. L., & Fiske, S. T. (2010). Cultural neuroscience. Asian Journal of Social Psychology, 13(2), 72–82.

Amodio, D. M., & Frith, C. D. (2006). Meeting of minds: The medial frontal cortex and social cognition. Nature Reviews Neuroscience, 7(4), 268–277.

Amorose, A. J. (2002). The influence of reflected appraisals on female middle school and high school athletes ' self - perceptions of competence. Research Quarterly for Exercise and Sport, 14(4), 377–390.

Anderson, J. C., Gerbing, D. W.(1988). Structural equation modeling in practice: A review and recommended two–step approach, Psychological Bulletin, 103(3): 411–423.

Andrews–Hanna, J. R., Snyder, A. Z., Vincent, J. L., Lustig, C., Head, D., Raichle, M. E., & Buckner, R. L. (2007). Disruption of large–scale brain systems in advanced aging. Neuron, 56 (5), 924–935.

Andrews–Hanna, J. R., Kaiser, R. H., Turner, A. E. J., et al. (2013). A penny for your thoughts: dimensions of self–generated thought content and relationships with individual differences in emotional wellbeing. Frontiers in Psychology, 4.

Andrews–Hanna, J.R., Reidler, J.S., Sepulcre, J., Poulin, R.,Buckner, R.L. (2010). Functional–anatomic fractionation of the brain's default network. Neuron, 65(4), 550–562.

Andrews–Hanna, J.R., Smallwood, J., Spreng, R.N. (2014). The default network and self–generated thought: component processes, dynamic control, and clinical relevance. Annals of the New York Academy of Sciences, 1326(1), 29–52.

Andreychik, M. R., & Migliaccio, N. (2015). Empathizing with others' pain versus empathizing with others' joy: Examining the separability of positive and negative empathy and their relation to different types of social behaviors and social emotions. Basic and Applied Social Psychology, 37(5), 274–291.

Ang, R. P., & Goh, D. H. (2010). Cyberbullying among adolescents: The role of affective and cognitive empathy, and gender. Child Psychiatry & Human Development, 41(4), 387–397.

Antonovsky, A. (1987). Unraveling the mystery of health: How people manage stress and stay well. San Francisco: Jossey–Bass.

Apostolidis, T., Fieulaine, N., & Soule, F. (2006). Future time perspective as predictor of cannabis use: Exploring the role of substance perception among French adolescents. Addictive Behaviors, 31(12), 2339–2343.

Ardelt,M.,Landes,S. D.,Gerlach,K. R.,& Fox,L. P. (2013). Rediscovering internal strengths of the aged: The beneficial impact of wisdom, mastery, purpose in life, and spirituality on aging well. In J. D. Sinnott (Ed.),Positive psychology (pp. 97–119). New York: Springer.

Argyle, M., Martin, M., Crossland, J. (1989). Happiness as a function of personality and social encounters. In Forgas, J.P., Innes,J.M., editors. Recent Advances in Social Psychology: An International Perspective, pp. 189–203. North–Holland: Elsevier.

Arnau, R. C., Rosen, D. H., Finch, J. F., Rhudy, J. L., & Fortunato, V. J. (2007). Longitudinal effects of hope on depression and anxiety: A latent variable analysis. Journal of Personality, 75(1), 43–64.

Aron, A., McLaughlin–Volpe, T., Mashek, D., Lewandowski, G., Wright, S. C., & Aron, E. N. (2004). Including others in the self. European Review of Social Psychology, 15(1), 101–132.

Asencio, E. K. (2011). Familiarity, Legitimation, and Frequency: The Influence of Others on the Criminal Self–view. Sociological Inquiry, 81(1), 34–52.

Ashburner, J. (2007). A fast diffeomorphic image registration algorithm. NeuroImage, 38 (1), 95–113.

Ashton, M. C., & Lee, K. (2005). Honesty–humility, the big five, and the five–factor model. Journal of Personality, 73(5), 1321–1354.

Ashton, M. C., Lee, K., Perugini, M., Szarota, P., de Vries, R.E., Di Blas, L., et al. (2004). A Six–Factor Structure of Personality–Descriptive Adjectives: Solutions From Psycholexical Studies in Seven Languages. Journal of Personality and Social Psychology, 86(2), 356–366.

Aspinwall L G, Shelley Taylor. (1997). A Stitch in Time: Self – Regulation and Proactive Coping. Psychological Bulletin, 121(3):417 –436.

Audia, P., Locke, E., & Smith, K.(2000). The paradox of success: An archival and a laboratory study of strategic persistence following radical environmental change. Academy of Management Journal, 43(5), 837–853.

Azar F, Mullet E. (2001). Interpersonal forgiveness among Lebanese: A six–community study. International Journal of Group Tension, 30(2): 161–181.

Baars B. J. (1993). How does a serial, integrated and very limited stream of consciousness emerge from a nervous system that is mostly unconscious, distributed, parallel and of enormous capacity?Ciba Foundation symposium, 174, 282–303.

Back, M. D., Schmukle, S. C., & Egloff, B. (2008). How extraverted is honey.bunny77@hotmail.de? Inferring personality from e-mail addresses. Journal of Research in Personality, 42(4), 1116–1122.

Bagozzi, R. P., Yi, Y.(1988). On the evaluation of structural equation models. Journal of Academic of Marketing Science, 16(1), 74–94.

Baier, K., Rescher, N(1970). Values and the future: The impact of technological change on American values. New York. 2(3), 291–293.

Bailey, T., Eng, W., Frisch, M., & Snyder, C. (2007). Hope and optimism as related to life satisfaction. The Journal of Positive Psychology, 2(3), 168–175.

Bal, M., & van denBos, K. (2012). Blaming for a better future: Future orientation and associated intolerance of personal uncertainty lead to harsher reactions toward innocent victims. Personality and Social Psychology Bulletin, 38(7), 835–844.

Bandura A, Cervone D.(1983). Self-evaluative and self-efficacy mechanisms governing the motivational effects of goal systems. Journal of Personality and Social Psychology, 45(5), 1017–1028.

Bandura, A. (1988). Self-Regulation of Motivation and Action Through Goal Systems. Cognitive Perspectives on Emotion and Motivation, 37–61.

Banissy, M. J., Kanai, R., Walsh, V., & Rees, G. (2012). Inter-individual differences in empathy are reflected in human brain structure. NeuroImage, 62(3), 2034–2039.

Barber, L. K., Munz, D. C., Bagsby, P. G. & Grawitch, M. J. (2009). When does time perspective matter? Self-control as a moderator between time perspective and academic achievement. Personality and Individual Differences, 46(2), 250–253.

Barndt, R. J.,& Johnson, D. M. (1955). Time orientation in delinquents. Journal of Abnormal and Social Psychology, 51(2), 343–345.

Bastiaansen, J. A. C. J., Thioux, M., & Keysers, C. (2009). Evidence for mirror systems in emotions. Philosophical Transactions of the Royal Society B: Biological Sciences, 364(1528), 2391–2404.

Battista,J.,& Almond,R. (1973). The development of meaning in life. Psychiatry, 36(4),409–427.

Baumeister, R. F., Vohs, K. D., Aaker, J. L., & Garbinsky, E. N. (2013). Some key differences between a happy life and a meaningful life. The journal of positive psychology, 8(6), 505–516.

Bechar–Israeli, H. (1995). From to: Nicknames, play, and identity on Internet Relay Chat. Journal of computer–mediated communication, 1(2), JCMC127.

Beck, M. C. (2012). Aristotle's theory of the virtues of temperance, courage, and generosity as part of a universal model for leadership practices today. In G. P. Prastacos, F. Wang, & K. E. Soderquist (Eds.), Leadership through the classics (pp. 147–159). Berlin, Heidelberg: Springer Verlag.

Becker, S. W., & Eagly, A. H. (2004). The heroism of women and men. American Psychologist, 59(3), 163–178.

Becker, T. E. (1998). Integrity in organizations: Beyond honesty and conscientiousness. Academy of Management Review, 23(1), 154–161

Beckmann, C.F., DeLuca, M., Devlin, J.T., Smith, S.M. (2005). Investigations into resting–state connectivity using independent component analysis. Philosophical Transactions of the Royal Society B: Biological Sciences, 360(1457), 1001–1013.

Beer, J. S., Lombardo, M. V., & Bhanji, J. P. (2009). Roles of medial prefrontal cortex and orbitofrontal cortex in self–evaluation. Journal of Cognitive Neuroscience, 22(9), 2108–2119.

Bengtson,V. L. (2015). Families and Faith: How Religion is Passed Down across Generations. Contemporary Sociology: A Journal of Reviews, 44(2), 172–174. doi: 10.1177 / 0094306115570271a

Berendes, D., Keefe, F. J., Somers, T. J., Kothadia, S. M., Porter, L. S., & Cheavens, J. S. (2010). Hope in the context of lung cancer: Relationships of hope to symptoms and psychological distress. Journal of Pain and Symptom Management, 40(2), 174–182.

Berg, C. J., Rapoff, M. A., Snyder, C. R., & Belmont, J. M. (2007). The relationship of children's hope to pediatric asthma treatment adherence. The Journal of Positive Psychology, 2(3), 176–184.

Berg, C. J., Snyder, C. R., & Hamilton, N. (2008). The effectiveness of a hope intervention in coping with cold pressor pain. Journal of Health Psychology, 13(6), 804–809.

Berman, M.G., Peltier, S., Nee, D.E., Kross, E., Deldin, P.J., Jonides,J. (2011). Depression, rumination and the default network. Social Cognitive and Affective Neuroscience, 6(5), 548–555.

Bernhardt, B. C., & Singer, T. (2012). The neural basis of empathy. Annual Review of Neuroscience, 35(1), 1–23.

Bernhardt, B. C., Klimecki, O. M., Leiberg, S., & Singer, T. (2014). Structural covariance networks of the dorsal anterior insula predict females' individual differences in empathic responding. Cerebral Cortex, 24, 2189–2198.

Berns, G. S., Bell, E., Capra, C. M., Prietula, M. J., Moore,S., Anderson, B., ··· Atran, S. (2012). The price of your soul: Neural evidence for the non–utilitarian representation of sacred values. Philosophical Transactions of the Royal Society B: Biological Sciences,367, 754–762.

Berns, G. S., Prietula, M., & Lemieux, A. F. (2012).Neurobiology of sacred values and implications for radicalization process. In National Security Challenges: Insights from Social, Neurobiological, and Complexity Sciences, 28, 164–172.

Berry J W, Worthington E L Jr, Parrott L III, O'Connor L E, Wade N G. (2001). Dispositional forgivingness: Development and construct validity of the transgression narrative test of forgiveness. Personality and Social Psychology Bulletin, 27(10), 1277–1290.

Billington, E., Simpson, J., Unwin, J., Bray, D., & Giles, D. (2008). Does hope predict adjustment to end–stage renal failure and consequent dialysis? British Journal of Health Psychology, 13(Pt 4), 683–699.

Biswal, B., Yetkin, F.Z., Haughton, V.M., Hyde, J.S. (1995). Functional connectivity in the motor cortex of resting human brain using echo–planar MRI. Magnetic Resonance in Medicine, 34(4), 537–541.

Biswas–Diener, R. (2012). The courage quotient: How science can make you braver. San Francisco: Jossey–Bass.

Bjornebekk, G., & Gjesme, T. (2009). Future time orientation and temperament: Exploration of their relationship to primary and secondary psychopathy. Psychological Reports, 105(1), 275–292.

Blair, R. J. R., Sellars, C., Strickland, I., Clark, F., Williams, A. O., Smith, M., & Jones, L. (1995). Emotion attributions in the psychopath. Personality and Individual Differences, 19(4), 431–437.

Bois,J. E., & Sarrazin, P. G. (2005). Parents' Appraisals, Reflected Appraisals, and Children's Self–Appraisals of Sport Competence: A Yearlong Study. Journal of Applied Sport Psychology, 17(4), 273–289.

Bond, M. H., Leung, K., Au, A., Tong, K. K., de Carrasquel, S.R., Murakami, F., et al.

(2004). Culture-level dimensions of social axioms and their correlates across 41 cultures. Journal of Cross-Cultural Psychology, 35(5), 548-570.

Bondevik, M., & Skogstad, A. (2000). Loneliness, religiousness, and purpose in life in the oldest old. Journal of Religious Gerontology, 11(1), 5-21.

Bos, P. A., Panksepp, J., Bluthé, R.-M., & van Honk, J. (2012). Acute effects of steroid hormones and neuropeptides on human social-emotional behavior: A review of single administration studies. Frontiers in Neuroendocrinology, 33(1), 17-35.

Bouchey, H. A. , & Harter, S. (2005). Reflected appraisals, academic self-perceptions, and math/science achievement during early adolescence. Journal of Educational Psychology, 97, 673-686.

Bourdage, J. S., Lee, K., Ashton, M. C., & Perry, A. (2007). Big Five and HEXACO model personality correlates of sexuality. Personality and Individual Differences, 43(6), 1506-1516.

Bowles, T. (2008). The relationship of time orientation with perceived academic performance and preparation for assessment in adolescents. Educational Psychology, 28, 551-565.

Boyle, P. A., Barnes, L. L., Buchman, A. S., & Bennett, D. A. (2009). Purpose in life is associated with mortality among community-dwelling older persons. Psychosomatic Medicine, 71(5), 574-579.

Boyle, P. A., Buchman, A. S., Barnes, L. L., & Bennett, D. A. (2010). Effect of a purpose in life on risk of incident Alzheimer disease and mild cognitive impairment in community-dwelling older persons. Archives of General Psychiatry, 67(3), 304-310.

Brdar, I., & Kashdan, T. B. (2010). Character strengths and well-being in Croatia: An empirical investigation of structure and correlates. Journal of Research in Personality, 44(1), 151-154.

Brédart, S., Delchambre, M., & Laureys, S. (2006). Short article one's own face is hard to ignore. The Quarterly Journal of Experimental Psychology, 59(1), 46-52.

Bressler, L., Bressler, M., & Bressler, M. S. (2010). The role and relationship of hope, optimism and goal setting in achieving academic success: A study of students enrolled in online accounting courses. Academy of Educational Leadership Journal, 14(4), 37-51.

Brewer, J.A., Worhunsky, P.D., Gray, J.R., Tang, Y.Y., Weber, J., Kober, H. (2011). Meditation experience is associated with differences in default mode network activity and connectivity. Proceedings of the National Academy of Sciences, 108(50), 20254-20259.

Bronk, K. C. (2012). The exemplar methodology: An approach to studying the leading edge of development. Psychology of Well-Being: Theory, Research and Practice,2,5.

Bronk,K. C. (2014). Purpose in life: A critical component of optimal youth development. New York: Springer.

Bronk,K. C.,& Finch,W. H. (2010). Adolescent characteristics by type of long-term aim in life. Applied Developmental Science,14(1),35-44.

Bronk,K. C.,& Mangan,S. (2016). Strategies for cultivating purpose among adolescents in clinical settings. In P. Russo-Netzer,S. E. Schulenberg,& A. Battyany (Eds.),Clinical perspectives on meaning (pp. 407-421). Switzerland: Springer International Publishing.

Brosch, T., Coppin, G., Scherer, K. R., Schwartz, S., &Sander, D. (2011). Generating value (s): Psychological value hierarchies reflect context-dependent sensitivity of the reward system. Social Neuroscience, 6(2), 198-208.

Brown R P.(2003). Measuring individual differences in the tendency to forgive: construct validity and links with depression. Personality and Social Psychology Bulletin, 29(6), 759-771

Brown, J. D., Dutton, K. A. (1995).The thrill of victory, the complexity of defeat: self-esteem and people's emotional reaction to success and failure. Journal of Personality and Social Psychology, 68(4): 712-722.

Broyd, S.J., Demanuele, C., Debener, S., Helps, S.K., James, C.J.,Sonuga-Barke, E.J.S. (2009). Default-mode brain dysfunction in mental disorders: a systematic review. Neuroscience And Biobehavioral Reviews, 33(3), 279-296.

Bruininks, P., & Malle, B. F. (2005). Distinguishing hope from optimism and related affective states. Motivation and Emotion, 29(4), 324-352.

Bryant, F. (2004). Distinguishing hope and optimism: Two sides of a coin, or two separate coins? Journal of Social and Clinical Psychology, 23(2), 273-302.

Buckner, R.L., Andrews-Hanna, J.R., Schacter, D.L. (2008). The brain's default network - anatomy, function, and relevance to disease. Year in Cognitive Neuroscience, 1124, 1-38.

Buhr, K., & Dugas, M. J. (2002). The intolerance of uncertainty scale: Psychometric properties of the English version. Behaviour research and therapy, 40(8), 931-945.

Bundesen, C., Kyllingsbaek, S., Houmann, K. J., & Jensen, R. M. (1997). Is visual attention automatically attracted by one's own name? Perception & Psychophysics, 59(5), 714-720.

Bundick,M. J.,& Tirri,K. (2014). Student perceptions of teacher support and competencies for fostering youth purpose and positive youth development: Perspectives from two countries. Applied Developmental Science,18(3),148-162.

Bundick, M. J., Andrews, M., Jones, A., Mariano, J. M., Bronk, K. C., & Damon, W. (2006). Revised youth purpose survey. Stanford, CA: Stanford Center on Adolescence.

Burrow, A. L., & Hill, P. L. (2013). Derailed by diversity? Purpose buffers the relationship between ethnic composition on trains and passenger negative mood. Personality and Social Psychology Bulletin, 39(12), 1610–1619.

Burrow, A. L., O'Dell, A. C., & Hill, P. L. (2010). Profiles of a developmental asset: Youth purpose as a context for hope and well-being. Journal of Youth and Adolescence, 39(11), 1265–1273.

Burrow, A. L., Stanley, M., Sumner, R., & Hill, P. L. (2014). Purpose in life as a resource for increasing comfort with ethnic diversity. Personality and Social Psychology Bulletin, 40(11), 1507–1516.

Butzer, B., & Kuiper, N. A. (2006). Relationships between the frequency of social comparisons and self-concept clarity, intolerance of uncertainty, anxiety, and depression. Personality and individual differences, 41(1), 167–176.

Calhoun, V.D., Adali, T., Pearlson, G.D., Pekar, J.J. (2001). A method for making group inferences from functional MRI data using independent component analysis. Human Brain Mapping, 14(3), 140–151.

Camara, W. J., & Schneider, D. L. (1994). Integrity tests: Facts and unresolved issues. American Psychologist, 49(2), 112–119.

Robert Eres, Jean Decety, Winnifred R. Louis, Pascal Molenberghs(2015). Individual differences in local gray matter density are associated with differences in affective and cognitive empathy. NeuroImage, 117, 305–310.

Dino J Levy & Paul W Glimcher (2012). The root of all value: a neural common currency for choice. 22(6), 1027–1038.

Campbell, J. D.(1990). Self-esteem and clarity of the self-concept. Journal of Personality and Social Psychology, 59(3), 538–549.

Campbell, J. D., Trapnell, P. D., Heine, S. J., Katz, I. M., Lavallee, L. F., & Lehman, D. R. (1996). Self-concept Clarity: Measurement, Personality Correlates, and Cultural Boundaries. Journal of personality and social psychology, 70(1), 141–156.

Carlson, E. N. , & Furr, R. M. (2009). Evidence of differential meta- accuracy: People understand the different impressions they make. Psychological Science, 20(8), 1033–1039.

Carlson, E. N., Furr, R. M., & Vazire1, S. (2010). Do we know the first impressions we make?

Evidence for idiographic meta-accuracy and calibration of first impressions. Social Psychological and Personality Science, 1(1), 94–98.

Carr, L., Iacoboni, M., Dubeau, M.-C., Mazziotta, J. C., & Lenzi, G. L. (2003). Neural mechanisms of empathy in humans: A relay from neural systems for imitation to limbic areas. Proceedings of the National Academy of Sciences, 100(9), 5497- 5502.

Carver, C. S. , Pozo, C. , Harris, S. D. , Noriega, V. , Scheier, M. F. , & Robinson, D. S. , et al. (1993). How coping mediates the effect of optimism on distress: a study of women with early stage breast cancer. Journal of Personality and Social Psychology, 65(2), 375–390.

Caspers, S., Heim, S., Lucas, M. G., Stephan, E., Fischer, L.,Amunts, K., et al& Zilles, K. (2011). Moral concepts set decision strategies to abstract values. PloS One, 6(4),e18451.

Chang, E. C. (2003). A critical appraisal and extension of hope theory in middle-aged men and women: Is it important to distinguish agency and pathways components? Journal of Social and Clinical Psychology, 22(2), 121–143.

Changeux, J. -P. (2005). Mental synthesis and aesthetic perception. In J. -P. Changeux, A. R. Damasio, W. Singer& Y. Christen (Eds.), Neurobiology of Human Values (pp.1–10). Heidelberg: Springer-Verlag.

Chao-Gan, Y., Yu-Feng, Z. (2010). DPARSF: a MATLAB Toolbox for "Pipeline" data analysis of resting-state fMRI. Frontiers in Systems Neuroscience, 4, 13.

Chavez, R.S., Heatherton, T.F. (2015). Multimodal frontostriatal connectivity underlies individual differences in self-esteem. Social Cognitive and Affective Neuroscience, 10(3), 364–370.

Cheetham, M., Hänggi, J., & Jancke, L. (2014). Identifying with fictive characters: Structural brain correlates of the personality trait 'fantasy'. Social Cognitive and Affective Neuroscience, 9(11), 1836–1844.

Cheng, Y. W., Lin, C.-P., Liu, H.-L., Hsu, Y.-Y., Lim, K.-E., Hung, D., & Decety, J. (2007). Expertise modulates the perception of pain in others. Current Biology, 17(19), 1708–1713.

Cheng, Y., Chou, K.-H., Decety, J., Chen, I.-Y., Hung, D., Tzeng, O.-L., & Lin, C.-P. (2009). Sex differences in the neuroanatomy of human mirror-neuron system: A voxel-based morphometric investigation. Neuroscience, 158(2), 713–720.

Chiao, J. Y. (2009). Cultural neuroscience: A once and future discipline. Cultural Neuroscience: Cultural Influences on Brain Function, 178, 287–304.

Chiao, J. Y., & Blizinsky, K. D. (2010). Culture-gene coevolution of individualism-collectivism and the serotonin transporter gene. Proceedings of the Royal Society B: Biological Sciences, 277(1681), 529-537.

Chiao, J. Y., Hariri, A. R., Harada, T., Mano, Y., Sadato, N., Parrish, T. B., et al. (2010). Theory and methods in cultural neuroscience. Social Cognitive and Affective Neuroscience, 5(2-3), 356-361.

Chiao, J. Y., Li, Z., & Harada, T. (2008). Cultural neuroscience of consciousness: From visual perception to self-awareness. Journal of Consciousness Studies, 15(10-11), 58-69.

Ciarrochi, J., Heaven, P. C. L., & Davies, F. (2007). The impact of hope, self-esteem, and attributional style on adolescents' school grades and emotional well-being: A longitudinal study. Journal of Research in Personality,41(6), 1161-1178.

Clark, M. C., & Payne, R. L. (1997). The nature and structure of workers' trust in management. Journal of Organizational Behavior, 18(3), 205-224.

Clough, P., Earle, K., & Sewell, D. (2002). Mental toughness: The concept and its measurement. In I. Cockerill (Ed.), Solutions in Sport Psychology (pp. 32-46). London: Thomson.

Cohen S, McKay G.(1984).Social support, Stress, and the buffering hypothesis: A theoretical analysis. Baum, Taylor, Singer(Ed).Handbook of psychology and health. Hillsdale, NJ: Erlbaum.(4):253-268 .

Cohen S, Wills T A.(1985).Stress, Social support and the buffering hypothesis. Psychological Bulletin, 98(2), 310-357.

Cohen, D., Hoshino-Browne, E., & Leung, A. K. Y. (2007). Culture and the structure of personal experience: Insider and outsider phenomenologies of the self and social world. Advances in Experimental Social Psychology, 39, 1-67.

Cohen, K., & Cairns, D. (2012). Is searching for meaning in life associated with reduced subjective well-being? Confirmation and possible moderators. Journal of Happiness Studies, 13 (2), 313-331.

Collins, K., Onwuegbuzie, A., & Jiao, Q. G. (2009). Hope as a predictor of performance of graduate-level cooperative groups in research methodology courses. International Journal of Teaching and learning in Higher Education,21(2), 148-157.

Conway, A. R. A., Cowan, N., & Bunting, M. F. (2001). The cocktail party phenomenon revisited: The importance of working memory capacity. Psychonomic Bulletin & Review, 8(2), 331-335.

Coopersmith, S. (1967). The antecedents of self-esteem. San Francisco: W. H. Freeman & Company

Tirri, K., Moran, S.,& Mariano, J. M. (2016). Education for purposeful teaching around the world. Journal of Education for Teaching, 42(5), 526–531.

Corral–Verdugo, V., Fraijo–Sing, B., & Pinheiro, J. Q. (2006). Sustainable Behavior and Time Perspective: Present, Past, and Future Orientations and Their Relationship with Water Conservation Behavior. Interamerican Journal of Psychology, 40(2), 139–147.

Correa, N., Adali, T., Calhoun, V.D. (2007). Performance of blind source separation algorithms for fMRI analysis using a group ICA method. Magnetic Resonance Imaging, 25(5), 684–694.

Costa P T, Somerfield M R, McCrae R R.(1996). Personality and coping: A reconceptualization. Zeidner, Endler(Ed). Handbook of coping: Theory, research, applications. New York: Wiley.44 –61 .

Costa, P. T., & McCrae, R. R. (1992). NEO PI–R Professional manual .PAR Psychological Assessment R(p. 49).

Coutinho, J. F., Sampaio, A., Ferreira, M., Soares, J. M., & Gonçalves, O. F. (2013). Brain correlates of pro–social personality traits: A voxel–based morphometry study. Brain Imaging and Behavior, 7(3), 293–299.

Cowdrey, F.A., Filippini, N., Park, R.J., Smith, S.M., McCabe, C.(2014). Increased resting state functional connectivity in the default mode network in recovered anorexia nervosa. Human Brain Mapping, 35(2), 483–491.

Cox, C. L., Gotimer, K., Roy, A. K., Castellanos, F. X., Milham, M. P., & Kelly, C. (2010). Your resting brain CAREs about your risky behavior. PLoS One, 5(8), e12296.

Cox, C. L., Uddin, L. Q., Di Martino, A., Castellanos, F. X., Milham, M. P., & Kelly, C. (2012). The balance between feeling and knowing: Affective and cognitive empathy are reflected in the brain's intrinsic functional dynamics. Social Cognitive and Affective Neuroscience, 7(6), 727–737.

Coyle C T, Enright R D.(1997). Forgiveness intervention with postabortion men. Journal of Consulting and Clinical Psychology, 65(6), 1042–1046.

Cross, S. E., Hardin, E. E., & Gercek–Swing, B. (2011). The what, how, why, and where of self–construal. Personality and Social Psychology Review, 15(2), 142–179.

Crumbaugh,J. C.,& Maholick,L. T. (1964). An experimental study in existentialism: The psychometric approach to Frankl's concept of noogenic neurosis. Journal of Clinical Psychology, 20(2), 200–207.

Crumbaugh,J. C.,& Maholick,L. T. (1969). Manual of instructions for the Purpose in Life Test. TN: Psychometric Affiliates.

Cunningham, W.A., Kirkland, T. (2014). The joyful, yet balanced, amygdala: moderated responses to positive but not negative stimuli in trait happiness. Social Cognitive and Affective Neuroscience, 9(6), 760–766.

Curry, L. A, Snyder, C. R., Cook, D. L., Ruby, B. C., & Rehm, M. (1997). Role of hope in academic and sport achievement. Journal of Personality and Social Psychology, 73(6), 1257–1267.

D'Argembeau, A., Ruby, P., Collette, F., Christian, D., Balteau, E., Luxen, A., et al. (2007). Distinct regions of the medial prefrontal cortex are associated with self referential processing and perspective taking. Journal of Cognitive Neuroscience, 19(6), 935–944.

D'Argembeau, A., Stawarczyk, D., Majerus, S., Collette, F., van der Linden, M., Feyers, D., et al. (2010a). The neural basis of personal goal processing when envisioning future events. Journal of Cognitive Neuroscience, 22(8), 1701–1713.

D'Argembeau, A., Stawarczyk, D., Majerus, S., Collette, F., van der Linden, M., & Salmon, E. (2010b). Modulation of medial prefrontal and inferior parietal cortices when thinking about past, present, and future selves. Social Neuroscience, 5(2), 187–200.

D'Argembeau, A., Xue, G., Lu, Z. L., van der Linden, M., & Bechara, A. (2008). Neural correlates of envisioning emotional events in the near and far future. NeuroImage, 40(1), 398–407.

D'Esposito, M., Postle, B. R., & Rypma, B. (2000). Prefrontal cortical contributions to working memory: Evidence from event-related fMRI studies. Experimental Brain Research, 133 (1), 3–11.

Dakof G A, Taylor S E .(1990).Victims′ perceptions of social support: What is helpful from whom. Journal of Personality and Social Psychology, 58(1), 80–89 .

Damasio, A. (2005). The neurobiological grounding of human values. In J. –P. Changeux, A. R. Damasio, W.Singer, & Y. Christen (Eds.), Neurobiology of Human Values. 47–56.

Damon,W. (2008). The path to purpose: How young people find their calling in life. On Knowing Humanity Journal. 2(2), 34–35.

Damon,W.,Menon,J.,& Bronk,K. C. (2003). The development of purpose during adolescence. Applied Developmental Science,7(3),119–128.

Das, P., Calhoun, V., Malhi, G.S. (2014). Bipolar and borderline patients display differential patterns of functional connectivity among resting state networks. NeuroImage, 98(4), 73–81.

Daugherty, J. R., & Brase, G. L. (2009). Taking time to be healthy: Predicting health behaviors with delay discounting and time perspective. Personality and Individual Differences, 48 (2), 202–207.

Davis, M. H. (1983). Measuring individual differences in empathy: Evidence for a multidimensional approach. Journal of Personality and Social Psychology, 44(1), 113–126.

Day, L., Hanson, K., Maltby, J., Proctor, C., & Wood, A. (2010). Hope uniquely predicts objective academic achievement above intelligence, personality, and previous academic achievement. Journal of Research in Personality,44(4), 550–553.

De Cremer, D., Brebels, L., & Sedikides, C. (2008). Being uncertain about what? Procedural fairness effects as a function of general uncertainty and belongingness uncertainty. Journal of Experimental Social Psychology, 44(6), 1520–1525.

De Vignemont, F., & Singer, T. (2006). The empathic brain: How, when and why? Trends in Cognitive Sciences, 10(10), 435–441.

De Waal, F. B. M. (2008). Putting the altruism back into altruism: The evolution of empathy. Annual Review of Psychology, 59, 279–300.

Deco, G., Rolls, E. T., Albantakis, L., & Romo, R. (2012). Brain mechanisms for perceptual and reward–related decision–making. Progress in Neurobiology, 103, 194–213.

Denton R T, Martin, M W. (1998). Defining forgiveness: An empirical exploration of process and role. The American Journal of Family Therapy, 26(4), 281–292.

Derntl, B., Finkelmeyer, A., Eickhoff, S., Kellermann, T., Falkenberg, D. I., Schneider, F., & Habel, U. (2010). Multidimensional assessment of empathic abilities: Neural correlates and gender differences. Psychoneuroendocrinology, 35(1), 67–82.

Devue, C., & Brédart, S. (2008). Attention to self–referential stimuli: Can I ignore my own face? Acta Psychologica, 128(2), 290–297.

DeYoung, C. G., Hirsh, J. B., Shane, M. S., Papademetris, X., Rajeevan, N., & Gray, J. R. (2010). Testing predictions from personality neuroscience. Brain structure and the big five. Psychological Science, 21(6), 820–828.

Di Martino, A., Shehzad, Z., Kelly, C., Roy, A. K., Gee, D. G., Uddin, L. Q., ... Milham, M. P. (2009). Relationship between cingulo–insular functional connectivity and autistic traits in neurotypical adults. The American Journal of Psychiatry, 166(8), 891–899.

Di, H. B., Yu, S. M., Weng, X. C., Laureys, S., Yu, D., Li, J. Q., et al. (2007). Cerebral response to patient's own name in the vegetative and minimally conscious states. Neurology, 68 (12), 895–899.

Diener, E. (2000). Subjective well–being: The science of happiness and a proposal for a national index. American Psychologist,55(1), 34–43.

Diener, E. (2013). The remarkable changes in the science of subjective well–being. Perspectives on Psychological Science, 8(6),663–666.

Diener, E., Lucas, R.E., Oishi, S. (2002). Subjective well–being: the science of happiness and life satisfaction. In: Snyder, C.R.,Lopez, S.J., editors. The Handbook of Positive Psychology, pp.63–73. New York: Oxford University Press.

Diener, E., Seligman, M.E.P. (2002). Very happy people. Psychological Science, 13(1), 81–84.

Diener, E., Suh, E.M., Lucas, R.E., Smith, H.L. (1999). Subjective well–being: three decades of progress. Psychological Bulletin,125(2), 276–302.

Diener,E.,Fujita,F.,Tay,L.,& Biswas–Diener,R. (2012). Purpose, mood, and pleasure in predicting satisfaction judgments. Social Indicators Research, 105(3), 333–341.

Dierendonck, D., & Nuijten, I. (2011). The servant leadership survey: Development and validation of a multidimensional measure. Journal of Business and Psychology, 26(3), 249–267.

Ding, X., Lee, S.–W. (2013). Cocaine addiction related reproducible brain regions of abnormal default–mode network functional connectivity: a group ICA study with different model orders. Neuroscience Letters, 548, 110–114.

Ebner, N. C., Gluth, S., Johnson, M. R., Raye, C. L., Mitchell, K. J., & Johnson, M. K. (2011). Medial prefrontal cortex activity when thinking about others depends on their age. Neurocase, 17(3), 260–269.

Locke, E. A., & Latham, G. P. (2002). Building a practically useful theory of goal setting and task motivation: A 35–year odyssey. American Psychologist, 57(9), 705–717.

Eisenberg, N., & Eggum, N. D. (2009). Empathic responding: Sympathy and personal distress. In J. Decety & W. J. Ickes (Eds.), The social neuroscience of empathy (pp. 71–83).

Eleanor Cheung. (2004). Goal Setting as Motivational tool in Student's Self–regulated Learning, Educational Research Quarterly,27(3), 3–9.

Elfenbein,H. A. ,Eisenkraft,N. ,& Ding,W. W. (2009). Do we know who values us? Dyadic meta-accuracy in the perception of professional relationships. Psychological Science, 20(9), 1081-1083.

Ellzabeth, A., & Deyling. (2004). The effect of prim death anxiety on future time orientation and procrastination. Master's thesis. Cleveland State University.

Emonds, G., Declerck, C. H., Boone, C., Vandervliet, E. J.M., & Parizel, P. M. (2011). Comparing the neural basis of decision making in social dilemmas of people with different social value orientations, a fMRI study. Journal of Neuroscience, Psychology, and Economics, 4 (1), 11-24.

Enright R D (1996). Counseling Within the Forgiveness Triad: On Forgiving, Receiving Forgiveness, and Self-Forgiveness. Counseling and Values, 40(2), 107-126.

Enright R D.(1991) the Human Development Study Group. The moral development of forgiveness. In: Kurtines W, Gerwitz J (Eds.). Handbook of moral behavior and development. Erlbaum, 123-152

Fan, Y., Duncan, N. W., de Greck, M., & Northoff, G. (2011). Is there a core neural network in empathy? An fMRI based quantitative meta-analysis. Neuroscience and Biobehavioral Reviews, 35(3), 903-911.

Feather, N. T. (1980).Values in adolescence. In: J. Adelson(Ed.). Handbook of adolescent psychology.New York: Wiley, 247-295.

Feather, N. T.(1986). Value systems across cultures: Australia and China. International Journal of psychology, 21(1-4), 697-715.

Feder,A.,Ahmad,S.,Lee,E. J.,Morgan,J. E.,Singh,R.,Smith,B. W.,Charney,D. S. (2013). Coping and PTSD symptoms in Pakistani earthquake survivors: Purpose in life, religious coping and social support. Journal of Affective Disorders, 147(1-3), 156-163.

Feingold, A. (1994). Gender difference in personality: A meta-analysis. Psychological Bulletin, 116(3), 429-456.

Fellers, C., Almstrom, C., & Callahan, JL. (2009). Cheat and hope for the best: The unspoken undergraduate mantra? Journal of Scientific Psychology, 4, 24-29.

Ferrari, J. R., & Diaz-Morales, J. F. (2007). Procrastination: Different time orientations reflect different motives. Journal of research in personality, 41(3), 707-714.

Ferrari, J. R., Stevens, E. B., Legler, R., & Jason, L. A. (2012). Hope, self-esteem, and self-regulation: Positive characteristics among men and women in recovery. Journal of Community Psychology, 40(3), 292-300.

Festinger, L. (1962). A theory of cognitive dissonance. Stanford university press.

Fincham F D, Paleari F G, Regalia C. (2002). Forgiveness in marriage: The role of relationship quality, attribution, and empathy. Personal Relationships, 9(1), 27–37

Finfgeld, D. L. (1999). Courage as a process of pushing beyond the struggle. Qualitative Health Research, 9(6), 803–814.

Finkel E J, Rusbult C E, Kumashiro M, Hannon P A.(2002). Dealing with betrayal in close relationships: does commitment promote forgiveness? Journal of Personality and Social Psychology, 82(6): 956–974

Firth, R.(1951). Elements of social organization.The British Journal of Sociology. 2(4), 362–364.

Fitts, W. H. (1965). Manual for the Tennessee self concept scale. Nashville, TN: Counselor Recordings and Test.

Fleming, J. S., Watts, W. A. (1980). The Dimensionality of self–esteem: some results of a college sample. Journal of Personality and Social Psychology, 39(5), 921–929.

Fogelman,N.,& Canli,T. (2015). 'Purpose in life' as a psychosocial resource in healthy aging: An examination of cortisol baseline levels and response to the Trier Social Stress Test. NPJ Aging and Mechanisms of Disease,1(1),15006.

Fortman, T. (2011). A longitudinal study of the stability of hope in late adolescence. Unpublished doctoral dissertation, University of Ohio State University.

Fox, M.D., Raichle, M.E. (2007). Spontaneous fluctuations in brain activity observed with functional magnetic resonance imaging. Nature Reviews Neuroscience, 8(9), 700–711.

Francis,L. J. (2013). Implicit religion,explicit religion and purpose in life: An empirical enquiry among 13–to15–year–old adolescents. Mental Health, Religion and Culture, 16(9), 909–921.

Francis, L. J., Jewell, A., & Robbins, M. (2010). The relationship between religious orientation, personality, and purpose in life among an older Methodist sample. Mental Health, Religion and Culture,13(7–8),777–791.

Frankl, V.,E. (1963). Man's search for meaning: An introduction to logotherapy.New York: Washington Square Press.

Fransson, P., Marrelec, G. (2008). The precuneus/posterior cingulate cortex plays a pivotal role in the default mode network: evidence from a partial correlation network analysis. NeuroImage, 42(3), 1178–1184.

Franzoi, S. L., Shields, S. A. (1984). The Body–Esteem Scale: Multidimensional structure and sex differences in a college population. Journal of Personality Assessment, 48(2), 173–178.

Freeman, J. B., Rule, N. O., Adams, R. B., Jr, & Ambady, N.(2009). Culture shapes a mesolimbic response to signals of dominance and subordination that associates with behavior. NeuroImage, 47(1), 353–359.

Friston, K.J., Frith, C.D., Liddle, P.F., Frackowiak, R.S.J. (1993). Functional connectivity: the principal–component analysis of large (pet) data sets. Journal of Cerebral Blood Flow and Metabolism, 13(1), 5–14.

Frith,C. D., & Singer, T. (2008). The role of social cognition in decision making. Philosophical Transactions of the Royal Society B–Biological Sciences, 363(1511), 3875–3886.

Fujino, J., Takahashi, H., Miyata, J., Sugihara, G., Kubota, M., Sasamoto, A., ... Murai, T. (2014). Impaired empathic abilities and reduced white matter integrity in schizophrenia. Progress in Neuro–Psychopharmacology and Biological Psychiatry, 48, 117–123.

Fukuyama, F. (1995). Trust: The Social Virtues and Creation of Prosperity. New York: Free Press.

Gabriel, R. H.(1963). Traditional values in American life. New York: Harcourt Brace & World.

Gallagher, M. W., & Lopez, S. J. (2009). Positive expectancies and mental health: Identifying the unique contributions of hope and optimism. The Journal of Positive Psychology, 4(6), 548–556.

García–Alandete,J.,Martínez,E. R.,Soucase Lozano,B.,& Gallego–Pérez,J. F. (2011). Diferencias asociadas al sexo en las puntuaciones total y factoriales del Purpose– In–Life Test en universitarios españoles. Universitas Psychologica,10(3),681–692.

Gassin E A.(2001). Interpersonal forgiveness from an eastern orthodox perspective. Journal of Psychology and Theology, 29(3): 187–200

Gawronski, B. (2012). Meaning, violation of meaning, and meaninglessness in meaning maintenance. Psychological Inquiry, 23(4), 346–349.

Geiger, K. A., & Kwon, P. (2010). Rumination and depressive symptoms: Evidence for the moderating role of hope. Personality and Individual Differences, 49(5), 391–395.

Gillham, J., Adams–Deutsch, Z., Werner, J., Reivich, K., Coulter–Heindl, V., Linkins, M.,... Seligman, M. E. (2011). Character strengths predict subjective well–being during adolescence. The Journal of Positive Psychology, 6(1), 31–44.

Gillihan, S. J., & Farah, M. J. (2005). Is self special? A critical review of evidence from experimental psychology and cognitive neuroscience. Psychological Bulletin, 131(1), 76–97.

Gilman, R., Dooley, J., & Florell, D. (2006). Relative levels of hope and their relationship with academic and psychological indicators among adolescents. Journal of Social and Clinical Psychology, 25(2), 166–178.

Girard M, Mullet E, Callahan S.(2002). Mathematics of Forgiveness. American Journal of Psychology, 115(3), 351–375.

Girard M, Mullet E. (1997). Forgiveness in Adolescents, Young, Middle–Aged, and Older Adults. Journal of Adult Development, 4(4), 209–220.

Gjesme T. (1983). On the concept of future time orientation: Considerations of some functions' and measurements' implications. International Journal of Psychology, 18(1–4), 443–461.

Gjesme, T. (1979). Future time orientation as a function of achievement motives, ability, delay of gratification, and sex. Journal of Psychology, 101(2), 173–188.

Gladstein, G. A. (1983). Understanding empathy: Integrating counseling, developmental, and social psychology perspectives. Journal of Counseling Psychology, 30(4), 467–482.

Glesne, C. (2006). Becoming qualitative researchers: An introduction (3rd. ed., p. 43). New York: Allyn & Bacon.

Gong, P. Y., Liu, J. T., Blue, P. R., Li, S., & Zhou, X. L. (2015). Serotonin receptor gene (HTR2A) T102C polymorphism modulates individuals' perspective taking ability and autistic–like traits. Frontiers in Human Neuroscience, 9, 575.

Gonzalez, A., & Zimbardo, P. G. (1985). Time in perspective: A psychology today survey report. Psychology Today, 19, 21–26.

Gottschalk, L. A. (1974). A hope scale applicable to verbal samples. Archives of General Psychiatry, 30(6), 779–785.

Gouveia, V. V., Milfont, T. L., Gouveia, R. S. V., Neto, J. R., & Galvão, L. (2012). Brazilian–Portuguese empathy quotient: Evidences of its construct validity and reliability. The Spanish Journal of Psychology, 15(2), 777–782.

Graafland, J. J. (2010). Do markets crowd out virtues? An Aristotelian framework. Journal of Business Ethics, 91(1), 1–19.

Grant, F., & Hogg, M. A. (2012). Self–uncertainty, social identity prominence and group identification. Journal of Experimental Social Psychology, 48(2), 538–542.

Greco, V., & Roger, D. (2001). Coping with uncertainty: The construction and validation of a new measure. Personality and individual differences, 31(4), 519–534.

Green, A. W.(1964). Sociology: An analysis of life in modern society.(4th ed). New York: McGraw–Hill

Greene, B. A., & DeBacker, T. K. (2004). Gender and orientations toward the future: links to motivation. Educational Psychology Review, 16(2), 91–120.

Greicius, M.D. (2008). Resting–state functional connectivity inneuropsychiatric disorders. Current Opinion in Neurology, 21(4),424–430.

Greicius, M.D., Flores, B.H., Menon, V., et al. (2007). Resting–state functional connectivity in major depression: abnormally increased contributions from subgenual cingulate cortex and thalamus. Biological Psychiatry, 62(5), 429–437.

Greitemeyer, T., Fischer, P., Kastenmüller, A., & Frey, D. (2006). Civil courage and helping behavior: Differences and similarities. European Psychologist, 11(2), 90–98.

Greitemeyer, T., Osswald, S., Fischer, P., & Frey, D. (2007). Civil courage: Implicit theories, related concepts, and measurement. The Journal of Positive Psychology, 2(2), 115–119.

Gruber, C. (2011). The psychology of courage: Modern research on an ancient virtue. Integrative Psychological and Behavioral Science, 45(2), 272–279.

Gruber, C. W. (2012). The construction of courage: Personal resiliency in educational settings (Unpublished doctoral dissertation). Clark University, Worcester.

Guiller, J., Durndell, A., & Ross, A. (2008). Peer interaction and critical thinking: Face–to–face or online discussion? Learning and Instruction, 18(2), 187–200.

Gutchess, A. H., Kensinger, E. A., & Schacter, D. L. (2007). Aging, self–referencing, and medial prefrontal cortex. Social Neuroscience, 2(2), 117–133.

Hablas,R.,& Hutzell,R. (1982). The Life Purpose Questionnaire: An alternative to the Purpose–in–Life test for geriatric, neuropsychiatric patients. In S. A. Wawrytko (Ed.), Analecta Frankliana: The proceedings of the First World Congress of Logotherapy: 1980 (pp. 211–215). Berkeley: Strawberry Hill.

Haidt, J. (2003). The moral emotions. In R. J. Davidson, K. R.Scherer & H. H. Goldsmith (Eds.), Handbook of affective sciences (pp. 852–870). Oxford: Oxford University Press.

Hamilton, J.P., Furman, D.J., Chang, C., Thomason, M.E., Dennis,E., Gotlib, I.H. (2011). Default–mode and task–positive network activity in major depressive disorder: implications for adaptive and maladaptive rumination. Biological Psychiatry, 70(4),327–333.

Hamilton,N. A.,Nelson,C. A.,Stevens,N.,& Kitzman,H. (2007). Sleep and psychological well-being. Social Indicators Research,82(1),147-163.

Han, S. H. (2009). Religious belief and neurocognitive processes of the self. In E. Voland & W. Schiefenhövel (Eds.), The biological evolution of religious mind and behaviour, The Frontiers Collection (pp. 195-204). Berlin Heidelberg: Springer-Verlag.

Han, S. H., Gu, X. S., Mao, L. H., Ge, J. Q., Wang, G., & Ma, Y. (2010). Neural substrates of self-referential processing in Chinese Buddhists. Social Cognitive and Affective Neuroscience, 5(2-3), 332-339.

Han, S. H., Mao, L. H., Gu, X. S., Zhu, Y., Ge, J. Q., & Ma, Y. (2008). Neural consequences of religious belief on self-referential processing. Social Neuroscience, 3(1), 1-15.

Han, S. H., Northoff, G., Vogeley, K., Wexler, B. E.,Kitayama, S., & Varnum, M. E. W. (2013). A cultural neuroscience approach to the biosocial nature of the human brain. Annual Review of Psychology, 64(1),335-359.

Handy, R.(1970). Measurement of values. St Louis: Creen.

Hannah, S. T., Sweeney, P. J., & Lester, P. B. (2007). Toward a courageous mindset: The subjective act and experience of courage. The Journal of Positive Psychology,2(2), 129-135.

Hansen C H, Hansen R D, Shantz D W.(1992).Repression at encoding: Discrete appraisals of emotional stimuli. Journal of Personality and Social Psychology, 63(6), 1026-1035.

Harada, T., Li, Z., & Chiao, J. Y. (2010). Differential dorsal and ventral medial prefrontal representations of the implicit self modulated by individualism and collectivism: An fMRI study. Social Neuroscience, 5(3), 257-271.

Hargrave T D, Sells J N.(1997). The development of a forgiveness scale. Journal of Marital and Family Therapy, 23(1), 41-62.

Harris, C. R., & Pashler, H. (2004). Attention and the processing of emotional words and names: Not so special after all. Psychological Science, 15(3), 171-178.

Harris, C. R., Pashler, H. E., & Coburn, P. (2004). Moray revisited: High-priority affective stimuli and visual search. The Quarterly Journal of Experimental Psychology Section A, 57(1), 1-31.

Harrison, V., & Hole, G. J. (2009). Evidence for a contact-based explanation of the own-age bias in face recognition. Psychonomic Bulletin & Review, 16(2), 264-269.

Harter, S. (1999). The construction of the self: Developmental perspectives. New York: Guilford, 15(4), 4-40.

Harter, S., Whitesell, N. R.(2001). On the importance of importance ratings in understanding adolescents' self-esteem: Beyond statistical parsimony. In: R. J. Riding, S. G. Rayner(ed.). Self perception (International perspectives on individual differences; V.2). Westport: Ablex Publishing 3-24.

Haruno, M., & Frith, C. D. (2010). Activity in the amygdala elicited by unfair divisions predicts social value orientation. Nature Neuroscience, 13(2), 160-161.

Hastings, P. D., Zahn-Waxler, C., Robinson, J., Usher, B., & Bridges, D. (2000). The development of concern for others in children with behavior problems. Developmental Psychology, 36(5), 531-546.

Hebert, B. G. , & Vorauer, J. D. (2005). Seeing through the screen: Is evaluative feedback communicated more effectively in face-to-face or computer-mediated exchanges? Computers in Human Behavior, 19(1), 25-38.

Hedberg, P., Gustafson, Y., & Brulin, C. (2010). Purpose in life among men and women aged 85 years and older. The International Journal of Aging and Human Development, 70(3), 213-229.

Hedberg, P., Gustafson, Y., Alèx, L., & Brulin, C. (2010). Depression in relation to purpose in life among a very old population: A five-year follow-up study. Aging and Mental Health, 14(6), 757-763.

Heidenreich, C. A. (1965).Personality and social adjustment. New York: Wiley: 165.

Heine, S. J., Proulx, T., & Vohs, K. D. (2006). The meaning maintenance model: On the coherence of social motivations. Personality and social psychology review, 10(2), 88-110.

Heisel, M. J., & Flett, G. L. (2004). Purpose in life, satisfaction with life, and suicide ideation in a clinical sample. Journal of Psychopathology and Behavioral Assessment, 26(2), 127-135.

Heisel, M. J., & Flett, G. L. (2008). Psychological resilience to suicide ideation among older adults. Clinical Gerontologist, 31(4), 51-70.

Heisel, M. J., & Flett, G. L. (2014). Do meaning in life and purpose in life protect against suicide ideation among community-residing older adults? In A. Batthyany & P. Russo-Netzer (Eds.), Meaning in Positive and Existential Psychology (pp. 303-324). New York, NY: Springer.

Helaire, L. J. (2006). My future, my present: Exploring general and domain specific future orientation impact on classroom engagement, educational utility and grade for middle school students. Doctoral Dissertation. University of Michigan.

Heller, A.S., van Reekum, C.M., Schaefer, S.M., et al. (2013). Sustained striatal activity predicts eudaimonic well-being and cortisol output. Psychological Science, 24(11), 2191-2200.

Herth, K. (1992). Abbreviated instrument to measure hope: Development and psychometric evaluation. Journal of Advanced Nursing, 17(10), 1251–1259.

Hill,P. L.,& Burrow,A. L. (2012). Viewing purpose through an Eriksonian lens. Identity: An International Journal of Theory and Research,12(1),74–91.

Hill,P. L.,& Turiano,N. A. (2014). Purpose in life as a predictor of mortality across adulthood. Psychological Science,25(7),1482–1486.

Hill,P. L.,Burrow,A. L.,Brandenberger,J. W.,Lapsley,D. K.,& Quaranto,J. C. (2010). Collegiate purpose orientations and well–being in early and middle adulthood.Journal of Applied Developmental Psychology,31(2),173–179.

Hill,P. L.,Edmonds,G. W.,& Hampson,S. E. (2017). A purposeful lifestyle is a healthful lifestyle: Linking sense of purpose to self–rated health through multiple health behaviors. Journal of Health Psychology. 24(10), 1392–1400.

Hill,P. L.,Turiano,N. A.,Spiro,A.,III,& Mroczek,D. K. (2015). Understanding inter–individual variability in purpose: Longitudinal findings from the VA Normative Aging Study. Psychology and Aging,30(3),529–533.

Hillis, A. E. (2014).Inability to empathize: Brain lesions that disrupt sharing and understanding another's emotions. Brain, 137(4), 981–997.

Himberg, J., Hyvarinen, A., Esposito, F. (2004). Validating the independent components of neuroimaging time series via clustering and visualization. NeuroImage, 22(3), 1214–22.

Hirsch, J., Visser, P., Chang, E. C., & Jeglic, E. L. (2012). Race and ethnic differences in hope and hopelessness as moderators of the association between depressive symptoms and suicidal behavior. Journal of American College Health, 60(2), 115–125.

Hirsh, J. B., Mar, R. A., & Peterson, J. B. (2012). Psychological entropy: a framework for understanding uncertainty–related anxiety. Psychological review, 119(2), 304–320.

Hofstede, G.(1980). Culture's consequences: International differences in work–related values, Beverly Hills. Calif: Sage, 476.

Hogg, M. A. (2003). Uncertainty and Extremism: Identification with High Entitativity Groups under Conditions of Uncertainty. In V. Yzerbyt, C. M. Judd, & O. Corneille (Eds.), The psychology of group perception: Perceived variability, entitativity, and essentialism (pp. 401–418). New York: Psychology Press

Hogg, M. A. (2007). Uncertainty–identity theory. In M. P. Zanna (Ed.), Advances in experimental social psychology. 39, 69–126. San Diego, CA: Academic Press.

Hogg, M. A. (2014). From uncertainty to extremism: Social categorization and identity processes. Current Directions in Psychological Science, 23(5), 338–342.

Hogg, M. A., & Adelman, J. (2013). Uncertainty–identity theory: Extreme groups, radical behavior, and authoritarian leadership. Journal of Social Issues, 69(3), 436–454.

Hogg, M. A., Kruglanski, A., & van denBos, K. (2013). Uncertainty and the roots of extremism. Journal of Social Issues, 69(3), 407–418.

Hogg, M. A., Meehan, C., & Farquharson, J. (2010). The solace of radicalism: Self–uncertainty and group identification in the face of threat. Journal of Experimental Social Psychology, 46(6), 1061–1066.

Hogg, M. A., Sherman, D. K., Dierselhuis, J., Maitner, A. T., & Moffitt, G. (2007). Uncertainty, entitativity, and group identification. Journal of experimental social psychology, 43(1), 135–142.

Hogg, M. A.(2009). Managing self–uncertainty through group identification. Psychological Inquiry, 20(4), 221–224.

Hohman, Z. P., & Hogg, M. A. (2011). Fear and uncertainty in the face of death: The role of life after death in group identification. European Journal of Social Psychology, 41(6), 751–760.

Hohman, Z. P., & Hogg, M. A. (2015). Fearing the uncertain: Self–uncertainty plays a role in mortality salience. Journal of Experimental Social Psychology, 57, 31–42.

Holahan,C. K.,& Suzuki,R. (2006). Motivational factors in health promoting behavior in later aging. Activities, Adaptation & Aging,30(1),47–60.

Holahan,C. K.,Holahan,C. J.,& Suzuki,R. (2008). Purposiveness, physical activity, and perceived health in cardiac patients. Disability and Rehabilitation, 30(23),1772–1778.

Holahan,C. K.,Holahan,C. J.,Velasquez,K. E.,Jung,S.,North,R. J.,& Pahl,S. A. (2011). Purposiveness and leisure–time physical activity in women in early midlife. Women & Health,51(7), 661–675.

Hooker, C. I., Bruce, L., Lincoln, S. H., Fisher, M., & Vinogradov, S. (2011). Theory of mind skills are related to gray matter volume in the ventromedial prefrontal cortex in schizophrenia. Biological Psychiatry, 70(12), 1169–1178.

Hooker,S. A.,& Masters,K. S. (2016). Purpose in life is associated with physical activity measured by accelerometer. Journal of Health Psychology,21(6),962–971.

Horstmanshof, L., & Zimitat, C. (2007). Future time orientation predicts academic engagement among first-year university students. British Journal of Educational Psychology, 73(3), 703-718.

Hounkpatin, H. O.,Wood, A. M.,Boyce, C. J.,& Dunn, G. (2015). An existential-humanistic view of personality change: Co-occurring changes with psychological well-being in a 10 year cohort study. Social Indicators Research, 121(2), 455-470.

Hu, M. L. (2009). Knowledge sharing and innovative service behavior relationship: Guanxi as mediator. Social Behavior and Personality, 37(7), 977-992.

Hughes, C., & Cutting, A. L. (1999). Nature, nurture and individual differences in early understanding of mind. Psychological Science, 10(5), 429-432.

Hutchison, R.M., Womelsdorf, T., Allen, E.A., et al. (2013).Dynamic functional connectivity: promise, issues, and interpretations. NeuroImage, 80, 360-378.

Hutzell, R. R. (1989). Life Purpose Questionnaire overview sheet. Berkeley: Institute of Logotherapy Press.

Inglehart, R. F., Basañez, M., & Moreno, A. (1998). Human values and beliefs: A cross-cultural sourcebook. Ann Arbor,MI: University of Michigan Press.

Inzlicht, M., McGregor, I., Hirsh, J. B., & Nash, K. (2009). Neural markers of religious conviction. Psychological Science, 20(3), 385-392.

Irving, L., Seidner, A. L., Burling, T. A., Pagliarinl, R, & Robbins-Sisco, D. (1998). Hope and recovery from substance dependence in homeless veterans. Journal of Social and Clinical Psychology, 17(4), 389-406.

Irving,J.,Davis,S.,& Collier,A. (2017). Aging with purpose: Systematic search and review of literature pertaining to older adults and purpose. The International Journal of Aging and Human Development,85(4),403- 437.

Ishida,R.,& Okada,M. (2006). Effects of a firm purpose in life on anxiety and sympathetic nervous activity caused by emotional stress: Assessment by psycho-physiological method. Stress and Health,22(4),275-281.

Ishida, R., & Okada, M. (2011). Factors influencing the development of "purpose in life" and its relationship to coping with mental stress. Psychology,2(1),29-34.

Ishida, R., Abe, T., & Okada, M. (2011). Firmness of purpose in life significantly influences emotional state and autonomic nervous activity. Health,3(8),507-511.

Ishida,R.,Okada,M.,& Bando,T. (2004). Relation between level of purpose-in-life and the autonomic nervous function under a mental stress. Niigata Medical Journal,118,333-339.

Izuma, K., Saito, D. N., & Sadato, N. (2008). Processing of social and monetary rewards in the human striatum. Neuron, 58(2), 284–294.

Jabbi, M., & Keysers, C. (2008). Inferior frontal gyrus activity triggers anterior insula response to emotional facial expressions. Emotion, 8(6), 775–780.

Jackson T , Weiss K E , Lundquist J J, Soderlind A.(2002).Perceptions of goal-directed activities of optimists and pessimists: a Personal Projects Analysis. The Journal of Psychology, 136 (5), 521–532.

Jackson, R., Wernicke, R., & Haaga, D. A. F. (2003). Hope as a predictor of entering substance abuse treatment. Addictive Behaviors, 28(1), 13–28.

James, W. (1952). The principles of psychology. New York: Encyclopedia Britannica.

Jenkins, A. C., & Mitchell, J. P. (2011). Medial prefrontal cortex subserves diverse forms of self-reflection. Social Neuroscience, 6(3), 211–218.

Jiang,F.,Lin,S.,& Mariano,M. J. (2016). The influence of Chinese college teachers' competence for purpose support on students' purpose development. Journal of Education for Teaching, 42(5),565–581.

Joireman, J., Balliet, D., Sprott, D., Spangenberg, E., & Schultz, J. (2008). Consideration of future consequences, ego-depletion, and self-control: Support for distinguishing between CFC-Immediate and CFC-Future sub-scales. Personality and individual differences, 45(1), 15–21.

Jolliffe, D., & Farrington, D. P. (2006). Development and validation of the Basic Empathy Scale. Journal of Adolescence, 29(4), 589–611.

Jöreskog, K. G., Sörbom, D. (1996).LISREL 8: User's reference guide. Chicago, IL: Scientific Software International.

Judith, M. G. (1967). A Study in time orientation: the relation between memory for past experience and orientation to the future. Journal of Personality and Social Psychology, 6(2), 216–221.

Kagan, J. (1972). Motives and development. Journal of personality and social psychology, 22(1), 51–66.

Kaminer D, Stein D J, Mbanga I, Zungu-Dirwayi N.(2000). Forgiveness: Toward an integration of theoretical models. Psychiatry, 63(4), 344–357.

Kaplan, J. T., & Iacoboni, M. (2006). Getting a grip on other minds: Mirror neurons, intention understanding, and cognitive empathy. Social Neuroscience, 1(3–4), 175–183.

Kaplin,A.,& Anzaldi,L. (2015). New movement in neuroscience: A purpose-driven life. Cerebrum,2015(7).

Kaptein, M. (1998). Integrity Management. Britain: University of Tampa Press.

Kaptein, M. (1999). Integrity Management.European Management Journal. 17(6), 625-634.

Kashdan,T. B.,& Mcknight,P. E. (2009). Origins of purpose in life: Refining our understanding of a life well lived. Psychological Topics,18(2),303-316.

Kaufman, S. R. (1994). In-depth interviewing. In J. F. Gubrium & A. Sanker (Eds.), Qualitative methods in aging research (pp.123-136). Newbury Park, CA: Sage.

Kelley, W. M., Macrae, C. N., Wyland, C. L., Caglar, S., Inati, S., & Heatherton, T. F. (2002). Finding the self? An event-related fMRI Study. Journal of Cognitive Neuroscience, 14 (5), 785-794.

Kenny,D. A,& DePaulo,B. M. (1993). Do people know how others view them? An empirical and theoretical account. Psychological Bulletin,114(1),145 - 161.

Keyes,C. L. M. (2011). Authentic purpose: The spiritual infrastructure of life. Journal of Management,Spirituality and Religion,8(4),281-297.

Khanna,N. (2004). The role of reflected appraisals in racial identity: The case of multiracial Asians. Social Psychology Quarterly,67(2), 115- 131.

Khanna,N. (2010). " If you ' re half black,you ' re just black" : Reflected appraisals and the persistence of the one - drop rule. Sociological Quarterly,51,96 - 121.

Kierkegaard, S. (1997). The sickness unto death. In H. V. Hong & E. Hong (Eds.), The essential Kierkegaard (pp.350-372). Princeton, NJ: Princeton University Press.(Original work published 1848)

Killingsworth, M.A., Gilbert, D.T. (2010). A wandering mind is an unhappy mind. Science, 330(6006), 932

Kilmann, R. H., O'Hara, L. A., & Strauss, J. P. (2010). Developing and validating a quantitative measure of organizational courage. Journal of Business and Psychology, 25(1), 15-23.

Kim, Y. H., & Cohen, D. (2010). Information, perspective, and judgments about the self in face and dignity cultures. Personality and Social Psychology Bulletin, 36(4), 537-550.

Kim,E. S. (2015). Purpose in life and cardiovascular health (Unpublished doctorial dissertation). University of Michigan.

Kim,E. S.,Hershner,S. D.,& Strecher,V. J. (2015). Purpose in life and incidence of sleep disturbances. Journal of Behavioral Medicine,38(3),590-597.

Kim,E. S.,Strecher,V. J.,& Ryff,C. D. (2014). Purpose in life and use of preventive health care services. Proceedings of the National Academy of Sciences,111(46),16331–16336.

Kim,E. S.,Sun,J. K.,Park,N.,& Peterson,C. (2013). Purpose in life and reduced incidence of stroke in older adults: 'The Health and Retirement Study'. Journal of Psychosomatic Research, 74(5),427–432.

Kim,E. S.,Sun,J. K.,Park,N.,Kubzansky,L. D.,& Peterson,C. (2013). Purpose in life and reduced risk of myocardial infarction among older U.S. adults with coronary heart disease: A two–year follow–up. Journal of Behavioral Medicine,36(2),124–133.

Kirk, U., Skov, M., Hulme, O., Christensen, M. S., & Zeki, S.(2009). Modulation of aesthetic value by semantic context: An fMRI study. NeuroImage, 44(3), 1125–1132.

Kitayama, S., & Park, J. (2010). Cultural neuroscience of the self: Understanding the social grounding of the brain. Social Cognitive and Affective Neuroscience, 5(2–3), 111–129.

Kitayama, S., & Tompson, S. (2010). Envisioning the future of cultural neuroscience. Asian Journal of Social Psychology, 13(2), 92–101.

Klein, S. B., Rozendal, K., & Cosmides, L. (2002). A social–cognitive neuroscience analysis of the self. Social Cognition, 20(2), 105–135.

Klimecki, O. M., Leiberg, S., Lamm, C., & Singer, T. (2013). Functional neural plasticity and associated changes in positive affect after compassion training. Cerebral Cortex, 23(7), 1552–1561.

Kluckhohn, C. (1951). Values and value–orientations in the theory of action: An exploration in definition and classification. In T. Parsons & E. Shils (Eds.), Towards a general theory of action.

Kluckhohn, F. R., Strodtbeck, F. L., Roberts, J. M.(1961). Variations in value orientations. Evanston.IL: Row Peterson.

Kluever K& Kathy G.(1998). The responsibility scale: A research note on dissertation completion. Educational and Psychological Measurement, 58(3), 520–531.

Knafo, A., & Uzefovsky, F. (2013). Variation in empathy: The interplay of genetic and environmental factors. In: M. Legerstee, D. W. Haley, & M. H. Bornstein (Eds.), The developing infant mind: Integrating biology and experience. New York: The Guilford Press.

Knafo, A., Zahn–Waxler, C., van Hulle, C., Robinson, J. L., & Rhee, S. H. (2008). The developmental origins of a disposition toward empathy: Genetic and environmental contributions. Emotion, 8(6), 737–752.

Ko,H. J.,Hooker,K.,Geldhof,G. J.,& McAdams,D. P. (2016). Longitudinal purpose in life trajectories: Examining predictors in late midlife. Psychology and Aging,31(7),693–698.

Koehn, C., & Cutcliffe, J. (2012). The inspiration of hope in substance abuse counseling. The Journal of Humanistic Counseling, 51(1), 78–98.

Kong, F., Ding, K., Yang, Z., et al. (2015a). Examining gray matter structures associated with individual differences in global life satisfaction in a large sample of young adults. Social Cognitive and Affective Neuroscience, 10(7), 952–960.

Kong, F., Hu, S., Wang, X., Song, Y., Liu, J. (2015b). Neural correlates of the happy life: the amplitude of spontaneous low frequency fluctuations predicts subjective well–being. NeuroImage, 107, 136–145.

Kong, F., Hu, S., Xue, S., Song, Y., Liu, J. (2015c). Extraversion mediates the relationship between structural variations in the dorsolateral prefrontal cortex and social well–being. NeuroImage, 105, 269–75.

Kong, F., Liu, L., Wang, X., Hu, S., Song, Y., Liu, J. (2015d). Different neural pathways linking personality traits and eudaimonic well–being: a resting–state functional magnetic resonance imaging study. Cognitive, Affective, and Behavioral Neuroscience, 15(2), 299–309.

Konter, E., & Ng, J. (2012). Development of sport courage scale. Journal of Human Kinetics, 33(2012), 163–172.

Krause,N.,& Hayward,R. D. (2014). Assessing stability and change in a second–order confirmatory factor model of meaning in life. Journal of Happiness Studies,15(2),237–253.

Krentzman,A. R.,Cranford,J. A.,& Robinson,E. A. R. (2015). Long–term increases in purpose in life are associated with remission from alcohol dependence. Alcoholism Treatment Quarterly,33(3),252–269.

Krienen, F. M., Tu, P. C., & Buckner, R. L. (2010). Clan mentality: Evidence that the medial prefrontal cortex responds to close others. The Journal of Neuroscience, 30(41), 13906–13915.

Kringelbach, M.L., Berridge, K.C. (2009). Towards a functional neuroanatomy of pleasure and happiness. Trends in Cognitive Sciences, 13(11), 479–487.

Kruglanski, A. W. (2004). The psychology of closed mindedness. New York: New York Taylor & Francis Routledge.

Kuster, F., Orth, U., Meier, L.L. (2012). Rumination mediates the prospective effect of low self–esteem on depression: a five–wave longitudinal study. Personality and Social Psychology Bulletin, 38(6), 747–759.

Kwon, P. (2000). Hope and dysphoria: The moderating role of defense mechanisms. Journal of Personality, 68(2), 199–223.

Kyllo,L.B., & Landers, D.M.(1995). Goal setting in sport and exercise: A research synthesis to resolve the controversy. Journal of Sport & Exercise Psychology, 17(2),117–137.

L·A·珀文著, 周蓉等译, 黄希庭审校 . (2001). 人格科学 . 上海:华东师范大学出版社(p309–342).

Lamm, H., Schmidt, R. W., & Trommsdorff, G. (1976). Sex and social class as determinants of future orientation in adolescents. Journal of Personality and Social Psychology, 34(3), 317–326.

Law,B. M. F. (2012). Psychometric properties of the existence subscale of the purpose in life questionnaire for Chinese adolescents in Hong Kong. The Scientific World Journal,2012,Article ID 685741.

Ledberg, A., Akerman, S., Poland, P.F. (1998). Estimation of the probabilities of 3D clusters in functional brain images. NeuroImage, 8(2), 113–128.

Lee, E., Akanuma, K., Meguro, M., Ishii, H., Yamaguchi, S., & Meguro, K. (2007). Confabulations in remembering past and planning future are associated with psychiatric symptoms in Alzheimer's disease. Archives of Clinical Neuropsychology, 22(8), 949–956.

Lee, K., & Ashton M. C. (2006). Further assessment of the HEXACO Personality Inventory: Two new facet Scales and an observer report form. Psychological Assessment, 18(2),182–191.

Lee,J. N. T.,Foo,K. H.,Adams,A.,Morgan,R.,& Frewen,A. (2015). Strengths of character, orientations to happiness, life satisfaction and purpose in Singapore. Journal of Tropical Psychology,5(2), 1–21.

Leeson, P., Ciarrochi, J., & Heaven, P. C. L. (2008). Cognitive ability, personality, and academic performance in adolescence. Personality and Individual Differences, 45(7), 630–635.

Lemay,E. P. ,& Clark,M. S. (2008a). How the head liberates the heart: Projection of communal responsiveness guides relationship promotion. Journal of Personality and Social Psychology,94(4),647 –671.

Lemay,E. P. ,Dudley,K. L. (2009). Implications of reflected appraisals of interpersonal insecurity for suspicion and power. Personality and Social Psychology Bulletin,35(12),1672 – 1686.

Leopold, A., Krueger, F., dal Monte, O., Pardini, M., Pulaski, S. J., Solomon, J., & Grafman, J. (2012). Damage to the left ventromedial prefrontal cortex impacts affective theory of mind. Social Cognitive and Affective Neuroscience, 7(8), 871–880.

Leshan, L. L. (1952). Time orientation and social class. Journal of Abnormal and Social Psychology, 47(3), 589–592.

Lester, D., & Badro, S. (1992). Depression, suicidal preoccupation and purpose in life in a subclinical population. Personality and Individual Differences, 13(1), 75–76.

Leung, K., Bond, M. H., de Carrasquel, S. R., Muñoz, C., Hernández, M., Murakami, F., et al. (2002). Social axioms: The search for universal dimensions of general beliefs about how the world functions. Journal of Cross-Cultural Psychology, 33(3), 286–302.

Lewin K, Dembo T , Festinger L , Sears P S.(1944).Level of aspiration .In Hunt,J .M .(Ed.), Personality and Behavior Disorders(pp.333–378).New York: Ronald.

Lewis, G. J., Kanai, R., Bates, T. C., & Rees, G. (2012). Moral values are associated with individual differences in regional brain volume. Journal of Cognitive Neuroscience,24(8), 1657–1663.

Lewis, G.J., Kanai, R., Rees, G., Bates, T.C. (2014). Neural correlates of the 'good life': eudaimonic well-being is associated with insular cortex volume. Social Cognitive and Affective Neuroscience,9(5), 615–618.

Lewis, R. S., Goto, S. G., & Kong, L. L. (2008). Culture and context: East Asian American and European American differences in P3 event-related potentials and self-construal. Personality and Social Psychology Bulletin, 34(5), 623–634.

Lewis, N. A., Turiano, N. A., Payne, B. R., & Hill, P. L. (2017). Purpose in life and cognitive functioning in adulthood. Aging, Neuropsychology, and Cognition,24(6),662–671.

Liao, W., Chen, H., Feng, Y., et al. (2010). Selective aberrant functional connectivity of resting state networks in social anxiety disorder. NeuroImage, 52(4), 1549–1558.

Lieberman, M. D. (2007). Social cognitive neuroscience: A review of core processes. Annual Review of Psychology, 58(1), 259–289.

Lieberman, M. D., Jarcho, J. M., & Satpute, A. B. (2004). Evidence-based and intuition-based self-knowledge: An fMRI study. Journal of Personality and Social Psychology, 87(4), 421–435.

Liemburg, E.J., Swart, M., Bruggeman, R., et al. (2012). Altered resting state connectivity of the default mode network in alexithymia. Social Cognitive and Affective Neuroscience, 7(6), 660–666.

Liew, S. L., Ma, Y. N., Han, S. H., & Aziz-Zadeh, L. (2011).Who's afraid of the boss: Cultural differences in social hierarchies modulate self-face recognition in Chinese and Americans.

PLoS ONE, 6(2), e16901.

Lin, A., Adolphs, R., & Rangel, A. (2012). Social and monetary reward learning engage overlapping neural substrates. Social Cognitive and Affective Neuroscience, 7(3),274–281.

Lincoln, Y., & Guba, E. (1985). Naturalistic inquiry (pp.124–127). New York: Sage.

Lindfors,P.,& Lundberg,U. (2002). Is low cortisol release an indicator of positive health? Stress and Health,18(4),153–160.

Linville, P. W. (1987). Self–complexity as a cognitive buffer against stress–related illness and depression. Journal of Personality and Social Psychology, 52(4), 663–676.

Little B R, Lecci L,Watkinson B.(1992).Personality and personal projects: Linking Big Five and PAC units of analysis. Journal of Personality , 60(2), 501–525.

LittleB R.(1983).Personal projects: A rational and method for investigation.Environment and Behavior, 15(3), 273–309.

Little B R.(1987).Personality and the environment. In D.Stolels & I .Altman(Eds.), Hand book of environmental psychology .New York: Wiley.

Little B R.(1989).Personal projects analysis: Trivial pursuits, magnificent obsessions, and the search for coherence. In Buss D M ,Cantor N(Eds.)Personality psychology :Recent trends an emerging issues. New York: Springer–Verlag.

Locke E A, Latham G P.(1990).A theory of goal setting and task performance. Englewood Cliffs, NJ: Prentice Hall.

Locke E. A, Chah D O, Harrison D S, Lustgarten N,(1989). Separating The Effects Of Goal Specificity From Goal Level. Organizational Behavior And Human Decision Processes, 43(2), 270–287.

Lombardo, M. V., Barnes, J. L., Wheelwright, S. J., & Baron–Cohen, S. (2007). Self–referential cognition and empathy in autism. PLoS One 2(9), e883.

Lopez, S. J., & Snyder, C. R. (Eds.). (2011). The Oxford handbook of positive psychology. New York: Oxford University Press.

Lopez, S. J., Snyder, C. R. & Pedrotti, J. T. (2003). Hope: Many Definitions, Many Measures. In S. J. Lopez & C. R. Snyder (Eds.), Positive Psychological Assessment: A Handbook of Models and Measures (pp. 91–106).

Lounsbury, J. W., Fisher, L. A., Levy, J. J., & Welsh, D. P. (2009). An investigation of character strengths in relation to the academic success of college students. Individual Differences Research, 7(1), 52–69.

Lu, L., Shih, J.B. (1997). Personality and happiness: Is mental health a mediator?. Personality and Individual Differences,22(2),249-256.

Lu, L., Shih, J.B., Lin, Y.Y., Ju, L.S. (1997). Personal and environmental correlates of happiness. Personality and Individual Differences, 23(3), 453-462.

Luhmann, N. (1979). Trust and Power. New York: John Wiley& Sons.

Luo, S. Y., Ma, Y., Liu, Y., Li, B. F., Wang, C. B., Shi, Z. H., ... Han, S. H. (2015). Interaction between oxytocin receptor polymorphism and interdependent culture values on human empathy. Social Cognitive and Affective Neuroscience, 10(9), 1273-1281.

Luo, Y., Huang, X., Yang, Z., Li, B., Liu, J., Wei, D. (2014). Regional homogeneity of intrinsic brain activity in happy and unhappy individuals. PLoS One, 9(1), e85181.

Luo, Y., Li, B., Liu, J., Bi, C., Huang, X. (2015). Amplitude of low frequency fluctuations in happiness: A resting-state fMRI study (In Chinese). Chinese Science Bulliten, 60(2), 170-178.

Lyon,D. E.,& Younger,J. B. (2001). Purpose in life and depressive symptoms in persons living with HIV disease. Journal of Nursing Scholarship,33(2),129-133.

Lyons,G. C. B.,Deane,F. P.,& Kelly,P. J. (2010). Forgiveness and purpose in life as spiritual mechanisms of recovery from substance use disorders. Addiction Research and Theory,18(5), 528-543.

Lyons,G. C. B.,Deane,F. P.,Caputi,P.,& Kelly,P. J. (2011). Spirituality and the treatment of substance use disorders: An exploration of forgiveness, resentment and purpose in life. Addiction Research and Theory,19(5),459-469.

Lyubomirsky, S. (2001). Why are some people happier than others? The role of cognitive and motivational processes in well-being. American Psychologist, 56(3), 239-249.

Lyubomirsky, S., Boehm, J.K., Kasri, F., Zehm, K. (2011). The cognitive and hedonic costs of dwelling on achievement-related negative experiences: implications for enduring happiness and unhappiness. Emotion, 11(5), 1152-1167.

Lyubomirsky, S., Kasri, F., Zehm, K. (2003). Dysphoric rumination impairs concentration on academic tasks. Cognitive Therapy and Research,27(3), 309-330.

Lyubomirsky, S., Sheldon, K.M., Schkade, D. (2005). Pursuing happiness: the architecture of sustainable change. Review of General Psychology, 9(2), 111-131.

Lyubomirsky, S., Tkach, C., DiMatteo, M.R. (2006). What are the differences between happiness and self-esteem. Social Indicators Research, 78(3), 363-404.

Machell,K. A.,Disabato,D. J.,& Kashdan,T. B. (2016). Buffering the negative impact of poverty on youth: The power of purpose in life. Social Indicators Research, 126(2), 845–861.

Mack, A., & Rock, I. (1998). In attentional blindness. Cambridge, MA: MIT Press.

Madden, M., Fox, S., Smith, A., & Vitak, J. (2007). Digital Footprints: Online identity management and search in the age of transparency. Pew Research Center.

Maddi, S. R. (2002). The story of hardiness: Twenty years of theorizing, research, and practice. Consulting Psychology Journal: Practice and Research, 54(3), 175–185.

Malin,H.,Liauw,I.,& Damon,W. (2017). Purpose and character development in early adolescence. Journal of Youth and Adolescence,46(6),1200–1215.

Malin,H.,Reilly,T. S.,Quinn,B.,& Moran,S. (2014). Adolescent purpose development: Exploring empathy, discovering roles, shifting priorities, and creating pathways. Journal of Research on Adolescence,24(1),186–199.

Malloy,T. E. ,Albright,L. ,Diaz – Loving,R. ,Dong,Q. , & Lee,Y. T. (2004). Agreement in personality judgments within and between nonoverlapping social groups in collectivist cultures. Personality and Social Psychology Bulletin,30(1),106–117.

Mariano,J. M. (2014). Introduction to special section: Understanding paths to youth purpose—Why content and contexts matter. Applied Developmental Science, 18(3),139–147.

Mariano,J. M.,Going,J.,Schrock,K.,& Sweeting,K. (2011). Youth purpose and the perception of social supports among African–American girls. Journal of Youth Studies, 14(8),921–937.

Marjanke, A., & Schanz, H. H. (2009). Future orientation and planning in forestry: a comparison of forest managers' planning horizons in Germany and the Netherlands. European Journal Forest Research, 128(1), 1–11.

Marková, I., & Gillespie, A. (2008). Trust and distrust: Socio–cultural perspectives. Charlotte, NC: Information Age Pub.

Markus, H. R., & Kitayama, S. (1991). Culture and the self: Implications for cognition, emotion, and motivation. Psychological Review, 98(2), 224–253.

Marques, S. C., Pais–Ribeiro, J. L., & Lopez, S. J. (2011). The role of positive psychology constructs in predicting mental health and academic achievement in children and adolescents: A two–year longitudinal study. Journal of Happiness Studies, 12(6), 1049–1062.

Marsh, H. W., Hattie, J. (1996).Theoretical perspectives on the structure of self–concept. In: B. A. Bracken(ed.). Handbook of Self–Concept: Developmental, Social, and Clinical Considerations. New York: John Wiley & Sons, 38–90.

Marsh, H., Balla, J. R., McDonald, R. P.(1988). Goodness-of-fit indexes in confirmatory factor analysis: The effect of sample size. Psychological Bulletin, 103(3), 391410.

Martela,F.,& Steger,M. F. (2016). The three meanings of meaning in life: Distinguishing coherence, purpose, and significance. The Journal of Positive Psychology, 11(5),531-545.

Martin, A. J. (2011). Courage in the classroom: Exploring a new framework predicting academic performance and engagement. School Psychology Quarterly, 26(2),145-160.

Mashunkashey-Shadlow, J. (2007). A longitudinal study of hope in Native American children and adolescents. Unpublished doctoral dissertation, University of Kansas.

Maslow, A. H. (1987). Motivation and personality (3rd ed.). New York: Harper & Row

Mason, M.F., Brown, K., Mar, R.A., Smallwood, J. (2013). Driver of discontent or escape vehicle: the affective consequences of mind wandering. Frontiers in Psychology, 4, 447.

Mason, M.F., Norton, M.I., Van Horn, J.D., Wegner, D.M., Grafton,S.T., Macrae, C.N. (2007). Wandering minds: the default network and stimulus-independent thought. Science, 315 (5810), 393-395.

Mathis, G., Ferrari, J. R., Groh, D. R., & Jason, L. A. (2009). Hope and substance abuse recovery: The impact of agency and pathways within an abstinent communal-living setting. Journal of Groups in Addiction & Recovery, 4(1-2), 42-50.

Matsumoto D, Lee M.(1993).Consciousness, volition , and the neuropsychology of facial expressions of emotion. Consciousness and Cognition, 2:237-254.

May, D. R., Luth, M. T., & Schwoerer, C. E. (2013). The influence of business ethics education on moral efficacy, moral meaningfulness, and moral courage: A quasi-experimental study. Journal of Business Ethics. 124(1), 67-80.

McAdams,D. P. (1996). Narrating the self in adulthood. In J. E. Birren,G. M. Kenyon,J. E. Ruth,J. J. F. Shroots,& J. Svendson (Eds.),Aging and biography: Explorations in adult development (pp. 131-148). New York: Springer.

McAllister, D. J. (1995). Affect- and cognition-based trust as foundations for interpersonal cooperation in organizations. Academy of Management Journal, 38(1), 24-59.

McCullough M E, Fincham F D, Tsang J. (2003).Forgiveness, forbearance, and time: The temporal unfolding of transgression-related interpersonal motivations. Journal of Personality and Social Psychology, 84(3), 540-557.

McCullough M E, Hoyt W T.(2002). Transgression-related motivational dispositions: personality substrates of forgiveness and their links to the Big Five. Personality and Social Psychology Bulletin, 28(11), 1556–1573.

McCullough M E, Rachal K C, Sandage S J, Worthington E L Jr, Brown S W, Hight T L.(1998). Interpersonal forgiving in close relationships: II. Theoretical elaboration and measurement. Journal of Personality and Social Psychology, 75(6), 1586–1603.

McCullough M E, Worthington E L, Rachal K C.(1997). Interpersonal forgiving in close relationships. Journal of Personality and Social Psychology, 73(2), 321–336.

McGregor, I., & Marigold, D. C. (2003). Defensive zeal and the uncertain self: What makes you so sure. Journal of Personality and Social Psychology, 85(5), 838–852.

McGregor, I., Nash, K. A., & Inzlicht, M. (2009). Threat, high self–esteem, and reactive approach–motivation: Electroencephalographic evidence. Journal of Experimental Social Psychology, 45(4), 1003–1007.

McGregor, I., Nash, K., Mann, N., & Phills, C. E. (2010). Anxious uncertainty and reactive approach motivation (RAM). Journal of Personality and Social Psychology, 99(1), 133–147.

McGregor, I., Prentice, M. S., & Nash, K. A. (2009). Personal uncertainty management by reactive approach motivation. Psychological Inquiry, 20(4), 225–229.

McGregor, I., Zanna, M. P., Holmes, J. G., & Spencer, S. J. (2001). Compensatory conviction in the face of personal uncertainty: Going to extremes and being oneself. Journal of Personality and Social Psychology, 80(3), 472–488.

McKnight,P. E.,& Kashdan,T. B. (2009). Purpose in life as a system that creates and sustains health and well–being: An integrative, testable theory. Review of General Psychology, 13(3),242–251.

Meier,A.,& Edwards,H. (1974). Purpose–in–Life Test: Age and sex differences. Journal of Clinical Psychology,30(3),384–386.

Merkaš, M., & Brajša–žganec, A. (2011). Children with different levels of hope: Are there differences in their self–esteem, life satisfaction, social support, and family cohesion? Child Indicators Research, 4(3), 499–514.

Meyer, M. L., Masten, C. L., Ma, Y., Wang, C., Shi, Z., Eisenberger, N. I., & Han, S. (2013). Empathy for the social suffering of friends and strangers recruits distinct patterns of brain activation. Social Cognitive and Affective Neuroscience, 8(4), 446–454.

Miceli, M., & Castelfranchi, C. (2010). Hope: The power of wish and possibility. Theory & Psychology, 20(2), 251–276.

Michaela Riediger,Alexandra M Freund,Paul B Baltes(2005). Managing Life Through Personal Goals: Intergoal Facilitation and Intensity of Goal Pursuit in Younger and Older Adulthood, The Journals of Gerontology, 60B, 2; 84-91.

Miller, J. F., & Powers, M. J. (1986). Development of an instrument to measure hope. Nursing Research, 37(1), 6-10.

Mitchell, J. P., Banaji, M. R., & Macrae, C. N. (2005). The link between social cognition and self-referential thought in the medial prefrontal cortex. Journal of Cognitive Neuroscience, 17(8), 1306-1315.

Mitchell, J. P., Macrae, C. N., & Banaji, M. R. (2005). Forming impressions of people versus inanimate objects: Social-cognitive processing in the medial prefrontal cortex. NeuroImage, 26(1), 251-257.

Mitchell, J. P., Macrae, C. N., & Banaji, M. R. (2006). Dissociable medial prefrontal contributions to judgments of similar and dissimilar others. Neuron, 50(4), 655-663.

Mitchell, K. J., Raye, C. L., Ebner, N. C., Tubridy, S. M., Frankel, H., & Johnson, M. K. (2009). Age-group differences in medial cortex activity associated with thinking about self-relevant agendas. Psychology and Aging, 24(2), 438-449.

Molenberghs, P., Cunnington, R., & Mattingley, J. B. (2012). Brain regions with mirror properties: A meta-analysis of 125 human fMRI studies. Neuroscience and Biobehavioral Reviews, 36(1), 341-349.

Moran, J. M., Heatherton, T. F., & Kelley, W. M. (2009). Modulation of cortical midline structures by implicit and explicit self-relevance evaluation. Social Neuroscience, 4(3), 197-211.

Moran, J. M., Lee, S. M., & Gabrieli, J. D. E. (2011). Dissociable neural systems supporting knowledge about human character and appearance in ourselves and others. Journal of Cognitive Neuroscience, 23(9), 2222-2230.

Moran,S. (2009). Purpose: Giftedness in intrapersonal intelligence. High Ability Studies,20(2),143-159.

Moran,S. (2014). What “purpose” means to youth: Are there cultures of purpose? Applied Developmental Science,18(3),163-175.

Moran,S. (2016). What do teachers think about youth purpose? Journal of Education for Teaching,42(5),582- 601.

Moran,S.,Bundick,M. J.,Malin,H.,& Reilly,T. S. (2013). How supportive of their specific purposes do youth believe their family and friends are? Journal of Adolescent Research,28(3), 348-377.

Moray, N. (1959). Attention in dichotic listening: Affective cues and the influence of instructions. Quarterly Journal of Experimental Psychology, 11(1), 56–60.

Morelli, S. A., Lieberman, M. D., & Zaki, J. (2015). The emerging study of positive empathy. Social and Personality Psychology Compass, 9(2), 57–68.

Morrris,C.(1956). Variations of human value. Chicago,IL: University of Chicago Press.

Mullin, B.–A., & Hogg, M. A. (1998). Dimensions of subjective uncertainty in social identification and minimal intergroup discrimination. British Journal of Social Psychology, 37(3), 345–365.

Muris, P., Mayer, B., & Schubert, T. (2010). "You might belong in Gryffindor": Children's courage and its relationships to anxiety symptoms, big five personality traits, and sex roles. Child Psychiatry & Human Development, 41(2), 204–213.

Murray,S. L. ,Holmes,J. G. ,& Collin,N. L. (2006). Optimizing assurance: The risk regulation system in relationships. Psychological Bulletin,132(5),641–666.

Nash, K., Prentice, M., Hirsh, J., McGregor, I., & Inzlicht, M. (2014). Muted neural response to distress among securely attached people. Social Cognitive and Affective Neuroscience, 9(8), 1239–1245.

Neblett, N. G., & Cortia, K. S. (2006). Adolescents' thoughts about parents' jobs and their importance for adolescents' future orientation. Journal of Adolescence, 29(5), 795–811.

Nedderman, A. B., Underwood, L. A., & Hardy, V. L. (2010). Spirituality group with female prisoners: Impacting hope. Journal of Correctional Health Care, 16(2), 117–132.

Netter, M. (2015). Purpose in life and responses to failure(Unpublished master's thesis). Cornell University.

Ng, M. (2004). Hope among the Chinese students. Master thesis, University of Hong Kong.

Nowotny, M. L. (1989). Assessment of hope in patients with cancer: Development of an instrument. Oncology Nursing Forum, 16(1), 57–61.

Ng, S. H., Han, S. H., Mao, L. H., & Lai, J. C. L. (2010). Dynamic bicultural brains: fMRI study of their flexible neural representation of self and significant others in response to culture primes. Asian Journal of Social Psychology, 13(2), 83–91.

Niesta Kayser, D., Greitemeyer, T., Fischer, P., & Frey, D. (2010). Why mood affects help giving, but not moral courage: Comparing two types of prosocial behaviour. European Journal of Social Psychology, 40(7), 1136–1157.

Nili, U., Goldberg, H., Weizman, A., & Dudai, Y. (2010).Fear thou not: Activity of frontal and temporal circuits in moments of real-life courage. Neuron, 66(6), 949-962.

Nkyi,A. K. (2015). Relationship between alcohol use and purpose in life among senior high school students in Ghana. Indian Journal of Health and Wellbeing, 6(11),1080-1083.

Noels,K. A. ,Leavitt,P. A. ,& Clement,R. (2010). " To see ourselves as others see us" : On the implications of reflected appraisals for ethnic identity and discrimination. Journal of Social Issues, 66(4), 740 - 758.

Nolen-Hoeksema, S., Wisco, B. E., Lyubomirsky, S. (2008). Rethinking rumination. Perspectives on Psychological Science,3(5), 400-424.

Joanna North (1987). Wrongdoing and Forgiveness. Philosophy, 62(242), 499-508.

Northoff, G., Heinzel, A., de Greck, M., Bermpohl, F., Dobrowolny, H., & Panksepp, J. (2006). Self-referential processing in our brain—A meta-analysis of imaging studies on the self. NeuroImage, 31(1), 440-457.

Norton, P. J., & Weiss, B. J. (2009). The role of courage on behavioral approach in a fear-eliciting situation: A proof-of-concept pilot study. Journal of Anxiety Disorders,23(2), 212-217.

Nurmi, J. (1991). How do adolescents see their future? A review of the development of future orientation and planning. Developmental Review, 11(1), 1-59.

Nurmi, J. E. (1987). Age, sex, social class and quality of family interaction as determinants of adolescent' s future orientation: A development task interpretation. Adolescence, 22(88), 977-991.

Nurra,C. ,& Pansu,P. (2009). The impact of significant others' actual appraisals on children' s self - perceptions: What about Cooley' s assumption for children?. European Journal of Psychology of Education, 24(2), 247 - 262.

Nuttin J. R. (1985). Future time perspective and motivation: Theory and research method. Leuven-Hillsdale: Leuven University Press-Erlbaum.

Nyhus, E. K., & Webley, P. (2007). The relationship between parenting style and adolescents' future orientation and spending preferences. Proceedings of the Nordic Consumer Policy Research Conference.

Ochsner,K.N. ,Beer,J. S. ,Robertson,E. R. ,Cooper,J. C. ,Gabrieli,J. D. E. ,Kihsltrom,J. F. , & D'Esposito,M. (2005).The neural correlates of direct and reflected self - knowledge. Neuroimage,28(4),797 - 814.

Odessa, FL: Psychological Assessment Resources. Deutsch, M. (1958). Trust and suspicion. The Journal of Conflict Resolution, 2(4), 265-279.

Ong, A., Edwards, L., & Bergeman, C. (2006). Hope as a source of resilience in later adulthood. Personality and Individual Differences, 41(7), 1263–1273.

Osswald, S., Frey, D., & Streicher, B. (2012). Moral courage. In E. Kals & J. Maes (Eds.), Justice and conflicts (pp. 391–405). New York: Springer Heidelbeg.

Oswald, I., Taylor, A. M., & Treisman, M. (1960). Discriminative responses to stimulation during human sleep. Brain, 83(3), 440–453.

Otake, K., Shimai, S., Ikemi, A., Utsuki, N., Peterson, C., & Seligman, M. E. (2005). Development of the Japanese version of the Values in Action Inventory of Strengths (VIA–IS). The Japanese Journal of Psychology, 76(5), 461–467.

Owen, A. M., Evans, A. C., & Petrides, M. (1996). Evidence for a two–stage model of spatial working memory processing within the lateral frontal cortex: A positron emission tomography study. Cerebral Cortex, 6(1), 31–38.

Palys T S, Little B R.(1983). Perceived life satisfaction and the organization of personal project systems. Journal of Personality and Social Psychology, 44(6), 1221–1230.

Panksepp, J., & Panksepp, J. B. (2013). Toward a cross–species understanding of empathy. Trends in Neurosciences, 36(8), 489–496.

Park, N., & Peterson, C. (2006a). Character strengths and happiness among young children: Content analysis of parental descriptions. Journal of Happiness Studies, 7(3), 323–341.

Park, N., & Peterson, C. (2006b). Moral competence and character strengths among adolescents: The development and validation of the Values in Action Inventory of Strengths for Youth. Journal of Adolescence, 29(6), 891–909.

Park, N., & Peterson, C. (2008). Positive psychology and character strengths: Application to strengths–based school counseling. Professional School Counseling, 12(2), 85–92.

Park, N., Peterson, C., & Seligman, M. E. (2004). Strengths of character and well–being. Journal of Social and Clinical Psychology, 23(5), 603–619.

Parkinson, C., & Wheatley, T. (2014). Relating anatomical and social connectivity: White matter microstructure predicts emotional empathy. Cerebral Cortex, 24(3), 614–625.

Parks, A.C., Della Porta, M.D., Pierce, R.S., Zilca, R., Lyubomirsky,S. (2012). Pursuing happiness in everyday life: the characteristics and behaviors of online happiness seekers. Emotion, 12(6),1222–1234.

Parsons, T., Shils, E.(1951). Values, motives, and systems of action. In: T. Parsons, E. Shilts(Eds.).Toward a general theory of action. New York: Harper.

Patton, M. Q. (1990). Qualitative evaluation and research methods (2nd ed., p169). Newbury Park: Sage.

Pearson, E. L., Windsor, T. D., Crisp, D. A., Butterworth, P., Pilkington, P. D., & Anstey, K. J. (2013). Normative data and longitudinal invariance of the Life Engagement Test (LET) in a community sample of older adults. Quality of Life Research, 22(2), 327-331.

Peng, K. P., & Nisbett, R. E. (1999). Culture, dialectics, and reasoning about contradiction. American Psychologist, 54(9), 741-754.

Peng, S. Q. (1998). Guanxi in trust: An indigenous study of Chinese interpersonal trust. Unpublished doctorial Dissertation, The University of Hong Kong.

Perry, A., Bentin, S., Shalev, I., Israel, S., Uzefovsky, F., Bar-On, D., & Ebstein, R. P. (2010). Intranasal oxytocin modulates EEG mu/alpha and beta rhythms during perception of biological motion. Psychoneuroendocrinology, 35(10), 1446-1453.

Perry, R. B. (1950).General theory of value(2th ed.). Cambridge. Mass: Harvard University Press, 694.

Pervin, L. A.(1996). The science of personality. New York: John Wiley & Sons, 247-249.

Peters, J., & Büchel, C. (2009). Overlapping and distinct neural systems code for subjective value during intertemporal and risky decision making. Journal of Neuroscience, 29(50), 15727-15734.

Petersen, S. E. (2004). A repertory grid evaluation of a multidimensional theory of courage (Unpublished doctoral dissertation). University of Kansas, Lawrence.

Peterson, C., & Seligman, M. E. (2003). Character strengths before and after September 11. Psychological Science, 14(4), 381-384.

Peterson, C., & Seligman, M. E. (2004). Character strengths and virtues: A handbook and classification. New York: Oxford University Press.

Peterson, C., Park, N., Hall, N., & Seligman, M. E. (2009). Zest and work. Journal of Organizational Behavior, 30(2), 161-172.

Peterson, C., & Seligman, M. E. P. (2004). Character strengths and virtues: A handbook and classification. Oxford: Oxford University Press.

Petrocelli, J. V. (2003). Factor validation of the consideration of future consequences scale: evidence for a short version. The Journal of Social Psychology, 143(4), 405-413.

Pezzo, M. V., Litman, J. A., & Pezzo, S. P. (2006). On the distinction between yuppies and hippies: Individual differences in prediction biases for planning future tasks. Personality and Individual Differences, 41(7), 1359–1371.

Pfeifer, J. H., Iacoboni, M., Mazziotta, J. C., & Dapretto, M. (2008). Mirroring others' emotions relates to empathy and interpersonal competence in children. NeuroImage, 39(4), 2076–2085.

Pfeifer,J. H. ,Masten,C. L. ,Borofsky,L. A. ,Dapretto,M. ,Fuligni,A. J. ,& Lieberman,M. D. (2009). Neural correlates of direct and reflected self-appraisals in adolescents and adults: When social perspective-taking informs self-Perception. Child Development, 80(4), 1016 – 1038.

Phelan,C. H.,Love,G. D.,Ryff,C. D.,Brown,R. L.,& Heidrich,S. M. (2010). Psychosocial predictors of changing sleep patterns in aging women: A multiple pathway approach. Psychology and Aging,25(4),858–866.

Piaget, J. (1929). The child's conception of the world. London: Oxford University Press on behalf of the Mind Association.

Pillai, K. (2011). Essence of a manager. London: Springer Berlin Heidelberg.

Pingleton J P.(1997). Why we don't forgive: A biblical and object relations theoretical model for understanding failures in the forgiveness process. Journal of Psychology and Theology, 25(4), 403–413.

Pinquart,M. (2002). Creating and maintaining purpose in life in old age: A meta-analysis. Ageing International,27(2),90–114.

Powell, L. J., Macrae, C. N., Cloutier, J., Metcalfe, J., & Mitchell, J. P. (2010). Dissociable neural substrates for agentic versus conceptual representations of self. Journal of Cognitive Neuroscience, 22(10), 2186–2197.

Power, J.D., Barnes, K.A., Snyder, A.Z., Schlaggar, B.L., Petersen,S.E. (2012). Spurious but systematic correlations in functional connectivity MRI networks arise from subject motion. NeuroImage, 59(3), 2142–54.

Power, J.D., Barnes, K.A., Snyder, A.Z., Schlaggar, B.L., Petersen, S.E.(2013). Steps toward optimizing motion artifact removal in functional connectivity MRI; a reply to Carp. NeuroImage, 76, 439–441.

Power, J.D., Mitra, A., Laumann, T.O., Snyder, A.Z., Schlaggar,B.L., Petersen, S.E. (2014). Methods to detect, characterize, and remove motion artifact in resting state fMRI. NeuroImage, 84,320–341.

Power, J.D., Schlaggar, B.L., Petersen, S.E. (2015). Recent progress and outstanding issues in motion correction in resting state fMRI. NeuroImage, 105, 536–51.

Proulx, T., & Heine, S. J. (2010). The Frog in Kierkegaard's Beer: Finding Meaning in the Threat–Compensation Literature. Social and Personality Psychology Compass, 4(10), 889–905.

Proulx, T., & Inzlicht, M. (2012). The five "A" s of meaning maintenance: Finding meaning in the theories of sense–making. Psychological Inquiry, 23(4), 317–335.

Pury, C. L., & Kowalski, R. M. (2007). Human strengths, courageous actions, and general and personal courage. The Journal of Positive Psychology, 2(2), 120–128.

Pury, C. L., Kowalski, R. M., & Spearman, J. (2007). Distinctions between general and personal courage. The Journal of Positive Psychology, 2(2), 99–114.

Putman, D. A. (2004). Psychological courage. Dallas, TX: University Press of America.

Pyszczynski, T., Solomon, S., & Greenberg, J. (2015). Thirty Years of Terror Management Theory: From Genesis to Revelation. Advances in Experimental Social Psychology, 52, 1–70.

Rachman S, Throdarson D S, Shafran R, Woody S R. (1995). Perceived responsibility: Structure and Significance. Behaviour Research and Therapy, 33(7), 779–784.

Raichle, M.E., MacLeod, A.M., Snyder, A.Z., Powers, W.J.,Gusnard, D.A., Shulman, G.L. (2001). A default mode of brain function. Proceedings of the National Academy of Sciences, 98 (2), 676–682.

Rajandram, R. K., Ho, S. M., Samman, N., Chan, N., McGrath, C., & Zwahlen, R. A. (2011). Interaction of hope and optimism with anxiety and depression in a specific group of cancer survivors: A preliminary study. BMC Research Notes, 4(1), 519.

Rameson, L. T., Satpute, A. B., & Lieberman, M. D. (2010). The neural correlates of implicit and explicit self–relevant processing. NeuroImage, 50(2), 701–708.

Rand, K. (2009). Hope and optimism: Latent structures and influences on grade expectancy and academic performance. Journal of Personality, 77(1), 231–260.

Randles, D., Inzlicht, M., Proulx, T., Tullett, A. M., & Heine, S. J. (2015). Is dissonance reduction a special case of fluid compensation? Evidence that dissonant cognitions cause compensatory affirmation and abstraction. Journal of Personality and Social Psychology, 108(5), 697–710.

Rast III, D. E., Gaffney, A. M., Hogg, M. A., & Crisp, R. J.(2012). Leadership under uncertainty: When leaders who are non–prototypical group members can gain support. Journal of Experimental Social Psychology, 48(3), 646–653.

Rate, C. R. (2007). What is courage? A search for meaning (Unpublished doctoral dissertation). Yale University.

Rate, C. R., & Sternberg, R. J. (2007). When good people do nothing: A failure of courage. Research Companion to the Dysfunctional Workplace: Management Challenges and Symptoms, 3-21.

Rate, C. R., Clarke, J. A., Lindsay, D. R., & Sternberg, R. J. (2007). Implicit theories of courage. The Journal of Positive Psychology, 2(2), 80-98.

Rayner, K., & Raney, G. E. (1996). Eye movement control in reading and visual search: Effects of word frequency. Psychonomic Bulletin & Review, 3(2), 245-248.

Reker,G. T.,& Wong,P. T. P. (2012). Personal meaning in life and psychosocial adaptation in the later years. In P. T. P. Wong (Ed.),The human quest for meaning: Theories,research,and applications (2nd ed.,pp. 433-456). New York: Routledge.

Reniers, R. L. E. P., Corcoran, R., Drake, R., Shryane, N. M., & Völlm, B. A. (2011). The QCAE: A questionnaire of cognitive and affective empathy. Journal of Personality Assessment, 93(1), 84-95.

Richards, I. A.(1924). Principles of literary criticism. New York: Harcourt, Brace & Co., 1924: 48.

Richardson, K., Macleod, R., & Kent, B. (2012). A Steinian approach to an empathic understanding of hope among patients and clinicians in the culture of palliative care. Journal of Advanced Nursing, 68(3), 686-694.

Richman, L. S., Kubzansky, L., Maselko, J., Kawachi, I., Choo, P., & Bauer, M. (2005). Positive emotion and health: Going beyond the negative. Health Psychology, 24(4), 422-429.

Riem, M. M. E., Bakermans-Kranenburg, M. J., Pieper, S., Tops, M., Boksem, M. A. S., Vermeiren, R. R. J. M., ... Rombouts, S. A. R. B. (2011). Oxytocin modulates amygdala, insula, and inferior frontal gyrus responses to infant crying: A randomized controlled trial. Biological Psychiatry, 70(3), 291-297.

Rinn W E .(1984).The neuropsychology of facial expression: A review of the neurological and psychological mechanisms for producing facial expressions. Psychological Bulletin , 95(1): 52-77.

Rizzolatti, G., Fadiga, L., Gallese, V., & Fogassi, L. (1996). Premotor cortex and the recognition of motor actions. Cognitive Brain Research, 3(2), 131-141.

Robinson,E. A. R.,Krentzman,A. R.,Webb,J. R.,& Brower,K. J. (2011). Six-month changes in spirituality and religiousness in alcoholics predict drinking outcomes at nine months. Journal of Studies on Alcohol and Drugs,72(4),660-668.

Rodrigues, S. M., Saslow, L. R., Garcia, N., John, O. P., & Keltner, D. (2009). Oxytocin receptor genetic variation relates to empathy and stress reactivity in humans. Proceedings of the National Academy of Sciences, 106(50), 21437-21441.

Rogers, C. (1959). A theory of therapy, personality and interpersonal relationships as developed in the client centered framework. In S. Koch (Ed.), Psychology: A study of a science. Vol. 3: Formulations of the person and the social context. New York: McGraw Hill.

Rogers, C. R.(1964). Toward a modern approach to value: The valuing process in the mature person. Journal of Abnormal and Social Psychology, 68(2), 160-167.

Rogers, T. B., Kuiper, N. A., & Kirker, W. S. (1977). Self-reference and the encoding of personal information. Journal of Personality and Social Psychology, 35(9), 677-688.

Rokeach, M. (1967).Value survey. Sumyvale, CA: Halgren Tests.

Rokeach, M. (1968).Beliefs, attitudes, and values. San Francisco: Jossey-Bass.

Rokeach, M. (1973). The nature of human values. New York: Free Press.

Roos,C. R.,Kirouac,M.,Pearson,M. R.,Fink,B. C.,& Witkiewitz,K. (2015). Examining temptation to drink from an existential perspective: Associations among temptation, purpose in life, and drinking outcomes. Psychology of Addictive Behaviors, 29(3),716-724.

Rosenberg, M. (1965).Society and the adolescent self-image. Princeton, NJ: Princeton University Press.

Ross, M., Heine, S. J., Wilson, A. E. , & Sugimori, S. (2005). Cross-cultural discrepancies in self-appraisals. Personality and Social Psychology Bulletin,31(9), 1175 - 1188.

Roth, M., & Hammelstein, P. (2007). Hope as an emotion of expectancy: First assessment results. GMS Psycho-Social Medicine, 4, 1-9.

Rothkopf, E., & Billington, M.(1976). Goal-guided learning from text: Inferring a descriptive processing model from inspection times and eye movements. Journal of Educational Psychology, 71(3),310-327.

Rotter, J. B. (1980). Interpersonal trust, trustworthiness, and gullibility. American Psychologist, 35(1), 1-7.

Ruch, W., Proyer, R. T., Harzer, C., Park, N., Peterson, C., & Seligman, M. E. (2010). Values in Action Inventory of Strengths (VIA-IS): Adaptation and validation of the German version and the development of a peer-rating form. Journal of Individual Differences, 31(3), 138-149.

Rudrauf, D. (2005). Aspects of the dynamics of the human cerebral cortex during induction of emotion. Unpublished doctorial dissertation, University of Iowa, Iowa City.

Russell, B.(1966). Philosophical essays. London: Allen Unwin, 21.

Rye M S, Loiacono D N, Folic C D, Olszewski B T. (2001). Evaluation of the psychometric properties of two forgiveness scales. Current Psychology, 20(3): 260–277

Ryff, C.D., Dienberg Love, G., Urry, H.L.et al. (2006). Psychological well-being and ill-being: do they have distinct or mirrored biological correlates?. Psychotherapy and Psychosomatics, 75(2),85–95.

Ryff,C. D. (1989). Beyond Ponce de Leon and life satisfaction: New directions in quest of successful ageing. International Journal of Behavioral Development, 12(1),35–55.

Ryff,C. D. (1989). Happiness is everything, or is it? Explorations on the meaning of psychological well-being. Journal of Personality and Social Psychology, 57(6),1069–1081.

Ryff,C. D. (2014). Psychological well-being revisited: Advances in the science and practice of eudaimonia. Psychotherapy and Psychosomatics,83(1),10–28.

Ryff,C. D.,Singer,B. H.,& Love,G. D. (2004). Positive health: Connecting well-being with biology. Philosophical Transactions of the Royal Society B: Biological Sciences,359(1449),1383–1394.

Sackett, P. R., Burris, L. R., & Callahan, C. (1989). Integrity testing for personnel selection: An update. Personnel Psychology, 42(3), 491–529.

Sallquist, J., Eisenberg, N., Spinrad, T. L., Eggum, N. D., & Gaertner, B. M. (2009). Assessment of preschoolers' positive empathy: Concurrent and longitudinal relations with positive emotion, social competence, and sympathy. The Journal of Positive Psychology, 4(3), 223–233.

Sandage S J, Wiens T W. (2001).Contextualizing models of humility of forgiveness: A reply to Gassin. Journal of Psychology and Theology, 29(3), 201–211.

Sansone S, Berg C A.(1993).Adapting to the environment across the life span: Different process or different inputs? International Journal of Behavioral Development, 16(2), 215–241.

Scheier, M. F., Carver, C. S., & Bridges, M. W. (1994). Distinguishing optimism from neuroticism (and trait anxiety, self-mastery, and self-esteem): A reevaluation of the Life Orientation Test. Journal of Personality and Social Psychology, 67(6), 1063–1078.

Scheier, M. F., Weintraub, J. K., & Carver, C. S. (1986). Coping with stress: Divergent strategies of optimists and pessimists. Journal of Personality and Social Psychology, 51(6), 1257–1264.

Scheier,M.F.,Wrosch,C.,Baum,A.,Cohen,S.,Martire,L.M.,Matthews,K.A., Zdaniuk,B. (2006).

The life engagement test: Assessing purpose in life. Journal of Behavioral Medicine,29(3),291-298.

Scheler, M. (1954). Der formalismus in der ethik and die maleriale werte thik, Bern: Francke-verlarg.

Schlenker B, Britt T, Pennington J, Murphy R& Doherty K.(1994). The triangle model of responsibility. Psychological Review, 101(4), 632-652.

Schmitz, T. W., & Johnson, S. C. (2006). Self-appraisal decisions evoke dissociated dorsal-ventral aMPFC networks. NeuroImage, 30(3), 1050-1058.

Schmutte,P. S.,& Ryff,C. D. (1997). Personality and well-being: Reexamining methods and meanings. Journal of Personality and Social Psychology,73(3),549-559.

Schulenberg, S. E., Schnetzer, L. W., & Buchanan, E. M. (2011). The purpose in life test-short form: Development and psychometric support. Journal of Happiness Studies, 12(5), 861-876.

Schulte-Rüther, M., & Greimel, E. (2011). Brain networks supporting empathy. In R. P. Ebstein, S. G. Shamay Tsoory, & S. H. Chew (Eds.), From DNA to social cognition pp. 47-61). Hoboken, NJ: John Wiley & Sons.

Schumann, K., McGregor, I., Nash, K. A., & Ross, M. (2014). Religious magnanimity: Reminding people of their religious belief system reduces hostility after threat. Journal of Personality and Social Psychology, 107(3), 432- 453.

Schwartz, S. H. (1992). Universals in the content and structure of values: Theory and empirical tests in 20 countries. In M.P.Zana(Ed.), Advances in experimental social psychology (pp. 1-65). New York: Academic Press.

Schwartz, S. H. (1994). Are there universal aspects in the structure and contents of human values? Journal of Social Issues, 50(4), 19-45.

Schwartz, S. H. . (2009). Basic human values. Sociologie.

Schwartz, S. H., Bilsky, W.(1987). Toward a universal psychological structure of human values. Journal of Personality and Social Psychology, 53(3), 550-562.

Schwartz, S. H., Bilsky, W.(1990). Toward a theory of the universal content and structure of values: Extensions and cross-cultural replications. Journal of Personality and Social Psychology, 58(5), 878-891.

Schwartz, S. H., Melech, G., Lehmann, A., Burgess, S., Harris, M., Owens, V. (2001).Extending the ross-cultural validity of the theory of basic human values with a different method of measurement. Journal of Cross-Cultural Psychology, 32(5), 519-542.

Rachel Seginer (1988). Adolescents' orientation toward the future: Sex role differentiation in a sociocultural context. 18(11-12), 739-757.

Seginer, R. (2000). Defensive Pessimism and Optimism Correlates of Adolescent Future Orientation: A Domain-Specific Analysis. Journal of Adolescent Research, 15(3), 307-326.

Seginer, R., & Lilach, E. (2004). How adolescents construct their future: the effect of loneliness on future orientation. Journal of Adolescence, 27(6), 625-643.

Seheler, M. (1954). Der formalismus in der ethik and die maleriale werte thik. Bern: Francke-verlarg,1954: 280.

Seitz, R. J., Franz, M., & Azari, N. P. (2009). Value judgments and self-control of action: The role of the medial frontal cortex. Brain Research Reviews, 60(2),368-378.

Sekerka, L. E., Bagozzi, R. P., & Charnigo, R. (2009). Facing ethical challenges in the workplace: Conceptualizing and measuring professional moral courage. Journal of Business Ethics, 89(4), 565-579.

Seligman, M. E. P. (2011). Flourish: A visionary new understanding of happiness and well-being. New York: Free Press.

Seligman, M. E. P., & Csikszentmihalyi, M. (2014). Positive psychology: An introduction. In M. Csikszentmihalyi (Ed.), Flow and the foundations of positive psychology (pp. 279-298). Netherlands: Springer

Seligman, M. E., Steen, T. A., Park, N., & Peterson, C. (2005). Positive psychology progress: Empirical validation of interventions. American Psychologist, 60(5), 410-421.

Seligman. M. (洪兰译)(1998). 学习乐观(pp. 51-61). 北京: 新华出版社.

Shamay-Tsoory, S. G. (2009). Empathic processing: Its cognitive and affective dimensions and neuroanatomical basis. In J. Decety & W. Ickes (Eds.), The social neuroscience of empathy (pp. 215-232). Cambridge, MA: MIT press.

Shamay-Tsoory, S. G., Aharon-Peretz, J., & Perry, D. (2009). Two systems for empathy: A double dissociation between emotional and cognitive empathy in inferior frontal gyrus versus ventromedial prefrontal lesions. Brain, 132(3), 617-627.

Sharabi, A., Levi, U., & Margalit, M. (2012). Children's loneliness, sense of coherence, family climate, and hope: Developmental risk and protective factors. The Journal of Psychology. 146(1-2), 61-83.

Shavelson R J, Hubner J J, Stanton G C.(1976). Self-concept: Validation of construct interpretation. Review of Educational Research, 46(3), 407-441.

Shek,D. T. L.,Hong,E. W.,& Cheung,M. Y. P. (1987). The purpose in life questionnaire in a Chinese context. Journal of Psychology,121(1),77-83.

Shek,D. T. L.,Ma,H. K.,& Cheung,P. C. (1994). Meaning in life and adolescent antisocial and prosocial behavior in a Chinese context. Psychologia,37(4),211-218.

Sheline, Y. I., Barch, D. M., Price, J. L., Rundle, M. M., Vaishnavi, S. N., Snyder, A. Z., et al. (2009). The default mode network and self-referential processes in depression. Proceedings of the national academy of sciences, 106(6), 1942-1947.

Sheline, Y. I., Barch, D. M., Price, J. L., Rundle, M. M., Vaishnavi, S. N., Snyder, A. Z., et al. (2009). The default mode network and self-referential processes in depression. Proceedings of the national academy of sciences, 106(6), 1942-1947.

Sheline, Y.I., Price, J.L., Yan, Z.Z., Mintun, M.A. (2010). Resting-state functional MRI in depression unmasks increased connectivity between networks via the dorsal nexus. Proceedings of the National Academy of Sciences,107(24), 11020-11025.

Shi, G. C., Shi, Y. Z., Chan, A. K. K., Liu, M. T., & Fam, K. S. (2011). The role of renqing in mediating customer relationship investment and relationship commitment in China. Industrial Marketing Management, 40(4), 496-502.

Shimai, S., Otake, K., Park, N., Peterson, C., & Seligman, M. E. (2006). Convergence of character strengths in American and Japanese young adults. Journal of Happiness Studies, 7(3), 311-322.

Shipp, A. J., Edwards, J. R., & Lambert, L. S. (2009). Conceptualization and measurement of temporal focus: The subjective experience of the past, present, and future. Organizational Behavior and Human Decision Processes,110(1), 1-22.

Shohat, M., & Musch, J. (2003). Online auctions as a research tool: A field experiment on ethnic discrimination. Swiss Journal of Psychology, 62(2), 139-145.

Shorey, H. S., Little, T. D., Snyder, C. R., Kluck, B., & Robitschek, C. (2007). Hope and personal growth initiative: A comparison of positive, future-oriented constructs. Personality and Individual Differences, 43(7), 1917-1926.

Shoshani, A., & Slone, M. (2013). Middle school transition from the strengths perspective: Young adolescents' character strengths, subjective well-being, and school adjustment. Journal of Happiness Studies, 14(4), 1163-1181.

Shryack, J., Steger, M. F., Krueger, R. F., & Kallie, C. S. (2010). The structure of virtue:

An empirical investigation of the dimensionality of the virtues in action inventory of strengths. Personality and Individual Differences, 48(6), 714-719.

Singer, T. (2006). The neuronal basis and ontogeny of empathy and mind reading: Review of literature and implications for future research. Neuroscience & Biobehavioral Reviews, 30(6), 855-863.

Singer, T., Seymour, B., O'Doherty, J., Kaube, H., Dolan, R. J., & Frith, C. D. (2004). Empathy for pain involves the affective but not sensory components of pain. Science, 303(5661), 1157-1162.

658. Singg S & Jerre A.(2001). Development of the student personal responsibility scale-10. Social Behavior and Personality, 29(4): 331-336

Smith, S.M., Fox, P.T., Miller, K.L., et al. (2009). Correspondence of the brain's functional architecture during activation and rest. Proceedings of the National Academy of Sciences. 106 (31), 13040-13045.

Snyder, C. R, Harris, C., Anderson, J. R., Holleran, S. A., Irving, L. M., Sigmon, S. T., Yoshinobu, L., Pat, H. (1991). The will and the ways: Development and validation of an individual-differences measure of hope. Journal of Personality and Social Psychology, 60(4), 570-585.

Snyder, C. R. (2002). Hope theory: Rainbows in the mind. Psychological Inquiry, 13(4), 249-275.

Snyder, C. R., Berg, C., Woodward, J. T., Gum, A., Rand, K. L., Wrobleski, K. K., Brown, J., & Hackman, A. (2005). Hope against the cold: Individual differences in trait hope and acute pain tolerance on the cold press or task. Journal of Personality, 73(2), 287-312.

Snyder, C. R., Feldman, D., Shorey, H., & Rand, K. (2002). Hopeful choices: A school counselor's guide to hope theory. Journal of Personality, 5(5), 298-307.

Snyder, C. R., Feldman, D., Taylor, J., Schroeder, L., & Adams, V. H. I. I. I. (2000). The roles of hopeful thinking in preventing problems and enhancing strengths. Applied and Preventive, 9(4), 249-269.

Snyder, C. R., Hoza, B., Pelham, W., Rapoff, M., Ware, L., Danovsky, M., Highberger, L., Stahl, K. J. (1997). The development and validation of the Children's Hope Scale. Journal of Pediatric Psychology, 22(3), 399-421.

Snyder, C. R., Lopez, S. J., Shorey, H. S., Rand, K. L., & Feldman, D. B. (2003). Hope theory, measurements, and applications to school psychology. School Psychology Quarterly, 18(2), 122-139.

Snyder, C. R., Shorey, H. S., Cheavens, J., Pulvers, K. M., Adams, V. H. I. I. I., & Wiklund, C. (2002). Hope and academic success in college. Journal of Educational Psychology, 94(4), 820–826.

Snyder, C. R., Sympson, S., Ybasco, F., Borders, T. F., Babyak, M. A., & Higgins, R. L. (1996). Development and validation of the State Hope Scale. Journal of Personality and Social Psychology, 70(2), 321–335.

Sorrentino, R. M., Szeto, A. C. H., Chen, X. Y., & Wang, Z. Y. (2013). Uncertainty regulation across cultures: An exploration of individual differences in Chinese and Canadian children in the classroom. Personality and Individual Differences, 54(3), 378–382.

Sorrentino, R. M., Ye, Y., & Szeto, A. C. H. (2009). Uncertainty management: To fear of not to fear. Psychological Inquiry, 20(4), 240–244.

Maslow, A.H. (1987). 林方主编.人的潜能和价值.北京:华夏出版社.

Springer, K. W., Pudrovska, T., & Hauser, R. M. (2011). Does psychological well-being change with age? Longitudinal tests of age variations and further exploration of the multidimensionality of Ryff's model of psychological well-being. Social Science Research,40(1),392–398.

Staffen, W., Kronbichler, M., Aichhorn, M., Mair, A., & Ladurner, G. (2006). Selective brain activity in response to one's own name in the persistent vegetative state. Journal of Neurology, Neurosurgery & Psychiatry, 77(12), 1383–1384.

Stander, V., Jensen, L.(1993). The relationship of value orientation to moral cognition. Journal of ross-Cultural Psychology, 24(1), 42–52.

Stawarczyk, D., Majerus, S., Van der Linden, M., D'Argembeau, A.(2012). Using the daydreaming frequency scale to investigate the relationships between mind-wandering, psychological wellbeing, and present-moment awareness. Frontiers in Psychology, 3.

Steger, M. F. (2012). Making meaning in life. Psychological Inquiry, 23(4), 381–385.

Steger, M. F. (2007). Structural validity of the life regard index. Measurement and Evaluation in Counseling and Development,40(2),97–109.

Steger, M. F.,Frazier,P.,Oishi,S.,& Kaler,M. (2006). The meaning in life questionnaire: Assessing the presence of and search for meaning in life. Journal of Counseling Psychology,53(1), 80–93.

Steinberg, L., Graham, S., & O'Brien, L. (2009). Age differences in future orientation and delay discounting. Child development, 80(1), 28–44.

Stommel, W. (2007). Mein nick bin ich! Nicknames in a German forum on eating disorders. Journal of Computer-Mediated Communication, 13(1), 141-162.

Stoyles,G.,Chadwick,A.,& Caputi,P. (2015). Purpose in life and well-being: The relationship between purpose in life, hope, coping, and inward sensitivity among first-year university students. Journal of Spirituality in Mental Health,17(2),119-134.

Strathman, A., Gleicher, F., Boninger, D. S., & Edwards, S. (1994). The Consideration of future consequences: Weighing immediate and distant Outcomes of Behavior. Journal of Personality and Social Psychology, 66(4), 742-752.

Strauss, A. (1987). Qualitative Analysis for Social Scientists. UK: Cambridge University Press.

Strauss, A., & Corbin, J. (1990). Basics of qualitative research: Grounded theory procedures and techniques. Newbury Park: Sage.

Stuss, D. T., & Levine, B. (2002). Adult clinical neuropsychology: Lessons from studies of the frontal lobes. Annual Review of Psychology, 53(1), 401-433.

Sumner,R. (2015). Expanding our understanding of purpose in life: Contexts and characteristics that affect purpose exploration and content (Unpublished doctorial dissertation).

Sun, Q., Ng, K. -M., & Wang, C. (2012). A validation study on a new Chinese version of the dispositional hope scale. Measurement and Evaluation in Counseling and Development, 45 (2), 133-148.

Symons, C. S., & Johnson, B. T. (1997). The self-reference effect in memory: A meta-analysis. Psychological Bulletin, 121(3), 371-394.

Szagun, G. (1992). Age-related changes in children's understanding of courage. Journal of Genetic Psychology,153(4), 405-420.

Szagun, G., & Schäuble, M. (1997). Children's and adults' understanding of the feeling experience of courage. Cognition & Emotion, 11(3), 291-306.

Tacikowski, P., & Nowicka, A. (2010). Allocation of attention to self-name and self-face: An ERP study. Biological Psychology, 84(2), 318-324.

Takeuchi, H., Taki, Y., Nouchi, R., Sekiguchi, A., Hashizume, H., Sassa, Y., ... Iizuka, K. (2014). Association between resting-state functional connectivity and empathizing/ systemizing. NeuroImage, 99, 312-322.

Tarhan, S., Bacanlı, H., Dombaycı, M. A., & Demir, M. (2011). Quadruple thinking: Hopeful thinking. Procedia Social and Behavioral Sciences, 12, 568-576.

Taylor S E, Pham L B.(1996).Mental simulation, motivation, and action. Gollwitzer, Bargh

(Ed). The psychology of action: Linking cognition and motivation to behavior .New York: Guilford Press (pp219 –235).

Taylor S E, Schneider S K.(1989). Coping and the simulation of events. Social Cognition, 7 (2), 174–194.

Taylor S E,Clark L F.(1986).Does information improve adjustment to noxious event. Saks, Saxs(Ed).Advances in applied social psychology. Hillsdale, NJ: Erlbaum , 3 :1–28.

Taylor S E.(1991). Asymmetrical Effects of Positive and Negative Events: The Mobilization–Minimization Hypothesis. Psychological Bulletin, 110(1), 67–85.

Telzer, E. H., Masten, C. L., Berkman, E. T., Lieberman, M.D., & Fuligni, A. J. (2011). Neural regions associated with self control and metalizing are recruited during prosocial behaviors towards the family. NeuroImage, 58(1), 242–249.

Thurstone L L.(1947). Multiple–factor analysis:a development and expansion of The vectors of the mind. Chicago: University of Chicago Press , 288.

Tice,D. M. ,& Wallace,H. W. (2003). The reflected self: Creating yourself as (you think) others see you. In Leary,M. R. , & Tangney,J. P. (Eds) . Handbook of Self and Identity. New York: Guilford Press (pp91–105).

Tomioka,K.,Kurumatani,N.,& Hosoi,H. (2016). Relationship of having hobbies and a purpose in life with mortality, activities of daily living, and instrumental activities of daily living among community–dwelling elderly adults. Journal of Epidemiology,26(7),361–370.

Toner, E., Haslam, N., Robinson, J., & Williams, P. (2012). Character strengths and well-being in adolescence: Structure and correlates of the Values in Action Inventory of Strengths for Children. Personality and Individual Differences, 52(5), 637–642.

Tong, E. M. W., Fredrickson, B. L., Chang, W. N., & Lim, Z. X. (2010). Re–examining hope: The roles of agency thinking and pathways thinking. Cognition & Emotion,24(7), 1207–1215.

Tong, F., & Nakayama, K. (1999). Robust representations for faces: Evidence from visual search. Journal of Experimental Psychology: Human Perception and Performance, 25(4), 1016–1035.

Treynor, W., Gonzalez, R., Nolen–Hoeksema, S. (2003).Rumination reconsidered: a psychometric analysis. Cognitive Therapy and Research, 27(3), 247–59.

Trommsdorff, G., Lamm, H., & Schmidt, R. W. (1979). A longitudinal study of adolescents' future orientation. Journal of Youth and Adolescence, 8(2), 131–147. .

Trouilloud, D. , & Amiel, C. (2011). Reflected appraisals of coaches, parents and teammates: A key component of athletes ' self? International Journal of Sport Psychology,42, 1–18.

Tsai, M. H., Chi, S. C. S., & Hu, H. H. (2009). Salespeople′s Renqing orientation, self–esteem, and selling behaviors: An empirical study in Taiwan. Journal of Business and Psychology, 24(2), 193–200.

Tuckman B W . (2003).A performance comparison of motivational self–believers and self–doubters in competitive and individualistic goal situation. Personality & Individual differences, 34(5), 845–854.

Turner, J. C., Hogg, M. A., Oakes, P. J., Reicher, S. D., & Wetherel, l. M. (1987). Rediscovering the social group: A self–categorization theory. UK: Blackwel.

Uddin, L. Q., Iacoboni, M., Lange, C., & Keenan, J. P., (2007). The self and social cognition: The role of cortical midline structures and mirror neurons. Trends in Cognitive Sciences, 11 (4), 153–157.

Urry, H.L., Nitschke, J.B., Dolski, I., et al. (2004). Making a life worth living – neural correlates of well–being. Psychological Science, 15(6), 367–372.

Utne, I., Miaskowski, C., Bjordal, K., Paul, S. M., Jakobsen, G., & Rustøen, T. (2008). The relationship between hope and pain in a sample of hospitalized oncology patients. Palliative and Supportive Care, 6(4), 327–334.

Uzefovsky, F., Shalev, I., Israel, S., Edelman, S., Raz, Y., Mankuta, D., ... Ebstein, R. P. (2015). Oxytocin receptor and vasopressin receptor 1a genes are respectively associated with emotional and cognitive empathy. Hormones and Behavior, 67, 60–65.

Uzefovsky, F., Shalev, I., Israel, S., Edelman, S., Raz, Y., Perach–Barzilay, N., ... Ebstein, R. P. (2014). The Dopamine D4 receptor gene shows a gender–sensitive association with cognitive empathy: Evidence from two independent samples. Emotion, 14(4), 712–721.

Valle, M. F., Huebner, E. S., & Suldo, S. M. (2006). An analysis of hope as a psychological strength. Journal of School Psychology, 44(5), 393–406.

van denBos, K. (2001). Uncertainty management: The influence of uncertainty salience on reactions to perceived procedural fairness. Journal of Personality and Social Psychology, 80(6), 931–941.

van denBos, K. (2009). Making sense of life: The existential self trying to deal with personal uncertainty. Psychological Inquiry, 20(4), 197–217.

van denBos, K., & Lind, E. A. (2002). Uncertainty management by means of fairness judgments. In M. P. Zanna (Ed.), Advances in experimental social psychology (vol. 34, pp. 1–60). CA: Academic Press.

van denBos, K., Euwema, M. C., Poortvliet, P. M., & Maas, M. (2007). Uncertainty management and social issues: Uncertainty as an important determinant of reactions to socially deviating people. Journal of Applied Social Psychology, 37(8), 1726–1756.

van den Bos, K., McGregor, I., & Martin, L. L. (2015). Security and uncertainty in contemporary delayed–return cultures: Coping with the blockage of personal goals. In P. J. Carroll, R. M. Arkin, & D. A. L. Wichman (Eds.), Handbook of Personal Security. New York: Psychology Press.

van denBos, K., van Ameijde, J., & van Gorp, H. (2006). On the psychology of religion: The role of personal uncertainty in religious worldview defense. Basic and Applied Social Psychology, 28(4), 333–341.

van der Meer, L., Costafreda, S., Aleman, A., & David, A. S. (2010). Self–reflection and the brain: A theoretical review and meta–analysis of neuroimaging studies with implications for schizophrenia. Neuroscience and Biobehavioral Reviews, 34(6), 935–946.

Van Dijk, K.R., Sabuncu, M.R., Buckner, R.L. (2012). The influence of head motion on intrinsic functional connectivity MRI. NeuroImage, 59(1), 431–438.

van Overwalle, F. (2009). Social cognition and the brain: A meta–analysis. Human Brain Mapping, 30(3), 829–858.

van Overwalle, F., & Baetens, K. (2009). Understanding others′ actions and goals by mirror and mentalizing systems: A meta–analysis. Neuroimage, 48(3), 564–584.

van Reekum, C.M., Urry, H.L., Johnstone, T., et al. (2007).Individual differences in amygdala and ventromedial prefrontal cortex activity are associated with evaluation speed and psychological well–being. Journal of Cognitive Neuroscience,19(2), 237–248.

Veer, I.M., Beckmann, C.F., van Tol, M.J., et al. (2010). Whole brain resting–state analysis reveals decreased functional connectivity in major depression. Frontiers in Systems Neuroscience, 4.

Vinsonneau G, Mullet G. (2001). Willingness to Forgive Among Young Adolescents: A Comparison Between Two Groups of Different Cultural Origins Living in France. International Journal of Group Tensions, 30(3), 267–278.

vondem Hagen, E.A.H., Stoyanova, R.S., Baron–Cohen, S., Calder,A.J. (2013). Reduced functional connectivity within and between ‘social’ resting state networks in autism spectrum conditions. Social Cognitive and Affective Neuroscience, 8(6), 694–701.

Wagner, A.D., Shannon, B.J., Kahn, I., Buckner, R.L. (2005).Parietal lobe contributions to episodic memory retrieval. Trends in Cognitive Sciences, 9(9), 445–453.

Walter, H. (2012). Social cognitive neuroscience of empathy: Concepts, circuits, and genes. Emotion Review, 4(1), 9–17.

Washington, D. C., Luthans, F., Luthans, K. W., & Luthans, B. C. (2004). Positive psychological capital: Beyond human and social capital. Business Horizons, 47(1), 45–50.

Way, B. M., & Lieberman, M. D. (2010). Is there a genetic contribution to cultural differences? Collectivism, individualism and genetic markers of social sensitivity. Social Cognitive and Affective Neuroscience, 5(2–3), 203–211.

Webber, S. (2011). Who Am I? Locating the neural correlate of the self. Bioscience Horizons, 4(2), 165–173.

Weber, M., & Ruch, W. (2012). The role of character strengths in adolescent romantic relationships: An initial study on partner selection and mates' life satisfaction. Journal of Adolescence, 35(6), 1537–1546.

Webley, P., Nyhus., & Ellen, K. (2006). Parents' influence on children's future orientation and saving. Journal of Economic Psychology, 27(1), 140–164.

Webster, D. M., & Kruglanski, A. W. (1994). Individual differences in need for cognitive closure. Journal of Personality and Social Psychology, 67(6), 1049–1062.

Weissman, D.H., Roberts, K.C., Visscher, K.M., Woldorff, M.G.(2006). The neural bases of momentary lapses in attention. Nature Neuroscience, 9(7), 971–978.

Welsh, D. H., & Raven, P. V. (2011). Hope among franchise leaders: Why hope has practical relevance to franchising–an exploratory study. Canadian Journal of Administrative Sciences, 28(2), 134–142.

Whitfield–Gabrieli, S., Ford, J.M. (2012). Default mode network activity and connectivity in psychopathology. Annual Review of Clinical Psychology, 8, 49–76.

Whitfield–Gabrieli, S., Moran, J. M., Nieto–Castañón, A., Triantafyllou, C., Saxe, R., & Gabrieli, J. D. E. (2011). Associations and dissociations between default and self–reference networks in the human brain. NeuroImage, 55(1), 225–232.

Whittington, A., & Mack, E. N. (2010). Inspiring courage in girls: An evaluation of practices and outcomes. Journal of Experiential Education, 33(2), 166–180.

Whitty, M. T., & Buchanan, T. (2010). What's in a screen name? Attractiveness of different types of screen names used by online daters. International Journal of Internet Science, 5(1), 5–19.

Wichman, A. L., Brunner, R. P., & Weary, G. (2014). Uncertainty threat and inhibition of compensatory behaviors: A goal conflict management perspective. Self and Identity, 13(2), 178–196.

Wills, T. A., & Sandy, J. M. (2001). Time Perspective and Early–Onset substance use: A Model Based on Stress–Coping Theory. Psychology of Addictive Behaviors, 15(2), 118–225.

Windsor,T. D.,Curtis,R. G.,& Luszcz,M. A. (2015). Sense of purpose as a psychological resource for aging well. Developmental Psychology,51(7),975–986.

Winter, D. G. (1996). Personality: Analysis and interpretation of lives. New York: McGraw–Hill.

Wnuk,M.,Marcinkowski,J. T.,& Fobair,P. (2012). The relationship of purpose in life and hope in shaping happiness among patients with cancer in Poland. Journal of Psychosocial Oncology,30(4),461–483.

Wolford, G., & Morrison, F. (1980). Processing of unattended visual information. Memory & Cognition, 8(6), 521–527.

Wong, S. S., & Lim, T. (2009). Hope versus optimism in Singaporean adolescents: Contributions to depression and life satisfaction. Personality and Individual Differences, 46(5–6), 648–652.

Wood, N., & Cowan, N. (1995). The cocktail party phenomenon revisited: How frequent are attention shifts to one′s name in an irrelevant auditory channel? Journal of Experimental Psychology: Learning, Memory, and Cognition, 21(1), 255–260.

Woodard, C. R. (2004). Hardiness and the concept of courage. Consulting Psychology Journal: Practice and Research, 56(3), 173–185.

Woodard, C. R., & Pury, C. L. (2007). The construct of courage: Categorization and measurement. Consulting Psychology Journal: Practice and Research, 59(2), 135–147.

Woodruff, C. C., Martin, T., & Bilyk, N. (2011). Differences in self– and other–induced Mu suppression are correlated with empathic abilities. Brain Research, 1405, 69–76.

Worrell, F. C., & Mello, Z. R. (2007). The reliability and validity of Zimbardo Time Perspective inventory scores in academically talented adolescents. Educational and Psychological Measurement, 67(3), 487–504.

Wrightsman, L. S. (1992). Assumptions about human nature: Implications for researchers and practitioners. CA: Sage Publications.

Wu, N., Li, Z., & Su, Y. J. (2012). The association between oxytocin receptor gene polymorphism (OXTR) and trait empathy. Journal of Affective Disorders, 138(3), 468–472.

Xia, M., Wang, J., He, Y. (2013). Brain Net Viewer: a network visualization tool for human brain connectomics. PloS one, 8(7),e68910.

Xu, J. S., & Potenza, M. N. (2012). White matter integrity and five–factor personality measures in healthy adults. NeuroImage, 59(1), 800–807.

Yan, C.G., Cheung, B., Kelly, C., et al. (2013a). A comprehensive assessment of regional variation in the impact of head micro movements on functional connectomics. NeuroImage, 76 (1),183–201.

Yan, C.G., Craddock, R.C., Zuo, X.N., Zang, Y.F., Milham, M.P.(2013b). Standardizing the intrinsic brain: towards robust measurement of inter–individual variation in 1000 functional connectomes. NeuroImage, 80, 246–262.

Yang, C.–Y., Decety, J., Lee, S., Chen, C. Y., & Cheng, Y. W. (2009). Gender differences in the mu rhythm during empathy for pain: An electroencephalographic study. Brain Research, 1251, 176–184.

Yang, J., Ling, Y., Xiao, J., Yao, S. (2009). The Chinese version of ruminative responses scale in high school students: its reliability and validity. Chinese Journal of Clinical Psychology, 17(1),27–31.

Yang, K. S. (1995). Chinese social orientation: An integrative analysis In T. Y. Lin, W. S. Tseng, & E. K. Yeh (Eds.),Chinese societies and mental health. Hong Kong: Oxford University Press.

Yang, Q., Ybarra, O., Zhao, Y. F., Cao, Y. F., & Huang, X. T. (Under review). Self–uncertainty improves high but not low self–esteem related performances: Mediating role of performance monitoring.

Yang, Q., Ybarra, O., Zhao, Y., & Huang, X. (2020). Restoring meaning: Self–uncertainty increases subjective distance between the past and present self. Social Behavior and Personality: An international journal, 48(7), e8823.

Youssef, C. M., & Luthans, F. (2007). Positive organizational behavior in the workplace: The impact of hope, optimism, and resilience. Journal of Management, 33(5), 774–800.

Zahn, R., de Oliveira–Souza, R., Bramati, I., Garrido, G., &Moll, J. (2009). Subgenual cingulate activity reflects individual differences in empathic concern. Neuroscience Letters, 457(2),

107-110.

Zahn, R., Moll, J., Paiva, M., Garrido, G., Krueger, F., Huey,E. D., & Grafman, J. (2009). The neural basis of human social values: Evidence from functional MRI. Cerebral Cortex, 19(2), 276-283.

Zechmeister J S, Romero C. (2002). Victim and offender accounts of interpersonal conflict: Autobiographical narratives of forgiveness and unforgiveness. Journal of Personality and Social Psychology, 82(4): 675-686

Zhang, J., Gao, W., Wang, P., & Wu, Z. H. (2010). Relationships among hop, coping style and social support for breast cancer patients. Chinese Medical Journal (English Edition), 123 (17), 2331-2335.

Zhou, F., & Wang, D. F. (2007). Dissociation between implicit and explicit attitudes towards the rich in a developing country: The case of China. Social Behavior and Personality, 35 (3), 295-302.

Zhou, Y., Yu, C., Zheng, H., et al. (2010). Increased neural resources recruitment in the intrinsic organization in major depression. Journal of Affective Disorders, 121(3), 220-230.

Zhu, X.L., Wang, X., Xiao, J., et al. (2012). Evidence of a dissociation pattern in resting-state default mode network connectivity in first-episode, treatment-naive major depression patients. Biological Psychiatry, 71(7), 611-617.

Zhu, Y. (2004). Neuroimaging studies of self-reflection. Progress in Natural Science, 14 (4), 296-302.

Zhu, Y., Zhang, L., Fan, J., & Han, S. H. (2007). Neural basis of cultural influence on self-representation. NeuroImage, 34(3), 1310-1316.

Zimbardo, G., & Boyd, J. N. (1999). Who's Smoking, Drinking, and Using Drugs? Time Perspective as a Predictor of Substance Use. Basic and Applied Psychology, 21(2), 149-164.

Zimbardo, P. G., & Boyd, J. N. (1999). Putting time in perspective: A valid, reliable individual-differences metric. Journal of Personality and Social Psychology, 77(6), 1271-1288.